Renke Holert

Microsoft Office Project 2003 – Das Profibuch

Renke Holert

Microsoft Office Project 2003 – Das Profibuch

Renke Holert: Microsoft Office Project 2003 – Das Profibuch
Microsoft Press Deutschland, Konrad-Zuse-Str. 1, 85716 Unterschleißheim
Copyright © 2004 Microsoft Press Deutschland

Das in diesem Buch enthaltene Programmmaterial ist mit keiner Verpflichtung oder Garantie irgendeiner Art verbunden. Autor, Übersetzer und der Verlag übernehmen folglich keine Verantwortung und werden keine daraus folgende oder sonstige Haftung übernehmen, die auf irgendeine Art aus der Benutzung dieses Programmmaterials oder Teilen davon entsteht.

Das Werk einschließlich aller Teile ist urheberrechtlich geschützt. Jede Verwertung außerhalb der engen Grenzen des Urheberrechtsgesetzes ist ohne Zustimmung des Verlags unzulässig und strafbar. Das gilt insbesondere für Vervielfältigungen, Übersetzungen, Mikroverfilmungen und die Einspeicherung und Verarbeitung in elektronischen Systemen.

Die in den Beispielen verwendeten Namen von Firmen, Organisationen, Produkten, Domänen, Personen, Orten, Ereignissen sowie E-Mail-Adressen und Logos sind frei erfunden, soweit nichts anderes angegeben ist. Jede Ähnlichkeit mit tatsächlichen Firmen, Organisationen, Produkten, Domänen, Personen, Orten, Ereignissen, E-Mail-Adressen und Logos ist rein zufällig.

15 14 13 12 11 10 9 8 7 6 5 4 3
06

ISBN 3-86063-596-4

© Microsoft Press Deutschland
(ein Unternehmensbereich der Microsoft Deutschland GmbH)
Konrad-Zuse-Str. 1, D-85716 Unterschleißheim
Alle Rechte vorbehalten

Fachlektorat: Georg Weiherer, Münzenberg
Korrektorat: Dorothee Klein, Siegen
Satz: Gerhard Alfes, mediaService, Siegen (www.media-service.tv)
Umschlaggestaltung: Hommer Design GmbH, Haar (www.HommerDesign.com)
Layout und Gesamtherstellung: Kösel, Krugzell (www.KoeselBuch.de)

Inhaltsverzeichnis

Einleitung und Danksagung XI
    Einleitung XI
        Grund für dieses Buch, Problemstellung und Zielsetzung XI
        Zielgruppen und Vorgehen XV
    Danksagung XIX

1 Project für Projektleiter 1
    Initiierungsprozesse 3
    Planungsprozesse 6
        Planung und Definition des Inhalts und Umfangs 7
        Definition der Vorgänge, Festlegung der Vorgangsdauern und -folgen sowie
            Entwicklung des Terminplans 11
        Risikomanagementplanung 17
        Ressourcenbedarfsplanung, Kostenschätzung und Budgetierung 23
        Entwicklung des Projektplans 35
    Ausführungsprozesse 40
    Steuerungsprozesse 43
        Leistungsrückmeldung 43
        Integrierte Änderungssteuerung 57
    Abschließende Prozesse 58
        Vertragsbeendigung 58
        Administrativer Abschluss 58

2 Project für Projektmitarbeiter 59
    Ausführungsprozesse 60
        Annehmen von Terminanfragen 61
        Feststellen von Terminüberschneidungen 62
        Ablehnen einer Terminanfrage 64
        Vorgang für aktuellen Tag ermitteln 64
        Terminänderungen und -absagen bearbeiten 67
    Steuerungsprozesse 71
        Fortschritt zurückmelden 72
        Mehraufwand, Überstunden und/oder Probleme zurückmelden 74
        Minderaufwand zurückmelden 78
        Verzögerter Anfang, Unterbrechungen der Arbeit und Restarbeiten zurückmelden 79
        Vertretung zurückmelden 82
        Abwesenheit durch Urlaub, Krankheit oder andere nicht projektbezogene Tätigkeiten
            zurückmelden 85

Abschließende Prozesse	87
Fertigstellung zurückmelden	87
Dokumentation abschließen	88

3 Project für Ressourcenmanager — 93

Unterstützung des Projektleiters	94
Planungsprozesse	94
Ausführungsprozesse	106
Steuerungsprozesse	109
Abschließende Prozesse	114
Management des Ressourcenpools	115
Pflege der Informationen über den Ressourcenpool	115
Disposition der Ressourcen	121
Erkennen der Notwendigkeit für Umdisponierungen	122
Umdisponieren der Ressourcen	127
Management von Abwesenheitszeiten	127
Urlaub und Urlaubsantrag	128
Krankheit und Krankmeldung	128
Weiterbildung	129
Marketing, insbesondere Werbung und PR-Arbeit	129

4 Project für Führungskräfte und Controller — 131

Aufbau eines Managementsystems	132
Multiprojektmanagement	132
Abweichungsanalyse	133
Szenariomanagement	141
Festlegen von Gegenmaßnahmen	147

5 Lösungen zu speziellen Fragestellungen — 151

Terminmanagement	151
Vorgänge im Datumsformat YYYY-MM-DD darstellen	151
Kalenderwochen für Vorgänge anzeigen	156
Einfache Netzplanansicht zeitlich angeordnet	157
Geschätzte Dauer für Vorgänge verwenden	160
Stichtage und Pufferzeiten von Vorgängen	161
Vorgänge von Hand kritisch darstellen	162
Vorgänge komplett verschieben	163
Nicht verknüpfte Vorgänge filtern	164
Vorgänge von heute oder nächster Woche filtern	164
Formeln für Fortschrittskontrolle von Vorgängen	168
Formeln für den Vergleich von Datumswerten von Vorgängen	170
Codes mit der Switch-Funktion automatisch berechnen lassen	171
»Hammock Tasks« (Hängemattenvorgänge) einfügen	174
Ressourcenmanagement	177
Listenfeld der Ressourcenauswahl sortieren	178
Gruppierte Auswahllisten mit Verantwortlichen zuordnen	179
Darstellung von externen Vorgängen in einer anderen Schriftfarbe	182

Ressourcen farblich unterschiedlich darstellen	183
Ressourcenersetzungsassistent für Nachfrage und Bedarf	186
Kostenmanagement	187
Deckungsbeitrag für das Projekt ermitteln	187
Multiprojektmanagement	191
Zusammenführen von Projekten in einer Multiprojektübersicht	191
Teilprojekt in ein bestehendes Hauptprojekt einfügen	194
Hyperlink auf Teilprojekt im Hauptprojekt setzen	194
Berichtswesen	195
Kostenabweichungen nach Projekten	196
Kumulierte Projektkosten	200
Weitere Beispiele für Berichte	203

6 Project für Berater — 207

Definitionsphase	209
Entwurfsphase	211
Prototypphase	214
Pilotphase	215
Einführungsphase	217
Optimierungsphase	218

7 Project für Trainer — 221

Definitionsphase	222
Entwurfsphase	222
Ermitteln des Qualifizierungsbedarfs	223
Gestaltung der Qualifizierung	223
Evaluation der Qualifizierung	225
Prototypphase	225
Pilotphase	226
Einführungsphase	226
Optimierungsphase	227

8 Installation — 229

Installation von Project Server 2003	229
Überprüfen der Voraussetzungen und Vorbereitungen	229
Installation der Internetinformationsdienste	231
Installation Windows SharePoint Services	232
Konfiguration der Windows SharePoint Services	239
Installation von Project Server	242
Installation von Project Professional 2003	251

9 Konfiguration und Dokumentation — 255

Startkonfiguration	255
Konto für Administrator einrichten	256
Vorbereiten des Servers	260
Ressourcen anlegen	261
Projekte anlegen	263

OLAP-Cube aufbauen	267
Portfolio-Analysierer-Ansichten erstellen	269
Client-Einstellungen	270
Ansichtsoptionen	273
Allgemeine Optionen und Optionen für Planungs-Assistent	273
Bearbeitungsoptionen	273
Kalenderoptionen	274
Terminplanoptionen	274
Berechnungsoptionen	274
Rechtschreibungsprüfungsoptionen	275
Oberflächenoptionen	275
Speicheroptionen	275
Zusammenarbeitsoptionen	276
Enterprise-Optionen	276
Symbolleisten und Menüs	276
Optionen des Internet Explorers bzw. der Windows-Einstellungen	277
Projekt-Einstellungen	277
Kalender	278
Felder	279
Veröffentlichte Felder	290
Ansichten	292
Tabellen	297
Druckeinstellungen	298
Filter/Sortierungen/Gruppierungen	299
Optionen	302
Projektvorlagen und Sonderprojekte	305
Ressourcen-Eigenschaften/Enterprise-Ressourcenpool	307
Struktur der Eigenschaften	307
Anlegen der Ressourcen und aktualisieren der Ressourcen	308
Eigenschaften festlegen	309
Server-Einstellungen	309
Benutzer und Gruppen	310
Sicherheitseinstellungen	311
Ansichten	316
Serverkonfiguration	323
Windows SharePoint Services	326
Enterprise-Features	329
Project Web Access	330
Datenbank bereinigen	332
Info	332
10 Wartung und Problemlösung	**335**
Probleme bei der Installation	335
Project	335
Project Server	337
Probleme beim Betrieb	340
Project und Project Server	341

Project Web Access und Project Server	342
Sicherung und Wiederherstellung	344
Sicherung	344
Wiederherstellung (gleiche Maschine)	350
Wiederherstellung (neue Maschine/Serverumzug)	353

11 VBA-Tutorium — 363

Grundlagen	363
Arbeitserleichterung durch Visual Basic-Makros	363
Vorausgesetzte Kenntnisse	364
Verwendungszwecke von Visual Basic-Makros in Project	364
Bei welchen Aufgaben können Visual Basic-Makros weiterhelfen?	365
Einsatzgebiete von Project-VBA-Lösungen	365
Standardaufgaben in Project mit VBA	365
Das Project-Objektmodell	365
Das *Application*-Objekt	366
Das *Project*-Objekt	372
Die *ActiveProject*-Eigenschaft	374
Das *Task*-Objekt und *Tasks*-Auflistungsobjekt	387
Ansichten, Filter und Wertelisten	396
Spezielle Aufgaben in VBA	400
Application und Events	400

12 VBA-Beispielanwendungen — 411

Project-Vorgänge als Outlook-Aufgaben, -Termine oder -Notizen exportieren	411
Das Business-Problem	411
Übersicht über die Anwendung	411
Neue Symbolleiste in Project beim Öffnen darstellen	412
UserForm für den Datenaustausch	413
Project-Vorgänge als Outlook-Termine exportieren	414
Project-Vorgänge als Outlook-Aufgaben exportieren	415
Project-Vorgänge als Outlook-Notizen exportieren	417
Zusammenfassung	419
PowerPoint-Präsentation aus Project erstellen	419
Das Business-Problem	419
Übersicht über die Anwendung	419
PowerPoint starten und Präsentation mit Folie erstellen	420
Überschriften erstellen	420
Berechnen und Erstellen der Zeitskala	421
Balkendiagramm und Tabelle füllen	425
Zusammenfassung	426
Kostenimport aus einem ERP-System in Project	427
Das Business-Problem	427
Übersicht über die Anwendung	427
Herstellen der Datenbankverbindung	430
Befüllung der Kostenfelder	430
Werte für das Gesamtprojekt füllen	431

	Ergebnis	433
	Zusammenfassung	434
Differenzierte Planung nicht ressourcengesteuerter Kosten		434
	Das Business-Problem	434
	Übersicht über die Anwendung	434
	Das Modul *Kostenverteilung*	435
	Dialogfeld für die Eingabe der Kosten und Auswahl der Verteilungskurve *fEntercost.frm*	437
	Dialogfeld für die benutzerdefinierte Verteilungskurve *fDefineCurve.frm*	441
	Zusammenfassung	442

13 Add-Ins und Add-Ons — **447**

COM-Add-Ins und Makros von Microsoft		448
	Add-In *Vergleichen von Projektversionen*	449
	Add-In *Euro-Währungsumrechnung*	451
	Add-In *Visio-PSP-Diagramm-Assistent*	454
	Add-In *XML Berichts-Assistent*	456
	Add-In *Bild zu Office-Assistenten kopieren*	458
	Weitere COM-Add-Ins in Project	461
COM-Add-Ins und Add-Ons von Drittanbietern		462
	Add-In *Feiertage einstellen* (Set Holidays)	462
	Add-On *cyProj*	463
	Add-On *MindManager*	465
	Add-On *Allocatus*	465
	Add-On *PSLink*	467
	Add-On *TeamLink*	469
	Add-On *ProjectMart*	470

Anhang A   VBA-Referenz — **473**

Project Objektmodell 473

Anhang B   Literaturverzeichnis — **581**

Anhang C   Inhalt der Buch-CD — **583**

Beispieldateien aus Kapitel 11 583
Beispieldateien aus Kapitel 12 584
Testversion von Project 2003 584

Stichwortverzeichnis — **585**

Die Autoren — **619**

Einleitung und Danksagung

XI   Einleitung
XIX   Danksagung

Einleitung

Bereits vor Erscheinen der ersten Auflage des Project-Profibuchs existierte auf dem Markt bereits eine Vielzahl von verschiedenen Büchern zu Microsoft Project. Im Folgenden lesen Sie, warum wir dennoch ein neues Buch geschrieben haben und wie Ihnen dieses Profibuch helfen kann, Microsoft Project und seine Begleitprodukte erfolgreich im professionellen Umfeld einzusetzen.

Grund für dieses Buch, Problemstellung und Zielsetzung

Wir setzen Microsoft Project seit vielen Jahren im Unternehmen selbst ein und begleiten Unternehmen bei der Einführung und dem Betrieb von Projektmanagementsystemen in betriebwirtschaftlicher und technischer Hinsicht. Hierbei stellten wir immer wieder fest, dass die vorhandene Literatur nicht alles abdeckt, was in der Praxis benötigt wird. Dieses Buch hat sich darum zum Ziel gesetzt, Fehlendes zu ergänzen.

Was es schon gibt und was nicht

Auf dem deutschen Markt existieren ausschließlich Bücher, die sich in erster Linie an den Projektleiter wenden und diesem als Leitfaden durch das Programm dienen. In unterschiedlicher Ausprägung wird die Programmbedienung um eine allgemeine Einleitung in das Projektmanagement angereichert und es wird auf spezielle Problembereiche, wie den Einsatz der Funktionen zur Teamkommunikation, Multiprojekttechnik und die Zusammenarbeit mit anderen Office-Programmen eingegangen. Evtuell sind auch einzelne Kapitel dem Project Web Access/Project Server gewidmet. Je nach Konzept eignen sich diese Werke als Tutorium zum Selbstlernen bzw. als Seminarunterlage für eine Schulung oder dienen als Nachschlagewerk beim Einsatz von Project.[1]

---

[1] Einen Literaturüberblick finden Sie unter http://www.holert.com.

Neben der Literatur in Papierform existieren zahlreiche Quellen im Internet, wie z.B. das Resource Kit, das Software Development Kit, die Knowledge Base und die Newsgroups von Microsoft sowie zahlreiche Websites mit FAQ-Listen und sonstigen Informationen zu Project von anderen Organisationen und Einzelpersonen.

Daneben existiert viel Erfahrungswissen in den Köpfen der Anwender, Berater, Administratoren und Entwickler, das beim Einsatz von Project gewonnen und nirgendwo niedergeschrieben wurde.

Folgende Informationen gibt es nach wie vor nicht in kompakter Darstellung als Buch:

- Eine **zielgruppenorientierte Darstellung** des Einsatzes von Project
- Eine Schritt-für-Schritt-Anleitung für **alle Anwendergruppen**, auch die, die neben dem Projektleiter am Einsatz des Projektmanagementsystems partizipieren. Das sind in erster Linie *Projektmitarbeiter*, die als Ressourcen im Projekt eingeplant sind, Ressourcenmanager, die verantwortlich dafür sind, dass die Ressourcen möglichst gut ausgelastet sind, und Führungskräfte, die gewährleisten müssen, dass die Projekte im Kontext der übrigen Rahmenbedingungen profitabel durchgeführt werden.
- Ein Handbuch für **Berater**, die sicherstellen müssen, dass das Projektmanagementsystem im Unternehmen erfolgreich eingeführt wird. Das sind z.B. Mitarbeiter der eigenen Organisation, die die Einführung vorantreiben (**interne Promotoren**) oder Beratungsgesellschaften, die Project als externe Dienstleister implementieren und alle Zielgruppen vom Nutzen überzeugen und im Einsatz trainieren (**externe Promotoren**).
- Ein Wegweiser, der **Administratoren** und Help Desk-Mitarbeitern die Informationen zur Verfügung stellt, wie Project in die übrige IT-Landschaft integriert und zuverlässig betrieben werden kann.
- Ein Programmierhandbuch für **Entwickler**, das hilft, Project auf die speziellen Bedürfnisse des Unternehmens anzupassen und Schnittstellen zu Fremdsystemen zu schaffen.

Daneben fehlten uns innerhalb der vorhandenen Werke eine Beschreibung folgender Aspekte (oder zumindest Teile hiervon), die wir mit vorliegendem Buch aufgreifen wollen:

- **Aufgabenorientierte Darstellung** im Stile »Das sind meine Aufgaben als Projektleiter, Projektmitarbeiter usw., und so löse ich sie mit Project«.
- **Methodische Fundierung** durch allgemein akzeptierte Projektmanagementtechniken auf Basis des Standards des Project Management Institutes (PMI).
- Eine **Bewertung**, welche Funktionen von Project und seinen Begleitprodukten sich im Praxiseinsatz bis zu welcher Größenordnung bewährt haben und welche nicht.
- Bekannte **Programmfehler** und Wege, diese zu umschiffen.
- Häufige **Bedienungsfehler** und Vorschläge, diese durch Training oder Programmanpassung zu vermeiden.
- **Vollständige Integration** des Project Servers dessen Komponenten z.B. in Windows SharePoint Services, SQL Server Analysis Services in das Nutzungskonzept und nicht Darstellung als angehängter Sonderteil.

- Eine gesamtheitliche Betrachtung des **standort- und unternehmensübergreifenden Einsatzes** von Project.
- Eine Aufteilung in **kochrezeptartige Schritt-für-Schritt-Anleitungen** (*Tutorien*) und Nachschlagebereiche (*Referenzen*), wo dies angemessen erscheint.
- **Verweise auf weitere Informationsquellen**, insbesondere ergänzende Bücher und Internet-Quellen.

Ziel dieses Buches

Wir haben uns mit der ersten Auflage dieses Buches das Ziel gesetzt, ein Buch für die Project-Versionen 2000 und 2002 zu schreiben, das die Anforderungen aus der Praxis erfüllt und diese Literatur-Lücke schließt. Die große positive Marktresonanz hat uns nun darin bestärkt, dieses Ziel auch für die aktuelle Project Version 2003 weiter zu verfolgen.

Naturgemäß kann ein Buch mit wirklichen Praxiserfahrungen nicht zeitgleich mit dem Erscheinen einer neuen Programmversion auf den Markt kommen. Aus diesem Grund haben wir uns mit der Veröffentlichung etwas Zeit gelassen. Wenn wir vom **Praxiseinsatz** sprechen, dann haben wir eine Reihe von konkreten Unternehmen im Kopf, die wir bei unserer Arbeit kennen gelernt haben. Dies sind sowohl die Unternehmen, in denen wir selbst gearbeitet haben und arbeiten, als auch diejenigen, bei denen wir Project eingeführt haben und Unterstützung beim Betrieb leisten. Diese Unternehmen stammen aus unterschiedlichen Branchen und haben unterschiedliche Größen. Dennoch sind die Probleme, die mit einem Projektplanungssystem gelöst werden sollen, in den Grundzügen immer gleich.

Der Projektleiter muss sicherstellen, dass das **Projektziel** innerhalb des gesteckten Qualitäts-, Zeit- und Kostenrahmens erreicht wird, sodass der Kunde mit dem Ergebnis zufrieden ist. Aus Sicht der Unternehmensleitung müssen alle Projekte des Unternehmens so geleitet werden, dass erstens alle Kunden zufrieden sind und zweitens das Unternehmen profitabel arbeitet. Dies wird nur der Fall sein, wenn die verantwortlichen Ressourcenmanager dafür sorgen, dass die Auslastung möglichst hoch und gut verteilt ist. Und letztlich wird ein Projekt nur dann erfolgreich sein, wenn alle Projektbeteiligten (Stakeholder) frühzeitig in die Projektplanung involviert werden, stets über den Stand des Projekts und den sich daraus für sie ableitenden Aufgaben informiert sind sowie die Voraussetzungen für ihre Aufgaben gegeben sind und sie einen angemessenen Zeitraum zur Verfügung haben, um diese Aufgaben zu erfüllen.

Hierzu müssen die Projektbeteiligten (**Anwender**) mit den richtigen Werkzeugen und dem Wissen über deren Einsatz in die Lage versetzt werden, diese Aufgaben erfüllen zu können. Den entsprechenden Auftrag haben **Dienstleister** zu erfüllen (das sind z.B. Berater, Administratoren und Entwickler). Diese können sowohl eigene Mitarbeiter als auch externe Beauftragte sein.

Von diesem Ziel leiten sich folgende Teilziele ab:

- **Konzentration auf das Wesentliche**: Project wird oft als »zu komplex« wahrgenommen. Dies führt dazu, dass Neulinge sich »im Wust der Funktionen« verlieren, für sie nicht nachvollziehbare Ergebnisse erzielen und schließlich das Vertrauen in das Projektplanungssystem verlieren. Wir beschränken uns in den Tutorien daher auf die Darstellung der Kernprozesse und des Basiswissens. Ferner geben wir Hinweise, wie die Dienstleister durch *Rightsizing* Project so anpassen und die Anwender so trainieren und coachen können, dass ein valides Projektmanagement auch in der Einführungsphase gewährleistet ist. Immer dort, wo man tiefer einsteigen kann, geben wir einen Hinweis auf andere Quellen. Dieses Buch bildet damit gewissermaßen eine Klammer um die bereits vorhandene Literatur.

- **Zielgruppenorientierte Darstellung**: Nicht jeder muss und kann alles wissen. Project wird aber nur erfolgreich eingesetzt werden können, wenn alle Projektbeteiligten die Informationen bekommen, die sie zur Erfüllung ihrer Aufgaben benötigen. Wir haben das Buch daher nach Nutzergruppen aufgeteilt. Die ersten vier Kapitel stellen Project aus Sicht der Anwender dar, die übrigen aus Sicht der Dienstleister. Wir haben die Kernprozesse aus Sicht der jeweiligen Zielgruppe beschrieben und zeigen schrittweise, wie man die benötigten Informationen aus dem System zu Tage fördert (Anwender) oder was man tun muss, damit dies sichergestellt ist (Dienstleister).

- **Einbettung in den Gesamtkontext**: Projektmanagement ist niemals eine isolierte Einzeldisziplin im Unternehmen. Es bestehen vielmehr enge Zusammenhänge mit dem Unternehmensmanagement. Das Tagesgeschäft und die Abwesenheiten haben Einfluss auf das Projektmanagement; umgekehrt trägt die Projektarbeit zur Auslastung der Abteilungen bei. Wirtschaftlichkeitsanalysen durch das Unternehmenscontrolling durchspannen auch das Projektcontrolling und umgekehrt. Ebenso wenig wie die betriebswirtschaftlichen Aspekte des Projektmanagements isoliert im Unternehmen stehen, sind auch die technischen Aspekte eng mit der übrigen Infrastruktur verwurzelt. Ein vorhandenes System zur Erfassung der Ist-Zeiten muss ebenso integriert werden wie übrige Systeme (z.B. Dokumentenmanagementsysteme, Groupware und CAD-Programme). Wir haben daher die Schnittstellen aufgezeigt und entsprechende Lösungsansätze beschrieben. Ein besonderes Gewicht wird auf der Integration in die Microsoft-Welt gelegt. Als Stichpunkte seien hier nur Integration in die anderen Anwendungen und Server des Office Systems inkl. Windows SharePoint Services und SharePoint Portal Server, zentrale Administration über das Active Directory, Integration in Outlook, Betrieb auf Terminalserver sowie Erweiterung durch COM-Add-Ins genannt.

- **Vollständige Orientierung am Project Server**: Wir beziehen in jedem Kapitel das gesamte Projektmanagementsystem, also sowohl die Anwendung Project Professional in Verbindung mit dem Project Server als auch der Project Web Access des Project Servers selbst, in unsere Ausführungen ein.

- **Praxiserprobte Lösungen**: Grau ist alle Theorie und nicht alles was Microsoft verspricht, funktioniert auch in jeder Situation. Wir beschreiben nur Lösungen, die wir auch wirklich schon in Unternehmen eingesetzt haben. Wenn es Einschränkungen, z.B. hinsichtlich der Menge oder Art der Projekte/Ressourcen gibt, dann erwähnen wir dies an den entsprechenden Stellen.

Ziele für die zweite Auflage

Speziell für die Überarbeitung des Manuskripts für die Project 2003 Version haben wir folgende ergänzende Ziele verfolgt und umgesetzt:

- **Neue Erfahrungen**. Seit Erscheinen der ersten Auflage ist mit der Drucklegung fast ein Jahr vergangen, in dem wir wieder in zahlreichen Projekten zusammen mit unseren Kunden Erfahrungen beim Praxiseinsatz gesammelt haben. Hierbei haben wir unsere Konzepte kontinuierlich weiterentwickelt und in diese neueste Auflage einfließen lassen.

- **Neue Funktionen**. Project 2003 und Project Server 2003 bringen eine Reihe von Verbesserungen mit sich. Auffällige neue Funktionen und weniger auffällige Detailverbesserungen. Wir haben diese an den Stellen im Buch eingearbeitet, wo diese Verbesserungen bringen.
- **Anpassung an deutschen PMBOK Guide**. Nach Drucklegung der letzten Ausgabe erschien die offizielle deutsche Übersetzung des Guide to the Project Management Body of Knowledge vom Project Management Institute. Wir haben unsere Übersetzungen an den neuen Standard angepasst.[1]
- Neuerstellung **Project für Berater**. Microsoft hat neue Ressourcen für die Implementierung herausgebracht. Wir haben dieses als Anlass genommen, das ▶ Kapitel 6 grundsätzlich neu zu strukturieren und die Konzepte von Microsoft mit unseren neueren Konzepten zu harmonisieren.
- Neuerstellung **Project für Trainer**. Wir haben zudem das Trainingskonzept stärker in die Prinzipien der Personalentwicklung eingebettet. Darum haben wir ebenfalls das ▶ Kapitel 7 neu strukturiert.
- Daneben haben wir Fehler beseitigt und eine Vielzahl von sonstigen **inhaltlichen Verbesserungen** vorgenommen, so z.B. deutlich mehr Verweise zwischen den einzelnen Kapiteln untereinander.

Im Vergleich zur vorherigen Auflage hat sich der Umfang nicht wesentlich verändert. Die liegt u.a. daran, dass das Vorgehen für bestimmte Aufgaben durch Verbesserungen in Project 2003 jetzt einfacher geht als vorher und somit sich einige Beschreibungen verkürzt haben. Das Gesamtkonzept des Buches hat sich jedoch bewährt, sodass auch die grundsätzlichen Annahmen gleich geblieben sind.

Zielgruppen und Vorgehen

Das Musterunternehmen

Wenn wir von Unternehmen und Projekten sprechen, dann haben wir ein mittelständisches Modellunternehmen mit mehreren Standorten im Kopf, das einen Teil seiner Wertschöpfung über Projekte beim Kunden betreibt. Der Einfachheit halber sollen dies Hausbau-Projekte sein, da sich hierunter jeder etwas vorstellen kann.

Project läuft in der Zentrale als gewöhnliche Client-Anwendung, die externen Standorte nutzen Project über den Terminalserver. Die Mitarbeiter und Kunden greifen über Intranet bzw. Extranet oder Internet auf Project Server zu. Alle Projektpläne werden in der Datenbank des Project Servers abgespeichert und nur für die Offline-Bearbeitung als Datei ausgecheckt. Das Unternehmen verwendet Windows 2000/XP als Betriebssystem auf Workstations und Windows Server 200x auf den Servern. Project Server läuft auf einer Vollversion des SQL Server 2000 inkl. Analysis Services. Als Groupware ist Outlook 200x in Verbindung mit dem Exchange Server 200x im Einsatz. Der Project Web Access wird auch für die Projektdokumentation verwendet, die auf den Windows SharePoint Services basiert.[2] Als Verzeichnisdienst ist Active

---

[1] Bis auf wenige Ausnahmen, bei denen wir bewusst Abweichungen beibehalten haben, um die Übereinstimmung mit der Begrifflichkeit in Project zu bewahren. Ein Beispiel ist die im deutschen PMBOK Guide verwendete Übersetzung »Einsatzmittel« für das englische Wort »Resources«. Wir haben in diesem Fall als deutsche Übersetzung »Ressourcen« verwendet.

[2] Für diesen Server ist zwingend Windows Server 2003 notwendig.

Einleitung und Danksagung

Directory im Einsatz und es gibt einen SharePoint Portal Server u.a. für die unternehmensweite Volltextsuche. Alle Projektleiter verfügen über Notebooks, viele Mitarbeiter besitzen zusätzlich einen Pocket PC.

Dieses Unternehmen beschreibt den »Maximalausbau« und ist daher nur als Beispiel zu sehen. Project kann natürlich auch in einer gänzlich anders strukturierten Umgebung wie auch bei Unternehmen mit anderer Ausrichtung und Größe eingesetzt werden. In diesem Buch werden wir mögliche Abweichungen in Hinweistexten und Fußnoten erwähnen.

Zielgruppen

Jeder der o.g. Projektbeteiligten stellt eine Zielgruppe dieses Buches dar. Zum einen haben wir die Gruppe der **Anwender**, die wir im Folgenden als Projektleiter, Projektmitarbeiter, Ressourcenmanager und Führungskräfte bezeichnen. Zum anderen gibt es die Gruppe der **Dienstleister**, die wir im Folgenden Berater, Administratoren und Entwickler nennen.

Nicht in jedem Unternehmen werden die Projektbeteiligten auch einzelne Personen sein, vielmehr ist es so, dass bestimmte Menschen mehrere Rollen bekleiden. Aus diesem Grund werden wir ab jetzt nur noch von diesen Rollen sprechen. Je nach dem, welche Rolle der Leser einnimmt, sind folgende Kapitel für ihn von unterschiedlichem Interesse.

Project für Anwender

In den ersten vier Kapiteln wird das Basiswissen für **Anwender** in einer Schritt-für-Schritt-Anleitung zusammengefasst. Neulinge lesen hier, was sie für den sicheren Einsatz von Project an Wissen benötigen. Für Leser anderer Project-Bücher, Nutzer mit fundierten Erfahrungen in Project sowie insbesondere für Projektleiter, eignen sich diese Kapitel als Repetitorium, um sich noch einmal die Kernprozesse zu vergegenwärtigen.

Project für Projektleiter

Der **Projektleiter** ist der Chef des Projekts. Der Projektplan ist sein Eigentum. Er muss dafür Sorge tragen, dass das Projekt innerhalb der gesteckten Ziele zum Abschluss gebracht wird. In diesem Kapitel erfährt er, wie er den Projektplan anlegt, die Vorgänge eingibt, diese strukturiert, Ressourcen einplant, diese informiert und ihre Rückmeldungen in den Plan einpflegt. Ein weiterer Abschnitt beschäftigt sich damit, wie der Projektleiter aus diesen Informationen Reports, wie z.B. Projektstatusberichte, generiert.

Project für Projektmitarbeiter

Projektmitarbeiter sind die wichtigsten Ressourcen im Projekt. Sie werden je nach ihrer Qualifikation (Skill) angefragt (ob sie bestimmte Aufgaben übernehmen können und wie groß ihr Aufwand hierfür ist). Wenn sie einen Vorgang annehmen, wird dieser in ihre Vorgangsliste bzw. Arbeitszeittabelle übertragen. Über den Project Web Access können sie sich einen Überblick über das verschaffen, was zeitlich vor ihren Vorgängen im Projekt abläuft und wofür sie die Voraussetzungen liefern müssen. Während und zum Abschluss ihrer Aufgaben melden sie ihren Ist- und Rest-Aufwand an den Projektleiter zurück.

Project für Ressourcenmanager

Ressourcenmanager sind verantwortlich für die Mitarbeiter- und Maschinendisposition. Sie sind die Projektleiter für die nicht projektbezogenen Tätigkeiten, wie z.B. Wartungsarbeiten, interne Termine und Abwesenheiten. Sie müssen sicherstellen, dass die Ressourcen ausgelastet sind. Weiter müssen sie die Skills (Qualifikationen) ihrer Ressourcen bei den Projektleitern vermarkten und sie ggf. mit weiteren Qualifizierungsmaßnahmen an die Bedürfnisse des Projekts anpassen. Sie müssen Ein- und Umplanungen überwachen und Ressourcenkonflikte, z.B. infolge von Überplanung oder plötzlicher Abwesenheit durch Krankheit etc. auflösen.

Project für Führungskräfte

Die **Führungskräfte** aus der Unternehmensleitung oder ein Derivat hiervon, wie z.B. der Projekt- oder Lenkungsausschuss, müssen sicherstellen, dass das gesamte Projektportfolio profitabel ist. Sie legen die Rahmenbedingungen für das Projektmanagement fest. Sie priorisieren Projekte und fällen Entscheidungen bei Ressourcenkonflikten, die die Ressourcenmanager nicht klären können. Sie sorgen für die Integration des Projektmanagements in das Finanz-, Personal- und Marketingmanagement. Teilaspekte hiervon werden auch als Finanz- oder Budgetplanung bezeichnet. Sie erwarten von Ihren Projektleitern eine frühzeitige Information über Planabweichungen und Vorschläge zur Gegensteuerung sowie allgemeine Projektstatusinformationen über die Zielerreichung.

Project für Projektmanagementdienstleister

Die übrigen Kapitel wenden sich an diejenigen, die die o.g. Anwender bei ihrer Arbeit technisch und organisatorisch unterstützen. Das können – wie eingangs erwähnt – sowohl interne als auch externe **Dienstleister** sein. Auch hier werden in der Praxis oft einige Rollen von ein und derselben Person wahrgenommen.

Project für Berater

Berater sind all diejenigen, die den Einsatz von Projektmanagementtechniken und entsprechenden -werkzeugen im Unternehmen vorantreiben, sei es als Verkäufer der Lösung (Promotor), als Trainer, Coach, Organisator oder in einer anderen Funktion. Oft erfüllen sie eine Vielzahl von »Einmalaufgaben«, wie z.B. die Durchführung von Präsentationen oder die Erstellung von Projekthandbüchern und -vorlagen. Sie stellen auch die Schnittstelle zum Lenkungsausschuss, der Geschäftsleitung und dem Betriebsrat. In diesem Kapitel finden diese Personen das Material, um Project erfolgreich im Unternehmen zu implementieren, so u.a. Checklisten oder auch Übungsaufgaben für die Durchführung von Schulungen.

Project für Administratoren

Die **Administratoren** sind für den zuverlässigen Betrieb der IT im Unternehmen verantwortlich. Im First-Level-Support stehen ihnen oft Helpdesk-Mitarbeiter zur Seite, um einfachere Probleme der Anwender zu lösen. Sie sind dafür verantwortlich, dass sich Project nahtlos in die vorhandene Infrastruktur integriert. Ferner leiten sie eventuelle Maßnahmen zur Anpassung dieser Infrastruktur. Für den Betrieb von Project und der von Project benutzten Systeme (z.B. den Terminalserver, Active Directory, SQL Server, Internet Information Server) sind sie verantwortlich, genauso wie für die

Vorbeugung von Störungen und ggf. deren Beseitigung. In diesem Kapitel erfahren sie, wie die Installation von Project durchgeführt wird und wie Project gewartet wird. Dazu gehört auch die Administration der Grundeinstellungen von Project über administrative Vorlagen wie auch die Administration der Project Server Datenbank und des Project Server Servers mit all seinen Komponenten selbst.

Project für Entwickler

Entwickler (Enterprise Developers) sorgen als Systemintegratoren für die Schaffung von Schnittstellen zu der vorhandenen IT-Infrastruktur. Zudem passen sie die Standardsoftware Project, Project Server an die Spezifikation ihres Unternehmens an. In diesem Kapitel lesen sie, wie die einzelnen Komponenten von Project mit VBA erweitert werden können (in Form eines Tutoriums). Das Kapitel wird komplettiert mit einer Referenz als Nachschlagewerk und vielen Beispielanwendungen, wobei die Codes auf der Buch-CD beiliegen.

Vorgehen und Konventionen

In jedem der folgenden Kapitel mit Ausnahme der Referenzkapitel werden wir wie folgt vorgehen: Zunächst werden wir den Personenkreis (Rollen), für den das Kapitel bestimmt ist, näher definieren und dessen Ziele darstellen. Dann werden wir die Hauptaufgabe, die dieser Personenkreis im Rahmen des Projektmanagements hat, näher beschreiben und die Teilaufgaben auflisten, die sich hieraus ableiten. Zu den Aufgaben, die sich mit Project lösen lassen, werden wir eine schrittweise Anleitung angeben. Auch wenn es mehrere Lösungswege gibt, zeigen wir stets nur einen, und zwar den, der uns für die jeweilige Aufgabenstellung am besten erscheint. Zu den Aufgaben, die nicht mit Project lösbar sind (und wo immer dies sonst möglich ist), werden wir Ansätze und Verweise auf weitere Quellen einfügen.

In der Marginalspalte werden wir folgende Bezeichnung verwenden:

Hinweise, um unerwünschte Effekte zu vermeiden	**ACHTUNG**
Wissenswerte Zusatzhinweise für ein tieferes Verständnis	**HINWEIS**
Tipps und Tricks	**TIPP**
Neue Funktionen in Project 2003	**NEU IN 2003**
In Project 2003 verbesserte Funktionen	**BESSER IN 2003**

Menübefehle, Optionen und Feldbezeichnungen in Project werden *kursiv* dargestellt, Listings in nicht proportionaler Schrift. Das Schwerpunktthema des Abschnitts oder wichtige Kernsätze und erstmalig verwendete Begriffe werden **fett** hervorgehoben. Wir verwenden geschlechtsneutrale Bezeichnungen. Ist dies nicht möglich, so verwenden wir die maskuline, da diese in der Regel einfacher und kürzer ist, so z.B. beim Begriff »Projektleiter«. Wir meinen damit aber selbstverständlich auch weibliche Projektleiter.

Danksagung

Projekte haben immer viele Väter und Mütter. Auch dieses Buchprojekt. Den größten Beitrag zu diesem Buch hat **Matthias Jäger** geliefert. Er hat die erste Fassung der Kapitel 5 und 11 sowie Teile der Kapitel 12 und 13 geschrieben. Matthias Jäger (*mjaeger@diventis.ch*) ist Geschäftsführer des Schweizer Unternehmens Diventis und ist Microsoft Most Valuable Professional (MVP) für Project.

Steffen Reister (*sr@reister.biz*) hat die ursprüngliche Fassung der Kapitel 6 und 7 verfasst. Steffen Reister ist selbstständiger Berater und hat zusammen mit Matthias Jäger das ebenfalls bei Microsoft Press erschienene Handbuch zu Project 2003 überarbeitet.

Dr. Thomas Henkelmann und **Alexander Knöss** haben jeweils eine Beispielanwendung für das Kapitel 12 beigesteuert (»Differenzierte Planung nicht ressourcengesteuerter Kosten« bzw. »Kostenimport aus einem ERP-System in Project«). Dr. Thomas Henkelmann ist Geschäftsführer von 12plan, Alexander Knöss ist Mitarbeiter von Campana & Schott.

Heike Außel hat das erste sprachliche Lektorat für einen Großteil der Kapitel übernommen. **Steffen Fischer** hat diese Aufgabe inhaltlich für die Kapitel 8 und 10 übernommen. Heike Außel ist Mitarbeiterin der Firma Microstaxx, Steffen Fischer arbeitet für das Unternehmen Burgmann.

Ein besonderer Dank gilt **Helmut Reinke** und seinem **Reinke Solutions Team**, der dieses Buch bei Microsoft Press initiiert hat. Insbesondere auch an Egbert Jeschke, der bei der ersten Auflage großartiges vollbracht hat.

Vielen Dank auch an **Thomas Pohlmann**, **Georg Weiherer** und **Margit Roth** (für die erste Auflage) von Microsoft Press, die uns als Lektoren bei der Erstellung tatkräftig beiseite standen.

Weiterhin sprechen wir hiermit allen Kunden, Nutzern der Microsoft Project Newsgroup und Partnern unseren Dank aus, die uns beim Korrigieren der Kapitel unterstützt haben und/oder durch ihre Problemstellungen häufig auch als Ideengeber mancher Inhalte des Buches zur Verfügung standen. Stellvertretend seien hier genannt:

Stavros Georgantzis, Johann Strasser, Johannes Franke (TPG); Rainhard Wulke; Oliver Lehmann; Jürgen Neumeier, Ralf Jaritz (WWK); Dr. Emil Gogu; Prof. Dr. Reiner Michel; Carsten Mons, Ludger Ademmer, Carsten Hass, Georg Pohl, Guido Karkosch, Michael Bermpohl (Miele); Jochen Peschke, Stephan Krause (Dynasys); Hans-Jürgen Erfurth, Wolfgang von Aichelburg (Siemens Business Services); Jochen Braun, Peter Albus, Ulrich Seifert, Cary Buraty, Wolfgang Rychlak, Daniel Spitta, Michael Löb (Microsoft); Carola Pantenburg; Michael Greth; Thomas Röttges (Thales); Georg Höfer, Christian Wördehoff (BHTC); Karl-Friedrich Tebbe, Dieter Conzelmann, Jörg Rudischhauser (Bizerba); Dr. Lorenz Rüssmann, Dr. Rudolf Kinder (Roche); Eugen Giewer (Honeywell); Arndt Lorenz, Uwe Ohlrogge, Bernd Roggendorf, Oliver Nauroth, Oliver Nopens (GWI); Gabriele Zwirnmann (IKB), Hubert Stier, Wilfried Nüsslein, Herbert Egner (Dachser); Michael Zunke (Aladdin); Gerd Walter, Renetta Kleemann, Dietmar Deeg, Ralf Prinz (Inneo); Detlev Dahl (Battenfeld); Dr. Peter Gust (Kico); Robert Moser (CSG); Ralf Matthes (RIB); Steffen Fischer (Burgmann); Matthias Bauer (ElringKlinger); Lothar Buhl (Contrust); Mark

Hutchins (SAP); Sara Edfjäll (Europäisches Patentamt); Dirk Oberste-Berghaus (Antoris);

Nicht zuletzt möchten wir auch unseren Familien und Freunden danken, insbesondere Lisa, Rolf und Heike, die diesen Dauerstress mit uns aushielten und die notwendige Zeit für die Erstellung des Buches geopfert haben.

Wir wünschen Ihnen und Ihren Kollegen viel Spaß bei der Lektüre und einen erfolgreichen Einsatz von Microsoft Project. Wir freuen uns über jedes Feedback, z.B. per E-Mail von Ihnen.

Im Namen aller Mitwirkenden

Renke Holert (renke@holert.com)

1 Project für Projektleiter

3	Initiierungsprozesse
6	Planungsprozesse
40	Ausführungsprozesse
43	Steuerungsprozesse
58	Abschließende Prozesse

Dieses Kapitel richtet sich an **Projektleiter**, die bereits Vorkenntnisse in Microsoft Project mitbringen, sowie auch an Neulinge im Umgang mit Project. Für erstere eignet es sich als Repetitorium, um sich die Kernprozesse und die wichtigsten Funktionen für die tägliche Arbeit mit Project noch einmal zu vergegenwärtigen. Für die zweite Gruppe dient dieses Kapitel als Überblick über den Umgang mit Project und als Arbeitsunterlage für Qualifizierungsmaßnahmen im Unternehmen. Weitere Informationen können beide Gruppen über die angegebenen Querverweise beziehen.

Projektphasen und Prozessgruppen

Abbildung 1.1:
Projektphasen und Prozessgruppen

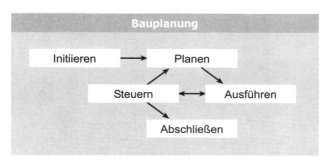
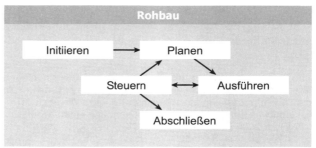

Als **Projektleiter** wird von Ihnen im Unternehmen erwartet, dass Sie Ihre Projekte über den gesamten Projektablauf leiten. Die Projektabläufe unterschiedlicher Projekte bestehen in der Regel aus verschiedenen **Projektphasen**. Diese variieren in der Bezeichnung und Anzahl. In einem Bauprojekt können die Projektphasen z.B. Bauplanung oder Rohbau heißen.[1] Auch wenn Anzahl und Bezeichnung der Projektphasen in jedem Projekt unterschiedlich sind, so finden innerhalb der Phasen jeweils die gleichen Prozesse statt. In der Begrifflichkeit des Project Management Institutes (PMI) werden diese Prozesse zu den folgenden **Prozessgruppen** zusammengefasst (vgl. Abbildung 1.1)[2]:

- Initiieren: Initiierungsprozesse (Initiating),
- Planen: Planungsprozesse (Planning),
- Ausführen: Ausführungsprozesse (Executing),
- Steuern: Steuerungsprozesse (Controlling) und
- Abschließen: Abschließende Prozesse (Closing)

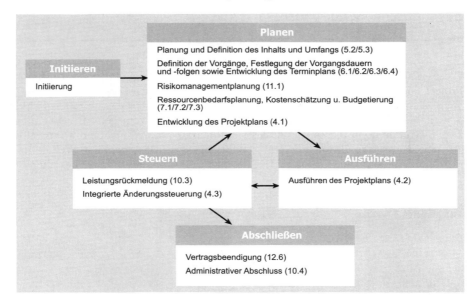

Abbildung 1.2: Prozessgruppen

Jede dieser Prozessgruppen besteht aus verschiedenen Einzelprozessen, deren wichtigste wir in der Abbildung 1.2 auflisten. In Klammern sind jeweils die Namen der Prozesse entsprechend des Guide to the Project Management Body of Knowledge 2000 (PMBOK® Guide 2000) des Project Management Institute (PMI) angegeben.[3]

Im PMBOK Guide werden diese Prozesse zusammen mit den zugehörigen Werkzeugen und Verfahren (*Tools & Techniques*) näher beschrieben. Die wichtigsten Pro-

---

[1] Nach der Honorarordnung für Architekten und Ingenieure werden z.B. folgende Phasen unterschieden: Grundlagenermittlung, Vorplanung, Entwurfsplanung, Genehmigungsplanung, Ausführungsplanung, Vorbereitung der Vergabe, Mitwirkung bei der Vergabe, Objektüberwachung sowie Objektbetreuung und Dokumentation (vgl. HOAI 2002, § 15).
[2] vgl. PMBOK 2000 D, S. 11-16 und 29-32
[3] vgl. PMBOK 2000 D, S. 30-38

zesse werden wir im Folgenden darstellen, für weitere Informationen empfehlen wir, den PMBOK Guide an den entsprechenden Stellen zu Rate zu ziehen.

Inhalt und Umfang

Ein Projekt beginnt mit einer Idee, einer Anfrage oder ähnlichem, die zunächst als grobe Produktbeschreibung mündlich oder schriftlich festgehalten wird. Hieran knüpft sich eine stärkere Detaillierung dessen, was als Ergebnis des Projektes entstehen soll (Inhalt und Umfang des Produktes) und dessen, was an Aktivitäten notwendig ist, um das Ergebnis zu erreichen (Inhalt und Umfang des Projektes).

Die **Beschreibung des Inhalts und Umfang des Produktes** (Product Scope) umfasst u.a. die Produktbeschreibung[1] (Product Description), welche weitgehend synonym mit der Leistungsbeschreibung ist. Unter Produkt ist hierbei neben einer Sachleistung auch eine Dienstleistung zu verstehen. Oft ist die Produktbeschreibung Bestandteil eines so genannten Pflichten- oder Lastenheftes. Die Produktbeschreibung beschreibt die an den Kunden zu übergebende (Gesamtend-)Leistung mit ihren Bestandteilen (Teilleistungen).

Der **Inhalt und Umfang des Projektes** (Project Scope) ist die (Projektgesamt-)Leistung, umfasst also alle während der Projektlaufzeit zu erstellenden Teilleistungen, die gemäß der deutschen Ausgabe des PMBOK als Liefergegenstände (Deliverables) bezeichnet werden. Diese Liefergegenstände können im Projektstrukturplan (PSP=WBS=Work Break Down Structure) hierarchisch dargestellt werden.[2] Ein Liefergegenstand auf unterster Ebene nennt man Arbeitspaket (Work package).[3] Diese Arbeitspakete bilden die Grundlage für die Definition der Vorgänge, wobei die Begriffe Aufgabe (Task), Aktivität (Activity) und Vorgang weitestgehend synonym sind. In Microsoft Project wird nur von Vorgang gesprochen. Sofern ein Vorgang sich in weitere Vorgänge untergliedert, heißen diese in Project Teilvorgänge. Der übergeordnete Vorgang heißt dann Sammelvorgang.

Initiierungsprozesse

Der einzige Prozess der Initiierungsprozesse ist die Initiierung (5.1 Initiation).[4] Ziel ist es, eine Entscheidungsgrundlage zu schaffen, ob das Projekt freigegeben bzw. in die nächste Phase überführt wird oder nicht (Autorisierung). Die Initiierung in einer sehr frühen Phase kann z.B. bedeuten, dass als nächste Phase eine Machbarkeitstudie und Aufwandschätzung erstellt wird. In einer späteren Phase kann dieses den Beginn der eigentlichen Planungsphase bedeuten. Als Grundlage für die Initiierung benötigt man u.a. Projektauswahlkriterien und die Produktbeschreibung (Eingangswerte, Input). Am Ende der Initiierung stehen u.a. der Projektleiter und sein Auftrag fest (Ausgangswerte, Output).

Die eigentliche Initiierungsentscheidung kann auf Basis von **Projektauswahlverfahren** und **Expertenbeurteilung** (Werkzeuge und Verfahren, Tools & Techniques) herbeigeführt werden. Die hierfür benötigten Eingangswerte können z.B. als struktu-

---

[1] vgl. PMBOK 2000 D, S. 53-54
[2] Im PS-Modul von SAP R/3 heißen die Liefergegenstände *PSP-Elemente*.
[3] vgl. DIN 69 901
[4] PMBOK 2000 D, S. 52-55

rierte Daten (Stammdaten) und als Dokumente auf dem Project Server ablegt werden.

Um die **Stammdaten** zu speichern, benötigen Sie einen auf dem Project Server gespeicherten Projektplan. Falls aus einer vorherigen Phase noch kein Projektplan in Project angelegt wurde, erstellen Sie auf folgende Art und Weise einen Projektplan:

1. Starten Sie Project Professional.
2. Klicken Sie in der *Standard*-Symbolleiste auf das Symbol *Speichern*.

Abbildung 1.3:
Projektstammdaten festlegen

3. Legen Sie die Stammdaten des Projektes fest (Abbildung 1.3) und klicken Sie auf die Schaltfläche *Speichern*.
4. Nachdem der Projektplan abgespeichert wurde, rufen Sie den Menübefehl *Datei/Eigenschaften* auf und tragen im Feld *Manager* den Namen des Projektleiters ein.

Abbildung 1.4:
Projektleiter festlegen

5. Falls der Projektplan z.B. bereits in einer vorherigen Phase die Planungsprozesse durchlaufen hat, können Sie evtl. bereits aussagekräftige Kennzahlen ablesen. Wechseln Sie dazu in die Projektstatistik (Menübefehl *Projekt/Projektinfo*, Schaltfläche *Statistik*).

Abbildung 1.5:
Projektkennzahlen ablesen

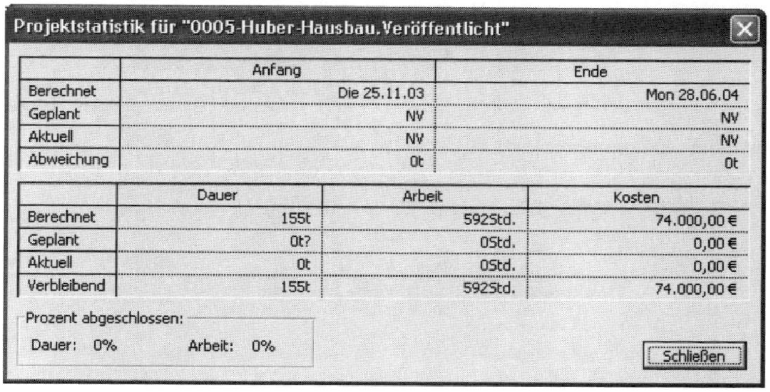

6. Stehen mehrere Projekte zur Auswahl, können Sie sich auch über den Projektcenter einen Überblick verschaffen. Mehr Informationen zum Projektcenter finden Sie in ▶ Kapitel 4.

Um **Dokumente**, wie z.B. die Produktbeschreibung, als Word-Textdokument (*.doc*) oder eine technische Zeichnung als AutoCAD-Zeichnung (*.dwg*) auf dem Project Server abzulegen, gehen Sie folgendermaßen vor:

1. Rufen Sie den Menübefehl *Zusammenarbeit/Dokumente* auf.

Abbildung 1.6:
Auswahl des Ablageortes

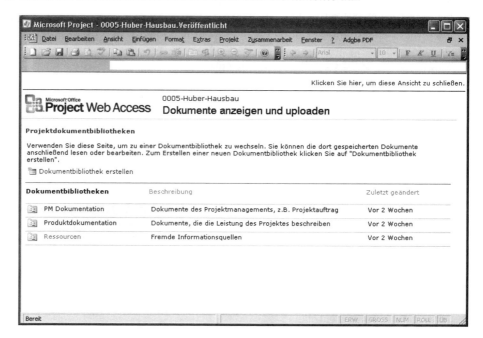

Project für Projektleiter

2. Wählen Sie eine passende Dokumentbibliothek aus (Abbildung 1.6).
3. Klicken Sie auf die Schaltfläche *Dokumentupload*.

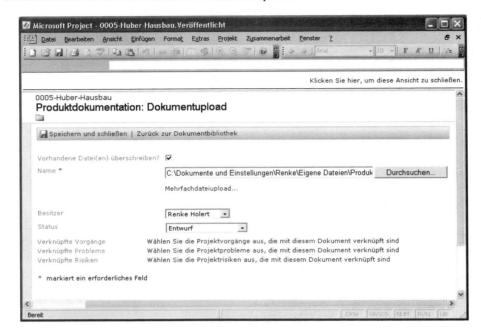

Abbildung 1.7:
Auswahl des Dokumentes

4. Klicken Sie auf die Schaltfläche *Durchsuchen*, wählen Sie das Dokument aus, übernehmen Sie das Dialogfeld mit *OK* und klicken Sie auf die Schaltfläche *Speichern und schließen* (Abbildung 1.7).

Auf die gleiche Art und Weise können Sie auch die weiteren Dokumente des Initiierungsprozesses wie z.B. den Projektauftrag ablegen.

Planungsprozesse

Nach der Freigabe in der Initiierung kann mit den *Planungsprozessen* (Planning processes) begonnen werden. Entsprechend der Definition der PMI kann es sich hierbei sowohl um eine frühe (Planungs-)Phase des Projektes, wie z.B. eine Pilotstudie handeln oder bereits um eine spätere, wie z.B. die Rohbauphase handeln. **Ziel** ist eine möglichst präzise gedankliche Vorstrukturierung der späteren Ausführung. Hierzu sind folgende Schritte notwendig, die im Folgenden ausführlich dargestellt werden:

1. Planung und Definition des Inhalts und Umfangs
2. Definition der Vorgänge, Festlegung der Vorgangsdauern und -folgen sowie Entwicklung des Terminplans
3. Risikomanagementplanung
4. Ressourcenbedarfsplanung, Kostenschätzung und Budgetierung
5. Entwicklung des Projektplans

Unterstützende Prozesse sind: Qualitätsplanung (8.1), Organisation im Projekt und Beschaffung des Projektpersonals (9.1/9.2), Kommunikationsplanung (10.1), Risikoidentifikation und -analyse sowie Planung zur Risikobewältigung (11.2/11.3/11.4/11.5), Beschaffungs- und Angebotsplanung (12.1/12.2).

Planung und Definition des Inhalts und Umfangs

Ziel der hier nachfolgend zusammengefassten Prozesse Planung des Inhalts und Umfangs (5.2 Scope Planning) sowie Definition des Inhalts und Umfangs (5.3 Scope Definition) ist die Detaillierung der Projektgesamtleistung (Projektarbeit, Projektinhalt und -umfang).

Eingangswerte der Prozesse sind u.a. der Projektauftrag inkl. der Produktbeschreibung. Ausgangswerte sind u.a. der Projektstrukturplan (PSP).[1] Dieser bricht die Gesamtleistung in einzelne zu liefernden Teilleistungen (Liefergegenstände, Deliverables) herunter, die während des Projektverlaufs erstellt werden müssen, um zur Endleistung zu kommen. Als Werkzeuge und Verfahren dienen u.a. Projektstrukturplanvorlagen und die Strukturierung.[2]

Wenn nicht bereits in einer vorhergehenden Projektphase ein **Projektstrukturplan** erstellt worden ist, kann auf eine Unternehmensvorlage (Enterprise-Vorlage) zurückgegriffen werden. Gehen Sie dazu folgendermaßen vor:

1. Rufen Sie den Menübefehl *Datei/Neu* auf.
2. Klicken Sie im Aufgabenbereich im Abschnitt *Vorlagen* auf den Link *Auf meinem Computer*.

Abbildung 1.8: Unternehmensvorlage auswählen

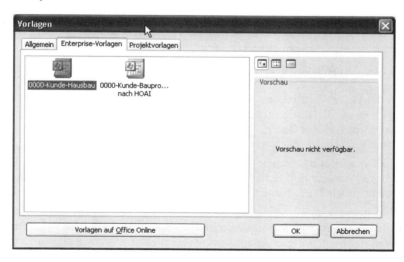

3. Wechseln Sie im Dialogfeld *Vorlagen* zur Registerkarte *Enterprise-Vorlagen*.
4. Wählen Sie eine geeignete Vorlage aus und klicken Sie auf *OK*

---

[1] vgl. PMBOK 2000 D, S. 55-61
[2] Bewährte Verfahren für die Strukturierung finden Sie z.B. im Buch »Practice Standard for Work Breakdown Structures« vom PMI (*http://www.holert.com/literatur*)

Enterprise-(Projekt-)Vorlagen sind zentral auf dem Project Server gespeichert, auch wenn es der Link *Auf meinem Computer* anders vermuten lässt, und stehen damit allen Projektleitern Ihrer Organisation zur Verfügung.

HINWEIS

Auf Basis der Vorlage oder eines aus einer früheren Phase vorliegenden Projektplanes **strukturieren** Sie die Projektarbeit. Als Gliederungskriterium können Sie z.B. den Reifegrad des Produktes (Phase, Projektlebenszyklus) oder die Struktur des Produktes (Leistung, Objekt) verwenden. Die Auswahl des Strukturierungskriteriums hängt von der Art des Projektes ab. Die Detaillierungstiefe (Detaillierungsgrad) sollte so bemessen werden, dass eine angemessene Schätzung der Kosten und Dauer möglich ist.

In Project gibt es keine spezielle Projektstruktur-Ansicht. Es ist jedoch möglich, die **Vorgangsliste** zu verwenden, die z.B. in den Balkendiagramm-Ansichten verfügbar und gliederbar ist. Die Darstellung ist somit nicht losgelöst von der Reihenfolge der später nach PMI zu definierenden Vorgänge. Wir werden aber weiter unten noch zeigen, mit welchem Trick dies dennoch möglich ist.

Um die Vorgangsliste nach der Projektstruktur zu gliedern, führen Sie folgende Schritte aus:

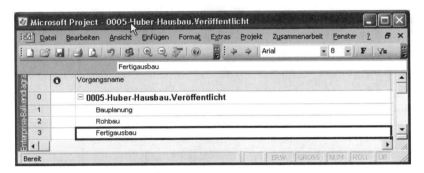

Abbildung 1.9: Feststellen der Hauptliefergegenstände

1. **Feststellen der Hauptliefergegenstände**. Die Vorgangsliste sollte aus Gründen der Handhabbarkeit möglichst chronologisch gegliedert sein; somit empfehlen wir die oberste Ebene nach der Phase zu gliedern, z.B. »Bauplanung«, »Rohbau« und »Fertigausbau«.

2. **Prüfen des Detaillierungsgrades**. Entscheiden Sie, ob im derzeitigen Detaillierungsgrad eine angemessene Schätzung der Kosten und der Dauer möglich ist. Falls das nicht möglich ist, führen Sie Schritt 3 aus, andernfalls fahren Sie mit Schritt 4 fort.

Gliedern Sie den Plan nicht zu fein und beschreiben Sie dafür die Teilleistungen ausführlich im Notizfeld. Falls dieses nicht ausreicht, erstellen Sie ein weiteres Dokument, z.B. in Microsoft Word, das Sie mit dem entsprechenden Vorgang verknüpfen (siehe den ▶ Abschnitt »Risikomanagement« in diesem Kapitel).

ACHTUNG

Abbildung 1.10:
Untergliedern des Liefergegenstandes

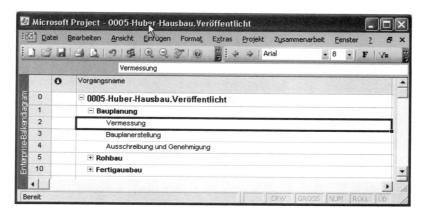

 3. **Untergliedern des Liefergegenstandes**. Fügen Sie neue Liefergegenstände ein (Menübefehl *Einfügen/Neuer Vorgang*) und untergliedern Sie diese, indem Sie auf die Schalfläche *Tiefer stufen* klicken, wie in der Marginalspalte abgebildet.

ACHTUNG Versuchen Sie zudem, Teilleistungen so zu definieren, dass Sie möglichst wenige Abhängigkeiten mit anderen Teilleistungen haben. So vermeiden Sie eine schwer zu handhabende Komplexität schon im Vorfeld.

4. **Prüfen Sie die Richtigkeit der Strukturierung.**

TIPP Sie können die Projektstruktur auch grafisch in Form von Kästchen mit dem Add-On WBS Chart Pro[1] oder dem Add-In für Visio (▶ Kapitel 13) darstellen.

Falls Sie für Ihr Projekt eine reine Strukturansicht z.B. nach dem Objekt benötigen, können Sie die Struktur durch einen Gliederungscode nachbilden und eine spezielle Ansicht schaffen, die hiernach gruppiert. Gehen Sie dazu folgendermaßen vor:

1. Wählen Sie im Menü *Extras/Anpassen* den Menüeintrag *Felder* aus.

ACHTUNG Verwenden Sie keinen Enterprise-Gliederungscode, da sonst die Struktur für alle Projekte auf dem Project Server gleich definiert würde.

2. Wechseln Sie auf die Registerkarte *Gliederung (benutzerdef.)*.

3. Wählen Sie z.B. den *Gliederungscode 1* aus und benennen Sie diesen z.B. in *PSP* um. Sie können auch das Feld *PSP-Code* (Menü *Projekt/PSP-Code*) verwenden, allerdings bietet Ihnen dies nicht die Möglichkeit, eine Auswahlliste anzuzeigen.

4. Klicken Sie auf die Schaltfläche *Codeformat definieren* und geben Sie z.B. für die Ebene 1 bis 3 als *Zeichenfolge* den Wert *Zeichen* ein.

---

[1] http://www.holert.com/wbschartpro

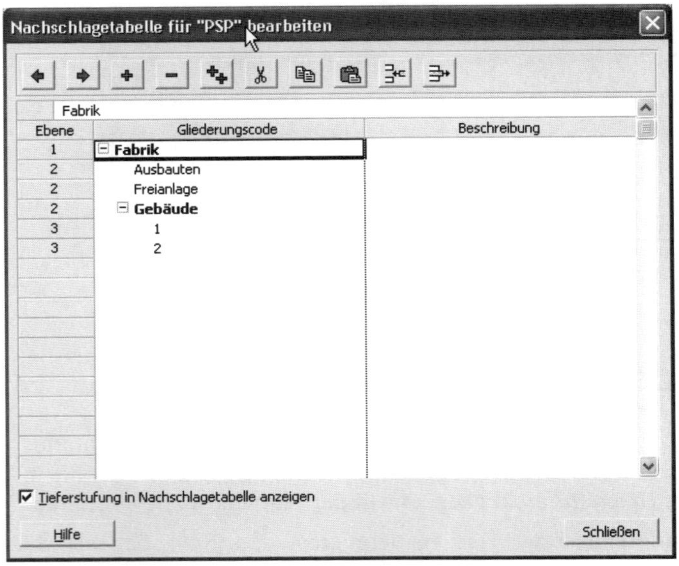

Abbildung 1.11:
Projektstruktur definieren

5. Klicken Sie auf die Schaltfläche *Nachschlagetabelle bearbeiten* und geben Sie die Namen der Liefergegenstände hierarchisch ein (vgl. Abbildung 1.11).

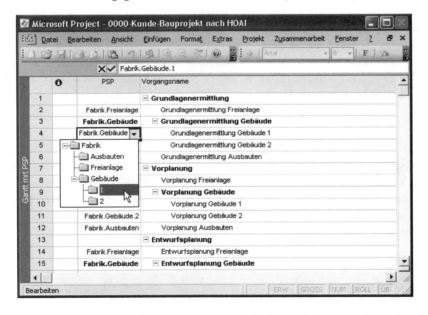

Abbildung 1.12:
Zuweisen der Projektstruktur zu den Liefergegenständen

6. Fügen Sie das Feld *PSP* in Ihre Tabelle ein (Menübefehl *Einfügen/Spalte*) und wählen Sie die passenden Liefergegenstände aus.

Abbildung 1.13:
Darstellung der Projektstruktur

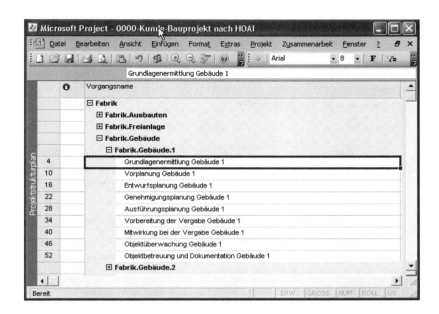

7. Erstellen Sie eine benutzerdefinierte Gruppierung (Menübefehl *Projekt/Gruppieren nach*), die nach dem Feld *PSP* gruppiert und wenden Sie diese an (vgl. Abbildung 1.13).

HINWEIS Mehr Informationen zum Erstellen von Gliederungscodes, Gruppierungen und Ansichten finden Sie in ▶ Kapitel 5 sowie in ▶ Kapitel 9.

Die ergebnisorientierte Darstellung nach Liefergegenständen erleichtert eine zielorientierte Definition und Ausführung der Vorgänge.

Definition der Vorgänge, Festlegung der Vorgangsdauern und -folgen sowie Entwicklung des Terminplans

Auf Basis des detaillierten Projektstrukturplans (Leistungsbeschreibung) wird jetzt für jeden Liefergegenstand (Teilleistung) ermittelt, welche Vorgänge (Activities) notwendig sind, um diese zu erreichen. Ziel ist es schließlich, eine präzisere Aussage zu machen, wie lange das Projekt dauert. Hierzu sind in Microsoft Project folgende Schritte notwendig:

1. Definition der Vorgänge
2. Festlegen der Vorgangsfolgen
3. Schätzung der Vorgangsdauer
4. Entwicklung des Terminplans

Definition der Vorgänge

Die zur Erbringung der Liefergegenstände notwendigen Vorgänge können als Teilvorgänge unterhalb der Liefergegenstände gebildet werden (6.1 Activity Definition). Gehen Sie dazu folgendermaßen vor:

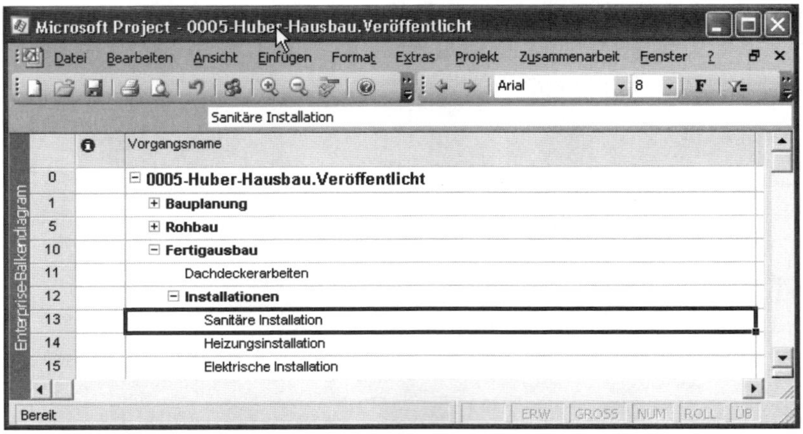

Abbildung 1.14:
Definition von Vorgängen

1. Fügen Sie neue Vorgänge unter dem entsprechenden Liefergegenstand ein. Der Vorgang wird dann zu einem Sammelvorgang.
2. Rücken Sie diese nach rechts ein, indem Sie beim Untergliedern wie oben beschrieben vorgehen.

Es ist nicht in jedem Projekt erforderlich, dass überhaupt bzw. alle Liefergegenstände in Vorgänge aufgeschlüsselt werden. Das ist zum Beispiel dann nicht erforderlich, wenn Liefergegenstände an Subunternehmer vergeben werden, die ihrerseits ein eigenes Projektmanagement haben. Die grobe Empfehlung lautet, die Vorgänge so zu definieren, dass der Aufwand für eine Ressource leicht überschaubar ist und – sofern sinnvoll – nicht unter drei Personentagen liegt. Ausnahmen hiervon sind z.B. wichtige Präsentationen, Besprechungen und Einarbeitung von Mitarbeitern, in denen mehrere Ressourcen an einem Vorgang arbeiten.

Handelt es sich um ein sehr großes Projekt, bei dem der Projektleiter durch Teilprojektleiter unterstützt wird, können auch Teilprojektpläne gebildet werden. Maßstab für die Größe eines Projektplanes ist die Überschaubarkeit für eine Person.

HINWEIS Wenn mehrere Teilprojekte in einem Projekt konsolidiert werden, spricht man von einem *Hauptprojekt* (vgl. zum Thema »Mehrprojekttechnik« auch das ▶ Kapitel 5).

WICHTIG Der Projektleiter ist der »Eigentümer« seines Projektplanes und nur er darf diesen bearbeiten, sonst verliert er das »Vertrauen« in das Dokument. Lesen dürfen und sollen den Projektplan selbstverständlich möglichst alle Projektbeteiligten (Stakeholders). Das Lesen ist z.B. über den Project Web Access des Project Servers möglich, wie in den ▶ Kapiteln 2 bis 4 ausführlich beschrieben.

Festlegen der Vorgangsfolgen

Im Anschluss an die Definition der Vorgänge folgt die Festlegung der Vorgangsfolgen (6.2 Activity Sequencing). Ziel ist es, ein Modell der Realität im Projektplan abzubilden. Es sollten nur die Abhängigkeiten aufgenommen werden, die unabdingbaren Einfluss auf den Ablauf haben, wie z.B. beim Hausbau, wo zuerst »Bauplanung« erstellt wird, bevor mit »Rohbau« begonnen werden kann.

Überprüfen Sie die Verknüpfungen, die in früheren Phasen bereits erstellt wurden und passen Sie diese ggf. an. Fügen Sie **keine** Verknüpfungen ein, um sequentielle

Abarbeitung von Vorgängen aufgrund von wahrscheinlich erachteten Ressourcenengpässen widerzuspiegeln. Gehen Sie dazu folgendermaßen vor:

Abbildung 1.15:
Festlegen der Vorgangsfolgen

1. Markieren Sie den Vorgänger, indem Sie mit der linken Maustaste auf den Vorgang in der Tabelle klicken.
2. Halten Sie die Strg-Taste gedrückt und klicken Sie auf den Nachfolger (vgl. Abbildung 1.15).

3. Verknüpfen Sie die Vorgänge, indem Sie in der *Standard*-Symbolleiste auf die Schaltfläche *Vorgänge verknüpfen* klicken.
4. Fügen Sie ggf. auch Meilensteine in die Vorgangfolgen ein. Meilensteine sind wichtige Ereignisse, die besonders überwacht werden sollen. Ein Meilenstein in Project ist ein Vorgang mit der Dauer von 0 Tagen.

In besonderen Fällen, wie z.B. beim Simultaneous Engineering oder bei extremem Zeitdruck kann durch Überlappung, also negative Zeitabstände zwischen den Vorgängen, ein Kompromiss zwischen konfliktfreier Abwicklung und Projektbeschleunigung erreicht werden.

Schätzung der Vorgangsdauer

Nachdem die Vorgänge erfasst und in eine logische Reihenfolge gebracht wurden, folgt die Schätzung der Vorgangsdauer (6.3 Acitivity Duration Estimating). In Project gehen Sie dazu folgendermaßen vor:

1. Tragen Sie in der Vorgangstabelle im Feld *Dauer* die voraussichtliche Dauer ein, welche die typischerweise für diesen Vorgang angenommene Anzahl von Ressourcen benötigt, um die Arbeit ohne Unterbrechungen zu erledigen. Im Prozess *Ressourcenbedarfsplanung (7.1 Resource Planning)* wird dann der Ressourceneinsatz an den hier vorgegebenen Zeitrahmen angepasst.
2. Dass es sich um eine Schätzung handelt, kann durch die Vorgangseigenschaft *Geschätzt* deutlich gemacht werden, die dann ein Fragezeichen hinter dem Zahlenwert anzeigt. Diese Eigenschaft kann über das Dialogfeld *Informationen zum Vorgang* festgelegt werden, das über einen Doppelklick auf den Vorgang aufgerufen wird (vgl. Abbildung 1.16).

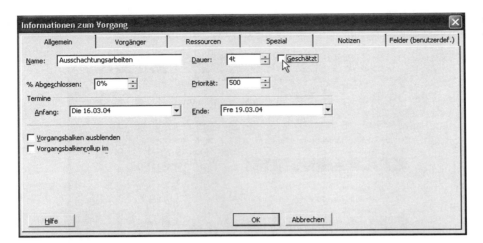

Abbildung 1.16:
Eingabe der Vorgangsdauer

Entwicklung des Terminplans

Das bisherige Ergebnis des Terminplans wird bezüglich des Fertigstellungstermins nach aller Voraussicht nicht den Kundenwünschen entsprechen. Zudem sind nicht alle äußeren Faktoren berücksichtigt worden, die Einfluss auf den Projektverlauf haben. Ziel ist es nun, den Plan weiter auszuarbeiten, damit dieser die äußeren Einflussfaktoren berücksichtigt (*6.4. Schedule Development*).[1] Zum einen sollten Sie noch einmal überprüfen, ob nicht durch Überlappung, also das Setzen *negativer Zeitabstände*, oder die *Parallelisierung* von Vorgängen eine Beschleunigung erreicht werden kann. Prüfen Sie zudem, ob der *Projektkalender* angepasst und (positive) Zeitabstände eingefügt werden müssen. Ein Beispiel für einen Zeitabstand wäre etwa beim Hausbau der Zeitraum, der verstreichen muss, bis der Estrich getrocknet ist. Verfahren Sie in Project wie folgt:

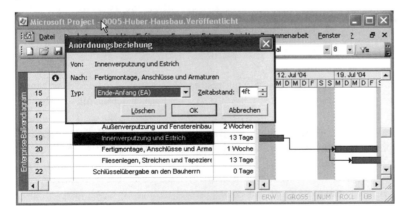

Abbildung 1.17:
Anordnungsbeziehung

1. Fügen Sie *Zeitabstände* ein, indem Sie mit der Spitze des Mauszeigers einen Doppelklick im Balkendiagramm auf die Verknüpfungslinie der betroffenen Vorgänge machen. Es erscheint dann das Dialogfeld *Anordnungsbeziehung* (vgl. Abbildung

---

[1] PMBOK 2000, S. 65-79

1.17). Geben Sie negative Werte für Überlappungen und positive Werte für einen tatsächlichen Abstand zwischen den Vorgängen ein. Wenn Sie den Zeitabstand nicht in Arbeitstagen, sondern in Kalendertagen eingeben möchten, so fügen Sie zwischen den Zahlenwert und die Zeiteinheit ein *f* für fortlaufend, also z.B. *4ft* für vier fortlaufende Tage ein.

2. *Parallelisieren* Sie Vorgänge, die zeitgleich ausgeführt werden können, indem Sie den Vorgängen die gleichen Vorgänger und Nachfolger zuweisen oder sie durch einen *Sammelvorgang* klammern, den Sie mit dem Vorgänger und Nachfolger verknüpfen.

Als weiterer Einflussfaktor über die logische Reihenfolge der Aktivitäten hinaus müssen Sie die Arbeitszeit im Projekt berücksichtigen, indem Sie im Projektkalender die Arbeitszeiten entsprechend anpassen.

ACHTUNG Bei Project Professional in Verbindung mit Project Server ist der Projektkalender standardmäßig ein Enterprise-Kalender, der nur über die Enterprise-Global bearbeitet werden kann.

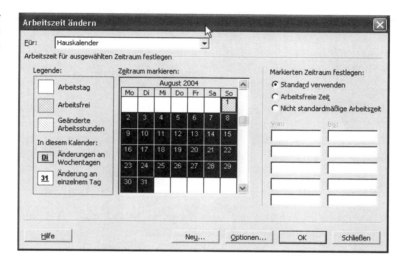

Abbildung 1.18: Bearbeiten des Projektkalenders

1. Rufen Sie über den Menübefehl *Extras/Arbeitszeit ändern* das Dialogfeld *Arbeitszeit ändern* auf.

2. Markieren Sie mit der Maus den entsprechenden Termin und ändern Sie die Arbeitszeit über die Optionsfelder im Abschnitt *Markierten Zeitraum festlegen* in Arbeitszeit oder arbeitsfreie Zeit ab.

HINWEIS Sofern Sie einen neuen Kalender für das Projekt erstellen, achten Sie darauf, dass Sie unter *Projekt/Projektinfo* den neuen Kalender als *Projektkalender* festlegen. Überprüfen Sie zudem, dass Sie die arbeitsfreie Zeit des Projektkalenders in den Balkendiagramm- und Einsatzansichten darstellen, indem Sie über den Menübefehl *Format/Zeitskala* auf der Registerkarte *Arbeitsfreie Zeit* ebenfalls den neuen Kalender auswählen.

Bei Project Professional in Verbindung mit dem Project Server muss der Projektkalender entweder in der Enterprise-Global angelegt werden oder es muss vom Administrator die Verwendung von lokalen Kalendern zugelassen werden.

Mit dem Add-In *Set Holidays* können Sie Feiertage automatisch in den Projektkalender eintragen (vgl. ▶ Kapitel 13).

TIPP

Verwenden Sie für die Verwaltung der arbeitsfreien Zeiten von Ressourcen (Abwesenheitszeiten) Sonderprojekte (vgl. ▶ Kapitel 2, Abschnitt »Abwesenheit durch Urlaub, Krankheit oder andere nicht projektbezogene Tätigkeiten zurückmelden« und ▶ Kapitel 3, Abschnitt »Management von Abwesenheitszeiten«).

Wenn es zeitliche Verschiebungen im Verlauf des Projektes gibt, werden unter Umständen **Umplanungen** erforderlich. Verringern Sie die Zahl der Umplanungen, indem Sie **Puffer** bilden und damit die Teilleistungen zeitlich entkoppeln. Puffer bilden Sie durch das Setzen von **Termineinschränkungen**, also z.B. durch feste Terminierung des Richtfestes. Um eine Termineinschränkung festzulegen, führen Sie folgende Schritte aus:

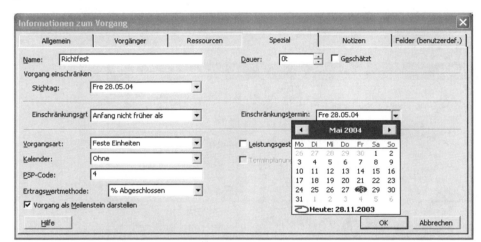

Abbildung 1.19:
Setzen einer Termineinschränkung

1. Rufen Sie das Dialogfeld *Informationen zum Vorgang* (Abbildung 1.19) auf, indem Sie auf den entsprechenden Vorgang doppelklicken.

2. Wechseln Sie zur Registerkarte *Spezial* und tragen Sie den Einschränkungstermin im gleichnamigen Feld ein.

Sie können eingeschränkte Vorgänge am Kalendersymbol in der Indikatorspalte in den Vorgangstabellen erkennen (wie in der Marginalspalte abgebildet).

Sofern die Ressourcenverfügbarkeit Einfluss auf den Terminplan hat bzw. haben darf, sollten Sie Termineinschränkungen jedoch erst im Anschluss an die Ressourcenplanung setzen. Ist dies nicht der Fall (z.B. in Projekten, die zeitlich unverrückbar sind), sollten Sie Termineinschränkungen jetzt setzen (Beispiel: Fixer Endtermin für die Fertigstellung des Hauses mit hohen Sanktionalstrafen).

Sie können Termineinschränkungen für mehrere Vorgänge gleichzeitig setzen. Gehen Sie dazu folgendermaßen vor:

TIPP

1. Markieren Sie alle Vorgänge.

2. Klicken Sie auf das Symbol *Informationen zum Vorgang* in der *Standard*-Symbolleiste, um das gleichnamige Dialogfeld aufzurufen.

3. Wechseln Sie zur Registerkarte *Spezial* und wählen Sie dort z.B. die Einschränkungsart *Anfang nicht früher als* oder *Muss anfangen am*, je nach Anforderungen.

Wenn Sie als Termineinschränkungsart *Anfang nicht früher als* wählen, wird im Projektplan nicht deutlich, zu welchem Zeitpunkt der Vorgang seinen Einschränkungstermin überschreitet.

Wenn Sie von der Überschreitung optisch informiert werden möchten, legen Sie die *Fälligkeit* des Vorgangs fest, indem Sie im Feld *Stichtag* (Deadline) den spätesten Fertigstellungstermin eintragen. Es erscheint dann bei Überschreitung ein rotes Karo mit einem weißen Ausrufungszeichen in der Indikatorenspalte im Balkendiagramm (vgl. Abbildung 1.20).

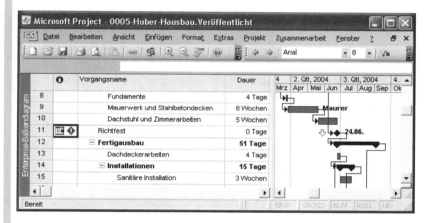

Abbildung 1.20: Überschreiten des Stichtags

Der **Stichtag** selbst wird als umrahmter grüner Pfeil im Balkendiagramm angezeigt.

Risikomanagementplanung

An die Entwicklung des Terminplans schließt sich die Risikomanagementplanung (*11.1 Risk Management Planning*) an.[1] Ziel ist es, einen Plan zu entwickeln, wie in diesem Projekt Risikomanagement betrieben werden soll.[2] Dieser **Risikomanagementplan** sollte folgende Inhalte umfassen:

- **Methodik** (Methodology). Allgemeine Methodik und Quellen hierfür. Eine beispielhafte Checkliste für Risikofaktoren kann auf der Website zum Buch abgerufen werden unter *http://www.holert.com/project/faq/risikomanagement*.
- **Rollen und Verantwortlichkeiten** (Roles and responsibilities). Zuordnung von Personen zu bestimmten Aktionen im Risikomanagementplan
- **Budgetierung** (Budgeting). Festlegung des Budgets für das Risikomanagement

---

[1] PMBOK 2000 D, S. 129-130; vgl. auch in der Project-Hilfe den Abschnitt »Informationen zu Risiken«

[2] Börsennotierte Aktiengesellschaften sind durch das Gesetz zur Kontrolle und Transparenz im Unternehmensbereich (KonTraG) verpflichtet, ein Risikomanagementsystem einzurichten.

- **Zeitliche Planung** (Timing). Definition, wann und wie oft im Projekt Risikomanagement betrieben werden soll
- **Auswertungen und Interpretationen** (Scoring and interpretation). Festlegung der Bewertungs- und Interpretationsmethoden für Risiken
- **Grenzwerte** (Thresholds). Festlegung der Schwellwerte in Abhängigkeit der Risikoakzeptanz der Projektbeteiligten, wann Aktionen unternommen werden sollen
- **Berichtsformate** (Reporting Formats). Beschreibung der Inhalte und Formate für den Risikoreaktionsplan (Risk response plan)
- **Steuerung** (Tracking). Beschreibung, wie alle Aktivitäten des Risikomanagements, dokumentiert werden, z.B. um eine Wissensbasis für zukünftige Projekte zu schaffen

Der Risikomanagementplan selbst kann beispielsweise mit Microsoft Word verfasst werden und in der integrierten Dokumentenverwaltung des Project Servers abgelegt werden. Das Vorgehen wurde bereits oben im Abschnitt Initiierungsprozesse beschrieben.

Sie können das **Dokument mit dem zugehörigen Vorgang oder den Vorgängen verknüpfen**. Gehen Sie dazu folgendermaßen vor:

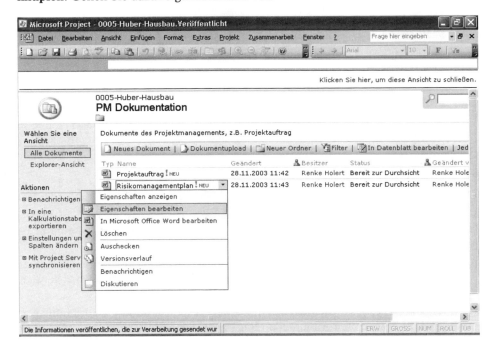

Abbildung 1.21:
Dokument mit Vorgang verknüpfen

1. Klicken Sie in der Spalte *Name* auf den Pfeil, der das Dropdown-Listenfeld anzeigt, und wählen Sie in der Liste den Eintrag *Eigenschaften bearbeiten* aus.

Abbildung 1.22:*Dokument mit Vorgang verknüpfen*

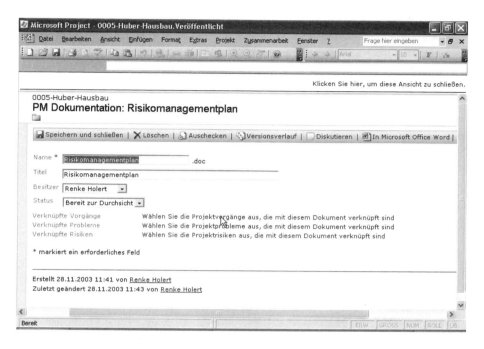

2. Klicken Sie im Feld *Verknüpfte Vorgänge* auf den Link *Wählen Sie die Projektvorgänge aus, die mit diesem Dokument verknüpft sind.*

ACHTUNG Die Spalte *ID* weist nicht das Feld *Nr.*, sondern das Feld *Einmalige Nr.* aus.

Abbildung 1.23:*Auswahl des Vorgangs*

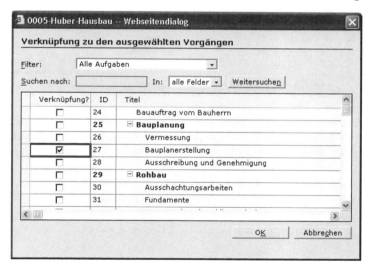

3. Klicken Sie in der Spalte *Verknüpfung?* auf den Vorgang, den Sie mit dem Dokument verknüpfen möchten. Falls es sich nicht um einen Vorgang handelt, dem Sie nicht bzw. noch nicht zugewiesen sind, wählen Sie im Feld *Filter* den Filter *Alle Aufgaben*[1] aus und klicken Sie auf *OK*.
4. Klicken Sie hiernach auf die Schaltfläche *Speichern und schließen*, um die Änderungen an den Dokumenteigenschaften zu übernehmen.

Die mit dem Vorgang verknüpften Vorgänge werden jetzt in der Arbeitszeittabelle der zugeordneten Ressourcen und in den Projektansichten des Project Web Access angezeigt. Sie können als Projektleiter auf folgende Art und Weise auf die Ansicht zugreifen:

1. Wählen Sie im Menü *Zusammenarbeit* den Menüeintrag *Projektcenter* aus.
2. Klicken Sie in der Projektliste auf das entsprechende Projekt.

■ **BESSER IN 2003**

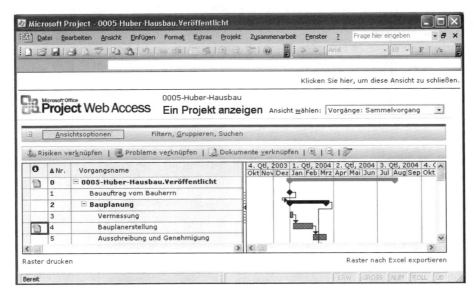

Abbildung 1.24:
Vorgang mit verknüpften Dokumenten

3. Sie erkennen Vorgänge mit verknüpften Dokumenten an dem in der Indikatorspalte abgebildeten Dokumentsymbol (vgl. Abbildung 1.24). Um das zugehörige Dokument bzw. die zugehörigen Dokumente anzuzeigen, klicken Sie mit der Maus auf das Dokumentsymbol.

Leider wird im Project selbst nicht automatisch ein Hyperlink in der Indikatoren-Spalte erstellt. Sie können dies jedoch manuell nachholen. Gehen Sie dazu folgendermaßen vor:

1. Klicken Sie auf das Symbol *Hyperlink* in der *Standard*-Symbolleiste.

---

[1] Es handelt sich um eine falsche deutsche Übersetzung. Der Filter müsste korrekterweise *Alle Vorgänge* heißen.

Abbildung 1.25:
Hyperlink einfügen

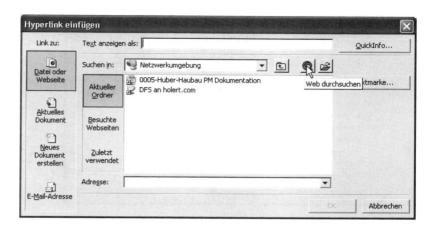

2. Klicken Sie im Dialogfeld *Hyperlink einfügen* auf die Schaltfläche *Web durchsuchen*.

Abbildung 1.26:
Dokumentliste für einen Vorgang

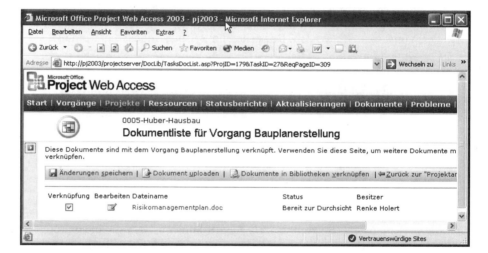

3. Wechseln Sie in die Projektansicht und klicken Sie auf das Dokumentsymbol wie zuvor beschrieben, sodass Sie die Dokumentliste für den entsprechenden Vorgang sehen.
4. Schließen Sie den Internet Explorer und übernehmen Sie das Dialogfeld *Hyperlink einfügen* mit *OK*.

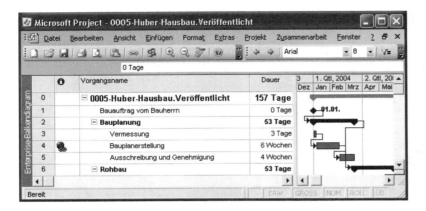

Abbildung 1.27:
Hyperlink zur Dokumentliste des Vorgangs

5. Sie können jetzt über einen einfachen Klick auf das Hyperlink-Symbol in der Indikatorspalte die Dokumentliste anzeigen.

Der Risikomanagementplan sollte, wie auch die gesamte übrige Projektdokumentation, für alle Projektbeteiligten lesbar und kommentierbar sein. Es dürfen jedoch keine Änderungen ohne Einwilligung des Projektleiters bzw. des verantwortlichen Erstellers vorgenommen werden. Das geht zum Beispiel, indem das Dokument

- als Word-Dokument mit aktiviertem Überarbeitungsmodus gespeichert oder

Abbildung 1.28:
Direkte Erstellung von PDF-Dokumenten aus Microsoft Office

- im Portable Document Format (PDF) abgelegt wird.[1]

Sie können für einen eingeschränkten Zugriff auch für jede Benutzergruppe eine Dokumentbibliothek erstellen und für diese entsprechende Zugriffsrechte festlegen.

TIPP

Project kann Ihnen auch bei den Unterstützungsprozessen Risikoidentifikation, Qualitative und Quantitative Risikoanalyse sowie Planung zur Risikobewältigung (11.2, 11.3, 11.4 und 11.5) Hilfe leisten. Sie können z.B. die eigentlichen Risiken in der Risikoliste im Project Web Access des Project Servers ablegen. Gehen Sie dazu folgendermaßen vor:

NEU IN 2003

1. Rufen Sie den Menübefehl *Zusammenarbeit/Risiken* auf.
2. Klicken Sie auf die Schaltfläche *Neues Risiko*.

---

[1] Adobe Acrobat Professional 6.0 fügt in die meisten Anwendungen aus dem Microsoft Office System (auch Project und Visio) eine Symbolleiste ein, mit der per Klick auf die Schaltfläche *In Adobe PDF konvertieren* ein PDF-Dokument erstellt werden kann.

Abbildung 1.29:
Neuen Eintrag für ein Risiko erstellen

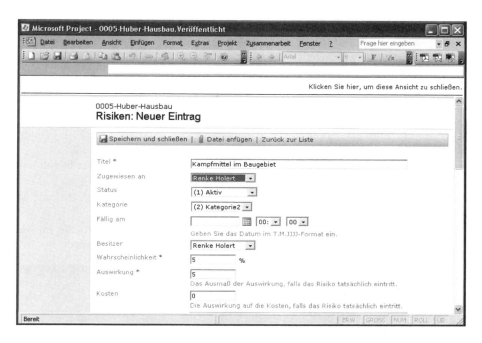

 3. Geben Sie im Feld *Titel* eine Bezeichnung des Risikos ein und füllen Sie die übrigen Felder aus. Sie können das Risiko auch mit einem Vorgang verknüpfen. Es wird dann wie bei den Dokumenten über das nebenstehend abgebildete Symbol in der Arbeitszeittabelle und in der Projektansicht anzeigt, das zu dem Vorgang *Risiken* hinterlegt wurde.

Ressourcenbedarfsplanung, Kostenschätzung und Budgetierung

Die nächsten Prozesse sind die Ressourcenbedarfsplanung[1] (7.1 Resource Planning), Kostenschätzung (7.2 Cost Estimating) und Budgetierung (7.3 Cost Budgeting).[2] Ziel ist es, den Ressourcenbedarf zu ermitteln, diesen monetär zu bewerten und daraus ein Budget für jedes Arbeitspaket (**Kostenbasisplan**, Cost Baseline) abzuleiten.

Unterstützende Prozesse sind hierfür: Organisation im Projekt (Organizational Planning), Beschaffung von Projektpersonal (Staff Acquisition), Beschaffungsplanung (Procurement Planning), Angebotsplanung (Solicitation Planning). Da der Prozess Beschaffung von Projektpersonal eine zentrale Bedeutung im Projektmanagement hat und durch Project gut unterstützt werden kann, werden diese ebenfalls nachfolgend beschrieben.

---

[1] In der deutschen Übersetzung des PMBOK Guide wird der Begriff »Einsatzmittel« für den englischen Begriff »Resource« verwendet. In der deutschen Project-Version wird ausschließlich der Begriff »Ressource« verwendet. Zur Vermeidung der Terminologievarianz verwenden wir in diesem Buch darum ausschließlich den Begriff »Ressource«.

[2] PMBOK 2000, S. 85-90

Ressourcenbedarfsplanung

Ziel der **Ressourcenbedarfsplanung** (7.1. Resource Planning) ist es zu ermitteln, welche Ressourcen in welchem Umfang und in welchen Zeiträumen benötigt werden (Ressourcenbedarf). In einer frühen Phase wird dieser Prozess auch oft Aufwandschätzung genannt, wenn als Ergebnis z.B. Personenstunden[1] erwartet werden.

Der **Ressourcenbedarf** (Resource Requirements) kann u.a. auf Grundlage des Projektstrukturplans, der Beschreibung des Ressourcenbestandes (Resource Pool Description) und der Schätzung der Vorgangsdauer (Activity Duration Estimates) durch Expertenbeurteilung (Expert Judgement) ermittelt werden.

Um infrage kommende Ressourcen auszuwählen, gehen Sie in Project folgendermaßen vor:

1. Überprüfen Sie jeden Vorgang in der Vorgangsliste und ermitteln Sie, welche Qualifikation eine Ressource benötigt, um diesen auszuführen.
2. Zeigen Sie die Beschreibung des Ressourcenbestandes an, indem Sie im Menü *Extras* den Befehl *Team aus Enterprise zusammenstellen* auswählen.

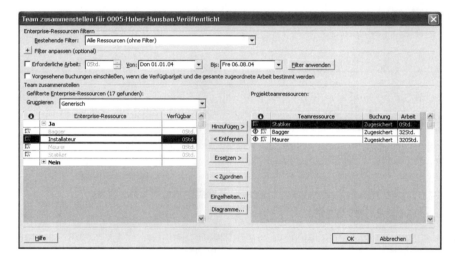

Abbildung 1.30: Auswahl der infrage kommenden Qualifikationen

3. Um alle vorhandenen Qualifikationen (generische Ressourcen) anzuzeigen, klicken Sie auf den Pfeil des Dropdown-Listenfeldes *Gruppieren* und wählen Sie den Eintrag *Generisch* aus.
4. Wählen Sie alle infrage kommenden generischen Ressourcen in der linken Fensterhälfte aus (Mehrfachauswahl durch gedrückt Halten der Strg-Taste) und klicken Sie auf die Schaltfläche *Hinzufügen*, um diese für Ihr Projekt auswählbar zu machen. Klicken Sie auf *OK*, um die Auswahl zu übernehmen.
5. Falls von Ihnen benötigte Qualifikationen nicht als generische Ressourcen im Enterprise-Ressourcenpool vorhanden sind, senden Sie eine E-Mail an Ihren Ressourcenmanager mit der Bitte, diese anzulegen.

Anschließend ordnen Sie auf folgende Art und Weise jedem Vorgang in der Vorgangsliste eine geeignete generische Ressource zu:

---

[1] »Personenstunden« ist der geschlechtsneutrale Ausdruck von »Mannstunden«.

1. Wählen Sie den Vorgang in der Vorgangsliste aus.

Abbildung 1.31:
Zuordnen der benötigten Qualifikation zu den Vorgängen

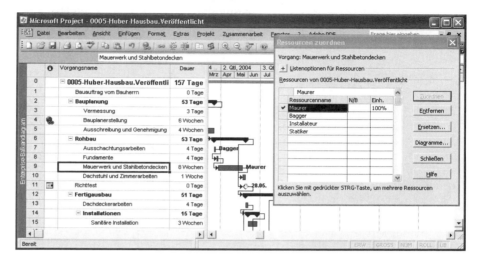

 2. Rufen Sie das Dialogfeld *Ressourcen zuordnen* auf, indem Sie auf das gleichnamige Symbol in der *Standard*-Symbolleiste klicken. Das Dialogfeld kann während der weiteren Zuordnungen geöffnet bleiben.
3. Wählen Sie die geeignete generische Ressource aus und klicken Sie auf die Schaltfläche *Zuordnen*.

Project verhält sich beim ersten Zuordnen anders als bei allen weiteren Zuordnungen. Mit dem ersten Zuordnen definieren Sie die Arbeit, die in der Standardeinstellung der Vorgangsart (Feste Einheiten) als fix angenommen wird. Jede Änderung an der Zuordnung führt zu einer Änderung der Dauer des Vorgangs. Dies lässt sich für die prozentuale Änderung der zugeordneten (Ressourcen-) Einheiten nicht abschalten.

Für das **Zuordnen weiterer Ressourcen** lässt sich dieses Verhalten ausschalten, indem man die Eigenschaft *Leistungsgesteuert* des jeweiligen Vorgangs deaktiviert. Dies geschieht z.B. über das Dialogfeld *Informationen zum Vorgang* auf der Registerkarte *Spezial*. Einfacher geht es noch in der geteilten Ansicht (Menübefehl *Fenster/Fenster teilen*). In der unteren Bildschirmhälfte wird das Kontrollkästchen *Leistungsgesteuert* in der Vorgangsmaske angezeigt.

Wenn Sie die Eigenschaft **Leistungsgesteuert für alle bestehenden Vorgänge deaktivieren** möchten, markieren Sie alle Vorgänge und klicken auf das Symbol *Informationen zum Vorgang* (Karteikarte) in der *Standard*-Symbolleiste. Deaktivieren Sie darauf im Dialogfeld *Informationen zum Vorgang* auf der Registerkarte *Spezial* das Kontrollkästchen *Leistungssteuerung*. Sie können auch für alle neuen Vorgänge diese Eigenschaft deaktivieren. Das passende Kontrollkästchen *Neue Vorgänge sind leistungsgesteuert* finden Sie nach Aufruf des Menübefehls *Extras/Optionen* auf der Registerkarte *Terminplan*. Ihr Administrator kann diese Option auch standardmäßig für Ihre Project-Installation deaktivieren oder Ihre Projektvorlagen entsprechend anpassen (vgl. ▶ Kapitel 9).

Zuordnungen haben immer drei Parameter, und zwar die *Arbeit*, die geleistet wird, die Anzahl der zugeordneten (Ressourcen-)*Einheiten* und die *Dauer*, die sich daraus ergibt. Je nach dem, welchen Parameter Sie ändern und welcher als fix über die Vorgangsart definiert ist, ändert sich der dritte. Nach dem Zuordnen von Ressourcen zu einem Vorgang berechnet Project die Größen immer entsprechend des physikalischen Zusammenhangs $W = P * t$ nach der Formel: *Arbeit* = (Ressourcen-)*Einheiten * Dauer*.

Einfluss hierauf haben die **Vorgangsart** und die **Leistungssteuerung**. Die *Vorgangsart* legt fest, welche der Größen in dieser Formel als fix angenommen wird. Die Vorgangsart *Feste Arbeit* fixiert z.B. die Arbeit und ändert die Dauer, wenn Sie die Einheiten verändern. Die *Leistungssteuerung* wirkt sich nur aus, wenn Sie mehr als eine Ressource einem Vorgang zuordnen. Wenn Sie beim **ersten** Zuordnen **gleichzeitig** mehrere Ressourcen zuordnen, wirkt sich die Leistungssteuerung auch nicht aus. Ist sie aktiviert, wird unter der Prämisse, dass die Vorgangsart *Feste Einheiten* ist, die Arbeit bei der Zuordnung einer weiteren Ressource als konstant angenommen und die Dauer des Vorgangs entsprechend der Formel angepasst. Hieraus ergeben sich in Project fünf verschiedene Verhaltensweisen.

Überprüfen Sie nach dem Zuordnen immer, ob das, was Sie gerade getan haben, dem entspricht, was Sie wollten. Dies können Sie anhand der drei oben genannten Parameter erledigen. Sollten Sie einmal durcheinander geraten, entfernen Sie die Zuordnung der Ressourcen, stellen Sie die ursprüngliche Dauer wieder her und ordnen Sie die Ressourcen erneut zu.

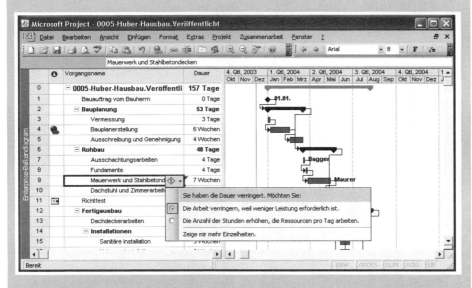

Abbildung 1.32:
Überprüfen der Zuordnungsänderung durch Smarttag

Project zeigt nach der Änderung der Ressourcenzuordnung einen Smarttag, der nachfragt, ob die daraus resultierende Änderung der übrigen Parameter Ihrer Absicht entspricht und schlägt Alternativen vor.

Beschaffung des Projektpersonals

Nachdem Sie den Ressourcenbedarf geplant haben, können Sie hieraus den Personalbedarf ableiten und zur **Beschaffung des Projektpersonals** (9.2. Staff Acquisition) übergehen. Ziel ist es, die Projektpersonalzuweisung (Project Staff Assigned) und das Projektteamverzeichnis (Project Staff Team Directory) zu erstellen.

Bilden Sie die **Projektpersonalzuweisung** z.B. durch Verhandlung u.a. auf Grundlage des Personalbedarfs (Staffing Requirements) und der Beschreibung des Personalbestandes[1] (Staffing Pool Description). Mit der Festlegung des Projektpersonals können Sie auch das Projektteamverzeichnis erstellen. Project kann Sie bei folgenden Teilschritten unterstützen:

- Auswahl geeigneter und verfügbarer Ressourcen
- Zuordnen der Ressourcen zu den Vorgängen

Auswahl geeigneter und verfügbarer Ressourcen

Durch die Zuweisung der generischen Ressourcen zu den Vorgängen kann Project automatisch den Gesamtbedarf für jede Qualifikation ermitteln.

ACHTUNG Voraussetzung für eine verlässliche Verfügbarkeitsinformation ist, dass die Ressourcen **alle** projekt- und nicht projektbezogenen Tätigkeiten, wie z.B. Urlaub, Krankheit, Besprechungen, Wartung usw. über das Projektmanagementsystem erfassen (vgl. ▶ Kapitel 2, Abschnitt »Abwesenheit durch Urlaub, Krankheit oder andere nicht projektbezogene Tätigkeiten zurückmelden« und ▶ Kapitel 3, Abschnitt »Management von Abwesenheitszeiten«).

Um entsprechend qualifizierte und zudem verfügbare natürliche Ressourcen auszuwählen, gehen Sie folgendermaßen vor:

1. Öffnen Sie das Dialogfeld *Team zusammenstellen für* über den Menübefehl *Extras/Team aus Enterprise zusammenstellen*.

Abbildung 1.33: Auswahl geeigneter und verfügbarer Ressourcen

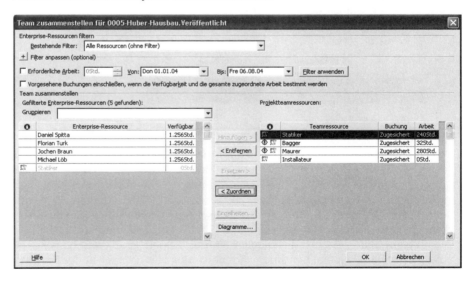

---

[1] Abweichend von der deutschen Übersetzung des PMBOK Guide verwenden wir einheitlich »Personal« als Übersetzung von »Staff«.

2. Wählen Sie in der rechten Hälfte des Dialogfelds die benötigte Qualifikation aus und klicken Sie auf die Schalfläche *Zuordnen*, um alle entsprechend qualifizierten Ressourcen anzuzeigen.

3. Lesen Sie in der Spalte *Verfügbar* die Restkapazität der Ressource während der gesamten Projektlaufzeit ab. Sie können den Zeitraum auch weiter einschränken, indem Sie die Felder *Von* und *Bis* entsprechend anpassen.

4. Wählen Sie ggf. weitere Kriterien über Filter aus, z.B. um nur Ressourcen eines bestimmten Standortes anzuzeigen.

5. Um die gewünschte Enterprise-Ressource in das Projektteam zu übernehmen, wählen Sie in der linken Hälfte des Dialogfelds die betreffende Ressource aus und klicken Sie auf die Schaltfläche *Hinzufügen*.

6. Wiederholen Sie diese Schritte für jede benötigte Qualifikation.

Sie können Ihr Projektteam auch durch nicht Enterprise-Ressourcen, so genannte *lokale Ressourcen* ergänzen, indem Sie den Ressourcennamen in der Ansicht *Resource: Tabelle* in das Projektteam aufnehmen.

HINWEIS In Project wird Qualifikation auch als *Fertigkeit* oder *Fertigkeitsprofil* bezeichnet. Andere Wege zur Darstellung der Verfügbarkeit finden Sie auch in ▶ Kapitel 3 in den Abschnitten »Darstellung der Verfügbarkeit mit Project« und »Darstellung der Verfügbarkeit im Project Web Access«.

Die Verfügbarkeit von *externen Ressourcen* werden Sie in der Regel auf diese Art und Weise nicht ermitteln können. Sie können sich jedoch von Project in Verbindung mit einem MAPI-fähigen E-Mail-System wie z.B. Outlook anfragen. Gehen Sie dazu folgendermaßen vor:

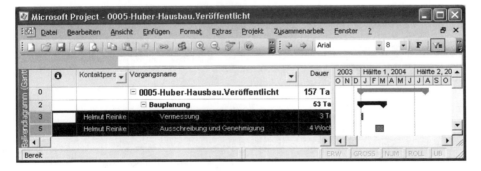

Abbildung 1.34: Alle Vorgänge der Kontaktperson Helmut Reinke

1. Tragen Sie in der Spalte *Kontaktperson* in Project die in Frage kommenden Ressourcen ein. Die Spalte *Kontaktperson* wird standardmäßig nur in der Tabelle *Export* angezeigt (Menübefehl *Ansicht/Tabelle*). Sie können diese jedoch auch sehr einfach in eine andere Tabelle, z.B. *Eingabe* einfügen. Klicken Sie dazu mit der rechten Maustaste auf die Spaltenüberschrift, vor der Sie die Spalte einfügen möchten. Wählen Sie im Kontextmenü *Spalte einfügen* und im anschließend geöffneten Dialogfeld den Feldnamen *Kontaktperson* aus. Typischerweise wird diese Einstellung einmal von Ihrem Administrator oder Berater in der Projektvorlage vorgenommen.

2. Markieren Sie die betreffen Vorgänge (Mehrfachauswahl mit Umschalt- oder Strg-Taste; ggf. filtern).

3. Rufen Sie das Dialogfeld *Terminplannotiz senden* über den Menübefehl *Datei/Senden an* auf.

Abbildung 1.35:
Terminplannotiz
senden

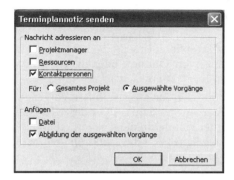

4. Aktivieren Sie die Kontrollkästchen für *Kontaktpersonen* und deaktivieren Sie sie für diejenigen Projektbeteiligten, denen Sie die E-Mail nicht schicken möchten (vgl. Abbildung 1.35). Bestätigen Sie Ihre Festlegungen per Klick auf *OK*.

Abbildung 1.36:
Verfügbarkeits-
anfrage

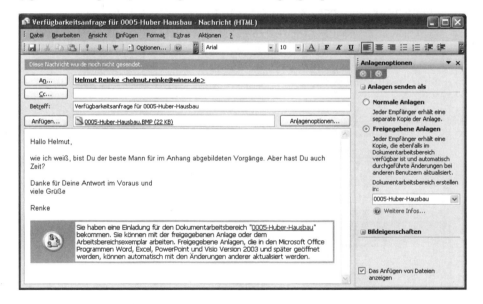

5. Project öffnet jetzt das E-Mail-Programm und erzeugt eine E-Mail mit der Abbildung der ausgewählten Vorgänge. Fügen Sie noch einen Betreff und einen Nachrichtentext ein und senden Sie die E-Mail ab (vgl. Abbildung 1.36 und Abbildung 1.37).

Abbildung 1.37:
Abbildung der
Vorgänge

Nr.	❶	Kontaktperson	Vorgangsname	1. Quartal			2. Quartal		
				D	J	F	M	A	M	J
3		nke@winex.de)	Vermessung							
5		nke@winex.de)	Ausschreibung und Genehmigung							

Sie können Ihrem potenziellen Projektteammitglied auch Zugang zur Projektsite in den Windows SharePoint Services geben mit ergänzenden Informationen zu den Vorgängen. In diesem Fall empfiehlt es sich, den Anhang im **Dokumentarbeitsbereich** des Projektes abzulegen. Wählen Sie dazu in Outlook 2003 im Bereich *Anlagen senden als* die Option *Freigegebene Anlagen*.

Damit das Versenden reibungslos funktioniert, empfiehlt es sich, die E-Mail-Adressen der Ressourcen entweder im *Kontakte*-Ordner von Outlook oder in der Globalen Adressliste des Exchange Servers als externen Kontakt anzulegen.

Leider wird in der Terminplannotiz die Abbildung der ausgewählten Vorgänge im **Bitmap-Format** (BMP) und nicht in den Internet-Standards JPG oder GIF erstellt. Aufgrund der niedrigen Farbauflösung und der standardmäßigen Verfügbarkeit des Programms *Paint* auf jedem Windows-Rechner eignet sich die Funktion dennoch gut für die Verfügbarkeitsanfrage.

Zuordnen der Ressourcen zu den Vorgängen

Nachdem Sie verfügbare Ressourcen ausgewählt haben und hieraus Ihr Projektteam zusammengestellt haben, können Sie damit beginnen, diese den einzelnen Vorgängen zuzuweisen. Führen Sie dazu folgende Schritte aus:

1. Markieren Sie den ersten Vorgang mit der Maus z.B. in einer Balkendiagramm-Ansicht.

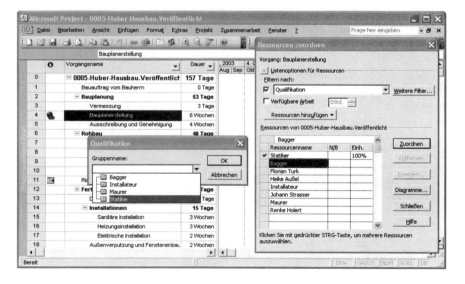

Abbildung 1.38:
Geeignete Ressource aus Projektteam für Vorgang finden

2. Öffnen Sie das Dialogfeld *Ressourcen zuordnen* wie oben beschrieben.
3. Zeigen Sie die Listenoptionen an, indem Sie auf das Plussymbol klicken. Es erscheint dann u.a. ein Filterfeld.
4. Wählen Sie im Feld *Filtern nach* den Enterprise-Filter *Qualifikation* aus. Dieser Filter ist nicht Bestandteil des Lieferumfangs von Project. In ▶ Kapitel 9 ist beschrieben, wie Sie diesen unternehmensweit bereitstellen.
5. Wählen Sie im Dialogfeld *Qualifikation* als Gruppierungsname im Feld *Gruppenname* die benötigte Qualifikation aus und klicken Sie auf *OK*.

6. Markieren Sie alle gefilterten Ressourcen in der Liste des Dialogfelds *Ressourcen zuordnen* und klicken Sie auf die Schaltfläche *Diagramme*.

Abbildung 1.39:
Für den Vorgang verfügbare Ressource finden

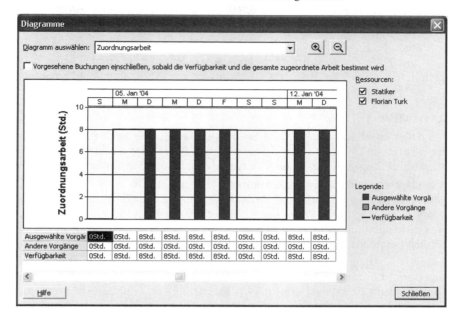

7. Wählen Sie im Feld *Diagramm auswählen* den Eintrag *Zuordnungsarbeit* aus.
8. Die benötigte Kapazität wird durch die Balken angezeigt, die verfügbare Kapazität durch die Verfügbarkeitslinie (Kapazitätsgrenze).
9. Wenn Sie eine verfügbare Ressource gefunden haben, schließen Sie das Dialogfeld *Diagramme*.

Abbildung 1.40:
Generische Ressourcen ersetzen

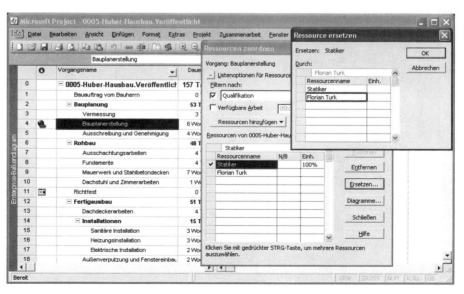

Project für Projektleiter

10. Wählen Sie die zugewiesene generische Ressource aus und klicken Sie auf die Schaltfläche *Ersetzen* (vgl. Abbildung 1.40).
11. Wählen Sie nun die gefundene natürliche Ressource und klicken auf *OK*, um den Ersetzungsvorgang abzuschließen.

Project kann die Ersetzung der generischen durch natürliche Ressourcen auch automatisch mit Hilfe des Ressourcenersetzungs-Assistenten ausführen. Dieser ist ausführlich in ▶ Kapitel 3 im Abschnitt »Beratung bei der Beschaffung des Projektpersonals« beschrieben.

TIPP

Kostenschätzung

Ziel der **Kostenschätzung** (7.2 Cost Estimating) ist es, eine Schätzung der Projektkosten abzugeben (Schätzkosten). In einer frühen Phase wird dieser Prozess auch oft Aufwandschätzung genannt, wenn als Ergebnis eine monetäre Größe erwartet wird.[1]

Die **Schätzkosten** (Cost Estimates) können z.B. auf Basis des Ressourcenbedarfs (Resource Requirements) oder auf Basis der Projektpersonalzuweisung erstellt werden, falls in einer späteren Phase bereits die Prozesse zum Auflösen des Ressourcenbedarfs in namentlich benannten Ressourcen durchlaufen wurden (u.a. Beschaffung des Projektpersonals).

In beiden Fällen benötigen Sie die Kostensätze der Ressourcen und die Preise für Lieferungen und Leistungen externer Ressourcen, um die Schätzkosten z.B. auf Basis einer **Bottom-up Schätzung** (Bottom-up Estimating) zu ermitteln. Überprüfen Sie hierfür zunächst die Kostensätze der Ressourcen auf folgende Art und Weise:

1. Wechseln Sie in eine Ressourcen-Ansicht, z.B. *Enterprise-Ressourcen: Tabelle*. Die Ansicht ist nicht Bestandteil des Lieferumfangs (vgl. ▶ Kapitel 9).
2. Führen Sie einen Doppelklick auf die Zeile mit der gewünschten Ressource aus.

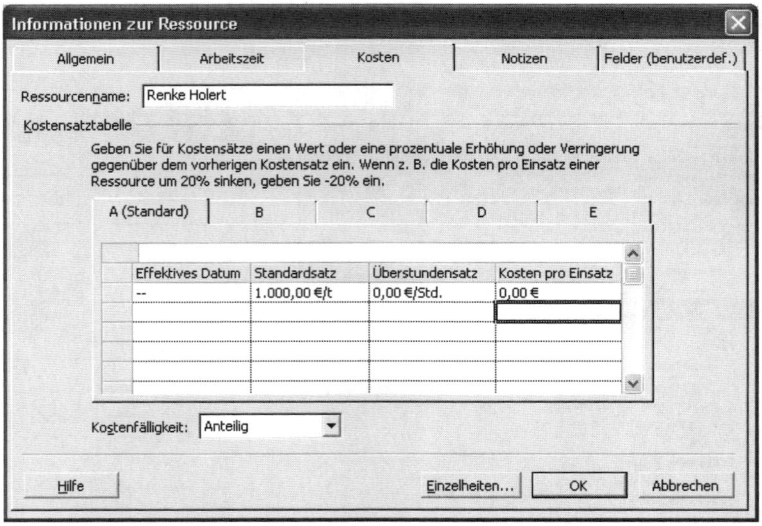

Abbildung 1.41: Kostensätze der Ressourcen überprüfen

---

[1] vgl. PMBOK 2000 D, S. 86-89

3. Lesen Sie den Standard-Kostensatz ab. Falls dieser nicht die für dieses Projekt relevanten Kosten widerspiegelt, bitten Sie den verantwortlichen Ressourcenmanager (vgl. ▶ Kapitel 3, Abschnitt »Pflege der Kostensätze«) mit Schreib-/Leserecht für den Enterprise-Ressourcenpool, die entsprechenden Werte nachzupflegen (vgl. Abbildung 1.41).

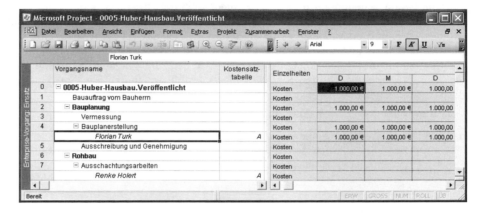

Abbildung 1.42:
Festlegen der Kostensätze der Ressource für den jeweiligen Vorgang

4. Passen Sie ggf. in einer Einsatz-Ansicht, z.B. *Enterprise-Vorgang: Einsatz* (vgl. ▶ Kapitel 9) die für die jeweilige Zuordnung verwendete Kostensatztabelle an (Abbildung 1.42).

Die übrigen Kosten tragen Sie direkt in der *Ansicht: Balkendiagramm* mit der Tabelle *Kosten* nach. Gehen Sie dazu folgendermaßen vor:

1. Wählen Sie die Tabelle *Kosten* über den Menübefehl *Ansicht/Tabelle/Kosten* aus.

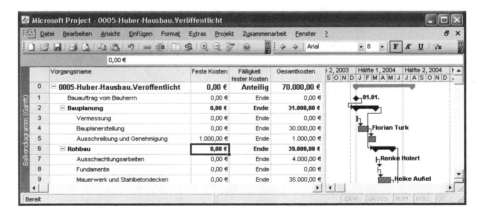

Abbildung 1.43:
Eingabe der Fixkosten

2. Geben Sie Fixkosten, wie z.B. Festpreise, in der Spalte *Feste Kosten* ein (vgl. Abbildung 1.43).
3. Wählen Sie die *Fälligkeitsart* in der Spalte *Fälligkeit fester Kosten*. Dies wird in der Regel die Endfälligkeit bei vorleistungspflichtigen Subunternehmern sein.
4. Die geschätzten Kosten für das gesamte Projekt können Sie im Dialogfeld *Projektstatistik* (Menübefehl *Projekt/Projektinfo*, Schaltfläche *Statistik*) oder im Pro-

jektsammelvorgang (Vorgang mit der Nummer 0) ablesen. Den Projektsammelvorgang blenden Sie über den Menübefehl *Extras/Optionen* auf der Registerkarte *Ansicht* ein (Kontrollkästchen *Projektsammelvorgang anzeigen*).

Budgetierung

Hiermit haben Sie den Grundstein für die **Budgetierung**[1] (7.3. Cost Budgeting) gelegt. Ziel der Budgetierung ist es, die geschätzten Gesamtkosten auf die einzelnen Arbeitspakete und Vorgänge zu verteilen. Wenn Sie, wie zuvor beschrieben, eine Bottum-up-Schätzung durchgeführt haben, heißt dies, dass Sie ggf. bei Überschreiten der Obergrenze für die Gesamtkosten die Kosten für einzelne Vorgänge anpassen müssen. Das Endergebnis können Sie als Budgets festhalten, indem Sie den (Kosten-)Basisplan speichern.

Gehen Sie dazu folgendermaßen vor:

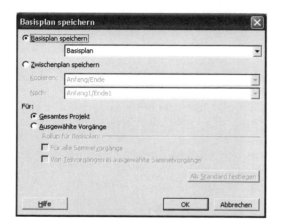

Abbildung 1.44:
Speichern der Planwerte (Budgets)

1. Speichern Sie den Basisplan über den Menübefehl *Extras/Überwachung/Basisplan speichern*.

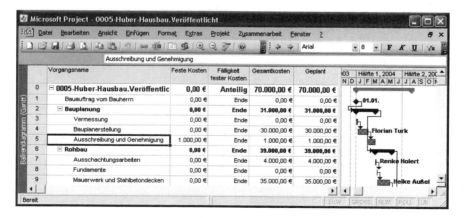

Abbildung 1.45:
Budgets ablesen

---

[1] Es wird abweichend von der deutschen Übersetzung des PMBOOK Guide der Begriff »Budgetierung« statt »Kostenplanung« als Übersetzung von »Cost Budgeting« verwendet.

2. Überprüfen Sie, ob die Tabelle *Kosten* noch ausgewählt ist.
3. Stellen Sie sicher, dass die Kosten von der Spalte *Kosten* in die Spalte *Geplante Kosten* übertragen worden sind (die Spalte *Geplante Kosten* ist standardmäßig in der Tabelle *Kosten* in *Geplant* umbenannt).
4. Lesen Sie die Budgets auf den jeweiligen Ebenen der Vorgangsliste ab. Sie können die Ansicht auch nach PSP-Elementen (Arbeitspaketen) gliedern, wie in diesem Kapitel im ▶ Abschnitt »Planung und Definition des Inhalts und Umfangs« beschrieben wurde.
5. Überprüfen Sie, ob in der Projektstatistik diese Werte auf Projektebene ebenfalls übernommen wurden.
6. Drucken Sie ggf. diese Planwerte über *Ansicht/Berichte/Übersicht/Projektübersicht* aus.

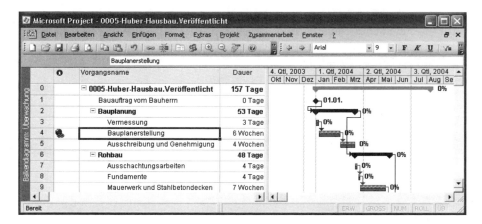

Abbildung 1.46:
Berechnete und geplante Termine

HINWEIS Neben den Kosten sind auch die Termine in die entsprechenden Planfelder wie z.B. *Geplanter Anfang* und *Geplantes Ende* übertragen worden. Sie können zudem in der Ansicht *Balkendiagramm: Überwachung* die Plantermine in Form von grauen Balken unter den normalen blauen bzw. roten Vorgangsbalken sehen, die die berechneten Termine repräsentieren (vgl. Abbildung 1.46).

Entwicklung des Projektplans

Es schließt sich die Entwicklung des eigentlichen **Projektplans** (4.1 Project Plan Development)[1] an. Ziel ist es, alle gesammelten Daten zu integrieren, zu überarbeiten und in einer Gesamtübersicht darzustellen. Da die Kerndaten bereits in Project eingegeben wurden und Project diese automatisch integriert, reduziert sich die Arbeit auf das Zusammenstellen aller Dokumente und Verknüpfung mit dem Projektplan.

---

[1] PMBOK 2000 D, S. 42-45

Ergänzt wird dieser Prozess ggf. um die Kommunikationsplanung[1] (10.1 Communication Planning), in der u.a. auch festgelegt wird, wie Projektinformationen erfasst und abgelegt werden sowie wer welche Informationen benötigt und wie er Zugang hierzu erhält. Hierzu gehört u.a. auch die

- Versionsverwaltung und die
- Festlegung der Zugriffsrechte.

Versionsverwaltung

Um die noch fehlenden Dokumente in den Dokumentbibliotheken des Projektarbeitsbereichs abzulegen, gehen Sie wie im ▶ Abschnitt »Initiierungsprozesse« zu Anfang dieses Kapitels beschrieben vor. Eine ausführliche Auflistung aller Teilpläne und sonstigen Dokumente finden Sie im PMBOK Guide. Falls Sie Dokumente überarbeiten, können Sie den alten Stand des Dokuments als Version sichern und für das aktuelle Dokument eine neue Version erstellen (Versionsverwaltung). Führen Sie dazu folgende Schritte aus:

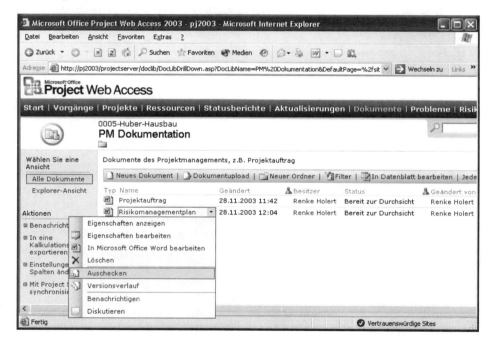

Abbildung 1.47: Auschecken des Dokuments

1. Klicken Sie auf den Dropdown-Pfeil des betreffenden Dokuments und wählen Sie den Menüeintrag *Auschecken* aus.

---

[1] PMBOK 2000 D, S. 119-121

Abbildung 1.48:
Auswahl zur Bearbeitung in Microsoft Word

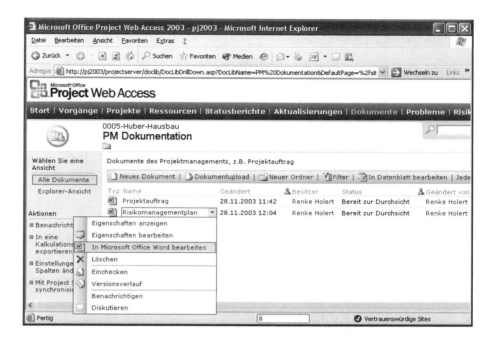

2. Wählen Sie im gleichen Menü den Eintrag *In Microsoft Office Word bearbeiten* aus.
3. Bestätigen Sie den Warnhinweis, dass Dokumente aus nicht vertrauenswürdigen Quellen potenziell gefährlich sein können, mit *OK*.

Abbildung 1.49:
Überarbeiten des Dokuments

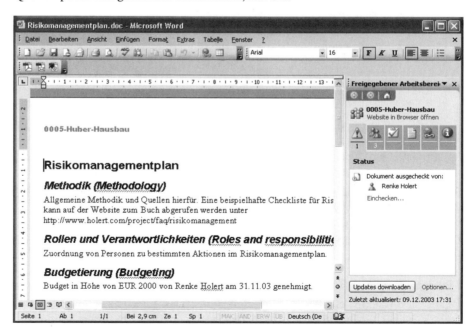

Project für Projektleiter

4. Bearbeiten Sie das Dokument.
5. Klicken Sie nach dem Bearbeiten auf den Link *Einchecken* im Aufgabenbereich.

Abbildung 1.50: Angabe des Kommentars zur Version

6. Schließen Sie danach das Dokument.
7. Um den Versionsverlauf anzuzeigen, klicken Sie auf den gleichnamigen Menüeintrag im Kontextmenü.

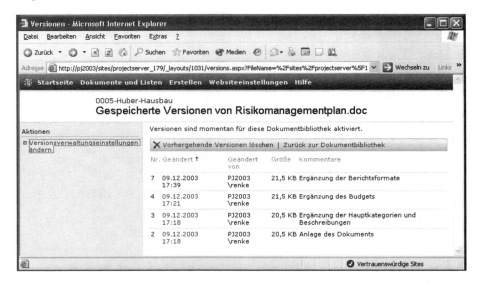

Abbildung 1.51: Versionsverlauf

8. Die einzelnen Versionen und die zugehörigen Kommentare können Sie in der Liste ablesen und ggf. alte Versionen wiederherstellen oder löschen.

| HINWEIS

Standardmäßig ist die Versionsverwaltung in den Dokumentbibliotheken abgeschaltet. Der Administrator kann diese jedoch einschalten (vgl. ▶ Kapitel 9).

Verknüpfen Sie – falls noch nicht geschehen – die Dokumente mit den zugehörigen Vorgängen wie im ▶ Abschnitt »Risikomanagementplanung« in diesem Kapitel ausführlich beschrieben.

Festlegung der Zugriffsrechte

Damit die Projektbeteiligten Zugang zum Projektplan und den verknüpften Dokumenten erhalten, geben Sie diesen, ggf. in Zusammenarbeit mit Ihrem Administrator, Zugriffsrechte für den Project Web Access.

Im Projekt zugeordnete Ressourcen werden im Project Server automatisch in die Gruppe *Teammitglieder* aufgenommen. Sie erhalten damit für Projekte, an denen sie mitwirken, das Recht *Risiken, Probleme und Dokumente anzeigen* (vgl. auch ▶ Kapitel 9). Das bedeutet, dass sie das Recht in jeder Dokumentbibliothek haben, Dokumente zu lesen, hinzuzufügen, zu ändern und zu löschen.

Wenn Sie diese nicht wünschen, können Sie die **Sicherheitseinstellungen auf Dokumentbibliotheksebene** allen Teammitgliedern oder auch nur einzelnen hiervon entsprechende Rechte geben oder entziehen. Gehen Sie dazu folgendermaßen vor:

1. Wechseln Sie in die betreffende Dokumentbibliothek.
2. Klicken Sie im *Aktionen*-Menü auf der rechten Seite auf den Link *Einstellung und Spalten ändern*.
3. Klicken Sie auf der folgenden Seite im Bereich *Allgemeine Einstellungen* auf den Link *Berechtigungen für diese Dokumentbibliothek ändern*.

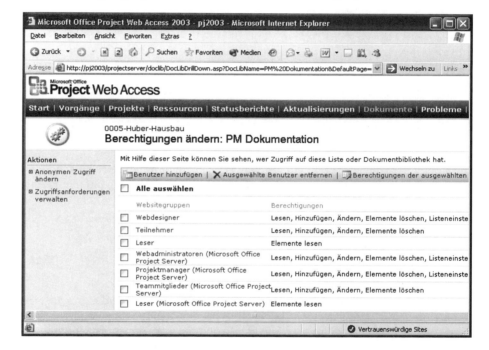

*Abbildung 1.52:
Festlegung der Zugriffsrechte auf Dokumentbibliotheksebene*

Eine freie Festlegung der Berechtigung auf Dokumentebene ist nicht möglich. Ein Weg, einem Teammitglied zu erlauben, neue Dokumente anzulegen, die nicht automatisch sichtbar für alle Teammitglieder werden, ist die *Inhaltsgenehmigung*. Bei Aktivierung dieser Funktion, muss jedes Dokument von einem Benutzer mit dem Recht Listeneinstellungen ändern genehmigt werden, bevor es in der Dokumentliste erscheint (Abbildung 1.53).

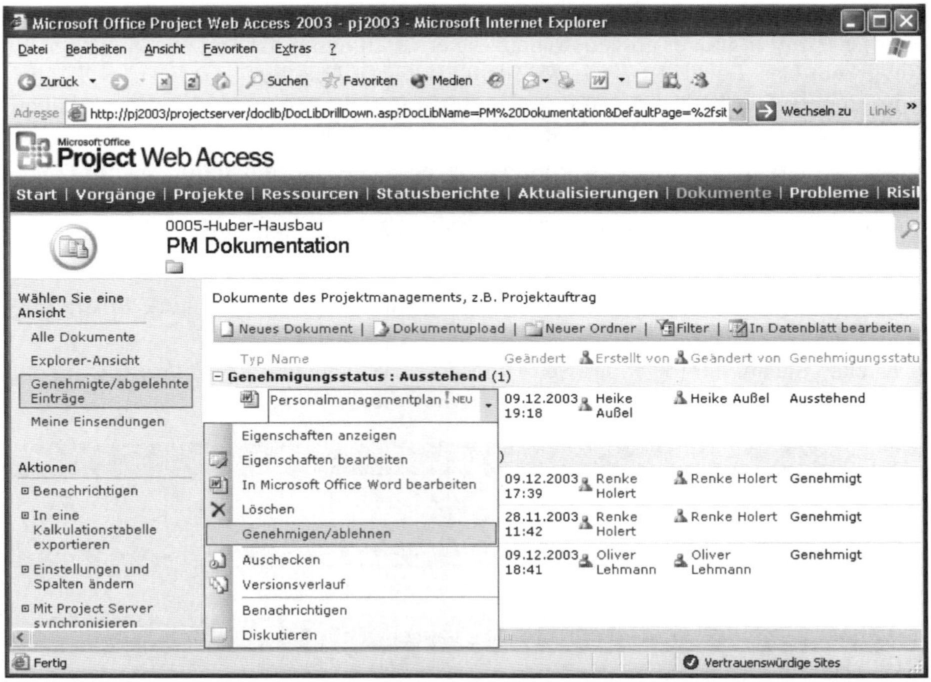

Abbildung 1.53:
Dokumentgenehmigung

Nach der Genehmigung kann jedes Teammitglied alle Dokumente jedoch entweder nur lesen oder zudem ändern und löschen, je nach zuvor festgelegter Einstellung. Als weitere Einschränkung ist nur noch festlegbar, ob sich die Rechte auf alle Elemente oder nur die eigenen beziehen.

Mit dem konsolidierten Projektplan ist der Planungsprozess abgeschlossen. Damit kann das Ausführen beginnen.

Ausführungsprozesse

Das **Ausführen des Projektplans** (4.2 Project Plan Execution)[1] und damit die eigentliche Umsetzung wird ggf. noch durch die Prozesse Qualitätssicherung (8.2 Quality Assurance), Teamentwicklung (9.3 Team Development), Angebotseinholung (12.3 Solicitation), Lieferantenauswahl (12.4 Source Selection), Vertragsabwicklung (12.5 Contract Administration) und die Informationsverteilung (10.2 Information Distribution)[2] unterstützt.

Hierbei kann die Informationsverteilung durch Project unterstützt werden. Um allen Projektteammitgliedern eine Terminanfrage[3] per E-Mail zu senden, ihre Vorgänge in

---

[1] PMBOK 2000, S. 46-47
[2] Der Begriff »Information Distribution« wird abweichend von der deutschen Übersetzung des PMBOK Guide hier nicht mit »Informationswesen«, sondern mit »Informationsverteilung« übersetzt.
[3] Oft auch als »Ressourcenanfrage« oder »Vorgangsanfrage« bezeichnet.

der Arbeitszeittabelle des Project Web Access einzutragen und ihnen Zugang zu den Projektdokumenten zu geben, gehen Sie folgendermaßen vor:

Abbildung 1.54:
Informationsverteilung über Project Server

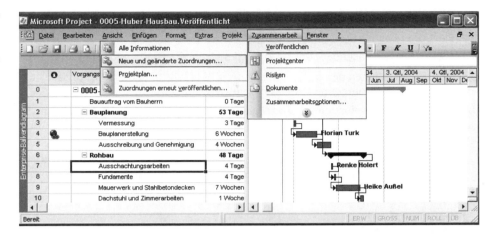

1. Wechseln Sie in eine Balkendiagramm-Ansicht.
2. Wählen Sie die Vorgänge aus, für die Sie Zuordnungen anfragen möchten.

3. Wählen Sie im Menü *Zusammenarbeit* den Menüpunkt *Veröffentlichen/Neue und geänderte Zuordnungen* aus.
4. Bestätigen Sie das Dialogfeld, dass der Projektplan gespeichert werden muss, mit *OK*.

Abbildung 1.55:
Auswahl der anzufragenden Vorgänge bzw. Zuordnungen

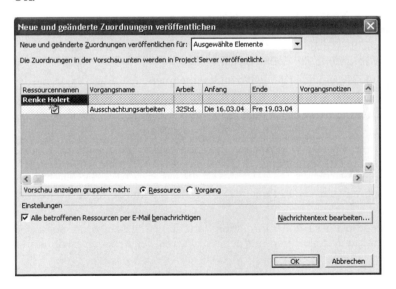

5. Wählen Sie im Feld *Neue und geänderte Zuordnungen veröffentlichen für* den Eintrag *Ausgewählte Elemente* aus, wenn Sie nur die ausgewählten Zuordnungen veröffentlichen möchten. Andersfalls wählen Sie *Gesamtes Projekt* aus.

Project für Projektleiter **41**

6. Wenn Sie eine Benachrichtigung der Teammitglieder per E-Mail wünschen, aktivieren Sie das Kontrollkästchen *Alle betroffenen Ressourcen per E-Mail benachrichtigen*.
7. Wenn Sie den Text in der Benachrichtigungs-E-Mail abändern möchten, klicken Sie auf die Schaltfläche *Nachrichtentext bearbeiten*.
8. Übernehmen Sie anschließend das Dialogfeld bzw. die Dialogfelder mit *OK*.

HINWEIS

Mit dem Veröffentlichen der Zuordnung ist diese ebenfalls in den Zuordnungsansichten, z.B. für den Ressourcenmanager, sichtbar (▶ Kapitel 3).

Um den Projektplan selbst zu veröffentlichen, sodass dieser im Projektcenter und in den Projektansichten sichtbar wird sowie die Verfügbarkeitsinformationen im Ressourcencenter angezeigt werden, gehen Sie folgendermaßen vor:

1. Rufen Sie den Menübefehl *Zusammenarbeit/Veröffentlichen/Projektplan* auf.

2. Bestätigen Sie das Dialogfeld, dass der Projektplan gespeichert werden muss, mit *OK*.

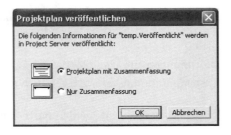

Abbildung 1.56: Projektstammdaten und Projektplan veröffentlichen

3. Wenn Sie nur die Stammdaten des Projektplans, z.B. für die Darstellung im Projektcenter veröffentlichen möchten, wählen Sie die Option *Nur Zusammenfassung*. Möchten Sie auch den Projektplan selbst veröffentlichen, wählen Sie die Option *Projektplan mit Zusammenfassung* aus.
4. Klicken Sie auf *OK*, um das Dialogfeld zu übernehmen.

HINWEIS

Sie können das Veröffentlichen aller Zuordnungen und des Projektplans mit Zusammenfassung auch in einem Schritt ausführen, indem Sie den Menübefehl *Zusammenarbeit/Veröffentlichen/Alle Informationen* aufrufen.

Wenn die Daten im Project Web Access und im Projektplan unstimmig geworden sind, verwenden Sie den Menüeintrag *Zuordnungen erneut veröffentlichen*. Sie haben im zugehörigen Dialogfeld auch die Möglichkeit, die Ist-Arbeit der Teammitglieder zu überschreiben und den Projektleiter für die Rückmeldung der Ist-Arbeit zu ändern.

Mit dem Veröffentlichen ist die Informationsverteilung abgeschlossen, sodass jetzt alle Beteiligten informiert sind und mit dem Ausführen der Arbeiten beginnen können.

Steuerungsprozesse

Ziel des **Steuerungsprozesse** (Controlling Processes) ist es, Abweichungen der tatsächlichen Leistung in Bezug auf die drei Projektziele *Qualität, Zeit* und *Kosten*, aber auch hinsichtlich der *Risiken* sowie des *Inhalts und Umfangs* gegenüber dem Plan zu ermitteln und korrektive Prozesse einzuleiten. Der Projektleiter muss regelmäßige Rückmeldung und Korrekturen auf Ebene der Liefergegenstände (Teilleistungsebene) sicherstellen und, falls Abhängigkeiten bestehen, diese über die Projektebene miteinander abstimmen. Diese Prozesse werden vom PMI

- Leistungsrückmeldung und
- Integrierte Änderungssteuerung

genannt und werden von den Prozessen Verifizieren von Inhalt und Umfang (5.4 Scope Verification), Steuerung von Inhalts- und Umfangsänderungen (5.5 Scope Change Control), Steuerung des Terminplans (6.5 Schedule Control), Steuerung der Kosten (7.4 Cost Control), Qualitätslenkung (8.3 Quality Control) sowie Risikoüberwachung und -verfolgung (11.6 Risk Monitoring and Control) unterstützt.[1]

Leistungsrückmeldung

Die **Leistungsrückmeldung**[2] (10.3. Performance Reporting) gliedert sich in zwei Teilaufgaben. Zum einen gilt es, die Leistung in Bezug auf Vergangenheit (Fortschritt), Gegenwart (Status) und Zukunft (Prognose) zu ermitteln und wiederzugeben. Zum anderen müssen die Abweichungen gegenüber der Planung ermittelt und Vorschläge zur Gegensteuerung erarbeitet werden. Quellen für die Ermittlung des Status können Überprüfungen der Arbeitsergebnisse und Statusreports der Projektmitarbeiter sein. Die Ermittlung von Abweichungen und die Erarbeitung von Vorschlägen zur Gegensteuerung wird in erster Linie in Zusammenhang mit Projektbesprechungen erfolgen, die der Projektleiter vor- und nachbereitet. Im Folgenden werden wir zeigen, wie diese beiden Aufgaben in Project mit geringem Aufwand gelöst werden können:

- Abfragen von Statusreports
- Vor- und Nachbereiten von Besprechungen

Zunächst ein paar **Vorbemerkungen**: Leistung ist gemäß des physikalischen Zusammenhangs definiert als der Quotient aus Arbeit und Zeit ($P = W/t$).[3] Wie beim Prozess der Ressourcenplanung bereits erläutert, heißt dieser Zusammenhang umgestellt nach der Leistung in Project *Einheiten = Arbeit/Dauer*. Die Leistung resultiert also immer aus der geleisteten *Arbeit* in Bezug auf die benötigte *Zeit*. Die Arbeit entspricht im betriebswirtschaftlichen Sprachgebrauch oft dem (Arbeits-) *Aufwand* und

---

[1] Wir folgen hier eng der deutschen Übersetzung des PMBOK Guide, insbesondere verwenden wir für den englischen Begriff »Control« ebenfalls den deutschen Begriff »Steuerung«. Oft wird in der deutschsprachigen betriebswirtschaftlichen Literatur (z.B. Baetge, Jörg 1992) und auch in Project jedoch als Übersetzung der Begriff »Überwachung« verwendet.

[2] Entgegen der deutschsprachigen Übersetzung des PMBOK Guide wird für den englischen Begriff »Performance Reporting« hier nicht »Berichtswesen«, sondern »Leistungsrückmeldung« verwendet.

[3] Der in der deutschsprachigen Betriebswirtschaftslehre übliche Begriff der *Leistung*, also der Bezeichnung einer Sach- oder Dienstleistung, entspricht nicht dem Begriff der *Leistung* im hier gebrauchten physikalischen Sinne.

ist damit die bestimmende Größe für die (Projekt-)*Kosten*. Zur der *Zeit* gehören neben der *Dauer* auch die *Termine*, also die Zeitpunkte, an denen ein Vorgang anfängt oder endet. Diese beiden Termine werden bei Project in den Feldern *Anfang* bzw. *Ende* gespeichert. Besondere Bedeutung hat der (Projekt-) Endtermin. Project berechnet alle Werte stets automatisch anhand der o.g. Zusammenhänge und übrigen Randbedingungen, wie z.B. Vorgangsverknüpfungen und Kostensätzen. Die berechneten Werte werden in Project oft ohne das Adjektiv »berechnet« dargestellt.

Damit sind die Größen für das Steuern des Projektes gefunden. Was noch fehlt, sind die Messwerte, an denen Sie beurteilen können, ob die zurückgemeldete Größe gut oder schlecht ist. Diese haben wir dadurch definiert, dass wir am Ende der Planungsprozesse einen Basisplan gespeichert haben, wodurch die zu diesem Zeitpunkt berechneten Werte der Größen Arbeit, Termine (Anfang/Ende) und Kosten als geplante Werte gespeichert wurden. Entsprechend des betriebswirtschaftlichen Gebrauchs heißen diese Werte *Plan-Werte*, die den *Ist-* bzw. *Soll-Werten* gegenübergestellt werden.

Ihre Aufgabe ist es nun sicherzustellen, dass im Verlauf der Ausführung die Ressourcen den *Ist-Aufwand* (*aktuelle Arbeit*) und den geschätzten *Rest-Aufwand* (*verbleibende Arbeit*) zurückmelden. Aus der Summe bildet Project dann wiederum die (berechnete Gesamt-) Arbeit (vgl. Abbildung 1.57). Als Projektleiter ist es nun Ihre Aufgabe, die Abweichung zwischen der Plan-Arbeit und der berechneten Arbeit zu ermitteln und ggf. gegenzusteuern. Eine ausführliche Beschreibung für die Abweichungsanalyse finden Sie in ▶ Kapitel 4 inkl. der Berechnung der Gesamtabweichung (Plan-Ist-Vergleich), der Leistungsabweichung (Soll-Ist-Vergleich) und der Kostenabweichung (Plan-Soll-Vergleich).

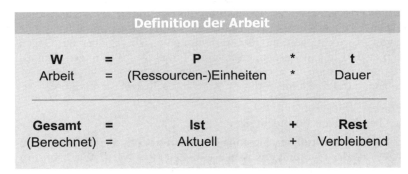

Abbildung 1.57:
Definition der Arbeit

Abfrage von Statusreports

Um den Ist- und Rest-Aufwand zu ermitteln, erbitten Sie von Ihren Ressourcen *Statusreports*. Gewöhnlich wird im Unternehmen eine Regel bestehen, wie oft die Projektmitarbeiter den Status ihrer Vorgänge zurückmelden. Als praktikabel hat sich ein Wochenrhythmus erwiesen, der in Abhängigkeit vom Projekt verkürzt oder verlängert werden kann. Neben sachlichen Informationen erwarten Sie als Projektleiter eine Rückmeldung über den Ist- und voraussichtlichen Rest-Aufwand jedes derzeit in Bearbeitung befindlichen Vorgangs. Diese Rückmeldung übertragen Sie dann in Ihren Projektplan.

Sie können in Project nicht erkennen, wann Ihnen eine Ressource den letzten Statusreport zugesendet hat. Um sicherzustellen, dass Sie über den aktuellen Stand verfügen, gehen Sie wie folgt vor:

1. Wählen Sie über den Filter *Terminbereich* den aktuellen Zeitraum aus (Menü *Projekt*).
2. Markieren Sie alle Vorgänge per Mausklick auf den oberen linken Eckpunkt der Tabelle.

3. Rufen Sie den Menübefehl *Zusammenarbeit/Fortschrittsinformationen abfragen* auf.

Abbildung 1.58:
Status abfragen

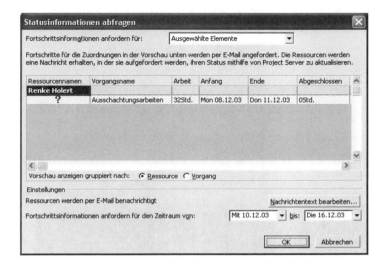

4. Legen Sie im folgenden Dialogfeld fest, dass Sie nur Statusreports für die ausgewählten Vorgänge abfragen möchten. Passen Sie ggf. noch den Zeitraum an und senden Sie dann die Statusreports ab (vgl. Abbildung 1.58).

5. Überprüfen Sie, ob Sie in der Indikatorspalte ein Briefsymbol mit einer kleinen Uhr und einem Fragezeichen sehen. Dies bedeutet, dass für diese Vorgänge Statusreports angefordert wurden.

Abbildung 1.59:
Antwort auf
Statusreport

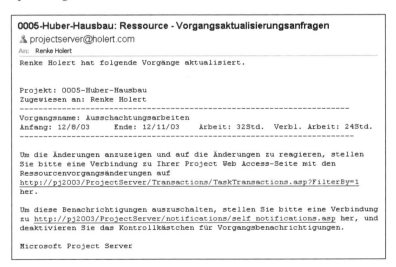

Als Antwort auf die Statusabfrage bekommen Sie eine E-Mail mit dem Betreff *<Projektname>: Ressource – Vorgangsaktualisierungsanfragen* von der Ressource über den Project Server zugeschickt. Diese enthält einen Link auf die Aktualisierungsseite.

ACHTUNG

Die E-Mail enthält auch die Anfangs- und Enddaten der Vorgänge. Diese werden auch in der deutschen Version von Project Server im amerikanischen Datumsformat angegeben.

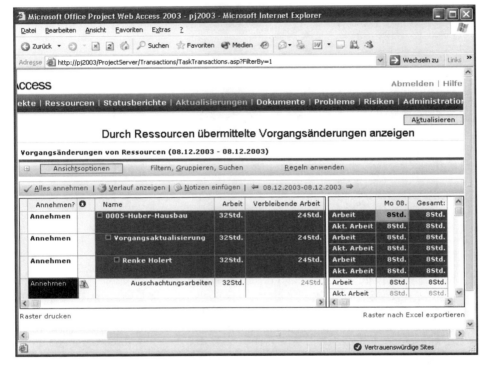

Abbildung 1.60: Statusreport anzeigen

TIPP

Bevor Sie die *Rückmeldungen* in den Projektplan übernehmen, stellen Sie auf jeden Fall sicher, dass Sie einen Basisplan abgespeichert haben, damit Sie später Änderungen erkennen können. Es hat sich zudem als sinnvoll erwiesen, den Projektplan vor der Aktualisierung abzuspeichern und/oder auszudrucken.

Um die (Status-) Rückmeldung in Ihren Projektplan zu übernehmen und zu überprüfen, führen Sie folgende Schritte aus:

1. Überprüfen Sie die zurückgemeldeten Ist-Aufwand (Zeile *Akt. Arbeit)*, Rest-Aufwand (Spalte *Verbleibend*) und Gesamt-Aufwand (Spalte *Arbeit*). An dieser Stelle bietet Ihnen der Project Web Access leider keinen Vergleich zu den Plan-Werten, sodass Sie hier keine Abweichungen erkennen können. Sie können jedoch in der rechten Tabelle die *berechnete Arbeit* aus dem Projektplan der *aktuellen Arbeit* gegenüberstellen, wenn Sie unter den Ansichtsoptionen das entsprechende Kontrollkästchen aktivieren. Zudem können Sie für jeden einzelnen Vorgang entscheiden, ob Sie die Aktualisierung annehmen.

2. Übernehmen Sie die Werte durch einen Klick auf die Schaltfläche *Aktualisieren* in Ihren Projektplan. Sie können das Annehmen und Aktualisieren von Vorgangs-

änderungen über Regeln automatisieren. Wählen Sie hierzu im *Aktionen*-Menü die Option *Regeln für das automatische Annehmen von Aktualisierungen festlegen*.

Abbildung 1.61:
Änderungen im Project Server aktualisieren

3. Nachdem die Aktualisierungen in den Projektplan übernommen wurden, erscheint ein Dialogfeld, in dem nachfragt wird, ob Sie den Projektplan speichern möchten. Verneinen Sie dies, indem Sie auf die Schaltfläche *Abbrechen* klicken. Falls aus den Rückmeldungen Änderungen für andere Vorgänge mit Zuordnungen resultieren, verschickt Project sonst automatisch Änderungsmeldungen an alle betroffenen Ressourcen, ohne dass Sie als Projektleiter noch eine Möglichkeit zum Eingriff haben.

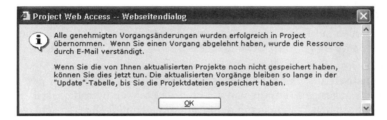

Abbildung 1.62:
Bestätigung der erfolgreichen Projektplanaktualisierung

4. Hiernach erscheint ein zweites Dialogfeld, das Sie mit *OK* bestätigen.

5. Überprüfen Sie die Änderungen. Änderungen an Zuordnungen erkennen Sie am Briefumschlag-Symbol mit dem Ausrufungszeichen.

Abbildung 1.63:
Darstellung von Plan-Arbeit und Ist-Arbeit

6. Im Projektplan wechseln Sie in die Ansicht *Balkendiagramm: Überwachung* und betrachten dort die Auswirkungen der Rückmeldung, indem Sie grafische Unterschiede zwischen den oberen und unteren Balken feststellen. Der obere Balken gibt den berechneten Wert an, der untere (graue) den Plan-Wert. Terminliche Abweichungen können Sie auch in der Tabelle *Abweichung* anzeigen lassen, die Sie über den Menübefehl *Ansicht/Tabelle/Abweichung* erreichen (vgl. Abbildung 1.63).

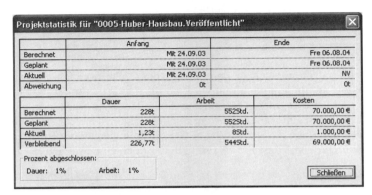

Abbildung 1.64: Projektstatus in der Projektstatistik

7. Die aktuellen Zahlen auf Projektebene können Sie über die Projektstatistik ablesen (Menübefehl *Projekt/Projektinfo*, Schaltfläche *Statistik* – vgl. Abbildung 1.64).

Sollten aus den Rückmeldungen Umplanungen erforderlich werden, die nicht schon von Project automatisch ausgeführt wurden, so passen Sie den Projektplan jetzt an. Falls hiervon bereits zugesagte Termine von anderen Ressourcen betroffen sind, markiert Project die betroffenen Vorgänge mit dem Änderungssymbol (Briefumschlag mit einem Ausrufungszeichen wie zuvor beschrieben) in der Indikatorspalte. Wenn Sie hiermit fertig sind, gehen Sie folgendermaßen vor:

1. Speichern Sie den Projektplan.
2. Schicken Sie im Anschluss Projektaktualisierungen an die betroffenen Ressourcen. Das Abschicken lösen Sie über den Menübefehl *Zusammenarbeit/Veröffentlichen/Neue und geänderte Zuordnungen* aus. Die Ressourcen werden von der Terminänderung analog zur Terminanfrage informiert. Gleiches gilt für eine Umplanung von Ressourcen. Die Projektaktualisierungen werden nur abgeschickt, wenn mindestens ein Vorgang ein Änderungssymbol anzeigt oder die Zuordnung von mindestens einer Ressource geändert wurde.

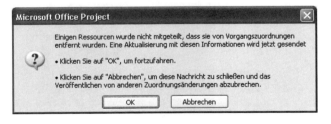

Abbildung 1.65: Nachricht über Terminabsage

Ressourcen, deren Zuordnung aufgehoben wird, erhalten eine Absage per E-Mail (*Vorgangszuordnung wurden abgebrochen*), wenn Sie das in Abbildung 1.65 dargestellte Dialogfeld bestätigen. Die neu zugeordnete Ressource erhält eine Terminanfrage per E-Mail. Die Terminabsage (und auch die Terminanfrage) sehen Sie nicht in Project, sondern nur die Ressourcen im Project Web Access.

HINWEIS Bei der Aktualisierung von Vorgängen, also dem Eintragen von Ist-Werten, gelten in Project zwei Regeln:

1. **Was bereits abgeschlossen ist, ändert sich nicht mehr**: Wenn für einen Vorgang bereits Arbeit geleistet wurde und damit der Fortschritt größer als 0 % ist, dann bleibt dieser Teil unverrückbar dort stehen, auch wenn sich der (Rest-) Vorgang verschiebt.

2. **So, wie etwas stattgefunden hat, wird es auch in den Projektplan übernommen**: Melden die Ressourcen Ist-Aufwand außerhalb des berechneten Termins zurück, so werden diese Rückmeldungen ohne Berücksichtigung von Einschränkungen so in den Plan übernommen, wie sie gemeldet wurden.

TIPP Insbesondere in der Anfangsphase des Umgangs mit Project besteht die Gefahr, dass Sie nicht genau nachvollziehen können, welche Änderungen am Plan automatisch durch Project bzw. Project Server vorgenommen werden. Damit Sie nicht das Vertrauen in Ihren Projektplan aufgrund der automatischen Aktualisierung von Vorgängen verlieren, die Sie nur schwer nachvollziehen können, können Sie folgenden Tipp anwenden:

Versehen Sie möglichst viele Vorgänge mit einer Termineinschränkung *Muss anfangen am* (rotes Kalendersymbol in der Indikatorspalte), dann verschieben sich die Vorgänge nicht ohne Ihr Einwirken. Sie verzichten damit zwar auf Vorteile des automatischen Verschiebens und haben etwas mehr manuellen Aufwand, bekommen dafür aber als Vorteil eine stärkere Kontrolle über Ihren Projektplan.

Sie können mehrere Vorgänge gleichzeitig einschränken. Gehen Sie dazu folgendermaßen vor:

1. Markieren Sie die Vorgänge, die Sie fixieren möchten.
2. Klicken Sie in der *Standard*-Symbolleiste auf das Symbol *Informationen zum Vorgang*.
3. Wechseln Sie im folgenden Dialogfeld *Informationen zum Vorgang* zur Registerkarte *Spezial*.
4. Legen Sie als Einschränkungsart *Muss anfangen am* fest, dann werden alle diese Vorgänge mit Ihrem jeweiligen berechneten Anfangstermin eingeschränkt.

Da natürlich im »wirklichen Projektleben« weiterhin Verschiebungen und Verzögerungen auftreten, müssen diese wie bisher in den Plan übernommen werden. Da Project die hieraus resultierenden Konflikte durch die Vorgangseinschränkungen nicht mehr automatisch durch Verschiebung lösen kann, macht die Software durch die Meldung eines Terminplankonflikts auf Ihren Handlungsbedarf aufmerksam.

Ignorieren Sie die Meldung nicht, da diese nur einmal beim Auftreten angezeigt wird. Nach dem Bestätigen der Meldung sind die Terminplankonflikte nur für geübte Anwender zu erkennen (Man erkennt Vorgänge mit einem Terminplankonflikt an ihrer negativen *Gesamten Pufferzeit.)*. Lösen Sie den Konflikt jedoch besser sofort, indem Sie nachfolgende Vorgänge manuell verschieben oder sonstige Umplanungen vornehmen (z.B. Vorgangsverkürzung durch den Einsatz von zusätzlichen Ressourcen).

Eine regelmäßige Statusrückmeldung der Ressourcen stellt sicher, dass Sie sich mit geringem Aufwand auf die nächste Projektbesprechung vorbereiten können.

Vor- und Nachbereiten von Projektbesprechungen

In einer Projektbesprechung erwarten die Projektbeteiligten von Ihnen, dass Sie Aussagen über den Verlauf des Projektes seit der letzten Besprechung und der ursprünglichen Planung (*Rückschau*) machen, einen Überblick über den aktuellen Status geben (*Ist-Stand*) sowie eine Einschätzung über den weiteren Verlauf abgeben (*Vorausschau*). Inhaltlich müssen Sie dabei auf die Erreichung der drei Projektziele Qualität, Termine und Kosten eingehen und auch Änderungen hinsichtlich des Umfangs und der Risiken aufzeigen.[1]

Passen Sie die Darstellung der Ergebnisse der *Zielgruppe* an. Reduzieren Sie die Informationen für Führungskräfte auf die Kernaussagen auf Projektebene, während Sie für den jeweiligen Mitarbeiter aus seiner Sicht die wichtigsten Informationen zusammenstellen (Spezielle Berichte für Einzel- und Multiprojektcontrolling finden Sie auch im ▶ Kapitel 4 und für das Ressourcencontrolling in ▶ Kapitel 3.).

Im Folgenden wird erläutert, wie Sie mit Hilfe von Filtern die jeweiligen Sichten erstellen können. Sie können diese dann auf einfache Art und Weise in Ihren Projektstatusbericht in Word oder PowerPoint übernehmen. Das geht so: **TIPP**

1. Beginnen Sie in **Project**: Wählen Sie alle Zeilen aus, indem Sie auf den Eckpunkt der Tabelle links oben klicken.
2. Kopieren Sie alle Vorgänge, indem Sie die Tastenkombination Strg+C drücken.
3. Wechseln Sie zu **PowerPoint** bzw. **Word**.
4. Fügen Sie die Vorgänge inklusive Balkendiagramm in PowerPoint bzw. Word als Bild ein, indem Sie über den Menübefehl *Bearbeiten/Inhalte einfügen* den Eintrag *Bild (Erweiterte Metadatei)* bzw. in Word *Grafik* auswählen.
5. Ergänzen Sie Kommentare zu den Abbildungen.
6. Speichern und/oder drucken Sie die Datei als PDF-Dokument ggf. mit elektronischer Signatur.

Diese Vorgehensweise hat den Vorteil, dass Sie Ansichten aus Project auch Projektbeteiligten zur Verfügung stellen können, die keine Lizenz für Project oder für den *Project Web* Access besitzen. Gegenüber den eingebauten Berichten (Menü *Ansicht/ Berichte*) haben Sie eine weitaus bessere grafische Darstellungsmöglichkeit und wesentlich mehr Platz für Ergänzungen. Zudem erhalten Sie das Ergebnis in elektronischer Dateiform, sodass Sie es per E-Mail versenden können.

Rückschau

Für die *Rückschau* stellen Sie die Maßnahmen zusammenfassend dar, die seit der letzten Besprechung durchgeführt worden sind. Falls sich Abweichungen gegenüber der letzten bzw. der ursprünglichen Planung ergeben haben, stellen Sie diese zusammen mit deren Ursachen und bereits eingeleiteten Gegenmaßnahmen dar.

Zusätzliche Vorgänge gegenüber der ursprünglichen Planung können Sie sehr einfach über einen *AutoFilter* in Project darstellen. Voraussetzung hierfür ist, dass Sie

---

[1] Statusberichte werden auch Fortschrittsberichte genannt – vgl. hierzu Fiedler (2003), S. 172 ff.

die Planwerte zu Beginn der Projektdurchführung durch das Speichern des Basisplans gesichert haben.

Abbildung 1.66:
Neue Vorgänge gegenüber der ursprünglichen Planung

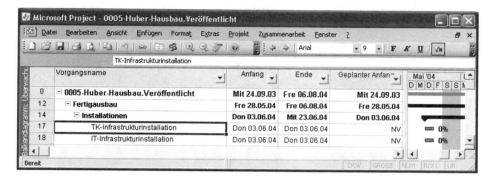

In Project gehen Sie dazu folgendermaßen vor:
1. Wechseln Sie in die Ansicht *Balkendiagramm: Überwachung*.
2. Wählen Sie die Tabelle *Abweichung* aus.
3. Aktivieren Sie, falls nicht bereits geschehen, den *AutoFilter*.
4. Stellen Sie den *AutoFilter* für die Spalte *Geplanter Anfang* auf *NV*.

Jetzt werden ausschließlich die Vorgänge angezeigt, die am Ende des Planungsprozesses noch nicht geplant wurden (vgl. Abbildung 1.66).

TIPP Wenn Sie nur die Unterschiede seit der letzten Besprechung anzeigen möchten, gehen Sie folgendermaßen vor (Voraussetzung ist, dass Sie nach der letzten Besprechung den Zwischenplan 1 gespeichert haben, wie weiter unten beschrieben wird.):

Abbildung 1.67:
Neue Vorgänge seit der letzten Besprechung

1. Wählen Sie die Ansicht *Balkendiagramm: Überwachung*.
2. Zeigen Sie die Tabelle *Abweichung Zwischenplan* an. Anmerkung: Die Tabelle *Abweichung Zwischenplan* ist eine benutzerdefinierte Tabelle (vgl. ▶ Kapitel 9).
3. Setzen Sie den *AutoFilter* auf *Anfang1=NV*.

Nun sehen Sie nur alle neuen Vorgänge, die bei der letzten Speicherung des Zwischenplans 1 noch nicht vorhanden waren (vgl. Abbildung 1.67).

Alternativ können Sie die Zwischenstände in den verschiedenen Basisplänen anstatt in Zwischenplänen abspeichern.

Project für Projektleiter

Vorgänge, bei denen die Summe des Ist- und voraussichtlichen Rest-Aufwands über dem Planaufwand liegt (*Mehraufwand*) können in derselben Ansicht über den Filter *Arbeitsrahmen überschritten* bzw. *Arbeitsrahmen überschritten im Terminbereich* ermittelt werden.

Abbildung 1.68:
Vorgänge mit voraussichtlichem oder bereits eingetretenem Mehraufwand

Je nach Zielsetzung können Sie auch die entsprechenden Filter für die Kosten verwenden, um Vorgänge zu ermitteln, die das Budget überschritten haben.

HINWEIS Die Filter *Arbeitsrahmen überschritten im Terminbereich* und *Kostenrahmen überschritten im Terminbereich* sind neu erstellte Filter, der Filter *Arbeitsrahmen überschritten* wurde angepasst (vgl. hierzu die ▶ Kapitel 5 und 9).

Abbildung 1.69:
Verzögerte Vorgänge

Verzögerte Vorgänge, also Vorgänge, die nicht planmäßig beginnen, stellen Sie wiederum in der Ansicht *Balkendiagramm: Überwachung* mit dem Filter *Überfällige/ Späte Bearbeitung* dar. Dieser Filter stellt im Gegensatz zu dem Filter *Verzögerte Vorgänge* nur nicht abgeschlossene Vorgänge dar, die in Verzug sind.

TIPP Mit der Funktion *Projektversionen vergleichen* auf der gleichnamigen Symbolleiste können Sie Unterschiede zwischen zwei Projektplänen ermitteln (mehr dazu in ▶ Kapitel 13).

Blenden Sie in Project das Feld *Statusanzeige* ein, wenn Sie den Status eines Vorgangs in Bezug auf den Besprechungstermin (*Statusdatum*) grafisch darstellen möchten. Das in der Marginalspalte abgebildete Symbol bedeutet dabei, dass der Vorgang verzögert ist.

Ist-Stand

Zur Beschreibung des *Ist-Standes* nennen Sie die Ist-Werte, fassen Sie die offenen Probleme zusammen, nennen Sie die Ursachen und unterbreiten Sie zudem *Lösungs-*

alternativen. Beschreiben Sie die *Auswirkungen* auf die Fortsetzung des Projektes und die Erreichung der Projektziele. Mehr zur Abweichungsanalyse (Gesamt-, Kosten- und Leistungsabweichung) finden Sie in ▶ Kapitel 4.

Abbildung 1.70:
Ist-Werte in der
Projektstatistik

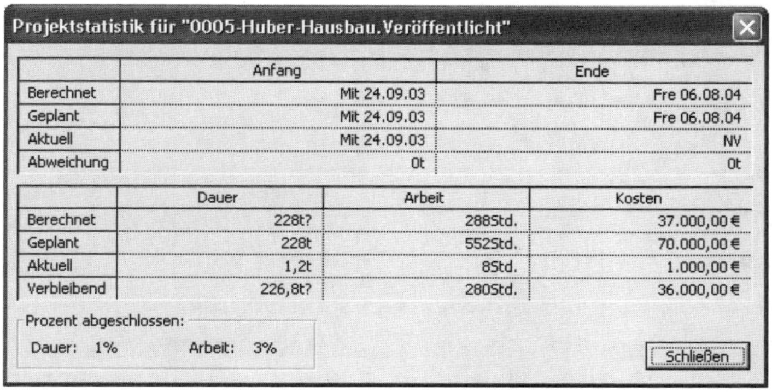

Ermitteln Sie den Ist-Stand anhand der Projektstatistik (*Projekt/Projektinfo/Statistik*). In der Zeile *Aktuell* können Sie die Ist-Werte der Kosten, Dauer und Arbeit ablesen (vgl. Abbildung 1.70).

Sie können auch die **Liste offener Punkte** (Problemlisten) in Ihren Statusbericht integrieren. Gehen Sie dazu folgendermaßen vor.

Abbildung 1.71:
Liste offener
Punkte

1. Sie erreichen die Problemliste am einfachsten über das Menü *Zusammenarbeit* und den Menüeintrag *Probleme*.
2. Um die Liste zu Excel zu exportieren und zu verknüpfen, klicken Sie auf die Schaltfläche *In Datenblatt bearbeiten*.

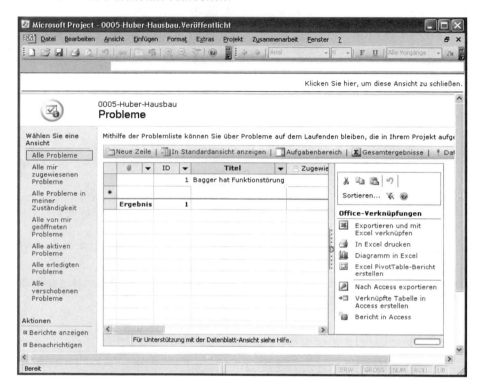

Abbildung 1.72: Problemliste in Datenblatt bearbeiten

3. Klicken Sie danach im Aufgabenbereich unter *Office-Verknüpfungen* auf den Link *Exportieren und mit Excel verknüpfen*.

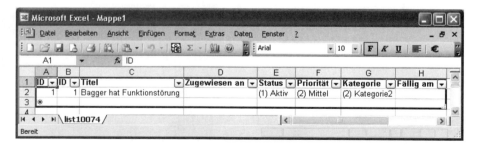

Abbildung 1.73: In Excel exportierte und verknüpfte Liste offener Punkte

4. Danach erscheint die Liste in einer Excel-Arbeitsmappe.

Ermitteln Sie nun die *Ursachen* für Verschiebungen in den einzelnen Phasen. Erarbeiten Sie *Lösungsalternativen* und schätzen Sie den zusätzlichen Aufwand oder Einsparungen für zusätzliche bzw. weggelassene Sach- und Dienstleistungen. Passen Sie den Projektplan entsprechend an.

Abbildung 1.74:
Kritische
Vorgänge

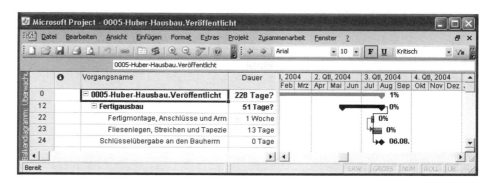

Prüfen Sie bei jedem zukünftigen Vorgang, ob nicht Kosten eingespart werden können. Checken Sie jeden Vorgang auf dem kritischen Weg, ob dieser nicht z.B. durch den Einsatz von mehr Ressourcen verkürzt werden oder durch die Überlappung zu seinem Vorgänger oder Nachfolger das Projekt beschleunigt werden kann. Zur besseren Übersicht können Sie auch den Filter *kritisch* setzen, um ausschließlich die kritischen Vorgänge zu sehen (vgl. Abbildung 1.74). Spielen Sie verschiedene Szenarien durch und überprüfen Sie dann die Auswirkungen im Plan selbst oder in der Projektstatistik.

HINWEIS Der *kritische Weg* kennzeichnet alle Vorgänge, die Einfluss auf den Projektendtermin haben. In der Ansicht *Balkendiagramm: Überwachung* werden diese Vorgänge automatisch rot dargestellt. Wenn Sie ein Projekt in mehrere Phasen eingeteilt haben, dann wird standardmäßig der kritische Weg nur für die letzte Phase angezeigt, da nur diese unmittelbar Einfluss auf den Projektendtermin hat. Wenn Sie auch innerhalb der vorhergehenden Phasen einen kritischen Weg anzeigen möchten, dann aktivieren Sie unter *Extras/Optionen/Berechnen* die Option *Mehrere kritische Wege berechnen*.

Nehmen Sie in Ihrer Ausarbeitung Stellung zu den Fragen:

- Ist der Endtermin/die Gesamtkosten noch zu halten?
- Wenn nein, was kann getan werden, damit dies noch möglich wird?
- Welche Auswirkungen hat dies auf die voraussichtliche Endleistung (Qualität, Termine, Kosten)?
- Welche Risiken bestehen (Risikoanalyse)?

Übernehmen Sie Ihren favorisierten Vorschlag in Ihren Projektstatusbericht als Diskussionsgrundlage für die Besprechung.

TIPP Sie können Abweichungen im Projektplan durch Ampelindikatoren visualisieren (mehr dazu in ▶ Kapitel 4 und in ▶ Kapitel 9).

Vorausschau

Die *Vorausschau* konkretisiert den Zeitraum bis zur nächsten Besprechung. Stellen Sie dazu alle Aktivitäten dar, die im nächsten Zeitraum stattfinden sollen. In der Praxis wird diese Ansicht auch als *Aktionsliste* bezeichnet. Gehen Sie dazu folgendermaßen vor:

Abbildung 1.75:
Vorgänge bis zur nächsten Besprechung

1. Wechseln Sie in die Ansicht *Balkendiagramm: Überwachung*.
2. Wählen Sie den Filter *Terminbereich* aus.
3. Geben Sie im dann erscheinenden Dialogfeld unter *Anzeige von Vorgängen mit Anfang oder Ende nach:* das aktuelle Datum ein.
4. Geben Sie im nächsten Dialogfeld unter *Und vor:* den Termin der nächsten Besprechung ein.

In der Besprechung gibt diese Ansicht allen Beteiligten einen Überblick über die direkt bevorstehenden Arbeiten (vgl. Abbildung 1.75). Damit ist die Vorbereitung für die Besprechung abgeschlossen.

Stellen Sie sicher, dass Sie **alle** in der Besprechung festgelegten Entscheidungen direkt in den Plan übernehmen. Sofern Änderungen am Projektumfang in Bezug auf Qualität, Zeit oder Kosten vorgenommen werden sollen, formulieren Sie dies als *Änderungsanforderung* (Change Requests). Als Vorlage hierfür können Sie wiederum mit den o.g. Filtern die zusätzlichen Vorgänge darstellen, die Sie dann um die nähere Beschreibung und Begründung des Änderungswunsches ergänzen.

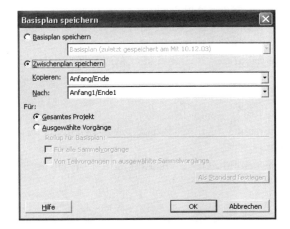

Abbildung 1.76:
Zwischenplan 1 speichern

Nach der Besprechung speichern Sie einen Zwischenplan oder, falls *Nachgenehmigungen* erforderlich waren, den Basisplan neu ab, damit Sie für die nächste Projektbesprechung wiederum die Abweichungen auf einfache Art und Weise ermitteln können. Wählen Sie *Extras/Überwachung/Basisplan speichern* und dann die entsprechende Option für den Basis- und/oder Zwischenplan (*Anfang1/Ende1*) aus

(Abbildung 1.76). Es ist auch möglich, die einzelnen Zwischenstände in bis zu zehn Zwischenplänen aufzubewahren. Dies ist jedoch in der Praxis schwer zu handhaben und wird daher nicht empfohlen.

Veröffentlichen Sie alle Projektinformationen auf dem Project Server. Damit stehen dann sofort allen Projektbeteiligten (Führungskräfte, Projektmitarbeiter) über die Projektansicht der aktuelle Projektplan und über die Arbeitszeittabelle die aktuellen Vorgänge zur Verfügung.

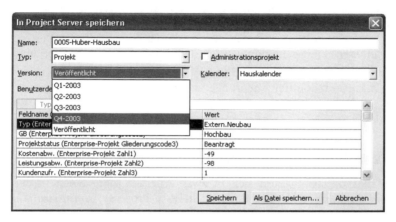

Abbildung 1.77: Version archivieren

Um eine Version des Projektplans zu sichern, die sich nicht mehr ändert, können Sie unter *Datei/Speichern unter* und der Auswahl einer (Archiv-) Version (▶ Kapitel 9) den Projektplan zusätzlich ablegen.

Durch diese Vorarbeiten bereiten Sie sich optimal auf die nächste Projektbesprechung vor und sorgen dafür, dass diese effektiv und schnell durchgeführt werden kann. Zudem stellen Sie sicher, dass die Ergebnisse zielsicher im nächsten Zeitraum umgesetzt werden können.

Integrierte Änderungssteuerung

Gerade bei sehr großen Projekten werden Sie nicht nur Gesamtbesprechungen durchführen, an denen alle Projektbeteiligten teilnehmen, sondern häufig viele kleine Besprechungen mit Beteiligten der jeweiligen Teilleistungen. Die sich hieraus ergebenden gegenseitigen Einflüsse müssen jedoch von Ihnen koordiniert werden. Dies ist das Ziel der integrierten Änderungssteuerung.

Beim Prozess **integrierte Änderungssteuerung** (4.3 Integrated Change Control) haben Sie drei Aufgaben. Erstens müssen Sie Einfluss nehmen auf die Verursacher der Änderungen, um sicherzustellen, dass diesen zugestimmt wird. Zweitens müssen Sie Änderungen ermitteln und explizit feststellen. Und drittens müssen Sie die einzelnen Änderungen untereinander koordinieren und hieraus resultierende Aktionen, wie z.B. neue Planungsaktivitäten, einleiten. Wenn Änderungsanforderungen zugestimmt wird, aktualisieren Sie alle hiervon betroffenen Plandaten. Gehen Sie dazu folgendermaßen vor:

1. Überprüfen Sie in Project, ob sich alle genehmigten Änderungen im Basisplan widerspiegeln bzw. ob nicht genehmigte Änderungen dort auch nicht zu finden sind.

2. Stellen Sie sicher, dass die mit dem Projektplan verknüpften Dokumente aktualisiert wurden. Überprüfen Sie, ob alle aktuellen Versionen inklusive der zugehörigen Korrespondenz und Vertragsinformationen in der Dokumentenverwaltung des Project Web Access abgelegt und alle betroffenen Personen von den Änderungen informiert worden sind.

TIPP In der Dokumentverwaltung können sich Nutzer für bestimmte Dokumente als Abonnenten registrieren lassen, sodass sie automatisch über Änderungen informiert werden (*Benachrichtigungen*). Nachträglich lassen sich Änderungen zwischen Projektplänen durch die Funktion *Projektversionen vergleichen* ermitteln. Änderungen zwischen Word-Dokumenten können durch die standardmäßig eingebaute Version *Dokumente vergleichen* herausgefunden werden. Die Funktion erreichen Sie über das Menü *Extras/Dokumente vergleichen und zusammenführen* in Word.

Eine lückenlose Dokumentation der Änderungen vermeidet Missverständnisse bzw. hilft diese schnell aufzuklären. Sie schaffen darüber hinaus eine Wissensbasis für zukünftige Projekte.

Abschließende Prozesse

Die abschließenden Prozesse gliedern sich in zwei Prozesse. Zum einen in den Prozess *Vertragsbeendigung* und zum anderen in den Prozess *Administrativer Abschluss*.

Vertragsbeendigung

Die **Vertragsbeendigung** (12.6 Contract Closeout) ist die formelle Beendung der Projektphase gegenüber dem Kunden. Sie müssen den Beweis erbringen, dass alle Leistungen unter Berücksichtigung der genehmigten Änderungen ordnungsgemäß erbracht worden sind. Der Kunde muss dann die Leistung (das Werk) abnehmen.[1] Dies kann ggf. in einem Audit stattfinden. Dies entspricht der letzten finalen Projektbesprechung, deren Vor- und Nachbereitung oben bereits näher erläutert wurde. Als Vorbereitung hierauf können Sie die Liste offener Punkte (Problemliste), wie oben beschrieben wurde, überprüfen, um sicherzustellen, dass keine Abnahme verhindernden Mängel mehr bestehen.

Administrativer Abschluss

Auch auf Seiten Ihrer Organisation schließen Sie mit dem **Administrativen Abschluss** das Projekt und damit das Projektmanagement formell ab (10.4 Administrative Closure). Überprüfen Sie noch einmal, ob alle Dokumente inklusive des aktuellen Projektplans ordnungsgemäß abgelegt worden sind. Verschieben Sie die Dokumente ins Archivsystem. Aktualisieren Sie Qualifikationsangaben in Ihrem Ressourcenpool, falls sich Änderungen ergeben haben. Lassen Sie noch einmal alle Änderungen Revue passieren und überlegen Sie, ob Ihre Projektvorlage für diesen Projekttyp ggf. noch ergänzt werden kann, um die Planungsqualität für das nächste Projekt steigern zu können.

---

[1] vgl. §§ 633 ff. BGB

2 Project für Projektmitarbeiter

60   Ausführungsprozesse
71   Steuerungsprozesse
87   Abschließende Prozesse

Die Zielgruppe für dieses Kapitel sind alle Projektbeteiligten, die in Projekten mitarbeiten. Dies sind in erster Linie die *Projektmitarbeiter* im engeren Sinne, die als Fachkräfte mit einer speziellen Qualifikation bestimmte Aufgaben im Projekt übernehmen. Daneben sind dies aber auch alle anderen Gruppen von Projektbeteiligten (Stakeholder), die in Projekten mitarbeiten: Kunden, die einzelne Teilleistungen abnehmen oder an Konzepten mitwirken, Mitglieder des Lenkungsausschusses oder Führungskräfte, die in Besprechungen bzw. Audits beratend tätig werden, Ressourcenmanager und/oder die Projektleiter selbst, die Projektmanagementaufgaben wahrnehmen.

Alle diese Projektmitarbeiter werden in Project als *Ressourcen* bezeichnet. Der Begriff Ressourcen subsumiert neben diesen Humanressourcen (Ressourcenart: Arbeit) auch Sachressourcen (Ressourcenart: Arbeit oder Material). Im Folgenden werden wir beschreiben, wie diese Humanressourcen ihre administrativen Aufgaben mit Project lösen können. Die besonderen Aspekte für Ressourcenmanager und Führungskräfte werden wir in ▶ Kapitel 3 sowie in ▶ Kapitel 4 detaillierter herausarbeiten.

Ihr **Ziel** als Projektmitarbeiter ist es, Ihr Arbeitspaket in Qualität und Termin zur Zufriedenheit des Kunden fertig zu stellen. Sie erwarten, dass Ihnen hierfür eine angemessene Zeit zur Verfügung steht, damit Ihr eigener Aufwand im vereinbarten bzw. zugeteilten Rahmen bleibt. Damit dies der Fall ist, müssen Sie in erster Linie während der Ausführungs-, Steuerungs- und abschließenden Prozesse eine Reihe von Aufgaben im Rahmen des Projektmanagements neben der eigentlichen fachlichen Tätigkeit wahrnehmen.

Während der *Ausführungsprozesse* beantworten Sie Terminanfragen des Projektleiters und arbeiten anhand Ihrer Arbeitszeittabelle termingenau Ihre Arbeitspakete ab.

HINWEIS Die *Arbeitszeittabelle* umfasst Funktionen, die im allgemeinen Sprachgebrauch oft als *Aufgabenliste*, *Vorgangsliste*, Aufstellung der Arbeitspakete, *Zeiterfassung*, *Einsatzplan* oder *Stundenerfassung* bezeichnet werden.

Damit der Projektleiter das Projekt treffsicher ins Ziel *steuern* kann, geben Sie ihm regelmäßig Rückmeldung über den Status Ihrer Aktivitäten, indem Sie abgeschlossene Arbeiten und verbleibenden Aufwand zurückmelden. Sollten unerwartete Probleme auftreten, so melden Sie diese ebenfalls zurück und unterbreiten Lösungsvorschläge, deren Aufwand Sie in den verbleibenden Aufwand einrechnen. Zum *Abschluss* übergeben Sie die erforderliche Dokumentation an den Projektleiter. Im Einzelnen sind in den nachstehenden Prozessgruppen folgende Schritte erforderlich:

Ausführungsprozesse

- Annehmen von Terminanfragen
- Feststellen von Terminüberschneidungen
- Ablehnen von Terminanfragen
- Vorgang für aktuellen Tag ermitteln
- Terminänderungen und -absagen bearbeiten

Steuerungsprozesse

- Fortschritt zurückmelden
- Mehraufwand und/oder Probleme zurückmelden
- Minderaufwand zurückmelden
- Vertretung zurückmelden
- Abwesenheit durch Urlaub, Krankheit oder andere nicht projektbezogene Tätigkeiten zurückmelden

Abschließende Prozesse

- Fertigstellung zurückmelden
- Dokumentation abschließen

Ausführungsprozesse

Mit Beginn der *Ausführungsprozesse* besteht Ihre Aufgabe darin, Ihre Arbeitspakete möglichst termintreu entsprechend der zuvor abgestimmten Planung zu erledigen.

Ihre eigentliche inhaltliche Tätigkeit während der Ausführungsprozesse kann in einer Planungsphase (z.B. Ausführungsplanung) auch die Planung einer späteren Ausführungsphase (Realisierung) sein.

Führen Sie hierzu folgende Schritte aus:

- Annehmen von Terminanfragen
- Feststellen von Terminüberschneidungen
- Ablehnen von Terminanfragen
- Arbeitspaket für den aktuellen Tag ermitteln
- Terminänderungen und -absagen bearbeiten

Annehmen von Terminanfragen

Abbildung 2.1:
Terminanfrage

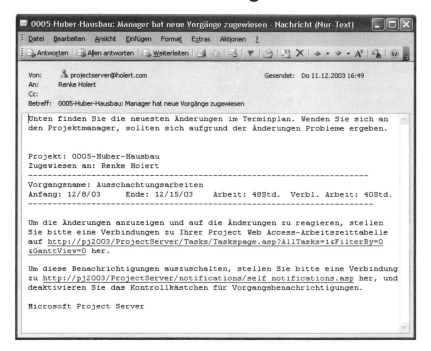

Abbildung 2.2:
Neue Vorgänge in der Arbeitszeittabelle

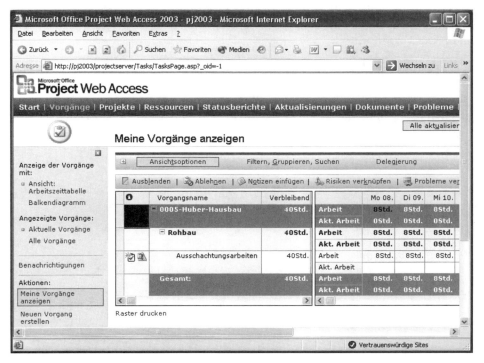

Wenn der Projektleiter zu Beginn der Ausführungsprozesse die Zuordnungen auf dem Project Server veröffentlicht, erhalten Sie automatisch eine E-Mail mit dem Betreff *<Projektname>: Manager hat neue Vorgänge zugewiesen* (vgl. Abbildung 2.1).

Klicken Sie auf den Link in der E-Mail, um automatisch zu Ihrer Arbeitszeittabelle zu gelangen. Neue Vorgänge erkennen Sie an dem Aufgabensymbol in der Indikatorspalte (Abbildung 2.2).

Der Begriff Terminanfrage ist weitestgehend synonym mit Vorgangsanfrage, Aufgabenanfragen und *Ressourcenanfrage*. **HINWEIS**

Sie können an dieser Stelle z.B. infolge von Terminüberschneidungen Vorgänge ablehnen. Dies heißt, dass Project bzw. der Projektleiter standardmäßig davon ausgeht, dass Sie alle angefragten Vorgänge annehmen. Sofern Sie einen oder mehrere Vorgänge nicht annehmen können, müssen Sie dies explizit mitteilen, wie später beschrieben wird.

Feststellen von Terminüberschneidungen

In der Terminanfrage wird nicht automatisch anzeigt, ob Vorgänge sich ggf. mit bereits zuvor zugesagten Vorgängen überschneiden. Sie können zwar davon ausgehen, dass der Projektleiter auf Basis eines zentralen Ressourcenpools Überbuchungen im Vorfeld verhindert; »für alle Fälle« sollten Sie in die Arbeitszeittabelle gehen und dort überprüfen, ob eine Terminüberschneidung vorliegt. Führen Sie dazu (in der Arbeitszeittabelle) folgende Schritte aus:

Standardmäßig ist in der Arbeitszeittabelle der Filter *Aktuelle Vorgänge* (vgl. **ACHTUNG**
▶ Kapitel 9) aktiviert, d.b. Sie sehen nur neue, geänderte und überfällige Vorgänge sowie Vorgänge, die spätestens innerhalb der nächsten 10 Tage beginnen. Um alle Vorgänge anzuzeigen, aktivieren Sie im linken Seitenbereich im Aktionsbereich den Filter *Alle Vorgänge*.

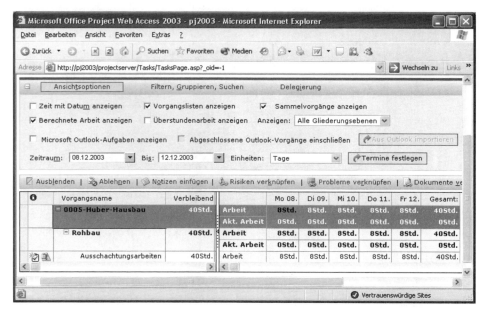

Abbildung 2.3: Auswahl des angefragten Zeitraumes

1. Aktivieren Sie die Anzeige der berechneten Arbeit, indem Sie unter den Ansichtsoptionen das Kontrollkästchen *Berechnete Arbeit anzeigen* aktivieren (vgl. Abbildung 2.3).
2. Lesen Sie den Zeitraum ab, in dem alle angefragten Vorgänge liegen. Sie können ihn der grau unterlegten Zeile des Projektsammelvorgangs in den Spalten *Anfang* und *Ende* entnehmen. Damit Sie diese Spalten sehen, müssen Sie ggf. die Trennlinie mit der Maus etwas nach rechts schieben.
3. Legen Sie die Ansicht für diesen Zeitraum entsprechend fest, indem Sie im Feld *Zeitraum* den Anfangs- und im Feld *Bis* den Endtermin eingeben. Klicken Sie anschließend auf die Schaltfläche *Termine festlegen*.

Abbildung 2.4:
Ermitteln der Gesamtarbeit pro Tag im angefragten Zeitraum

4. Wechseln Sie zur Registerkarte *Filtern, Gruppieren, Suchen* und aktivieren Sie den Filter *Nicht abgeschlossene Vorgänge*.
5. Schließen Sie alle Projektsammelvorgänge, indem Sie auf das Plus-Symbol vor dem Vorgangsnamen klicken.
6. Wechseln Sie nun mit der Maus in die obere Teilzeile *Arbeit* der Zeile *Gesamt*.
7. Drücken Sie die Cursortaste Pfeil re und stellen Sie sicher, dass in keiner Spalte (also an keinem Tag) die Arbeit mehr als 8 h dauert.
8. An Tagen mit einer Arbeit von mehr als 8 h sind Sie überbucht. Ermitteln Sie durch Öffnen des Projektsammelvorgangs, welcher Vorgang hiervon betroffen ist, und lehnen Sie diesen ggf. ab.

Ablehnen einer Terminanfrage

Um einen oder mehrere Vorgänge aus der Terminanfrage abzusagen, gehen Sie folgendermaßen vor (siehe auch Abbildung 2.5):

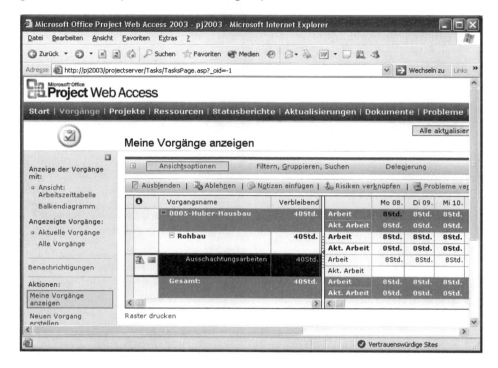

Abbildung 2.5: Ablehnen einer Terminanfrage

1. Markieren Sie den entsprechenden Vorgang in der Arbeitszeittabelle.
2. Klicken Sie auf die Schaltfläche *Notizen einfügen*, um eine Begründung für die Absage einzugeben.
3. Klicken Sie auf die Schaltfläche *Ablehnen*.

Der Projektleiter wird jetzt automatisch darüber informiert, dass Sie den Vorgang nicht annehmen. In der Folge wird nun der zunächst in Ihre Arbeitstabelle übernommene Vorgang wieder aus dieser gelöscht.

Verwenden Sie nicht die Schaltfläche *Ausblenden*! Hierdurch wird lediglich der Vorgang aus Ihrer Arbeitszeittabelle entfernt, der Projektleiter jedoch nicht informiert. | **ACHTUNG**

Vorgang für aktuellen Tag ermitteln

An jedem Arbeitstag haben Sie nun u.a. zwei Aufgaben: Zum einen gilt es, morgens zu ermitteln, wofür Sie an diesem Tag eingeplant sind. Zum anderen müssen Sie abends zurückzumelden, wie viel Arbeit Sie für welche Vorgänge aufgewendet haben und wie groß der voraussichtliche Rest-Aufwand ist. Ihren Tagesplan können Sie auf folgende Art und Weise nachschlagen:

1. Öffnen Sie die Startseite des Project Web Access.

2. Wechseln Sie über das Menü *Vorgänge* in die Arbeitszeittabelle.
3. Stellen Sie sicher, dass als Ansichtsoption *Berechnete Arbeit anzeigen* aktiviert ist (vgl. auch Abbildung 2.3).
4. Links in der Navigationsleiste muss ferner die Option *Aktuelle Vorgänge* ausgewählt sein. Sie können den angezeigten Zeitraum manuell auswählen, indem Sie im Feld *Zeitraum* den aktuellen Tag und im Feld *Bis* den Tag von heute in sechs Tagen auswählen. Wenn der Zeitraum nicht länger als eine Woche beträgt, werden in den Überschriften im rechten Teil der Arbeitszeittabelle die Wochentage angezeigt. Die Voreinstellung kann vom Administrator festgelegt werden (▶ Kapitel 9).

Abbildung 2.6:
Vorgang für aktuellen Tag ermitteln

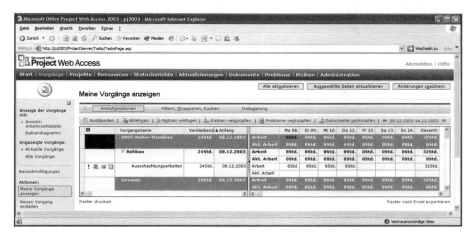

5. Im rechten Teil der Arbeitszeittabelle können Sie nun ablesen, für welche Vorgänge Arbeit berechnet wurde (Abbildung 2.6). Sie erkennen diese Vorgänge daran, dass in der Spalte des entsprechenden Tages sowohl in dem Projektsammelvorgang als auch in dem bzw. den Sammelvorgang/-vorgängen wie auch bei dem Vorgang im Feld *Arbeit* ein Wert größer als 0 h eingetragen ist.

HINWEIS

 Falls in der Indikatorspalte ein Ausrufungszeichen angezeigt wird, bedeutet dies, dass der zugehörige Vorgang überfällig ist, d.h. das sein berechnetes Ende vor dem aktuellen Tag liegt.

 Ein gelbes Achtungschild zeigt an, dass **Risiken** für den Vorgang hinterlegt wurden. Klicken Sie auf das Symbol, um alle Risiken anzuzeigen.

 Das rote Kästchen weist auf hinterlegte **offene Punkte** (=Probleme) hin. Ein Klick auf das Symbol zeigt ebenfalls alle mit dem Vorgang in Beziehung stehenden Probleme an.

 Das Dokumentsymbol drückt aus, dass **Dokumente** mit dem Vorgang verknüpft sind. Durch einen Klick auf das Symbol werden auch hier alle hinterlegten Dokumente angezeigt.

HINWEIS Sie können sich vom Project Server per E-Mail an fällige Vorgänge erinnern lassen. Wählen Sie dazu im Aktionsbereich die Option *Benachrichtigungen* aus und legen Sie den Benachrichtigungsmodus entsprechend Ihren Wünschen fest.

Wenn Sie mit Outlook 2000 oder neuer arbeiten, dann können Sie die Vorgänge bzw. Zuordnungen auch als Termine in Outlook-Kalender importieren. (Voraussetzung hierfür ist, dass Sie das entsprechende Add-In heruntergeladen haben. Einen Link zu den Installationsdateien finden Sie u.a. im linken Seitenbereich Ihrer Arbeitszeittabelle.) Um die Zuordnungen zu importieren, gehen Sie folgendermaßen vor:

NEU IN 2003

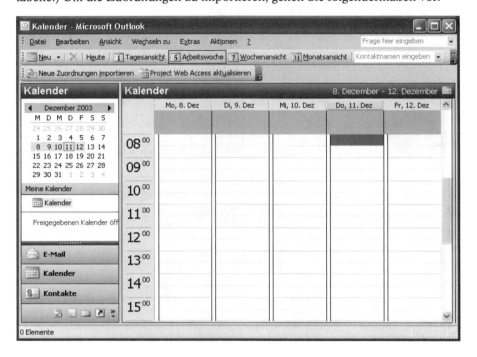

Abbildung 2.7:
Schaltfläche
Neue Zuordnungen importieren

1. Klicken Sie in Outlook auf der Symbolleiste *Project Web Access* auf die Schaltfläche *Neue Zuordnungen importieren*.

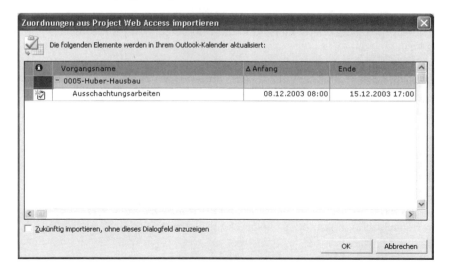

Abbildung 2.8:
Import-Dialogfeld

2. Bestätigen Sie das Import-Dialogfeld mit *OK* (Abbildung 2.8).

Abbildung 2.9:
Anzeige der Vorgänge als ganztägige Termine

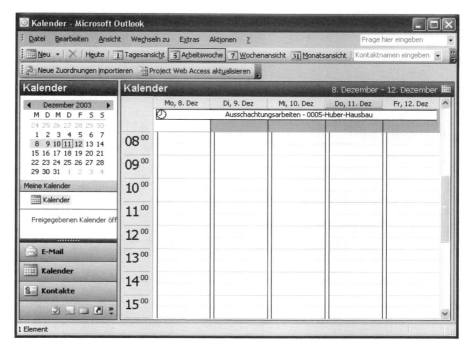

Ihre Zuordnungen werden als ein Termin in Outlook angezeigt. Wenn der Vorgang sich über mehr als einen Tag erstreckt, wird dieser als ganztägiger Termin dargestellt.[1]

Terminänderungen und -absagen bearbeiten

Für den Fall, dass beim Ausführen einige Vorgänge nicht innerhalb des vorgesehen Zeitraums abgeschlossen werden können, wird der Projektleiter die Auswirkungen auf seine ursprüngliche Planung mit Hilfe von Project ermitteln und ggf. Umplanungen vornehmen. Dies kann zur Folge haben, dass sich z.B. die Termine für Ihre Vorgänge verschieben oder Sie andere Vorgänge übernehmen sollen.

Eine Terminänderung (Abbildung 2.10) erkennen Sie im Posteingang an der Betreffzeile *<Projektname>: Manager hat Vorgangszuordnungen aktualisiert*. Falls Sie diese Nachricht nicht erhalten, haben evtl. Sie oder Ihr Ressourcenmanager die Benachrichtigung deaktiviert. Sie können die Benachrichtigungsoptionen festlegen, indem Sie auf den Link *Benachrichtigung* im linken Seitenbereich der Arbeitszeittabelle klicken. Zur Bearbeitung der Terminänderung führen Sie folgende Schritte aus:

---

[1] Eine stärkere Integration zwischen Project und Outlook bzw. Project Server und Exchange Server bietet Ihnen das Add-On *Allocatus*, das u.a. auch mehrtägige Project-Vorgänge in einzelne Outlook-Termine aufteilt (▶ Kapitel 13).

Terminänderung bearbeiten

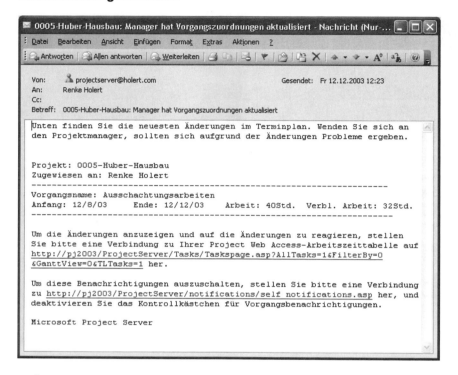

Abbildung 2.10:
Terminänderung

1. Öffnen Sie die Terminänderung über einen Klick auf die als Hyperlink dargestellte Betreffzeile.

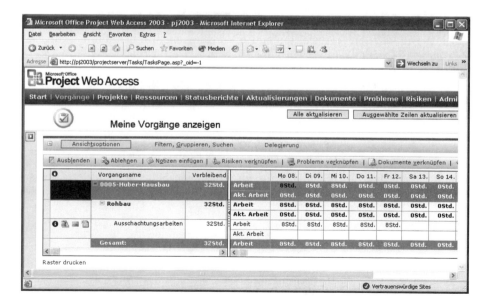

Abbildung 2.11:
Geänderte Vorgänge in der Arbeitszeittabelle

2. Geänderte Vorgänge erkennen Sie an dem weißen »i« im blauen Kreissymbol in der Indikatorspalte (vgl. Abbildung 2.11).

Sie können an dieser Stelle nur erkennen, wo der Vorgang nach neuester Planung liegt, jedoch nicht, wie der Vorgang vorher zeitlich angesiedelt war. Wenn Sie überprüfen möchten, ob der Termin eine Überschneidung verursacht, dann gehen Sie vor, wie im ▶ Abschnitt »Feststellen von Terminüberschneidungen« in diesem Kapitel beschrieben.

TIPP Falls Sie Mühe haben, den Vorgang in der Arbeitszeittabelle zu finden, wenden Sie über die Registerkarte *Filtern, Gruppieren und Suchen* den Filter *Von einem Manager geänderte Vorgänge* an. Dann sehen Sie nur die Vorgänge, die zuletzt geändert wurden.

Sofern sich Probleme durch den Termin ergeben, teilen Sie dies dem Projektleiter mit. Gehen Sie dazu folgendermaßen vor:

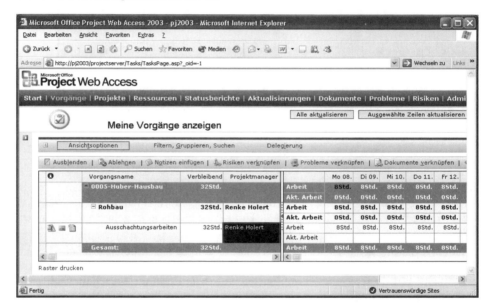

Abbildung 2.12:
Anzeige des Feldes Projektmanager *in der Arbeitszeittabelle*

1. Schieben Sie die Trennlinie in der Arbeitszeittabelle so weit nach rechts, bis Sie das Feld *Projektmanager* erkennen können (Abbildung 2.12). Sie können per Drag und Drop auch die Reihenfolge der Spalten anpassen. Merken Sie sich den Namen des Projektleiters.
2. Wechseln Sie zurück in die E-Mail, die Sie auf die Terminänderung aufmerksam gemacht hat und klicken Sie auf die Schaltfläche *Antworten*, um eine Rückäußerung an den Projektleiter zu senden.
3. Tragen Sie im Feld *An* den Namen des Projektleiters ein und erläutern Sie die Problematik. Senden Sie danach die Nachricht über die Schaltfläche *Senden* an den Projektleiter.

Terminabsage bearbeiten

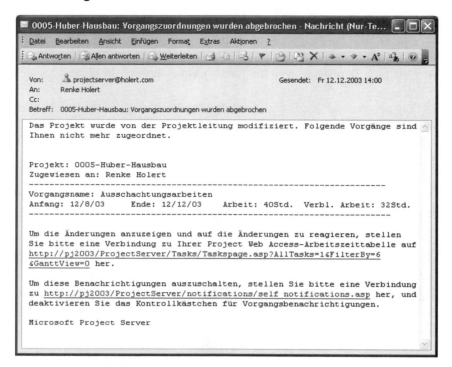

Abbildung 2.13: Terminabsage bearbeiten

Für den Fall, dass Sie von einem zuvor zugewiesenen Vorgang entbunden werden, bekommen Sie eine E-Mail mit dem Betreff *<Projektname>: Vorgangszuordnungen wurden abgebrochen* (Abbildung 2.13). Um sie zu bearbeiten, gehen Sie folgendermaßen vor:

1. Klicken Sie mit der Maus den Hyperlink an, der Sie zur Arbeitszeittabelle bringt. Bitte beachten Sie, dass dieser Link den Filter *Vom Manager gelöschte Vorgänge* aktiviert und dass Sie diesen ggf. wieder auf *Alle Vorgänge* umschalten müssen, damit Sie sämtliche Vorgänge einsehen können.
2. Überprüfen Sie, ob der abgesagte Vorgang mit einem »X« in der Indikatorspalte der Arbeitszeittabelle als gelöscht dargestellt wird (Abbildung 2.14).
3. Löschen Sie diesen ggf. aus der Arbeitszeittabelle, wenn Sie ihn nicht mehr dargestellt haben möchten, indem Sie den Vorgang mit der Maus auswählen und dann auf die Schaltfläche *Ausblenden* klicken.

*Abbildung 2.14:
Aus der Arbeitszeittabelle gelöschte Vorgänge*

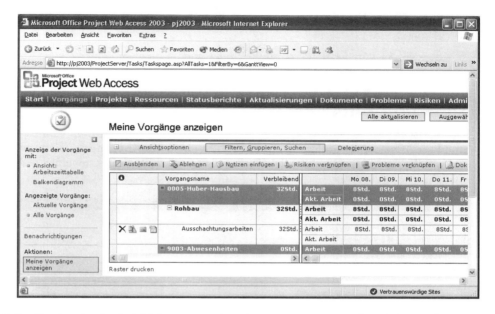

ACHTUNG Falls Sie das Outlook-Add-In von Project Server 2003 verwenden, führen Sie die Funktion *Neue Zuordnungen importieren* aus, bevor Sie die Vorgänge aus der Arbeitszeittabelle ausblenden. Andernfalls werden die Termine aus Outlook beim nächsten Ausführen von *Neue Zuordnungen importieren* nicht gelöscht.

Falls Sie zu einem späteren Zeitpunkt wieder zu einem zuvor abgesagten Vorgang eingeplant werden, erhalten Sie für diesen erneut eine Terminanfrage. Die Arbeitszeittabelle zeigt also stets den neuesten Stand Ihrer Termine, die sich aus der Gesamtprojektplanung des Unternehmens ergeben.

Somit sind von administrativer Seite alle Voraussetzungen gegeben, damit Sie Ihre Vorgänge entsprechend der Vorgaben der Projektleiter termingenau erledigen können. Damit der Projektleiter auf Änderungen reagieren kann, geben Sie ihm regelmäßig ein Feedback (Steuerungsprozesse).

Steuerungsprozesse

Ziel der **Steuerungsprozesse** ist es, frühestmöglich Informationen über Planabweichungen zu gewinnen, damit entsprechend zeitig gegengesteuert werden kann. Ihre Aufgabe als Projektmitarbeiter besteht u.a. darin, regelmäßig das Erreichte zu reflektieren, mögliche Probleme zu identifizieren und auf dieser Basis die Ist- und Rest-Arbeit zurückzumelden. Aus der Summe dieser beiden Größen ermittelt der Projektleiter mit Project die voraussichtliche *Gesamt-Arbeit* und vergleicht diese mit der *Plan-Arbeit*. Hierdurch kann er Abweichungen bereits ermitteln, bevor »das Kind in den Brunnen gefallen ist« und Maßnahmen ergreifen, die Sie entlasten und das Projekt wieder auf Kurs bringen. Ihre Aufgabe ist es daher, Folgendes zurückzumelden:

- Fortschritt
- Mehraufwand, Überstunden und/oder Probleme

- Minderaufwand
- Vertretung
- Abwesenheit durch Urlaub, Krankheit oder andere nicht projektbezogene Tätigkeiten

Fortschritt zurückmelden

Der Fortschritt für einen Vorgang besteht immer aus den beiden Komponenten Ist- und Rest-Arbeit, die in Project als *Aktuelle Arbeit* bzw. *Verbleibende Arbeit* bezeichnet werden. Um für einen aktuellen Vorgang den Fortschritt zurückzumelden, gehen Sie folgendermaßen vor:

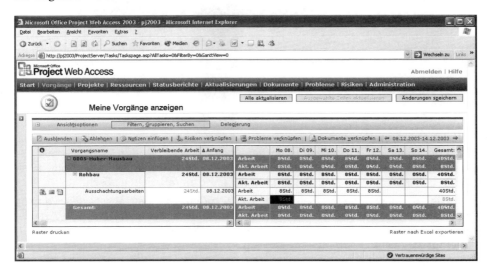

Abbildung 2.15: Fortschritt zurückmelden

1. Wechseln Sie in die Arbeitszeittabelle zu dem Vorgang, den Sie gerade bearbeiten.
2. Klicken Sie mit der Maus in den rechten Teil der Arbeitszeittabelle und dort in das Feld *Akt. Arbeit* in der Spalte des heutigen Tages. Geben Sie in Stunden die *Ist-Arbeit* an, die Sie heute für diesen Vorgang aufgewendet haben (vgl. Abbildung 2.15).
3. Wechseln Sie nun in die Spalte *Verbleibende Arbeit* in der linken Hälfte der Arbeitszeittabelle desselben Vorgangs. Beachten Sie, dass sich der Wert dort um die Anzahl der Stunden verringert, die Sie als aktuelle Arbeit eingetragen haben. Schätzen Sie aufgrund der heutigen Sachlage die *Rest-Arbeit* für den Vorgang. Für den Fall, dass sich Ihre Schätzung mit dem automatisch errechneten Wert deckt, brauchen Sie nichts zu unternehmen; im Falle von Mehr- oder Minderaufwand hingegen passen Sie die den Wert in der Spalte *Verbleibende Arbeit* an, wie nachfolgend im ▶ Abschnitt »Mehraufwand, Überstunden und/oder Probleme zurückmelden« bzw. im ▶ Abschnitt »Minderaufwand zurückmelden« in diesem Kapitel beschrieben wird.

Abbildung 2.16:
Speichern der Änderungen

4. Speichern Sie die Aktualisierung, indem Sie auf die Schaltfläche *Änderungen speichern* klicken. Hiernach erhalten Sie als Bestätigung die in Abbildung 2.16 dargestellte Mitteilung.

5. Senden Sie z.B. am Ende der Woche die Aktualisierungen an Ihren Projektleiter, indem Sie auf die Schaltfläche *Alle aktualisieren* klicken (Abbildung 2.17). Es erscheint eine Bestätigung, die aussagt, dass die *Vorgangsaktualisierung* gesendet wurde. (Die Standardmethode für die Fortschrittsberichterstattung wurde auf Arbeitsstunden pro Tag festgelegt. Mehr dazu in ▶ Kapitel 9.)

Abbildung 2.17:
Abgesendete Vorgangsaktualisierung

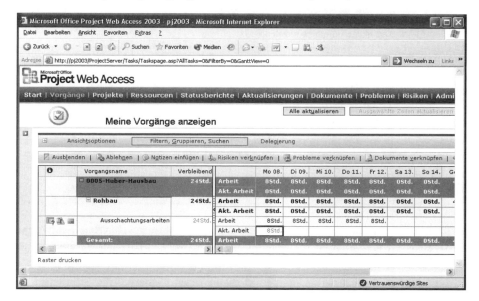

 Der Projektleiter ist nun über den aktuellen Stand Ihrer Ist- und Rest-Arbeit informiert und kann über die Bearbeitung der Vorgangsaktualisierung die Werte automatisch in den Projektplan übernehmen. Wann dies der Fall ist, können Sie daran erkennen, dass das nebenstehend abgebildete Symbol aus der Indikatorspalte der Arbeitszeittabelle für den entsprechenden Vorgang bzw. die entsprechenden Vorgänge verschwindet. Erst danach können Sie diese über die Projektansicht im aktuellen Projektplan einsehen.

HINWEIS Sofern Sie vor der Aktualisierung des Projektplans durch den Projektleiter noch Änderungen an den Arbeitswerten vornehmen, wird die bereits übermittelte Vorgangsaktualisierung nachträglich aktualisiert. Der Projektleiter übernimmt bei Aktualisierung dann ganz automatisch die neuesten Werte.

Mehraufwand, Überstunden und/oder Probleme zurückmelden

Mehraufwand ohne Überstunden zurückmelden

Für den Fall, dass unerwartete Probleme auftreten und Sie die Rest-Arbeit höher einschätzen als von Project im Feld *Verbleibende Arbeit* berechnet, sollten Sie den Projektleiter schnellstmöglich hiervon in Kenntnis setzen. Gehen Sie hierzu folgendermaßen vor:

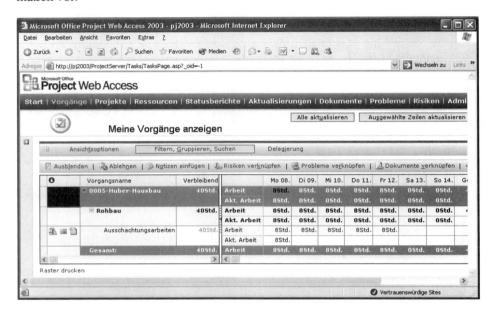

Abbildung 2.18: Mehraufwand zurückmelden

1. Tragen Sie in die Spalte *Verbleibende Arbeit* Ihren geschätzten Restwert ein. Beachten Sie, dass sich hierbei die (Gesamt-) Arbeit für diesen Vorgang entsprechend erhöht (vgl. Abbildung 2.18).

Abbildung 2.19: Vorgangsnotizen einfügen

2. Fügen Sie eine Notiz ein, indem Sie auf die Schaltfläche *Notizen einfügen* klicken, und begründen Sie, weshalb Sie die Restarbeit höher einschätzen. Nennen Sie nicht nur Erschwernisse, Probleme oder Risiken, die bereits aufgetreten sind, sondern auch diejenigen Faktoren, die Ihrer Ansicht nach höchstwahrscheinlich auftreten werden.

3. Senden Sie die Aktualisierung an den Projektleiter, indem Sie auf die Schaltfläche *Ausgewählte Zeilen aktualisieren* klicken, damit er ggf. Folgemaßnahmen einleiten kann.

HINWEIS Wenn Sie den Aufwand höher schätzen, geht Project standardmäßig davon aus, dass der Vorgang entsprechend der höheren Rest-Arbeit bezogen auf einen Achtstundentag später endet, d.h. *nachfolgende Vorgänge verschieben sich entsprechend*. Nur der Projektleiter kann die Rest-Arbeit in den Einsatzeinsichten exakt, z.B. taggenau, verteilen. Eine Fortschreibungsoption gibt es nicht.

Wenn Sie durch längere Arbeit an einzelnen Tagen die *Mehrarbeit* auffangen möchten, dann geben Sie keinen erhöhten Rest-Aufwand im Feld *Verbleibende Arbeit* ein, da sich sonst die nachfolgenden Vorgänge unnötigerweise verschieben würden. Geben Sie stattdessen an den entsprechenden Tagen für die Ist-Arbeit im Feld *Akt. Arbeit* eine entsprechend höhere Arbeit wie z.B. 12 h ein.

Wenn Sie sicherstellen möchten, dass ein offener Punkt (Problem) durch den Projektleiter weiterverfolgt wird, so fügen Sie dieses in der Problemliste des betreffenden Projekts als ein neues Problem ein und verknüpfen Sie es mit dem Vorgang. (Eine solche Problemliste wird auch oft als *Liste offener Punkte*, *Aktionsliste* oder *Bugliste* bezeichnet.) Führen Sie hierzu folgende Schritte aus:

1. Markieren Sie den zugehörigen Vorgang in der Arbeitszeittabelle.

2. Klicken Sie auf die Schaltfläche *Probleme verknüpfen*.

Abbildung 2.20: Offenen Punkt mit Vorgang verknüpfen

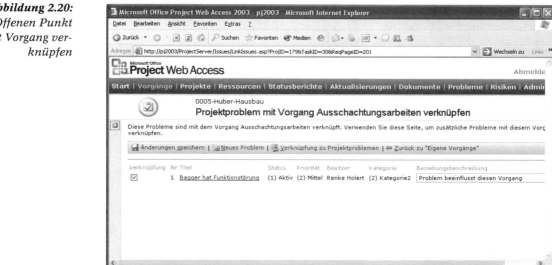

3. Klicken Sie auf der folgenden Seite auf die Schaltfläche *Neues Problem* (Abbildung 2.20).

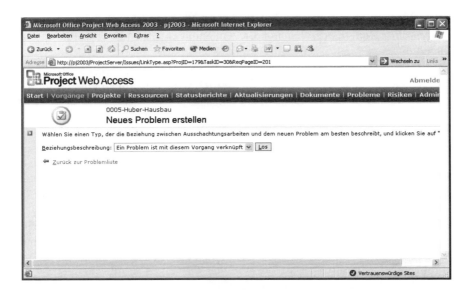

Abbildung 2.21:
Beziehung des offenen Punktes zum Vorgang festlegen

4. Wählen Sie – falls sachlich richtig – im Feld *Beziehungsbeschreibung* den Wert *Problem beeinflusst diesen Vorgang* aus und klicken Sie auf die Schaltfläche *Los* (Abbildung 2.21).

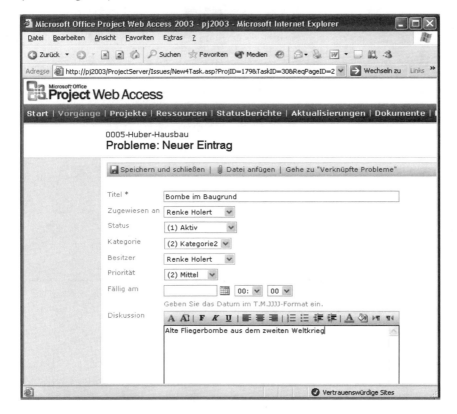

Abbildung 2.22:
Neuen offenen Punkt erstellen

5. Füllen Sie auf der folgenden Seite die Felder *Titel*, *Zugewiesen an*, *Status*, *Status*, *Kategorie*, *Besitzer*, *Priorität*, *Fällig am* und *Diskussion* aus und klicken Sie anschließend auf die Schaltfläche *Änderungen speichern* (Abbildung 2.22).
6. Klicken Sie auf die Schaltfläche *Zurück zu "Eigene Vorgänge"*.

Abbildung 2.23:
Vorgang mit verknüpftem offenen Punkt

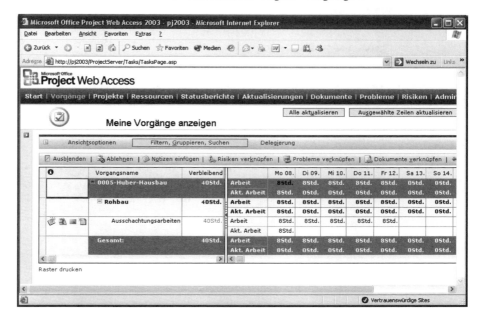

In der Indikatorspalte können Sie jetzt am roten Kästchen erkennen, dass mit dem Vorgang ein Problem verknüpft ist (Abbildung 2.23).

Mehraufwand mit Überstunden

Beachten Sie, dass durch die höhere Arbeit auch die Projektkosten entsprechend Ihres Standardsatzes steigen. Wenn Sie einen separaten *Überstundensatz* berücksichtigen möchten, geben Sie die Ist-Arbeit im Feld *Akt. Überstundenarb.* ein. Das Feld können Sie einblenden, indem Sie auf der Registerkarte *Ansichtoptionen* das Kontrollkästchen *Überstundenarbeit anzeigen* aktivieren (vgl. Abbildung 2.24).

Project für Projektmitarbeiter

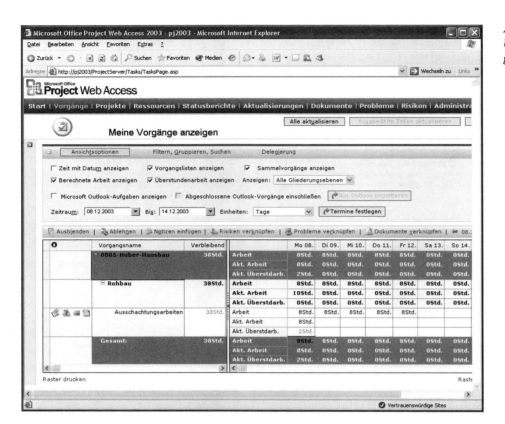

Abbildung 2.24:
Überstunden eingeben

Wenn Sie keine Überstunden berechnen können, aber dennoch die Mehrarbeit protokollieren möchten, bitten Sie den Ressourcenmanager den Überstundenkostensatz auf 0 _ festzulegen. Auf diese Art und Weise bleiben die Projektkosten konstant.

TIPP

Minderaufwand zurückmelden

Schätzen Sie den *Rest-Aufwand* **geringer** als den berechneten Wert ein, so gehen Sie folgendermaßen vor, um dies dem Projektleiter mitzuteilen (Abbildung 2.25):

1. Reduzieren Sie entsprechend den Arbeitswert im Feld *Verbleibende Arbeit*.
2. Senden Sie die Änderung an den Projektleiter, indem Sie auf die Schaltfläche *Alle aktualisieren* klicken.

Beachten Sie: Wenn Sie nachträglich den *Ist-Aufwand* **nach unten** korrigieren, dann bleibt zunächst die (Gesamt-) Arbeit auf dem ursprünglichen Wert und der Rest-Aufwand (verbleibende Arbeit) steigt. Die Summe aus Ist- und Rest-Aufwand entspricht dann dem zuletzt gültigen Wert, jedoch u.U. nicht mehr dem ursprünglichen vom Projektleiter übermittelten Wert. Überprüfen Sie daher immer die Werte in den Feldern *Akt. Arbeit* und *Verbl. Arbeit*.

ACHTUNG

Abbildung 2.25:
Minderaufwand
zurückmelden

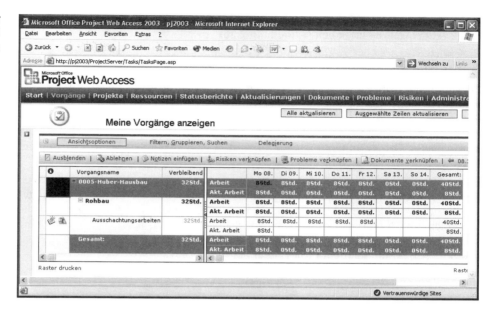

Verzögerter Anfang, Unterbrechungen der Arbeit und Restarbeiten zurückmelden

Verzögerter Anfang und Unterbrechungen zurückmelden

Sollten Sie im Laufe des Projektes einen Vorgang *verspätet* beginnen oder sollten Sie einen Vorgang entgegen den Vorgaben *unterbrechen* müssen, gehen Sie folgendermaßen vor, um dies an Ihren Projektleiter zurückzumelden:

Abbildung 2.26:
Verzögerter
Vorgang mit
Unterbrechung

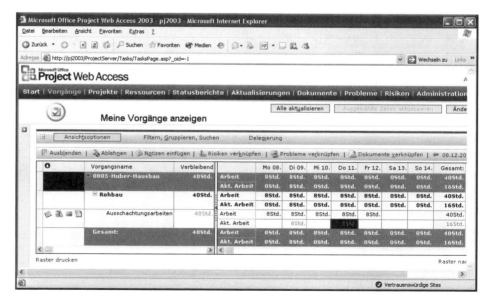

Project für Projektmitarbeiter

1. Tragen Sie genau an den Tagen im Feld *Akt. Arbeit* die Ist-Arbeit ein, an denen Sie tatsächlich gearbeitet haben (Abbildung 2.26).
2. Senden Sie diese ggf. inklusive eines Kommentars im gleichnamigen Feld an den Projektleiter.

HINWEIS

Beachten Sie, dass Sie möglicherweise die Restarbeiten jetzt an Tagen durchführen müssen, an denen Sie bereits für andere Vorgänge eingeplant waren. Sobald Sie dem Projektleiter die aktuellen Werte schicken, erkennt er anhand der Daten, was mit Folgevorgängen passiert und berechnet die Arbeit neu. Die neu berechneten Daten erkennen Sie in der Indikatorspalte anhand des weißen »i« auf blauem rundem Grund.

Behandeln Sie die berechneten Arbeitszeiten als verbindliche Vorgaben und wägen Sie Handlungsalternativen ab, bevor Sie nicht termingerechte Arbeit abliefern. Mögliche Handlungsalternativen sind z.B. die Reduktion des Leistungsumfangs und die Verschiebung der Restarbeiten auf einen späteren Termin, an dem Sie oder eine andere Ressource wieder frei verfügbar ist. Stimmen Sie sich hier im Vorfeld persönlich oder per E-Mail mit dem Projektleiter ab.

Neuen Vorgang für Restarbeiten erstellen

Für den Fall, dass *Restarbeiten* bestehen bleiben, die den Fortgang des Projektes nicht einschränken, können Sie direkt vom Project Web Access aus einen neuen Vorgang hierfür erstellen. Gehen Sie dazu folgendermaßen vor:

1. Schätzen Sie den Aufwand für die Restarbeiten und ermitteln Sie einen freien Termin, an dem Sie diese erledigen können, z.B. indem Sie den dargestellten Zeitraum in der Arbeitszeittabelle erweitern und die Zeile *Gesamt* nach Arbeit kleiner als acht Stunden durchsuchen. Schauen Sie sich dazu den ▶ Abschnitt »Feststellen von Terminüberschneidungen« in diesem Kapitel an. Achten Sie darauf, dass Sie nicht versehentlich ein Wochenende auswählen. Notieren Sie sich dieses Datum.

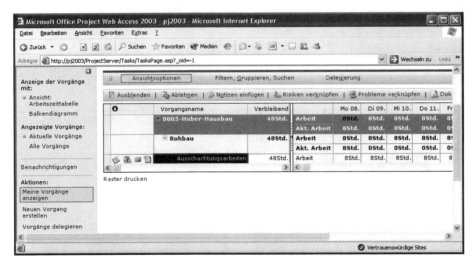

Abbildung 2.27: Neuen Vorgang für Restarbeiten erstellen

2. Klicken Sie links im Aktionsbereich auf den Link *Neuen Vorgang erstellen* (Abbildung 2.27).

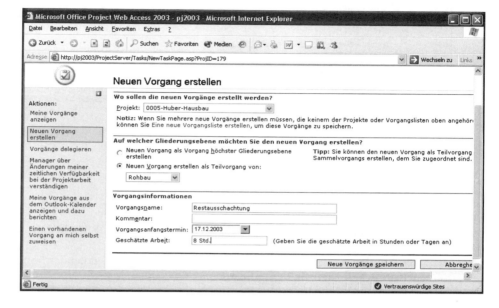

Abbildung 2.28:
Erstellung des neuen Vorgangs als Teilvorgang für die entsprechende Projektphase (Sammelvorgang)

3. Wählen Sie im Feld *Projekt* das zugehörige Projekt aus (Abbildung 2.28).
4. Wählen Sie im Abschnitt *Auf welcher Gliederungsebene möchten Sie den neuen Vorgang erstellen?* die Option *Neuen Vorgang erstellen als Teilvorgang von* und geben Sie den Sammelvorgang der entsprechenden Projektphase an, sofern inhaltlich sinnvoll.

HINWEIS Wenn die Restarbeiten nicht innerhalb der Phase durchgeführt werden sollen, können Sie auch einen Vorgang auf höchster Ebene erstellen. Der Projektleiter kann im Nachgang auch einen neuen Sammelvorgang erstellen und den Vorgang entsprechend einordnen.

Geben Sie einen aussagekräftigen Namen für den Vorgang im Feld *Vorgangsname* ein.

5. Ergänzen Sie, falls sinnvoll, noch einen Kommentar.
6. Geben Sie den zuvor ermittelten Anfangstermin im Feld *Vorgangsanfangstermin* ein.
7. Geben Sie den zuvor geschätzten Aufwand im Feld *Geschätzte Arbeit* ein.
8. Klicken Sie auf die Schaltfläche *Neue Vorgänge speichern*, um den Vorgang in Ihre Arbeitszeittabelle einzufügen.

Abbildung 2.29:
Neuer Vorgang in der Arbeitszeittabelle

9. Beachten Sie den neuen Vorgang in der Arbeitszeittabelle. Sie erkennen ihn an dem kleinen gelben Kreuz in der Indikatorspalte. Sie sehen, dass für den Vorgang keine (berechnete) Arbeit eingetragen wurde, da der Vorgang vom Projektleiter noch nicht angenommen und in den Projektplan übertragen wurde (vgl. Abbildung 2.29).

10. Klicken Sie auf die Schaltfläche *Alle aktualisieren*, um den neuen Vorgang dem Projektleiter zur Aufnahme in den Projektplan vorzuschlagen.

ACHTUNG

Beachten Sie, dass der Vorgang jetzt so lange auf Zustimmung wartet, bis der Projektleiter den Vorgang in den Projektplan akzeptiert und in den Projektplan übernimmt. Sie erkennen das an dem gelben Kreuz mit dem Fragezeichen in der Indikatorspalte.

Sollte der Projektleiter den Vorgang bzw. die Vorgänge annehmen, so verschwindet das gelbe Kreuz. Wenn er den Vorgang ablehnt, dann erkennen Sie dies an dem durchgestrichenen gelben Kreuz. Das Erstellen neuer Vorgänge für die Sonderprojekte, wie z.B. Urlaub oder Krankheit, entspricht einem Urlaubsantrag bzw. einer Krankheitsmeldung. Mehr dazu im ▶ Abschnitt »Abwesenheit durch Urlaub, Krankheit oder andere nicht projektbezogene Tätigkeiten zurückmelden« in diesem Kapitel sowie in ▶ Kapitel 3.

Vertretung zurückmelden

Für den Fall, dass Sie nicht in der Lage sind, eine Aufgabe wahrzunehmen, können Sie dem Projektleiter für Vorgänge aus Ihrer Arbeitszeittabelle eine Vertretung vorschlagen. Gehen Sie dazu folgendermaßen vor:

Abbildung 2.30:
Vorgangsdelegierung aufrufen

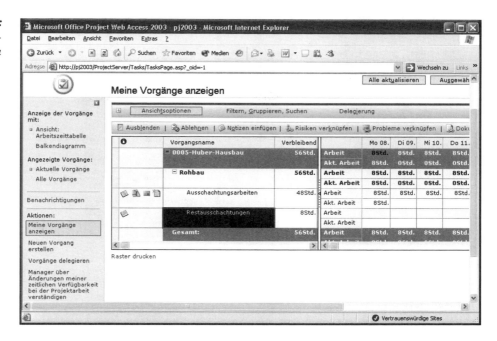

1. Klicken Sie im linken Aktionsbereich auf den Link *Vorgang delegieren*.

Abbildung 2.31:
Vorgang markieren, um ihn einer Stellvertretung zuzuordnen (Delegierung)

2. Markieren Sie in der Arbeitszeittabelle mit der Maus den Vorgang, den Sie delegieren möchten (vgl. Abbildung 2.31).

3. Klicken Sie in der Registerkarte *Delegierung* auf die Schaltfläche *Vorgang delegieren*.

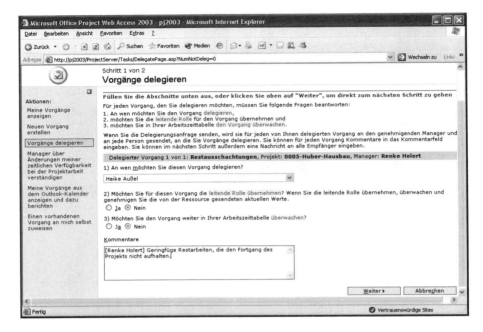

Abbildung 2.32:
Schritt 1 der Vorgangsdelegierung

4. Wählen Sie aus dem Dropdown-Listenfeld unter *1)* die Ressource aus, an die Sie den Vorgang delegieren möchten (vgl. Abbildung 2.32).
5. Falls Sie Ist- und Rest-Arbeitswerte vor der Weiterleitung an den Projektleiter für den delegierten Vorgang genehmigen möchten, wählen Sie unter *2)* das Optionsfeld *Ja*.
6. Falls Sie den Vorgang weiter in Ihrer Arbeitszeittabelle sehen möchten, dann wählen Sie unter *3)* das Optionsfeld *Ja*.
7. Geben Sie ggf. einen Kommentar ein.
8. Klicken Sie auf die Schaltfläche *Weiter*.

*Abbildung 2.33:
Schritt 2 der
Vorgangsdele-
gierung*

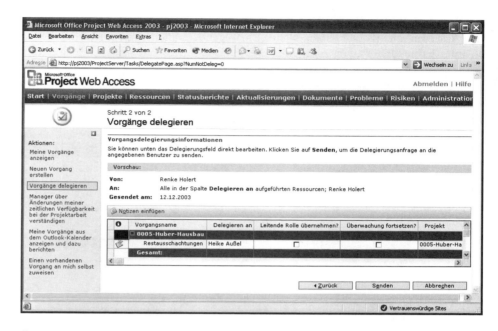

9. Überprüfen Sie die Angaben (vgl. Abbildung 2.33).
10. Fügen Sie ggf. eine Notiz ein, indem Sie auf die Schaltfläche *Notizen einfügen* klicken und Ihren Kommentar eingeben.
11. Klicken Sie auf die Schaltfläche *Senden*, um die Vorgangsdelegierungsanfrage an den Projektleiter zur Genehmigung zu schicken. Sie erhalten hierauf ein Bestätigungsdialogfeld angezeigt (vgl. Abbildung 2.34).

*Abbildung 2.34:
Bestätigung des
Versands der
Delegierungs-
anfrage*

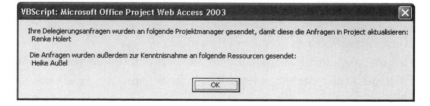

Beachten Sie, dass der Vorgang jetzt nicht mehr in Ihrer Arbeitszeittabelle aufgeführt ist. Sofern der Projektleiter der Delegierung nicht zustimmt, bekommen Sie eine gesonderte Nachricht per E-Mail.

Abwesenheit durch Urlaub, Krankheit oder andere nicht projektbezogene Tätigkeiten zurückmelden

Die Art und Weise, wie Sie Urlaub, Krankheit, Weiterbildung, Besprechungen und andere nicht projektbezogene Tätigkeiten als Abwesenheiten zurückmelden, muss in Ihrem Unternehmen explizit festgelegt werden, da Project mehrere Wege zulässt. Hier wird der von uns empfohlene Weg aufgezeigt, dass für Abwesenheitszeiten ein spezielles Projekt pro Jahr angelegt wird (Sonderprojekte). Es kann z.B. den Namen »Abwesenheiten2004« haben. Gehen Sie folgendermaßen vor, um Abwesenheiten an Ihren Projektleiter zu melden:

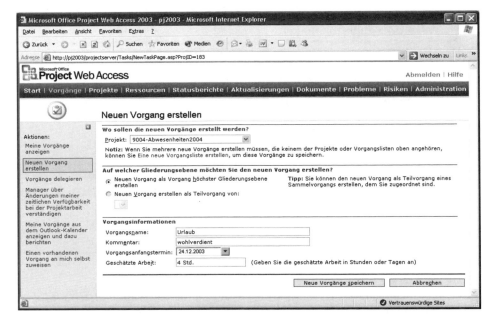

Abbildung 2.35:
Urlaubsantrag

1. Klicken Sie im Aktionsbereich auf den Link *Neuen Vorgang erstellen*.
2. Wählen Sie im Feld *Projekt* das Abwesenheitsprojekt für das zugehörige Jahr aus.
3. Wählen Sie im Optionsfeld die Option *Neuen Vorgang als Vorgang höchster Gliederungsebene erstellen* (Abbildung 2.35).
4. Geben Sie im Feld *Vorgangsname* die Art der Abwesenheit, z.B. Urlaub, Fortbildung, Krankheit usw. gefolgt von Ihrem Namen an.
5. Tragen Sie im Feld *Vorgangsanfangstermin* den Beginn Ihrer Abwesenheit ein.
6. Geben Sie die Dauer der Abwesenheit in Arbeitsstunden im Feld *Geschätzte Arbeit* ein.
7. Speichern Sie den Antrag durch Klick auf die Schaltfläche *Neue Vorgänge speichern*.

Abbildung 2.36: Genehmigungsstatus des Urlaubsantrags

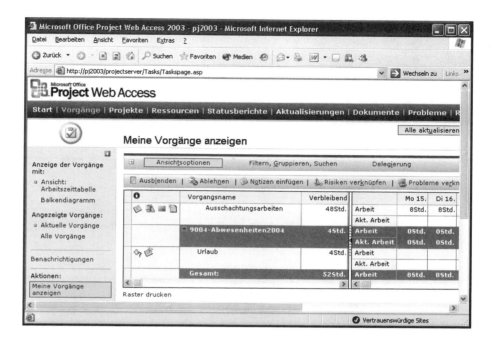

8. Senden Sie den Antrag ab, indem Sie auf die Schaltfläche *Alle aktualisieren* oberhalb der Arbeitzeittabelle klicken. Der Projektleiter bekommt in diesem Beispiel eine E-Mail mit dem Betreff: »9004-Abwesenheiten2004: Ressource – neue Vorgangsanfragen«.

Den Genehmigungsstatus können Sie an den Symbolen in der Indikatorspalte ablesen (Abbildung 2.36):

- Gelbes Kreuz mit Fragezeichen: Auf Genehmigung warten
- Kein gelbes Kreuz: Genehmigt

- Gelbes Kreuz mit X: Abgelehnt

Abschließende Prozesse

Im Rahmen der Prozessgruppe *Abschließen* führen Sie folgende Aufgaben aus:
- Fertigstellung zurückmelden
- Dokumentation abschließen

Fertigstellung zurückmelden

Nachdem Sie einen Vorgang abgeschlossen haben, informieren Sie den Projektleiter über die Fertigstellung. Gehen Sie dazu folgendermaßen vor:

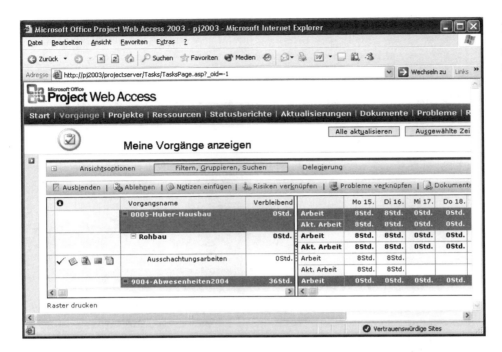

Abbildung 2.37:
Vorgang als abgeschlossen markieren

1. Geben Sie für den letzten berechneten Tag die restliche Ist-Arbeit ein oder setzen Sie, falls Sie eher fertig sind, die Rest-Arbeit direkt auf Null, indem Sie diesen Zahlenwert in das Feld *Verbleibende Arbeit* eintragen (vgl. Abbildung 2.37).
2. Fügen Sie ggf. noch einen Kommentar ein, indem Sie die Schaltfläche *Notizen einfügen* anklicken.
3. Senden Sie diese Nachricht an den Projektleiter, indem Sie die Schaltfläche *Alle aktualisieren* drücken.

Sie erkennen anhand des Hakens in der Indikatorspalte, dass der Vorgang abgeschlossen wurde. Sie sehen den Vorgang nur, wenn die aktuellen Filtereinstellungen so eingestellt sind, dass Sie alle bzw. alle abgeschlossenen Vorgänge sehen.

Wenn als Methode zur Fortschrittberichterstattung *Prozent an abgeschlossener Arbeit* für dieses Projekt festgelegt wurde, können Sie auch den Vorgang im Feld *% Arbeit abgeschlossen* mit 100% markieren (vgl. hierzu ▶ Kapitel 9). Bei dieser Methode bekommt der Projektleiter jedoch nur zurückgemeldet, dass der Vorgang fertig gestellt wurde, jedoch nicht, wann Sie daran gearbeitet haben. Als Ist-Arbeit wird in diesem Fall die berechnete Arbeit zu Grunde gelegt, sofern Sie vorher keine anderen Ist-Werte eingegeben hatten.

HINWEIS

Dokumentation abschließen

Überprüfen Sie am Ende, ob Sie die Projektdokumentation auf den aktuellen Stand gebracht haben. Gehen Sie hierzu folgendermaßen vor:

1. Klicken Sie auf das Dokumentsymbol in der Indikatorspalte der Arbeitszeittabelle.

Abbildung 2.38:
Dokument-
eigenschaften
bearbeiten

2. Klicken Sie auf das Bearbeitungs-Symbol.

Abbildung 2.39:
Auschecken und
in Word
bearbeiten

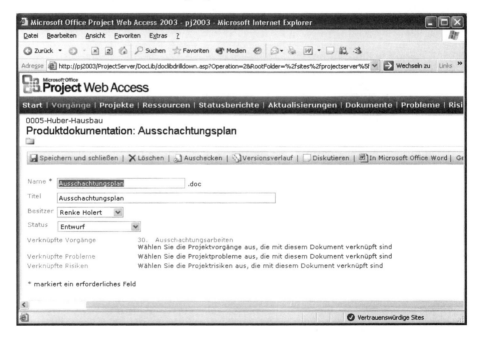

3. Klicken Sie auf die Schaltfläche *Auschecken*, um das Dokument zur Bearbeitung vorzubereiten und zur Bearbeitung durch andere zu sperren.

4. Klicken Sie auf die Schalfläche *In Microsoft Office Word*, um das Dokument in Word zu bearbeiten.

5. Bestätigen Sie das Warn-Dialogfeld.

Project für Projektmitarbeiter

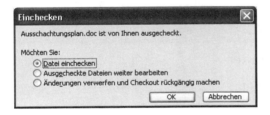

Abbildung 2.40:
Bearbeiten des Dokuments

6. Schließen Sie das Dokument.

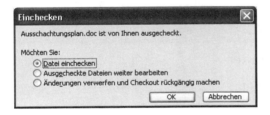

Abbildung 2.41:
Einchecken des Dokuments

7. Bestätigen Sie, dass Sie das Dokument einchecken möchten, indem Sie die Option *Datei einchecken* mit *OK* übernehmen.

Abbildung 2.42:
Eingabe eines Versionskommentars

8. Geben Sie im Dialogfeld *Kommentare zum Einchecke*n an, was Sie an dem Dokument geändert haben und klicken Sie auf *OK*.

9. Klicken Sie auf die Schaltfläche *Speichern und Schließen* und danach auf *Zurück zu "Eigene Vorgänge"*.

Mit dem Überarbeiten der Projektdokumentation haben Sie die Grundlage für einen erfolgreichen Projektabschluss gelegt und eine Wissensbasis für neue Projekte geschaffen.

3 Project für Ressourcenmanager

---

94 Unterstützung des Projektleiters
115 Management des Ressourcenpools
127 Management von Abwesenheitszeiten

Dieses Kapitel richtet sich an diejenigen Personen, die im Unternehmen projektübergreifend für die Ressourcen verantwortlich sind. Die **Ressourcenmanager** können z.B. Leiter von Organisationseinheiten (Abteilung, Gruppe usw.), spezielle Stabsstellen oder Agenturen in Kooperationsnetzwerken sein. Oft wird diese Aufgabe auch von Projektbüros (Project Office) wahrgenommen.

Ihr **Ziel** ist es, Ihre Ressourcen möglichst profitabel zu verkaufen. Das gelingt nur, wenn die Ressourcen einerseits für den (internen oder externen) Markt richtig qualifiziert sind und andererseits gut ausgelastet sind. Hieraus leiten sich drei Hauptaufgabenbereiche ab:

o **Unterstützung des Projektleiters** bei der Durchführung seiner Aufgaben. Dies umfasst z.B. die Beratung bei der Auswahl geeigneter Ressourcen.

o **Management des Ressourcenpools**: Hierbei geht es in erster Linie darum, die Auslastung über alle Ressourcen aus dem zur Verfügung stehenden Pool nach wirtschaftlichen Gesichtspunkten zu optimieren.

o **Management der Abwesenheitszeiten** – also z.B. Urlaub, Krankheit und Weiterbildung.

Alle drei Bereiche hängen eng miteinander zusammen und beeinflussen sich gegenseitig.

Ressourcen sind sowohl Menschen als auch Maschinen und/oder Material. Im Zusammenhang mit Menschen spricht man vom Personalmanagement (Human Resource Management); bei Maschinen und Material, wie auch im Falle von Zukaufdienstleistungen, von Beschaffungsmanagement (Procurement Management).[1]

---

[1] vgl. PMBOK 2000 D zum Personalmanagement in Projekten S. 107–116 und zum Beschaffungsmanagement in Projekten S. 147–159

> Menschen (Humanressourcen) und Maschinen (Sachressourcen) gehören in Project zur Ressourcenart *Arbeit*; Material gehört in Project zur gleichnamigen Ressourcenart *Material*. Ressourcen kann man darüber hinaus auch danach unterscheiden, ob sie intern oder extern sind bzw. natürlich oder generisch.
>
> Unter internen Ressourcen versteht man im Allgemeinen eigene Ressourcen, also diejenigen, mit denen man einen Dienstvertrag (z.B. Arbeitsvertrag) hat. Externe Ressourcen sind hingegen weniger an die Unternehmung gebunden. Interne Ressourcen werden in Project stets im Ressourcenpool (Enterprise Ressourcen) gepflegt; externe Ressourcen werden nur u.U. darin geführt und dann auch nur im Projektplan eingetragen (lokale Ressourcen). Im Laufe des Projektplanungsprozesses werden zunächst nur Qualifikationen von Ressourcen geplant (generische Ressourcen). Danach werden diese durch namentlich benannte Ressourcen (natürliche Ressourcen) ersetzt.

Im Folgenden werden wir nur die zuvor genannten Hauptaufgabenbereiche (Prozessgruppen) für den Ressourcenmanager darstellen. Für weitere unterstützende Prozesse, wie z.B. Personaleinstellung und -freistellung oder Vertragsgestaltung mit Zulieferern sei hiermit auf die entsprechende Literatur aus den Bereichen Personal- und Beschaffungsmanagement verwiesen.[1]

Unterstützung des Projektleiters

Die Kunden des Ressourcenmanagers sind die Projektleiter. Ihr Ziel als Ressourcenmanager muss also sein, die **Projektleiter** bestmöglich bei ihrer Arbeit zu **unterstützen**. Dies können Sie, indem Sie den Projektleiter entlang der Projektmanagementprozesse beraten und ihm stets Ressourcen in der richtigen Menge und Qualifikation bereitstellen (siehe hierzu ▶ Kapitel 1). Idealerweise stehen Sie dem Projektleiter auch als Fachexperte des Themengebiets Ihres Ressourcenpools zur Seite. Sie können den Projektleiter insbesondere während der folgenden Prozessgruppen unterstützen:

- Planungsprozesse
- Ausführungsprozesse
- Steuerungsprozesse
- Abschließende Prozesse

Planungsprozesse

Ressourcenbezogene Prozesse sind während der Planungsprozesse insbesondere die Ressourcenbedarfsplanung sowie die Beschaffung des Projektpersonals.

---

[1] vgl. z.B. Hilb: Integriertes Personal-Management. Ziele – Strategien – Instrumente, Luchterhand 2001 bzw. Hirschsteiner : Einkaufs- und Beschaffungsmanagement, Kiehl 2002

Ressourcenbedarfsplanung

Im Rahmen der Kostenplanung muss der Projektleiter identifizieren, welche Ressourcen mit welcher Qualifikation (Skills) in welcher Menge wann benötigt werden (**Ressourcenbedarfsplanung**). Dies bildet u.a. die Grundlage für die Kostenschätzung.

Ziel ist es, für die zuvor definierten Vorgänge genau die richtige Qualifikation einzuplanen – also weder zu hohe noch zu geringe Qualifikationen, denn dies kann in beiden Fällen zu Mehrkosten führen. Das Ergebnis dieser Planung ist ein **Projektplan mit generischen Ressourcen** ein Projektplan, der also nur Qualifikationsangaben und noch keine namentlich benannten Ressourcen enthält.

Bei der Auswahl können Sie den Projektleiter unterstützen, indem Sie in Project folgendermaßen vorgehen:

1. Öffnen Sie den Enterprise-Ressourcenpool (*Extras/Enterprise-Optionen/Enterprise-Ressourcenpool öffnen*).

Abbildung 3.1: Generische Ressourcen auschecken

2. Setzen Sie bei allen generischen Ressourcen (erkennbar an dem Doppelkopf-Symbol) im Kontrollkästchen einen Haken und klicken Sie auf die Schaltfläche *Öffnen/hinzufügen*.

HINWEIS Leider ist es in diesem Dialogfeld nicht möglich, die Auswahl nach dem Kriterium »Generisch« zu filtern. Sie können jedoch speziell für diesen Zweck einen Enterprise-Ressource-Gliederungscode erstellen, nach dem in dieser Auswahl gefiltert werden kann.

Für die Berücksichtigung der Qualifikationstiefe ist es möglich, generische Ressourcen mit **abgestuften Qualifikationen**, wie z.B. »Maurer.Meister«, »Maurer.Geselle« oder »Maurer.Azubi« zu erstellen. Die erste Version (11.0.2003.0816.15) verhält sich jedoch instabil, wenn die Ressourcennamen einen Punkt enthalten und gleichzeitig ein zweistufiger Multiwert-Gliederungscode (MW-Gliederungscode) verwendet wird.

3. Wechseln Sie in die Ansicht *Ressource: Tabelle*.

Abbildung 3.2: Kostensätze der Ressourcen im Project Web Access

Sie sehen jetzt alle Ressourcen mit der gewünschten Qualifikation und den zugehörigen Kostensätzen (Felder *Standardsatz* und *Überstd.-Satz*) (vgl. Abbildung 3.2).

Im Project Web Access können Sie die gleiche Ansicht im Ressourcencenter einstellen (vgl. Abbildung 3.3), z.B. über die Ansicht *Ressourcen: Generisch* (vgl. ▶ Kapitel 9).

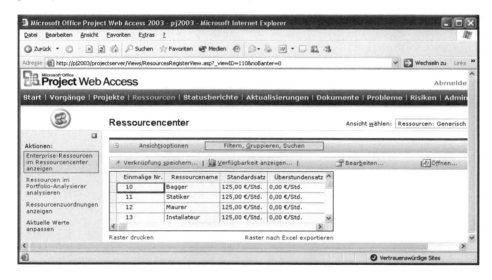

Abbildung 3.3: Kostensätze der Ressourcen im Project Web Access

Auf dieser Basis kann der Projektleiter nun die geeigneten generischen Ressourcen in seinem Project-Projektplan eintragen (vgl. ▶ Kapitel 1). Ein Projektplan mit diesem Stand heißt oft auch Bedarfsanforderung und wird im Sprachgebrauch des PMI Ressourcenbedarf genannt.

Beschaffung des Projektpersonals

Der Ressourcenbedarf (Resource Requirements) ist Grundlage für die Personalplanung (Organizational Planning, Staff Acquisition) und Beschaffungsplanung (Procurement Planning, Solicitation Planning).

Ziel ist es nun, auf Basis der Qualifikationsanforderungen geeignete und verfügbare namentlich benannte Ressourcen zu finden, also die generischen Ressourcen im Projektplan durch natürliche zu ersetzen. In ▶ Kapitel 1 ist beschrieben, wie der Projektleiter die Ersetzung manuell durchführen kann. Hier beschreiben wir den automatischen Prozess:

- Auswahl geeigneter und verfügbarer Ressourcen
- Zuordnen von Ressourcen zu Vorgängen

Auswahl geeigneter und verfügbarer Ressourcen

Um eine Aussage über die *Verfügbarkeit* mit Hilfe von **Project** zu machen, gehen Sie folgendermaßen vor:

1. Öffnen Sie ein Projekt, in dem alle relevanten Ressourcen zum Projektteam gehören, also z.B. das Abwesenheitsprojekt.

Abbildung 3.4:
Auswahl der benötigten Qualifikation

2. Wechseln Sie in die Ansicht *Ressource: Einsatz* (vgl. Abbildung 3.4).
3. Wählen Sie im Filter *Qualifikation* die gewünschte Qualifikation.

Abbildung 3.5:
Darstellung der Verfügbarkeit

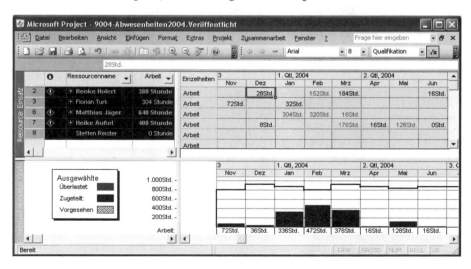

4. Markieren Sie alle Zeilen.
5. Wählen Sie im rechten Teil der Ansicht den entsprechenden Zeitraum und die Genauigkeit, z.B. Woche, aus.

Project für Ressourcenmanager

6. Teilen Sie das Fenster über den Menübefehl *Fenster/Teilen*.
7. Markieren Sie die untere Fensterhälfte und wählen Sie die Ansicht *Enterprise-Ressource: Grafik* aus. Die Ansicht *Enterprise-Ressource: Grafik* ist entsprechend der Beschreibung in ▶ Kapitel 9 angepasst, um die berechnete Arbeit von allen markierten Ressourcen inklusive einer Verfügbarkeitslinie anzuzeigen.

Die verbleibende Verfügbarkeit ist nun der Bereich unterhalb der schwarz gezeichneten Verfügbarkeitslinie und den Balken, die die Arbeit für den jeweiligen Zeitabschnitt darstellen.

HINWEIS Die Voraussetzung, dass Sie eine vollständige Aussage zur Verfügbarkeit der Ressourcen geben können, ist, dass Sie alle Projekte inklusive der Sonderprojekte für nicht projektbezogene Tätigkeiten wie z.B. Abwesenheiten im dem Project Server speichern.

Auf Basis dieser Informationen können Sie nun eine Aussage treffen, ob in dem angefragten Zeitraum für das Projekt die Ressourcen mit der gewünschten Qualifikation bereit stehen. Ist dies nicht der Fall, können Sie z.B. andere verfügbare Ressourcen zur Weiterqualifikation auswählen oder neue Ressourcen akquirieren. Beachten Sie, dass sich die Balken und die Verfügbarkeitslinie (z.B. pro Vollzeit-Ressource ca. 20 Personentage pro Monat) entsprechend der Auswahl anpassen.

Um die Verfügbarkeit im **Project Web Access** anzuzeigen, gehen Sie folgendermaßen vor:

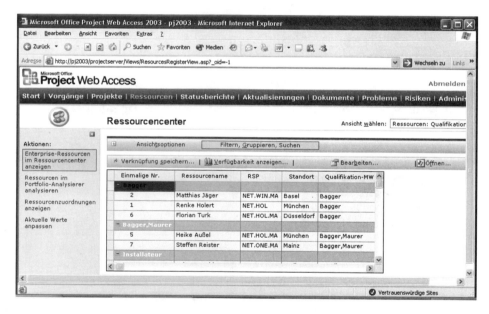

Abbildung 3.6:
Darstellung der Ressourcen nach Qualifikation im Ressourcencenter

1. Wechseln Sie in Project Web Access zum Menüpunkt *Ressourcen*, um das Ressourcencenter anzuzeigen.
2. Wählen Sie die Ansicht *Ressourcen: Qualifikation* aus, um die Ressourcen nach Ihrer Qualifikation zu gruppieren. Die Erstellung der Ansicht *Ressourcen: Qualifikation* ist in ▶ Kapitel 9 beschrieben. Sie können diese Ansicht auch anpassen, um die Ressourcen nach anderen Kriterien zu gruppieren, wie z.B. Abteilung oder Geschäftsbereich.

3. Wählen Sie die Ressourcen aus, deren Verfügbarkeit Sie darstellen möchten (vgl. Abbildung 3.6).

HINWEIS Die in Project 2003 neu eingeführten Multi-Wert-Felder, die u.a. für die Mehrfachauswahl von Qualifikationen für Ressourcen gedacht sind, werden im Project Web Access nicht korrekt gruppiert.

4. Klicken Sie auf die Schaltfläche *Verfügbarkeit anzeigen*.

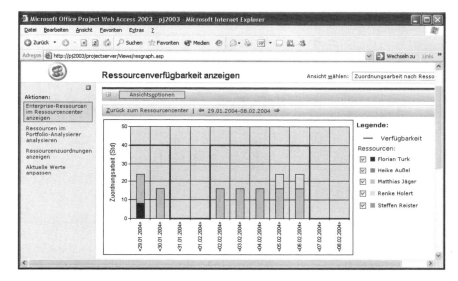

Abbildung 3.7: Grafische Darstellung der Verfügbarkeit nach Ressourcen

Die maximale Kapazität wird durch die rote Verfügbarkeitslinie dargestellt. Hierunter wird die Belegung der einzelnen Ressourcen dargestellt. Numerisch können Sie die Werte im unteren Teil der Webseite ablesen, wie in Abbildung 3.8 dargestellt.

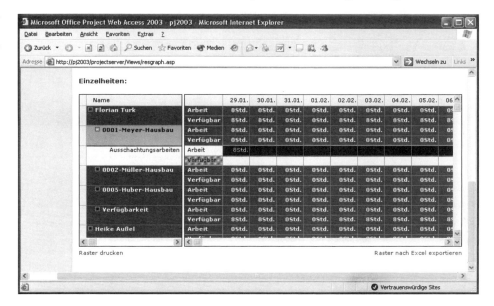

Abbildung 3.8: Detaillierte Darstellung der Verfügbarkeit

Wenn Sie sehen möchten, durch welche Projekte Ihre Ressourcen belegt sind, legen Sie im Feld *Ansicht wählen* die Ansicht *Zuordnungsarbeit nach Projekt* fest (Abbildung 3.9).

TIPP

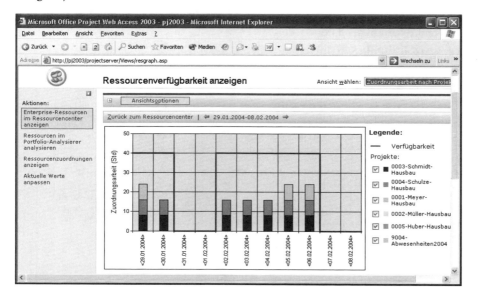

Abbildung 3.9:
Belegung nach
Projekten

Auf dieser Basis können Sie nun dem Projektleiter zurückmelden, welche Kapazität Sie ihm anbieten können. Zudem können Sie eine Einschätzung abgeben, ob und unter welchen Umständen Sie ggf. durch Abzug von Ressourcen aus anderen Projekten weitere Kapazitäten bereitstellen können.

Sie können dem Projektleiter das Zusammenstellen des Projektteams (vgl. ▶ Kapitel 1) auch abnehmen, gehen Sie dazu folgendermaßen vor:

NEU IN 2003

1. Wechseln Sie in Project Web Access zum Projektcenter.

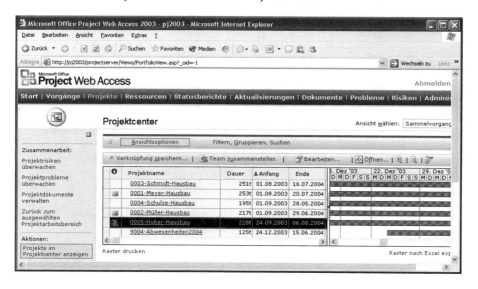

Abbildung 3.10:
Auswahl des
Projektes

2. Markieren Sie das Projekt, für das Sie das Projektteam zusammenstellen möchten, und klicken Sie auf die Schaltfläche *Team zusammenstellen* (Teambuilder Light).

Abbildung 3.11:
Analysieren der einzelnen Vorgänge

3. Klicken Sie auf das Plussymbol vor der Bereichsbezeichnung *Projekteinzelheiten* und vergegenwärtigen Sie sich, wann welche Qualifikationen (generische Ressourcen in der Spalte *Ressourcennamen*) gebraucht werden.

Abbildung 3.12:
Geeignete Ressourcen filtern

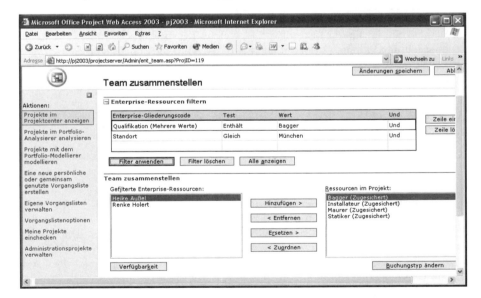

Project für Ressourcenmanager **101**

4. Klicken Sie auf das Plussymbol vor der Bereichsbezeichnung *Enterprise-Ressourcen filtern*.
5. Filtern Sie (wie in Abbildung 3.12 gezeigt) geeignete Ressourcen aus.

Sie können hier nicht ermitteln, wie groß der Gesamtbedarf an Personentagen für eine einzelne Ressource und wie groß die gesamte Verfügbarkeit für die Projektlaufzeit ist. Dies geht nur in der vollständigen Version des Team Builders in Project Professional.

HINWEIS

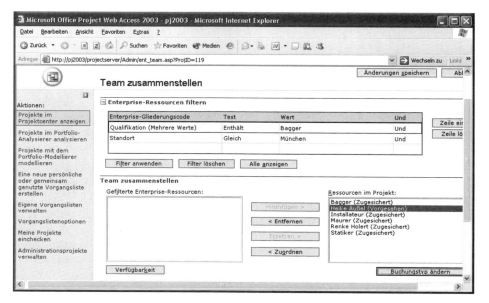

Abbildung 3.13:
Ressourcen in das Projektteam übernehmen

6. Wählen Sie im linken Listenfeld aus, welche Ressourcen Sie in das Projektteam übernehmen möchten, und klicken Sie danach auf die Schalfläche *Hinzufügen*.
7. Falls eine Ressource als Ersatz noch nicht zugesagt, bestätigt oder genehmigt wurde, wählen Sie die Ressource im rechten Listenfeld aus und klicken Sie auf die Schalfläche *Buchungstyp ändern*.
8. Wiederholen Sie die Schritte für jede benötigte Qualifikation.
9. Klicken Sie danach auf die Schaltfläche *Änderungen speichern*.
10. Damit haben Sie das Projektteam erfolgreich ausgewählt und zusammengestellt.

Zuordnen von Ressourcen zu Vorgängen

Im Anschluss an die Zusammenstellung des Projektteams müssen nur noch die Ressourcen aus dem Projektteam den einzelnen Vorgängen im Projekt zugeordnet werden, also die generischen Ressourcen durch natürliche ersetzt werden. Das Ersetzen kann auch automatisch mit dem *Ressourcenersetzungs-Assistenten* durchgeführt werden. Voraussetzung ist, dass der Ressourcenmanager das betreffende Projekt öffnen darf. In der Praxis empfiehlt es sich, dass der Ressourcenmanager den Projektleiter in der Vorgehensweise anleitet, der Projektleiter jedoch den Assistenten selbst ausführt. Project durchsucht automatisch einen definierten Teil der Ressourcenpools nach verfügbaren Ressourcen mit geeigneter Qualifikation und schlägt eine Ersetzung vor. Gehen Sie folgendermaßen vor, um die automatische Ersetzung durchzuführen:

1. Starten Sie den Ressourcenersetzungs-Assistenten über den Menübefehl *Extras/ Ressourcen ersetzen*.
2. Klicken Sie auf der Willkommensseite auf die Schaltfläche *Weiter*.

Abbildung 3.14:
Ressourcenersetzungs-Assistent, Schritt 1

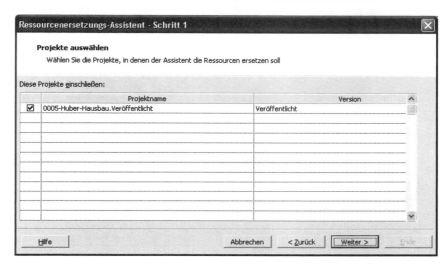

3. Klicken Sie auf die Schaltfläche *Weiter*, um die Ersetzung im aktuellen Projekt auszuführen (Abbildung 3.14).

Abbildung 3.15:
Ressourcenersetzungs-Assistent, Schritt 2

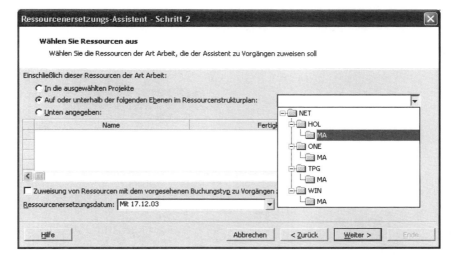

4. Klicken Sie auf die Schaltfläche *Weiter*, um die zum Projektteam gehörenden Ressourcen bei der Ersetzung zu berücksichtigen (Abbildung 3.15). Sie können an dieser Stelle Ressourcen auch manuell oder in Abhängigkeit von ihrer Ressourcenstruktur hinzufügen (Resource Breakdown Structure = RBS). Wenn Sie die Res-

sourcen an dieser Stelle aufrufen, erscheint das Dialogfeld *Pool für Ressourcenersetzung erstellen*, der identisch mit dem Teambuilder ist. Falls Sie möchten, dass auch Ressourcen mit dem Buchungstyp *Vorgesehen* bei der Ersetzung berücksichtigt werden, setzen Sie einen Haken vor dem Kontrollkästchen *Zuweisung von Ressourcen mit dem vorgesehenen Buchungstyp zu Vorgängen zulassen*.

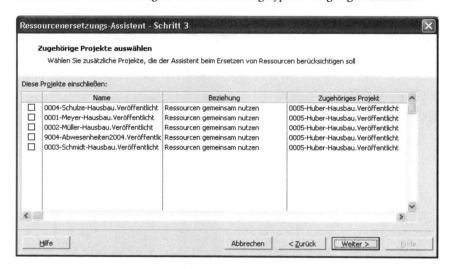

Abbildung 3.16: Ressourcenersetzungs-Assistent, Schritt 3

5. Falls Ressourcen auch mit anderen Projekten getauscht werden dürfen, wählen Sie die entsprechenden Projekte aus. Klicken Sie danach auf die Schaltfläche *Weiter* (Abbildung 3.16).

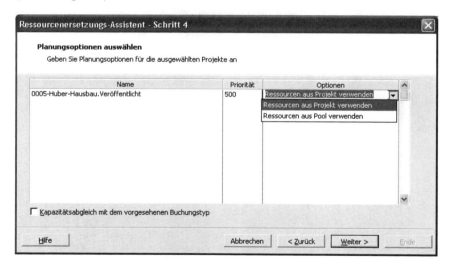

Abbildung 3.17: Ressourcenersetzungs-Assistent, Schritt 4

6. Falls Sie bei der Ersetzung Prioritäten vergeben wollen oder für einzelne Projekte festlegen möchten, dass diese nur Ressourcen aus ihrem jeweiligen Pool verwenden, passen Sie dies in den Spalten *Priorität* bzw. *Optionen* an (Abbildung 3.17). Die Option *Ressourcen aus Pool verwenden* bedeutet, dass die Ressourcen inner-

halb der ausgewählten Projekte ersetzt werden. Verfügbare (Enterprise-) Ressourcen, die in keinem der Projektpläne enthalten sind, werden nicht berücksichtigt. Klicken Sie danach auf die Schaltfläche *Weiter*.

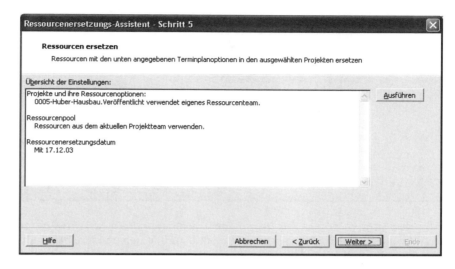

Abbildung 3.18: Ressourcenersetzungs-Assistent, Schritt 5

7. Um die Generierung von Vorschlägen für die Ersetzung zu starten, klicken Sie auf die Schaltfläche *Ausführen* (Abbildung 3.18) und danach auf die Schaltfläche *Weiter*.

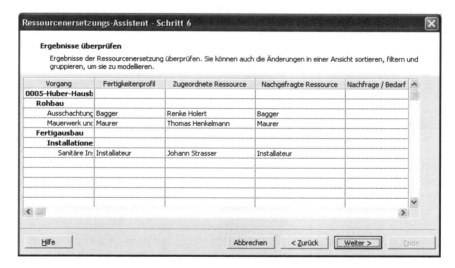

Abbildung 3.19: Ressourcenersetzungs-Assistent, Schritt 6

8. Schauen Sie sich das Ersetzungsergebnis an. Im nächsten Schritt können Sie dann entscheiden, ob Sie alle Ersetzungsvorschläge übernehmen möchten oder nicht (Abbildung 3.19). Klicken Sie dann auf die Schaltfläche *Weiter*.

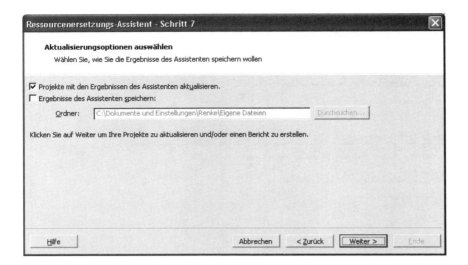

Abbildung 3.20:
Ressourcenersetzungs-Assistent, Schritt 7

9. Aktivieren Sie die Option *Projekte mit den Ergebnissen des Assistenten aktualisieren*, wenn Sie die Ersetzung in den Projektplan übernehmen möchten (Abbildung 3.20). Klicken Sie auf die Schaltfläche *Weiter*.

HINWEIS Die Option *Ergebnisse des Assistenten speichern* liefert leider nur einen Überblick, welche Ressourcen an der Ersetzung beteiligt waren, sagt jedoch nichts darüber aus, welche Ersetzungen genau vorgenommen bzw. vorgeschlagen wurden.

10. Beenden Sie den Assistenten, indem Sie auf die Schaltfläche *Ende* klicken.

Im Projektplan können Sie jetzt das Ergebnis der Ersetzung ansehen. Hiermit ist die Grundlage für den Projektleiter gegeben, das Projekt in die Prozessgruppe *Ausführen* zu überführen. Ggf. kann er jetzt noch einzelne Ersetzungen anpassen. Im Anschluss daran sollte er den Projektplan auf dem Project Server veröffentlichen, sodass die Ressourcen von den Planungen informiert werden.

Ausführungsprozesse

Während der Ausführungsprozesse können Sie den Projektleiter beim Personal- und Beschaffungsmanagement unterstützen.

Im Bereich des Personalmanagements geht es in dieser Prozessgruppe in erster Linie um die **Teamentwicklung** (Team Development). Versuchen Sie den Projektleiter dabei zu unterstützen, dass sich aus der Summe der Einzelpersonen ein echtes Team entwickelt. Stellen Sie den projektübergreifenden Kontakt her, indem Sie regelmäßige persönliche oder zumindest virtuelle Treffen organisieren. Als Plattform für die mediale Kommunikation können Sie den Projektarbeitsbereich des Project Web Access bzw. der Windows SharePoint Services einsetzen. Diese stellen neben den Project Web Access integrierten Problemlisten, Risikolisten und Dokumentbibliotheken auch Diskussionsforen sowie Listen für Ankündigungen, Ereignisse, Links und Kontakte bereit.

Zum Beispiel gelangen Sie zur Kontaktliste des Projektarbeitsbereichs auf folgende Art und Weise:

Abbildung 3.21:
Projektarbeitsbereich auswählen

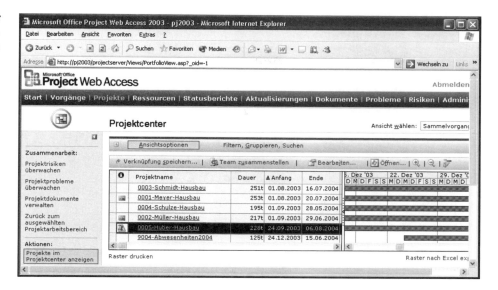

1. Wechseln Sie in Project Web Access zum Projektcenter.
2. Wählen Sie das Projekt aus und klicken Sie im linken Seitenbereich auf den Link *Zurück zum ausgewählten Projektarbeitsbereich*.

Abbildung 3.22:
Startseite des Projektarbeitsbereichs

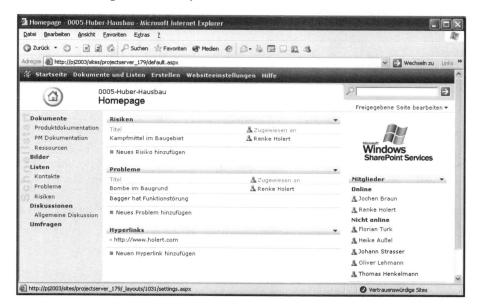

3. Danach sehen Sie die Startseite der Windows SharePoint Services.

Project für Ressourcenmanager

4. Um zur Kontaktliste zu gelangen, klicken Sie im linken Schnellstart-Bereich im Abschnitt *Listen* auf den Link *Kontakte*.

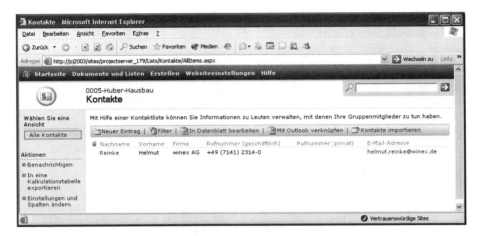

Abbildung 3.23:
Kontaktliste des Projektarbeitsbereichs

5. Danach sehen Sie die Kontaktliste, auf der Sie alle für das Projekt relevanten Kontaktinformationen hinterlegen können.

| **TIPP** | Sie können über die Schaltfläche *Mit Outlook verknüpfen* diese Liste auch innerhalb von Outlook als zusätzlichen *Kontakte*-Ordner anzeigen. |

Nutzen Sie diese Plattform und alle anderen Kommunikationskanäle wie z.B. Windows bzw. MSN Messenger und Windows-Remoteunterstützung, um mit Ihren Ressourcen in Kontakt zu bleiben.[1] Stellen Sie zudem sicher, dass jeder Projektmitarbeiter Zugang zu diesen Kommunikationsforen inklusive des Project Web Access hat und mit der Handhabung vertraut ist.

Beim Beschaffungsmanagement können Sie den Projektleiter in den Bereichen Angebotseinholung, Lieferantenauswahl und Vertragsabwicklung (Solicitation, Source Selection, Contract Administration) unterstützen. Der Project Server kann in Verbindung mit den Windows SharePoint Services als Ort für die Verwaltung der zugehörigen Dokumente dienen. Die Handhabung der Dokumentverwaltung haben wir bereits ausführlich in ▶ Kapitel 1 und 2 beschrieben.

Alle Dokumente, die Sie in den Windows SharePoint-basierten Dokumentbibliotheken des Project Web Access ablegen, stehen nach kurzer Zeit für die Volltextsuche innerhalb des Projektarbeitsbereiches bereit. Wenn Sie einen SharePoint Portal Server besitzen, können Sie von zentraler Stelle alle Projektarbeitsbereiche und viele andere Datenquellen, wie z.B. Website und Dateifreigaben auf Dateiservern durchsuchen.

---

[1] Vgl. zum Thema »Motivation«: Holert (1998)

*Abbildung 3.24:
Dokumentbibliothek im Projektarbeitsbereich*

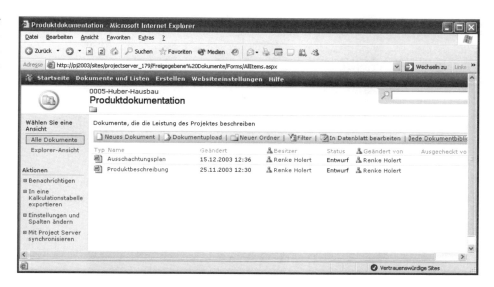

Steuerungsprozesse

Auch in der Prozessgruppe *Steuern* liegt Ihre Aufgabe in erster Linie darin, den Kommunikationsfluss zwischen Projektleiter und Ressourcen aufrechtzuerhalten, damit dieser die Überwachung (Performance Reporting) erfolgreich durchführen und bei Abweichungen schnell gegensteuern kann. Darüber hinaus können Sie ihn auch darin unterstützen, indem Sie Planabweichungen erkennen und ihm diese melden.

Sicherstellen des Kommunikationsflusses zwischen Projektleiter und Ressourcen

Störungen im Kommunikationsfluss zwischen Projektleiter und Projektmitarbeiter können sowohl durch den Projektmitarbeiter als auch durch den Projektleiter verursacht werden. Nachfolgend zeigen wir die wichtigsten Störungen auf und nennen Wege, diese zu erkennen.

Projektmitarbeiter ist im Rückstand mit der Zeiterfassung

Wenn der Projektmitarbeiter im *Rückstand* mit der Zeiterfassung ist, erkennen Sie dies daran, dass für den aktuellen Zeitraum – und ggf. die Zeit davor – keine Ist-Zeiten gemeldet wurden. Um fehlende Ist-Zeiten zu erkennen (Abbildung 3.25), führen Sie folgende Schritte aus:

Abbildung 3.25: Erkennen, dass Ressourcen mit der Zeiterfassung im Rückstand sind

1. Wechseln Sie in die Zuordnungsansicht *Sammelvorgang (Ressourcen/Ressourcenzuordnungen anzeigen)*.
2. Wählen Sie im linken Listenfeld die Ressourcen aus, deren Ist-Zeiterfassung Sie überprüfen möchten, und klicken Sie auf die Schaltfläche *Hinzufügen* und danach auf die Schaltfläche *Übernehmen*.

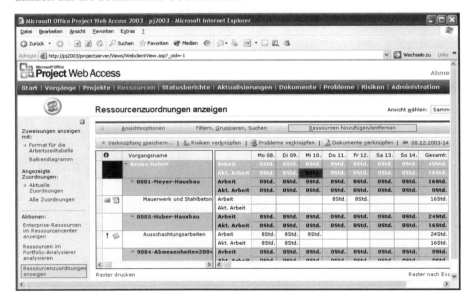

Abbildung 3.26: Erkennen, dass Ressourcen mit der Zeiterfassung im Rückstand sind

3. Gruppieren Sie die Ansicht nach den Ressourcennamen (*Filtern, Gruppieren, Suchen/Gruppieren nach/Ressource*).

Im Rückstand mit der Zeiterfassung sind diejenigen Projektmitarbeiter, bei denen im aktuellen Zeitraum in der Zeile *Akt. Arbeit* keine Werte eingetragen sind. Sind zudem in dem Feld *Arbeit* keine Werte eingetragen bedeutet dies, dass für den Projektmitarbeiter für den Tag keine Arbeit berechnet wurde und dieser auch keine Arbeiten ausgeführt hat.

HINWEIS Da auch *Abwesenheitszeiten* als Arbeit erfasst werden, müssen Sie hier auf jeden Fall sicherstellen, dass für jeden Tag Arbeitszeiten von allen Ressourcen erfasst werden (vgl. den ▶ Abschnitt »Management von Abwesenheitszeiten« in diesem Kapitel).

Der Grund für eine fehlende Zeiterfassung kann also neben einer vergessenen Rückmeldung auch eine Abwesenheit, z.B. durch Krankheit sein, die der Projektmitarbeiter nicht zurückmelden konnte. Pflegen Sie diese Informationen ggf. nach und informieren Sie den Projektleiter, dessen Vorgang ursprünglich zu diesem Zeitpunkt ausgeführt werden sollte.

? Sofern der Projektleiter explizit von einer Ressource die Erfassung von Ist- und Restzeiten angefordert hat (*Status*), der Projektmitarbeiter diese aber noch nicht zurückgemeldet hat, erkennen Sie dies an dem Fragezeichen in der Indikatorspalte.

! Vorgänge, die nicht bis zum berechneten Endtermin abgeschlossen wurden (*überfällige Vorgänge*) oder bei denen zumindest nicht zurückgemeldet wurde, dass sie abgeschlossen wurden, erkennen Sie an einem Ausrufungszeichen in der Indikatorspalte.

TIPP Wenn Sie die tatsächlich erfassten Ist-Arbeitszeiten für die Auszahlung der leistungsabhängigen Entgelte zu Grunde legen, können Sie einen »Anreiz« für die regelmäßige Pflege der Daten schaffen.

HINWEIS Stellen Sie auch sicher, dass die Projektleiter neben den Ist-Zeiten auch die *Rest-Zeiten* zurückmelden, da diese für die Schätzung der voraussichtlichen Gesamtdauer, -kosten und -arbeit von großer Bedeutung sind.

Projektmitarbeiter hat neue und/oder geänderte Termine noch nicht gesehen

Wenn der Projektleiter einem Projektmitarbeiter neue Vorgänge zuweist und diese auf dem Project Server veröffentlicht, dann werden in der Indikatorspalte der Arbeitszeittabelle des Projektmitarbeiters neue Vorgänge mit einem Aufgabensymbol und geänderte Vorgänge mit einem Änderungssymbol (weißes »i« auf blauem Kreis) gekennzeichnet. Diese Symbole verschwinden, sobald der Projektmitarbeiter die Arbeitszeittabelle aufruft.

Wenn Sie dieses Symbol in der Zuordnungs-Ansicht sehen, ist dies ein Hinweis darauf, dass der Projektmitarbeiter die neuen Termine und/oder Terminänderungen noch nicht gesehen hat. Wenn ein hiervon betroffener Vorgang im aktuellen Zeitraum liegt, sollten Sie versuchen den Projektmitarbeiter auf andere Art und Weise zu erreichen, um ihn von der Änderung zu informieren.

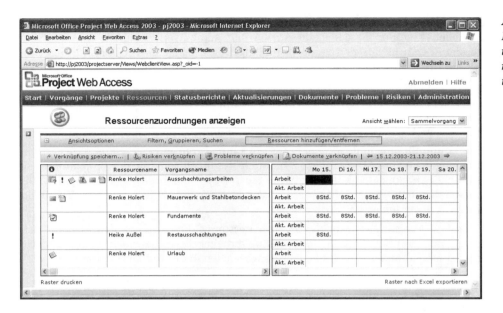

Abbildung 3.27:
Neue Vorgänge und auf Genehmigung wartende Vorgänge

In den Zuordnungsansichten im Project Web Access werden in der Indikatorspalte alle Symbole angezeigt, die auch der Projektmitarbeiter in seiner Arbeitszeittabelle sieht, nicht jedoch das Symbol für die Terminänderung (weißes »i« auf blauem Kreis). Dies ist ein Programmfehler in der Version 2003 (Build 11.0.2003.0816.15).	**ACHTUNG**

Projektleiter ist mit der Aktualisierung des Projektplans im Rückstand

Wenn die Projektmitarbeiter zu ihren Vorgängen die Ist- und Restzeiten erfasst haben, senden sie diese zur Genehmigung an den Projektleiter. Erst zu dem Zeitpunkt, an dem der Projektleiter die Rückmeldung annimmt oder ablehnt, werden die Rückmeldungen in den Projektplan übertragen.

Zur Genehmigung ausstehende Rückmeldungen der Projektmitarbeiter erkennen Sie an dem nebenstehend gezeigten Arbeitszeittabellensymbol mit Fragezeichen.

Welcher Projektleiter die Genehmigung durchführen muss, erkennen Sie in der Spalte *Projektmanager*. Weisen Sie diesen ggf. darauf hin.

Überprüfen Sie, ob die Projektleiter ihre Änderungen im Projektplan regelmäßig an die Projektmitarbeiter senden. Sie stellen dies z.B. sicher, indem Sie in den Zusammenarbeitsoptionen aller laufenden Projekte die automatische Veröffentlichung beim Speichern aktivieren (Menübefehl *Extras/Optionen*, Registerkarte *Zusammenarbeit*, Abschnitt *Bei jedem Speichern folgende Informationen auf Microsoft Project Server veröffentlichen*).	**HINWEIS**
Sie können für Ihre Ressourcen auch E-Mail-Benachrichtigungen festlegen, sodass diese z.B. an fällige Vorgänge automatisch vom Server erinnert werden. Sie erreichen die Einstellungen über die Startseite des Project Servers und den Menüpunkt *Benachrichtigungen zu den Vorgängen und Statusberichten meiner Ressourcen* im Aktionsbereich auf der linken Seite.	**TIPP**

Erkennen und Melden von Planabweichungen

Zu dem Zeitpunkt, an dem der Projektplan durch den Kunden erstmalig oder nach einem Änderungswunsch genehmigt wurde, speichert der Projektleiter den Basisplan. Dieser Plan ist die Messlatte für die Beurteilung der berechneten Werte, also der Summe aus aktuellen und verbleibenden Werten. Durch den Vergleich der berechneten Werte mit den geplanten Werten können Sie die (Plan-) Abweichung ermitteln. Das als *Planabweichung (PA)* fälschlicherweise in Project bezeichnete Ertragswertfeld entspricht in der deutschen Betriebswirtschaftlehre dem Begriff der *Leistungsabweichung* (vgl. hierzu ▶ Kapitel 4).

HINWEIS Die Planabweichungen (Abbildung 3.28) orientieren sich an den genehmigten Basisplanwerten. Es kann sein, dass eine Abweichung zum Basisplan bereits vom Projektleiter akzeptiert und die berechneten Werte bereits angepasst wurden und damit als Vorgabe für den Projektmitarbeiter festgelegt sind. Die Planabweichung ist damit u.U. nicht vom Projektmitarbeiter zu vertreten.

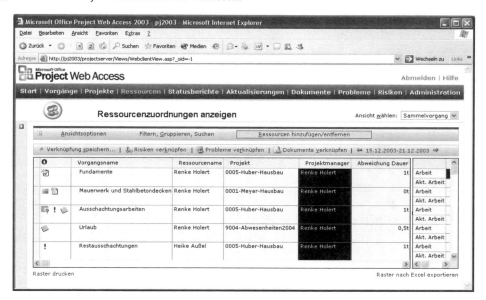

Abbildung 3.28: Erkennen von Planabweichungen

Projektmitarbeiter benötigt mehr Zeit als geplant

Wenn der Projektmitarbeiter einen längeren Zeitraum prognostiziert oder gebraucht hat als vom Projektleiter geplant wurde, erkennen Sie dies an einem positiven Wert in der Spalte *Abweichung Dauer*. Dies heißt nicht zwingend, dass der Aufwand (Arbeit) größer ist, sondern nur, dass der berechnete Zeitraum größer als der geplante Zeitraum ist, der für das Arbeitspaket zur Verfügung steht.

Projektmitarbeiter beginnt und/oder beendet Arbeitspakete mit Verzug

Vorgänge, die der Projektleiter nicht zum geplanten Zeitpunkt begonnen und/oder beendet hat, erkennen Sie an einem Wert ungleich Null in der Spalte *Abweichung Anfang* bzw. *Abweichung Ende*.

Einen Vorgang, den der Projektmitarbeiter nicht zum berechneten Endtermin fertig gestellt bzw. dessen Fertigstellung er nicht zurückgemeldet hat, erkennen Sie an einem Ausrufungszeichen in der Indikatorspalte (vgl. oben).

HINWEIS

Projektmitarbeiter verursacht mehr Aufwand (Kosten/Arbeit) als geplant

Vorgänge, die der Projektmitarbeiter mit mehr Kosten und/oder Arbeit erbracht hat als geplant, erkennen Sie an positiven Werten in den Feldern *Abweichung Kosten* bzw. *Abweichung Arbeit*.

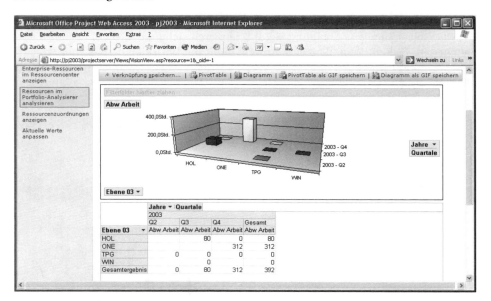

Abbildung 3.29: Abweichung pro Organisationseinheit

Weitere Ansichten für Abweichungsanalysen u.a. auch auf Basis der Portfolio-Analysierer-Ansichten wie z.B. Abbildung 3.29 sind in ▶ Kapitel 4 sowie in ▶ Kapitel 5 beschrieben.

Die Felder *Abweichung Anfang*, *Abweichung Ende*, *Abweichung Dauer*, *Abweichung Arbeit*, *Abweichung Kosten* werden nur in der benutzerdefinierten Zuordnungs-Ansicht *Abweichung* angezeigt, wenn diese zuvor vom Projektleiter veröffentlicht wurden und die Zuordnungs-Ansicht entsprechend angepasst wurde (mehr dazu in ▶ Kapitel 9).

HINWEIS

Abschließende Prozesse

Im Rahmen der abschließenden Prozesse muss der Projektleiter überprüfen, ob die gesamten Arbeiten zufrieden stellend fertig gestellt wurden (Contract Closeout). Dies kann z.B. im Rahmen von Kunden-Audits stattfinden, für die Sie die Ressourcen (Räumlichkeiten usw.) als Unterstützung bereitstellen können.

Holen Sie sich zudem im Rahmen der Qualitätssicherung Feedback vom Projektleiter ein, ob er bzw. die Kunden zufrieden mit den Leistungen Ihrer Ressourcen sind. Hiermit schaffen Sie die Grundlage für den erneuten Einsatz Ihrer Ressourcen – z.B. können diese in zukünftigen Projekten in mehr oder weniger anspruchsvollen Projekten eingesetzt werden. Dies hat u.U. auch Einfluss auf die Verfügbarkeits- und Qualifikationsinformationen zu den Ressourcen, die Sie an dieser Stelle aktualisieren sollen. Ggf. können Sie auch Qualifikationsmaßnahmen vorschlagen. Diese und weitere Aufgaben zum Management des Ressourcenpools werden ausführlicher beschrieben.

Management des Ressourcenpools

Ein Hauptziel des Ressourcenmanagers ist es ferner, die Ressourcenauslastung zu optimieren. Hieraus resultieren – unabhängig von den konkreten Tätigkeiten für ein einzelnes Projekt – u.a. folgende Aufgaben:

- Pflege der Informationen über den Ressourcenpool
- Disposition der Ressourcen
- Erkennen der Notwendigkeit für Umdisponierungen
- Umdisponieren der Ressourcen

Pflege der Informationen über den Ressourcenpool

Eine gute Ressourcenauslastung werden Sie nur erreichen können, wenn Sie die Kompetenzen und Kapazitäten (Qualifikationen und Verfügbarkeiten) optimal vermarkten. Dem Ziel des Marketings kommen Sie nach, indem Sie zum einen wie zuvor beschrieben das Feedback der Projektleiter über den Bedarf und die Qualität der Ressourcen auswerten (Marktforschung). Ferner werden Sie das Ziel nur erreichen, wenn Sie sich der anderen Instrumente des Marketing-Mixes bedienen. Dies sind Product (insbesondere Weiterbildung), Place (Verteilung über Standorte), Price (Marktgerechte Kostensätze) und Promotion (insbesondere Werbung und PR). Lesen Sie hierzu auch den ▶ Abschnitt »Management von Abwesenheitszeiten« in diesem Kapitel. Zur den operativen Aufgaben der Promotion gehören daneben noch die Pflege der

- Qualifikationen,
- Verfügbarkeitsinformationen,
- Arbeitszeiten,
- Kostensätze und
- weiterer Stammdaten

im Enterprise-Ressourcenpool.

Pflege des Enterprise-Ressourcenpools

Um die Ressourcendaten aktualisieren zu können, müssen Sie zunächst die entsprechenden Ressourcen auschecken, indem Sie den Enterprise-Ressourcenpool öffnen.

HINWEIS Damit Sie auf den Enterprise-Ressourcenpool zugreifen können, muss der Administrator auf dem Project Server ein Konto mit den entsprechenden Rechten für Sie einrichten (vgl. ▶ Kapitel 9).

Um den Enterprise-Ressourcenpool zu öffnen, gehen Sie folgendermaßen vor:

1. Wählen Sie im Untermenü *Extras/Enterprise-Optionen* den Eintrag *Enterprise-Ressourcenpool öffnen.*

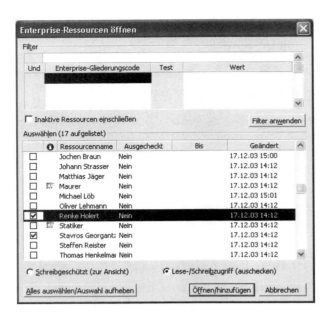

Abbildung 3.30:
Enterprise-Ressourcen auschecken

2. Setzen Sie jeweils ein Häkchen in den Kontrollkästchen vor den Ressourcen, die Sie auschecken möchten, um z.B. deren Qualifikationen, Kostensätze, Verfügbarkeiten usw. zu bearbeiten (Abbildung 3.30).
3. Achten Sie darauf, dass das Optionsfeld *Lese-/Schreibzugriff (auschecken)* ausgewählt ist.
4. Klicken Sie auf die Schaltfläche *Öffnen/hinzufügen*.

Pflege der Qualifikationen

Um die **Qualifikationsangaben** der Ressourcen zu aktualisieren, führen Sie folgende Schritte aus:

1. Wechseln Sie in die Ansicht *Enterprise-Ressource: Tabelle* (zur Erstellung der Ansicht vgl. ▶ Kapitel 9).

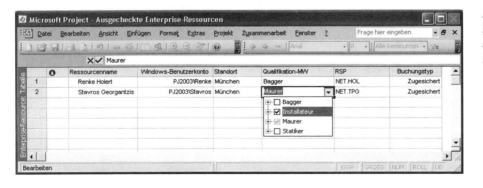

Abbildung 3.31:
Pflege der Ressourcendaten im Ressourcenpool

2. Überprüfen Sie, ob z.B. eine Ressource nach dem Abschluss eines Projekts oder der Teilnahme an einer Weiterbildung sich neue Fähigkeiten angeeignet hat und passen Sie ggf. die Spalte *Qualifikation* an.

Abbildung 3.32:
Anpassen der
Organisations-
einheit

3. Wählen Sie im Feld *RSP* (Ressourcenstrukturplan) die organisatorische Zuordnung der Ressource aus.

4. Überprüfen und modifizieren Sie ggf. die weiteren Stammdaten der Ressourcen.

NEU IN 2003 Wenn eine Person mehr als eine Qualifikation hat, dann können Sie einen Multiwert-Gliederungscode verwenden.

TIPP Sie können auch mehrere Ebenen des Gliederungscodes verwenden, um einzelne Qualifikationen näher zu spezifizieren, also z.B. »Installateur.Elektro.Azubi« oder »Installateur.Elektro.Meister« (vgl. ▶ Kapitel 9).

 Geben Sie an dieser Stelle auch **generische Ressourcen** ein, also die Arten von Qualifikationen, die Sie Ihren Projektleitern zu Verfügung stellen. Diese sollten identisch mit der obersten Ebene der Qualifikationen sein, die Sie in der Spalte *Qualifikationen* eingeben. Generische Ressourcen werden durch das in der Marginalspalte dargestellte Symbol gekennzeichnet. Sie markieren eine Ressource als generisch, indem Sie auf der Registerkarte *Allgemein* des Dialogfelds *Informationen zur Ressource* ein Häkchen in dem Kontrollkästchen *Generisch* setzen.

 Externe Ressourcen sollten Sie nicht in den Enterprise-Ressourcenpool übernehmen, sondern direkt in der Ansicht *Ressource: Tabelle* des Projektes eingeben. Diese werden dann durch ein kleines Symbol, das nebenstehend in der Marginalspalte abgebildet ist, als *lokale Ressourcen* dargestellt.

Project für Ressourcenmanager

Pflege der Verfügbarkeitsinformationen

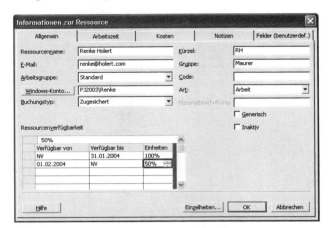

Abbildung 3.33: Pflege der Ressourcenverfügbarkeit

Zum Anpassen der **Verfügbarkeit** gehen Sie folgendermaßen vor (vgl. dazu auch Abbildung 3.33):

1. Öffnen Sie das Dialogfeld *Informationen zur Ressource*.
2. Tragen Sie in die erste Zeile der Tabelle *Ressourcenverfügbarkeit* im Feld *Verfügbar von* das Datum ein, ab wann die Ressource für Ihren Pool zur Verfügung steht (Eintritt). Sie können auch NV für einen unbestimmten Zeitpunkt eingeben.
3. Falls sich die Verfügbarkeit für eine Ressource zu einem Zeitpunkt ändert, z.B. weil sie nur noch halbtags arbeitet (Teilzeit-Projektmitarbeiter), können Sie durch eine zusätzliche Zeile den Anfangs- und Endtermin mit dem entsprechenden Prozentsatz eintragen. Wenn Sie detaillierter festlegen möchten, wann eine Ressource arbeitet oder nicht, dann können Sie auf der Registerkarte *Arbeitszeit* die Arbeitszeiten entsprechend anpassen, wie nachfolgend beschrieben wird.
4. Sofern kein Austritt aus Ihrem Ressourcenpool feststeht, bleibt in der untersten Zeile in der Spalte *Verfügbar bis* der Wert *NV* (für »Nicht verfügbar«) stehen. Sollte die Ressource aus dem Pool ausscheiden, können Sie an dieser Stelle das Austrittsdatum eintragen.

Pflege der Arbeitszeiten

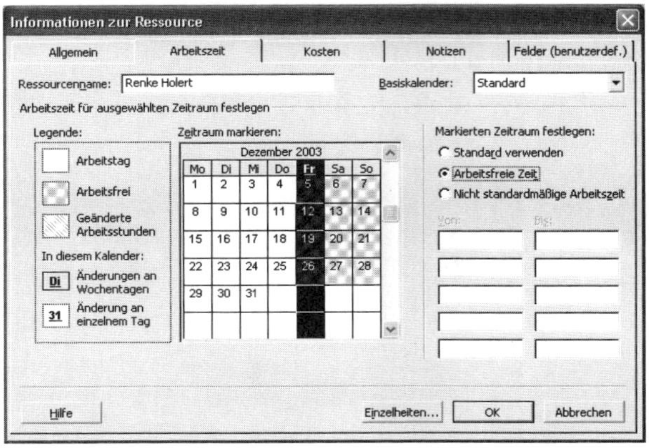

Abbildung 3.34: Pflege der Arbeitszeiten

Um die **Arbeitszeiten** innerhalb des zuvor festgelegten Verfügbarkeitsrahmens näher zu bestimmen, wählen Sie zunächst im Feld *Basiskalender* den Kalender aus, der die Standardarbeitszeit der Ressource bzw. Ressourcengruppe repräsentiert. In diesem Kalender sollten auch schon die Tage als arbeitsfrei markiert sein, an denen nicht gearbeitet wird. Dies können z.B. Feiertage oder Betriebsferien sein. Um ressourcenindividuelle Abweichungen hiervon zu berücksichtigen, gehen Sie folgendermaßen vor:

1. Markieren Sie mit der Maus in dem Kalender *Zeitraum markieren* den entsprechenden Tag oder die entsprechenden Tage.

TIPP Wenn Sie Wochentage generell ändern möchten, wählen Sie die Spaltenüberschrift aus.

2. Wählen Sie in dem Optionsfeld *Markierten Zeitraum festlegen* die Option *Arbeitsfreie Zeit*, wenn die Ressource an dem Tag überhaupt nicht arbeitet oder die Option *Nicht standardmäßige Arbeitszeit*, wenn die Ressource an diesem Tag zu anderen Zeiten als im Basiskalender definiert arbeitet. Auf diese Art und Weise können Sie auch Nacht- oder Wochenendarbeit einplanen.

TIPP Mit diesem Verfahren können Sie auch Abwesenheitszeiten wie z.B. Urlaub von Ressourcen einplanen.

Wir empfehlen alternativ zu dieser Vorgehensweise, Abwesenheitszeiten in separaten Sonderprojekten zu pflegen und die Ressourcen auf diese Arbeit buchen zu lassen. Dies hat den Vorteil, dass die Änderungen in der Arbeitszeit leichter nachzuvollziehen sind. Zudem können Sie Urlaubspläne in Form eines Projektes auch ausdrucken, was bei den Abwesenheitszeiten im Ressourcenkalender nicht geht. Mehr dazu im ▶ Abschnitt »Management von Abwesenheitszeiten« in diesem Kapitel. Mit dem Add-In »Allocatus« können Sie u.a. Abwesenheitszeiten automatisch mit Outlook synchronisieren. Mehr hierzu in ▶ Kapitel 13.

Pflege der Kostensätze

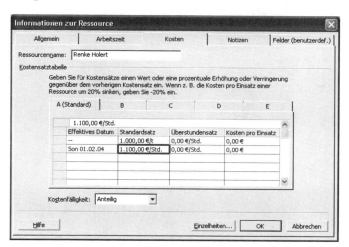

Abbildung 3.35:
Eingabe eines geänderten Tagessatzes

Mitunter ändern sich z.B. in Folge von besserer Qualifikation die Kostensätze der Ressourcen. Sie können die genauen Raten auf der Registerkarte *Kosten* festlegen. Gehen Sie dazu folgendermaßen vor:

1. Klicken Sie in die zweite Zeile und gegeben Sie in der Spalte *Effektives Datum* den Zeitpunkt der Änderung des Kostensatzes an (vgl. Abbildung 3.35).

2. Tragen Sie in der Spalte *Standardsatz* den *Stunden-* oder *Tagessatz* der Ressource ein, indem Sie den Eurobetrag gefolgt von »/St« bzw. »/t« eingeben.

ACHTUNG In der deutschen Version von Project 2003 wurde als Kurzzeichen für Stunde nicht wie bisher ein »h« verwendet, sondern »Std.«. Sie müssen darum im Gegensatz zu bisherigen Versionen »Std.« statt »h« eingeben.

3. Tragen Sie ggf. noch in der Spalte *Kosten pro Einsatz* die *Fixkosten* ein, die pro Vorgang anfallen, an dem die Ressource eingesetzt wird. Dieses können z.B. *Reisekosten* bei Humanressourcen oder *Rüstkosten* bei Sachressourcen sein. Für spezielle Kostenarten können Sie ergänzend auch benutzerdefinierte Kostenfelder verwenden.

HINWEIS Durch die Verwendung des Enterprise-Ressourcenpools können Sie für Ressourcen keine unterschiedlichen Kostensätze für verschiedene Projekte festlegen. Sie können aber in den einzelnen Projekten über die Einsatzansichten die Zuordnungen aus verschiedenen *Kostensatztabellen* (A bis E) vornehmen und auf diese Art und Weise variierende Kostensätze für unterschiedliche Projekte festlegen. Dieses Verfahren eignet sich auch, um die Differenz aus Selbstkosten und fakturierbaren Kosten zu ermitteln. Darüber hinaus ist es geeignet, um unterschiedliche Kostensätze einer Ressource in Abhängigkeit der jeweils eingesetzten bzw. fakturierbaren Qualifikation zuzuweisen.

Pflege weiterer Stammdaten

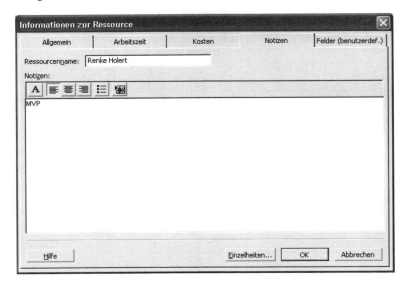

Abbildung 3.36:
Eingabe von Notizen

Auf der Registerkarte *Notizen* und *Felder (benutzerdef.)* können noch weitere Stammdaten der Ressourcen als Freitext bzw. strukturiert eingegeben werden.

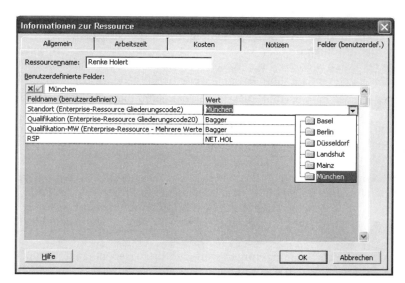

Abbildung 3.37:
Eingabe von benutzerdefinierte Enterprise-Felder

Die Registerkarte *Felder (benutzerdef.)* zeigt alle benutzerdefinierten Ressourcenfelder an, z.B. Qualifikation.

TIPP Wenn Sie **Gliederungscodes** oder **Wertelisten** für die Enterprise-Felder verwenden, können Sie die Standardisierung der Schreibweisen sicherstellen. Sie können zudem definieren, dass einzelne Felder ausgefüllt werden müssen. Dies ist insbesondere sinnvoll, wenn mehrere Personen den Ressourcenpool bearbeiten, damit eine konsistente Datenbasis sichergestellt wird.

Verwenden Sie den **AutoFilter** oder die **Gruppierungsfunktion**, um größere Ressourcenpools übersichtlich darzustellen. Definieren Sie ggf. benutzerdefinierte Filter oder Gruppierungen, falls Sie mit den Standards keine zufrieden stellenden Ergebnisse erzielen. Diese Filter können Sie auch für die Auswahl beim Auschecken verwenden.

ACHTUNG Alle Änderungen an Feldern, Ansichten, Tabellen, Gruppierungen, Filtern usw. müssen Sie in der *Enterprise-Global* vornehmen, damit sie nach dem Speichern des ausgecheckten Enterprise-Ressourcenpools erhalten bleiben (vgl. ▶ Kapitel 9).

Disposition der Ressourcen

Als Ressourcenmanager wird an Sie u.U. die Anforderung gestellt, dass Sie Ressourcen selbst disponieren sollen, d.h., dass Sie Ressourcen einzelnen Vorgängen in den Projekten zuordnen sollen. Ein möglicher Grund hierfür ist, dass die Projektleiter nicht direkt auf Ressourcen zugreifen können, sondern Sie als Ressourcenmanager quasi als verlängerter Arm der Geschäftsleitung die *Buchung der Ressourcen genehmigen* sollen. Hintergrund ist, dass Sie als neutraler Dritter den Zugriff auf die knappen Ressourcen regeln, da die Projektleiter tendenziell versuchen, einzelne besonders gute oder knappe Ressourcen bereits im Vorfeld in größerem Umfang für Ihr eigenes Projekt einzuplanen (»bunkern«) und damit für die anderen Projektleiter zu blockieren. Diesem Verhalten kann man organisatorisch auch entgegenwirken, indem man festlegt, dass das Buchen auch zur Zahlung verpflichtet.

Aus der Sicht des Projektleiters als Projektverantwortlichem ist es andererseits verständlich, dass er **nicht** möchte, dass Sie eigenständig Ressourcen in seinen Projekten disponieren oder umdisponieren. Es wird ihn wenig freuen, wenn Sie z.B. gute, begehrte Ressourcen durch weniger begehrte und möglicherweise weniger qualifizierte Ressourcen ersetzen und auf diese Art und Weise den Projekterfolg gefährden.

In der Praxis hat es sich deshalb bewährt, dass die Projektleiter die technische Disposition selbst vornehmen, aber die Ressourcenmanager darüber ein wachendes Auge haben, auf Ressourcenkonflikte hinweisen und als neutrale Stelle zur Lösung beratend beitragen (vgl. ▶ Kapitel 1 und in diesem Kapitel den ▶ Abschnitt »Beschaffung des Projektpersonals«).

Eine einfache Steuerung der Buchung ist über die Ressourceneigenschaft *Buchungstyp* möglich. Sie können für jedes Projekt über den Teambuilder in Project und im Project Web Access festlegen, ob in dem betreffenden Projekt *alle* Zuordnung einer Ressource *vorgesehen* (= angefragte Buchungen) oder *zugesichert* (= genehmigte Buchungen) sind.

NEU IN 2003

Sie können den eigentlichen Buchungsvorgang auf Zuordnungsebene auch darüber steuern, dass der Projektleiter den Zuordnungsstatus auf *Nachfrage* (= angefragte Buchung) setzt und nur Sie als Ressourcenmanager den Status auf *Bedarf* (= genehmigte Buchung) setzen können (Feld *Nachfrage/Bedarf*). Man kann diesen Prozess auch programmatisch unterstützen. Hierdurch wird erzwungen, dass bei Änderungen an den Vorgängen durch Projektleiter der Status der zugehörigen Zuordnungen immer auf *Nachfrage* gesetzt wird. Zudem stellt man sicher, dass nur die Ressourcenmanager den Status auf *Bedarf*, also gebucht, setzen dürfen.

Wenn man die zuvor vorgeschlagene Vorgehensweise anwendet, liegt das Ziel für den Einsatz von Project primär darin, den Ressourcenmanager und Projektleiter zu unterstützen, auftretende **Konfliktsituationen** überhaupt zu **erkennen**. Die eigentliche Lösung wird dann im direkten Dialog zwischen dem Projektleiter, dem betroffenen Projektmitarbeiter und Ihnen als Ressourcenmanager gefunden. Es gibt dennoch Situationen, in denen unbedingt gewünscht ist, dass der Genehmigungsprozess softwaretechnisch unterstützt wird. Dies ist z.B. bei sehr großen Ressourcenpools der Fall, wenn die Projektleiter nur Skills planen und die Abteilungsleiter in ihrer Rolle als Ressourcenmanager die Zuordnung selbst übernehmen. In einem solchen Szenario existieren häufig mehrere Ressourcenpools, und zwar einer für die Projektleiter auf Abteilungsebene und jeweils einer für die Abteilungsleiter auf Mitarbeiterebene. Ein möglicher Lösungsansatz für diese Aufgabenstellung findet sich in dem Add-On *TeamLink* (vgl. hierzu ▶ Kapitel 13).

Erkennen der Notwendigkeit für Umdisponierungen

Generell gibt es nur zwei Fälle, in denen Sie als Ressourcenmanager tätig werden müssen. Zum einen ist das der oben beschriebene Ressourcenkonflikt, wenn zwei oder mehr Ressourcenmanager zeitgleich auf dieselben Ressourcen zugreifen möchten (Überlastung); zum anderen ist dies der Fall, wenn die Ressourcen nicht ausgelastet sind (*Unterlastung*).

Erkennen von Überlastung

Überlastungen können neben einer zeitgleichen Erstverplanung einer Ressource in zwei oder mehr Projekten auch daraus resultieren, dass sich Termine in Projekten verschoben haben oder Ressourcen krank geworden sind. Die eigentlichen Überlastungen können Sie sowohl im dateibasierten Ressourcenpool als auch im Enterprise Ressourcenpool auf die gleiche Art und Weise erkennen. Sofern Sie die Teammanagementfunktionen von Project bzw. Project Server verwenden, können Konflikte auch schon durch die Ressourcen selbst erkannt und an den Projektleiter zurückgemeldet werden. In diesem Fall können die Projektmitarbeiter Terminanfragen ablehnen (vgl. ▶ Kapitel 2).

Ressourcenüberlastung in Project erkennen

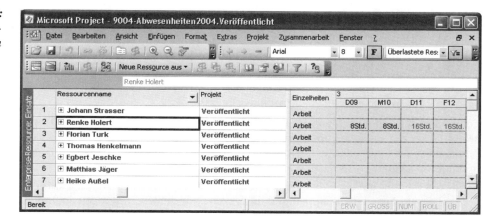

Abbildung 3.38: Überlastete Ressourcen ermitteln

Um eine Ressourcenüberlastung in Project zu erkennen, gehen Sie folgendermaßen vor:

1. Öffnen Sie ein Projekt, das alle Ressourcen enthält, also z.B. ein Abwesenheits-Sonderprojekt (vgl. in diesem Kapitel den ▶ Abschnitt »Management von Abwesenheitszeiten«).
2. Wechseln Sie in die Ansicht *Enterprise-Ressource: Einsatz* (vgl. ▶ Kapitel 9).
3. Markieren Sie alle Ressourcen, indem Sie auf den linken oberen Eckpunkt der Tabelle klicken.
4. Klicken Sie auf das Minussymbol *Teilvorgänge ausblenden,* wie in der Marginalspalte abgebildet, um nur die Ressourcennamen zu sehen (vgl. Abbildung 3.38).
5. Wählen Sie den Filter *Überlastete Ressourcen* aus (Menübefehl *Projekt/Filter*).

Sie sehen jetzt nur die überlasteten rot dargestellten Ressourcen. Um die Ursache zu finden (Abbildung 3.39), weshalb die jeweilige Ressource überlastet ist, gehen Sie folgendermaßen vor:

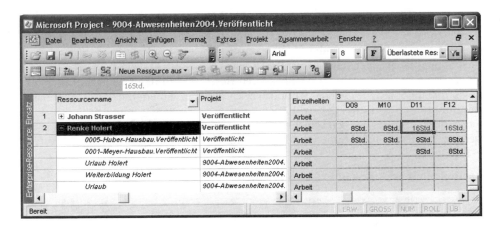

Abbildung 3.39:
Ursache für Überlastung ermitteln

1. Klicken Sie mit der Maus in den rechten Teil des Bildschirms, und zwar genau in die Zeile, in der auf der linken Seite des Bildschirms der Ressourcenname steht.
2. Drücken Sie die Pfeiltaste Pfeil re so lange, bis Sie einen Zeitpunkt gefunden haben, an dem der Arbeitswert ebenfalls rot dargestellt ist.

TIPP
Sie können der Reihe nach von Überlastung zu Überlastung springen, indem Sie den Befehl *Gehe zur nächsten Ressourcenüberlastung* verwenden. Sie können diesen Befehl über die Symbolleiste *Ressourcenmanagement* (Menübefehl *Ansicht/Symbolleisten*) aufrufen.

3. Klicken Sie nun auf das Plussymbol vor dem Ressourcennamen, um die zugehörigen Zuordnungen aufzuklappen und die Ursache für die Überlastungen zu finden.

Die Ursache für die Überlastung sind nun die Vorgänge, die an diesem Tag ebenfalls Arbeitswerte haben. Informieren Sie die betroffenen Projektleiter von der Überlastung, damit Sie gemeinsam eine Lösung herbeiführen können.

HINWEIS
Standardmäßig werden für nicht geöffnete Projekte nur Projektsammelvorgänge in der Einsatz-Ansicht angezeigt. Damit Sie in dieser Konstellation die Ursache auf Vorgangsebene ablesen können, öffnen Sie das betroffene Projekt.

Sie können die Projektleiter in der Lösungsfindung unterstützen, indem Sie ihm gleich qualifizierte verfügbare Ressourcen vorschlagen oder – falls das nicht möglich ist – Alternativtermine nennen. Ist keine geeignete Ressource verfügbar, bleibt nur noch die Terminverschiebung (z.B. mit einem automatischen Kapazitätsabgleich in dem Projekt, in dem die Vorgänge verschoben werden können (Menübefehl *Extras/ Kapazitätsabgleich*).

Kommt das nicht in Frage, können Sie durch kurzfristige Maßnahmen wie Urlaubssperre und Beschaffung externer Ressourcen dem Engpass entgegnen. Als mittel- und langfristige Maßnahmen kommen z.B. die Einstellung neuer Ressourcen oder die Weiter- bzw. Umqualifizierung von vorhandenen Ressourcen in Frage.

TIPP
Blenden Sie sich die Spalte *Projekt* und *Nr.* ein. In der Spalte *Projekt* können Sie erkennen, zu welchem Projekt der Vorgang gehört, der an der Überlastung beteiligt ist. In der Spalte *Nr.* können Sie erkennen, welche Vorgangsnummer dieser Vorgang hat. Übermitteln Sie dem Projektleiter diese beiden Informationen, damit dieser den Vorgang schneller in seinem Projektplan wieder finden kann (▶ Kapitel 9).

HINWEIS Mit jeder Zuordnung wird auch die benötigte Qualifikation gespeichert. Diese kann bei der Auswahl helfen und ist zudem Grundlage für eine automatische Ersetzung durch den *Ressourcenersetzungs-Assistenten*.

Ressourcenüberlastung im Project Web Access erkennen

Um Ressourcenüberlastungen im Enterprise-Ressourcenpool über den Project Web Access des Project Servers zu erkennen, gehen Sie folgendermaßen vor (siehe auch den ▶ Abschnitt »Beschaffung des Projektpersonals« in diesem Kapitel):

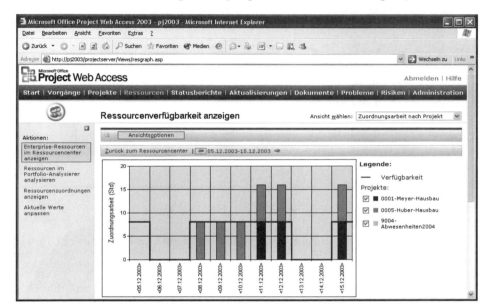

Abbildung 3.40: Überlastete Ressourcen im Project Web Access

1. Wechseln Sie in das Menü *Ressourcen* des Project Servers.
2. Wählen Sie die Ressourcen aus, von denen Sie die Auslastung ermitteln möchten.
3. Klicken Sie auf die Schaltfläche *Verfügbarkeit anzeigen*.

Sie erkennen die Überlastung daran, dass der Balken in einem Zeitraum die Verfügbarkeitslinie schneidet (vgl. Abbildung 3.40). Sie können die Ressourcenauslastung auch mit dem Portfolio-Analysierer grafisch entsprechend der in ▶ Kapitel 4 beschriebenen Art und Weise für das Budgetcontrolling darstellen.

Erkennen von Unterlastungen

Eine Unterlast (Restkapazität) in Project erkennen Sie daran, dass zwischen der Verfügbarkeitslinie und der zugeordneten Arbeit eine Lücke bleibt, also die verbleibende Verfügbarkeit größer als Null ist.

Project für Ressourcenmanager

Erkennen von Unterlastung im Ressourcenpool

Um die verbleibende Verfügbarkeit zu ermitteln (Abbildung 3.41), gehen Sie folgendermaßen vor:

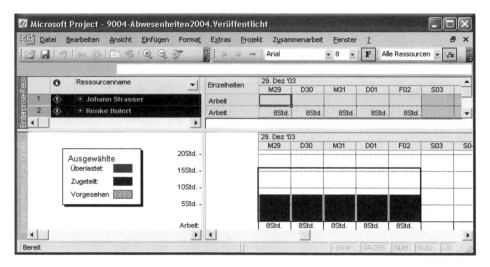

Abbildung 3.41: Unterlast im Ressourcenpool

1. Wechseln Sie in die Ansicht *Enterprise-Ressource: Einsatz*.
2. Teilen Sie das Fenster.
3. Markieren Sie die untere Bildschirmhälfte und blenden Sie die Ansicht *Enterprise-Ressource: Grafik* ein.
4. Markieren Sie eine Ressource oder Ressourcengruppe und lesen Sie die verbleibende Verfügbarkeit als Differenz zwischen der Verfügbarkeitslinie und den Balken ab (vgl. zur grafischen Darstellung der Arbeit bzw. verbleibenden Verfügbarkeit einer Ressourcengruppe auch ▶ Kapitel 1).

Wenn Sie die verbleibende Verfügbarkeit sowohl numerisch als auch grafisch als Positivwert anzeigen möchten (Abbildung 3.42), führen Sie folgende Schritte aus:

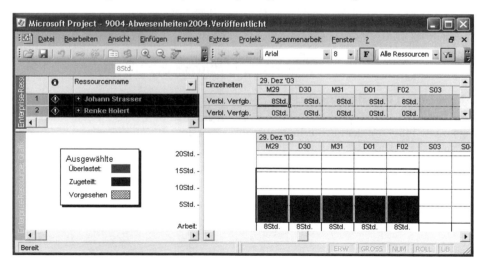

Abbildung 3.42: Verbleibende Verfügbarkeit

1. Klicken Sie mit der rechten Maustaste in den Tabellenbereich der Ansicht *Ressource: Einsatz* und wählen Sie im Kontextmenü die Einzelheitenart *Verbleibende Verfügbarkeit* aus.
2. Verfahren Sie analog für die Ansicht *Enterprise-Ressource: Grafik*.

Als Handlungsmaßnahmen, um die verbleibende Verfügbarkeit optimal zu nutzen, können Sie in Abstimmung mit den Beteiligten Urlaub, Weiterbildung und Marketing notfalls auch eine Freistellung vorschlagen. Mehr dazu im ▶ Abschnitt »Management von Abwesenheitszeiten« in diesem Kapitel.

Erkennen von Unterlastung im Project Web Access

In Project Web Access erkennen Sie Unterlastungen auf die gleiche Art und Weise, wie bei der Ermittlung der Überlastungen beschrieben (vgl. Abbildung 3.40). Die Unterlastung erkennen Sie an der Differenz zwischen dem Balken und der Verfügbarkeitslinie.

Umdisponieren der Ressourcen

Wenn Sie Über- und Unterlastungen ermittelt und Lösungen mit den Beteiligten gefunden haben, ist bereits die notwendige Vorarbeit geleistet, um diese in Project umzusetzen.

Jeder Projektleiter muss nun die resultierenden Änderungen in seinem Plan vornehmen, d.h. Ressourcen ersetzen oder Termine verschieben. Nachdem die Projektleiter den Projektplan gespeichert haben, werden die Zuordnungsinformationen automatisch im Ressourcenpool aktualisiert. Wenn die Projektleiter zudem die geänderten Zuordnungen auf dem Project Server veröffentlichen, werden die Ressourcen automatisch von den Änderungen informiert.

Wenn sich Änderungen in den Sonderprojekten, wie z.B. Urlaub, Krankheit, Weiterbildung usw. ergeben, öffnen Sie als Projektleiter diese Projekte und führen Sie die Umdisponierungen entsprechend durch.

Zuletzt überprüfen Sie, ob die einzelnen Aktionen wirklich korrekt ausgeführt und die Über- und Unterlastungen ausgeglichen wurden.

ACHTUNG Wichtig ist, dass Sie die Ressourcenkonflikte zumindest für den direkt vor Ihnen liegenden Zeitraum von ca. zwei Wochen sehr akkurat beseitigen, denn dies sind echte Planungsfehler, die im konkreten Einzelfall erhebliche Zusatzkosten generieren können, z.B. falsche Anreise, nicht termingerechte Fertigstellung usw.

Management von Abwesenheitszeiten

Zu Ihren Aufgaben als Ressourcenmanager gehört es auch, die Zeiten zu verwalten, an denen die Ressourcen nicht an Projekten arbeiten, also ihre Leistungen nicht fakturierbar sind. Diese Zeiten werden in *Sonderprojekten* zusammengefasst, die z.B. *Abwesenheiten* oder nicht projektbezogene Tätigkeiten heißen.

HINWEIS Prinzipiell können Sie Abwesenheitszeiten in den jeweiligen Ressourcenkalendern im Enterprise-Ressourcenpool pflegen. Von der Handhabbarkeit ist es jedoch einfacher, wenn Sie spezielle Projekte hierfür anlegen. Unter anderem haben Sie den Vorteil, dass Sie die Abwesenheitszeiten z.B. in Form einer Urlaubsliste ausdrucken können.

Ggf. tragen Sie auch den Namen der jeweiligen Tätigkeitsart ein, wie z.B.

- Urlaub,
- Krankheit,
- Weiterbildung oder
- Marketing.

Sie sind als Ressourcenmanager somit der Projektleiter für diese Sonderprojekte. Da diese »Projekte« keine Projekte im eigentlichen Sinn mit definiertem Anfangs- und Endtermin sind, sollten diese zeitlich z.B. auf ein Jahr begrenzt werden (also: *9004-Abwesenheiten2004*).

TIPP Wenn alle Abwesenheitszeiten in einem Projekt zusammengefasst sind, sollten Sie *standardisierte Vorgangsnamen* verwenden – so können Sie später leicht über einen AutoFilter Übersichten erstellen (zu den rechtlichen Aspekten gemäß des Betriebsverfassungsgesetzes siehe den ▶ Abschnitt »Krankheit und Krankmeldung« in diesem Kapitel).

Als solche Sonderprojekte können Sie auch *Linienaufgaben* der Ressourcen anlegen, wie z.B. *Wartungstätigkeiten* usw.

Urlaub und Urlaubsantrag

Urlaubszeiten tragen Sie z.B. in einem Projekt mit dem Namen »Urlaub2004« ein (*Urlaubsplan*). Überprüfen Sie zunächst, ob die Ressource in diesem Zeitraum nicht schon anderweitig gebucht ist und legen Sie dazu einen Vorgang mit dem Namen *Urlaub* bzw. wenn sachlich richtig *Sonderurlaub* an. Weisen Sie die entsprechende Ressource diesem Vorgang zu. Über den Ressourcenpool ist die Ressource dann automatisch geblockt bzw. im Konfliktfall werden Überlastungen im Ressourcenpool angezeigt. Falls mit einem automatischen Kapazitätsabgleich gearbeitet wird, können Sie vorsichtshalber noch die Priorität des Projektes erhöhen, damit keine automatischen Verschiebungen im Urlaubsplan vorgenommen werden.

Dieses Genehmigungsverfahren können Sie auch über den Project Web Access unterstützen lassen, indem Sie sich von den Ressourcen neue Vorgänge unterbreiten lassen (dies wird auch oft als »Employee Self Services« bezeichnet). Ein neuer Vorgang für das Projekt »Urlaub« bzw. ein neuer Vorgang »Urlaub« für das Projekt »Abwesenheiten« entspricht dann einem *Urlaubsantrag* (mehr zur Vorgehensweise in ▶ Kapitel 2).

TIPP Wenn Sie bereits ein anderes System für die Verwaltung von Urlaubszeiten im Einsatz haben, dann lässt sich dieses durch die offene Architektur von Project in der Regel relativ einfach integrieren, sodass keine Mehrfacherfassung notwendig ist, welche die Akzeptanz von Project in Ihrem Unternehmen gefährden könnte. Entsprechende Dienstleistungen bieten z.B. die in ▶ Kapitel 13 aufgelisteten Project-Partner an.

Krankheit und Krankmeldung

Sofern der Mitarbeiter sich vom Krankenbett noch auf den Project Web Access einloggen kann, kann er die Krankmeldung auch selbst übernehmen, indem er analog zum Urlaubsantrag einen neuen Vorgang »krank« für das Projekt »Abwesenheiten« erstellt. Sie können dann sofort feststellen, in welchem Projekt dieser Vorgang eine Überlastung verursacht und ermitteln, welche alternative Ressource diesen Vorgang übernehmen kann. Daraufhin informieren Sie den Projektleiter und schlagen diesen Ersatz vor oder, falls dies nicht möglich ist, sagen Sie den Termin beim Kunden ab.

HINWEIS Das Pflegen von personenbezogenen Informationen, die dazu geeignet sind, Informationen über die Leistung eines einzelnen Mitarbeiters zu ermitteln, unterliegen der Zustimmung des *Betriebsrats*.[1]

TIPP Sie müssen Abwesenheitszeiten erfassen, damit Sie eine seriöse Ressourcenplanung durchführen können. Wenn Sie die Informationen u.a. aus dem vorgenannten Grund »verschleiern« möchten, erfassen Sie einfach nur für jede Art von Abwesenheit einen Vorgang mit dem Namen »Abwesenheit« in einem einzigen Projekt »Abwesenheiten«.

Weiterbildung

Als Ressourcenmanager haben Sie ein vitales Interesse daran, Ihren Ressourcenpool hinsichtlich der Qualifikation und Kapazität an die Marktgegebenheiten anzupassen. Für den Fall, dass Ressourcen nicht durch die laufenden (fakturierbaren) Projekte ausgelastet sind, sollten die Spielräume u.a. dazu genutzt werden, um die Ressourcen entsprechend weiterzuqualifizieren. Führen Sie Personalgespräche, um entsprechend der Fähigkeiten die Weiterbildung zu planen und fassen Sie diese Weiterbildungsprojekte in einem Sonderprojekt *Weiterbildung* zusammen.

Marketing, insbesondere Werbung und PR-Arbeit

Einer nicht optimalen Ressourcenauslastung können Sie auch dadurch begegnen, dass Sie Ressourcen in Marketingprojekte einplanen. Zum einen können die Ressourcen im Rahmen des Sonderprojekts Marketing Marktforschung betreiben, welche Anforderungen der Markt an sie stellt. Dies können sie z.B., indem sie Kongresse besuchen oder Kunden befragen.

Darüber hinaus können im Rahmen des Marketingsprojektes auch Werbung und PR-Arbeiten ausgeführt werden, beispielsweise durch die Teilnahme an Messen oder das Verfassen von Fachaufsätzen.

---

[1] Vgl. Betriebsverfassungsgesetz

Project für Ressourcenmanager

4 Project für Führungskräfte und Controller

---

132 Aufbau eines Managementsystems
132 Multiprojektmanagement

Dieses Kapitel richtet sich an **Führungskräfte**[1] aus der Unternehmensleitung. Dies können z.B. Geschäftsleiter, Bereichsleiter, Niederlassungsleiter, Geschäftsstellenleiter oder Profit Center-Leiter sein, die für ihre Organisationseinheit (OE) persönlich Verantwortung tragen. Oft werden von der Geschäftsleitung auch spezielle Gremien wie z.B. Lenkungs- oder Investitionsausschüsse eingesetzt, die deren Aufgaben für den Projektbereich wahrnehmen. Führungskräfte werden in der Regel von Dienstleistern wie z.B. Controllern oder Mitgliedern des Projektbüros unterstützt.

Ziel der Führungskräfte ist es, den langfristigen Unternehmenserfolg sicherzustellen, also das Kapital der Eigentümer zu mehren bzw. angemessen zu verzinsen. Das bedeutet für den Projektbereich des Unternehmens, dass unter den vorhandenen Ressourcen-Restriktionen der Gesamterfolg aller Projekte optimiert wird.

HINWEIS *Ressourcen* sind neben den Humanressourcen auch Sach- und Finanzressourcen.

Der Fokus der Führungskräfte liegt somit nicht wie beim Projektleiter auf dem Erfolg eines einzelnen Projektes, sondern vielmehr auf dem **Erfolg des Projektportfolios** (*Multiprojektmanagement*), wobei ein besonderes Augenmerk unter diesen Gesichtspunkten auf wichtige Projekte fällt. Einen Teilaspekt hiervon nennt man auch *Multiprojektcontrolling*.

Hieraus leiten sich als Aufgaben für die Führungskräfte ab:

- **Aufbau und Pflege eines Managementsystems**: Rahmenbedingungen etablieren, die diese Erreichung der o.g. Ziele unterstützen sowie sicherstellen, dass das Managementsystem korrekt funktioniert und – sofern nötig – Anpassungen vornehmen.
- **Multiprojektmanagement**: Zielabweichungen erkennen und ggf. Gegenmaßnahmen ergreifen.

---

[1] Der Begriff »Führungskraft« wird hier entsprechend der juristischen Definition verwendet (»Geschäftsführung«) und umfasst alle Leitungsfunktionen (= Managementfunktionen) nach betriebswirtschaftlicher Definition.

Aufbau eines Managementsystems

Zweck des **Managementsystems** ist es, unternehmensweit einheitliche Maßstäbe zu etablieren, nach denen Projekte gesteuert werden. Dies ist die Voraussetzung dafür, dass über die Gesamtheit aller Projekte aussagekräftige Informationen als Entscheidungsgrundlage vorliegen. Hierzu sind mindestens folgende Verfahren und Systeme zu standardisieren:

- **Kennzahlensystem**: Nur was messbar ist, kann gesteuert werden. Ein Kennzahlensystem zur Messung der Leistung, Termine, Kosten und »weichen Faktoren« (Frühindikatoren im Sinne der Balanced Scorecard) schafft hierfür die Grundlage.
- **Verfahren zur Bewertung und Auswahl von Projekten**: Hierzu gehören Verfahren zur Ermittlung der technischen und wirtschaftlichen Erfolgsaussichten[1] inkl. Risikomanagement. Ein Teilaspekt hiervon ist die Risikoanalyse (mehr dazu in ▶ Kapitel 1). Daneben sind dies Verfahren zur Zusammenstellung des optimalen Projektmixes und der Priorisierung von Projekten sowie der Freigabe.
- **Anreizsystem**: Kopplung des Kennzahlensystems an die Entgelte der Projektbeteiligten. Erfolgsabhängige Entgelte sind z.B. Prämien, die für Projektleiter und Projektmitarbeiter an den Deckungsbeitrag des Projektes oder für Ressourcenmanager an den periodenbezogenen Deckungsbeitrag der eigenen Ressourcen gekoppelt sind. Es hat sich bewährt, die Auszahlung der Prämien an die in Project erfassten Daten zu koppeln, sodass ein Anreiz besteht, diese Daten seitens aller Projektbeteiligten zu pflegen.
- **Verfahren zur Integration des Projektcontrollings in das Unternehmenscontrolling**: Eine besondere Herausforderung liegt darin, die projektbezogene Perspektive des Projektgeschäftes in die Unternehmensperspektive zu überführen, da Unternehmen nicht nach Projektlaufzeiten, sondern periodenbezogen bewertet werden. Hierbei geht es u.a. um die Zuordnung der jeweiligen Anteile aller Projekte zum Periodenerfolg (Rentabilitätsrechnung; Erfolgsrechnung) sowie die Abstimmung der Zahlungsflüsse aller Projekte (Liquiditätsrechnung). Die technische Umsetzung kann z.B. bei SAP R/3 mit der Schnittstelle *PSLink* realisiert werden (mehr dazu in ▶ Kapitel 13).

Multiprojektmanagement

Wenn auf Basis dieses Managementsystems Projekte bewertet und zur Bearbeitung freigegeben wurden, haben Sie als Führungskraft folgende Aufgaben:

- Abweichungen gegenüber der Zielsetzung ermitteln (Abweichungsanalyse)
- Szenarien für Handlungsalternativen abwägen (Szenariomanagement)
- Steuerungsentscheidungen fällen (Festlegen von Gegenmaßnahmen)

Für die als Führungskraft und Controller ebenfalls wichtige Analyse der Ressourcenauslastung sei hiermit auf das ▶ Kapitel 3 verwiesen.

---

[1] Beispiele für Wirtschaftlichkeitsverfahren sind Kosten- und Gewinnvergleichsrechnung, Rentabilitätsrechnung, Amortisationsrechnung, Kapitalwertmethode und interne Zinsfußmethode (vgl. auch Fiedler 2003, S. 33-47).

Abweichungsanalyse

Ziel der **Abweichungsanalyse** ist es, Zielabweichungen zu erkennen und deren Ursachen hierfür zu ermitteln.

HINWEIS Dies bedeutet nicht ausschließlich Abweichungen gegenüber den ursprünglichen Planwerten zu ermitteln, sondern auch zu überprüfen, ob eventuell die Zielsetzung aufgrund geänderter Rahmenbedingungen angepasst werden müssen. Beispielsweise kann es sinnvoll sein, ein Projekt mit höheren Kosten abzuschließen, wenn dafür das Projektergebnis früher fertig gestellt wird und dadurch z.B. Pionierrenditen abgeschöpft werden können.[1]

Um Abweichungen erkennen zu können, müssten **Kennzahlen** als Messgrößen definiert werden, die überwacht werden können. Wichtige Kennzahlen lassen sich aus den drei Projektgrößen Leistung, Termine und Kosten ableiten. Oft lassen sich in diesen »harten« Kennzahlen jedoch erst Abweichungen erkennen, wenn bereits Schaden eingetreten ist. Um sich anbahnende Abweichungen frühzeitiger zu erkennen, können auch »weiche« Kennzahlen, wie z.B. Kundenzufriedenheit, Mitarbeiterzufriedenheit oder Zufriedenheit mit den Lieferanten untersucht werden (*Frühindikatoren*). Ziel ist es, einen möglichst ausgewogenen Kennzahlenmix (*Balanced Scorecard*) zusammenzustellen, anhand derer Sie dann die Projektgesamtheit steuern können.[2]

Abweichungsanalysen können sich auf unterschiedliche Termine (Zeitpunkte) und Objekte beziehen. Als **Termine** kommen der Kontrollzeitpunkt oder der Fertigstellungszeitpunkt in Frage. Kontrollzeitpunkte sind z.B. das aktuelle Datum, turnusmäßige Inspektionstermine oder wichtige Meilensteine. Die zeitpunktbezogene Analyse schafft die Grundlage für die Integration des Projektcontrollings in das Unternehmenscontrolling, da diese ja periodenorientiert arbeitet. **Objekte** der Untersuchung können z.B. alle Projekte, ein einzelnes Projekt oder Teile hieraus wie z.B. Arbeitspakete sein (Kostenträger). Daneben können auch Untersuchungen nach Ressourcen (Kostenstellen) oder Kostenarten durchgeführt werden.

Im Folgenden werden wir die wichtigsten Abweichungsanalysen darstellen. Wir werden zunächst erläutern, was untersucht wird und was Sie aus der Abweichung ablesen können. Dann werden wir schrittweise zeigen, wie Sie in Project die Abweichung ermitteln können und was Sie als Handlung unternehmen sollten, um Abweichungen entgegen zu wirken. Wir werden im Einzelnen die folgenden Abweichungsanalysen vorstellen:

Abweichung rückblickend (retrospektive Abweichung)

- Gesamtabweichung zum Kontrollzeitpunkt
- Kostenabweichung zum Kontrollzeitpunkt
- Leistungsabweichung zum Kontrollzeitpunkt
- Sonstige Abweichungen zum Kontrollzeitpunkt

Abweichung vorausschauend (prospektive Abweichung)

- Kostenabweichung bei Fertigstellung

---

[1] Vgl. zum Thema *Zielcontrolling*: Michel 1993, S. 15-16
[2] Der Begriff »Balanced Scorecard« geht zurück auf Robert S. Kaplan und David P. Norton (vgl. Kaplan/Norton 1997, u.a. S. 230-234).

- Kostenabweichung bei Fertigstellung (aggregiert)
- Terminabweichung bei Fertigstellung

Gesamtabweichung zum Kontrollzeitpunkt (Plan-Ist-Vergleich)

Die **Gesamtabweichung** auf Projektebene **zum Kontrollzeitpunkt** vergleicht die für diesen Zeitpunkt kumulierten budgetierten Kosten (*Plan-Kosten*) mit den kumulierten tatsächlich angefallenen Kosten (*Ist-Kosten*). Dieser **Plan-Ist-Vergleich** drückt also aus, ob zu dem Kontrollzeitpunkt mehr oder weniger Kosten angefallen sind als geplant. Der *Plan-Ist-Vergleich* wird auch *Budgetanalyse*[1] genannt. Sofern die Ist-Kosten die Plan-Kosten übersteigen, kann dies darauf hindeuten, dass die Leistung teurer als geplant erstellt wurde (*Kostenabweichung*). Für einfachere Überwachung können Toleranzschwellen definiert werden, bei deren Überschreiten ein Ampelindikator beispielsweise auf Gelb oder Rot gesetzt wird. Die Untersuchung der Gesamtabweichung bietet einen Einstieg in die weitere Analyse des betroffenen Projektes (Abbildung 4.1).

Plan-Kosten = *Soll-Kosten der berechneten Arbeit* (*SKBA*) = Planned Value = Budgeted Cost of Work Scheduled (BCWS)

Ist-Kosten = *Ist-Kosten bereits abgeschlossener Arbeit* (*IKAA*) = Actual Cost = Actual Cost of Work Performed (ACWP)

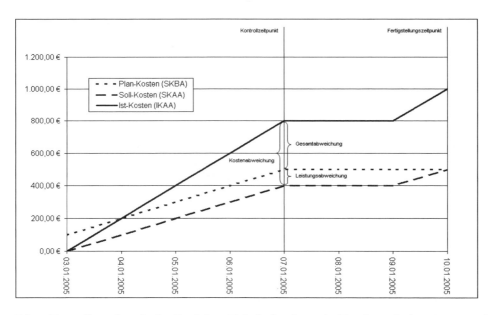

Abbildung 4.1: *Gesamt-, Kosten- und Leistungsabweichung*

HINWEIS Diese Darstellung ist mit der Funktion *Zeitskalendaten in Excel analysieren* erzeugt worden. Exportiert wurden die Felder Plan-Kosten (*SKBA*), Soll-Kosten (*SKAA*) und Ist-Kosten (*IKAA*).

---

[1] Vgl. Coenenberg 1999, S. 433–435

Die Gesamtabweichung untersucht nicht die tatsächliche Projektleistung (*Fortschritt*). Leistungsfortschritt = Realisierungsgrad (RG) = Fortschrittsgrad. Der Feldname in Project ist hierfür *Physisch % Abgeschlossen*. Für höhere Kosten zum Kontrollzeitpunkt kann auch unplanmäßige Mehrleistung die Ursache sein, die positiv zu bewerten ist. Niedrige Kosten sind nicht automatisch positiv zu bewerten, da die Ist-Leistung unter der Plan-Leistung für diesen Zeitpunkt liegen kann (Minderleistung). Für den Spezialfall, dass die Ist-Leistung geringer als die Plan-Leistung ist, jedoch zu Plan-Kosten erbracht wurde, handelt es sich um eine reine *Leistungsabweichung* ohne Kostenabweichung. Aus diesem Grunde ist die Berücksichtigung der Ist-Leistung für die Abweichungsanalyse in Form einer integrierte Kosten- und Leistungsrechnung (*Ertragswertanalyse* – Earned Value Analysis) zu fordern.

Tabelle 4.1: *Zuordnung der deutschen, englischen und von Project verwendeten Controllingbegriffe*

Deutsch	Englisch	Project
Ist-Kosten	Actual Cost (ACWP)	*Aktuelle Kosten* = Ist-Kosten bereits abgeschlossener Arbeit (*IKAA*)
Soll-Kosten	Earned Value (BCWP)	Soll-Kosten bereits abgeschlossener Arbeit (*SKAA*)
Plan-Kosten	Planned Value (BCWS)	Soll-Kosten der berechneten Arbeit (*SKBA*)
Leistungsabweichung	Schedule Variance (SV)	Planabweichung (*PA*)
Kostenabweichung	Cost Variance (CV)	Kostenabweichung (*KA*)

Die Gesamtabweichung spaltet sich dann in die Bestandteile Kosten- und Leistungsabweichung auf, zu deren Ermittlung als Hilfsgröße die *Soll-Kosten* erforderlich sind. Die Soll-Kosten werden in Project als *Soll-Kosten der bereits abgeschlossenen Arbeit* (*SKAA*) bezeichnet. Synonyme Begriffe sind Budgeted Cost of Work Performed (BCWP), Earned Value und Ertragswert. Die Soll-Kosten sind die Plan-Kosten der Ist-Leistung im Kontrollzeitpunkt (siehe hierzu auch Abbildung 4.1).

Abbildung 4.2: *Plan-, Soll- und Ist-Kosten sowie Leistungs- und Kostenabweichung*

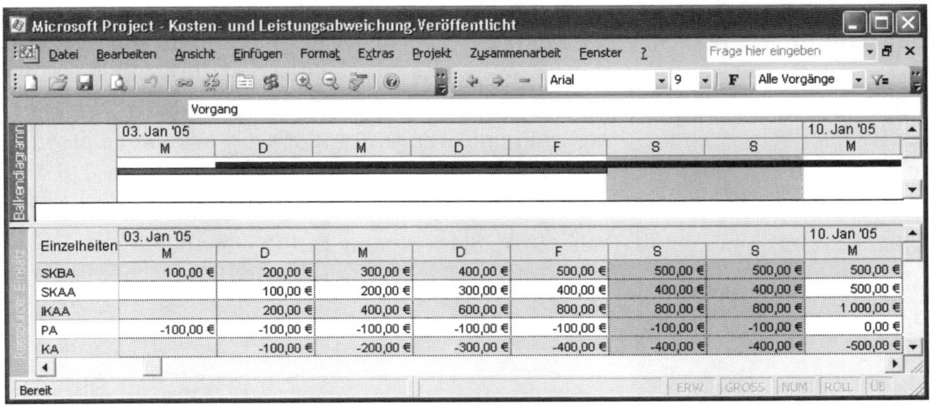

Microsoft Project - Kosten- und Leistungsabweichung.Veröffentlicht
Datei Bearbeiten Ansicht Einfügen Format Extras Projekt Zusammenarbeit Fenster ?
Frage hier eingeben
Arial
9
Alle Vorgänge
Vorgang
Balkendiagramm
03. Jan '05
10. Jan '05
M D M D F S S M
Einzelheiten
SKBA 100,00 € 200,00 € 300,00 € 400,00 € 500,00 € 500,00 € 500,00 € 500,00 €
SKAA 100,00 € 200,00 € 300,00 € 400,00 € 400,00 € 400,00 € 500,00 €
IKAA 200,00 € 400,00 € 600,00 € 800,00 € 800,00 € 800,00 € 1.000,00 €
PA -100,00 € -100,00 € -100,00 € -100,00 € -100,00 € -100,00 € -100,00 € 0,00 €
KA -100,00 € -200,00 € -300,00 € -400,00 € -400,00 € -400,00 € -500,00 €
Bereit
ERW GROSS NUM ROLL ÜB

Als vereinfachendes Beispiel ist in Abbildung 4.2 ein Projekt dargestellt, das nur aus einem Vorgang mit der Dauer von fünf Tagen besteht, der einen Tag später als geplant beginnt und dessen Ressource statt des planmäßigen Tagessatzes von € 100 den doppelten Tagessatz in Höhe von € 200 bekommt. Hierauf bezieht sich auch die Abbildung 4.1.

Im Beispiel beträgt zum Kontrollzeitpunkt (Fr. 07.01.2005) die *Gesamtabweichung*:

Ist-Kosten (IKAA) – Plan-Kosten (SKBA) = € 800 – € 500 = **€ 300**

Leistungsabweichung zum Kontrollzeitpunkt (Plan-Soll-Vergleich)

Die **Leistungsabweichung zum Kontrollzeitpunkt** (Abbildung 4.2) ist die Differenz der Soll-Kosten abzüglich der Plan-Kosten (*Plan-Soll-Vergleich*), d.h. die Differenz der Ist- zur Plan-Leistung bewertet zu Plan-Kosten. Die Leistungsabweichung entspricht der Schedule Variance (Earned Value – Planned Value). Ist die Leistungsabweichung negativ, heißt das, dass Leistungen zu diesem Wert zum Kontrollzeitpunkt gegenüber dem Plan nicht erbracht wurden (Minderleistung). Ist der Wert positiv, bedeutet dies, dass zu diesem Zeitpunkt mehr Leistung als geplant erbracht wurde (Mehrleistung).[1]

Im Beispiel beträgt zum Kontrollzeitpunkt (Fr. 07.01.2005) die *Leistungsabweichung* (*PA*):

Soll-Kosten (*SKAA*) – Plan-Kosten (*SKBA*) = € 400 – € 500 = **–€ 100** (absolut)

Dies entspricht einer prozentualen Leistungsabweichung (*PAP*) von –20 %.

HINWEIS Project verwendet als Übersetzung der Schedule Variance (SV) den Begriff *Planabweichung* (*PA*). In der deutschen Literatur hat sich jedoch der Begriff *Leistungsabweichung* etabliert.[2]

Kostenabweichung zum Kontrollzeitpunkt (Soll-Ist-Vergleich)

Die **Kostenabweichung zum Kontrollzeitpunkt** ist die Differenz aus den Ist-Kosten abzüglich der Soll-Kosten (*Soll-Ist-Vergleich*). Die Kostenabweichung entspricht der Cost Variance (Earned Value – Actual Costs). Sie vergleicht also die Ist-Kosten der Ist-Leistung mit den Plan-Kosten der Ist-Leistung. Ist der Wert positiv, so wurde die Ist-Leistung teurer als geplant erbracht (Mehrkosten); ist der Wert negativ, so wurde die Ist-Leistung günstiger als geplant erstellt (Minderkosten).

HINWEIS Die Kostenabweichung ist in der deutschen Literatur mit umgekehrten Vorzeichen definiert.[3] Project verwendet für Mehrkosten einen negativen Wert und entsprechend für Minderkosten einen positiven Wert wie im angelsächsischem Sprachraum üblich.[4]

Im Beispiel beträgt zum Kontrollzeitpunkt (Fr. 07.01.2005) die *Kostenabweichung* (*KA*):

Ist-Kosten (*IKAA*) – Soll-Kosten (*SKAA*) = € 800 – € 400 = **€ 400**

Dies entspricht einer prozentualen Kostenabweichung (*KAP*) von 100 %.

---

[1] Vgl. Fiedler (2003), S. 157ff.
[2] Vgl. Fiedler (2003), S. 157ff.
[3] Vgl. Fiedler (2003), S. 157ff.
[4] vgl. PMBOK 2000, S. 124

HINWEIS Die Ermittlung der Soll-Kosten setzt eine Kenntnis über den *Leistungsfortschritt* voraus. Die Ermittlung kann z.B. in Forschungs- und Entwicklungsprojekten recht schwierig sein. Es hat sich in der Praxis bewährt, näherungsweise den Fortschritt durch die Schätzung der Rest-Kosten zu ermitteln. Der Fortschritt ist dann 100 % abzüglich des Quotienten aus (geschätzten) Rest-Kosten und voraussichtlichen Gesamtkosten. Die voraussichtlichen Gesamtkosten sind die Summe der Ist-Kosten und der geschätzten Rest-Kosten.

Sonstige Abweichung zum Kontrollzeitpunkt

Wie eingangs schon erwähnt, sollten Sie versuchen, Abweichungen auch durch nicht finanzielle Kennzahlen zu ermitteln. Dies können z.B. die *Fehlerquote* als Maßzahl für die *Qualitätsabweichungen* oder die Zufriedenheit der Kunden, Mitarbeiter sowie die Zufriedenheit der Mitarbeiter mit den Zulieferern sein. Diese können z.B. in Audits ermittelt werden und dann im Projektplan hinterlegt werden (z.B. als *Enterprise-Felder* – mehr hierzu in ▶ Kapitel 9).

ACHTUNG Trennen Sie unbedingt den Personenkreis, der die Leistung erstellt, von demjenigen, der die Abweichungen ermittelt. Es ist menschlich, dass derjenige, der die Leistung erstellt bzw. daran mitwirkt, diese nicht objektiv beurteilen kann. Eine Person, die jedoch ausschließlich mit der Abweichungsanalyse beauftragt ist, hat sogar von sich aus ein Interesse daran, Abweichungen zu finden.

Im Project Web Access können Sie die Abweichungen im *Projektcenter* darstellen. In Abbildung 4.3 sind als Beispiel neben der Kosten- und Leistungsabweichung auch die Kunden- und Mitarbeiterzufriedenheit sowie die Zufriedenheit mit den Zulieferern darstellt.

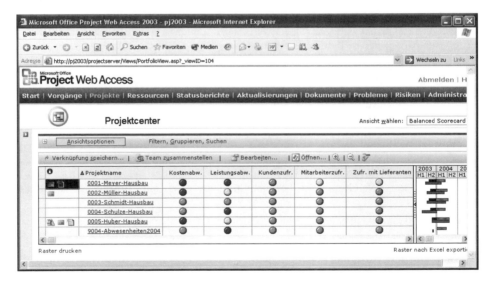

Abbildung 4.3: Balanced Scorecard

Alle Felder sind als *Ampelindikatoren* dargestellt. Im Falle der »harten« Kennzahlen bedeutet eine grüne Ampel eine Kosten bzw. Leistungsabweichung von kleiner oder gleich Null, eine gelbe Ampel erlaubt eine Abweichung bis 10 % und alles darüber wird durch eine rote Ampel signalisiert. Project berechnet diese Werte automatisch, sodass Sie manuell nichts unternehmen müssen. Die *Schwellwerte* können Sie selbst festlegen (vgl. ▶ Kapitel 9). Bei den »weichen« Kennzahlen werden die Zustände qualitativ durch Ampeln bewertet. Als Erhebungsform kann hierbei z.B. eine Befragung herangezogen werden. Die eigentlichen Werte werden dann manuell im Projektplan erfasst und im *Projektcenter* zusammenfassend darstellt.

Kostenabweichung bei Fertigstellung

Die **Kostenabweichung bei Fertigstellung** (Abweichung Kosten) bildet die Differenz aus den geplanten Gesamtkosten (*geplante Kosten*) und den voraussichtlichen Gesamtkosten (*berechnete Kosten*). Sie entspricht der Gesamtabweichung bei Fertigstellung, da zu diesem Zeitpunkt keine Leistungsabweichung mehr vorhanden ist. Voraussetzung für die Ermittlung der Kostenabweichung bei Fertigstellung ist die Schätzung der Rest-Kosten.

Project berechnet die Rest-Kosten (*verbleibende Kosten*) automatisch auf Basis der aktuellen Definition der variablen und fixen Kosten. Die variablen Kosten werden automatisch aus dem Ressourceneinsatz ermittelt. Im Falle von Arbeitsressourcen (Projektmitarbeiter oder Maschinen), über deren Kostensätze, im Falle von Materialressourcen, über den Mengenpreis. Seitens der Ressourcen muss also nur die geschätzte Rest-Arbeit bzw. Rest-Menge angegeben werden.

HINWEIS

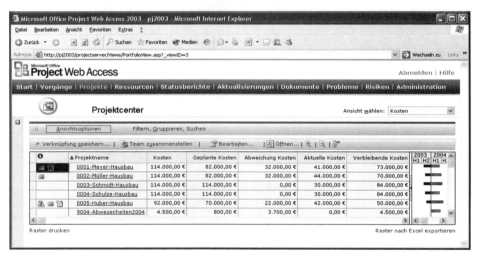

Abbildung 4.4:
Kostenabweichung bei Fertigstellung

Um die Kostenabweichung bei Fertigstellung zu ermitteln, führen Sie folgende Schritte aus:

1. Wechseln Sie in das Projektcenter (Abbildung 4.4).
2. Wählen Sie im Feld *Ansicht wählen* die Ansicht *Kosten*.
3. Lesen Sie die Kostenabweichung bei Fertigstellung in der Spalte *Abweichung Kosten* ab.

Um die Ursache innerhalb des Projektes zu ermitteln, gehen Sie folgendermaßen vor:

Abbildung 4.5:
Kostenabweichung innerhalb des Projektes

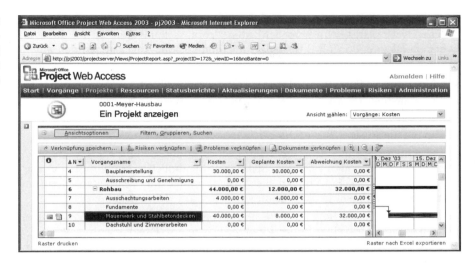

1. Klicken Sie auf den als Hyperlink dargestellten Projektnamen.
2. Wählen Sie im Feld *Ansicht wählen* die Ansicht *Vorgänge: Kosten*.
3. Lesen Sie die Kostenabweichung bei Fertigstellung in der Spalte *Abweichung Kosten* ab (Abbildung 4.5).

Kostenabweichung bei Fertigstellung (aggregiert)

Um einen Überblick zu bekommen, welche Auswirkungen die Einzelabweichungen der Projekte auf die Gesamtabweichung aller Projekte haben, empfiehlt es sich, diese Daten zu aggregieren.

Abbildung 4.6:
Kostenabweichung über alle Projekte nach Jahren

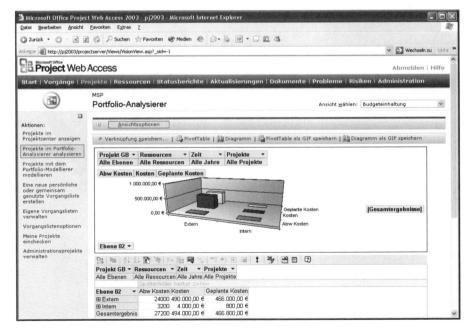

Project für Führungskräfte und Controller

Der Project Server übernimmt diese Berechnung für Sie und bietet Ihnen zudem flexible dynamische Auswertungsmöglichkeiten. Voraussetzung hierfür ist, dass als Basis entsprechende Portfolio-Ansichten auf dem Server angelegt wurden (mehr dazu in ▶ Kapitel 9).

Um die Auswertung anzusehen, gehen Sie folgendermaßen vor:

1. Wechseln Sie über *Projekte/Projekte im Portfolio-Analysierer analysieren* in den Portfolio-Analysierer.
2. Wählen Sie die Ansicht *Budgeteinhaltung* aus (vgl. Abbildung 4.6).
3. Die Ansicht besteht aus dem *PivotChart* (Grafik) und der *PivotTable* (Tabelle). Über die entsprechenden Schaltflächen in der Symbolleiste können Sie die Darstellung beeinflussen. Sie können die Ansicht jedoch nur bearbeiten, wenn auf Ihrem Computer eine aktuelle Version von Microsoft Office installiert ist.
4. Sie können die Auswertung auch nach anderen Kriterien umstellen. Verschieben Sie dazu einfach die Felder in der *PivotTable*, wie von Excel gewohnt. Wenn Sie weitere Felder zu der Auswertung hinzufügen möchten, klicken Sie auf das nebenstehend abgebildete Symbol in der Symbolleiste, um die *Feldliste* anzuzeigen. Die Symbolleiste können Sie durch einen Rechtsklick auf die PivotTable im dann erscheinenden Kontextmenü aktivieren. Die Felder können Sie dann wiederum per Drag&Drop auf die Zeilen, Spalten oder Seitenfilter der *PivotTable* ziehen.
5. Wenn Sie die Daten nach Microsoft Excel exportieren möchten, klicken Sie auf das *Excel*-Symbol in der Symbolleiste.

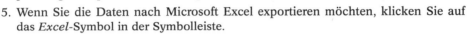
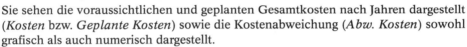

Sie sehen die voraussichtlichen und geplanten Gesamtkosten nach Jahren dargestellt (*Kosten* bzw. *Geplante Kosten*) sowie die Kostenabweichung (*Abw. Kosten*) sowohl grafisch als auch numerisch dargestellt.

Terminabweichung bei Fertigstellung

Die **Terminabweichung** (*Abweichung Ende*) **bei Fertigstellung** (Abbildung 4.7) beschreibt die Abweichung zwischen geplantem und voraussichtlichem Fertigstellungstermin (*geplantes* bzw. *berechnetes Ende*). Der voraussichtliche Fertigstellungstermin wird beginnend vom Starttermin des Projektes über die voraussichtliche Dauer[1] des Projektes bestimmt. Die voraussichtliche Dauer ist die Summe der Ist- und Rest-Dauer (*Aktuelle Dauer* bzw. *Verbleibende Dauer*[2]). Sofern die Dauer nicht manuell angegeben wird, wird sie auf der Grundlage der Eingaben der Ressourcen in der Zeiterfassung (Arbeitszeittabelle) für jeden Vorgang einzeln berechnet und dann entsprechend der Vorgangsabhängigkeiten ermittelt.

Durch die Abweichungsanalyse wurden die Ansatzpunkte für eine Gegensteuerung bei einzelnen Projekten bzw. Teilen herausgestellt. Mögliche Maßnahmen können nun durch Simulation gegeneinander abgewogen werden. Dieses Verfahren nennt man Szenariomanagement.

---

[1] Time-at-Completion
[2] Time-to-Completion

Abbildung 4.7:
Termin-
abweichung bei
Fertigstellung

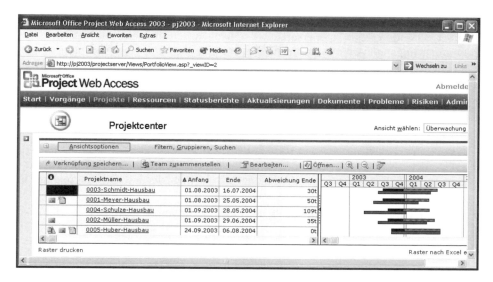

Szenariomanagement

Ziel des **Szenariomanagements** ist es, die Einflüsse verschiedener Gegenmaßnahmen miteinander zu vergleichen. Die Simulation hat keinen Einfluss auf die tatsächliche Projektlandschaft. Vielmehr können die hieraus gewonnenen Erkenntnisse operativ in die laufenden Projekte übernommen werden. Zu unterscheiden sind Szenarien, die sich auf ein einzelnes oder auf mehrere Projekte beziehen. Ziel der *Einzelprojektszenarien* ist es z.B., den Einfluss des vermehrten Ressourceneinsatzes oder der Parallelisierung von Arbeitspaketen durchzuspielen. Das Ziel der *Multiprojektszenarien* liegt insbesondere darin, abzuschätzen, welchen Einfluss projektübergreifende Änderungen im Ressourceneinsatz auf einzelne Projekte haben. Dies kann z.B. durch die Festlegung von Projektprioritäten gesteuert werden, wobei Projekte mit hoher Priorität bei der Ressourcenzuteilung bevorzugt werden. Project kann Sie sowohl bei Einzelprojektszenarien als auch Multiprojektszenarien unterstützen.

Einzelprojektszenarien

Einzelprojektszenarien werden in der Regel nicht Sie, sondern der Projektleiter simulieren. Vom Projektcenter aus kann dieser über die Schaltfläche *Projekt in Microsoft Project öffnen* das entsprechende Projekt öffnen und Änderungen daran vornehmen (vgl. Abbildung 4.7). Er kann das Szenario entweder verwerfen, indem er das Projekt nicht speichert oder das Szenario in eine andere Version des Projektplans auf dem Project Server speichert. Mehr zum *Szenariomanagement* erfahren Sie in der *Project-Hilfe* unter »Informationen zum Anzeigen von Was-wäre-wenn-Szenarien durch Modellieren des Projekts«.

Multiprojektszenarien

Bei **Multiprojektszenarien** kann Sie Project unterstützen, indem es den Einfluss von Ressourcenersetzung auf eine definierte Menge von Projekten simuliert. Die Ersetzung kann zum Ziel haben, Ressourcenüberlastungen auszugleichen oder die Zuweisung infolge von neuen Prioritäten neu zu gestalten.

Wie Sie den Effekt der Ressourcenersetzung nur innerhalb von Projekten mit der projektübergreifenden Ressourcenersetzung vergleichen, wird nachfolgend beschrieben. Es wurden folgende Annahmen in diesem Beispiel getroffen bzw. Voraussetzungen geschaffen:

- Für jede Ressource wurde im *Enterprise-Ressourcenpool* eine Qualifikation hinterlegt.
- Alle Projekte haben eine Priorität von 500, außer Projekt *0001-Meyer-Hausbau* mit einer Priorität von 520 und Projekt *9004-Abwesenheiten2004* mit einer Priorität von 600.
- Es werden zwei Modelle untersucht. Bei beiden werden alle Projekte berücksichtigt. In Modell 1 werden nur Ersetzungen innerhalb der jeweiligen Projekte, in Modell 2 quer über alle Projekte erlaubt.
- Die Ersetzungen erfolgen auf Basis der Qualifikationen, d.h. es werden nur Ressourcen mit gleicher Qualifikation gegeneinander ausgetauscht.

Um die Modelle anzulegen, gehen Sie in Project folgendermaßen vor:

1. Wechseln Sie zu *Projekte/Projekte mit dem Portfolio-Modellierer modellieren*.
2. Klicken Sie auf die Schaltfläche *Neu*.

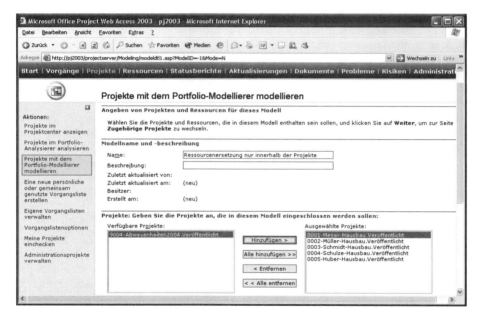

Abbildung 4.8: Namen und Projekte für das Modell festlegen

3. Geben Sie als Namen für das Modell *Ressourcenersetzung nur innerhalb der Projekte* ein und fügen Sie alle Projekte, bis auf das Projekt mit den Abwesenheitszeiten (*9004-Abwesenheiten2004.Veröffentlicht*) dem Modell hinzu (vgl. Abbildung 4.8).

Abbildung 4.9:
Ressourcen für das Modell festlegen

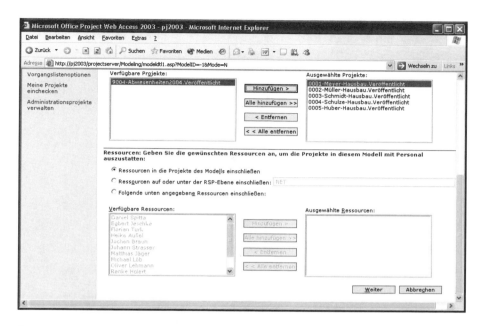

4. Überprüfen Sie, dass alle in den Projekten verwendeten Ressourcen in das Modell mit aufgenommen werden (Option *Ressourcen in die Projekte des Modells einschließen* – vgl. Abbildung 4.9).
5. Klicken Sie auf die Schaltfläche *Weiter*.

Abbildung 4.10:
Abhängigkeiten festlegen

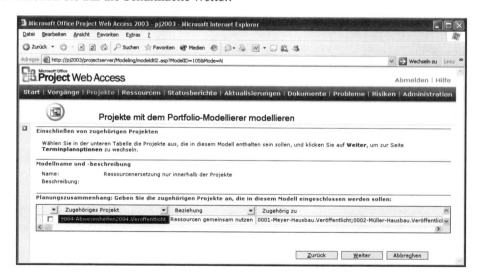

6. Klicken Sie auf die Schaltfläche *Weiter*.

Project für Führungskräfte und Controller **143**

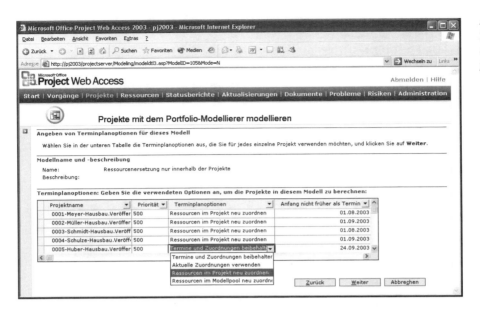

Abbildung 4.11:
Terminplanoptionen festlegen

7. Legen Sie für jedes Projekt als Terminplanoption *Ressourcen im Projekt neu zuordnen* fest. Wenn Sie die Alternative haben, dass ein Projekt auch zu einem anderen Zeitpunkt als bisher vorgesehen beginnen kann, dann passen Sie das Startdatum in der Spalte *Anfang nicht früher als* an. Im Modell wird standardmäßig für alle Projekte die Priorität 500 vorgeschlagen. Ändern Sie diese ab, wenn Sie ein bestimmtes Projekt bei der Ressourcenzuteilung bevorzugen möchten.

8. Klicken Sie auf die Schaltfläche *Weiter*.

9. Erstellen Sie auf die gleiche Art und Weise ein weiteres Modell mit dem Namen *Ressourcenersetzung über alle Projekte*, bei dem Sie bei den Terminplanoptionen *Ressourcen im Modellpool neu zuordnen* auswählen.

10. Erstellen Sie zum Vergleich ein weiteres Modell des Ist-Zustands mit dem Namen *Keine Ersetzung*, in welchem Sie bei den Terminplanoptionen *Termine und Zuordnungen beibehalten* auswählen.

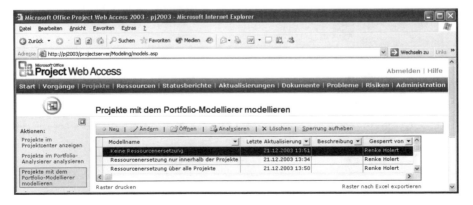

Abbildung 4.12:
Übersicht über die Modelle

Um die drei Modelle (Abbildung 4.12) miteinander zu vergleichen, gehen Sie folgendermaßen vor.

1. Öffnen Sie das erste Modell, indem Sie auf die Schaltfläche *Öffnen* klicken.

Abbildung 4.13:
Modell 1 (»Keine Ersetzung«)

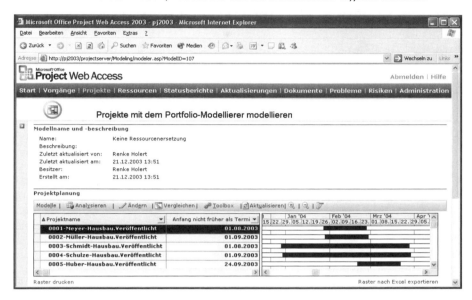

2. Klicken Sie nun auf die Schaltfläche *Vergleichen* (Abbildung 4.13).

Abbildung 4.14:
Auswahl der zu vergleichenden Modelle

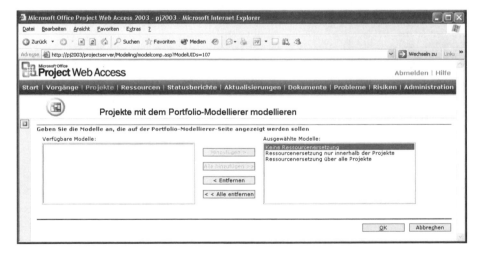

3. Fügen Sie die anderen beiden Modelle hinzu, indem Sie auf die Schaltfläche *Hinzufügen* klicken und bestätigen Sie die Auswahl mit *OK* (Abbildung 4.14).

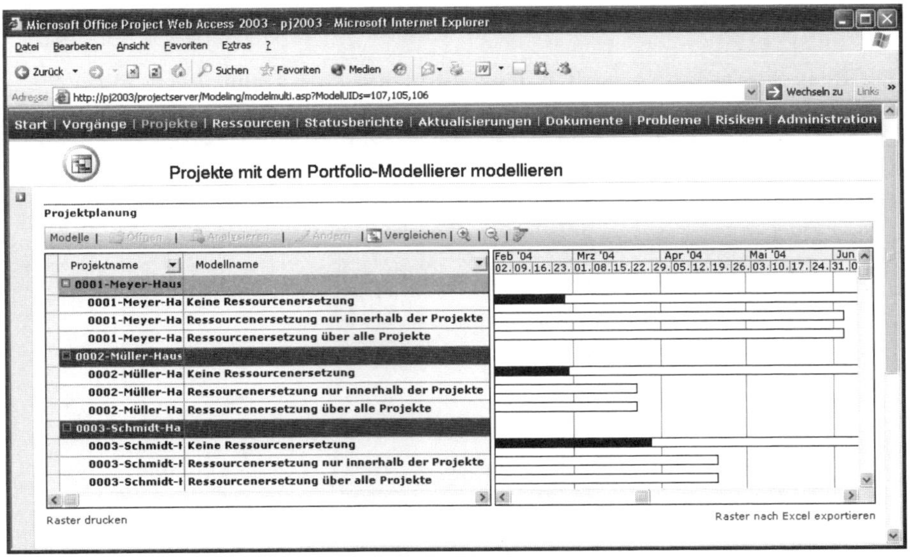

Abbildung 4.15:
Die drei Modelle im Vergleich

Sie können nun die Unterschiede für die einzelnen Projekte jeweils im oberen und unteren Balken ablesen. Etwaige Überlastungen werden in den Balken rot bzw. bei monochromer Darstellung schwarz dargestellt. In Abbildung 4.15 können Sie erkennen, dass im Ist-Zustand z.B. für das Projekt *0001-Meyer-Hausbau* im Februar Überlastungen bestehen und der Endtermin später im Juni 2004 oder später liegt. Lässt man zu, dass innerhalb aller Projekte Ressourcen ersetzt werden dürfen, würden zum einen alle Überlastungen ausgeglichen und zum anderen wäre das Projekt *0001-Meyer-Hausbau* bereits Anfang Juni abgeschlossen.

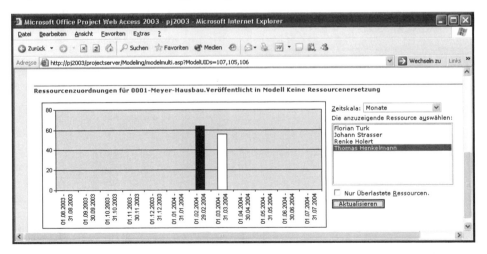

Abbildung 4.16:
Ressourcenzuordnung im Detail

Wenn Sie die Ressourcenzuordnung und ggf. Überlastungen näher aufklären möchten, wechseln Sie in die untere Hälfte des Bildschirms. Dort können Sie in der rechten Hälfte die beteiligten Ressourcen auswählen und die Zuordnung grafisch darstellen lassen (Abbildung 4.16).

 Um zu erkennen, welche Qualifikationen (*Fertigkeitenprofile*) benötigt werden, markieren Sie das entsprechende Projekt und klicken Sie auf die Schaltfläche *Analysieren*.

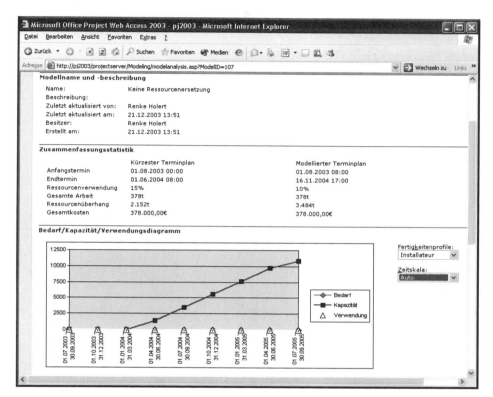

Abbildung 4.17: Analyse nach Qualifikation

Es erscheint dann das in Abbildung 4.17 abgebildete *Bedarf/Kapazität/Verwendungsdiagramm*. Die Bedarfslinie gibt an, wie viel Arbeitsstunden von den ausgewählten Ressourcen benötigt werden, um das Projekt im vorgegebenen Zeitrahmen abzuschließen. Die Kapazitätslinie kumuliert die Kapazität der ausgewählten Ressourcen und die Verwendungslinie spiegelt die aktuelle Zuordnung der Ressourcen wider. Im Beispiel wird die kumulierte Kapazität der Installateure dem Bedarf und Ihrer Verwendung gegenübergestellt, offensichtlich übersteigt die Kapazität den Bedarf und die Verwendung deutlich.

Festlegen von Gegenmaßnahmen

Die Erkenntnisse aus der Abweichungsanalyse und dem Szenariomanagement können Sie nun in Kooperation mit den Projektleitern und Ressourcenmanagern in die bestehende Projektlandschaft operativ umsetzen. Die Ressourcenszenarien kann z.B. der Ressourcenmanager mit dem Ressourcenersetzungs-Assistenten operativ umsetzen (vgl. ▶ Kapitel 3).

Erstellen Sie hierzu ein neue Aufgabe (*Problem*) und weisen Sie dies dem Projektleiter bzw. Ressourcenmanager zu. Gehen Sie dazu folgendermaßen vor:

1. Wechseln Sie in Project Web Access auf das Register *Probleme* (Abbildung 4.18).

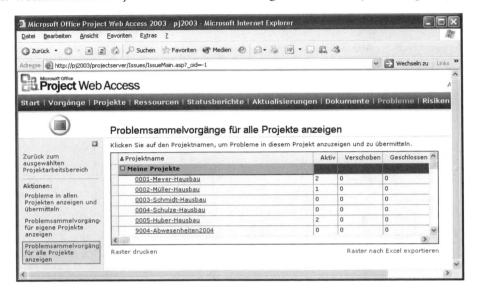

Abbildung 4.18: Probleme aller Projekte

2. Klicken Sie im Aktionsbereich am linken Seitenrand auf den Link *Problemsammelvorgänge für alle Projekte anzeigen*.
3. Klicken Sie auf den als Hyperlink dargestellten Projektnamen des betroffenen Projektes.

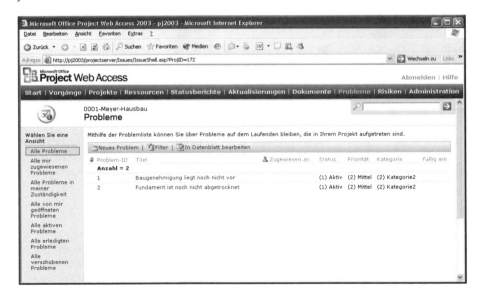

Abbildung 4.19: Problemliste des Projektes 0001-Meyer-Hausbau

4. Klicken Sie auf die Schaltfläche *Neues Problem* (Abbildung 4.19).

Abbildung 4.20:
Anlegen einer Handlungsanweisung (Aufgabe)

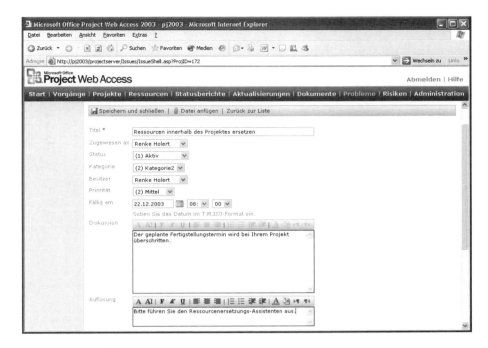

5. Geben Sie die Handlungsanweisung (Aufgabe) ein und wählen Sie im Feld *Zugewiesen an* denjenigen aus, der die Umsetzung vornehmen soll (Abbildung 4.20).
6. Klicken Sie auf *Speichern und schließen*, um die Aufgabe (*Problem*) zu erstellen.

Abbildung 4.21:
Übersicht über selbst angelegten Probleme

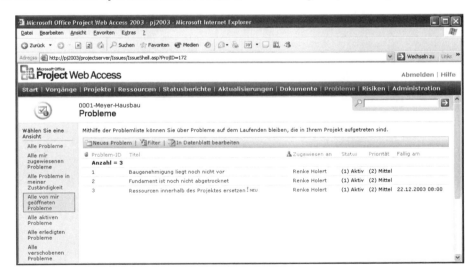

Sie können nun die Ausführung in der Problemliste verfolgen (Abbildung 4.21) und die Auswirkungen beim nächsten Kontrolltermin auf ihre Wirksamkeit überprüfen.

TIPP Wählen Sie die Ansicht *Alle von mir geöffneten Probleme*, um nur die von Ihnen angelegten Einträge anzuzeigen.

5 Lösungen zu speziellen Fragestellungen

151 Terminmanagement
177 Ressourcenmanagement
187 Kostenmanagement
191 Multiprojektmanagement
195 Berichtswesen

Das Kapitel richtet sich in erster Linie an Projektleiter, ist aber auch für alle anderen Zielgruppen interessant, insbesondere wenn in den vorhergehenden Kapiteln im Standardablauf Fragen aufgetreten sind bzw. offen geblieben sein sollten.

In diesem Kapitel werden alle Sonderfälle und spezielle Fragestellungen zu Project thematisch zum Nachschlagen angesprochen und Lösungsansätze aufgezeigt. Viele Fragen stammen aus unseren Kunden-Projekten, Seminaren oder aus den Internet-Newsgroups (*microsoft.public.de.project*, *microsoft.public.de.project.server*, *microsoft.public.de.project.vba*), die wir als deutschsprachige Microsoft MVPs (Microsoft Most Valuable Professionals) betreuen. Mehr Infos dazu finden Sie unter *http://mvp.support.microsoft.com/newsgroups*.

Terminmanagement

Vorgänge im Datumsformat YYYY-MM-DD darstellen

Eine häufige Fragestellung ist, ob Project das Datumsformat *YYYY-MM-DD*, z.B. 2005-05-12 für den 12. Mai 2005 darstellen kann. In vielen Unternehmen wird diese Schreibweise von Datumswerten im Zusammenhang mit der Norm DIN EN ISO 8601, Ausgabe 2002-03, in der Terminplanung vorausgesetzt. Im Vergleich zu Project ist diese Darstellung in der deutschsprachigen Excel-Version über den benutzerdefinierten Formattyp »JJJJ-MM-TT« kein Problem. Project verfügt jedoch nicht über die Möglichkeit, eigene Formattypen für Datumswerte zu definieren, sodass für die Darstellung nur die Möglichkeit über ein zusätzliches benutzerdefiniertes Feld bleibt. Dafür muss der Feldtyp *Text* verwendet werden, da nur dieser benutzerdefinierte Formate korrekt interpretieren und darstellen kann. Die Feldtypen *Datum*, *Anfang* und *Ende* können dafür nicht verwendet werden.

Abbildung 5.1:
Textfelder für die Darstellung des Datumsformats YYYY-MM-DD

1. Um Datumswerte im Format *YYYY-MM-DD* darzustellen, fügen Sie zwei neue Spalten *Text1* und *Text2* ein und benennen diese z.B. in *Anfang DIN* und *Ende DIN* um, wie in Abbildung 5.1 dargestellt.

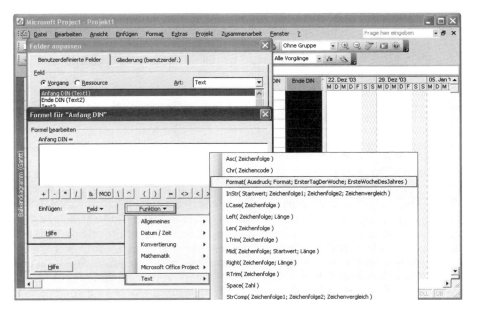

Abbildung 5.2:
Format-Funktion für die Darstellung von Datumswerten

2. Fügen Sie anschließend die Textfunktion *Format* im Dialogfeld *Formel für "..."* ein. Die Textfunktion *Format* gibt einen String-Datentyp zurück, der mit eigenen benutzerdefinierten Typen formatiert wird. Sie können hier alle bekannten For-

mattypen aus Excel verwenden. Beachten Sie jedoch, dass Sie immer die englischsprachigen Bezeichnungen für die verschiedenen Formattypen verwenden, da Project nur diese korrekt interpretieren kann.

Abbildung 5.3:
Feldname Anfang in die Formel einfügen

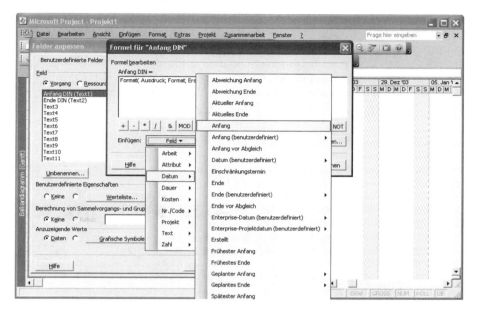

3. Fügen Sie in der Format-Funktion für das Argument *Ausdruck* das Feld *Anfang* ein. Geben Sie dazu manuell über die Tastatur *[Anfang]* ein und achten Sie darauf, dass das Feld *[Anfang]* in eckigen Klammern geschrieben wird. Sie können das Feld *[Anfang]* auch aus der Liste der verfügbaren Felder auswählen: Markieren Sie dazu das Argument *Ausdruck* per Doppelklick und fügen Sie, wie in Abbildung 5.3 dargestellt, das Feld *Anfang* aus der Feldkategorie *Anfang* ein.

Abbildung 5.4:
Vollständige Formel für die Darstellung von Datumswerten im Format YYYY-MM-DD

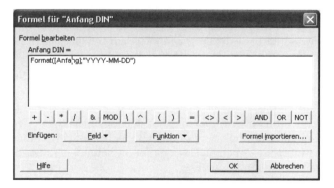

4. Ändern Sie danach noch das Formel-Argument *Format* in *YYYY-MM-DD* ab und entfernen Sie die optionalen Argumente für *ErsterTagDerWoche* und *ErsteWocheDesJahres*. Achten Sie bei der Entfernung nicht benötigter Argumente darauf, dass Sie auch die nicht benötigten Listentrennzeichen (Semikola) entfernen,

Lösungen zu speziellen Fragestellungen

jedoch die notwendigen Klammern beibehalten. Die vollständige Formel lautet dann:

```
Format([Anfang];"YYYY-MM-DD")
```

TIPP

Um schnelle Anpassungen in den Formeln für eingeblendete Spalten vorzunehmen, können Sie die zu bearbeitenden Spalten markieren und über das Kontextmenü schnell auf den Befehl *Felder anpassen* zugreifen. Für die Berechnung von Sammelvorgangs- und Gruppenkopfzeilen können Sie die gleichen Formeln verwenden. Aktivieren Sie dazu auch die entsprechende Option im Dialogfeld *Felder anpassen*.

Ergänzen Sie anschließend noch das Feld *Ende DIN* mit der Formel:

```
Format([Ende];"YYYY-MM-DD")
```

In der Ansicht *Balkendiagramm (Gantt)* sieht die Lösung dann wie in Abbildung 5.5 dargestellt aus.

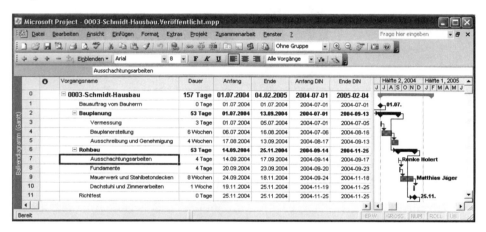

Abbildung 5.5: *Darstellung von benutzerdefinierten Datumsformaten im Balkendiagramm (Gantt)*

TIPP

Wenn Sie die Felder und die Ansicht in der Enterprise-Global ändern (z.B. »Enterprise-Balkendiagramm« bzw. »Enterprise-Text1«), dann können Sie diese allen Nutzern des Project Servers zur Verfügung stellen (▶ Kapitel 9).

Um eine übersichtliche Darstellung aller Vorgänge (z.B. nach Monaten) zu erhalten, kann noch zusätzlich eine **benutzerdefinierte Gruppierung** mit Präfixzeichen für das Feld *Text1* (identisch mit *Anfang DIN*) erstellt werden.

1. Wählen Sie dazu im Menü *Projekt/Gruppieren nach* den Befehl *Weitere Gruppen* und definieren Sie eine neue Gruppierung. Achten Sie dabei auf eine einheitliche Schreibweise (z.B. »Enterprise-Anfang DIN«), damit Sie schnell benutzerdefinierte Anpassungen wieder erkennen können.

Abbildung 5.6:
Benutzerdefinierte Gruppierung nach Gruppenintervallen in Monaten mit Präfixzeichen

2. Definieren Sie das Gruppenintervall in der Schrittweite 7 und wählen Sie die Option *Gruppieren nach: Präfixzeichen*. Die Schrittweite 7 führt nach jedem siebten Zeichen (nach der Angabe des Monats) eine Gruppierung aus (Abbildung 5.6).

Abbildung 5.7:
Nach Monaten gruppierte Ansicht

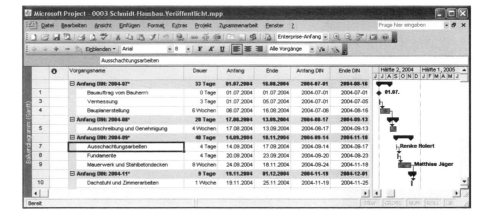

Wenn Sie die Gruppierung anwenden, sehen Sie die nach Monatsbeginn gruppierte Darstellung des Projektplans.

TIPP Die Felder *Text1* und *Text2* können mit der Formel nur für die Anzeige der Datumswerte der Felder *Anfang* und *Ende* verwendet werden. Über die Textfelder kann keine Eingabe von Datumswerten im Format *YYYY-MM-DD* erfolgen. Alternativ zum Kalender, der sich bei jedem Datumsfeld in Project als Dropdown-Steuerelement aufrufen lässt, können Sie folgende Eingabeverfahren wählen:

1. Für den aktuellen Tag geben Sie *heute* in das Datumsfeld ein.
2. Für den nächsten Tag geben Sie *morgen* ein.

Lösungen zu speziellen Fragestellungen

3. Bei einem Termin des aktuellen Monats und Jahres brauchen Sie lediglich für den Tag die Zahl einzutipppen (z.B. für den 10.03.2005 die Ziffer 10, wenn der aktuelle Monat März ist und das Jahr 2005).
4. Geben Sie die Zahl für Monat und Jahr jeweils mit »,«, »;«, ».« oder »-« getrennt ein, wenn der Monat oder das Jahr noch in der Zukunft liegt (z.B. 10.03.2005).

Sie können diese Methode für alle Datumsfelder (z.B. *Anfang, Ende, Anfang1, Aktueller Anfang, Datum1, Stichtag* oder in der Projektinfo) verwenden. Für weit in der Zukunft liegende Termine sparen Sie sich damit das Klicken durch den Kalender.

Kalenderwochen für Vorgänge anzeigen

Neben der Darstellung von benutzerdefinierten Datumswerten für Vorgänge ist auch die Anzeige der zugehörigen **Kalenderwoche** für den Starttermin eines Vorgangs interessant. Wie können Kalenderwochen als Datumsformat in der Tabelle dargestellt werden? Project unterstützt zwar das Kalenderwochen-Format *1.KW05* und *1.KW05.02 12:33*, das Vorgänge als Tag in der Kalenderwoche darstellt. Dieses Format hat sich jedoch als nicht praxisnah herausgestellt und wird selten von Project-Anwendern verwendet.

Die Lösung hierzu liegt wieder bei einem benutzerdefinierten Text-Feld und der Format-Funktion, die auch Kalenderwochen von beliebigen Datumswerten berechnen kann.

1. Fügen Sie dazu ein neues Feld, z.B. *Text3* in die Tabellen in der Ansicht *Balkendiagramm (Gantt)* ein und benennen dieses in *KW* um. In diesem Beispiel wird nur die zugehörige Kalenderwoche des Anfangsdatums aller Vorgänge berechnet. Optional könnte auch noch die Kalenderwoche des Endtermins in einem weiteren Textfeld berechnet werden.

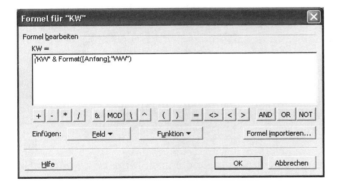

Abbildung 5.8:
Formel für die Darstellung von Kalenderwochen in einem Textfeld

2. Geben Sie (wie in Abbildung 5.8 dargestellt) für das Feld *Text3 (KW)* die Formel
   ```
   Format([Anfang];"WW")
   ```
   ein.

3. Um noch zusätzlich den Text »KW« hinzuzufügen, ändern Sie die Formel wie folgt ab:
   ```
   "KW" & Format([Anfang];"WW")
   ```

Eine benutzerdefinierte Gruppierung nach Kalenderwochen in der Ansicht *Balkendiagramm (Gantt)* bringt, wie in Abbildung 5.9 dargestellt, eine Einsatzübersicht aller Vorgänge nach Kalenderwochen.

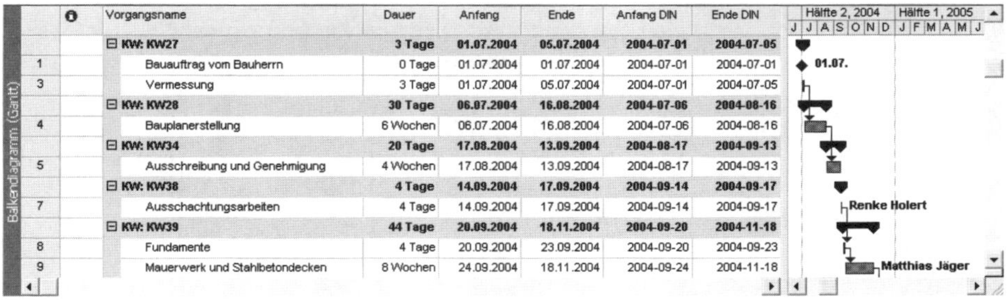

Abbildung 5.9: *Gruppierung nach Kalenderwochen in der Ansicht* Balkendiagramm (Gantt)

	Vorgangsname	Dauer	Anfang	Ende	Anfang DIN	Ende DIN
	KW: KW27	**3 Tage**	**01.07.2004**	**05.07.2004**	**2004-07-01**	**2004-07-05**
1	Bauauftrag vom Bauherrn	0 Tage	01.07.2004	01.07.2004	2004-07-01	2004-07-01
3	Vermessung	3 Tage	01.07.2004	05.07.2004	2004-07-01	2004-07-05
	KW: KW28	**30 Tage**	**06.07.2004**	**16.08.2004**	**2004-07-06**	**2004-08-16**
4	Bauplanerstellung	6 Wochen	06.07.2004	16.08.2004	2004-07-06	2004-08-16
	KW: KW34	**20 Tage**	**17.08.2004**	**13.09.2004**	**2004-08-17**	**2004-09-13**
5	Ausschreibung und Genehmigung	4 Wochen	17.08.2004	13.09.2004	2004-08-17	2004-09-13
	KW: KW38	**4 Tage**	**14.09.2004**	**17.09.2004**	**2004-09-14**	**2004-09-17**
7	Ausschachtungsarbeiten	4 Tage	14.09.2004	17.09.2004	2004-09-14	2004-09-17
	KW: KW39	**44 Tage**	**20.09.2004**	**18.11.2004**	**2004-09-20**	**2004-11-18**
8	Fundamente	4 Tage	20.09.2004	23.09.2004	2004-09-20	2004-09-23
9	Mauerwerk und Stahlbetondecken	8 Wochen	24.09.2004	18.11.2004	2004-09-24	2004-11-18

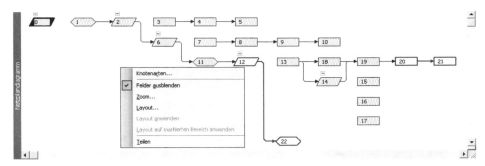

Einfache Netzplanansicht zeitlich angeordnet

Die Fortsetzung des vorherigen Beispiels der Kalenderwochen für Vorgänge wird anhand einer zeitlich angeordneten einfachen Ansicht für ein Netzplandiagramm erläutert. Project-Anwender monieren häufig, dass die Standardansicht für das Netzplandiagramm zu unübersichtlich sei. Ursache dafür ist die sehr große Darstellung der Knotenelemente für die Vorgänge.

Abbildung 5.10: *Verkleinerte Darstellung im Netzplan mit Vorgangsnummern*

Eine erste Lösung könnte die Darstellung nur der Vorgangsnummern jedes Vorgangs sein. Die Abbildung 5.10 zeigt die verkleinerte Darstellung von Vorgangsknoten im Netzplan. Rufen Sie dazu in der Ansicht *Netzplandiagramm* das Kontextmenü auf und wählen dort den Befehl *Felder ausblenden*.

Um eine neue, benutzerdefinierte Ansicht für Netzplandiagramme zu erstellen, müssen Sie zunächst eine Vorlage erstellen, auf der alle Knotendarstellungen, z.B. für *Normale Vorgänge, Sammelvorgänge* oder *Meilensteine,* basieren. Gehen Sie dazu folgendermaßen vor:

1. Rufen Sie dazu über das Kontextmenü den Befehl *Knotenarten* auf und klicken Sie auf die Schaltfläche *Weitere Vorlagen*.

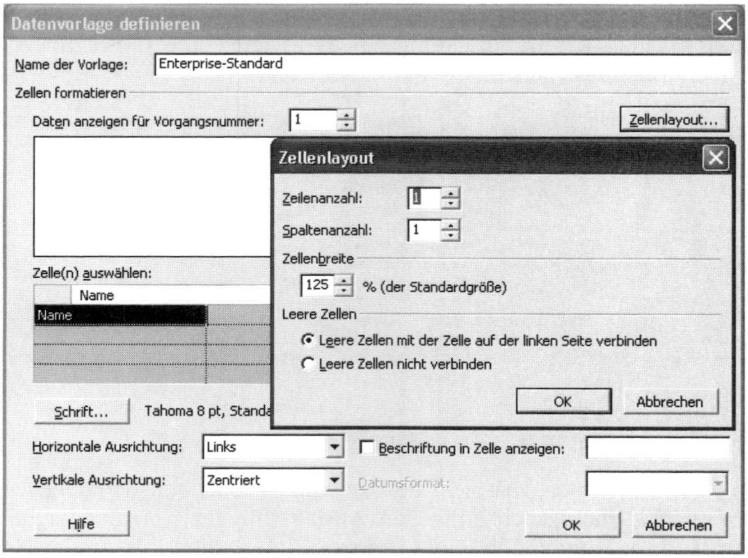

Abbildung 5.11:
Datenvorlage für Netzplanknoten

2. Erstellen Sie nun eine neue Vorlage (z.B. mit der Bezeichnung »Enterprise-Standard einfach«, siehe Abbildung 5.11) mit dem Zellenlayout *1 Zeile, 1 Spalte* und *125%* der Standardgröße. Bestätigen Sie die Festlegungen anschließend per Klick auf *OK* und *Schließen*.

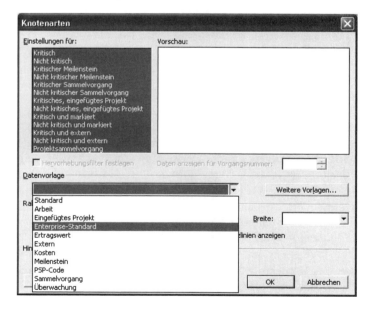

Abbildung 5.12:
Zuweisung einer eigenen Vorlage für die Gestaltung der Knoten im Netzplandiagramm

3. Selektieren Sie alle Knotenformen in der Selektionsliste bei *Einstellungen für* und wählen Sie die zuvor erstellte Datenvorlage aus. Nehmen Sie keine weiteren Änderungen in Form, Farbe, Muster oder Breite vor, damit die individuellen Layouts aller Knotenformen erhalten bleiben, z.B. rotes Rechteck für kritische Vor-

gänge, blaues Rechteck mit hellblauer Hintergrundfarbe für normale nicht kritische Vorgänge.

4. Die neu erstellte Ansicht sollte noch unter einem individuellem Namen (z.B. »Enterprise-Netzplandiagramm«) abgespeichert werden. Mehr zur Erstellung neuer Ansichten finden Sie auch in ▶ Kapitel 9.

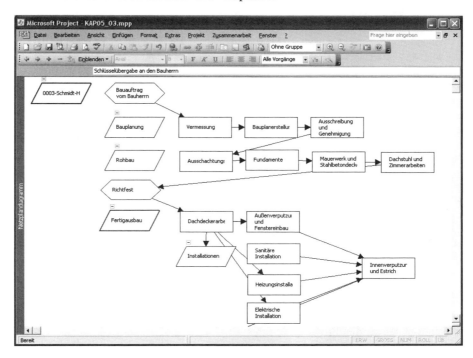

Abbildung 5.13:
Einfache,
übersichtlichere
Netzplan-
diagrammansicht

Das Ergebnis der neu erstellten Netzplanansicht ist mit ein paar manuellen Nachbearbeitungen in Abbildung 5.13 dargestellt. Auch die zuvor erstellte Gruppierung nach Kalenderwochen über die Format-Funktion und ein freies Textfeld kann in der Ansicht *Netzplandiagramm* in Project angewendet werden.

Die Abbildung 5.14 stellt ein nach Kalenderwochen zeitlich gruppiertes Netzplandiagramm dar. Der Vorteil dieser Darstellungsform ist, dass zu jedem Zeitpunkt im Projektverlauf die Gruppierungen ein- oder ausgeblendet werden können. Sie haben somit jederzeit die Möglichkeit, eine aktuelle Selektion der gerade zeitlich relevanten Vorgänge als Knoten vorzunehmen. Zusätzlich können Sie einen Filter erstellen, der auch in der Ansicht *Netzplandiagramm* zur weiteren Selektion aktiviert werden kann.

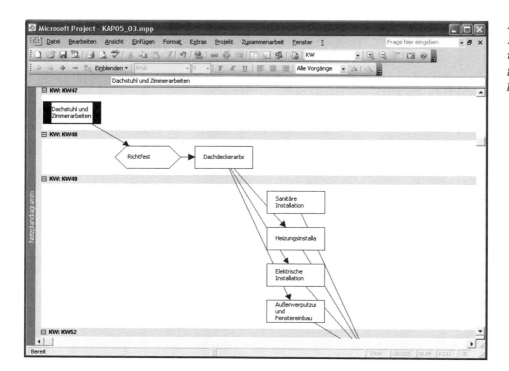

Abbildung 5.14:
Nach Kalenderwochen zeitlich gruppiertes Netzplandiagramm

Geschätzte Dauer für Vorgänge verwenden

Die Funktion der geschätzten Dauer in Project wird auch als »vorläufige Dauer« bezeichnet, da in der Projektplanung eigentlich alle Zeitdauern zunächst geschätzt sind. Durch das Fragezeichen in der Spalte *Dauer* werden Sie darauf hingewiesen, dass die Angabe noch nicht konkret erfolgte. Sie können diese Angabe mit einem für den Vorgang realistischen Wert überschreiben. Dadurch wird das Fragezeichen automatisch entfernt. Der Vorteil bei der Arbeit mit einer geschätzten Dauer ist, dass Sie durch die Verwendung der *AutoFilter*-Funktion jederzeit schnell erkennen können, welche Vorgänge noch in einer vorläufigen »geschätzten« Planung sind.

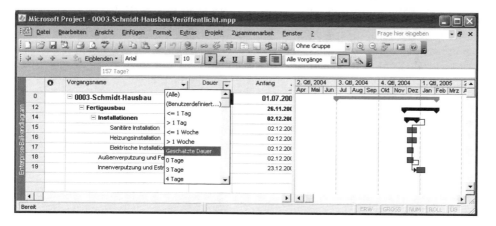

Abbildung 5.15:
AutoFilter für Geschätzte Dauer

Alternativ können Sie in den *Informationen zum Vorgang* (Doppelklick auf den Vorgang) auf der Registerkarte *Spezial* auch die Dauer mit dem Kontrollkästchen *Geschätzt* deaktivieren.

Stichtage und Pufferzeiten von Vorgängen

Häufig existieren in Projekten extern vorgegebene feste Termine (Deadlines) zu Vorgängen. Dies sind in der Regel auch die Schnittstellen zu anderen Teilprojekten. Diese Deadlines werden in der deutschen Version von Project mit *Stichtag* übersetzt (▶ Kapitel 1). Mit Hilfe des Stichtages kann ergänzend zu den Einschränkungsterminen in Project eine grafische Abbildung des Stichtagdatums im *Balkendiagramm* erfolgen.

Bei **Überschreitung des Enddatums** einen Vorgang über den Stichtag hinaus, »warnt« zusätzlich ein grafischer Indikator (rote Raute mit Ausrufungszeichen) in der Vorgangstabelle und macht so auf den Konflikt aufmerksam.

Bei Auftreten eines Konflikts wird der Vorgang automatisch kritisch dargestellt, obwohl seine **Pufferzeit** noch ungleich Null sein könnte. Ein Vorgang wird in Project standardmäßig als kritisch dargestellt, wenn seine freie Pufferzeit gleich null ist. Die freie Pufferzeit gibt damit die Zeitdauer wieder, um die sich der Endtermin eines Vorgangs verschieben kann, um nicht den Starttermin des Nachfolgers zu verschieben. Die gesamte Pufferzeit gibt im Gegensatz dazu die Zeitspanne an, um die sich ein Vorgang verschieben kann, ohne den Projektendtermin zu verschieben. Solange die Summe aller freien Pufferzeiten gleich Null ist, errechnet Project einen kritischen Weg. Diese Einstellung kann in Project unter dem Menü *Extras/Optionen* auf der Registerkarte *Berechnen* geändert werden.

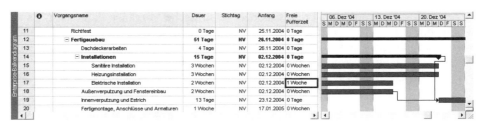

Abbildung 5.16: *Freie Pufferzeit für einen Vorgang ohne Stichtag*

	Vorgangsname	Dauer	Stichtag	Anfang	Freie Pufferzeit
11	Richtfest	0 Tage	NV	25.11.2004	0 Tage
12	**Fertigausbau**	**51 Tage**	**NV**	**26.11.2004**	**0 Tage**
13	Dachdeckerarbeiten	4 Tage	NV	26.11.2004	0 Tage
14	**Installationen**	**15 Tage**	**NV**	**02.12.2004**	**0 Tage**
15	Sanitäre Installation	3 Wochen	NV	02.12.2004	0 Wochen
16	Heizungsinstallation	3 Wochen	NV	02.12.2004	0 Wochen
17	Elektrische Installation	2 Wochen	NV	02.12.2004	1 Woche
18	Außenverputzung und Fenstereinbau	2 Wochen	NV	02.12.2004	0 Wochen
19	Innenverputzung und Estrich	13 Tage	NV	23.12.2004	0 Tage
20	Fertigmontage, Anschlüsse und Armaturen	1 Woche	NV	17.01.2005	0 Wochen

Die Abbildung 5.16 zeigt die Darstellung des Vorgangs 17 mit einer freien Pufferzeit von einer Woche und dem parallelen Vorgang 16 ohne Pufferzeit. Beide Vorgänge haben den gleichen Nachfolger. Vorgang 17 wird aufgrund seiner Pufferzeit als nicht kritisch dargestellt.

Abbildung 5.17: *Verkürzte Pufferzeit für einen Vorgang mit Stichtag*

	Vorgangsname	Dauer	Stichtag	Anfang	Freie Pufferzeit
11	Richtfest	0 Tage	NV	25.11.2004	0 Tage
12	**Fertigausbau**	**51 Tage**	**NV**	**26.11.2004**	**0 Tage**
13	Dachdeckerarbeiten	4 Tage	NV	26.11.2004	0 Tage
14	**Installationen**	**15 Tage**	**NV**	**02.12.2004**	**0 Tage**
15	Sanitäre Installation	3 Wochen	NV	02.12.2004	0,4 Wochen
16	Heizungsinstallation	3 Wochen	NV	02.12.2004	0,4 Wochen
17	Elektrische Installation	2 Wochen	17.12.2004	02.12.2004	0,4 Wochen
18	Außenverputzung und Fenstereinbau	2 Wochen	NV	02.12.2004	1 Woche
19	Innenverputzung und Estrich	13 Tage	NV	23.12.2004	2 Tage
20	Fertigmontage, Anschlüsse und Armaturen	1 Woche	NV	17.01.2005	0 Wochen

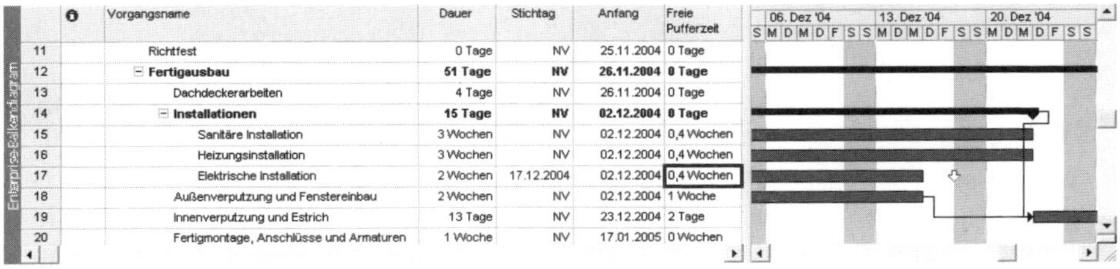

Der Vorgang 17 erhält im Beispiel Abbildung 5.17 einen Stichtag, der innerhalb der Pufferzeit liegt. Damit verkürzt Project die Pufferzeit bis zum Stichtag. Das heißt, dass der Stichtag zwar keinen Einfluss auf die Planung und Berechnung der Start- und Endtermine hat, jedoch die Berechnung und Darstellung der Pufferzeiten von Vorgängen beeinflusst. Der Vorgang 17 wird jedoch nicht als kritischer Vorgang dargestellt, da die Pufferzeit noch größer Null ist.

Abbildung 5.18: Keine (negative) Pufferzeit für einen Vorgang mit überschrittenem Stichtag

Der Vorgang 17 kann nicht innerhalb der kalkulierten Dauer durchgeführt werden. Wenn sich die Dauer des Vorgangs erhöht und damit den zuvor eingegebenen Stichtag überschreitet, wird der Vorgang komplett kritisch dargestellt. Die Pufferzeit wäre damit auch um einen Werktag negativ, da der Vorgang nicht innerhalb des gesetzten Stichtags abgeschlossen werden kann (vgl. Abbildung 5.18).

Vorgänge von Hand kritisch darstellen

In Project können Pufferzeiten nicht manuell eingegeben werden, da diese aufgrund von Verknüpfungen immer mit der *Critical Path Method (CPM)* automatisch berechnet werden. Vorgänge mit der Einschränkungsart *Muss anfangen am* oder *Muss enden am* werden in Project jedoch als kritische Vorgänge dargestellt. Es ist damit indirekt möglich, einen Vorgang manuell als kritischen Vorgang unabhängig von seiner Pufferzeit zu setzen. Das Setzen dieser Einschränkungsart hat jedoch auch Konsequenzen und Einschränkungen in der Terminplanberechnung.

Gehen Sie folgendermaßen vor, um eine Einschränkungsart für den Vorgang zu vergeben:

Abbildung 5.19: Nicht kritischer Vorgang

1. Per Doppelklick auf den gewünschten Vorgang erhalten Sie das Dialogfeld *Informationen zum Vorgang* angezeigt.
2. Wechseln Sie zur Registerkarte *Spezial*.
3. Im Feld *Einschränkungsart* geben Sie *Muss anfangen am* oder *Muss enden am* sowie im Feld *Einschränkungstermin* das entsprechende Datum ein und bestätigen Sie mit Klick auf *OK*.

Abbildung 5.20:
Kritischer
Vorgang

4. Der Vorgang wird jetzt als kritisch angezeigt (Abbildung 5.20).

Vorgänge komplett verschieben

Eine häufige Fehlerursache bei der Verschiebung von Vorgängen, Sammelvorgängen oder Ressourcen ist die falsche Verwendung der Drag & Drop-Funktion in Project, da diese häufig mit der Funktion in Excel gleichgesetzt wird. Um einen kompletten Datensatz in Project zu verschieben, ist es zwingend notwendig, die *gesamte* Zeile zu markieren und danach per Drag & Drop an einen neuen Ort zu verschieben.

Abbildung 5.21:
Verschieben von
kompletten
Zellinhalten per
Drag & Drop

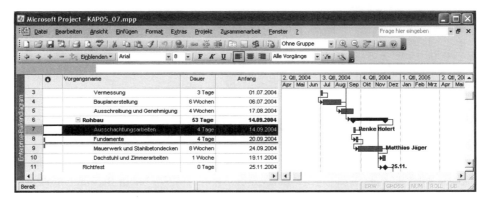

1. Markieren Sie dazu die Vorgangs-, Sammelvorgangs- oder Ressourcenzeile, die Sie verschieben möchten, durch Klicken auf den Zeilentitel.

2. Klicken Sie anschließend nochmals auf den Zeilentitel und ziehen Sie die markierte Zeile per Drag & Drop (linke Maustaste beim Verschieben gedrückt halten) auf die gewünschte Zeilenposition (nun Maustaste loslassen).

Der Vorteil besteht darin, dass die gesamten Inhalte aller (berechneten und eventuell verknüpften unsichtbaren Felder) mit verschoben werden. So lässt sich auch nachträglich noch rasch die Reihenfolge von Vorgängen verändern. Komplette Sammelvorgänge oder auch eingefügte Teilprojekte können mit der gleichen Vorgehensweise in der Reihenfolge der Darstellung verschoben werden.

ACHTUNG Vorsicht ist jedoch geboten, wenn Vorgänge bereits miteinander verknüpft sind. Überprüfen Sie unbedingt, inwieweit sich dadurch Termine verändert haben könnten. Wir empfehlen daher, vor dem Verschieben die Terminplanoption *Eingefügte oder verschobene Vorgänge automatisch verknüpfen* zu deaktivieren (▶ Kapitel 9).

Nicht verknüpfte Vorgänge filtern

In einem »normalen« Projektplan und mit den Standardregeln des Projektmanagements haben Vorgänge in der Regel immer einen Nachfolger. Der nachfolgende Vorgang kann damit erst beginnen, wenn der Vorgänger abgeschlossen ist. Nur der letzte Vorgang und häufig auch Sammelvorgänge haben keine Verknüpfungen, bzw. keinen Nachfolger. In der Hektik bei Erstellung und Überarbeitung eines Projektplans werden diese Grundregeln immer wieder nicht verwendet, sodass es leicht nicht verknüpfte Vorgänge im gesamten Projektplan geben kann. Wie können diese Vorgänge mit einem einfachen Filter schnell herausgefunden werden?

1. Wählen Sie im Menü *Projekt/Filter* den Befehl *Weitere Filter* und erstellen Sie mit der Schaltfläche *Neu* einen neuen Filter.
2. Weisen Sie einen Namen zu (z.B. »Enterprise-Nachfolger vorhanden«) und geben Sie, wie in Abbildung 5.22 dargestellt, die Argumente für den Filter ein.

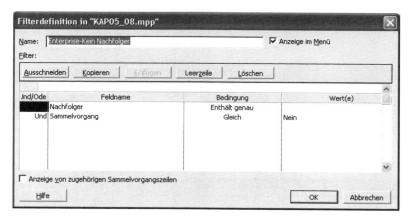

Abbildung 5.22:
Filter, um fehlende Nachfolger von Vorgängen zu finden

Project selektiert nach der Anwendung des Filters alle »Nicht-Sammelvorgänge« (entspricht allen Vorgängen oder Meilensteinen, die keinen Eintrag in der Spalte *Nachfolger* enthalten). Sie erhalten somit schnell einen Überblick über alle säumigen Vorgänge, die Sie noch nicht im Projektplan verknüpft haben.

ACHTUNG Der Filter zeigt auch Vorgänge an, die einen impliziten Nachfolger haben, also einen Nachfolger, der sich aufgrund der Zugehörigkeit zu einem Sammelvorgang ergibt.

Vorgänge von heute oder nächster Woche filtern

Im Projektverlauf möchte der Projektleiter häufig eine Liste oder Ansicht mit allen Vorgängen von heute, dieser Woche, der nächsten Woche, aus diesem Monat oder dem nächsten Monat erstellen (▶ Kapitel 1). Da das aktuelle Datum kein statischer Wert ist, sondern sich täglich ändert, sollte diese Liste der aktuellen Vorgänge auch immer möglichst dynamisch angepasst und in einer oder mehreren Ansichten als Bericht schnell aufrufbar sein.

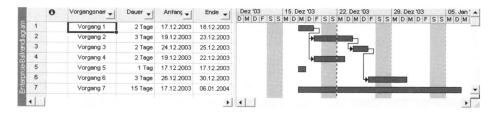

Abbildung 5.23:
Ausgangslage für das Filtern von Vorgängen der aktuellen Woche

Die Abbildung 5.23 zeigt die Ausgangslage für dieses kurze Beispiel. Es wurde hierbei bewusst auf die namentliche Benennung der Vorgänge verzichtet, damit die eindeutige Bezeichnung der Vorgänge schneller erfolgen kann. Das aktuelle Datum in diesem Beispiel ist der 22.12.2003. Anhand der gestrichelten Linie wird über das Menü *Format/Gitternetzlinien* das aktuelle Datum in einer Balkendiagramm-Ansicht formatiert. Ziel ist es, mit einem Filter schnell alle Vorgänge der Woche vom 22. bis 26.12.03 herauszufiltern.

Aktuelle Vorgänge mit AutoFilter ermitteln

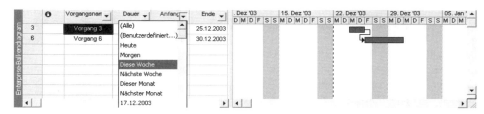

Abbildung 5.24:
AutoFilter für die aktuelle Woche (Diese Woche)

 Project bietet dazu über *AutoFilter* eine erste Hilfe. Über die Aktivierung der *AutoFilter* kann in den Spalten *Anfang* oder *Ende* nach Vorgängen von heute, morgen, dieser Woche gefiltert werden. Das Ergebnis ist die Selektion der Vorgänge 3 und 6 (vgl. Abbildung 5.24).

ACHTUNG Korrekt wäre hier eigentlich die Selektion der Vorgänge 2 bis 4 und 6 bis 7. Die Fehlerursache liegt bei genauerer Betrachtung in der Definition der Filter, die über die Funktion der *AutoFilter* gebildet werden. Gehen Sie dazu in der Auswahlliste der *AutoFilter* auf den Eintrag *Benutzerdefiniert*. Dort erkennen Sie, dass Project einen Filter mit dem Anfangs- und Endtermin der aktuellen Woche (22.12.03 – 28.12.03) definiert und alle Vorgänge mit Anfangsterminen in diesem Bereich filtert.

Richtiges Filtern mit Feldern für das aktuelle Datum

Eine Abhilfe schafft dabei nur die Erstellung eines eigenen benutzerdefinierten Filters, wie wir nachfolgend beschreiben werden. Daneben werden wir noch zeigen, wie man Filter für die Vorgänge des aktuellen (heutigen) Tages und der nächsten Woche erstellt.

Um die Filter zu erstellen, legen Sie zunächst die in Tabelle 5.1 dargestellten benutzerdefinierten **Felder** über den Menübefehl *Extras/Anpassen* an.

Ursprünglicher Feldname	Umbenannter Feldname	Formel
Zahl1	KW Anfang	Format([Anfang];"WW")
Zahl2	KW diese Woche	Format(Date();"WW")
Zahl3	KW nächste Woche	Format(Date();"WW")+1
Zahl4	KW Ende	Format([Ende];"WW")
Datum1	Heute	ProjDateAdd(Date();240)

Tabelle 5.1: Feldnamen und Formeln für benutzerdefinierte Felder

Im Feld *KW Anfang (Zahl1)* wird, wie zuvor in diesem Kapitel schon beschrieben, mit Hilfe der Format-Funktion die Formel für die Kalenderwoche vom Anfangstermin jeden Vorgangs berechnet. Im Feld *KW diese Woche (Zahl2)* wird die Kalenderwoche der aktuellen Woche berechnet und im Feld *KW nächste Woche (Zahl3)* die Kalenderwoche der folgenden Woche (+1 Woche). Im Feld *KW Ende (Zahl4)* wird die Kalenderwoche vom Endtermin jedes Vorgangs berechnet.

Zuletzt wird noch im Feld *Heute (Datum1)* das aktuelle Datum berechnet. Dabei können nicht nur die Funktion *Date()*, die das aktuelle Systemdatum enthält oder die Funktionen *Now()* bzw. *Time()*, die auch die aktuelle Systemzeit darstellen, in Kombinationen verwendet werden, da Project durch die Standardkalender für jeden Vorgang die Laufzeit von 08:00 bis 17:00 Uhr berechnet. Es könnte vielmehr theoretisch der Fall auftreten, dass Sie als Projektleiter und Anwender von Project um 07:00 Uhr morgens eine Übersicht aller zu erledigenden Vorgänge des aktuellen Tages filtern möchten und heute erst beginnende Vorgänge nicht finden, da diese erst um 08:00 Uhr laut Project-Standardkalender beginnen.

Die Lösung liegt in der Funktion *ProjDateAdd(Datum; Dauer; Kalender)*. Diese Funktion fügt einem Termin eine Dauer hinzu und gibt den neuen Termin zurück. Optional könnte auch noch ein Kalender zum Berechnen des neuen Datums verwendet werden. In diesem Beispiel verwenden wir die Funktion, um das aktuelle Systemdatum um 12:00 Uhr mittags herauszufinden. Die Funktion *Date()* liefert das aktuelle Systemdatum um 00:00 Uhr Mitternacht. Die Project-Funktion *ProjDateAdd()* liefert vom aktuellen Systemdatum die Uhrzeit 08:00 plus eine anzugebende Dauer in Minuten. Als Dauer werden noch 240 Minuten (4h) zu 08:00 Uhr hinzuaddiert, damit das Feld *Heute (Datum1)* das aktuelle Systemdatum um 12:00 Uhr mittags ermittelt.

Erstellen Sie jetzt noch drei neue benutzerdefinierte **Filter**, um die Vorgänge von heute, dieser und der nächsten Woche zu filtern. Die Gestaltung der Filter kann natürlich nach weiteren beliebigen Kriterien erweitert und ergänzt werden, um z.B. Vorgänge dieses Monats oder des nächsten Monats herauszufiltern.

Abbildung 5.25:
Filter für
Vorgänge der
aktuellen Woche

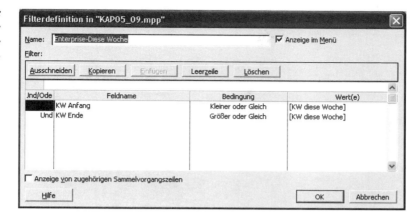

Wählen Sie dazu im Menü *Projekt/Filter* den Befehl *Weitere Filter* und erstellen Sie zunächst, wie in Abbildung 5.25 dargestellt, einen Filter für die Vorgänge der aktuellen Woche (*Diese Woche*). Damit werden alle Vorgänge gefiltert, die in der aktuellen Woche beginnen, enden oder vorher beginnen und erst später enden, aber in dieser Woche aktiv sind. Die Abbildung 5.26 zeigt das entsprechende Ergebnis.

Abbildung 5.26:
Gefilterte
Vorgänge der
aktuellen Woche

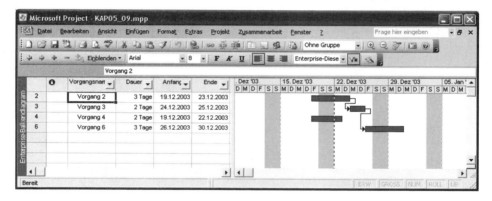

Der Trick besteht darin, dass die berechneten Kalenderwochen der Anfangs- und Endtermine der Vorgänge mit der berechneten Kalenderwoche des aktuellen Datums verglichen werden.

Um die Vorgänge der nächsten Woche zu ermitteln, erstellen Sie den analogen Filter mit dem Vergleich von *KW Anfang* und *KW Ende* mit dem Feld *KW nächste Woche*.

ACHTUNG Diese Filter funktionieren nur, wenn die Kalenderwochen innerhalb des Projektes eindeutig sind. Für eine allgemeingültige Funktion muss der Filter um die Jahresinformation erweitert werden.

Lösungen zu speziellen Fragestellungen

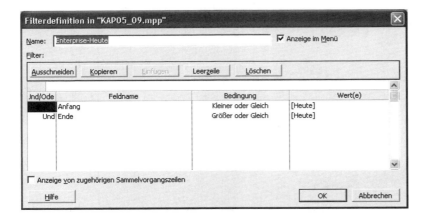

Abbildung 5.27:
Filter für Vorgänge des aktuellen Tages

Um alle Vorgänge des heutigen Tages zu ermitteln, vergleichen Sie die Felder *Anfang* und *Ende* mit dem zuvor definierten Feld *Heute*, wie in Abbildung 5.27 dargestellt.

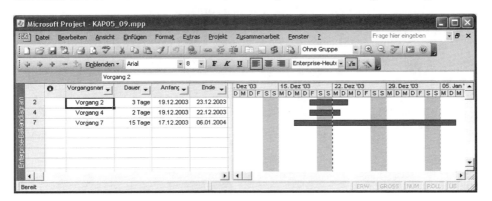

Abbildung 5.28:
Gefilterte Vorgänge des aktuellen Tages

In Abbildung 5.28 sehen Sie das Ergebnis.

Formeln für Fortschrittskontrolle von Vorgängen

Um den Fortschritt eines Vorgangs besser beurteilen zu können, ist es hilfreich, das Datum der letzten Bearbeitung zu kennen und dieses mit dem aktuellen Datum zu vergleichen. Ist die Bearbeitung im Rückstand, so weist die Differenz zwischen den beiden Daten den Verzug des Vorgangs aus.

Datum der letzten Bearbeitung ermitteln

Das Datum der letzten Bearbeitung wird zwar in grafischen Vorgangsbalken dargestellt und ist auch in der Definition der Balken als Feld *Fortgeschritten bis* auswählbar, jedoch ist es nicht als normales Vorgangsfeld verfügbar und demzufolge nicht in einer Vorgangstabelle einfügbar.

Abbildung 5.29:
Formel für das benutzerdefinierte Feld Fortgeschritten bis

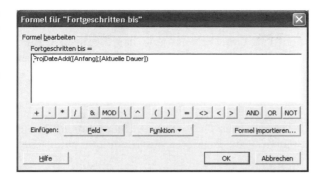

Die Lösung liegt wiederum in einem neuen benutzerdefinierten Feld, das aus dem Anfangsdatum und der aktuellen Dauer den Terminfortschritt berechnet. Benennen Sie z.B. das Feld *Datum1* in *Fortgeschritten bis* und weisen Sie folgende Formel zu:

```
ProjDateAdd([Anfang];[Aktuelle Dauer])
```

ACHTUNG Verwenden Sie nicht eine einfache Formel wie z.B. *[Anfang]+[Aktuelle Dauer]*, da sonst die arbeitsfreien Tage an Wochenenden oder Feiertagen mit eingerechnet werden.

Abbildung 5.30:
Anzeige des Datums der letzten Bearbeitung im Feld Fortgeschritten bis

In der Abbildung 5.30 sehen Sie im Feld *Fortgeschritten bis* den numerischen Wert, der das Ende des ausgefüllten Vorgangsbalkens numerisch ausdrückt.

Verzugszeit in Tagen berechnen

Um die genaue Abweichung des Fortschrittsdatums mit dem aktuellen Datum zu berechnen, gehen Sie folgendermaßen vor:

1. Erstellen Sie ein benutzerdefiniertes Feld *Datum2* mit dem Namen *Heute* und der Formel

    ```
    ProjDateValue(Date())
    ```

2. Benennen Sie das Feld *Text1* in *In Verzug* um und geben Sie die folgende Formel ein:

    ```
    Format(IIf([% Abgeschlossen]<100;
    ProjDateDiff([Datum1];
    [Datum2]);0)/480;"0")&"t"
    ```

    Die Formel berechnet mit einer *Wenn...Dann*-Funktion

    ```
    IIf( Ausdruck; True-Teil; False-Teil )
    ```

    zunächst, ob der Vorgang zu 100% abgeschlossen ist (*False-Teil* gleich Null "0") und damit nicht weiter verfolgt werden muss. Wenn der Fortschritt kleiner 100% ist, dann wird mit Hilfe der Datumsfunktion

```
ProjDateDiff([Datum1];[Datum2])
```

die Differenz in Minuten zwischen dem Fortschrittstag und dem heutigen Datum berechnet und anschließend durch 480 (60min x 8h) geteilt, um das Ergebnis in Tagen zu erhalten. Zuletzt wird mit Hilfe der Format-Funktion

```
Format(Ausdruck;"0")&"t"
```

der berechnete Wert der Datumsdifferenz aus Gründen der Übersichtlichkeit auf ganze Zahlen gerundet und mit einem Textzeichen »t« durch ein kaufmännisches und (&) als Text verknüpft.

		Vorgangsname	Dauer	Fortgeschritten bis	In Verzug
6		Rohbau	53 Tage	17.12.2003	
7		Ausschachtungsarbeiten	4 Tage	17.12.2003	2t
8		Fundamente	4 Tage	23.12.2003	-1t
9		Mauerwerk und Stahlbetondecken	8 Wochen	29.12.2003	-5t
10		Dachstuhl und Zimmerarbeiten	1 Woche	23.02.2004	-45t

***Abbildung 5.31:** Balkendiagramm (Gantt) mit kalkulierten Feldern für Fortgeschritten bis (als Datum) und In Verzug (in Tagen)*

Die Darstellung in den berechneten Spalten für die zusätzlichen Felder *Fortgeschritten bis*, *In Verzug* und *Heute* erkennen Sie in Abbildung 5.31 im Balkendiagramm (Gantt) mit kalkulierten Feldern für *Fortgeschritten bis* (als Datum) und *In Verzug* (in Tagen).

Formeln für den Vergleich von Datumswerten von Vorgängen

In den letzten Abschnitten haben Sie einige Grundlagen für die Erstellung von Formeln und die Verwendung der Project-Funktionen kennen gelernt. Wenn Sie sich weiter mit der Erstellung von Datumsformeln befassen, werden Sie mit hoher Wahrscheinlichkeit auch auf die Problematik stoßen, wie man Datumswerte mit dem Wert *NV* (= Nicht verfügbar) vergleicht.

Problematik beim Vergleich von Datumswerten mit »NV«

Im folgenden Beispiel sollen nicht begonnene Vorgänge ermittelt werden, die in der Vergangenheit liegen. Hierzu wird über ein benutzerdefinierten Feld *Nicht begonnen (Attribut1)* geprüft, ob das Feld *Aktueller Anfang* gleich *NV* ist. Wenn ja, dann soll geprüft werden, ob das Feld *Anfang* kleiner als das aktuelle Datum ist.

Lösung zum Vergleich von Datumswerten mit »NV«

Datumsfelder in Project werden im Datentypformat *Double* und nicht als Datum direkt abgespeichert. Genauer gesagt speichert Project pro Datum sehr große Zahlen inklusive weiterer Bruchteile von Zusatzwerten. Dies sind z.B. Angaben zu Uhrzeiten zu Datumswerten.

Die korrekte Zahl für den Wert »NV« ist die Zahl **4.294.967.295** (2 hoch 32 minus 1), wie uns vom Entwicklungsteam in Redmond bestätigt wurde.

Die Formel muss damit folgendermaßen aufgebaut werden:

```
IIf([Aktueller Anfang]=4294967295; True-Teil; False-Teil)
```

Der erste Teil prüft, ob das Feld *Aktueller Anfang* gleich *NV* ist. Falls ja, muss die Formel prüfen, ob der Anfangstermin des Vorgangs vor dem aktuellen Datum liegt. Die Formel wird damit wie folgt ergänzt:

```
IIf([Anfang]<ProjDateValue(Date());"Ja";"Nein")
```

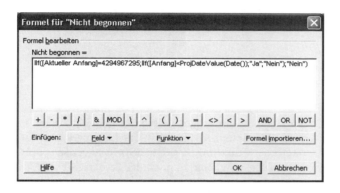

Abbildung 5.32: Formel zur Prüfung von NV-Werten in Datumsfeldern mit der Zahl 4294967295

Die komplette Formel für das Feld *Attribut1* lautet somit:

```
IIf([Aktueller Anfang]=4294967295;
IIf([Anfang]< ProjDateValue(Date());
"Ja";"Nein");"Nein")
```

Die beiden »False-Teile« der IIf-Funktionen führen jeweils zum Feldwert *Nein*, wenn der Termin in der Zukunft liegt oder in der Vergangenheit bereits begonnen wurde.

Abbildung 5.33: Nicht begonnene und verspätete Vorgänge mit grafischen Symbolen

Die Abbildung 5.33 zeigt die Darstellung des Feldes *Nicht begonnen*.

Codes mit der Switch-Funktion automatisch berechnen lassen

Einige unserer Kunden zeigen uns bei Beratungsterminen vor Ort oder in Schulungen, wie sie mit Excel automatisch Codes zu Vorgängen berechnen lassen. Dieses Verfahren wird häufig im Bereich der Produktion und auch in der Logistik verwendet, wo aber auch Project für die Ablauf- und Fertigungsplanung eingesetzt wird. Anhand verschiedener Parameter (z.B. Maschinenart, Ort, Ausführungsjahr oder

-monat) muss dann automatisch ein eindeutiger Vorgangs-Code errechnet werden. Die Abbildung 5.34 zeigt ein Beispiel für die Berechnung eines solchen Codes. Der Code wird zusammengesetzt aus Abkürzungen der Felder *Labor*, *Ort*, *Jahr* und der einmaligen Vorgangsnummer im dreistelligen Format.

Abbildung 5.34:
Automatische Berechnung von Vorgangscodes

Die Zusammensetzung von Feldern mit verschiedenen Inhalten erfolgt über die Funktion *Switch(Ausdruck1; Wert1; Ausdruck2; Wert2; ...)*. Die *Switch*-Funktion wertet eine Liste von Ausdrücken aus und gibt einen Wert vom Datentyp *Variant* oder einen Ausdruck zurück, der mit dem ersten Ausdruck in der Liste verknüpft ist, der *True* ist. Diese Funktion ist damit der Funktion *SVERWEIS()* in Excel sehr ähnlich. Die *Switch*-Funktion bietet damit die Möglichkeit, nach der Selektion von Werten in einem Feld, z.B. *Text1* für das *Labor* einen Rückgabewert in ein zweites Feld, z.B. hier *Text4 (Code)* zu schreiben. In dem dargestellten Beispiel wird durch die Zusammensetzung von verschiedenen Selektionen eine Verknüpfung von drei *Switch*-Funktionen mit der einmaligen Nummer des Vorgangs vorgenommen.

Um die Felder zu erzeugen, gehen Sie wie folgt vor:

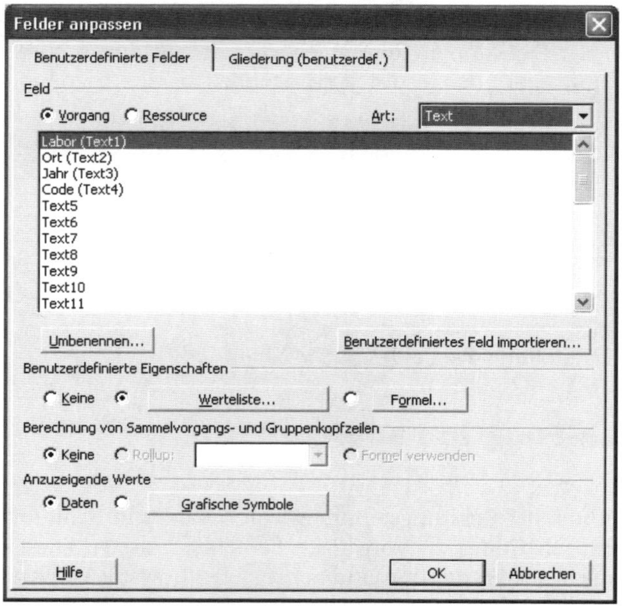

Abbildung 5.35:
Vier neue Textfelder

1. Legen Sie vier neue Textfelder an (vgl. Abbildung 5.35).

Abbildung 5.36:
Wertelisten

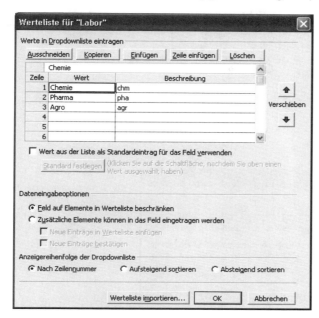

2. Erstellen Sie für die Felder *Text1* bis *Text3* Wertelisten, wie in Tabelle 5.2 dargestellt.

Tabelle 5.2:
Wertelisten für die Felder Text1 *bis* Text3

Feld	Wert	Beschreibung
Text1	Chemie	chm
Text1	Pharma	pha
Text1	Agro	agr
Text2	Deutschland	DE
Text2	Schweiz	CH
Text2	England	UK
Text2	USA	US
Text3	2001	01
Text3	2002	02
Text3	2003	03
Text3	2004	04
Text3	2005	05
Text3	2006	06

3. Blenden Sie alle drei Textfelder zusammen in die Ansicht *Balkendiagramm (Gantt)* oder eine andere Ansicht Ihrer Wahl ein.

4. Bauen Sie im Feld *Text4 (Code)* die folgenden *Switch*-Funktionen zusammen:

```
Switch([Text1]="Chemie";"chm";[Text1]="Pharma";"pha";[Text1]="Agro";"agr";)
Switch([Text2]="Deutschland";"DE";[Text2]="Schweiz";"CH";
[Text2]="England";"UK";[Text2]="USA";"US";)
Switch([Text3]="2001";"01";[Text3]="2002";"02";[Text3]="2003";"03";[Text3]="2004";"04";
[Text3]="2005";"05";[Text3]="2006";"06")
```

5. Erstellen Sie noch die Format-Funktion für die Bestimmung der einmaligen Nummer im Format »000«:

```
Format([Einmalige Nr.];"000")
```

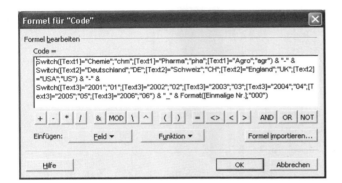

Abbildung 5.37: *Zusammengesetzte* Switch-*Funktion zur Ermittlung eines eindeutigen Codes für Vorgänge*

6. Verbinden Sie zum Schluss alle *Switch*-Funktionen und die Format-Funktion mit dem Zeichen & miteinander. Die komplette Formel sieht dann folgendermaßen aus (vgl. Abbildung 5.37):

```
Switch([Text1]="Chemie";"chm";[Text1]="Pharma";"pha";[Text1]="Agro";"agr") & "-" &
Switch([Text2]="Deutschland";"DE";[Text2]="Schweiz";"CH";
[Text2]="England";"UK";[Text2]="USA";"US") & "-" &
Switch([Text3]="2001";"01";[Text3]="2002";"02";[Text3]="2003";"03";[Text3]="2004";"04";
[Text3]="2005";"05";[Text3]="2006";"06") & "_" & Format([Einmalige Nr.];"000")
```

> **TIPP**
>
> Die Übersichtlichkeit bei der *Switch*-Funktion kann durch die mögliche Komplexität beim Füllen mit Daten sehr schnell verloren gehen. Es ist daher möglich, auch in einzelnen Textfeldern Zwischenwerte von *Switch*-Funktionen zu speichern und diese dann zum Schluss in einem Vorgangs-Code zusammenzusetzen.

»Hammock Tasks« (Hängemattenvorgänge) einfügen

Projektleiter möchten häufig noch einen Vorgang *Projektmanagement* einfügen, der sich immer an der Dauer des Gesamtprojekts orientiert. Wird also das Projekt verlängert, verlängert sich automatisch auch der Vorgang *Projektmanagement*; verkürzt sich das Projekt, wird auch dieser Vorgang verkürzt. Die Arbeit soll immer mit einem Anteil von 20% berechnet werden. Wie müssen Sie bei der Erstellung dieses im englischen häufig genannten *Hammock Tasks* (übersetzt mit »Hängemattenvorgänge«) vorgehen?

Hammock Tasks sind abhängig von externen Daten. Der Anfangs- und Endtermin eines Hammock Task wird von anderen Vorgängen und nicht durch die eigene Dauer gesteuert. Der übersetzte Begriff »Hängematte« stellt die bildhafte Abhängigkeit einer Hängematte dar, die z.B. nur zwischen zwei Bäume (Start- und Endtermin) gespannt werden kann und nicht durch ihre eigene Festigkeit (Dauer) von alleine steht.

Abbildung 5.38:
Vorgang Projektmanagement als Hammock Task darstellen

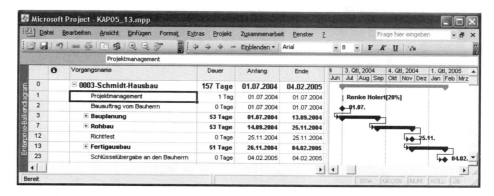

1. Legen Sie in Ihrem Projekt einen Vorgang mit dem Namen »Projektmanagement« an und ordnen Sie sich als Ressource mit 20% hinzu (Abbildung 5.38).

Abbildung 5.39:
Kopieren (Zelle)

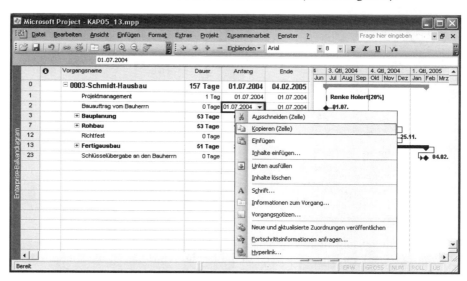

2. Kopieren Sie den Inhalt der Spalte *Anfang* des Meilensteins *Bauauftrag vom Bauherrn* in die Zwischenablage.

Lösungen zu speziellen Fragestellungen **175**

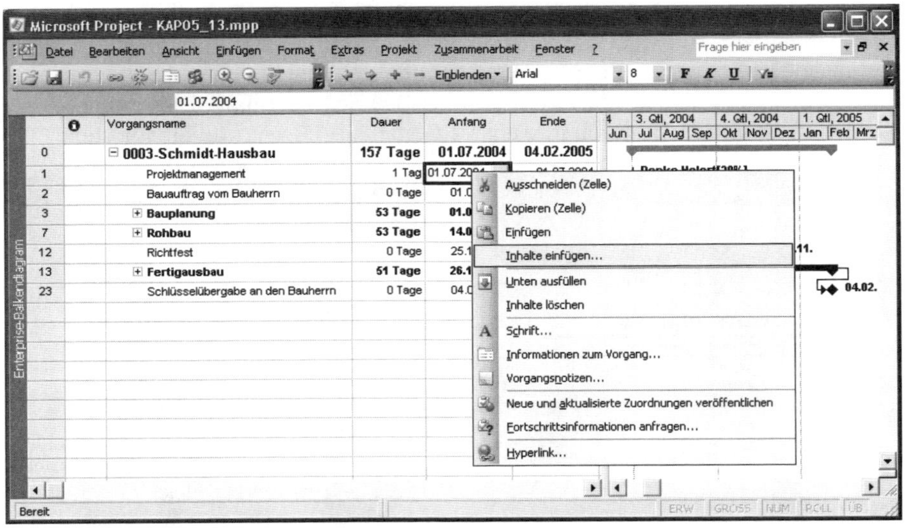

Abbildung 5.40:
Inhalte einfügen

3. Klicken Sie mit der rechten Maustaste in die Spalte *Anfang* des Vorgangs *Projektmanagement* und wählen Sie im Kontextmenü den Eintrag *Inhalte einfügen* aus (vgl. Abbildung 5.40).

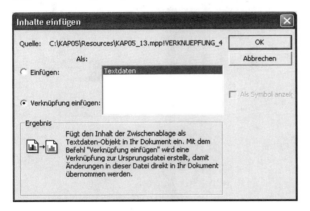

Abbildung 5.41:
Verknüpfung einfügen

4. Wählen Sie im folgenden Dialogfeld *Inhalte einfügen* das Optionsfeld *Verknüpfung einfügen* und im Feld *Als:* den Eintrag *Textdaten* (vgl. Abbildung 5.41). Anhand des kleinen Dreiecks in der rechten unteren Ecke des Feldes (entsprechend der nebenstehenden Abbildung) sehen Sie, dass es sich um einen verknüpften Wert handelt.

5. Gehen Sie analog für das Feld *Ende* des Vorgangs *Projektmanagement* vor, indem Sie es mit dem Inhalt des Feldes *Ende* des Meilensteins *Projektabschluss* verknüpfen. In der Folge davon verlängert sich der Vorgang *Projektmanagement* auf 157 Tage (vgl. Abbildung 5.42).

Abbildung 5.42:
Verknüpfter Hammock Task als Phase Projektmanagement

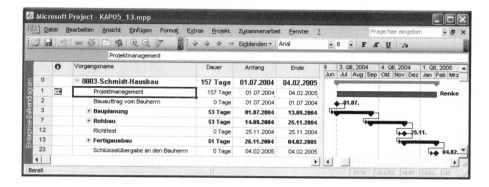

Testen Sie aus, ob sich der Vorgang *Projektmanagement* durch Verlängerung des Projektes selbstständig verlängert, indem Sie die *Dauer* der folgenden verknüpften Vorgänge verlängern. Sie sehen, dass sich die Dauer des Vorgangs *Projektmanagement* automatisch erhöht.

Abbildung 5.43:
Verknüpfungen

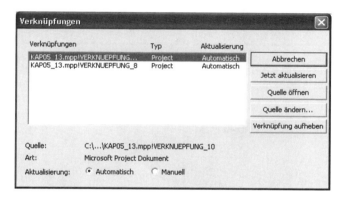

Die erstellten Objektverknüpfungen (OLE) können Sie über den Menübefehl *Bearbeiten/Verknüpfungen* aktualisieren, aufheben oder die Quelle ändern (vgl. Abbildung 5.43).

TIPP Wenn Sie Vorgänge mit Termineinschränkungen im gesamten Projektplan verschieben möchten, können Sie dies mit dem Add-In *Termine anpassen* erledigen (▶ Kapitel 13).

Ressourcenmanagement

Die Thematik des Ressourcenmanagements wird grundlegend in ▶ Kapitel 3 behandelt, das sich an diejenigen Personen richtet, die im Unternehmen projektübergreifend für die Ressourcen verantwortlich sind (z.B. Abteilungsleiter oder Ressourcenmanager). In diesem Abschnitt geht es vor allem um spezielle Fragestellungen von Anwendern, Projektleitern und Ressourcenmanagern sowie um Tipps im Hinblick auf den Umgang von Project mit Ressourcen.

Listenfeld der Ressourcenauswahl sortieren

Bei einer großen Anzahl von Ressourcen ist es sinnvoll, das Listenfeld zur Auswahl der Ressourcennamen in den Vorgangsansichten alphabetisch zu sortieren. Das Auffinden der Ressourcen bzw. die Zuordnung erfolgt so schneller. Die Sortierreihenfolge im Listenfeld ist abhängig von der Ressourcensortierung in der Ansicht *Ressource: Tabelle*.

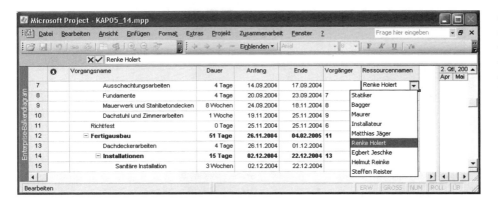

Abbildung 5.44:
Nicht sortiertes Ressourcen-Listenfeld in der Ansicht Balkendiagramm (Gantt)

1. Wählen Sie die Ansicht *Ressource: Tabelle* und klicken Sie mit der rechten Maustaste auf einen Spaltentitel. Aus dem Kontextmenü wählen Sie die Option *Sortieren nach*.

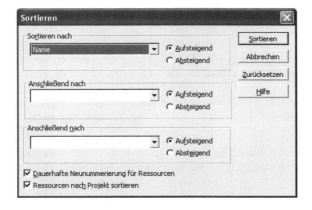

Abbildung 5.45:
Dauerhafte Neunummerierung und Sortierung der Ressourcen-Listenfelder

2. Im Dialogfeld *Sortieren* wählen Sie im Feld *Sortieren nach* z.B. das Kriterium *Name*, wenn Sie die Ressourcen alphabetisch sortieren wollen (Abbildung 5.45).
3. Bestimmen Sie die jeweilige Sortierreihenfolge über die Option *Aufsteigend* bzw. *Absteigend*.
4. Aktivieren Sie das Kontrollkästchen *Dauerhafte Neunummerierung für Ressourcen*, damit die Sortierreihenfolge neu festgelegt wird. Klicken Sie anschließend auf *Sortieren*.

Abbildung 5.46:
Alphabetisch sortiertes Ressourcen-Listenfeld in der Ansicht Balkendiagramm (Gantt)

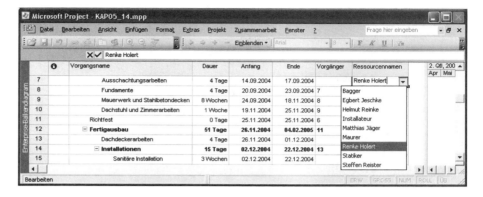

5. Wechseln Sie zurück in die Ansicht *Balkendiagramm (Gantt)* und öffnen Sie das Ressourcen-Listenfeld in der Spalte *Ressourcennamen*. Sie erkennen jetzt, dass das Ressourcen-Listenfeld neu alphabetisch sortiert ist (vgl. Abbildung 5.46).

TIPP Sie können sich das Neusortieren sparen, wenn Sie zum Zuordnen das Dialogfeld *Ressourcen zuordnen* verwenden, das Sie über einen Klick auf das nebenstehend abgebildete Symbol mit den zwei Köpfen erreichen (▶ Kapitel 1). In diesem Dialogfeld werden die Ressourcen automatisch alphabetisch sortiert, wobei die aktuell zugeordneten Ressourcen immer zuerst angezeigt werden.

Gruppierte Auswahllisten mit Verantwortlichen zuordnen

Häufig kommt von Anwendern die Frage, ob Project auch ein Feld *Verantwortung* für zuständige Personen oder Teams neben dem eigentlichen *Ressourcennamen*-Feld verwalten kann. Dies kann durch einen *Gliederungscode* abgebildet werden. Die Felder *Gliederungscode1* bis *Gliederungscode10* werden in Vorgangs- und Ressourcenfelder unterteilt und haben keinen gemeinsamen Inhalt. Vorgangs-Gliederungscodes können nur in Vorgangsansichten, wie z.B. *Balkendiagramm (Gantt)* dargestellt werden.

Die Felder *Gliederungscode1* bis *Gliederungscode10* dienen in Project dazu, Werte (wie in Textfeldern) als gegliederte Listen einzugeben. Diese können sehr gut zur Auswahl in verschiedenen Ebenen und zum Gruppieren verwendet werden. Ziel des Gliederungscodes ist die Darstellung einer vom Projektstrukturplan (*PSP-Code*) unabhängigen Gliederungsstruktur nach alternativen benutzerdefinierten Merkmalen (z.B. verantwortliche Personen oder Teams).

1. Fügen Sie in der Ansicht *Balkendiagramm (Gantt)* die Spalte *Gliederungscode1* ein.
2. Klicken Sie mit der rechten Maustaste auf die Spalte *Gliederungscode1* und wählen Sie im Kontextmenü den Eintrag *Felder anpassen* aus.

Lösungen zu speziellen Fragestellungen

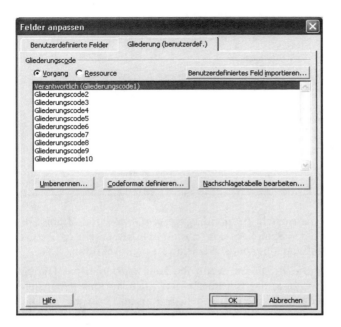

Abbildung 5.47:
Gliederungscode für verantwortliche Personen zu Vorgängen

3. Benennen Sie das Feld *Gliederungscode1* in *Verantwortlich* um, und bestätigen Sie per Klick auf die Schaltfläche *OK*.

Abbildung 5.48:
Gliederungscodedefinition

4. Wählen Sie die Schaltfläche *Codeformat definieren* aus und weisen Sie z.B. für eine zweistufige Hierarchie der Verantwortlichen die in Abbildung 5.48 dargestellten Werte zu.

Abbildung 5.49:
Gliederungsstruktur für verantwortlich beteiligte Personen und Teams

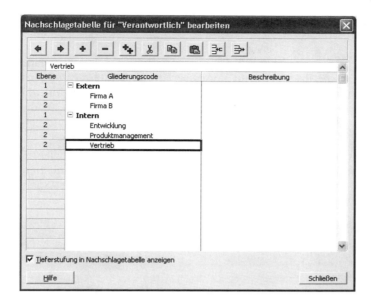

5. Klicken Sie anschließend auf die Schaltfläche *Nachschlagetabelle bearbeiten* und weisen Sie z.B. den in Abbildung 5.49 gezeigten Gliederungscode als Struktur für die Verantwortlichen im Projekt zu.

6. Weisen Sie in einer Balkendiagramm-Ansicht die verantwortlichen Personen oder Teams den Vorgängen zu.

Abbildung 5.50:
Nach verantwortlichen Teams gruppiertes Balkendiagramm

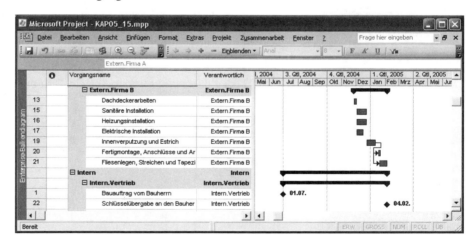

7. Erstellen Sie abschließend noch eine benutzerdefinierte Gruppierung nach dem neuen Feld *Verantwortlich* und gruppieren Sie die Ansicht zur besseren Übersicht danach (vgl. Abbildung 5.50).

Darstellung von externen Vorgängen in einer anderen Schriftfarbe

In ▶ Kapitel 1 haben Sie im Abschnitt »Beschaffung des Projektpersonals« erfahren, dass es sinnvoll ist, externe Ressourcen zu Vorgängen in der Spalte *Kontaktperson* oder (wie zuvor beschrieben) in einem Gliederungscode-Feld mit aufzunehmen. Die Darstellung aller externen Vorgänge mit externen Beteiligten ist deshalb an dieser Stelle sehr hilfreich.

Sie können dazu das Feld *Markiert* verwenden. Dieser Feldtyp bietet sich an, da er als einziges zu änderndes *Ja/Nein*-Feld im Auswahlfeld über den Menübefehl *Format/Textarten* zur Verfügung steht. Die Textarten sind für die generelle Formatierung aller Schriftarten, z.B. normale oder kritische Vorgänge, Sammelvorgänge, Spalten- und Zeilenüberschriften usw. in einer Ansicht zuständig.

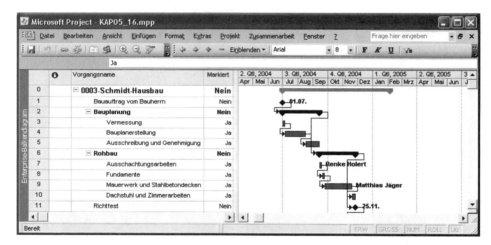

Abbildung 5.51:
Feld Markiert *zur Eingabe einblenden*

1. Blenden Sie in einem ersten Schritt das Feld *Markiert* in der Ansicht *Balkendiagramm (Gantt)* ein (vgl. Abbildung 5.51).

Abbildung 5.52:
Markierte Vorgänge in Textarten formatieren

2. Rufen Sie den Menübefehl *Format/Textarten* auf und selektieren Sie, wie in Abbildung 5.52 dargestellt, in der Liste *Zu ändernder Eintrag* den Eintrag *Markierte Vorgänge*.

3. Weisen Sie eine Formatierung für die Darstellung der markierten externen Vorgänge zu (z.B. fett und kursiv mit blauer Schriftfarbe). Beachten Sie dabei, dass diese Formatierung nur für Schriften auf der linken Tabellenseite angewendet wird. Wie Sie die gesamten Balken im Balkendiagramm in Abhängigkeit von externen Ressourcen formatieren können, wird im nächsten Abschnitt beschrieben.

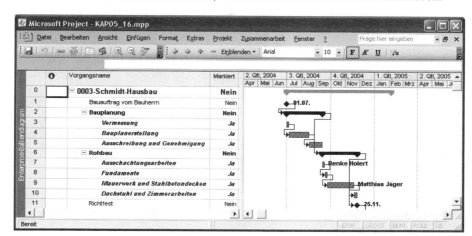

Abbildung 5.53:
Feld Markiert *einzelnen Vorgängen zuweisen*

4. Bestätigen Sie per Klick auf die Schaltfläche *OK* und setzen Sie nun für alle externen Vorgänge den Wert im Feld *Markiert* auf den Eintrag *Ja*.

Sie erkennen nun die farbliche Unterscheidung in Abhängigkeit des Feldes *Markiert* auf der linken Tabellenseite. Wie erwähnt, ist das Feld *Markiert* das einzige Feld, mit dem die Formatierung von Schriften angepasst werden kann. Weitere Lösungs- und Automatisierungsmöglichkeiten stehen nur über die Programmierung von VBA-Makros zur Verfügung (mehr dazu lesen Sie in ▶ Kapitel 11).

WICHTIG Bitte beachten Sie, dass die individuelle Formatierung der markierten Vorgänge pro Ansichtsdefinition gespeichert wird. Dies bedeutet, dass Ihre angepassten Formatierungen, z.B. in der Ansicht *Balkendiagramm (Gantt)*, nicht automatisch in die Ansicht *Balkendiagramm: Überwachung* übernommen werden. Dies hat den Vorteil, dass Sie Ansichten mit unterschiedlichen Formatierungen erstellen und individuell pro Ansicht abspeichern können. Der Nachteil ist, dass Sie pro Ansicht immer wieder die gleichen Formatierungen durchführen müssen, wenn alle Balkendiagramm-Ansichten das gleiche Layout verwenden sollen. Auch dieses Problem kann ggf. mit einem VBA-Makro automatisiert gelöst werden.

Ressourcen farblich unterschiedlich darstellen

Für unterschiedliche Ressourcenzuweisungen zu Vorgängen sollen in einer Balkendiagramm-Ansicht unterschiedliche Balkenfarben vergeben werden, damit die Vorgänge der Ressourcen im Balkendiagramm besser und schneller erkannt werden können. Eine ähnliche Fragestellung könnte auch sein, ob externe und interne

Ressourcen farblich unterschiedliche Balkendiagramm-Darstellungen annehmen können, wie im Beispiel zuvor anhand der markierten Vorgänge beschrieben.

HINWEIS
In Project existieren neben Text-, Kosten-, Datumsfeldern usw. auch so genannte Attribut-Felder, die den Wert *Ja* oder *Nein* annehmen können. Diese gehören zum Datentyp *Boolean (True* oder *False)*. Diese Felder können in der linken Tabellenseite der Ansicht *Balkendiagramm (Gantt)* pro Ressource einen Wert *Ja* oder *Nein* annehmen. Das bedeutet, dass pro Ressource ein Attribut-Feld erstellt und angepasst werden muss.

Damit eignet sich die hier im Folgenden beschriebene Lösung für kleinere Ressourcenmengen und ist leichter anzuwenden, wenn nur eine Ressource pro Vorgang zugewiesen wird. Falls Sie die farbliche Unterscheidung nach Ressourcen für einen größeren Ressourcenpool vornehmen möchten, empfehlen wir Ihnen die in ▶ Kapitel 11 beschriebene VBA-Lösung für die farbliche Gestaltung des Balkendiagramms für Ressourcen.

1. Blenden Sie für die Darstellung der Ressourcenfarben im Balkendiagramm für jede Ressource je ein Attribut-Feld in der Tabelle im Balkendiagramm ein. Es stehen maximal 20 Attribut-Felder für Vorgänge zur Verfügung.

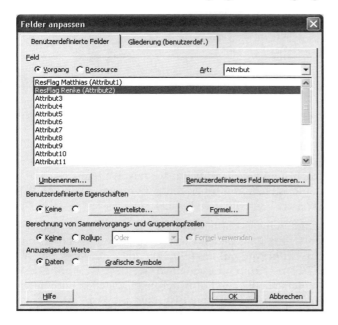

Abbildung 5.54:
Attribute Felder für verschiedene Ressourcen

2. Benennen Sie die Attribut-Felder sinngemäß für jeden Ressourcennamen um (vgl. Abbildung 5.54).
3. Weisen Sie für den Feldnamen nicht nur den Namen der Ressourcen zu, sondern setzen Sie den Feldnamen z.B. mit *ResFlag Ressourcenname* zusammen, damit Sie später in der Liste der Feldnamen alle Attribute pro Ressourcen untereinander sortiert haben.
4. Ergänzen Sie die Definition der Balkenfarben im Menü *Format* mit dem Befehl *Balkenarten* um die Anzahl der erstellten Attributfelder.

5. Legen Sie als Name für die Balken die verwendeten Ressourcennamen fest und wählen Sie in der Darstellung Form, Muster und Farbe Ihrer Wahl.

Abbildung 5.55:
Balkenarten für unterschiedliche Ressourcen und Attribute

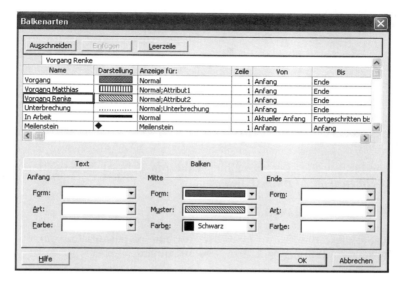

6. Vergeben Sie im Feld *Anzeige für:* die Einträge *Normal* und mit einem Semikolon als Listentrennzeichen getrennt das *Attribut* für die verwendete Ressource (vgl. Abbildung 5.55).

Abbildung 5.56:
Darstellung der Attribute und Balkenarten im Balkendiagramm (Gantt)

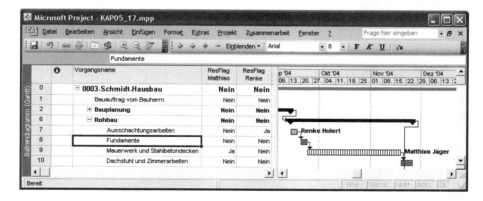

7. Legen Sie, wie in Abbildung 5.56 dargestellt, anschließend manuell pro Ressource in den angezeigten Ressourcenspalten der Attribute den Wert *Ja* fest, wenn die Ressource dem Vorgang zugewiesen ist.

Die Fehleranfälligkeit ist für die manuelle Zuweisung der Ressource pro Vorgang natürlich recht hoch, sodass es sich lohnt, an dieser Stelle über eine erste Automatisierung mit Hilfe von Formeln nachzudenken. Pro Ressourcenattribut-Spalte wird immer nur nach einer Ressource geschaut, die in der Spalte *Ressourcenname* zugewiesen ist. Diesen einfachen Algorithmus kann auch eine *Wenn-Dann*-Formel übernehmen.

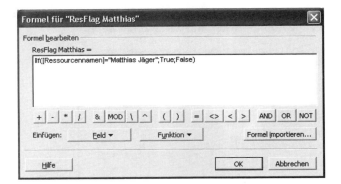

Abbildung 5.57:
Wenn-Dann-Formel zur automatischen Zuweisung der Attribute pro Ressource

1. Definieren Sie für eine Ressourcenattribut-Spalte (im Beispiel in der Abbildung 5.57 für das Feld *ResFlag Matthias*) die Formel:

IIf([Ressourcennamen]="Matthias Jäger";True;False)

2. Wiederholen Sie diese Einträge in jeder der Attributsspalten pro Ressource und ändern Sie jeweils die Prüfung nach dem Ressourcennamen ab.

Verwenden Sie in der *Wenn-Dann*-Funktion (*IIf*-Funktion) in der deutschen Project-Version auch die hier gezeigten Werte *True* und *False*, da die Formel und Funktion bei der Verwendung von *Ja* und *Nein* fehlerhaft sein kann.

ACHTUNG

Ressourcenersetzungsassistent für Nachfrage und Bedarf

Der Ressourcenersetzungsassistent verwendet die Enterprise-Gliederungscodes, um für generische Ressourcen natürliche Enterprise-Ressourcen zu finden und zu ersetzen. Der Ressourcenersetzungsassistent arbeitet dabei mit den Attributen der namentlichen Ressourcen, z.B. Skill bzw. Qualifikationen eines Mitarbeiters und versucht einen Vorschlag für andere gleichartige Ressourcen zu finden, falls die erste Ressource überlastet ist.

Der Ressourcenersetzungsassistent kann außerdem Vorschläge für aktuell zugewiesene Ressourcen unterbreiten und damit die Belastung von Ressourcen über mehrere Projekte hinweg optimal zeitlich beeinflussen.

Es gibt jedoch immer wieder die Ausgangslage, dass der Ressourcenersetzungsassistent keinen Vorschlag für das Ersetzen einer aktuellen Ressourcenzuordnung vornehmen soll. Dafür können Sie die Felder *Nachfrage* und *Bedarf* im Ressourcenzuordnungsdialog verwenden.

Abbildung 5.58:
Nachfrage und Bedarf-Felder für den Ressourcenersetzungsassistenten

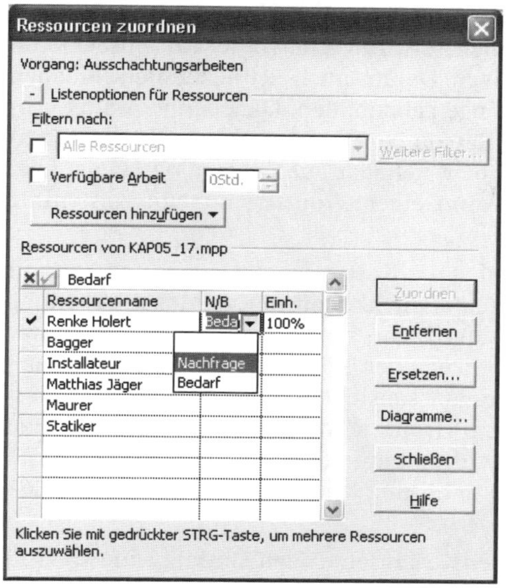

Das Feld *Nachfrage/Bedarf* kann folgende Inhalte haben:

- **Leer:** Wenn keine Änderungen vorgenommen sind, ist das Feld standardmäßig leer. Dies bedeutet, dass der Ressourcenersetzungsassistent andere Ressourcen mit gleichen Skills und Qualifikationen vorschlagen und bei Bestätigung auch ersetzen kann.
- **Nachfrage:** Sie sollten diese Option verwenden, wenn Sie die Ressource zum Vorgang zugeordnet lassen möchten. Der Ressourcenersetzungsassistent schlägt einen Ersatz der Ressource vor, wenn diese durch andere Vorgänge oder Projekte überlastet ist.
- **Bedarf:** Bei dieser Option schlägt der Ressourcenersetzungsassistent keine anderen gleich qualifizierten und freien Ressourcen vor und ändert keine Ressourcenzuordnungen an aktuellen Vorgängen ab. Auch bei einer Überlastung der zugeordneten Ressource schlägt der Ressourcenersetzungsassistent keine Alternative vor. Dies bedeutet, dass ein Abgleich der Ressourcenüberlastung immer manuell vom Anwender selbst durchgeführt werden muss.

Kostenmanagement

Deckungsbeitrag für das Projekt ermitteln

Eine häufige Fragestellung ist, ob Project Kostensätze pro Ressource und Projekt bzw. Vorgang unterscheiden kann, um z.B. durch Gegenüberstellung von Selbstkosten und Umsatz den Deckungsbeitrag für ein Projekt zu errechnen. Die Aufgabenstellung lautet also, wie man gleichzeitig Selbstkosten, also den Kostensatz, den man selbst für die Ressource bezahlt, und den Umsatz, also den Betrag, dem man den Kunden für die Ressource berechnet, nebeneinander darstellt.

Wie in ▶ Kapitel 3 dargestellt wurde, unterstützt Project pro Ressource die Vergabe von Standardsätzen für Kosten pro Zeiteinheit, z.B. 100 €/h. Dieser Kostensatz kann durch Einschränkungen mit einem effektiven Datum auch zeitlich unterschiedlich hoch sein, um z.B. jährliche Kostensteigerungen abzubilden. Daneben verwaltet Project insgesamt fünf Kostensatztabellen pro Ressource. Die Auswahl der Kostensatztabelle kann jedoch nur auf Vorgangsebene, bzw. genauer auf Zuordnungsebene, aber nicht auf Projektebene erfolgen. Zudem kann einem Vorgang nur ein Kostensatz zugeordnet werden.

Damit ist es notwendig, durch zwei Szenarien die Kosten zu errechnen und dann in benutzerdefinierten Feldern abzuspeichern. Möglichkeiten, diese Aufgabenstellung über eine Formel abzubilden, bestehen leider nicht, da Formeln nicht auf Zuordnungsfelder von Ressourcen und Vorgängen zugreifen können, sondern nur Formeloperationen – entweder für Vorgänge in Vorgangsansichten oder Ressourcen in Ressourcenansichten – durchführen. Aus diesem Grund wird in diesem Kapitel nur eine manuelle Methode durch *Kopieren* und *Einfügen* dargestellt, die für den herkömmlichen Gebrauch ausreicht. Eine automatisierte Lösung wird in ▶ Kapitel 11 über VBA beschrieben.

Im Folgenden gehen wir davon aus, dass der Kostensatz A den Umsatz widerspiegelt und dass über einen zusätzlichen Kostensatz B die Selbstkosten errechnet werden sollen. Führen Sie dazu folgende Schritte aus:

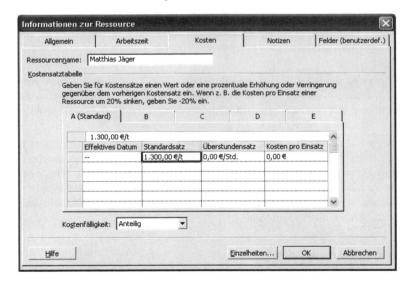

Abbildung 5.59:
Fakturierbaren Kostensatz (Umsatz) festlegen

1. Öffnen Sie den Enterprise-Ressourcenpool, öffnen Sie das Dialogfeld *Informationen zur Ressource* und legen Sie als fakturierbaren Kostensatz für die Ressource (Umsatz) in der Kostensatztabelle A den Standardsatz in Höhe von 1.300 € fest.

Abbildung 5.60:
Selbstkostensatz festlegen

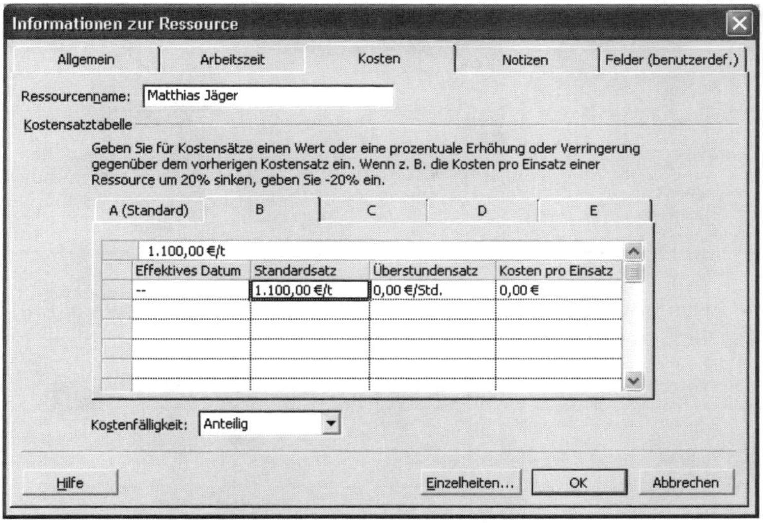

2. Wechseln Sie zur Registerkarte B und legen Sie für die Kostensatztabelle B als Selbstkostensatz den Standardsatz in Höhe von 1.100 € fest.

Abbildung 5.61:
Umbenennen des Kostenfeldes für die Selbstkosten

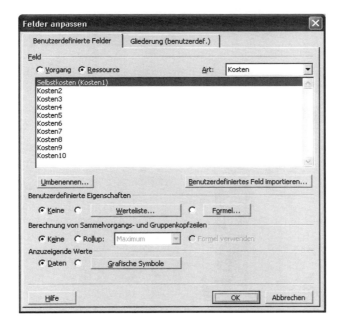

3. Benennen Sie das benutzerdefinierte Ressourcen-Kostenfeld *Kosten1* in *Selbstkosten* um.

Lösungen zu speziellen Fragestellungen

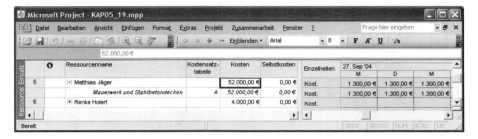

Abbildung 5.62:
Darstellung der Kosten (= Umsatz) und Selbstkosten in einer Ressourcen-Einsatz-ansicht

4. Erstellen Sie (wie in Abbildung 5.62 dargestellt) in der Ansicht *Ressource: Einsatz* eine neue Tabelle und blenden Sie die dargestellten Felder ein.

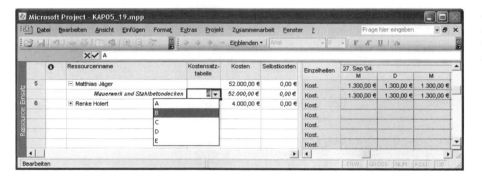

Abbildung 5.63:
Festlegen des Selbstkostensatzes

5. Legen Sie nun vorübergehend den Selbstkostensatz (Kostensatztabelle B) für die Ressourcen fest.

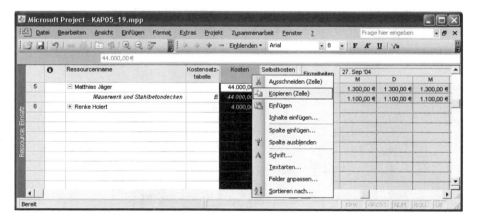

Abbildung 5.64:
Kopieren der Selbstkosten

6. Kopieren Sie die errechneten Selbstkosten.

Abbildung 5.65:
Einfügen der Selbstkosten

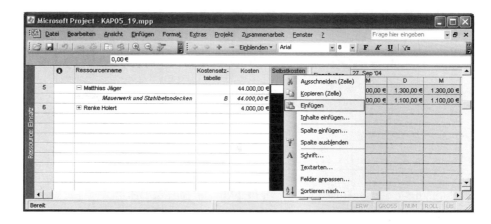

7. Fügen Sie diese nun in die vorbereitete Spalte *Selbstkosten* ein.
8. Setzen Sie nun die Kostensatztabelle wieder auf den ursprünglichen Wert zurück.

Abbildung 5.66:
Zurückstellen auf den fakturierbaren Kostensatz

Sie sehen jetzt in der Gegenüberstellung den Umsatz (Kosten) und die Selbstkosten.

TIPP Über eine Formel können Sie jetzt auch noch den Deckungsbeitrag als Differenz der beiden Kostensätze errechnen.

Multiprojektmanagement

Zusammenführen von Projekten in einer Multiprojektübersicht

Für eine schnelle Zusammenführung von mehreren Projekten in einer Multiprojektsicht benötigen Sie nur wenige Handgriffe.

1. Öffnen Sie die entsprechenden Projektdateien, die zusammengeführt werden sollen, und rufen Sie den Menübefehl *Fenster/Neues Fenster* auf.
2. Im Dialogfeld *Neues Fenster* wählen Sie in der Projektliste die Projekte mit Hilfe der Maus und der Strg-Taste aus.

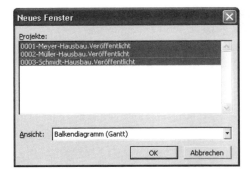

Abbildung 5.67:
Projekte für das Hauptprojekt auswählen

3. Wählen Sie die gewünschte Ansicht und klicken Sie auf *OK*.

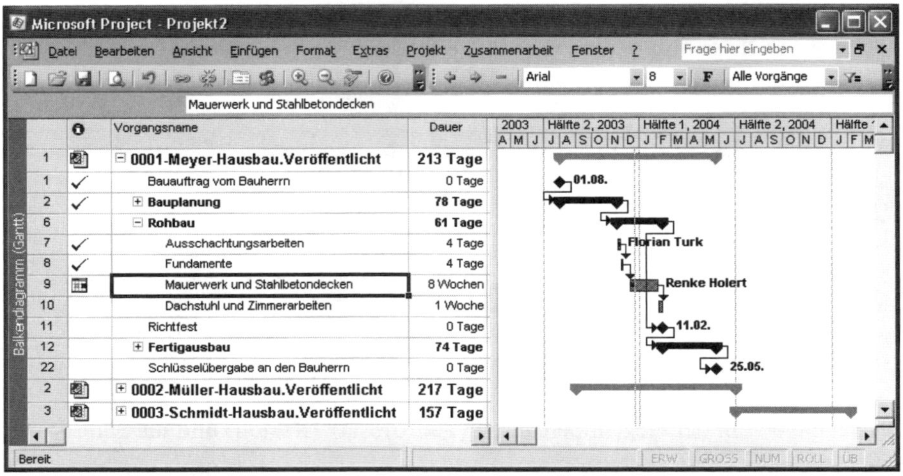

Abbildung 5.68:
Multiprojektansicht im Hauptprojekt

Project hat eine neue temporäre Datei erstellt. Für jedes Projekt wird ein Projektsammelvorgang eingefügt. Die zusammengeführten Projekte nennt man *Hauptprojekt* oder auch *konsolidiertes Projekt*.

Beachten Sie, dass die Teilprojekte im Hauptprojekte mit den Original-Teilprojekten verknüpft sind. D.h. jede Änderung, die Sie in der Multiprojektansicht vornehmen, wird beim Speichern auch in das Original-Teilprojekt übernommen. Wenn Sie dieses Verhalten ändern möchten, führen Sie einen Doppelklick auf den Projektsammelvorgang aus und aktivieren Sie auf der Registerkarte *Spezial* das Kontrollkästchen *Schreibgeschützt* (vgl. Abbildung 5.69).

ACHTUNG

Abbildung 5.69:
Eigenschaften des Teilprojektes festlegen

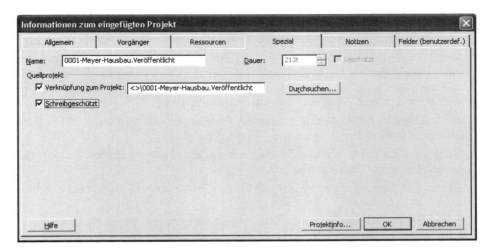

ACHTUNG Standardmäßig können Sie Hauptprojekte weder auf dem Project Server speichern noch veröffentlichen.

Abbildung 5.70:
Serverkonfiguration

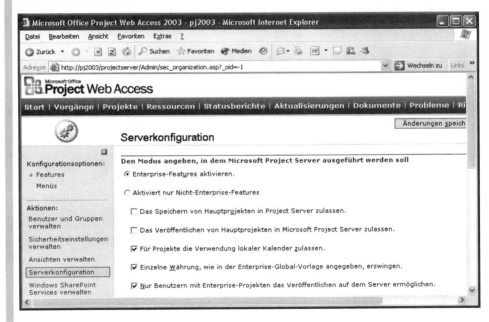

Beides lässt sich auf dem Server jedoch einschalten (vgl. Abbildung 5.70). Während das Speichern von Hauptprojekten auf dem Project Server keine negativen Auswirkungen hat, ist vom Veröffentlichen dringend abzuraten, da Sie Gefahr laufen, Zuordnungen doppelt zu veröffentlichen.

Teilprojekt in ein bestehendes Hauptprojekt einfügen

Sie können nachträglich Teilprojekte in das Hauptprojekt über das Menü *Einfügen/Projekt* einfügen. Die Schwierigkeit hierbei besteht darin, das Teilprojekt auf der obersten Gliederungsebene (Ebene 1) einzufügen, da sich ein bereits auf einer niedrigeren Stufe eingefügtes Teilprojekt im Nachhinein nicht mehr höher stufen lässt. Um diesen Effekt zu vermeiden, gehen Sie folgendermaßen vor:

1. Wählen Sie den Befehl *Einblenden* in der *Format*-Symbolleiste und anschließend *Gliederungsebene1*.
2. Klicken Sie auf die Vorgangszeile unterhalb des sichtbaren Vorgangs, bei dem das eingefügte Projekt platziert werden soll.
3. Wählen Sie die Befehlsfolge *Einfügen/Projekt* und dann die entsprechende Projektdatei aus (Abbildung 5.71).
4. Prüfen Sie das Kontrollkästchen *Mit Projekt verknüpfen*, wenn Sie eine dauerhafte Verknüpfung mit dem Ursprungsprojekt beibehalten möchten, und klicken Sie anschließend auf *Einfügen*.

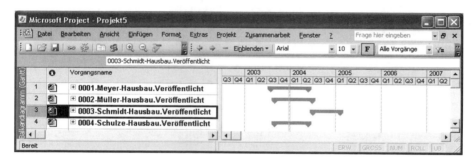

Abbildung 5.71: *Richtiges Einfügen von Teilprojekten bei Darstellung der ersten Gliederungsebene im Hauptprojekt*

Hyperlink auf Teilprojekt im Hauptprojekt setzen

Sie können die wichtigsten Informationen der Teilprojekte auch über das Hauptprojekt bearbeiten. Es gibt jedoch auch Einschränkungen. Zum Beispiel können Sie nicht die *Datei-Eigenschaften* direkt im Hauptprojekt für ein Teilprojekt bearbeiten. Außerdem können die Projektsammelvorgänge von Teilprojekten nicht editiert werden. Die sichtbaren Sammelvorgänge in den Hauptprojekten sind Hauptprojektvorgänge und nicht die Projektsammelvorgänge.

Für eine erste Budgetierung der Kosten wäre es z.B. eine gute Alternative, über die zusammengeführten Projektsammelvorgänge in einem Feld *Kosten1* diese Top-Down zu verteilen und anschließend nach der Feinplanung in den Projekten miteinander zu vergleichen.

Die Lösung dieses Problems ist ein direkter Link vom Hauptprojekt auf das Teilprojekt über die Felder *Teilprojektdatei* und *Hyperlink* und die Navigation über die Symbolleiste *Web*. Führen Sie folgende Schritte aus:

1. Blenden Sie nur die Vorgänge der *Gliederungsebene 1* im Hauptprojekt ein, um einen Gesamtüberblick über alle Teilprojekte zu erhalten.

Abbildung 5.72:
Hyperlinks auf Teilprojekte

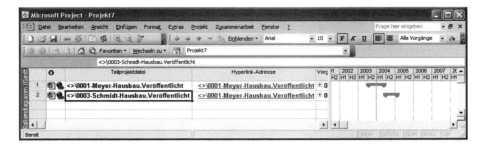

2. Kopieren Sie die Inhalte der Spalte *Teilprojektdatei* in die Spalte *Hyperlink-Adresse*.

Sie erhalten damit (wie in Abbildung 5.72 dargestellt) in der Spalte der *Indikatoren* und in der Spalte *Hyperlink* die direkte und schnelle Möglichkeit, zu Teilprojektdateien zu wechseln und die Detaildaten, z.B. für *Datei/Eigenschaften,* im Teilprojekt direkt zu bearbeiten.

Berichtswesen

Der Portfolio-Analysierer des Project Web Access bietet allen Projektbeteiligten Zugang zu sämtlichen Gesamt- und Detailinformationen von veröffentlichten Projekten und Ressourcen. Durch das nicht weiter entwickelte **Berichtswesen** in Project ist der Portfolio-Analysierer für alle Projektleiter eine interessante Alternative für das einheitliche und standardisierte Berichtswesen im Einzel- und Multiprojektmanagement.

Die durch den OLAP-Cube zur Verfügung gestellten Daten können auf vielfältige Weise in Berichten dargestellt und analysiert werden. Die Berichte können von einem Administrator oder einem Zentralverantwortlichen vordefiniert werden und vom Anwender, der die Zugriffsberechtigung auf die Ansichten und den OLAP-Cube mit allen zwischengespeicherten Daten hat, temporär für weitere Auswertungen geändert werden. Der Anwender kann die im Project Web Access persönlich erstellten Auswertungen auch in einer Excel-Datei mit direkter Verknüpfung auf die Project Server-Datenbank abspeichern, jedoch nicht das zentral vorgegebene Berichtswesen mit vordefinierten Portfolio-Analysierer-Ansichten ändern.

In diesem Abschnitt werden wir verschiedene Beispiele für Berichte vorstellen und die Weiterbearbeitung mit Excel beschreiben. Im Einzelnen handelt es sich um:

- Kostenabweichungen nach Projekten
- Kumulierte Projektkosten
- Weitere Beispiele für Berichte
- Berichte zu Excel exportieren

Lesen Sie auch mehr zur Erstellung der Portfolio-Analysierer-Ansichten und die technischen Voraussetzungen in ▶ Kapitel 9. Näheres zur Verwendung des Portfolio-Analysierers für Führungskräfte und Controller finden Sie in ▶ Kapitel 4.

Kostenabweichungen nach Projekten

In diesem Beispiel soll die Differenz der geplanten Kosten aus dem Basisplan mit den berechneten Kosten ermittelt werden. Standardmäßig ist dieses Feld (*Gesamtsumme*) nicht in der Feldliste des Portfolio-Analysierers vorhanden.

Fehlende Gesamtsummen können jedoch selbst ergänzt werden (*berechnetes Gesamtergebnis*).[1] Um die Ansicht *Kostenabweichung nach Projekten* zu erstellen, gehen Sie folgendermaßen vor:

1. Öffnen Sie Microsoft Project Web Access.
2. Wählen Sie im Menü *Administration* den Befehl *Ansichten verwalten*.

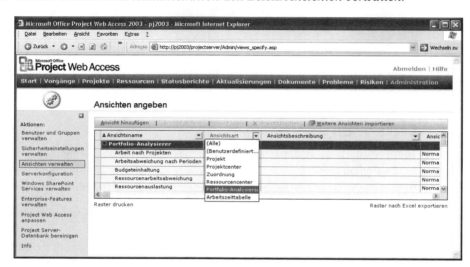

Abbildung 5.73:
AutoFilter für die Erstellung von Portfolio-Analysierer-Ansichten

3. Zur schnelleren Auswahl der Portfolio-Analysierer-Ansichten klicken Sie auf den *AutoFilter* in der Spalte *Ansichtsart* (vgl. Abbildung 5.73).
4. Klicken Sie auf die Schaltfläche *Ansicht hinzufügen*.
5. Geben Sie im Bereich *Ansichtsname und Beschreibung* im Feld *Name* den Text *Kostenabweichung nach Projekten* ein und ergänzen Sie ggf. eine Beschreibung.
6. Stellen Sie sicher, dass im Bereich *Portfolio-Analysierer-Modus* die Option *PivotTable mit Diagramm* ausgewählt ist. Obwohl Sie an dieser Stelle eventuell nur ein Diagramm erstellen möchten, ist es wichtig, hier beide Optionen auszuwählen, weil die Option zum Berechnen eines neuen Gesamtergebnisses nur in der Symbolleiste der Pivot-Tabelle zur Verfügung steht.
7. Klicken Sie auf den *PivotTable*-Bereich, damit die Feldliste angezeigt wird. Sollte die Feldliste nicht angezeigt werden, klicken Sie auf die in der Symbolleiste der Pivot-Tabelle enthaltene Schaltfläche *Feldliste* wie nebenstehend abgebildet.

---

[1] Die Begriffe »Gesamtsumme« und »Gesamtergebnis« sind synonym. Es handelt sich um unterschiedliche deutsche Übersetzungen des englischen Begriffs »Totals«.

Abbildung 5.74:
Gesamtsummen für Kosten *und* Geplante Kosten *einfügen*

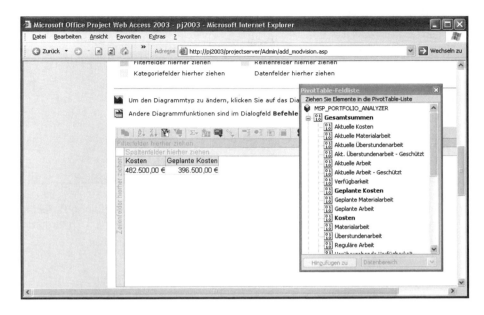

8. Ziehen Sie per Drag & Drop aus der Feldliste unter dem Knoten *Gesamtsummen* die Felder *Kosten* und *Geplante Kosten* in den mit *Gesamtsummen oder Detailfelder hierher ziehen* bezeichneten gelben *Datenbereich* (vgl. Abbildung 5.74).

Abbildung 5.75:
Dimension Projekte *einfügen*

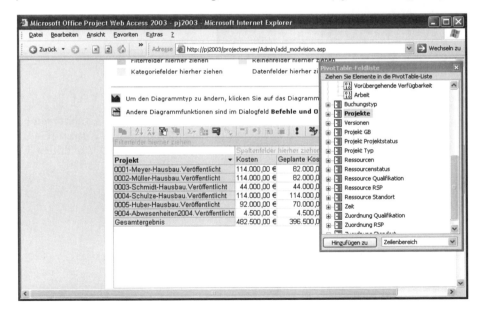

9. Ziehen Sie danach das Dimensions-Feld *Projekte* in den mit *Zeilenfelder hierher ziehen* bezeichneten grünen *Zeilenbereich* in der Pivot-Tabelle (vgl. Abbildung 5.75).

Lösungen zu speziellen Fragestellungen

Abbildung 5.76: Neue Gesamtsumme erstellen

10. Klicken Sie in der Symbolleiste der Pivot-Tabelle auf die Schaltfläche *Berechnete Ergebnisse und Gesamtfelder* und wählen Sie (wie in Abbildung 5.76 dargestellt) den Befehl *Berechnetes Gesamtergebnis erstellen* aus.

Abbildung 5.77: Neue Gesamtsumme definieren

11. Tippen Sie im Dialogfeld *Befehle und Optionen* den Namen *Kostenabweichung* ein und wählen Sie im rechten unteren Listenfeld den Eintrag *Kosten (Gesamt)* aus. Klicken Sie danach auf die Schaltfläche *Verweisen auf* (vgl. Abbildung 5.77).

Abbildung 5.78: Formel festlegen

12. Ergänzen Sie die Formel zur Berechnung der Kostenabweichung wie folgt (vgl. Abbildung 5.78):

`[Measures].[Cost]-[Measures].[Baseline Cost]`

13. Klicken Sie im Dialogfeld *Befehle und Optionen* auf die Schaltfläche *Ändern*, um die neue Gesamtsumme der Feldliste und dem Datenbereich hinzuzufügen.

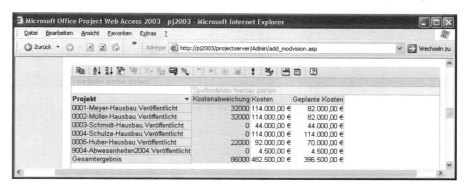

Abbildung 5.79:
Neue Gesamtsumme als berechnetes Feld in der Feldliste und im Diagramm sichtbar

Sie sehen nun die neue berechnete Gesamtsumme in der Pivot-Tabelle. Im Gegensatz zu den vorhanden Gesamtsummen wird der Betrag jedoch ohne Währungssymbol dargestellt. Um dieses zu ergänzen und die Erstellung der Ansicht abzuschließen, gehen Sie folgendermaßen vor:

Abbildung 5.80:
Formatoptionen für die neue Gesamtsumme festlegen

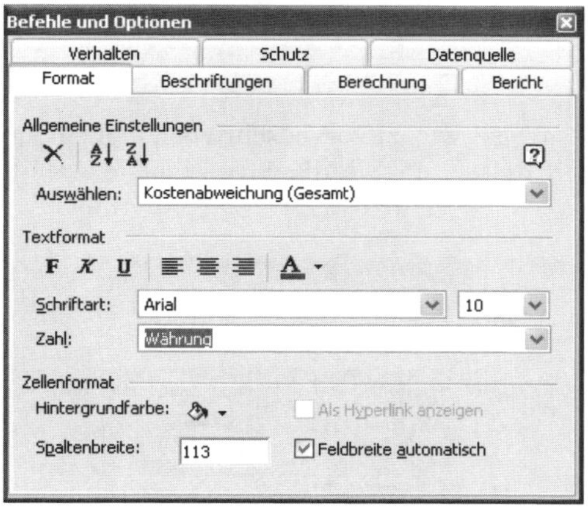

1. Klicken Sie auf das Feld *Kostenabweichung* in der Pivot-Tabelle und rufen über das Kontextmenü den Befehl *Befehle und Optionen* auf. Wählen Sie dort auf der Registerkarte *Format* im Feld *Zahl* den Eintrag *Währung* aus und schließen Sie das Dialogfeld (vgl. Abbildung 5.80).
2. Fügen Sie die Kategorie *Eigene Organisation* dem Feld *Kategorien* (zu denen diese Ansicht gehört) hinzu, damit alle Benutzergruppen, die zu dieser Kategorie gehören, ebenfalls auf diese Ansicht zugreifen können.
3. Klicken Sie abschließend auf die Schaltfläche *Änderungen speichern*.

Kumulierte Projektkosten

Als weiteres Beispiel stellen wir die Auswertung der berechneten Kosten pro Zeiteinheit (z.B. Jahre, Quartale oder Monate) gegenüber den über den Projektverlauf kumulierten Kosten vor. Da in der Standardfeldliste keine kumulierten Gesamtsummen für Kosten enthalten sind, muss wiederum eine neue berechnete Gesamtsumme erstellt werden.

Die Aufgabenstellung ist in der Reihenfolge des Ablaufs die gleiche wie zuvor beschrieben, unterscheidet sich jedoch darin, dass die Berechnung der kumulierten Werte schwieriger ist als die einfache Subtraktion der Felder zweier Kostenfelder. Um die Ansicht zu erstellen, führen Sie folgende Schritte aus:

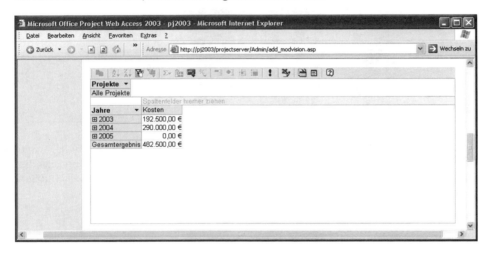

Abbildung 5.81: Projektkosten nach Jahren

1. Erstellen Sie auf die gleiche Art und Weise wie zuvor beschrieben eine neue Ansicht *Kumulierte Projektkosten* und definieren Sie die Pivot-Tabelle wie in Abbildung 5.81 gezeigt.

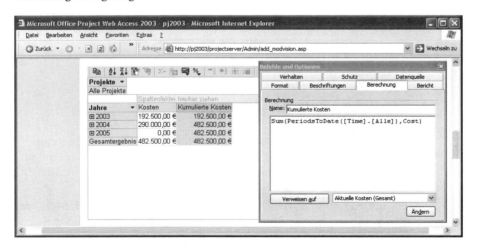

Abbildung 5.82: Formel zur Berechnung der kumulierten Kosten

2. Erstellen Sie eine neue berechnete Gesamtsumme mit dem Namen *Kumulierte Kosten*, und ergänzen Sie die folgende Formel zur Berechnung der kumulierten Kosten (vgl. Abbildung 5.82):

```
Sum(PeriodsToDate([Time].[Alle]),Cost)
```

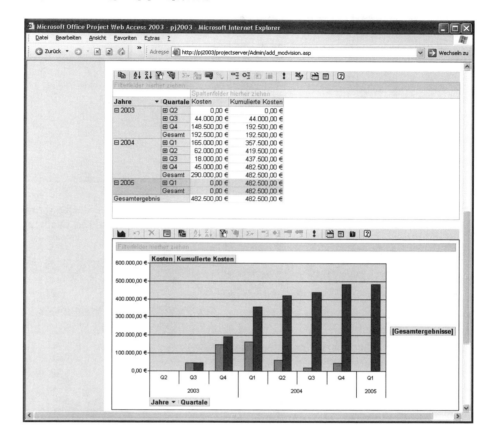

Abbildung 5.83: Erweiterung der Dimension Zeit von Jahren auf Quartale

3. Erweitern Sie die Zeitdimension auf Quartale, indem Sie auf das Plussymbol vor der Jahreszahl klicken, sodass die Darstellung wie in Abbildung 5.83 gezeigt aussieht.

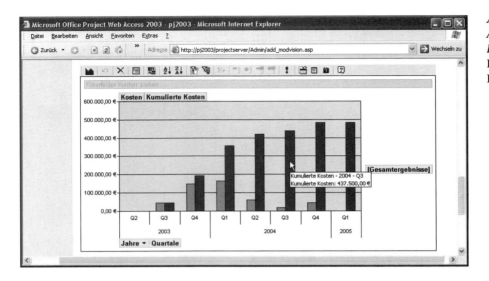

Abbildung 5.84: Auswahl der Datenreihe Kumulierte Kosten

4. Klicken Sie zweimal langsam nacheinander auf eine beliebe Säule der Datenreihe *Kumulierte Kosten*. Wenn Sie dies korrekt ausgeführt haben, wird das Diagrammsymbol in der linken oberen Ecke des Diagramms aktiv.

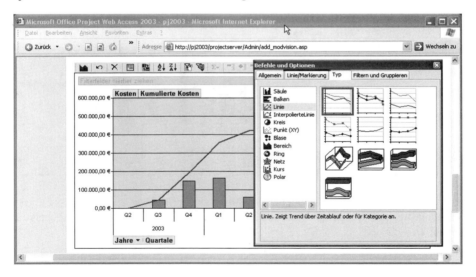

Abbildung 5.85: Auswahl des Linien-Trend-Diagramms für die kumulierten Kosten

5. Klicken Sie auf das Diagrammsymbol und wählen Sie im linken Bereich der Registerkarte *Typ* des Dialogfeldes *Befehle und Optionen* den Eintrag *Linie* aus und danach das Symbol für das Liniendiagramm *Trend*. Schließen Sie das Dialogfeld wieder.

Abbildung 5.86:
Einblenden der Legende

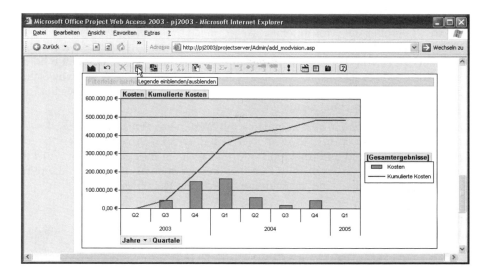

 6. Klicken Sie in der Symbolleiste auf das Legenden-Symbol, um die Legende einzublenden.
7. Schließen Sie danach die Erstellung der Ansicht ab und speichern Sie diese.

Weitere Beispiele für Berichte

Ergänzend zu den zuvor ausführlich beschriebenen Portfolio-Analysierer-Ansichten, stellen wir im Folgenden noch ein paar Beispiele als Anregungen vor.

Kosten- und Arbeitsabweichungen als Blasendiagramm

Abbildung 5.87:
Kosten- und Arbeitsabweichung

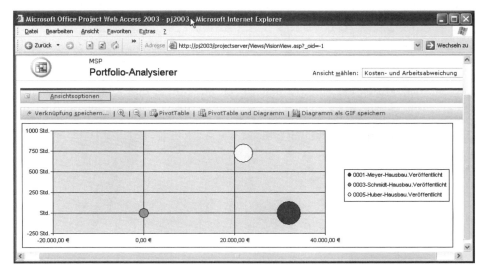

Lösungen zu speziellen Fragestellungen

In Abbildung 5.87 entspricht die Größe der Kreise der Arbeitsmenge der einzelnen Projekte. Je größer der Kreisdurchmesser ist, umso arbeitsintensiver ist das Projekt. Die X-Achse gibt die Kostenabweichung wieder. Je weiter rechts das Projekt liegt, umso eher ist es von den geplanten Kosten im Verhältnis zu den momentan berechneten Kosten abgewichen. Die Y-Achse bildet das gleiche für die Arbeitsabweichung ab. Beide Abweichungsfelder müssen als neue Gesamtsummen, wie weiter oben beschrieben, neu berechnet werden.

Das dargestellte *Bubble Chart* kann auch mit Werten aus *Projektpotenzial, Projektattraktivität, Projektstatus, Projekt ROI* mit Enterprise-Projekt-Gliederungscodes dargestellt werden und im Projektportfolio-Management für eine zentrale Projektservicestelle oder ein Projektportfolio Entscheidungsgremien als zwei- bzw. dreidimensionale Portfolioanalyse eine transparente Entscheidungshilfe geben.

TIPP

Geplante und berechnete Kosten als Ringdiagramm

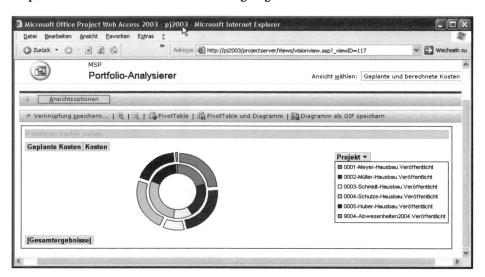

Abbildung 5.88:
Geplante und berechnete Kosten

In der Abbildung 5.88 stellt der Anteil der Ringausschnitte den Anteil an den Gesamtprojektkosten dar. Diese können nach Standorten und Zeiträumen gefiltert werden. Der äußere Kreis stellt die berechneten Kosten dar, der innere Ring die geplanten Kosten. An der Veränderung der Anteile (Größe des Kreisausschnitts) kann die Abweichung zur Planung (innerer Kreis) erkannt werden.

Verfügbarkeiten von Team-Ressourcen gegenüber kalkulierter Arbeit

Abbildung 5.89: Ressourcenauslastung nach Qualifikation

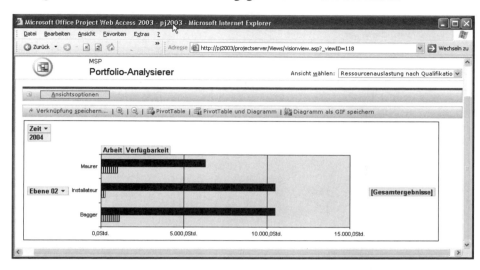

Das Balkendiagramm in Abbildung 5.89 stellt pro Qualifikation die Verfügbarkeit in einem gefilterten Zeitraum gegenüber der bereits berechneten Arbeit dar. Interessante Filtermöglichkeiten wären z.B. nach Ressourcen, Standort oder organisatorischer Zugehörigkeit entsprechend des Ressourcenstrukturplans (RSP).

Arbeitsabweichung nach Perioden als 3D-Säulendiagramm

Abbildung 5.90: Arbeitsabweichung nach Perioden

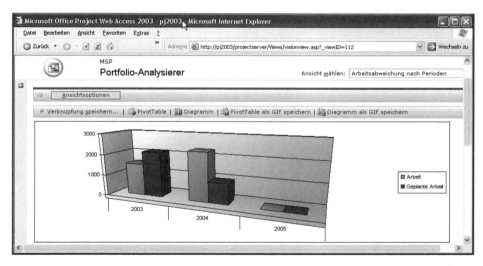

In der Abbildung 5.90 wird die gesamte berechnete Arbeit der geplanten Arbeit aller Projekte nach Perioden gegenübergestellt. Wissenswerte Filtermöglichkeiten sind z.B. der Geschäftsbereich, Standort, Projektart oder Projektleiter.

Lösungen zu speziellen Fragestellungen

Arbeit nach Projekten als gestapelte 3D-Säulendiagramm

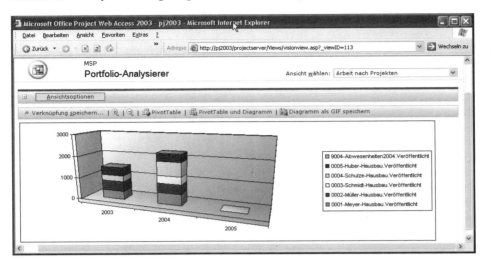

Abbildung 5.91: Arbeit nach Projekten

Die Abbildung 5.91 stellt den Arbeitsanteil jedes einzelnen Projektes pro Periode dar. Dieser Bericht gibt Ihnen einen Überblick, welche Projekte in welcher Periode Ihre Ressourcen binden.

Wie Sie den einzelnen Beispielen entnehmen können, gibt es kaum eine Fragestellung, die nicht dem auf den Office Web Components und Analysis Server basierenden Portfolio-Analysierer zu beantworten wäre. Sollten Sie jedoch an die Grenzen stoßen, z.B. wenn Sie vorgangsbezogene Berichte erstellen möchten, können Sie diese Komponenten selbst erweitern (▶ Kapitel 13).

6 Project für Berater

209	Definitionsphase
211	Entwurfsphase
214	Prototypphase
215	Pilotphase
217	Einführungsphase
218	Optimierungsphase

Dieses Kapitel richtet sich an **Berater**. Unter Berater werden hier alle diejenigen internen und externen Personen verstanden, die den Einsatz von Projektmanagementmethodik und -werkzeugen in der Organisation vorantreiben.

Ihr Ziel ist es, den **Reifegrad** der Organisation beim Einsatz dieser organisatorischen und technischen Werkzeuge zu verbessern. Dieser Bestrebung liegt die Vorstellung zugrunde, dass es möglich ist, den Reifegrad einer Organisation in diesen Bereichen zu bestimmen und schrittweise zu steigern. Diese Vorstellung geht auf Watts Humphreys *Capability Maturity Model (CMM)* zurück und wird seit Dezember 2003 u.a. vom PMI für den Bereich des Projektmanagements im *Organizational Project Management Maturity Model (OPM3)* manifestiert. Im Gegensatz zu früheren Modellen zielen diese Modelle nicht darauf ab, einen statischen Zustand der höchsten Fähigkeit zu erreichen, sondern vielmehr die Fähigkeit zu erlangen, »reif« zu bleiben.

Abbildung 6.1: Implementierungsprojekt

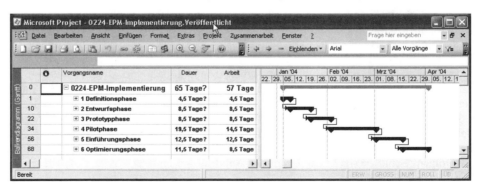

Der Ausgangspunkt für die Verbesserung von Methoden und Werkzeugen im Bereich des Projektmanagements und damit für das **Implementierungsprojektes** (vgl. Abbildung 6.1) ist eine Ist-Analyse. Auf die Ist-Analyse folgt ein Vergleich mit dem Idealzustand bzw. der nächsten Reifegradstufe. Im Anschluss daran erfolgt auf Basis von Wirtschaftlichkeitsrechnungen, wie z.B. einer Kosten/Nutzen-Analyse, die Entscheidung, welche Teilbereiche verbessert werden sollen und wie dabei vorgegangen werden soll (Definitionsphase).

Ziel der Implementierung ist, sehr schnell auf Basis eines groben Entwurfs (Entwurfsphase) einen Prototyp zu erstellen (Prototypphase). Dieser wird in der Pilotphase solange getestet und optimiert, bis er den notwendigen Reifegrad erreicht hat. Danach wird das gesamte System im geplanten Einsatzbereich eingeführt und produktiv gesetzt (Einführungsphase). Als letzte Phase schließt sich für einen begrenzten Zeitraum die Begleitung des Produktivbetriebs an mit dem Ziel, das Gesamtsystem optimal einzustellen (Optimierungsphase).

Unter **System**[1] werden hierbei nicht ausschließlich das Projektmanagementwerkzeug (also Project) verstanden, sondern auch die notwendigen Prozesse, um das Projektmanagement entsprechend der gewählten Methodik umzusetzen (Projektmanagementprozesse).

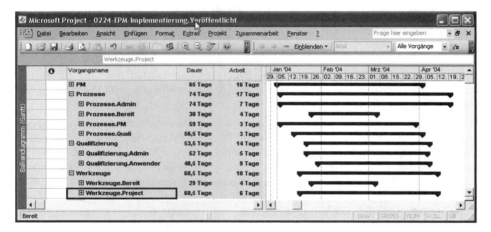

Abbildung 6.2:
Projektstrukturplan

Primärer (Liefer-)Gegenstand des Implementierungsprojektes ist damit die Gestaltung von Project und den Projektmanagementprozessen. Nicht zum »System«, jedoch zum Inhalt und Umfang (Scope) des Implementierungsprojektes gehören die Gestaltung und Ausführung der notwendigen Prozesse, um Project erstmalig in Betrieb zu nehmen (Bereitstellungsprozesse) und dauerhaft auszuführen (Administrationsprozesse). Darüber hinaus zählt ebenso zum Inhalt und Umfang des Implementierungsprojektes, zu definieren und zu testen, wie alle Beteiligten in die Lage versetzt werden können, das System erfolgreich einzusetzen (Qualifizierungsprozesse) und dieses Wissen in der Organisation zu multiplizieren (Qualifizierung). Schließlich gehört zum Inhalt und Umfang noch das Projektmanagement für das Implementierungsprojekt selbst. Somit kann der Inhalt und Umfang des Projektes z.B. folgendermaßen strukturiert werden (Abbildung 6.2):

---

[1] Microsoft verwendet für das unternehmensweit einsetzbare Projektmanagementsystem (PMS) den Begriff »Enterprise Project Management Solution« (EPM Solution).

- Gestaltung der **Werkzeuge** für das/die
  - Projektmanagement: **Project**
  - Bereitstellung von Project (**Bereit**)
- Gestaltung und Ausführung der **Prozesse** für das/die
  - Projektmanagement (**PM**)
  - Qualifizierung der Anwender (**Quali**)
  - **Admin**istration des PM-Werkzeugs
  - Bereitstellung des PM-Werkzeugs (**Bereit**)
- **Qualifizierung der**
  - **Anwender**
  - **Admin**istratoren
- Projektmanagement (**PM**) bei der Implementierung

TIPP Bei der Implementierung ist eine Vielzahl von »Einmalaufgaben« notwendig. Zudem besteht ohne tiefe Kenntnis von Werkzeug und Methode aufgrund der Komplexität des Gesamtsystems ein großes Risiko, fehlgeleitet vorzugehen. Es ist wirtschaftlich empfehlenswert, die Implementierung durch einen spezialisierten Berater mit einer Erfahrung von mindestens fünf Jahren in diesen Bereich zu unterstützen.

Definitionsphase

Ziel der **Definitionsphase** ist es, den Inhalt und Umfang des Implementierungsprojektes festzulegen. Dieses Ziel erreichen Sie z.B. dadurch, dass Sie die Ist-Situation des Kunden analysieren, Defizite aufzeigen und Wege erschließen, wie diese beseitigt werden können. Führen Sie dazu folgende Schritte aus:

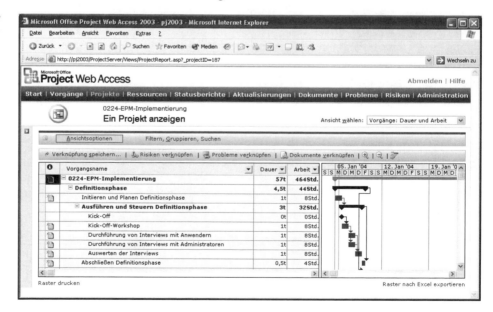

Abbildung 6.3:
Definitionsphase

1. **Initiieren und Planen Definitionsphase.** Mit dem Auftrag für die erste Phase beginnt das Implementierungsprojekt. Ihre Aufgabe besteht darin, die Rahmenbedingung für das Aufzeigen der Nutzenpotenziale und der Verbesserung der methodischen und technischen Projektmanagementfähigkeiten zu schaffen.
2. **Kick-Off-Workshop.** Sie können z.B. im Rahmen eines Kick-Off-Workshops eine erste Analyse der Kundenanforderungen beginnen und demgegenüber eine entsprechend angepasste Präsentation der Verbesserungsmöglichkeiten erstellen.

Hinterlegen Sie alle Dokumente im Dokumentbereich von Project Web Access.

TIPP

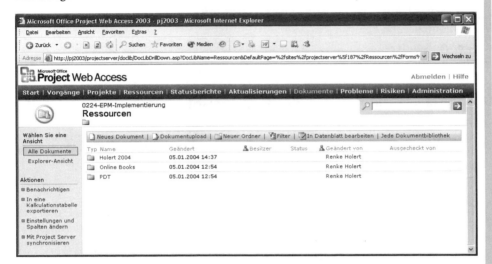

Abbildung 6.4:
Ergänzende Ressourcen für die Implementierung

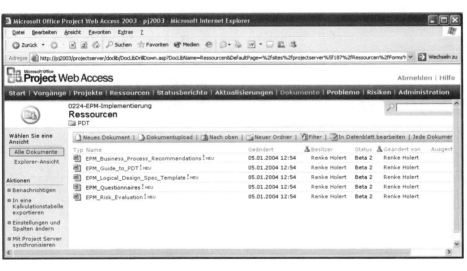

Abbildung 6.5:
Planning and Design Toolkit (PDT)

3. **Durchführung von Interviews mit Anwendern.** Im Anschluss daran sollten Sie die Untersuchung des Ist-Zustands vertiefen, indem Sie eine möglichst präzise Befragung der Anwender durchführen. Als Grundlage für eine methodische Analyse können Sie z.B. das Buch und die Software *Organizational Project Management Maturity Model (OPM3)* vom Project Management Institute[1] verwenden. Zur technischen Analyse können Sie z.B. auf den Fragebogen (*EPM_Questionnaires*) aus dem *Planning and Design Toolkit (PDT)* von Microsoft[2] zurückgreifen.

4. **Durchführung von Interviews mit Administratoren.** Neben den Anwendern benötigen Sie vom IT-Personal der Organisation zudem präzise Angaben über die vorhandene IT-Infrastruktur und Pläne zu deren Erweiterung. Wichtige Rahmenbedingungen sind z.B. Betriebssysteme, Verzeichnisdienste, Webbrowser, Softwareverteilungsmechanismen, Datenbankserver und die Netzwerktopologie.

5. **Auswerten der Interviews.** Mit den Interviews haben Sie die Basis für eine erste grobe Skizzierung von Lösungsszenarien geschaffen. Stellen Sie diese den Kosten gegenüber und bewerten Sie den voraussichtlichen Nutzen. Führen Sie ergänzend hierzu eine Risikoanalyse durch. Eine Vorlage hierzu finden Sie im PDT. Hiermit schaffen Sie eine aussagekräftige Entscheidungsgrundlage für den Kunden.

6. **Abschließen Definitionsphase.** Sorgen Sie dafür, dass alle offenen Punkte (Bereich *Probleme* im Project Web Access) geklärt sind und dass die Definition des Implementierungsprojekts den Kundenwünschen entspricht.

Entwurfsphase

Ziel der **Entwurfsphase** ist es, einen Entwurf des Gegenstands (Gesamtleistung) der Implementierung auf Basis der in der Definitionsphase gesammelten Informationen als Beschreibung anzufertigen. Erstellen Sie dazu die Struktur aller Teilleistungen (Deliverables) und deren inhaltliche Dokumentation. Führen Sie dazu folgende Schritte aus:

---

[1] Bezugsquellen für das Buch und die CD finden Sie unter *http://www.holert.com/literatur*.
[2] Das PDT befindet sich zur Zeit der Drucklegung dieses Buches noch im Beta 2-Stadium. Nach jetzigem Kenntnisstand wird es März 2004 erscheinen und sowohl als druckbare Dokumentversion (»Papierversion«) als auch als InfoPath-Anwendung erscheinen. Es wird voraussichtlich im Project Resource Kit unter *http://www.microsoft.com/technet/project* zum Herunterladen zur Verfügung stehen.

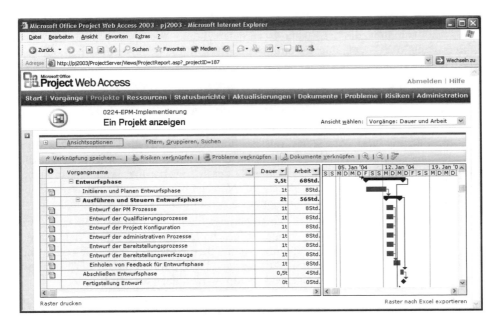

Abbildung 6.6:
Entwurfsphase

1. **Initiieren und Planen Entwurfsphase.** Führen Sie (wie in ▶ Kapitel 1 beschrieben) die Initiierungs- und Planungsprozesse durch. Schwerpunkt bildet hier die Termin-, Kosten und Ressourcenbedarfsplanung. Tragen Sie zudem die ermittelten Risiken im Bereich *Risiken* in Project Web Access ein.

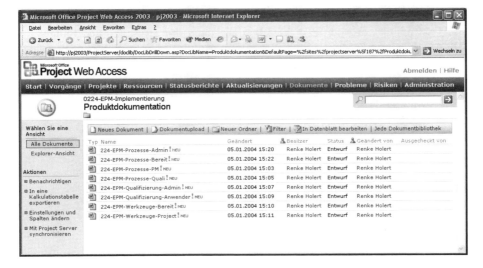

Abbildung 6.7:
Produktdokumentation

2. **Entwurf der PM Prozesse.** Erzeugen Sie ein Dokument für die Dokumentation der Projektmanagementprozesse. Sie können als Grundlage hierfür die ▶ Kapitel 1 bis 4 verwenden.

3. **Entwurf der Qualifizierungsprozesse**. Erstellen Sie ein Konzeptpapier für die Qualifizierung der Ressourcen. Anregungen können Sie dem ▶ Kapitel 7 entnehmen.

Abbildung 6.8:
Online Books

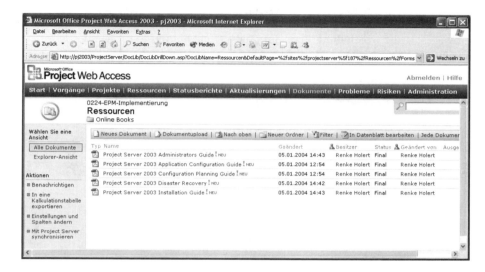

4. **Entwurf der Project Konfiguration**. Erstellen Sie ein Dokument, das die logische Struktur (Konfiguration) und physische Struktur (Architektur) von Project und Project Server (▶ Kapitel 9) beschreibt. Hintergrundinformationen finden Sie auch in den in ▶ Kapitel 9 angegebenen Quellen, u.a. in den Online Books.

    Ergänzen Sie dieses Dokument ggf. um notwendige Anpassungen in der IT-Infrastruktur und evtl. programmatische Erweiterungen (▶ Kapitel 11 bis 13).

5. **Entwurf der administrativen Prozesse**. Erzeugen Sie ein Dokument, das alle administrativen Prozesse beschreibt, dies sind z.B. Wartung und Problemlösungsprozesse (▶ Kapitel 10).

6. **Entwurf der Bereitstellungsprozesse**. Erstellen Sie ein Dokument, das beschreibt, wie Project physisch bereitgestellt wird. Hierzu gehören u.a. die Verfahren zur Softwareverteilung, die Anwendung von Gruppenrichtlinien und evtl. Altdatenmigration (▶ Kapitel 8).

7. **Entwurf der Bereitstellungswerkzeuge**. Beschreiben Sie zudem, welche Bereitstellungswerkzeuge für die Bereitstellung benötigt werden und wie diese für die Organisation angepasst werden.

8. **Einholen von Feedback für Entwurfsphase**. Stellen Sie sicher, dass die Dokumente von den jeweiligen Experten dem gewünschten Qualitätsstand der Entwurfsphase entsprechen und überprüfen Sie diese auf Widersprüchlichkeiten.

9. **Abschließen Entwurfsphase**. Klären Sie offene Punkte.

Mit dem Abschluss der Entwurfsphase haben Sie die Grundlage für die Erstellung eines Prototyps geschaffen.

Prototypphase

Ziel der **Prototyphase** ist es, zu einem möglichst frühen Zeitpunkt zu einem funktionsfähigen Modell des späteren Systems zu kommen. Auf diese Weise können prinzipielle Fehler sehr früh aufgedeckt werden. Zudem erleichtert ein Prototyp den Anwendern die Vorstellung über das Zielsystem. Führen Sie folgende Schritte zur Erstellung des Prototyps aus, und passen Sie jeweils die in der Entwurfsphase erstellten Dokumente (Produktbeschreibung) an.

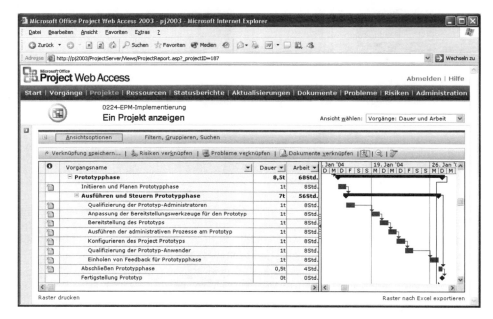

Abbildung 6.9:
Prototypphase

1. **Initiieren und Planen Prototypphase**. Für den Projektleiter besteht die Aufgabe darin, die Erstellung des Prototyps zu initiieren und zu planen.
2. **Qualifizierung der Prototyp-Administratoren**. Als erster Schritt werden die Administratoren geschult (▶ Kapitel 7 bis 10).
3. **Anpassung der Bereitstellungswerkzeuge für den Prototyp**. Auf Grundlage der erworbenen Kenntnisse haben Sie die notwendigen Bereitstellungswerkzeuge beschafft und ggf. angepasst, z.B. Pakete für Softwareverteilung, administrative Vorlagen usw.
4. **Bereitstellung des Prototyps**. Die eigentliche Bereitstellung sollte schon vor dem Hintergrund der späteren automatisierten Bereitstellung geschehen, kann jedoch noch manuell ausgeführt werden (▶ Kapitel 9).
5. **Ausführen der administrativen Prozesse am Prototyp**. Zu den wichtigsten administrativen Prozessen gehört die Sicherung und Wiederherstellung (▶ Kapitel 10). Führen Sie diese im Anschluss an die Bereitstellung des Prototyps aus.
6. **Konfigurieren des Project Prototyps**. Führen Sie die Startkonfiguration für Project aus (▶ Kapitel 9). Verwenden Sie soweit wie möglich Standardeinstellungen.

7. **Qualifizierung der Prototyp-Anwender**. Führen Sie ein Training der Prototyp-Anwender auf dem Prototypsystem aus.
8. **Einholen von Feedback für Prototypphase**. Dokumentieren Sie das Feedback in den jeweiligen Dokumenten. Hiermit schaffen Sie die Grundlage für die zielgerichtete Überarbeitung in der nächsten Phase.
9. **Abschließen Prototypphase**. Klären Sie offene Punkte und passen Sie ggf. Ihre Standardvorlage für die Implementierung an.

Pilotphase

Ziel der Pilotphase ist es, aus dem Prototypen ein Pilotsystem zu entwickeln, das in Wesen und Eigenschaft noch näher an das Zielsystem kommt. Führen Sie dazu folgende Vorgänge aus:

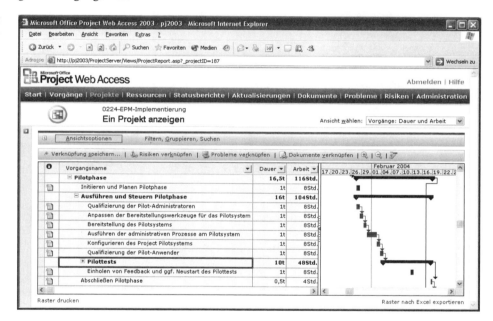

Abbildung 6.10:
Pilotphase

1. **Initiieren und Planen Pilotphase**. Stellen Sie das Pilotteam zusammen, definieren Sie ein Pilotprojekt und führen Sie die übrigen Planungsprozesse aus.
2. **Qualifizierung der Pilot-Administratoren**. Qualifizieren Sie die Administratoren des Pilotsystems. In der Regel wird es sich um den gleichen Personenkreis wie beim Prototyp handeln. Aus diesem Grund reicht es in der Regel, aufgekommene Fragen zu klären.
3. **Anpassen der Bereitstellungswerkzeuge für das Pilotsystem**. Verbessern Sie die Werkzeuge bzw. die Anpassung der Werkzeuge für die Bereitstellung von Microsoft Project aufgrund Ihrer Erfahrungen aus der vorhergehenden Phase.

4. **Bereitstellung des Pilotsystems.** Stellen Sie das Pilotsystem bereit. Dieses sollte im Gegensatz zum Prototyp bereits ein System sein, das in der Kapazität dem späteren Produktivsystem nahe kommt. Es kann auch bereits die spätere Produktivhardware verwendet werden. Der Prototyp sollte in jedem Fall als Testsystem bestehen bleiben.
5. **Ausführen der administrativen Prozesse am Pilotsystem.** Führen Sie Tests der Sicherung und Wiederherstellung durch. Testen Sie das Einspielen von Service Packs und Hotfixes sowie weiterer administrativer Prozesse.
6. **Konfigurieren des Project Pilotsystems.** Transportieren Sie die Konfiguration vom Prototypen zum Pilotsystem und optimieren Sie diese entsprechend des Feedbacks aus der Prototypphase.
7. **Qualifizierung der Pilot-Anwender.** Führen Sie das Training der Pilotanwender durch.

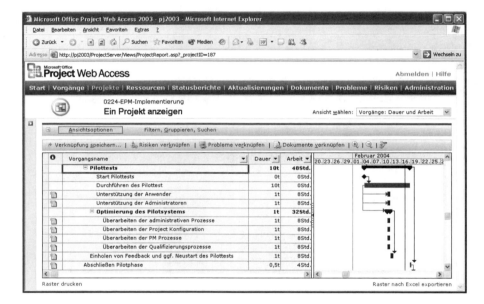

Abbildung 6.11:
Pilottests

8. **Pilottests.** Starten Sie das Pilotprojekt. Stellen Sie während der Pilottests sicher, dass die Pilotanwender zeitnahe Unterstützung erhalten. Bewährt hat sich ein regelmäßiges aktives Coaching während der gesamten Pilottests. Führen Sie Korrekturen am Pilotsystem schnellstmöglich aus und überarbeiten Sie die gesamte Dokumentation. Hierzu gehören auch die Qualifizierungsprozesse und -materialien.
9. **Einholen von Feedback und ggf. Neustart des Pilottests.** Werten Sie das Feedback der Pilotanwender und -administratoren aus und entscheiden Sie zusammen mit dem Kunden, ob der notwendige Reifegrad für die produktive Einführung erreicht ist. Starten Sie ggf. den Pilottest mit einem optimierten Gesamtsystem erneut.
10. **Abschließen Pilotphase.** Klären Sie alle offenen Punkte und passen Sie Ihre Einführungsstrategie entsprechend an.

Einführungsphase

Wenn das Pilotsystem den Reifegrad erreicht hat, dass es im angestrebten Nutzungsbereich eingesetzt werden kann, beginnen Sie die Einführung. Führen Sie dazu folgende Vorgänge aus:

Abbildung 6.12:
Einführungsphase

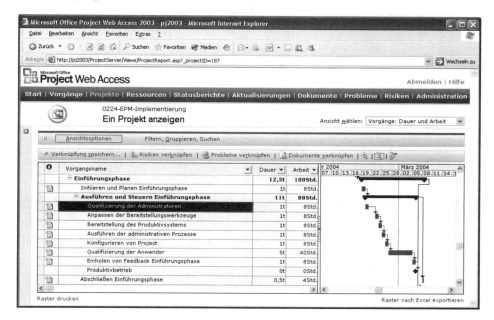

1. **Initiieren und Planen Einführungsphase**. Definieren Sie, in welchen Bereichen und welcher Reihenfolge das Projektmanagementsystem eingeführt werden soll. Legen Sie ein besonderes Augenmerk auf die Kapazität der Support-Organisation, damit die Qualifizierung sowohl in der Vorbereitung als auch während des Beginns des Produktivbetriebs nicht überlastet wird.

2. **Qualifizierung der Administratoren**. Bereiten Sie die Administratoren auf die Unterschiede zwischen dem Pilotsystem und dem Produktivsystem vor.

3. **Anpassen der Bereitstellungswerkzeuge**. Passen Sie die Bereitstellungswerkzeuge für das Produktivsystem an.

4. **Bereitstellung des Produktivsystems**. Stellen Sie das Produktivsystem bereit. Schwerpunkt ist hierbei das Roll-out der Windows- und Web-Clients (Project Professional und Client-Komponenten des Project Web Access zzgl. der Office Web Components).

5. **Ausführen der administrativen Prozesse**. Testen Sie die administrativen Prozesse am Produktivsystem, indem Sie einen Ausfall der einzelnen Komponenten simulieren. Testen Sie auch den Transport der Konfiguration vom Test- zum Produktivsystem sowie den Transport der Nutzdaten vom Produktiv- zum Testsystem.

6. **Konfigurieren von Project**. Transportieren Sie die Konfiguration vom Test-/Pilot- zum Produktivsystem und passen Sie diese ggf. an.

7. **Qualifizierung der Anwender**. Qualifizieren Sie alle Anwendergruppen in rollengerechten Trainings, stellen Sie für den Start des Produktivbetriebs entsprechend Unterstützung bereit.
8. **Einholen von Feedback Einführungsphase**. Werten Sie das Feedback der Einführungsphase aus und geben Sie bei positivem Resultat den Produktivbetrieb frei.
9. **Produktivbetrieb**. Mit der Abnahme des Produktionssystems beginnt der Produktivbetrieb.
10. **Abschließen Einführungsphase**. Optimieren Sie die Unterlagen für zukünftige Einführungen und notieren Sie das Optimierungspotenzial für Anschlussphasen bzw. -projekte.

Optimierungsphase

Ziel der Optimierungsphase ist es, während des Produktivbetriebs auftretende Probleme zu beheben und das Optimierungspotenzial zu ermitteln und ggf. Optimierungen durchzuführen. Führen Sie hierzu folgende Schritte aus:

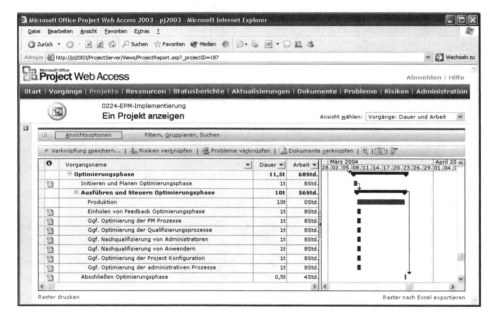

Abbildung 6.13:
Optimierungsphase

1. **Initiieren und Planen Optimierungsphase**. Planen Sie bereits, ohne dass negative Ereignisse aufgetreten sind, regelmäßige Inspektionen für die erste Zeit des Produktivbetriebs ein (Einholen von Feedback). Viele Probleme lassen sich auf diese Art und Weise im Vorfeld vermeiden.
2. **Einholen von Feedback Optimierungsphase**. Zu den wichtigsten vorbeugenden Maßnahmen gehören u.a. der Check der technischen Indikatoren des Gesamtsystems, u.a. Project Server, SQL Server, Windows Server als auch die subjektive Nutzenwahrnehmung aller Projektbeteiligten.

3. **Ggf. Optimierung der PM Prozesse.** Falls notwendig, passen Sie die Projektmanagementprozesse an. Aktualisieren Sie ggf. auch die Dokumentation.
4. **Ggf. Optimierung der Qualifizierungsprozesse.** Werten Sie das Feedback der Qualifizierung aus. Verbessern Sie ggf. die Strategie für zukünftige Qualifizierungen. Dokumentieren Sie die Ergebnisse.
5. **Ggf. Nachqualifizierung von Administratoren.** Treten beim Betrieb Störungen oder mangelnde Wartung auf, qualifizieren Sie die Administratoren nach.
6. **Ggf. Nachqualifizierung von Anwendern.** Erreichen nicht alle oder neue Mitarbeiter den ausreichenden Qualifikationsstand, qualifizieren Sie diese nach.
7. **Ggf. Optimierung der Project Konfiguration.** Passen Sie, falls notwendig, die Konfiguration an. Testen Sie die Konfiguration zunächst auf dem Testsystem, bevor Sie sie auf das Produktivsystem übertragen.
8. **Ggf. Optimierung der administrativen Prozesse.** Prüfen Sie, ob die Wartungs- und Problemlösungsprozesse den gewünschten Erfolg erzielen und passen Sie diese ggf. an.
9. **Abschließen Optimierungsphase.** Führen Sie eine abschließende Übergabe durch und aktualisieren Sie Ihre Planungsunterlagen, sodass Sie bei zukünftigen Systemeinführungen noch besser planen können.

7 Project für Trainer

222 Definitionsphase
222 Entwurfsphase
225 Prototypphase
226 Pilotphase
226 Einführungsphase
227 Optimierungsphase

Dieses Kapitel richtet sich an diejenigen, die für die Qualifizierung der Mitarbeiter in der Organisation verantwortlich sind. Diese werden nachfolgend vereinfachend **Trainer** genannt. Ihr Ziel als Trainer liegt darin, jedem Beteiligten des Implementierungsprojektes genau die Kenntnisse zu vermitteln, die er im Rahmen seiner Aufgaben beim Projektmanagement mit Microsoft Project benötigt. Zu Ihren Aufgaben gehören neben der eigentlichen Durchführung der Qualifizierung insbesondere auch die Ermittlung des Qualifizierungsbedarfs sowie die Gestaltung und Evaluation der gesamten Qualifizierung[1] (Qualifizierungsprozesse). Nicht zu Ihren primären Aufgaben gehört die Gestaltung der eigentlichen Inhalte. Diese werden im Rahmen der Beratung im Implementierungsprojekt erarbeitet. Eine Mitwirkung durch Sammeln von Feedback von den Teilnehmern der Qualifizierungsmaßnahme ist jedoch erwünscht.

Das Ziel dieses Kapitels liegt darin, Ihnen einen Leitfaden für die schrittweise Ausarbeitung der **Qualifizierungsprozesse** über die Phasen des eigentlichen Implementierungsprojektes (▶ Kapitel 6 und Abbildung 7.1) zu geben.

TIPP Der Trainer benötigt bereits zu Anfang des Implementierungsprojektes ein umfassendes Wissen über das Projektmanagement mit Microsoft Project und über die Art und Weise, dieses Wissen zu vermitteln. Aus diesem Grund ist es wirtschaftlich empfehlenswert, das Training durch einen spezialisierten Trainer mit Erfahrung von mindestens fünf Jahren in diesem Bereich zu unterstützen. Zudem sollte der Trainer über Praxiserfahrung in der Anwendung und Administration der EPM-Lösung verfügen.

---

[1] Die Ausführung aller Qualifizierungsprozesse wird auch oft »Qualifizierungsmaßname« genannt.

Nr.	❶	Vorgangsname	Dauer	Arbeit	2003 Nov Dez	1. Qtl. 2004 Jan Feb Mrz	2. Qtl. 2004 Apr Mai
0		0224-EPM-Implementierung	62 Tage?	58 Tage			
10		2 Entwurfsphase	7,5 Tage?	8,5 Tage			
12		2.2 Ausführen und Steuern Entwurfsphase	6 Tage?	7 Tage			
14		2.2.2 Entwurf der Qualifizierungsprozesse	1 Tag?	1 Tag		Trainer	
22		3 Prototypphase	8,5 Tage?	8,5 Tage			
24		3.2 Ausführen und Steuern Prototypphase	7 Tage?	7 Tage			
25		3.2.1 Qualifizierung der Prototyp-Administratoren	1 Tag?	1 Tag		Trainer	
30		3.2.6 Qualifizierung der Prototyp-Anwender	1 Tag?	1 Tag		Trainer	
34		4 Pilotphase	16,5 Tage?	14,5 Tage			
36		4.2 Ausführen und Steuern Pilotphase	16 Tage?	13 Tage			
37		4.2.1 Qualifizierung der Pilot-Administratoren	1 Tag?	1 Tag		Trainer	
42		4.2.6 Qualifizierung der Pilot-Anwender	1 Tag?	1 Tag		Trainer	
43		4.2.7 Pilottests	10 Tage?	6 Tage			
46		4.2.7.3 Unterstützung der Anwender	1 Tag?	1 Tag		Trainer	
47		4.2.7.4 Unterstützung der Administratoren	1 Tag?	1 Tag		Trainer	
48		4.2.7.5 Optimierung des Pilotsystems	3 Tage?	4 Tage			
52		4.2.7.5.4 Überarbeiten der Qualifizierungs|	1 Tag?	1 Tag		Trainer	
56		5 Einführungsphase	12,5 Tage?	12,5 Tage			
58		5.2 Ausführen und Steuern Einführungsphase	11 Tage?	11 Tage			
59		5.2.1 Qualifizierung der Administratoren	1 Tag?	1 Tag			Trainer
64		5.2.6 Qualifizierung der Anwender	5 Tage?	5 Tage			Trainer
68		6 Optimierungsphase	11,5 Tage?	8,5 Tage			
70		6.2 Ausführen und Steuern Optimierungsphase	10 Tage?	7 Tage			
74		6.2.4 Ggf. Optimierung der Qualifizierungsprozesse	1 Tag?	1 Tag			Trainer
75		6.2.5 Ggf. Nachqualifizierung von Administratoren	1 Tag?	1 Tag			Trainer
76		6.2.6 Ggf. Nachqualifizierung von Anwendern	1 Tag?	1 Tag			Trainer

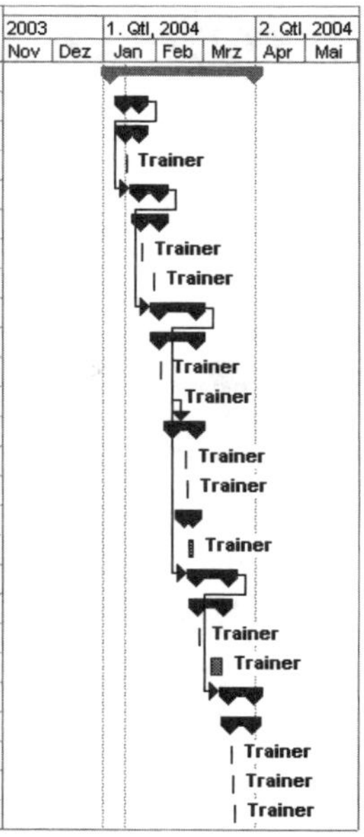

Abbildung 7.1:
Teilprojekt Qualifizierung

Definitionsphase

Ziel in der Definitionsphase ist es, den Inhalt und Umfang des Implementierungsprojektes festzulegen. Dies bedeutet, dass auch der Inhalt und Umfang für die Qualifizierung definiert werden muss. Dies kann u.a. durch eine erste grobe **Ermittlung des Qualifizierungsbedarfs** erfolgen, zum Beispiel im Rahmen der folgenden Vorgänge während der Definitionsphase:

1. **Kick-off Workshop**. Ausgehend von der Definition des zukünftigen Projektmanagementsystems kann bereits im Kick-Off Workshop eine Abschätzung über den zu erwartenden Qualifizierungsbedarf abgegeben werden.
2. **Durchführen von Interviews mit Anwendern**. Diese erste Einschätzung sollte durch eine repräsentative Befragung der Anwender vertieft werden. Führen Sie für jede Anwendergruppe (Projektleiter, Projektmitarbeiter, Ressourcenmanager und Führungskräfte) Interviews durch, um einen Überblick über die vorhandene Qualifikationslevel und -profile (Vorbildung) zu bekommen.
3. **Durchführen von Interviews mit Administratoren**. Führen Sie analog Interviews mit den Administratoren durch. Neben der Administration des Project Servers selbst sind vor allem auch die Kenntnisse in der Administration von Windows Server (inkl. Active Directory, Internetinformationsdienste und Windows SharePoint Services) sowie SharePoint Portal Server und insbesondere auch SQL Server zu ermitteln.

Entwurfsphase

Ziel der Entwurfsphase ist es, auf Basis der in der Definitionsphase gesammelten Informationen einen Entwurf des Gesamtsystems zu erstellen. Hierzu gehört auch der **Entwurf der Qualifizierungsprozesse**. Das Ziel dieses Vorgangs ist es, genau festzulegen, wie die gesamte Qualifizierung durchgeführt werden soll. Greifen Sie dazu auf die Ergebnisse der Definitionsphase zurück und führen Sie ggf. vertiefende Untersuchungen durch, um den Qualifizierungsbedarf zu ermitteln. Nehmen Sie diese als Grundlage für die Gestaltung der Qualifizierung und legen Sie fest, wie Sie die gesamte Qualifizierung evaluieren möchten.

Ermitteln des Qualifizierungsbedarfs

In der Definitionsphase haben Sie bereits Interviews mit den Beteiligten des Implementierungsprojektes durchführt. Diese geben je nach verwendetem Interviewleitfaden die Einschätzung des Interviewers über den Qualifikationsgrad der Anwender und Administratoren wieder.

Die Schwierigkeit liegt darin, zu **beurteilen**, wie der tatsächliche **Qualifikationsgrad** ausgeprägt ist und diesen klassifiziert wiederzugeben. Eine Hilfe hierfür kann der Nachweis besuchter Seminare[1] oder relevanter Berufserfahrung sein. Als Kriterien können Sie z.B. Seminarinhalte verwenden. Objektiver ist es jedoch, auf erworbene Zertifizierungen zurückzugreifen.

Für Anwender gibt es z.B. von Microsoft die Microsoft Office Specialist (MOS) **Zertifizierungen**: Microsoft Project Core und Microsoft Project Comprehensive sowie die neueren Entwicklungen Microsoft Project White Belt-, Orange Belt-, Blue Belt- und Black Belt-Zertifizierung. Daneben gibt es speziell für den Nachweis der Projektmanagementkenntnisse die Zertifizierungen des Project Management Institutes (PMI). Für Personen ist dies der Certified Associate in Project Management (CAPM™) und als höchste Ebene der Project Management Professional (PMP).

Für Administratoren gibt es aus dem Microsoft Certified Professional-Programm die Zertifizierung »Planning, Deploying and Managing an Enterprise Project Management Solution«. Komplementär (EPM) hierzu sind die Zertifizierungen für die Administration der Microsoft Infrastruktur (u.a. Windows Client und Server sowie SQL Server). Diese dokumentieren die Qualifikationen Microsoft Certified Professional (MCP), Microsoft Certified Desktop Support Technician (MCDST), Microsoft Certified Systems Administrator (MCSA), Microsoft Certified Systems Engineer (MCSE) und Microsoft Certified Database Administrator (MCBDA).

Alle diese Standardzertifizierungen können Sie als Grundlage verwenden, um passend zu Ihren Implementationszielen und den Zielen Ihrer Personalentwicklung organisationsspezifische Beurteilungskriterien zu entwickeln. Hieraus können Sie dann den Qualifizierungsbedarf ableiten.

Gestaltung der Qualifizierung

Auf Grundlage des zuvor ermittelten Qualifizierungsbedarfs entwerfen Sie den Inhalt und Umfang der Qualifizierung. Führen Sie dazu folgende Schritte aus:
1. Definieren Sie genau, welche **Zielgruppen** im Rahmen der Qualifizierung fortgebildet werden sollen. Als Anwender sind dies z.B. die Projektleiter, Projektmitarbeiter, Ressourcenmanager und Führungskräfte. Evtl. übernehmen Linienmanager

---

[1] Einen Überblick finden Sie unter *http://www.holert.com/seminare*.

auch die Rollen Ressourcenmanager und Führungskräfte in Personalunion, sodass diese als eine Zielgruppe zusammengefasst werden können. Als Administratoren sind in der Regel die organisatorischen Administratoren des Project Servers, oft Mitglieder des Projektbüros, und die technischen Administratoren aus der IT-Abteilung zu qualifizieren. Je nach Arbeitsteilung in der IT-Abteilung sind dies die Verantwortlichen für die Windows-Desktops und Softwareverteilung sowie die Administratoren für Netzwerk, Verzeichnisdienste, Datenbanken usw. Differenzieren Sie die Zielgruppen nach der Vorbildung weiter, sodass Sie Über- und Unterforderung bereits im Vorfeld vermeiden.

2. Legen Sie fest, welche **Qualifikationsgrade** die einzelnen Zielgruppen erreichen sollen. Sie können nach Grund- und Zusatzqualifikation unterscheiden oder auf die o.g. Zertifizierungen zurückgreifen.

3. Definieren Sie den angestrebten **Spezifitätsgrad** für die Qualifizierung. Dieser sollte mit dem Spezifitätsgrad des Projektmanagementsystems korrelieren, d.h. je spezifischer Ihr Projektmanagementsystem an die Spezifika Ihrer Organisation angepasst ist, desto spezifischer muss auch die Qualifikation sein. Beachten Sie gerade bei kleinen Organisationen die Standards von Kunden, Branchenstandards oder branchenübergreifenden Standards. So können Sie das Risiko für Kommunikationsprobleme bei Kooperation verringern. Generell gilt: Je präziser die Qualifizierung an die Erfordernisse des Unternehmens angepasst wird, desto größer ist der Nutzen für die Teilnehmer, da die Inhalte sehr schnell im täglichen Arbeitsleben umgesetzt werden können. Demgegenüber stehen die höheren Kosten für kundenspezifische Qualifizierungen. Versuchen Sie ein Optimum für diese Trade-Off Problematik zu finden.

4. Wählen Sie je nach Inhalt und Zielgruppe die passende **Methodik** für die Qualifizierung aus. In Frage kommen hierfür z.B. Seminare, Fallstudien, Expertenbefragungen und Planspiele. Stellen Sie aus diesen Methodiken den optimalen Mix für Ihre Qualifizierungsmaßnahme zusammen. Häufig werden für die Grundlagenvermittlung Seminare verwendet, die dann mit Fallstudien oder Planspielen vertieft werden. Verbleibende Lücken können dann mit Expertenbefragungen geschlossen werden.

5. Bereiten Sie für die auswählten Methoden das begleitende **Material** vor. Greifen Sie hierbei auf die in der Beratung erarbeitete Projektmanagementprozessbeschreibung zurück. Stellen Sie in Einklang hiermit Präsentationen, Anleitungen, Übungsaufgaben und Tests zusammen. Verwenden Sie hierbei soweit wie möglich Standardmaterialien, z.B. dieses Buch, um die Kosten überschaubar zu halten.

6. Wählen Sie geeignete **Medien** für die Qualifizierung aus. Entscheiden Sie, inwieweit eine persönliche Unterstützung notwendig ist und inwieweit eine mediale Unterstützung eingesetzt werden kann. **Persönliche Unterstützung** kann z.B. direkt am Arbeitsplatz, im internen Trainingsraum der eigenen Organisation oder im externen Trainingsraum des Trainers durchgeführt werden. Generell ist die Ausbildung am Arbeitsplatz zu bevorzugen, damit die Mitarbeiter möglichst wenig Zeit für die Qualifizierung aufwenden müssen.

Wenn eine persönliche Unterstützung am Arbeitsplatz aus Kostengründen nicht in Frage kommt, ist stattdessen eine **persönlich/mediale Unterstützung** über synchrone oder asynchrone Kommunikationswege eine gute Alternative. Synchrone Kommunikationsmedien sind z.B. Chat, Videokonferenz, Audiokonferenz (bei 1:1

Kommunikation = Telefonat) und Application Sharing. Asynchrone Kommunikationsmedien sind z.B. E-Mail und Newsgroups. Das klassische Telefonat als synchrones Kommunikationsmedium hat den Vorteil, dass die notwendige Infrastruktur überall vorhanden ist, jedoch der Trainer nicht den Bildschirm des Teilnehmers sehen kann. In unserer Praxis setzen wir deshalb immer häufiger Application Sharing z.B. mit dem Windows/MSN Messenger ein. Bei den asynchronen Kommunikationsmedien dominiert derzeit E-Mail mit dem großen Nachteil, dass aufgrund der 1:n-Kommunikation und der privaten Speicherung der Betreuungsaufwand hoch ist. Besser eignen sich die Newsgroups, da diese automatisch eine durchsuchbare Wissensbasis schaffen (n:m-Kommunikation). Neben den öffentlichen Newsgroups[1] eignen sich deswegen auch sehr gut unternehmensinterne Newsgroups, da diese die Unternehmensinterna schützen.

Die günstigste Lösung für die Unterstützung ist die reine **mediale Unterstützung**. Hierfür kommen z.B. Bücher, Lernsoftware und webbasierte Trainings in Frage.

7. Stellen Sie basierend auf den zuvor gewählten Parametern, insbesondere Methodik und Medium, die passende **Darbietungsform** für die Qualifizierung zusammen. Oft werden unterschiedliche Kombinationen hieraus auch Selbstlernen, Schulung, Workshop oder Coaching genannt.
8. Als letzten Punkt wählen Sie geeignete **Ausführende** für die Qualifizierung aus. Falls Sie im Rahmen der Qualifizierung auch Tests durchführen, achten Sie auf die personelle Trennung von Prüfern und Dozenten.

Evaluation der Qualifizierung

Um sicherzustellen, dass die Qualifizierung die gewünschten Ziele erreicht, sollten Sie zudem die gesamte Qualifizierungsmaßnahme evaluieren ggf. in Zusammenarbeit mit dem Projektleiter des Implementierungsprojektes, der diese Aufgabe im Rahmen der Qualitätsmanagement-Prozesse wahrnimmt. Gegenstand des Evaluierens sollten alle Komponenten der Qualifizierungsmaßnahme sein, also auch der Trainer selbst. Ein erster Schritt für die Evaluierung ist der Test der Qualifizierung mit den Anwendern und Administratoren des Prototyps.

Prototypphase

Ziel der Prototypphase ist es, basierend auf dem Entwurf einen ersten Prototyp des Projektmanagementsystems zu erstellen. Sie tragen im Rahmen der folgenden Vorgänge dazu bei:

1. **Qualifizierung der Prototyp-Administratoren**. Bereiten Sie die Administratoren auf die Erstellung des Prototyps vor, damit diese die notwendige Infrastruktur schaffen und den Project Professional und Project Server installieren und konfigurieren sowie die administrativen Prozesse ausführen können.
2. **Qualifizierung der Prototyp-Anwender**. Nach der Installation und Konfiguration führen Sie die Qualifizierung z.B. im Rahmen eines Workshops in einem rollenbezogenen Planspiel durch, sodass sowohl der Projektmanagementprozess als auch das Qualifizierungskonzept einem ersten Test unterzogen werden können. Ver-

---

[1] z.B. die öffentliche Newsgroup *microsoft.public.de.project*

wenden Sie z.B. Ereigniskarten für das Planspiel, um wirklichkeitsnahe Situationen zu simulieren. Passen Sie ggf. die Dokumentation des Qualifizierungskonzeptes entsprechend an.

Pilotphase

Ziel der Pilotphase ist es, den Prototypen in einem kontinuierlichen Prozess so weiterzuentwickeln, dass er schließlich als Vorlage für das Produktivsystem dient. Führen Sie dazu die Qualifizierungsprozesse im Rahmen der folgenden Vorgänge aus:

1. **Qualifizierung der Pilot-Administratoren.** Klären Sie offene Fragen der Administratoren z.B. in einem Expertengespräch. Sie können auch Fragen aufwerfen, indem Sie die Konfiguration durch den Berater überprüfen und hierdurch aufgedeckte Wissenslücken gezielt angehen.
2. **Qualifizierung der Pilot-Anwender.** Führen Sie z.B. ein optimiertes Seminar mit den Pilotanwendern durch, um die Grundlagen zu vermitteln. Sie können diese dann wiederum in einem ebenfalls optimierten Planspiel vertiefen.
3. **Unterstützung der Anwender.** Stellen Sie während der Pilottests persönlich, persönlich/medial und medial ein möglichst umfassendes Spektrum an Unterstützungsmöglichkeiten für die Anwender bereit.
4. **Unterstützung der Administratoren.** Das Gleiche gilt für die Administratoren. Wichtig ist, dass diese in der Lage sind, bei Störungen jederzeit die Projektdaten ggf. mit Unterstützung wiederherzustellen.
5. **Überarbeiten der Qualifizierungsprozesse.** Planen Sie regelmäßige Überarbeitungsprozesse für die Aktualisierung des gesamten Qualifizierungskonzeptes durch. Werten Sie die Evaluierung aus und optimieren Sie alle Parameter nach den Wünschen der Anwender und Administratoren.

Einführungsphase

Ziel der Einführungsphase ist es, basierend auf den Erfahrungen aus der Pilotphase das Projektmanagementsystem im angestrebten Nutzungsumfang einzusetzen. Als Trainer gilt es, das bewährte Konzept im Rahmen der folgenden Vorgänge auf alle Nutzergruppen anzuwenden:

1. **Qualifizierung der Administratoren.** Wenn zu den Administratoren aus der Pilotphase noch weitere Administratoren hinzukommen, sollten diese die zu erarbeitenden Konzepte unter Anleitung ebenfalls ausführen. Wenn diese Administratoren nur Unterstützungarbeiten für die Zentraladministration leisten, kann jedoch der Inhalt und Umfang entsprechend reduziert werden.
2. **Qualifizierung der Anwender.** Trainieren Sie die Anwender entsprechend der in der Entwurfsphase definierten Zielgruppen. Führen Sie ggf. Multiplikatorenschulungen durch, sodass Sie Ihren Aufwand reduzieren. Legen Sie je nach Aufgabenumfang die Betreuungsintensität fest. Unterstützen Sie Projektleiter z.B. im Rahmen eines Coachings, während Sie Projektmitarbeiter ggf. Medien zum Selbstlernen bereitstellen. Stellen Sie sicher, dass insbesondere in der Anlaufphase eine ausreichende Personalstärke vorhanden ist, um Anlaufschwierigkeiten zu

lösen. Es hat sich auch bewährt, dass jeder Teilnehmer vor dem Projektstart einen Online-Test durchführt, sodass das Qualifikationsniveau zentral überprüft werden kann.

Optimierungsphase

Ziel der Optimierungphase ist es, das eingeführte Projektmanagementsystem weiter an die Bedürfnisse der Organisation anzupassen und durch weitere Qualifizierung den Nutzungsumfang zu vergrößern. Hierzu gehören u.a. folgende Aufgaben:

1. **Ggf. Optimierung der Qualifizierungsprozesse.** Werten Sie die Erfahrungen aus der Einführung aus und passen Sie Inhalt und Umfang des Qualifizierungsangebots an den Bedarf an. Übernehmen Sie zudem Verbesserungen in die Dokumentation. Abstrahieren Sie die Erfahrung auf die Qualifizierungsprozesse von zukünftigen Prozess- und Softwareimplementierungen.
2. **Ggf. Nachqualifizierung von Administratoren.** Führen Sie bei Bedarf Nachqualifizierungen, z.B. im Rahmen einer Expertenbefragung durch. Oft wird den Administratoren der Bedarf jedoch erst bei Störungen bewusst. Planen Sie deshalb auch Nachqualifizierungen turnusmäßig ein und überprüfen Sie das Wissen durch Tests. Diese können z.B. in Form von Fragen durchgeführt werden oder im Rahmen von Übungen wie z.B. Störfallszenarien.
3. **Ggf. Nachqualifizierung von Anwendern.** Führen Sie bei Bedarf Nachqualifizierungen für Anwender durch. Anlass für Nachqualifizierung können z.B. sein: Neueintritt oder Aufstieg eines Mitarbeiters. Fehlende Praxis beim Einsatz von Microsoft Project aufgrund einer Aufgabenverschiebung. Für neue Mitarbeiter empfiehlt es sich, die Projektmanagementqualifizierung in die normalen Qualifizierungsprozesse innerhalb der Personalentwicklung aufzunehmen. Für Aufsteiger sollten Sie spezielle Qualifizierungskonzepte entwickeln. Für die Nachqualifizierungen von bereits im Rahmen der Einführungsphase ausgebildeten Mitarbeitern empfiehlt sich besonders ein Coaching, z.B. in persönlicher oder persönlicher/ medialer Kommunikation.

8 Installation

229 Installation von Project Server 2003
251 Installation von Project Professional 2003

Dieses Kapitel richtet sich an Administratoren. **Ziel** ist die Grundinstallation von Project Professional 2003 und Project Server 2003 als Basis für die weitere Konfiguration (mehr dazu in ▶ Kapitel 9) gemäß der Anwenderkapitel (siehe ▶ Kapitel 1 bis 4). Neben den eigentlichen Installationsschritten werden wir an wichtigen Stellen auch die Änderungen aufzeigen, die von den Installationsroutinen am System vorgenommen wurden.

Installation von Project Server 2003

Zur Installation von Project Server 2003 sind die folgenden Schritte durchzuführen:

1. Überprüfen der Voraussetzungen und Vorbereitungen
2. Installation der Internetinformationsdienste
3. Installation der Windows SharePoint Services
4. Konfiguration der Windows SharePoint Services
5. Installation von Project Server 2003

Überprüfen der Voraussetzungen und Vorbereitungen

Voraussetzungen

Project Server 2003 kann unter Windows 2000 Server und Windows Server 2003 installiert werden, die Windows SharePoint Services sind jedoch Bestandteil von Windows Server 2003 und laufen nur unter diesem Betriebssystem. Ein unter Windows 2000 Server installierter Project Server 2003 kann mit unter Windows Server 2003 installierten Windows SharePoint Services verbunden werden.

Als **Datenbank** für Project Server und die Windows SharePoint Services kann nur der Microsoft SQL Server 2000 mit Service Pack 3 oder höher bzw. die kostenlos mitgelieferte Microsoft SQL Server 2000 Desktop Engine (MSDE2000) verwendet werden. Mehr Informationen dazu finden Sie in ▶ Kapitel 10.

TIPP Die aktuelle Version des SQL Servers ermitteln Sie über den SQL-Befehl SELECT @@VERSION.

Der SQL Server muss im gemischten Modus (SQL Server- und Windows-Authentifizierung) laufen.

ACHTUNG
Bitte beachten Sie, dass nur in Verbindung mit der Vollversion des SQL Servers die Portfolio Analysierer-Ansichten angezeigt werden können, da diese auf die OLAP-Funktionen der Analysis Services aufsetzen, die nicht in der MSDE enthalten sind.

Die Service Pack Versionen von SQL Server und Analysis Service müssen übereinstimmen!

Die exakten Voraussetzungen können Sie den Abschnitten *Anforderungen für Microsoft Office Project Server 2003* des *Microsoft Office Project Server 2003-Installationshandbuch* bzw. *Systemanforderungen für Microsoft Windows Share-Point Services 2.0* entnehmen.

WICHTIG
Wir empfehlen dringend, alle kritischen Windows-Updates auf dem Server einzuspielen. Diese können Sie über die Windows Update-Site unter *http://windowsupdate.microsoft.com* herunterladen und installieren.

Vorbereitungen

Sofern eine alte fehlgeschlagene Installation von Project Server auf Ihrem Computer installiert ist, entfernen Sie diese zunächst. Wie hierbei zu verfahren ist, wird in ▶ Kapitel 10 näher beschrieben.

Für den Betrieb des Project Servers legen Sie bitte folgende Konten an:

- Windows-Konto *WSSAdmin* als Mitglied der Gruppe (lokale) *Administratoren* einrichten und Passwort notieren.
- Windows-Konto *OLAPAdmin* als Mitglied der lokalen Sicherheitsgruppen *Administratoren* und *OLAP Administrators* einrichten und Passwort notieren.
- E-Mail-Konto *ProjectServer* auf einem E-Mail Server, z.B. auf Exchange Server anlegen.
- Benutzer *WSSSA* im SQL Server mit SQL Server-Authentifizierung anlegen, der während der Installation *System Administrators*-Rechte auf dem SQL Server erhält, und Passwort notieren.

ACHTUNG
Das Passwort von WSSSA wird nach der Installation unverschlüsselt (!) durch das Setup der Windows SharePoint Services in der Registrierung unter *[HKEY_LOCAL_MACHINE\SOFTWARE\Microsoft\Shared Tools\Web Server Extensions\Secure\ConfigDb* abgelegt. Es empfiehlt sich deshalb, nach der Installation die Rechte auf *db_owner* für die WSS-Datenbanken zu reduzieren.

Überprüfen Sie zudem die folgenden Einstellungen:

- **Währungssymbol** des Servers auf € (*Systemsteuerung/Regions- und Sprachoptionen/Regionale Einstellungen/Anpassen/Währung*).
- Deaktivieren Sie in den Internetoptionen (*Systemsteuerung/Internetoptionen*) die Verwendung eines **Proxyserver**s, indem Sie unter *Verbindungen/LAN-Einstellungen/Einstellungen/Proxyserver* das Kontrollkästchen *Proxyserver für LAN verwenden (diese Einstellungen gelten nicht für DFÜ- oder VPN-Verbindungen)* deaktivieren.
- Legen Sie die **verstärkte Sicherheitskonfiguration für Internet Explorer** nach Ihren Sicherheits-/Komfortwünschen fest. Entfernen Sie ggf. die Restriktionen für die Administratoren und/oder anderen Benutzergruppen unter *Systemsteuerung/Soft-*

ware/Windows-Komponenten hinzufügen/entfernen/Komponenten/Verstärkte Sicherheitskonfiguration für Internet Explorer.

Installation der Internetinformationsdienste

Um die **Internetinformationsdienste** zu installieren, gehen Sie folgendermaßen vor.

1. Wechseln Sie in die *Systemsteuerung* unter *Software/Windows-Komponenten hinzufügen/entfernen*.

Abbildung 8.1:
Windows-Komponenten/Anwendungsserver

2. Wählen Sie das Kontrollkästchen *Anwendungsserver* aus und klicken Sie auf die Schaltfläche *Details*.

Abbildung 8.2:
Unterkomponenten von »Anwendungsserver«

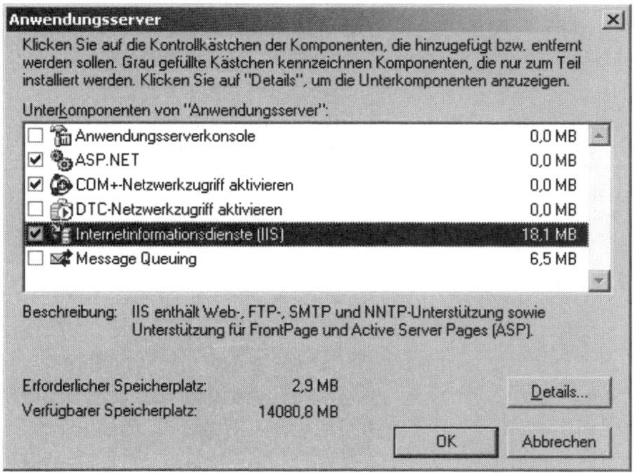

3. Aktivieren Sie das Kontrollkästchen *ASP.NET*, wählen Sie die den Eintrag *Internetinformationsdienste (IIS)* aus und klicken Sie wiederum auf die Schaltfläche *Details*.

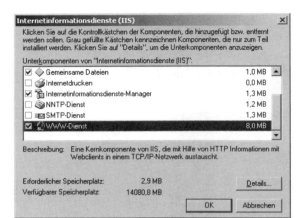

Abbildung 8.3:
Internetinformationsdienste (IIS)

4. Wählen Sie die Unterkomponente *WWW-Dienst* und klicken Sie wiederum auf die Schaltfläche *Details*.

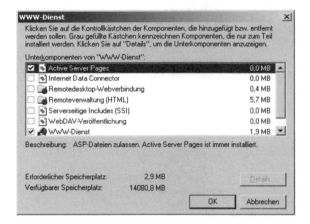

Abbildung 8.4:
WWW-Dienst

5. Aktivieren Sie das Kontrollkästchen vor der Unterkomponente *Active Server Pages*, schließen Sie alle Dialogfelder und beenden Sie den Assistenten.

Hiermit haben Sie die Installation der Internetinformationsdienste abgeschlossen.

Installation Windows SharePoint Services

Die **Windows SharePoint Services** sind lizenzrechtlich Bestandteil des Windows Server 2003, werden jedoch nicht mit diesem ausgeliefert, da sie erst als Bestandteil von Office 2003 fertig gestellt wurden. Sie können als Eigentümer eines Windows Server 2003 die Windows SharePoint Services kostenlos von der Windows Update-Seite von Microsoft herunterladen.[1]

---

[1] *http://windowsupdate.microsoft.com*

Um die Installation der Windows SharePoint Services zu starten, starten Sie das Installationsprogramm STSV2.EXE und gehen Sie folgendermaßen vor:

1. Stimmen Sie den Bedingungen des Endbenutzer-Lizenzvertrags zu und klicken Sie auf die Schaltfläche *Weiter*.

Abbildung 8.5:
Installationsart

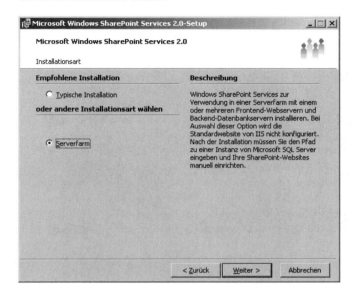

2. Wählen Sie als Installationsart die Option *Serverfarm* aus.
3. Klicken Sie zunächst auf die Schaltfläche *Weiter* und dann auf *Installieren*.

Abbildung 8.6:
Anwendungspool

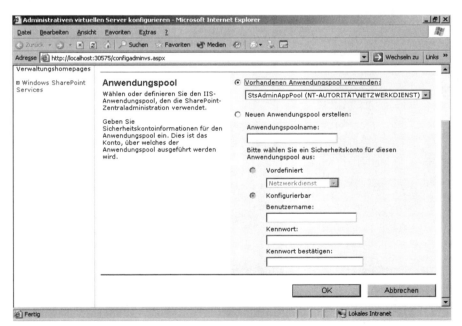

4. Wählen Sie die Option *Vorhandenen Anwendungspool verwenden*, um den automatisch erzeugten **Anwendungspool** *StsAdminAppPool* für die SharePoint-Zentraladministration festzulegen, und klicken Sie auf die Schaltfläche *OK*.

5. Nachdem die Seite *Anwendungspool geändert* erscheint, wechseln Sie ins Startmenü unter *Ausführen*, geben Sie den Befehl *cmd* ein, um die Eingabeaufforderung zu starten.

Abbildung 8.7:
Internetinformationsdienste über die Eingabeaufforderung neu starten

6. Geben Sie in der Eingabeaufforderung den Befehl *iisreset* ein, um die Internetinformationsdienste neu zu starten. Das Fenster der Eingabeaufforderung können Sie danach wieder schließen.

Abbildung 8.8:
Neustart der Internetinformationsdienste bestätigen

7. Bestätigen Sie den Neustart der Internetinformationsdienste, indem Sie auf die Schaltfläche *OK* klicken.

Abbildung 8.9:
Konfigurationsdatenbank erstellen

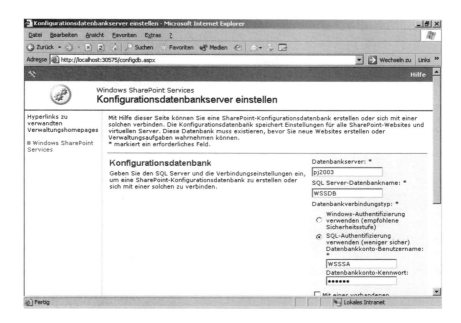

8. Um eine **Konfigurationsdatenbank** für die Windows SharePoint Services zu erstellen, geben Sie im Feld *Datenbankserver* den Namen Ihres SQL Servers und im Feld *SQL Server-Datenbankname* den Namen der zu erstellenden Konfigurationsdatenbank, z.B. *WSSDB*, an.

9. Wählen Sie die Option *SQL-Authentifizierung verwenden* und geben Sie dort das zuvor erstellte SQL Server-Konto *WSSSA* mit *System Administrator*-Rechten mit dem zugehörigen Passwort an. Klicken Sie auf die Schaltfläche *OK*.

Abbildung 8.10:
Virtuellen Server erweitern

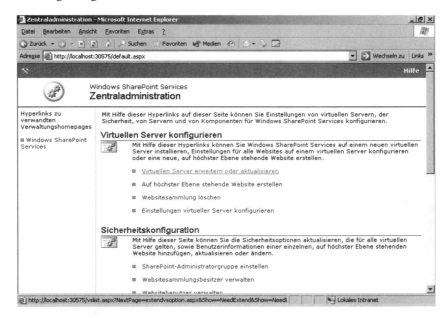

Installation **235**

10. Um einen virtuellen Server mit den Windows SharePoint Services zu erweitern, klicken Sie auf der Seite *Zentraladministration* im Bereich *Virtuellen Server konfigurieren* auf den Link *Virtuellen Server erweitern oder aktualisieren*.

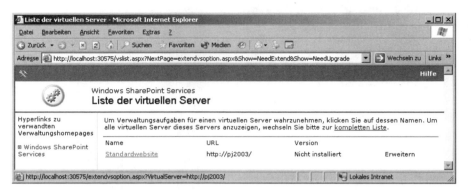

Abbildung 8.11: Virtuellen Server der Standardwebsite erweitern

11. Wählen auf der folgenden Seite *Liste der virtuellen Server* die Standardwebsite aus, indem Sie auf den Link *Standardwebsite* klicken.

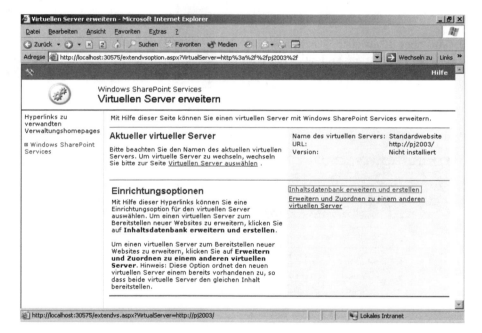

Abbildung 8.12: Inhaltsdatenbank erstellen

12. Um eine **Inhaltsdatenbank** für den virtuellen Server der Standardwebsite zu erstellen, wählen Sie auf der Seite *Virtuellen Server erweitern* im Bereich *Einrichtungsoptionen* den Link *Inhaltsdatenbank erweitern und erstellen*.

Abbildung 8.13:
Neuen Anwendungspool erstellen

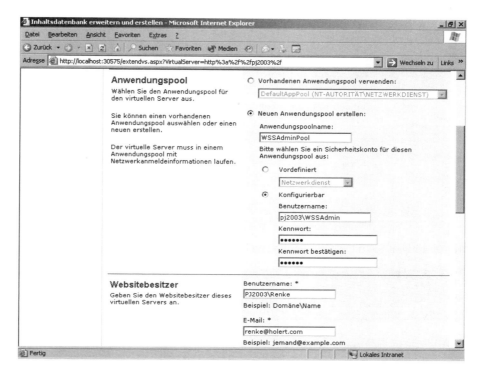

13. Um einen neuen **Anwendungspool** für die Internetinformationsdienste 6.0 zu erstellen, in dem der virtueller Server laufen soll, wählen Sie im Bereich *Anwendungspool* die Option *Neuen Anwendungspool erstellen* und geben Sie im Feld *Anwendungspoolname* z.B. den Namen »WSSAdminPool« ein.

14. Legen Sie das Sicherheitskonto auf *Konfigurierbar* fest, geben Sie im Feld *Benutzername* das Windows-Konto des *WSSAdmin* an, legen Sie das zugehörige Passwort im Feld *Kennwort* und bestätigen Sie dieses durch wiederholte Eingabe im Feld *Kennwort bestätigen*.

15. Geben Sie im Bereich *Websitebesitzer* im Feld *Benutzername* das Windows-Konto eines Administrators und im Feld *E-Mail* dessen **E-Mail-Adresse** ein. Klicken Sie danach auf *OK*.

Installation

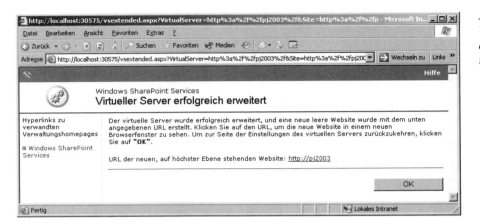

Abbildung 8.14: Virtueller Server erfolgreich erweitert

16. Bestätigen Sie die erfolgreiche Erweiterung des virtuellen Servers mit *OK*.

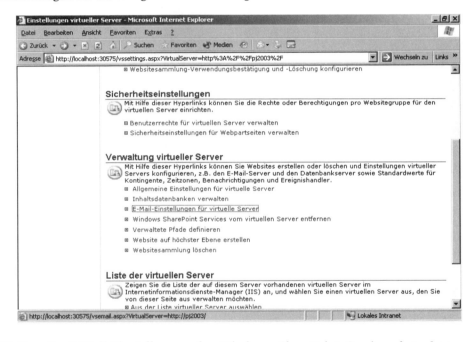

Abbildung 8.15: E-Mail-Einstellungen für virtuellen Server festlegen

17. Um die **E-Mail-Einstellungen** der Windows SharePoint Services festzulegen, wählen Sie im Bereich *Verwaltung virtueller Server* den Link *E-Mail-Einstellungen für virtuelle Server* aus.

Abbildung 8.16:
E-Mail-Einstellungen festlegen

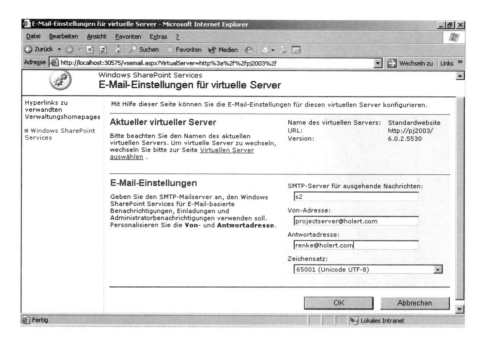

18. Geben Sie im Bereich *E-Mail-Einstellungen* im Feld *SMTP-Server für ausgehende Nachrichten* den Namen Ihres E-Mail-Servers ein. Geben Sie die Absenderadresse im Feld *Von-Adresse* und die Antwortadresse im gleichnamigen Feld ein. Bestätigen Sie Einstellung mit *OK*.

Hiermit haben Sie die Grundinstallation und -konfiguration der Windows SharePoint Services durchgeführt.

Konfiguration der Windows SharePoint Services

Der Konfigurations-Assistent für die Windows SharePoint Services *WSSWIZ.EXE*, konfiguriert die Windows SharePoint Services für die Verwendung mit dem Microsoft Project Server 2003. Die Konfiguration besteht u.a. darin, dass eine neue Vorlage für Unterwebs mit dem Namen *Project-Arbeitsbereich* erstellt wird, die die Standardlisten Probleme und Risiken enthält, und dass ein neues Unterweb mit dem Namen *MS_ProjectServer_PublicDocuments* angelegt wird.

Führen Sie folgende Schritte aus, um den Assistenten zu starten:

1. Starten Sie *WSSWIZ.EXE* aus dem Verzeichnis *SUPPORT\WSSWIZ* auf der Project Server-CD.
2. Klicken Sie auf der Willkommensseite auf *Weiter*.

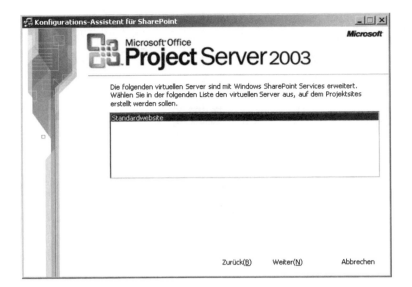

Abbildung 8.17:
Virtuellen Server für die Projektsites auswählen

3. Wählen Sie *Standardwebsite* aus und klicken Sie auf *Weiter*.

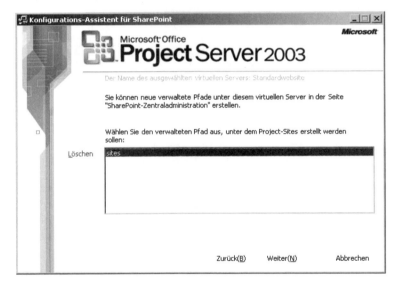

Abbildung 8.18:
Verwalteten Pfad für die Projektsites auswählen

4. Wählen Sie den verwalteten Pfad *sites* des virtuellen Servers *Standardwebsite* aus, unter dem Project die Unterwebs erstellen soll, und klicken Sie auf *Weiter*.

Abbildung 8.19:
Siteinformationen eingeben

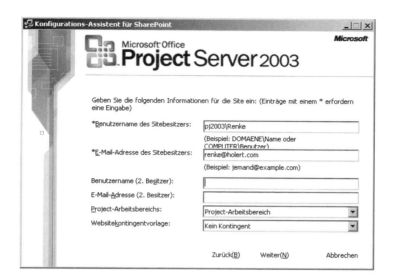

5. Geben Sie im Feld *Benutzername* und *E-Mail-Adresse des Sitebesitzers* das Windows-Konto des Administrators bzw. dessen E-Mail-Adresse ein und klicken Sie auf *Weiter*.

6. Bestätigen Sie das nächste Dialogfeld mit *Weiter*, um die Konfiguration zu beginnen.

Abbildung 8.20:
Neustart des Konfigurations-Assistenten bestätigen

7. Bestätigen Sie den Neustart des Assistenten mit *OK*.

Abbildung 8.21:
Erfolg und Zusammenfassung der Installation

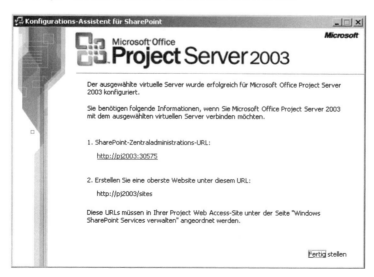

8. Notieren Sie sich die im Abschlussdialogfeld angegeben Konfigurationsdetails:
   - *SharePoint-Zentraladministrations-URL*
   - *Verwalteter Pfad (Erstellen Sie eine oberste Website unter diesem URL)*

Hiermit sind die Vorbereitungen für die Installation des Project Servers abgeschlossen.

Installation von Project Server

Das Installationsprogramm *SETUPSVR.EXE* für den Project Server finden Sie im Verzeichnis *PRJSVR* auf der Project Server-CD. Die Installationsprotokolle (*Microsoft Office Setup(0001).txt* und *Microsoft Office Setup(0001)_Task(0001).txt*) befinden sich im Verzeichnis *C:\Dokumente und Einstellungen\<Benutzername>\Lokale Einstellungen\Temp (▶ Kapitel 10)*. Führen Sie folgende Schritte aus, um den Server zu installieren:

1. Rufen Sie das Installationsprogramm auf, geben Sie zunächst den *Product Key* und im folgenden Dialogfeld *Benutzerinformation* Ihren Namen, Ihre Initialen sowie den Namen Ihrer Organisation ein. Klicken Sie anschließend auf *Weiter*.
2. Setzen Sie im Dialogfeld *Endbenutzer-Lizenzvertrag* ein Häkchen im Kontrollkästchen *Ich stimme den Bedingungen des Lizenzvertrags zu* und klicken Sie auf die Schaltfläche *Weiter*.

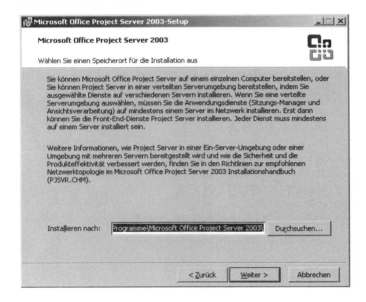

Abbildung 8.22: Speicherort festlegen

3. Behalten Sie im Dialog *Wählen Sie einen Speicherort für die Installation aus* das Installationsziel bei und klicken Sie auf die Schaltfläche *Weiter*.

Abbildung 8.23:
Diensteauswahl

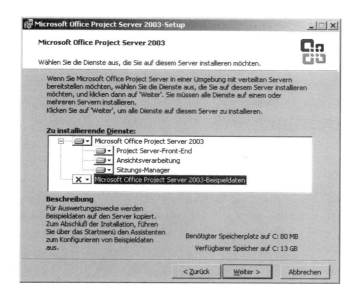

4. Übernehmen Sie ausgewählten Einstellungen und klicken Sie auf *Weiter*.

HINWEIS Das Setup bietet Ihnen die Option, einige **Dienste** nicht zu installieren. Diese Option ist dafür gedacht, wenn Sie aus Leistungsgründen die Dienste auf mehrere Computer verteilen möchten. Mehr Informationen hierzu finden Sie im Installationshandbuch auf der Project Server-CD.

Die **Beispieldaten** können durch das Setup auf den Computer kopiert werden. Dies kann jedoch auch jederzeit manuell nachgeholt werden. In beiden Fällen müssen die Beispieldaten entsprechend der Anleitung auf der Project Server-CD manuell installiert werden. Das Vorgehen gleicht einem Wiederherstellungsprozess und erfordert eine größere Anzahl von Schritten.

Abbildung 8.24:
Datenbankserverinformation

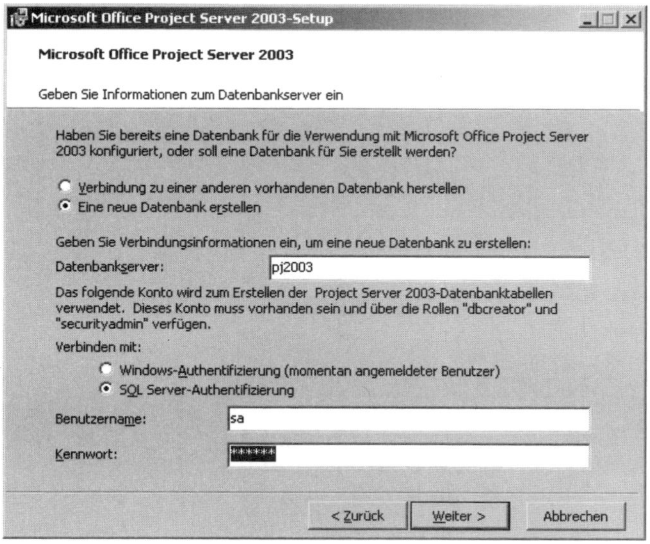

5. Geben Sie im Feld *Datenbankserver* den Namen des Servers an, auf dem der SQL Server läuft. Wählen Sie im Dialogbereich *Verbinden mit*: die Option *SQL Server-Authentifizierung* aus und geben Sie im Feld *Benutzername* ein Konto mit dem zugehörigen Passwort im Feld *Kennwort* ein, das mindestens zu den SQL-Serverrollen *Database Creators* und *Security Administrators* gehört. Klicken Sie auf die Schaltfläche *Weiter*.

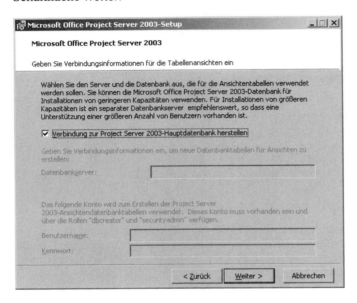

Abbildung 8.25:
Verbindungsinformationen für Ansichtstabellen

6. Wenn Sie keine separate Datenbank für die Ansichtentabellen (*MSP_VIEWS*-Tabellen, die vom *VWNOTIFY.EXE*-Dienst aufbereitet werden) erstellen wollen, klicken Sie auf *Weiter*.

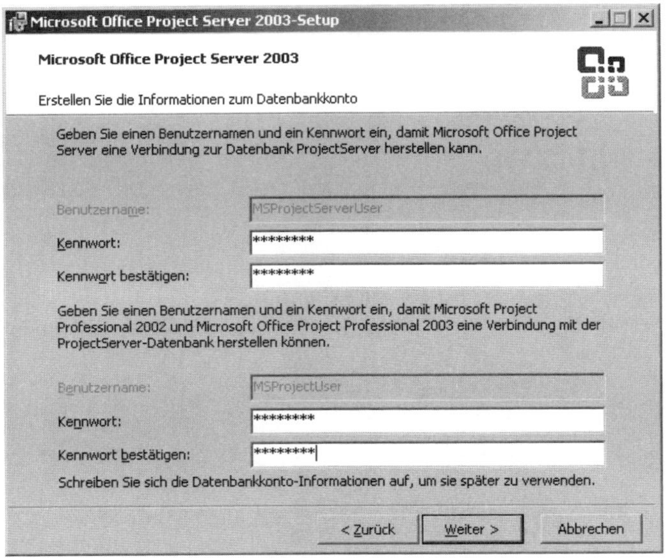

Abbildung 8.26:
Datenbankbenutzer

7. Geben Sie für die SQL Server-Konten *MSProjectServerUser* und *MSProjectUser* jeweils ein Passwort mit mindestens acht Zeichen (SQL Server-Authentifizierung) an, und klicken Sie auf die Schaltfläche *Weiter*.

Abbildung 8.27:
Analysis Services

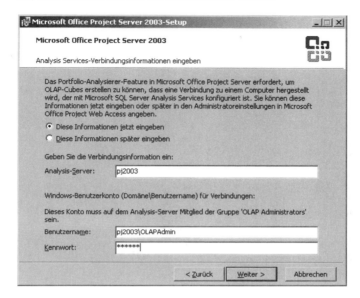

8. Geben Sie im Feld *Analysis-Server* den Namen des Servers an, auf dem die SQL Server Analysis Services laufen. Geben Sie im Feld *Benutzername* das Windows-Konto des *OLAPAdmin* ein und im Feld *Kennwort* das zugehörige Passwort. Klicken Sie auf die Schaltfläche *Weiter*.

WICHTIG Wenn es sich nicht um ein Domänenkonto handelt, müssen Sie den Servernamen als Domäne dem Benutzernamen mit einem Backslash (\) voranstellen.

Abbildung 8.28:
Website

Installation **245**

9. Wählen Sie die Website aus, in der das virtuelle Verzeichnis des Project Servers installiert werden soll (hier *Standardwebsite*), und klicken Sie auf die Schaltfläche *Weiter*.

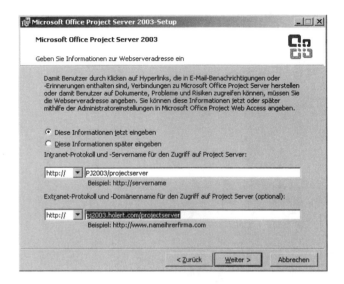

Abbildung 8.29:
Webserveradresse

10. Geben Sie den NetBIOS-Namen des Servers, der die zuvor ausgewählte Website beheimatet, im Feld *Intranet-Protokoll und -Servername für den Zugriff auf Project Server* (Intranet-URL). Geben Sie den Fully Qualified Domain Name (FQDN) bzw. DNS-Namen im Feld *Extranet-Protokoll und -Domänenname für den Zugriff auf Project Server (optional)* (Extranet-URL) ein, sofern Sie über ein Extranet oder das Internet auf den Computer zugreifen möchten. Diese Adresse wird in Links in ausgehenden E-Mails vom Project Server verwendet. Klicken Sie auf die Schaltfläche *Weiter*.

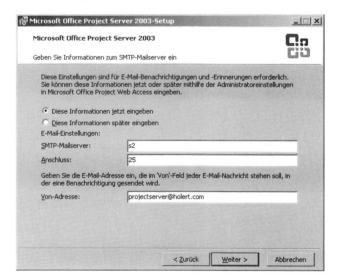

Abbildung 8.30:
E-Mail-Server

11. Geben Sie im Feld *SMTP-Mailserver* den Namen des E-Mail Servers (z.B. Microsoft Exchange Server) und im Feld *Anschluss* den SMTP-Port des E-Mail Servers (in der Regel: Port 25) ein, der die E-Mail-Nachrichten des Project Server versenden soll. Der Server muss Relaying für die IP-Adresse des Project Server erlauben. Geben Sie im Feld *Von-Adresse* die Absenderadresse ein, die der Project Server verwenden soll. Klicken Sie auf die Schaltfläche *Weiter*.

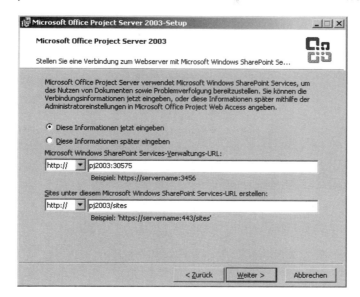

Abbildung 8.31:
Windows Share-
Point Services-
URLs

12. Geben Sie im Feld *Microsoft Windows SharePoint Services-Verwaltungs-URL die Windows SharePoint Services-Zentraladministrations-URL* ein, die Sie sich nach Ausführung des WSSWIZ notiert haben. Geben Sie im Feld *Sites unter diesem Microsoft Windows SharePoint Services-URL erstellen* den ebenfalls notierten verwalteten Pfad ein.

Installation

Abbildung 8.32:
Anmelde-
informationen
für *Windows
SharePoint
Services*

13. Geben Sie im Feld *Benutzername* das Windows-Konto und im Feld *Kennwort* das Passwort des WSSAdmin ein.

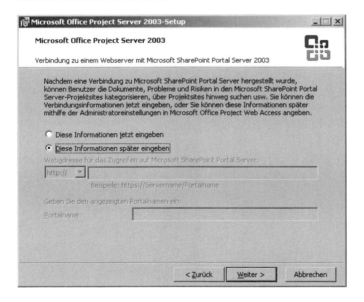

Abbildung 8.33:
Verbindung zum
SharePoint
Portal Server

14. Falls in Ihrer Organisation ein SharePoint Portal Server installiert ist, geben Sie dessen Adresse und den zugehörigen Portalnamen ein. Klicken Sie auf *Weiter*. Andernfalls wählen Sie die Option *Diese Informationen später eingeben* und bestätigen ebenfalls mit *Weiter*.

Abbildung 8.34:
Project-Version

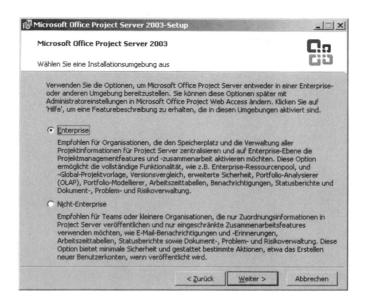

15. Wählen Sie die Option *Enterprise* aus, damit die Enterprise-Features auf dem Server aktiviert werden. Beachten Sie auch die Hinweise im Dialogfeld. Klicken Sie auf die Schaltfläche *Weiter*.

Abbildung 8.35:
Administrator-kennwort

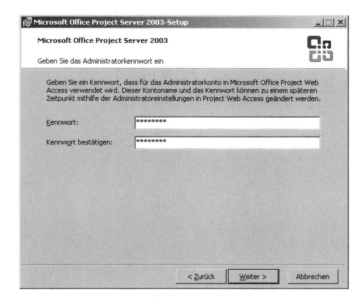

16. Geben Sie ein Passwort mit mindestens acht Stellen für den Project Server-Administrator im Feld *Kennwort* und im Feld *Kennwort bestätigen* an (Project Server-Authentifizierung). Dieses Passwort benötigen Sie für die erste Anmeldung am Project Server mit dem vorinstallierten Konto *Administrator*. Klicken Sie auf die Schaltfläche *Weiter*.

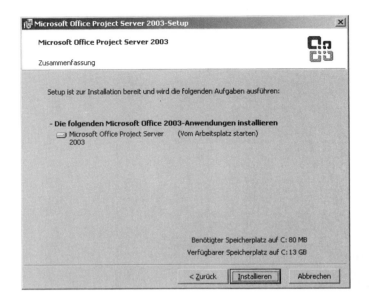

Abbildung 8.36:
Zusammenfassung

17. Klicken Sie im Dialogfeld *Zusammenfassung* auf die Schaltfläche *Installieren*.

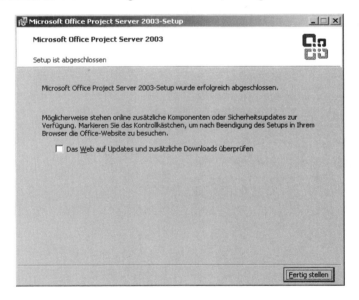

Abbildung 8.37:
Setup ist abgeschlossen

18. Setzen Sie im Dialogfeld *Microsoft Office Project Server 2003-Setup wurde erfolgreich abgeschlossen* einen Haken im Kontrollkästchen *Das Web auf Updates und zusätzliche Downloads überprüfen*, um die neuesten Aktualisierungen für Project herunterzuladen. Klicken Sie auf die Schaltfläche *Fertig stellen*.

Installation von Project Professional 2003

Minimalanforderung für die Installation von Project Professional ist ein Computer mit Windows 2000 oder höher und 192 MB Arbeitsspeicher. Mehr Informationen zu den Systemvoraussetzungen finden Sie im ▶ Kapitel 10.

Manuelle Einzelplatzinstallation

Starten Sie die Installation über das Ausführen des Programms *SETUP.EXE* auf der Project Professional-CD. Führen Sie das Setup auf folgende Art und Weise durch:

1. Geben Sie den *Product Key* ein und klicken Sie auf die Schaltfläche *Weiter*.

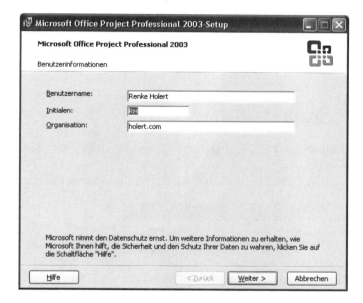

Abbildung 8.38:
Eingabe der Benutzer-
information

2. Geben Sie Ihren Namen, Ihre Initialen und den Namen Ihrer Organisation ein und klicken Sie auf *Weiter* (Abbildung 8.38).
3. Setzen Sie ein Häkchen in das Kontrollkästchen *Ich stimme den Bedingungen des Lizenzvertrags zu* und klicken Sie auf die Schaltfläche *Weiter*.

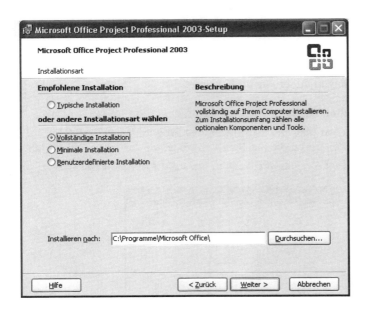

Abbildung 8.39:
Installationsart

4. Wählen Sie als Installationsart *Vollständige Installation* aus und klicken Sie auf *Weiter* (Abbildung 8.39).
5. Starten Sie die Installation, indem Sie auf die Schaltfläche *Installieren* klicken.

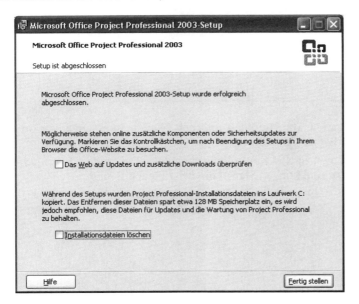

Abbildung 8.40:
Setup ist abgeschlossen

Nach erfolgreicher Installation erscheint die Meldung *Microsoft Office Project Professional 2003-Setup wurde erfolgreich abgeschlossen*.

Zentrale Softwareverteilung

Als Mitglied des Microsoft Office Systems verfügt auch Project Professional über alle Ausstattungsmerkmale zur Reduktion der Total Cost of Ownership (TCO). Dies schließt u.a. die Fähigkeit zur zentralen Softwareverteilung ein, da Project als Microsoft Installer-Paket (MSI-Paket) *PRJPROE.MSI* ausgeliefert wird (vgl. auch zentrale Konfiguration über *ADM-Dateien* in ▶ Kapitel 9 und Wartung über *CMW-Dateien*). Auf Basis dieser Technologie können Sie Project automatisch z.B. über den Microsoft System Management Server (SMS) oder über *Active Directory Gruppenrichtlinien* auf allen Windows-Arbeitsstationen installieren.

Mehr Informationen hierzu finden Sie im Project Resource Kit unter der URL *http://www.microsoft.com/technet/project*.

Besonderheiten bei der Installation auf einem Terminalserver

Für die Installation von Project Professional auf einem Terminalserver ist bei Project wie bei den übrigen Programmen aus dem Office System das Einspielen der MST-Datei nicht mehr erforderlich. Installieren Sie jedoch die Software auf dem Terminalserver immer über die Systemsteuerung *Software*, um den Server in den Installationsmodus zu versetzen.

9 Konfiguration und Dokumentation

255 Startkonfiguration
270 Client-Einstellungen
277 Projekt-Einstellungen
307 Ressourcen-Eigenschaften/Enterprise-Ressourcenpool
309 Server-Einstellungen

Dieses Kapitel richtet sich in erster Linie an Administratoren. Daneben wendet es sich aber auch an alle Personen, die bei der Einführung von Project im Unternehmen beteiligt sind. Dies können z.B. externe Berater sowie Promotoren und Mitglieder aus dem Projektbüro sein. **Ziel** dieses Kapitels ist es, zum einen aufzuzeigen, wie eine lauffähige Startkonfiguration für einen Pilotbetrieb aufgesetzt werden kann. Zum anderen werden Sie durch die vollständige Konfiguration des Gesamtsystems geführt. Es wird der volle Umfang von Project Professional und Project Server dargestellt.

Endzweck der Konfiguration ist es, die Benutzerfreundlichkeit von Project für die Anwender zu verbessern sowie Project an die Gegebenheiten des Unternehmens anzupassen und damit auch den Supportaufwand für den Help Desk zu verringern. Daneben werden Maßnahmen dargestellt, die den Administrationsaufwand reduzieren. Alle Konfigurationen müssen eng mit der Planung der Einführung abgestimmt sein (siehe hierzu ▶ Kapitel 6).

- Startkonfiguration
- Client-Einstellungen
- Projekt-Einstellungen
- Ressourcen-Eigenschaften/Enterprise-Ressourcenpool
- Server-Einstellungen

Startkonfiguration

Ziel der **Startkonfiguration** ist es, eine arbeitsfähige Version von Project und Project Server herzustellen, die z.B. für eine Pilotinstallation verwendet werden kann. Dies umfasst auch die Testmigration eines dateibasierten Ressourcenpools und von Projekten.

- Konto für Administrator einrichten

- Vorbereiten des Servers
- Ressourcenpool migrieren
- Projekte migrieren
- OLAP-Cube aufbauen
- Portfolio-Analysierer Ansichten erstellen

Konto für Administrator einrichten

Damit Sie den Server konfigurieren können, müssen Sie auf dem Project Client Ihr Project Server Konto einrichten. Wir empfehlen Ihnen, hierzu Ihr Windows-Konto zu verwenden, das Sie zuvor auf dem Server anlegen müssen.

- Anlegen Ihres Windows-Kontos auf dem Project Server mit vollständigen Rechten
- Einrichten des Project Server-Kontos auf dem Project Client

Einrichten Ihres Windows-Kontos mit vollständigen Rechten

Um Ihr Windows-Konto auf dem Project Server einzurichten, gehen Sie folgendermaßen vor:

1. Melden Sie sich auf dem Project Server als *Administrator* (Project Server-Authentifizierung) mit dem zugehörigen Kennwort an (▶ Kapitel 9).
2. Bestätigen Sie die den Endbenutzer-Lizenzvertrag und ggf. die Installation der Project Web Access-Steuerelemente (ActiveX-Control) (nur nötig, wenn der Server nicht zu den vertrauenswürdigen Sites gehört).
3. Wechseln Sie im Project Web Access in das Menü *Administration* und klicken im Aktionsbereich im linken Seitenbereich auf *Benutzer und Gruppen verwalten*.

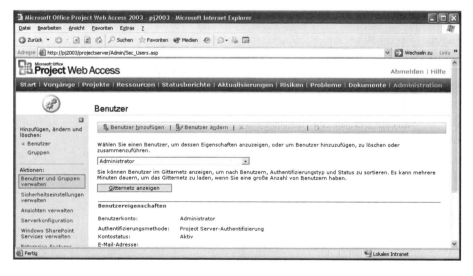

Abbildung 9.1:
Benutzer hinzufügen

4. Klicken Sie auf die Schaltfläche *Benutzer hinzufügen* (Abbildung 9.1).

Abbildung 9.2:
Benutzerkonto, -name, -Mail-Adresse und -gruppe angeben

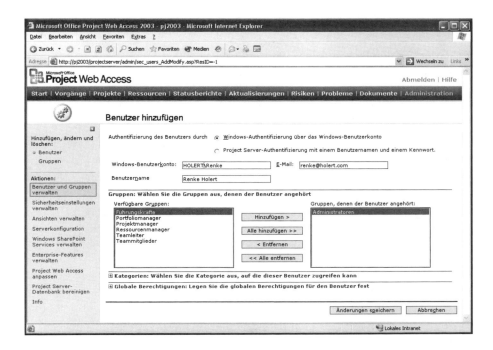

5. Geben Sie Ihr Windows-Konto im Feld *Windows-Benutzerkonto*, Ihre E-Mail-Adresse im Feld *E-Mail* und Ihren Namen im Feld *Benutzername* an (Abbildung 9.2).
6. Markieren Sie im linken Listenfeld die Gruppe *Administratoren* und klicken Sie auf die Schaltfläche *Hinzufügen*, um Rechte für diese *Rolle* zu bekommen.
7. Klicken Sie hiernach auf die Schaltfläche *Änderungen speichern*.

Einrichten des Project Server-Kontos auf dem Project Client

Um Ihr Project Server-Konto nun auf dem Project Client (geht nur mit Project Professional) hinzuzufügen, sollten Sie zunächst den Project Server als *vertrauenswürdige Site* in den *Sicherheitseinstellungen* des *Internet Explorers* hinzufügen. Führen Sie dazu folgende Schritte aus:

1. Wählen Sie in der Systemsteuerung den Eintrag *Internetoptionen* aus.
2. Wechseln Sie zur Registerkarte *Sicherheit*.
3. Wählen Sie das Symbol *Vertrauenswürdige Sites* aus.
4. Klicken Sie auf die Schaltfläche *Sites*.
5. Entfernen Sie das Häkchen aus dem Kontrollkästchen *Für Sites dieser Zone ist eine Serverüberprüfung (https:) erforderlich*.
6. Schreiben Sie die URL des Project Servers (z.B. *http://pj2003*) in das Feld *Diese Website zur Zone hinzufügen* und klicken Sie auf die Schaltfläche *Hinzufügen*. Falls Sie auch über die *Extranet-URL* auf den Project Server zugreifen möchten, fügen Sie diese Adresse ebenfalls hinzu.
7. Schließen Sie alle Dialogfelder mit *Schließen* bzw. *OK*.

Um das Project Server-Konto im Project-Client hinzuzufügen, gehen Sie folgendermaßen vor:

1. Starten Sie den Project-Client (Project Professional).
2. Wechseln Sie zu *Extras/Enterprise-Optionen/Microsoft Office Project Server-Konten*.
3. Klicken Sie im Dialogfeld *Project Server-Konten* auf die Schaltfläche *Hinzufügen*.

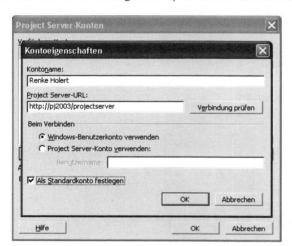

Abbildung 9.3:
Project Server-Konto einrichten

4. Geben Sie im Dialogfeld *Kontoeigenschaften* im Feld *Kontoname* Ihren Namen ein und im Feld *Microsoft Project Server-URL* die Adresse des Project Servers (Abbildung 9.3).
5. Wählen Sie die Option *Windows-Benutzerkonto verwenden* aus und legen Sie dieses Konto als Standardkonto fest, indem Sie im entsprechenden Kontrollkästchen ein Häkchen setzen.
6. Bestätigen Sie Ihre Festlegungen mit Klick auf *OK*.

Abbildung 9.4:
Online-/Offline-betrieb manuell auswählen

7. Damit Sie nicht auf das Timeout warten müssen, falls Sie keinen Zugriff auf den Project Server haben, wählen Sie Option V*erbindungsstatus manuell* steuern aus (Abbildung 9.4).
8. Schließen Sie mit Klick auf *OK* und beenden Sie Microsoft Project.

Abbildung 9.5:
Online arbeiten

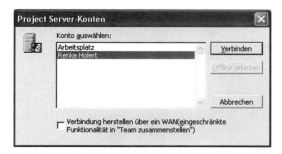

9. Starten Sie Project erneut und klicken Sie im Dialogfeld *Project Server-Konten* auf die Schaltfläche *Verbinden* (Abbildung 9.5).

Abbildung 9.6:
Online-Modus

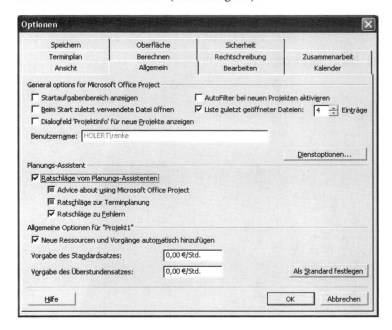

Sie sind nun mit dem Project Server online verbunden. Sie können dies auch über das *Optionen*-Dialogfeld überprüfen (Menübefehl *Extras/Optionen*). Vergewissern Sie sich, dass auf der Registerkarte *Allgemein* im Feld *Benutzername* Ihr Windows-Konto angezeigt wird (Abbildung 9.6). Überprüfen Sie zudem, dass auf der Registerkarte *Zusammenarbeit* im Feld *Zusammenarbeit unter Verwendung von* der Eintrag *Microsoft Office Project Server* ausgewählt ist und im Feld *Project Server-URL* die Adresse des Project Servers erscheint (Abbildung 9.7).

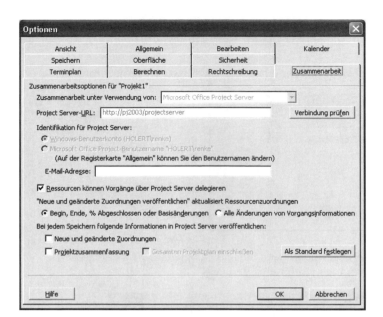

Abbildung 9.7:
Project Server-URL

Vorbereiten des Servers

Um den Project Server für die Migration von Ressourcen und Projekten vorzubereiten, sollten Sie in der Enterprise-Global noch das Euro-Symbol als Währungssymbol festlegen. Gehen Sie dazu folgendermaßen vor.

1. Öffnen Sie die *Enterprise-Global* über den Menübefehl *Extras/Enterprise-Optionen/Enterprise-Global öffnen*.

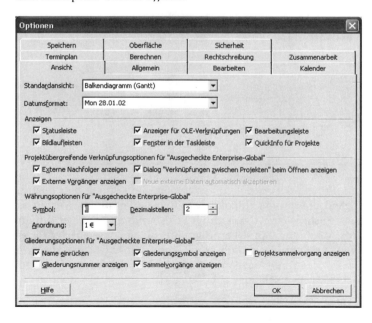

Abbildung 9.8:
Währungssymbol festlegen

2. Tragen Sie unter den *Währungsoptionen* (Menübefehl *Extras/Optionen/Ansicht*) im Feld *Symbol* das Eurosymbol (€) ein.
3. Checken Sie die *Enterprise-Global* wieder ein (*Speichern* und *Schließen*).
4. Beenden und starten Sie Project neu, damit die Änderungen übernommen werden. Historisch bedingt lädt Project nur beim Starten die allgemeinen Einstellungen.

HINWEIS Mehr Informationen zur *Enterprise-Global* finden Sie im ▶ Abschnitt »Projekt-Einstellungen« in diesem Kapitel.

Ressourcen anlegen

Mit dieser Minimalkonfiguration können Sie nun starten und *Ressourcen* entweder manuell anlegen oder aus einem dateibasierten Ressourcenpool bzw. einem Project importieren.

Ressourcen manuell anlegen, aus Active Directory oder Adressbuch importieren

Um Ressourcen manuell anzulegen, gehen Sie folgendermaßen vor:

1. Öffnen Sie den *Enterprise-Ressourcenpool* (Menübefehl *Extras/Enterprise-Optionen/Enterprise-Ressourcenpool öffnen*).
2. Klicken Sie im Dialogfeld *Enterprise-Ressourcenpool öffnen* auf die Schaltfläche *Öffnen/hinzufügen*.
3. Wechseln Sie in die Ansicht *Ressource: Tabelle* und geben Sie manuell Ressourcen ein und/oder
4. Fügen Sie neue Ressourcen aus dem *Active Directory* oder dem *Outlook* bzw. *Exchange Server Adressbuch* ein (Menübefehl *Einfügen/Neue Ressource aus/Active Directory* bzw. *Adressbuch*).

HINWEIS Sie können den *Enterprise-Ressourcenpool* auch automatisch mit dem Active Directory synchronisieren. Mehr dazu im ▶ Abschnitt »Server-Einstellungen« in diesem Kapitel.

Ressourcen aus dateibasiertem Ressourcenpool oder aus Project importieren

Ressourcenpool für den Import vorbereiten

Bevor Sie einen *dateibasierten Ressourcenpool* importieren, sollten Sie alle Verknüpfungen zu anderen Projektdateien aufheben. Führen Sie dazu folgende Schritte aus:

1. Öffnen Sie den Ressourcenpool.
2. Rufen Sie das Dialogfeld *Gemeinsame Ressourcennutzung* auf (Menübefehl *Extras/Ressourcen gemeinsam nutzen/Gemeinsame Ressourcennutzung*).
3. Markieren Sie alle Projekte und klicken Sie auf *Verknüpfung aufheben*.
4. Tragen Sie unter den Währungsoptionen (Menübefehl *Extras/Optionen/Ansicht*) im Feld *Symbol* das Eurosymbol (€) ein.

Ressourcen importieren

Um die Ressourcen zu importieren, verwenden Sie den Ressourcenimport-Assistenten auf folgende Art und Weise:

1. Rufen Sie den *Ressourcenimport-Assistenten* über den Menübefehl *Extras/ Enterprise-Optionen/Ressourcen in Enterprise importieren* auf.
2. Klicken Sie im Willkommen-Dialogfenster auf *Weiter*.
3. Klicken Sie im Dialogfeld *Von Microsoft Office Project Server öffnen* auf die Schaltfläche *Von Datei öffnen* und wählen Sie das Projekt oder den Ressourcenpool aus, von dem Sie die Ressourcen importieren möchten. Sie können über den *ODBC-Dialog* auch einen Ressourcenpool oder ein Projekt aus einer anderen Project-Datenbank importieren.

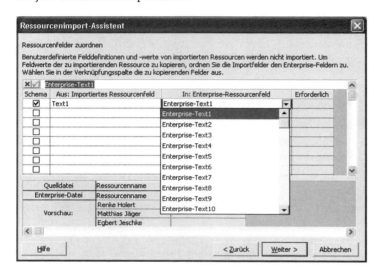

Abbildung 9.9:
Ressourcenfelder verknüpfen

4. Falls in Ihrem Ressourcenpool oder Project *benutzerdefinierte Felder* enthalten sind, können Sie diese den entsprechenden *Enterprise-Feldern* zuordnen (Abbildung 9.9) – vgl. hierzu auch den ▶ Abschnitt »Projekt-Einstellungen« in diesem Kapitel.

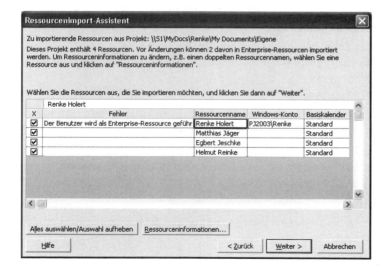

Abbildung 9.10:
Ressourcen auswählen

5. Wählen Sie im nächsten Schritt die Ressourcen aus, die Sie importieren möchten (Abbildung 9.10). Sofern Ressourcen bereits vorhanden sind, können Sie diese nicht noch einmal importieren. Bereits vorhandene Project Server Benutzer werden zu Enterprise-Ressourcen. Entfernen Sie ggf. in der Spalte *X* das Häkchen aus dem Kontrollkästchen. Falls der Basiskalender einer Ressource nicht in der Enterprise-Global vorhanden ist, müssen Sie einen gültigen *Basiskalender* auswählen. Im Ursprungszustand ist nur der Standardkalender vorhanden. Klicken Sie, nachdem kein Feld mehr rot dargestellt wird, auf die Schaltfläche *Weiter*, um den Importvorgang zu starten.

6. Bestätigen Sie den letzten Schritt durch Klick der Schaltfläche *Ende*.

Die Ressourcen sind nun im *Enterprise-Ressourcenpool* gespeichert. Um den Importvorgang zu überprüfen, gehen Sie folgendermaßen vor:

1. Öffnen Sie den *Enterprise-Ressourcenpool* über den Menübefehl *Extras/Enterprise-Optionen/Enterprise-Ressourcenpool öffnen*.
2. Klicken Sie auf die Schaltfläche *Alle auswählen/Auswahl aufheben*.
3. Klicken Sie auf die Schaltfläche *Öffnen/hinzufügen*.

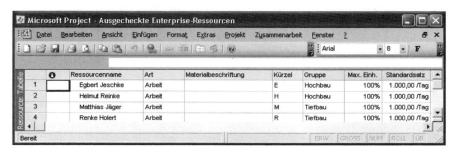

Abbildung 9.11:
Ausgecheckte Enterprise-Ressourcen

4. Wechseln Sie in die Ansicht *Ressource: Tabelle*

Sie sehen nun die ausgecheckten Enterprise-Ressourcen (Abbildung 9.11). Jetzt können Sie die *Stammdaten* anpassen und die Enterprise-Ressourcen danach wieder einchecken, indem Sie den »Projektplan« *speichern* und *schließen*.

Projekte anlegen

Im Anschluss hieran importieren Sie Projekte in den Project Server. Hierzu sind einige Vorbereitungen notwendig (Migration bestehender Projekte).

Projekte für Import vorbereiten

Ziel ist es, alle benutzerdefinierten Einstellungen aus dem Projekt zu löschen, die nicht später zentral für alle Projekte gelten sollen. Überlegen Sie sich, welche Projekt-Einstellungen erhalten bleiben und später im gesamten Unternehmen (Enterprise) für alle Projekte gelten sollen. Eine solche Projektvorlage können Sie als Grundlage für die Anpassung der *Enterprise-Global* verwenden, wie weiter unten in diesem Kapitel beschrieben wird. Aus allen anderen Projekten löschen Sie diese Einstellungen. Folgende Punkte sind abzuarbeiten:

- Verknüpfungen mit Ressourcenpool aufheben (Menübefehl *Extras/Ressourcen gemeinsam nutzen/Gemeinsame Ressourcennutzung/Benutze eigene Ressourcen*).

- Alle ausstehenden Teamnachrichten in der alten Umgebung abarbeiten.
- Adresse des alten Project Servers löschen.
- Währungssymbol auf Euro (€) anpassen (Menübefehl *Extras/Optionen/Ansicht/ Symbol*).
- Nicht benötigte *Ansichten* und *Tabellen* löschen (Menübefehl *Extras/Organisieren/Löschen*). Die jeweils aktuelle Ansicht und Tabelle können Sie nicht löschen. Wählen Sie darum zunächst eine andere Ansicht aus und löschen Sie dann alle anderen. Schalten Sie im Anschluss daran zurück zur Ursprungsansicht und löschen Sie die verbliebene. Später kann dann auch diese überschrieben werden.
- Nicht benötigte *Filter*, *Gruppierungen* und *Sortierungen* löschen (Menübefehl *Extras/Organisieren/Löschen*).
- Nicht benötigte *Kalender* löschen (Menübefehl *Extras/Organisieren/Löschen*). Die *Basiskalender* werden dann automatisch durch den *Standardkalender* ersetzt (Kalender mit dem Namen *Standard*).
- Inhalte nicht benötigter *benutzerdefinierter Felder* löschen (Menübefehl *Extras/ Organisieren/Löschen*).
- Nicht benötigte *Schemen*, *Berichte*, *Masken* und *Module* löschen (Menübefehl *Extras/Organisieren/Löschen*).
- Überprüfen der Schreibweise der Ressourcennamen und ggf. Anpassen an diejenige im *Enterprise-Ressourcenpool*.

Projekte importieren

Um die Projekte zu importieren, verwenden Sie den *Projektimport-Assistenten*:

1. Starten Sie den Projektimport-Assistenten über den Menübefehl *Extras/Enterprise-Optionen/Projekt in Enterprise importieren*.
2. Klicken Sie auf der Startseite auf die Schaltfläche *Weiter*.
3. Wählen Sie das Projekt aus, das Sie importieren möchten und klicken Sie auf die Schaltfläche *Importieren*.

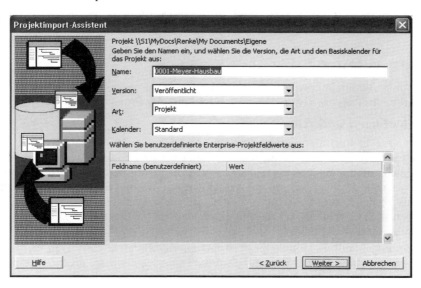

Abbildung 9.12:
Projektversion, -art und Basiskalender auswählen

4. Wählen Sie als *Version* den Eintrag *Veröffentlicht*, als *Art* den Eintrag *Projekt* (Vorlage wird später benötigt) und den Basiskalender *Standard* für das Projekt aus. Klicken Sie auf die Schaltfläche *Weiter* (Abbildung 9.12).

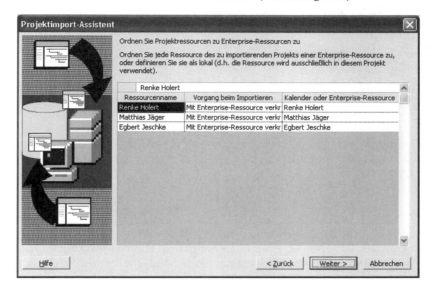

Abbildung 9.13:
Ressourcen aus dem Projekt mit Enterprise-Ressourcen zuordnen

5. Ordnen Sie die Ressourcen aus dem Projekt den Enterprise-Ressourcen zu. Bei exakt gleicher Schreibweise macht der Assistent dies automatisch (Abbildung 9.13).

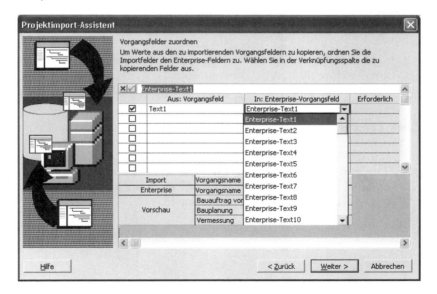

Abbildung 9.14:
Vorgangsfelder zuordnen

6. Falls Sie benutzerdefinierte Felder im Projekt belassen haben, ordnen Sie diese jetzt den *benutzerdefinierten Enterprise-Feldern* zu. Klicken Sie anschießend auf die Schaltfläche *Weiter* (Abbildung 9.14).

Konfiguration und Dokumentation

Abbildung 9.15: Vorgangskalender zuordnen

7. Sofern einzelne Vorgänge *Vorgangskalender* haben, können Sie diese im nächsten Schritt zuordnen. Klicken danach auf die Schaltfläche *Importieren*, um den Importvorgang zu starten (Abbildung 9.15).

Abbildung 9.16: Erneutes Veröffentlichen der Zuordnungen erforderlich

8. Falls zuvor aus dem Projekt bereits Ressourcenzuordnungen veröffentlicht wurden, erscheint der Hinweis, dass Sie dies nun erneut durchführen sollten.
9. Bestätigen Sie den Erfolg des Imports, indem Sie auf die Schaltfläche *Ende* klicken.
10. Sie sollten nun die *Zusammenarbeitsoptionen* festlegen. Die Verwendung des Project Servers und die zugehörige URL werden automatisch fixiert. Aktivieren Sie zusätzlich die Optionen *Bei jedem Speichern folgende Informationen in Project Server veröffentlichen: Neue und geänderte Zuordnungen, Projektzusammenfassung* und *Gesamten Projektplan einschließen* (Abbildung 9.17) durch Setzen des Häkchens im Kontrollkästchen.

Abbildung 9.17:
Zusammenarbeitsoptionen

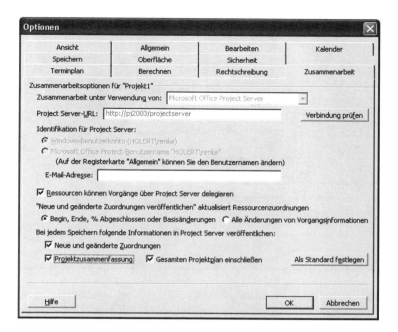

11. Speichern Sie den Projektplan, damit neue und geänderte Zuordnungen veröffentlicht werden. Bereits veröffentlichte Zuordnungen (siehe Schritt 8) müssen Sie zudem erneut veröffentlichen (Menübefehl *Zusammenarbeit/Veröffentlichen/Zuordnungen erneut veröffentlichen*). Alle Ressourcen erhalten nun automatisch eine E-Mail-Nachricht mit den ihnen zugeordneten Vorgängen aus diesem Projekt vom Project Server zugeschickt. Hiernach erscheint ein Hinweis, dass die Veröffentlichung erfolgreich war.

Führen Sie diese Schritte für jedes Projekt durch, das Sie importieren möchten.

OLAP-Cube aufbauen

Sie haben nun die Grundlage geschaffen, um einen *OLAP-Cube* (Online Analytical Processing-Cube) zu erstellen, der der weiteren Analyse der Daten dient. Der Cube wird von den *Portfolio-Analysierer-* und den *Ressourcenverfügbarkeits-Ansichten* verwendet. Voraussetzung für die Erstellung eines Cubes sind die *SQL Server Analysis Services*, die ausschließlich in der Vollversion des SQL Servers enthalten sind, nicht aber in der Microsoft Data Engine (MSDE), die zum Lieferumfang des Project Server gehört.

Um einen Cube aufzubauen, gehen Sie folgendermaßen vor:

1. Wechseln Sie im Project Server zu *Administration/Enterprise-Features verwalten*, um die Enterprise-Optionen des Servers anzuzeigen.

2. Wählen Sie links im Aktionsbereich die Option *Ressourcentabellen und OLAP-Cube aktualisieren* aus.

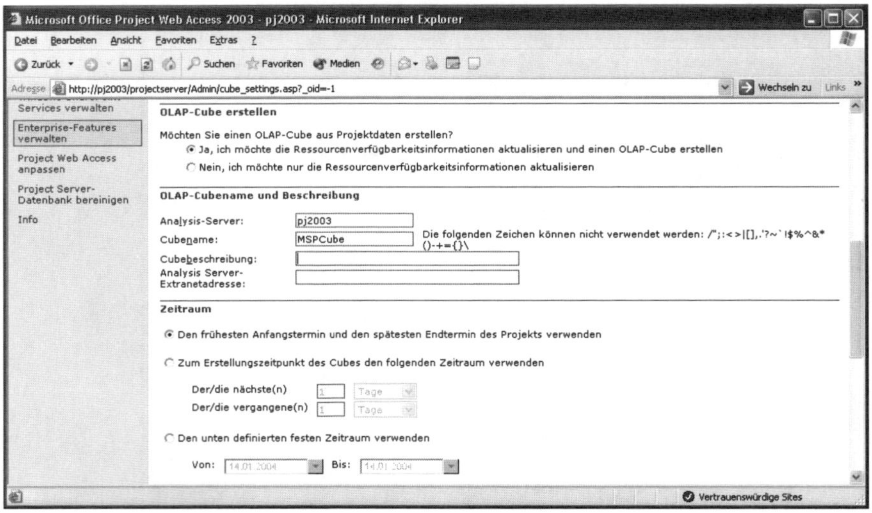

Abbildung 9.18:
OLAP-Cube
erstellen I

3. Wählen Sie im Abschnitt *OLAP-Cube erstellen* zu der Frage »Möchten Sie einen OLAP-Cube aus Projektdaten erstellen?« die Option *Ja, ich möchte die Ressourcenverfügbarkeitsinformationen aktualisieren und einen OLAP-Cube erstellen* aus (Abbildung 9.18).

4. Geben Sie im Abschnitt *OLAP-Cubename und Beschreibung* im Feld *Analysis-Server* den Namen des Servers an, auf dem die SQL Server Analysis Services laufen, sofern nicht vorgegeben. Fügen Sie ins Feld *Cubename* einen Namen für den Cube ein, z.B. »MSPCube«, und geben Sie im Feld *Cubebeschreibung* eine Beschreibung wie z.B. »Project Standard Cube« ein.

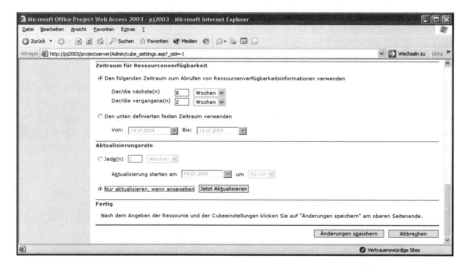

Abbildung 9.19:
OLAP-Cube
erstellen II

5. Behalten Sie die Einstellungen für den Zeitraum bei (*Den frühesten Anfangstermin und den spätesten Endtermin des Projekts verwenden*), um den Cube für den Zeitraum zu erstellen, von Beginn des ersten Projektes bis zum Ende des letzten Projektes.
6. Legen Sie im Zeitraum für Ressourcenverfügbarkeit die Option *Den folgenden Zeitraum zum Abrufen der Ressourcenverfügbarkeitsinformationen verwenden* fest. Geben Sie im Feld *Der/die nächste(n)* den Text »8 Wochen« und im Feld *Der/die vergangene(n)* den Text »2 Wochen« ein (Abbildung 9.19).
7. Wählen Sie bei *Aktualisierungsrate* die Option *Nur aktualisieren, wenn angegeben* aus und klicken Sie auf die Schaltfläche *Jetzt Aktualisieren*, um das Erstellen des Cubes zu starten.

Abbildung 9.20: Start der Cubeerstellung

8. Bestätigen Sie das folgenden Dialogfeld, das Sie darauf hinweist, dass die Erstellung eine längere Zeit in Anspruch nehmen kann (Abbildung 9.20), per Klick auf *OK*.
9. Warten Sie einige Minuten und drücken Sie die Taste F5 zum Aktualisieren der Browserdarstellung. Nach einer Weile steht im Abschnitt *Aktueller Cubestatus* nicht mehr »Der Erstellungsprozess des Cubes wurde auf <Datum> bei <Uhrzeit> initiiert«[1] bzw. »Der Cube wird momentan erstellt«, sondern »Der Cube wurde erfolgreich am <Datum> um <Urzeit> erstellt«.
10. Damit der Cube in Zukunft regelmäßig aktualisiert wird, geben Sie unter *Aktualisierungsrate* im Feld *Jede(n)* den Text »1 Tag« ein und klicken Sie anschließend auf die Schaltfläche *Änderungen speichern*.

Portfolio-Analysierer-Ansichten erstellen

Mit der Aufbereitung der OLAP-Cubes haben Sie die Grundlage für die Erstellung der *Portfolio-Analysierer-Ansichten* geschaffen. Die genaue Vorgehensweise entnehmen Sie bitte dem ▶ Abschnitt »Portfolio-Analysierer-Ansichten erstellen« in diesem Kapitel.

Mit den vorangegangenen Schritten haben Sie eine lauffähige Startumgebung geschaffen. Im Folgenden werden nun die Einstellungen beschrieben, die wir für eine Standardinstallation empfehlen. Sie sollten diese als Grundlage für Ihr Pilotsystem verwenden und an Ihre Bedürfnisse anpassen. Danach sollten Sie die Datenbank komplett bereinigen und die Startkonfiguration mit den zuvor angepassten Vorlagen und Servereinstellungen erneut aufbauen.

Die nachfolgend beschriebenen Einstellungen gliedern sich in folgende Bereiche:

- Client-Einstellungen

---

[1] Es handelt sich hierbei um eine etwas merkwürdige deutsche Übersetzung.

- Projekteinstellungen
- Ressourcen-Eigenschaften/Ressourcenpool
- Server-Einstellungen

Client-Einstellungen

Unter *Client-Einstellungen* werden alle Einstellungen des *Project Windows Client* verstanden (Project Standard und Project Professional). Nicht gemeint ist hiermit der Project Web Client, also die ActiveX-Controls, die beim Zugriff auf den Project Server vom Internet Explorer geladen werden (Project Web Access).

Wie jedes Windows-Programm unterscheidet auch der Project-Client zwischen *computer-* und *benutzerbezogenen Einstellungen*. Die *computerbezogenen Einstellungen* sind für alle Benutzer des Computers identisch, die benutzerbezogenen Einstellungen können dagegen für jeden Benutzer individuell festgelegt werden; bei Verwendung von Roaming Profiles (servergespeicherte Profile) auch über die Grenzen des Computers hinaus. Beide *Einstellungsarten* können abhängig oder unabhängig von der jeweiligen Project-Version sein (versions- und versionsunabhängige Einstellungen).

Die *computerbezogenen versionsunabhängigen* Einstellungen von Project werden in der Registrierung unter *HKEY_LOCAL_MACHINE\SOFTWARE\Microsoft\ Office\MS Project* gespeichert, die *versionsabhängigen* Einstellungen für Project Standard und Professional 2003 unter *HKEY_LOCAL_MACHINE\SOFTWARE\ Microsoft\Office\11.0\MS Project*.

Benutzerbezogene versionsunabhängige Einstellungen von Project werden in der Registrierung unter *HKEY_CURRENT_USER\Software\Microsoft\Office\MS Project* und entsprechend die *versionsabhängigen* Einstellungen unter *HKEY_CURRENT_USER\Software\Microsoft\Office\11.0\MS Project* gespeichert.

Die benutzerbezogenen Einstellungen können über die *Optionen*-Dialogfelder in Project vom Anwender selbst festgelegt werden. Sie können jedoch von administrativer Seite diese und andere Einstellungen festlegen, also z.B. ein Anmeldeskript oder ein anderes Tool zur Registrierung der Clients bearbeiten. Als Tools können Sie z.B. Gruppenrichtlinien oder Programmerweiterungen wie z.B. *COM-Add-Ins* verwenden (mehr zu COM-Add-Ins finden Sie in ▶ Kapitel 11). Nachfolgend wird beschrieben, wie Sie Gruppenrichtlinien zu diesem Zweck verwenden können.

Um eine *administrative Vorlage* (ADM-Datei) in einer *Gruppenrichtlinie* im *Active Directory* (AD) zu installieren, gehen Sie folgendermaßen vor:

HINWEIS Die administrative Vorlage für Project (*PROJ11.ADM*) ist erhältlich im Office Resource Kit (ORK) unter *http://www.microsoft.com/office/ork*.

1. Öffnen Sie die Microsoft Management Console *Active Directory-Benutzer und -Computer* (*Start/Alle Programme/Verwaltung*).
2. Klicken Sie mit der rechten Maustaste auf den Namen der Domäne, z.B. »holert.com« und wählen Sie im Kontextmenü die Option *Eigenschaften* aus.
3. Klicken Sie im *Eigenschaften*-Dialogfeld auf die Registerkarte *Gruppenrichtlinie*.
4. Wählen Sie die *Default Domain Policy* aus und klicken Sie auf die Schaltfläche *Bearbeiten*.

Abbildung 9.21:
Administrative Vorlage den Gruppenrichtlinien hinzufügen

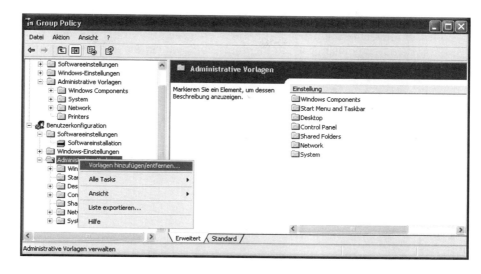

5. Klicken Sie im Dialogfeld *Gruppenrichtlinie* unter *Benutzerkonfiguration* mit der rechten Maustaste auf den Container *Administrative Vorlagen* und wählen Sie aus dem Kontextmenü die Option *Vorlagen hinzufügen/entfernen...* aus (vgl. Abbildung 9.21).

6. Klicken Sie im Dialogfeld *Vorlage hinzufügen/entfernen* auf die Schaltfläche *Hinzufügen* und wählen Sie die administrative Vorlage für Project (*PROJ11.ADM*) aus. Gemeinsame Office-Einstellungen können über die administrativen Vorlage *OFFICE11.ADM*, die Sie ebenfalls aus dem Office Resource Kit beziehen können, festgelegt werden.

Abbildung 9.22:
Administrative Vorlagen für Project

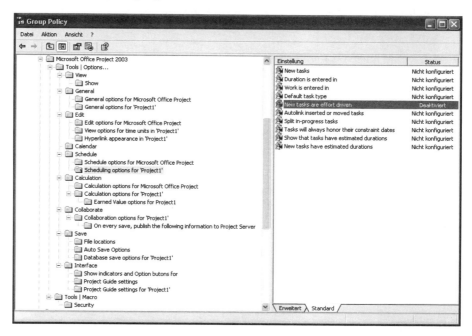

Konfiguration und Dokumentation

271

7. Öffnen Sie die gewünschten *Container* unter Microsoft Office Project 2003. Klicken Sie im rechten Teil der Microsoft Management Console mit der rechten Maustaste auf die entsprechende Richtlinie, und wählen Sie im Kontextmenü die Option *Eigenschaften* aus (vgl. Abbildung 9.22).

Abbildung 9.23:
Richtlinie aktivieren

8. Wählen Sie im Dialogfeld die Option *Aktiviert* aus und setzen Sie das Häkchen im Kontrollkästchen, wenn Sie die Option bei den Benutzern, für die die Gruppenrichtlinie gilt, erzwingen möchten. Wenn Sie umgekehrt erreichen möchten, dass diese Option **nicht** verwendet wird, so deaktivieren Sie das Kontrollkästchen (vgl. Abbildung 9.23).

Hiermit werden die von Ihnen gemachten Einstellungen auf alle Project-Clients aller Benutzer festgelegt, die sich innerhalb des Gültigkeitsbereichs dieser Gruppenrichtlinie befinden.

Im Folgenden werden wir Ihnen einen Überblick über die *Client-Optionen* geben und einen Vorschlag für *Standardeinstellungen* machen. Zudem werden wir den *Menüpfad* in Project angeben und den zugehörigen Baum in der *Registrierung* angeben. Beschrieben werden die nachstehenden Optionen:

- Ansicht
- Allgemeine Optionen und Optionen für Planungs-Assistent
- Bearbeiten
- Kalender
- Terminplan
- Berechnung
- Rechtschreibprüfung
- Oberflächen
- Speichern

- Zusammenarbeit
- Enterprise-Optionen
- Symbolleisten und Menüs
- Internet Explorer/Windows-Einstellungen

Ansichtsoptionen

Menüpfad, Registrierungsbaum und Richtliniencontainer

Extras/Optionen/Ansicht

HKEY_CURRENT_USER\Software\Microsoft\Office\11.0\MS Project\Options\View

Tools | Options/View

Empfohlene Änderung gegenüber den Microsoft-Vorgaben und Namen der Richtlinien:

Keine

Allgemeine Optionen und Optionen für Planungs-Assistent

Menüpfad, Registrierungsbaum und Richtliniencontainer

Extras/Optionen/Allgemein

HKEY_CURRENT_USER\Software\Microsoft\Office\11.0\MS Project\Options\General

HKEY_CURRENT_USER\Software\Microsoft\Office\11.0\MS Project\Options\PlanningWizard

Tools | Options/General

Empfohlene Änderung gegenüber den Microsoft-Vorgaben und Namen der Richtlinien:

Planungs-Assistent

- *Ratschläge vom Planungs-Assistenten* deaktivieren

HINWEIS Nicht über Gruppenrichtlinie steuerbar.

Bearbeitungsoptionen

Menüpfad, Registrierungsbaum und Richtliniencontainer

Extras/Optionen/Bearbeiten

HKEY_CURRENT_USER\Software\Microsoft\Office\11.0\MS Project\Options\Edit

Tools | Options/Edit

Empfohlene Änderung gegenüber den Microsoft-Vorgaben und Namen der Richtlinien:

Bearbeitungsoptionen für Microsoft Project

- *Drag & Drop von Zellen ermöglichen* deaktivieren

Edit options for Microsoft Project

- *Allow cell drag and drop*

Kalenderoptionen

Menüpfad, Registrierungsbaum und Richtliniencontainer

Extras/Optionen/Kalender

HKEY_CURRENT_USER\Software\Microsoft\Office\11.0\MS Project\Options\Calendar

Tools | Options/Calendar

Empfohlene Änderung gegenüber den Microsoft-Vorgaben und Namen der Richtlinien:

keine

| HINWEIS | Wenn Sie hier Änderungen vornehmen, sollten Sie den *Projektkalender* entsprechend anpassen (vgl. auch *Projektoptionen/Kalender*). |

Terminplanoptionen

Menüpfad, Registrierungsbaum und Richtliniencontainer

Extras/Optionen/Terminplan

Tools | Options/Schedule

Empfohlene Änderung gegenüber den Microsoft-Vorgaben und Namen der Richtlinien:

Terminplanoptionen für Microsoft Project

- *Terminplanmeldungen zeigen* deaktivieren

Scheduling options for Microsoft Project

- *Show scheduling messages*

Berechnungsoptionen

Menüpfad, Registrierungsbaum und Richtliniencontainer

Extras/Optionen/Berechnen

HKEY_CURRENT_USER\Software\Microsoft\Office\11.0\MS Project\Options\Calculation

Tools | Options/Calculate

Empfohlene Änderung gegenüber den Microsoft-Vorgaben und Namen der Richtlinien:

Keine

Rechtschreibungsprüfungsoptionen

Menüpfad, Registrierungsbaum und Richtliniencontainer

Extras/Optionen/Rechtschreibung

Tools | Options/Spelling

Empfohlene Änderung gegenüber den Microsoft-Vorgaben und Namen der Richtlinien:

Keine

Oberflächenoptionen

Menüpfad, Registrierungsbaum und Richtliniencontainer

Extras/Optionen/Oberfläche

Tools | Options/Interface

Empfohlene Änderung gegenüber den Microsoft-Vorgaben und Namen der Richtlinien:

Einstellungen für Projektberater

- *Projektberater anzeigen* deaktivieren

Project Guide Settings

- *Display Project Guide*

Der Projektberater ist eine Art situative Online-Hilfe (in der linken Bildschirmhälfte), die den Anwender schrittweise durch den Projektmanagementprozess führt. Den Projektberater können Sie über die Symbolleiste *Projektberater* aufrufen.

Die Meinungen über den Projektberater gehen auseinander. Wir empfehlen nicht, diesen einzusetzen, da er eine zusätzliche Oberfläche schafft, anstatt eine Hilfestellung zur Bedienung der vorhandenen Oberfläche zu geben. Wenn Sie jedoch den Projektberater einsetzen, dann ist sehr zu empfehlen, diesen an Ihre Unternehmensrichtlinien anzupassen. So kann dieser beispielsweise bei der Projektneuanlage Ihre unternehmensspezifischen Schlüssel zur Bildung von Projektnummern anzeigen oder bei der Zuordnung von Ressourcen beschreiben, wie genau bei Ihnen das exakte organisatorische Prozedere abläuft.

HINWEIS Mit *Optionsfelder* sind im Dialogfeld *Oberflächenoptionen* die Office-Smarttags gemeint.

Speicheroptionen

Menüpfad, Registrierungsbaum und Richtliniencontainer

Extras/Optionen/Speichern

Datei/Speichern unter/Extras/Allgemeine Optionen. Wenn Sie online mit dem Project Server verbunden sind, müssen Sie *Als Datei speichern* auswählen.

HKEY_CURRENT_USER\Software\Microsoft\Office\11.0\MS Project\Options\Save

Tools | Options/Save

Empfohlene Änderung gegenüber den Microsoft-Vorgaben und Namen der Richtlinien:

Speicherort/Dateiart

- *Arbeitsgruppenvorlagen* Pfad festlegen
- *Microsoft Project-Dateien speichern als Projekt (*.mpp).* Bei Online-Betrieb auf dem Project Server wird diese Einstellung ignoriert.

File locations

- *Workgrouptemplates*
- *Projects*

Zusammenarbeitsoptionen

Menüpfad, Registrierungsbaum und Richtliniencontainer

Extras/Optionen/Zusammenarbeit (vgl. auch *Servereinstellungen/Project Web Access*)

Extras/Anpassen/Veröffentlichte Felder

HKEY_CURRENT_USER\Software\Microsoft\Office\11.0\MS Project\ Workgroup Customization

Tools | Options/Workgroup

Empfohlene Änderung gegenüber den Microsoft-Vorgaben und Namen der Richtlinien:

Keine (vgl. auch *Projekteinstellungen/Veröffentlichte Felder/Teammanagement*)

Enterprise-Optionen

Menüpfad, Registrierungsbaum und Richtliniencontainer

Extras/Enterprise-Optionen

HKEY_CURRENT_USER\Software\Microsoft\Office\MS Project\Profiles

HKEY_CURRENT_USER\Software\Microsoft\Office\MS Project\Settings

Tools | Options/

Empfohlene Änderung gegenüber den Microsoft-Vorgaben und Namen der Richtlinien:

Keine

Symbolleisten und Menüs

Menüpfad, Registrierungsbaum und Richtliniencontainer

Extras/Anpassen/Symbolleiste/Optionen

Empfohlene Änderung gegenüber den Microsoft-Vorgaben und Namen der Richtlinien:

Andere

- *Tastenkombination in QuickInfo zeigen* aktivieren

Microsoft Office 2003/Assistant/Options Tab
- *Keyboard shortcuts*

Optionen des Internet Explorers bzw. der Windows-Einstellungen

Formal gehören die Optionen des Internet Explorers zwar nicht zu den Einstellungen des Project Windows-Client. Da sie vom Ablauf und Inhalt her jedoch dazu passen, haben wir diese hier angegeben.

Richtliniencontainer

Benutzerkonfiguration/Windows-Einstellungen/Internet Explorer-Wartung

Empfohlene Änderung gegenüber den Microsoft-Vorgaben und Namen der Richtlinien:

URLs

- *Wichtige URL*-Adresse von Project Server als Startseite festlegen

Sicherheit

- *Sicherheitszonen und Inhaltsfilter* Adresse vom Project Server als vertrauenswürdige Site festlegen

Projekt-Einstellungen

Wie in anderen Office-Programmen können Sie auch für Dokumente Einstellungen festlegen und Vorlagen erstellen, die Ihre gewünschten Standardeinstellungen bereits enthalten. In Project heißt diese allgemeine Projektvorlage *GLOBAL.MPT*. Diese Datei befindet sich normalerweise im Anwendungsdaten-Verzeichnis des Benutzerprofils (z.B. im Pfad *C:\Dokumente und Einstellungen\<Benutzername>\Anwendungsdaten\Microsoft\MS Project\11\1031*). Dieses »Projekt« wird als Vorlage für jedes neue Projekt herangezogen, das ein Anwender anlegt, stellt den Standard für die lokale Installation von Project dar und wird als Projekt1 bezeichnet.

Dies bedeutet somit: Wenn Projekt-Einstellungen *für alle zukünftigen Projekte* gelten, muss der Anwender entweder die Schaltfläche *Als Standard festlegen* im entsprechenden *Optionen*-Dialogfeld anklicken oder die entsprechende Ansicht, Tabelle, Gruppierung, Filter, Sortierung etc. über das *Organisieren*-Dialogfeld (Menübefehl *Extras/Organisieren*) in die *GLOBAL.MPT* kopieren.

Diese Festlegung bezieht sich jedoch nicht auf bereits bestehende Projekte und damit auch nicht auf schon bestehende Projektvorlagen. Dies bedeutet, dass nachträgliche Änderungen in allen aktiven Projekten und Vorlagen manuell nachgepflegt werden müssen, wenn diese für **alle** Projekte und/oder Vorlagen gelten sollen.

Damit zumindest die Projektvorlage *GLOBAL.MPT* nicht bei jedem Anwender manuell bearbeitet werden muss, kann eine *GLOBAL.MPT* zentral für **alle** Anwender als Vorlage verwendet werden. Damit der Project-Client diese jedoch berücksichtigt, muss in der Registrierung im Zweig *HKEY_CURRENT_USER\Software\Policies\Microsoft* im Schlüssel *Office\11.0\MS Project\GlobalSearch* die Zeichenfolge *RootKey* mit dem Wert *\\server\freigabe\ordner* angelegt werden. Der

Wert muss angegeben werden in der Form *server**freigabe**ordner* und nicht in der Form *server**freigabe**ordner**GLOBAL.MPT.*

Beim Einsatz von Project Professional in Verbindung mit dem Project Server steht zusätzlich zur *GLOBAL.MPT* eine zentrale datebankbankbasierte Vorlagendatei, die Enterprise-Global, zur Verfügung. Alle Projekteinstellungen aus dieser Datei werden zwingend auf jedes Projekt angewendet, sodass auch nachträgliche Änderungen auf alle Projekte durchschlagen. Dies ist von der Verwaltung her ein sehr großer Vorteil, da auf diese Weise Ansichten, Kalender usw. unternehmensweit standardisiert werden können.

Neben einer allgemeinen Projektvorlage, die Einstellungen für alle Projekte eines Unternehmens enthält, können auch *projektspezifische Vorlagen* erstellt werden, die beispielsweise auch bereits Standardprojektphasen und -vorgänge für den jeweiligen Projekttyp enthalten. Diese können auch als Enterprise-Vorlagen zentral auf dem Project Server gespeichert werden.

Nachfolgend stellen wir die wichtigsten projektbezogenen Einstellungen dar und schlagen basierend auf unseren Erfahrungen Standardeinstellung vor. Im Einzelnen sind dies die folgenden Einstellungselemente:

- Kalender
- Felder
- Veröffentlichte Felder/Teammanagement
- Ansichten
- Tabellen
- Druckeinstellungen
- Filter/Sortierungen/Gruppierungen
- Optionen
- Projektvorlage und Sonderprojekte

Kalender

Damit Feiertage als arbeitsfreie Zeit berücksichtigt werden, müssen diese im Projektkalender entsprechend markiert werden. Verwenden Sie dazu das Dialogfeld *Arbeitszeit ändern*, welches Sie über den Menübefehl *Extras/Arbeitszeit ändern* erreichen (vgl. hierzu auch *Programmoptionen/Kalenderoptionen*).

HINWEIS Das COM-Add-In *SetHolidays* von *The Project Group* trägt Feiertage automatisch in den Projektkalender ein (mehr dazu in ▶ Kapitel 13).

Nachfolgend sind die wichtigsten Feiertage aufgelistet:

- 1. Weihnachtsfeiertag (25.12.)
- 2. Weihnachtsfeiertag (26.12.)
- Allerheiligen (1.11.)
- Christi Himmelfahrt
- Fronleichnam
- Heilige Drei Könige (6.1.)
- Karfreitag

- Maria Himmelfahrt
- Neujahr (1.1)
- Ostermontag
- Ostersonntag
- Pfingstmontag
- Tag der Arbeit (1.5.)
- Tag der deutschen Einheit (3.10.)

Falls Sie nicht den Standardkalender bearbeitet haben, legen Sie den entsprechenden Kalender als Projektkalender fest (*Projektinfo/Kalender*) und zeigen Sie die arbeitsfreie Zeit des Projektkalenders an (*Format/Zeitskala/Arbeitsfreie Zeit/Kalender*).

Felder

Neben den *Standardfeldern* gibt es in Project auch eine große Anzahl von *benutzerdefinierten Feldern*, die Sie nach Ihren Bedürfnissen anpassen können. Diese können Sie z.B. verwenden, um zu Projekten, Vorgängen oder Ressourcen unternehmensspezifische Informationen abzulegen oder um Felder mit speziellen Funktionen zu erstellen. Benutzerdefinierte Felder unterstützt Formeln, Wertelisten und grafische Symbole. Ein spezieller Typ dieser Wertelisten, so genannte *Gliederungscodes*, sind darüber hinaus noch hierarchisch gliederbar. Jede Art von benutzerdefinierten Feldern gibt es als lokales Feld und als Enterprise-Feld. Die Struktur eines lokalen Feldes wird nur im Projekt gespeichert und kann somit in jedem Projekt anders sein. Die Struktur der Enterprise-Felder wird über die Enterprise-Global festgelegt und ist damit für alle Projekte auf dem Project Server gleich.

Benutzerdefinierte Felder

Richten Sie als benutzerdefinierte Felder Ampelindikationen ein, die die Kostenabweichung, Leistungsabweichung, Kundenzufriedenheit, Mitarbeiterzufriedenheit und Zufriedenheit mit Lieferanten widerspiegeln, die von den Führungskräften und Controllern verwendet werden (siehe hierzu auch ▶ Kapitel 4).

Verwenden Sie hierzu die benutzerdefinierten Projektfelder *Zahl1* bis *Zahl5*.

ACHTUNG Bitte beachten Sie, dass einige benutzerdefinierte Felder auch von Project selbst verwendet werden. *Attribut10* wird vom Makro *Rollupformatierung* für die Kennzeichnung von *Text oberhalb* verwendet. *Anfang 1-10*, *Dauer1-10* usw. werden auch für Zwischenpläne verwendet. Seit Project 2002 müssen Sie jedoch Zwischenpläne nicht mehr verwenden, da Project zehn zusätzliche Basispläne speichern kann und hierfür die Felder *Geplanter Anfang 1-10*, *Geplante Dauer 1-10* usw. verwendet.

Um die in ▶ Kapitel 4 beschriebenen unternehmensweit gültigen Ampelindikatoren für die *Kostenabweichung* und *Leistungsabweichung* zu erstellen, gehen Sie folgendermaßen vor:

1. Öffnen Sie die Enterprise-Global (Menübefehl *Extras/Enterprise-Optionen/Enterprise-Global öffnen*).
2. Wechseln Sie in das Dialogfeld *Enterprise-Felder anpassen* (Menübefehl *Extras/Anpassen/Enterprise-Felder*).

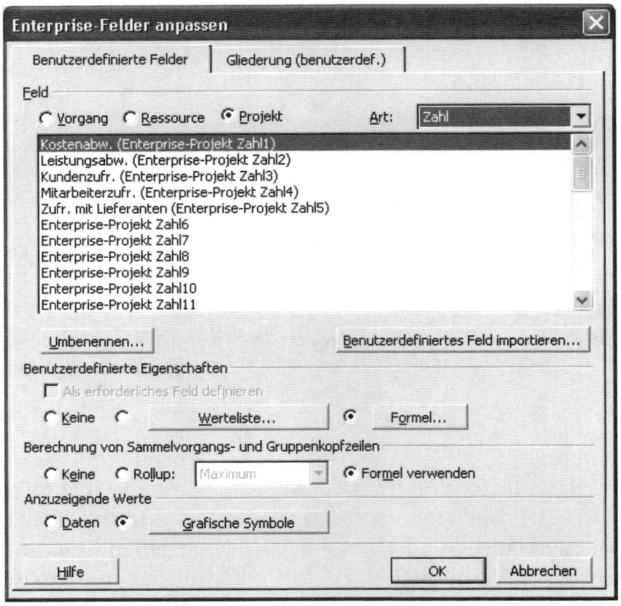

Abbildung 9.24:
Enterprise-Projekt-Felder

3. Wählen Sie das Feld *Enterprise-Projekt Zahl1* aus (Abbildung 9.24).
4. Klicken Sie auf die Schaltfläche *Umbenennen* und geben Sie als neuen Namen *Kostenabw.* für Kostenabweichung ein.
5. Wählen Sie im Bereich *Benutzerdefinierte Eigenschaften* die Option *Formel* aus und klicken Sie auf die zugehörige Schaltfläche.

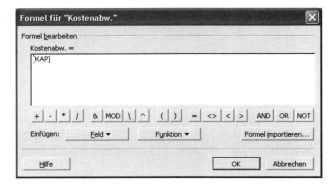

Abbildung 9.25:
Formel für Kostenabweichung

6. Fügen Sie ein Feld für die prozentuale Kostenabweichung (*[KAP]*) ein und klicken Sie auf *OK* (Abbildung 9.25).
7. Wiederholen Sie die letzen vier Schritte analog für das Feld *Enterprise-Projekt Zahl2* und legen Sie dieses als prozentuale Leistungsabweichung fest (*Leistungsabw. = [PAP]*).
8. Legen Sie fest, dass Sammelvorgangs- und Gruppenkopfzeilen ebenfalls mit den jeweiligen Formeln berechnet werden.

9. Um die Grenzwerte für die Ampelfarben festzulegen, klicken Sie im Dialogfeld *Enterprise-Felder anpassen* im Bereich *Anzuzeigende Werte* auf die Schaltfläche *Grafische Symbole*.

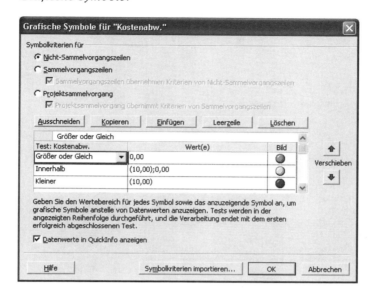

Abbildung 9.26:
Grafische Symbole für Kostenabweichung

10. Definieren Sie die Kriterien für grünes Licht in der ersten Zeile, indem Sie in der Spalte *Test: Kostenabw.* den Eintrag *Größer oder Gleich* auswählen, in der Spalte *Wert(e)* »0,00« eingeben und in der Spalte *Bild* die grüne Ampel festlegen (Abbildung 9.26).

11. Definieren Sie die Kriterien für gelbes Licht in der zweiten Zeile, indem Sie in der Spalte *Test: Kostenabw.* den Eintrag *Innerhalb* auswählen, in der Spalte *Wert(e)* »(10,00);0,00« eingeben und in der Spalte *Bild* die gelbe Ampel festlegen. Werte in runden Klammern repräsentieren negative Werte.

12. Definieren Sie die Kriterien für rotes Licht in der dritten Zeile, indem Sie in der Spalte *Test: Kostenabw.* den Eintrag *Kleiner* auswählen, in der Spalte *Wert(e)* »(10,00)« eingeben und in der Spalte *Bild* die rote Ampel festlegen.

13. Verfahren Sie analog für die Leistungsabweichung. Sie können über die Schaltfläche *Symbolkriterien importieren* die zuvor festgelegten Definitionen importieren.

Um die in ▶ Kapitel 4 beschriebenen unternehmensweit gültigen Ampelindikatoren für *Kundenzufriedenheit*, *Mitarbeiterzufriedenheit* und *Zufriedenheit mit Lieferanten* zu erstellen, gehen Sie folgendermaßen vor:

1. Wählen Sie das Feld *Enterprise-Projekt Zahl3* aus.

2. Klicken Sie auf die Schaltfläche *Umbenennen* und geben Sie als neuen Namen *Kundenzufr.* für »Kundenzufriedenheit« ein.

3. Wählen Sie im Bereich *Benutzerdefinierte Eigenschaften* die Option *Wertliste* aus und klicken Sie auf die zugehörige Schaltfläche.

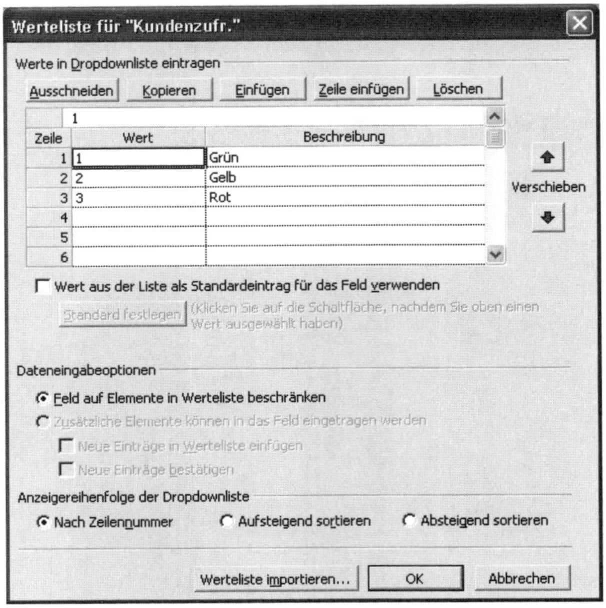

Abbildung 9.27:
Werteliste für Kundenzufriedenheit

4. Geben Sie in der Zeile *1* in der Spalte *Wert* eine »1« und in der Spalte *Beschreibung* »Grün« ein (Abbildung 9.27).

5. Geben Sie in der Zeile *2* in der Spalte *Wert* eine »2« und in der Spalte *Beschreibung* »Gelb« ein.

6. Geben Sie in der Zeile *3* in der Spalte *Wert* eine »3« und in der Spalte *Beschreibung* »Rot« ein.

7. Markieren Sie die erste Zeile und aktivieren Sie das Kontrollkästchen *Wert aus der Liste als Standardeintrag für das Feld verwenden*, um bei jedem neuen Projekt eine grüne Ampel als Vorgabewert festzulegen.

8. Übernehmen Sie die Änderungen per Klick auf die Schaltfläche *OK*.

9. Verfahren Sie auf die gleiche Art und Weise für die Felder *Enterprise-Projekt Zahl4* (*Mitarbeiterzufr.*) und *Enterprise-Projekt Zahl5* (*Zufr. mit Zulieferern*). Sie können über die Schaltfläche *Werteliste importieren* die zuvor definierte Werteliste importieren.

10. Um die zugehörigen Ampelfarben festzulegen, klicken Sie im Dialogfeld *Enterprise-Felder anpassen* im Bereich *Anzuzeigende Werte* auf die Schaltfläche *Grafische Symbole*.

Abbildung 9.28:
Grafische Symbole für Kundenzufriedenheit

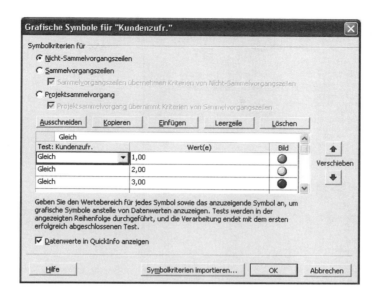

11. Definieren Sie die Kriterien für grünes Licht in der ersten Zeile, indem Sie in der Spalte *Test: Kundenzufr.* den Eintrag *Gleich* auswählen, in der Spalte *Wert(e)* »1,00« eingeben und in der Spalte *Bild* die grüne Ampel festlegen.

12. Definieren Sie die Kriterien für gelbes Licht in der zweiten Zeile, indem Sie in der Spalte *Test: Kundenzufr.* den Eintrag *Gleich* auswählen, in der Spalte *Wert(e)* »2,00« eingeben und in der Spalte *Bild* die gelbe Ampel festlegen.

13. Definieren Sie die Kriterien für rotes Licht in der dritten Zeile, indem Sie in der Spalte *Test: Kundenzufr.* den Eintrag *Gleich* auswählen, in der Spalte *Wert(e)* »3,00« eingeben und in der Spalte *Bild* die rote Ampel festlegen.

14. Verfahren Sie analog für Mitarbeiterzufriedenheit und Zufriedenheit mit Zulieferern. Verwenden Sie die Schaltfläche *Symbolkriterien importieren*.

Benutzerdefinierte Gliederungscodes

Erstellen Sie benutzerdefinierte Gliederungscodes, um Projekte und Ressourcen hierarchisch zu strukturieren. Gliederungscodes können im Gegensatz zu normalen benutzerdefinierten Feldern weiter untergliedert werden.

Projekte

Für Projekte eignen sich als Gliederungskriterien z.B. der Projekttyp (Typ – z.B. nach Investitionsmotiv) und der Geschäftsbereich (GB – alternativ z.B. Division). Um diese als Enterprise-Projektgliederungscodes festzulegen, gehen Sie folgendermaßen vor:

1. Öffnen Sie die Enterprise-Global (Menübefehl *Extras/Enterprise-Optionen/Enterprise-Global öffnen*).

2. Wechseln Sie in das Dialogfeld *Enterprise-Felder anpassen* (Menübefehl *Extras/Anpassen/Enterprise-Felder*).

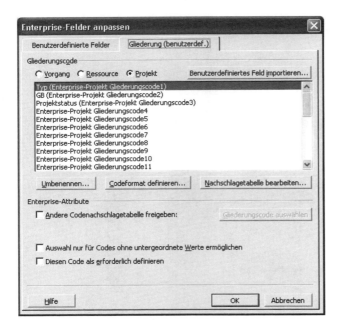

Abbildung 9.29:
Benutzerdefinierte Enterprise-Gliederungscodes

3. Klicken Sie auf die Registerkarte *Gliederung (benutzerdef.)* (Abbildung 9.29).
4. Wählen Sie die Option *Projekt* aus.
5. Wählen Sie den Eintrag *Enterprise-Projekt Gliederungscode1* aus.
6. Klicken Sie auf *Umbenennen* und legen als neuen Namen *Typ* fest.
7. Klicken Sie danach auf die Schaltfläche *Codeformat definieren*.

Abbildung 9.30:
Definition des Enterprise-Gliederungscodes

8. Wählen Sie für die Ebene 1 und 2 als Zeichenfolge im Dropdown-Listenfeld *Zeichen* aus (Abbildung 9.30).
9. Klicken Sie auf die Schaltfläche *Nachschlagetabelle bearbeiten*.

Abbildung 9.31:
Nachschlagetabelle für Enterprise-Gliederungscodes

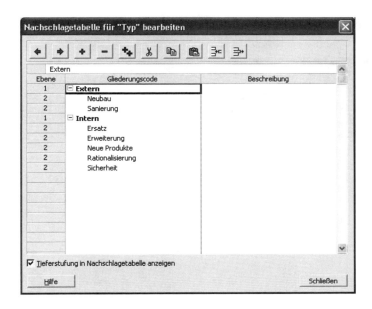

10. Geben Sie für die Ebene 1 »Extern« und »Intern« ein (vgl. Abbildung 9.31).

11. Geben Sie als Untergliederung in Ebene 2 für *Extern* den Text »Neubau« und »Sanierung« ein. Die Werte untergliedern Sie, indem Sie auf die Schaltfläche *Tiefer stufen* (Pfeil nach links, siehe nebenstehendes Symbol) klicken.
12. Untergliedern Sie entsprechend der Abbildung den Eintrag *Intern*.
13. Bestätigen Sie per Klick auf die Schaltfläche *Schließen*.
14. Aktivieren Sie die Option *Diesen Code als erforderlich definieren*, um sicherzustellen, dass dieses Feld in jedem Projekt ausgefüllt wird.

Abbildung 9.32:
Nachschlagetabelle für den Eintrag Enterprise-Projekt Gliederungscode2 (GB)

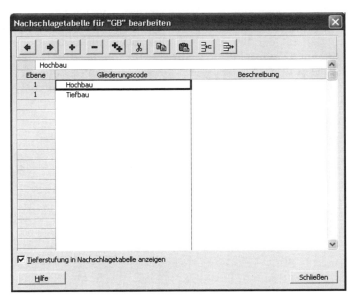

Konfiguration und Dokumentation

15. Legen Sie analog für den Eintrag *Enterprise-Projekt Gliederungscode2* den Namen »GB« und für Ebene 1 »Hochbau« und »Tiefbau« fest.

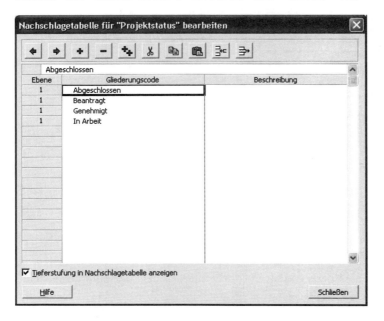

Abbildung 9.33: *Nachschlagetabelle für den Eintrag* Enterprise-Projekt Gliederungscode3 (Projektstatus)

16. Verfahren Sie ebenso für den Gliederungscode »Projektstatus« (*Enterprise-Projekt Gliederungscode3*) und tragen Sie als Werte »Abgeschlossen«, »Beantragt«, »Genehmigt« und »In Arbeit« ein.

Ressourcen

Für Ressourcen empfehlen wir als Gliederungscodes z.B. Organisationseinheit (OE), Standort und Qualifikation zu definieren. Die Vorgehensweise bei der Definition der *Enterprise-Ressource Gliederungscodes* entspricht derjenigen bei den *Enterprise-Projekt Gliederungscodes* mit der Besonderheit, dass beim Gliederungscode für Qualifikationen die Option *Diesen Code für übereinstimmende generische Ressourcen verwenden* aktiviert werden sollte, sofern mit generischen Ressourcen gearbeitet werden soll (mehr dazu im ▶ Abschnitt »Ressourcen-Eigenschaften/Enterprise-Ressourcenpool« in diesem Kapitel sowie in ▶ Kapitel 3).

Nehmen Sie folgende Änderungen vor:

Abbildung 9.34:
Enterprise-Ressource-Gliederungscodes

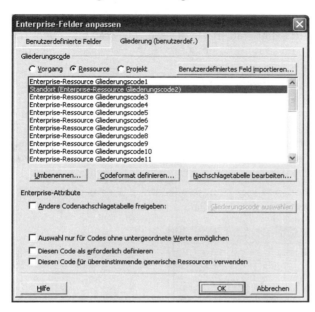

1. Legen Sie für den *Enterprise-Ressource Gliederungscode2* z.B. als Namen *Standort*, als Codedefinition für die Ebene 1 *Zeichen* und als Nachschlagewerte *Oldenburg*, *München* und *Mallorca* fest.

Abbildung 9.35:
Qualifikationen entsprechend der generischen Ressourcen

2. Legen Sie für den *Enterprise-Ressource Gliederungscode20* z.B. als Namen *Qualifikation*, als Codedefinition für die Ebene 1 *Zeichen* und als Nachschlagewerte *Bagger*, *Installateur*, *Maurer* und *Statiker* fest (Abbildung 9.35).

Konfiguration und Dokumentation

Wenn Sie die *Enterprise-Ressource Gliederungscode20* bis *29* verwenden, werden für diese Codes automatisch die entsprechenden *Enterprise-Ressource-Mehrere Werte*-Felder angelegt. Diese Felder haben im Gegensatz zu den Standard-Gliederungscodes die Fähigkeit, Mehrfachauswahlen zuzulassen. Dies ist besonders bei Qualifikationsangaben hilfreich, da so für eine Ressource in nur einem Feld mehrere Qualifikationen auswählbar sind.

NEU IN 2003

Sie können auch mehrere Enterprise-Ressource Gliederungscodes als Qualifikationsfelder definieren. Diese müssen jedoch in direkt aufeinander folgende definiert sein, damit der Ressourcenersetzungs-Assistent und der Teambuilder korrekt funktionieren. Sie brauchen die Qualifikationen nur einmal in einer Nachschlagetabelle zu definieren und können diese dann auch für die anderen Qualifikationsfelder verwenden. Diese Option wurde etwas missverständlich mit *Andere Code-Nachschlagetabelle freigeben* übersetzt.

HINWEIS

Es ist auch möglich, Qualifikationen weiter zu untergliedern, z.B. »Installateur.Elektro.Azubi«, »Installateur.Elektro.Geselle«, »Installateur.Elektro.Meister«.

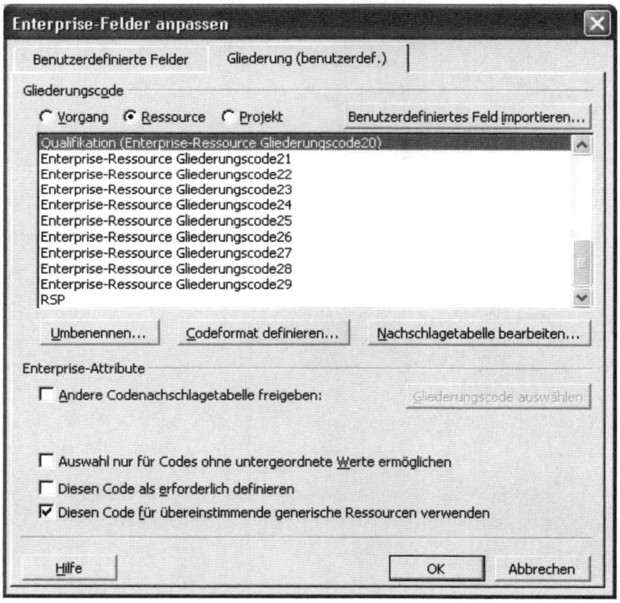

Abbildung 9.36: Code als Qualifikationsfeld definieren

3. Aktivieren Sie für den Gliederungscode die Option *Diesen Code für übereinstimmende generische Ressourcen verwenden*, damit der Ressourcenersetzungs-Assistent weiß, dass es sich bei diesem Gliederungscode um die Definition der Qualifikation handelt (*Fertigkeitenprofil*).

Diesen Code als erforderlich definieren erzwingt, dass im *Enterprise-Ressourcenpool* vor dem Einchecken ein Wert eingegeben wird (Muss-Feld).

HINWEIS

Wenn *Auswahl nur für Codes ohne untergeordnete Werte ermöglichen* aktiviert ist, können Sie z.B. nicht »Installateur« im *Enterprise-Ressourcenpool* auswählen, sondern nur »Installateur.Sanitär« oder »Installateur.Elektro«.

Abbildung 9.37:
Ressourcen-
strukturplan

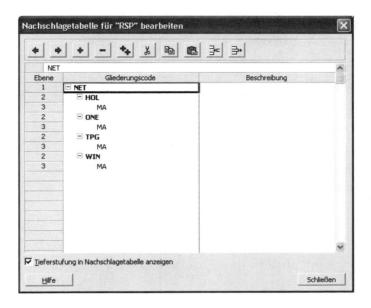

4. Verwenden Sie für die Definition der Organisationseinheit (OE) den hierfür speziell vorgesehenen *Enterprise-Ressource Gliederungscode30 (RSP)*. Legen Sie als Codedefinition für die Ebene 1 bis 3 *Zeichen* und als Nachschlagewert für die oberste Ebene der gesamten Organisation z.B. »NET« fest (vgl. Abbildung 9.37).

5. Untergliedern Sie den Code z.B. nach den Organisationseinheiten »HOL«, »ONE«, »TPG« und »WIN«.

6. Untergliedern Sie diese Organisationseinheiten jeweils für die Mitarbeiterebene z.B. mit »MA«.

HINWEIS Der vordefinierte *Enterprise-Ressource Gliederungscode30* (RSP=Ressourcen-Strukturplan) wird u.a. vom Ressourcenersetzungs-Assistent in Schritt 2 für die Ressourcenauswahl (Option *Auf oder unterhalb des folgenden Levels im Strukturplan*) verwendet.

Zudem steuert der RSP innerhalb der Project-Sicherheit, was Ressourcen sind, die man *verwaltet*. Die Standard-Kategorien *Eigene Ressourcen* und *Meine Mitarbeiter* verwenden diese Funktion. Dies heißt, wenn es z.B. einen Ressourcenmanager mit dem *RSP* »NET.HOL« gibt und seine Mitarbeiter dem *RSP* »NET.HOL.MA« zugeordnet sind, dann hat der Ressourcenmanager das Recht, alle Zuordnungen dieser Mitarbeiter zu sehen. Mehr Informationen hierzu finden Sie im ▶ Abschnitt »Sicherheitseinstellungen« in diesem Kapitel unter »Server-Einstellungen«.

Vorgänge

Oft reicht die Erfassung und Auswertung von Informationen auf Projekt- und Ressourcenebene nicht aus, sodass auch benutzerdefinierte Felder auf Vorgangsebene erfasst werden. Beispiele hierfür sind die Zuordnung von Vorgängen zu Produkten, PSP-Elementen[1] oder Kosteninformationen wie z.B. Reisekosten:

---

[1] Verwenden Sie hierfür z.B. den *Gliederungscode1* und nicht einen Enterprise-Gliederungscode, da sich dieser je nach Projekt unterscheiden kann.

Konfiguration und Dokumentation

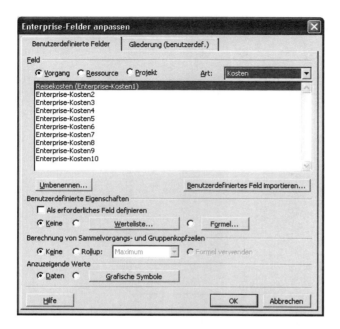

Abbildung 9.38:
Enterprise-Vorgangsfeld: Reisekosten (Enterprise-Kosten1)

1. Wechseln Sie zur Registerkarte *Benutzerdefinierte Felder*, und wählen Sie die Option *Vorgang* sowie als Art *Kosten* aus.
2. Benennen Sie das Feld *Enterprise-Kosten1* in »Reisekosten« um.
3. Übernehmen und schließen Sie das Dialogfeld mit *OK*.

Zur Sicherheit empfehlen wir an dieser Stelle, die *Enterprise-Global* zu speichern.

Damit die Änderungen für neue Projekte gelten, müssen Sie Project beenden und wieder neu öffnen, da die Einstellungen aus der allgemeinen Projektvorlage nur beim Start von Project geladen werden.

Veröffentlichte Felder

Standardmäßig werden nicht alle Felder auf dem Project Server veröffentlicht. Zu den nicht automatisch veröffentlichten Feldern gehören z.B. viele Vorgangsfelder. Sollen Projektmitarbeiter zu den ihnen zugeordneten Vorgängen neben den standardmäßig vorgesehene Fortschrittsinformationen noch weitere Informationen erfassen, wie z.B. Reisekosten, so müssen diese erst als veröffentlichte Felder definiert werden. Um z.B. ein Feld wie das oben definierte Enterprise-Kosten1 und das nicht berechnete Feld *Stichtag* in der Arbeitszeittabelle und den Zuordnungsansichten zu veröffentlichen, gehen Sie folgendermaßen vor.

Das Veröffentlichen von Enterprise-Feldern ist eine neue Funktion in Project 2003.   ■ **NEU IN 2003**

Abbildung 9.39:
Veröffentlichte Felder anpassen

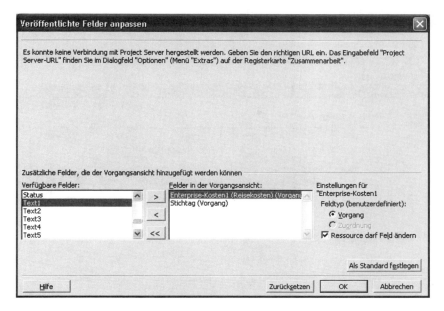

1. Öffnen Sie das Dialogfeld *Veröffentlichte Felder anpassen* (Menübefehl *Extras/ Anpassen/Veröffentlichte Felder*).
2. Wählen Sie das Feld *Enterprise-Kosten1 (Reisekosten)* im linken Listenfeld aus und klicken Sie die Schaltfläche mit dem Symbol >.
3. Fügen Sie auf die gleiche Art und Weise das Feld *Stichtag* hinzu.
4. Wenn Sie festlegen möchten, dass zukünftige neue, leere und aus Ihrem Benutzerprofil veröffentlichte Projekte automatisch dieses Feld veröffentlichen, klicken Sie auf die Schaltfläche *Als Standard festlegen*.

ACHTUNG Diese Einstellungen sind projektindividuell und müssen somit in jedem Projekt bzw. jeder Projektvorlage gesetzt werden.

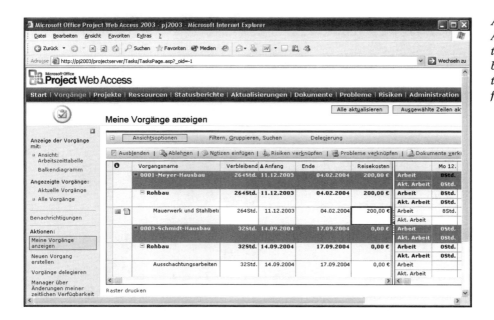

Abbildung 9.40:
Arbeitszeittabelle mit benutzerdefiniertem Kostenfeld für Reisekosten

5. Veröffentlichen Sie das Projekt und überprüfen Sie, ob in der Arbeitszeittabelle das Feld *Reisekosten* angezeigt wird (Abbildung 9.40).

Beachten Sie, dass das entsprechende Feld auch in der Arbeitszeittabellen-Ansicht eingefügt werden muss, vgl. hierzu den ▶ Abschnitt »Server-Einstellungen/Ansichten« in diesem Kapitel.

HINWEIS

Welche Felder veröffentlicht werden, wird nicht in der zentralen Projektvorlage (*GLOBAL.MPT* bzw. *Enterprise-Global*) gespeichert, sondern im Benutzerprofil des Projektleiters, und zwar in der Registrierung im Schlüssel:

HKEY_CURRENT_USER\Software\Microsoft\Office\11.0\MS Project\Workgroup Customization

Aus diesem Grund können Sie die Einstellungen nicht über die zentrale Projektvorlage festlegen, sondern müssen auf andere Art und Weise von administrativer Seite beeinflusst werden.

Ansichten

Unter dem Begriff *Ansichten* werden in Project sowohl (Standard-)Ansichten als auch Ansichtskombinationen zusammengefasst. Ansichten stellen entweder Vorgangs- oder Ressourcenfelder dar (**Ansichtsart**: Vorgangs- und Ressourcenansicht). Ein Sonderfall sind die Zuordnungsansichten *Vorgang: Einsatz* und *Ressource: Einsatz*, die zwar auch vordergründig eine Vorgangs- bzw. Ressourcenansicht sind, jedoch nicht Vorgänge oder Ressourcen zeigen, sondern Zuordnungsfelder. Wenn das Fenster geteilt wird und oben und unten zwei verschiedene (Standard-)Ansichten gezeigt werden, dann ist dies eine *Ansichtskombination*. Ansichten, die in der Enterprise-Global gespeichert werden, heißen auch *Enterprise-Ansichten*.

ACHTUNG Wenn in einem Projekt namensgleiche Ansichten wie in der Enterprise-Global vorhanden sind, werden diese überschrieben. Aus diesem Grund sollten Enterprise-Elemente ganz allgemein immer ein eindeutiges Präfix haben, wie z.B. »Enterprise-« oder den Namen Ihrer Organisation. Auf keinen Fall sollten in der *Enterprise-Global* Elemente vorhanden sein, die namensgleich mit den Standardelementen aus der *GLOBAL.MPT* sind.

Die Ansichtsarten unterscheiden sich u.a. durch ihren **Bildschirm**. Die wichtigsten Bildschirme sind das *Balkendiagramm (Gantt)* und *Ressource: Einsatz*. Daneben gibt es noch die Bildschirme *Netzplandiagramm, Beziehungsdiagramm, Kalender, Ressource: Grafik, Ressource: Maske, Ressource: Name, Ressource: Tabelle, Vorgang: Einsatz, Vorgang: Einzelheiten, Vorgang: Maske, Vorgang: Name* und *Vorgang: Tabelle*. Neben dem Bildschirm können für die meisten Ansichten noch eine **Tabelle**, ein **Filter** und eine Gruppierung (**Gruppe**) festgelegt werden.

In den Ansichten können Sie u.a. das Erscheinungsbild der Texte und Balken (**Text-** und **Balkenarten**) und der zugehörigen **Druckansichten** (u.a. Kopf- und Fußzeilen) festlegen.

Um die Handhabung für den Anwender zu erleichtern, empfehlen wir, weniger wichtige Ansichten auszublenden und die vorhandenen Ansichten wie nachfolgend beschrieben anzupassen.

Ausgeblendete Ansichten

Um die Anzahl der im *Ansicht*-Menü und in der Ansichtsleiste angezeigten Ansichten zu reduzieren und damit Project für den Anwender überschaubarer zu gestalten, gehen Sie wie nachfolgend beschrieben vor:

Abbildung 9.41: Project im Arbeitsplatz-Modus starten

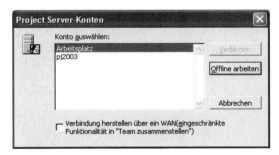

1. Starten Sie Project im Arbeitplatzmodus (vgl. Abbildung 9.41).
2. Wählen Sie im Menü *Ansicht* den Menüpunkt *Weitere Ansichten*.
3. Wählen Sie die Ansicht *Kalender* aus und klicken Sie auf die Schaltfläche *Bearbeiten*.
4. Deaktivieren Sie das Kontrollkästchen *Im Menü anzeigen*.
5. Übernehmen Sie die Änderungen mit Klick auf *OK*.
6. Blenden Sie auf die gleiche Art und Weise auch die Ansicht *Netzplandiagramm* aus und schließen Sie das Dialogfeld.

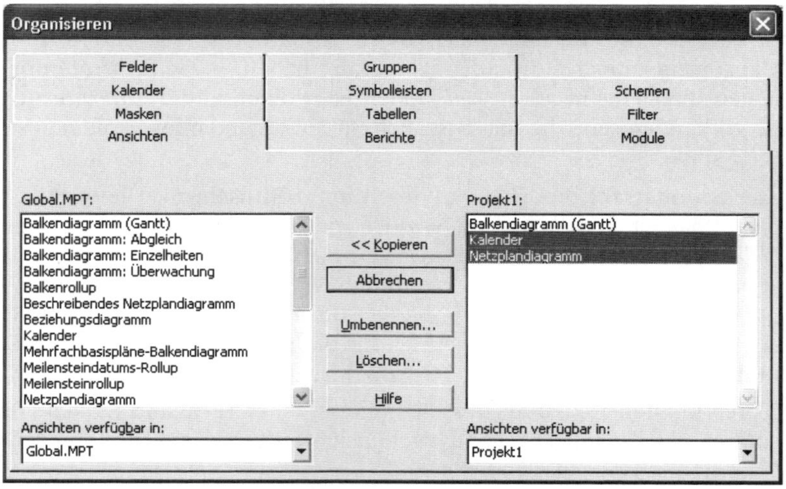

Abbildung 9.42:
Bearbeiten der Global.MPT

7. Wechseln Sie zum Dialogfeld *Organisieren* (Menübefehl *Extras/Organisieren*).
8. Markieren Sie im rechten Listenfeld der Registerkarte *Ansichten* die Ansichten *Kalender* und *Netzplandiagramm* und klicken Sie auf die Schaltfläche <<*Kopieren*.
9. Bestätigen Sie das Meldungsfeld mit *Alle ja*.

Die Ansichten werden jetzt nicht mehr im *Ansicht*-Menü und in der Ansichtsleiste angezeigt, sie bleiben aber für erfahrene Anwender weiterhin über die Erweiterungsmenüpunkte, wie z.B. *Weitere Ansichten* im Menü *Ansicht* nutzbar.

HINWEIS

Auf die gleiche Art und Weise können Sie auch weitere Elemente ausblenden, anpassen oder hinzufügen, den Vorgang des Organisierens werden wir deshalb im Folgenden nicht erneut darstellen. Alternativ können Sie die Elemente auch in *Global.MPT* nur ausblenden und in der *Enterprise-Global* neue Elemente erstellen. Sie können auch das jeweilige Element von der *Global.MPT* in die *Enterprise-Global* und dann umbenennen.

Angepasste Ansichten

Enterprise-Balkendiagramm

Um die Gitternetzlinie für das aktuelle Datum durchgängig in schwarz darzustellen, gehen Sie folgendermaßen vor:

1. Starten Sie Project im Enterprise-Modus mit Ihrem Benutzerprofil.
2. Öffnen Sie die *Enterprise-Global*.
3. Wählen Sie das *Enterprise-Balkendiagramm* aus.
4. Rufen Sie den Menübefehl *Format/Gitternetzlinien* auf.

Abbildung 9.43:
Gitternetzlinien definieren

5. Wählen Sie als zu ändernde Linie *Aktuelles Datum* aus.
6. Wählen Sie im Bereich *Hauptintervall* im Feld *Art* die durchgezogene Linie aus.
7. Legen Sie im gleichen Bereich im Feld *Farbe* »Grau« fest.

Führen Sie diese Schritte ggf. auch für andere Balkendiagramm-Ansichten durch.

Balkendiagramm: Überwachung

Speziell im *Balkendiagramm: Überwachung* wird oft beanstandet, dass die geplanten Termine der Sammelvorgänge nicht dargestellt werden. Um dies zu ändern, gehen Sie folgendermaßen vor:

1. Wechseln Sie in das *Balkendiagramm: Überwachung*.
2. Rufen Sie den Menübefehl *Format/Balkenarten* auf.

Abbildung 9.44:
Balkenarten

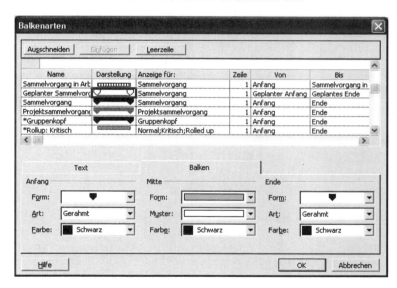

3. Scrollen Sie in der Tabelle bis zur Zeile *Sammelvorgang*.
4. Markieren Sie die Zeile *Sammelvorgang*.
5. Klicken Sie auf die Schaltfläche *Leerzeile*.
6. Geben Sie in der Spalte *Name* den Text *Geplanter Sammelvorgang* ein.
7. Klicken Sie auf die Spalte *Darstellung* und legen Sie das Aussehen entsprechend Abbildung 9.44 fest.

8. Wählen Sie in der Spalte *Anzeige für* den Eintrag *Sammelvorgang* aus.
9. Überprüfen Sie, dass in der Spalte *Zeile* der Wert »1« eingetragen ist.
10. Wählen Sie in der Spalte *Von* das Feld *Geplanter Anfang* aus.
11. Wählen Sie in der Spalte *Bis* das Feld *Geplantes Ende* aus.
12. Bestätigen Sie mit Klick auf *OK*.

Enterprise-Ressource: Grafik

Damit Ressourcenmanager die Verfügbarkeit von mehreren Ressourcen gleichzeitig darstellen können (vgl. in ▶ Kapitel 3 den Abschnitt »Darstellung der Verfügbarkeit mit Project«), müssen Sie die Ansicht *Ressource: Grafik* auf folgende Art und Weise modifizieren:

1. Kopieren Sie die Ansicht *Ressource: Grafik* als *Enterprise-Resource: Grafik* in die Enterprise-Global.
2. Wählen Sie im Menü *Format* den Menüeintrag *Einzelheiten/Arbeit* aus, um die Summe der berechneten Arbeit für den ausgewählten Zeitraum zu sehen.
3. Wählen Sie im Menü *Format* den Menüeintrag *Balkenarten* aus.

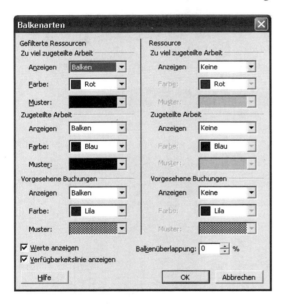

Abbildung 9.45:
Balkenarten für
die Ansicht
Enterprise-
Ressource: Grafik

4. Wählen Sie auf der linken Seite des Dialogfelds für *Gefilterte Ressourcen* unter *Anzeigen* aus dem Dropdown-Feld *Balken* sowohl für die *Zu viel zugeteilte Arbeit* als auch für die *Zugeteilte Arbeit* als auch für die *Vorgesehenen Buchungen* aus, damit Sie die gesamte berechnete Arbeit für **alle** markierten Ressourcen sehen.
5. Wählen Sie auf der rechten Seite des Dialogfelds unter *Anzeigen* aus dem Dropdown-Feld *Keine* sowohl für die *Zu viel zugeteilte Arbeit* als auch für die *Zugeteilte Arbeit* als auch für *Vorgesehene Buchungen* aus, damit Sie nicht zusätzlich noch die Arbeit für *einzelne* markierte Ressourcen sehen.

6. Aktivieren Sie das Kontrollkästchen *Verfügbarkeitslinie anzeigen*, um die gesamte Verfügbarkeit aller markierten Ressourcen zu sehen (Kapazitätsgrenze).
7. Übernehmen Sie die Einstellungen mit Klick auf die Schaltfläche *OK*.

TIPP Sie können Sie Ansicht *Ressource: Einsatz* und *Ressource: Grafik* auch zu einer Ansichtskombination *Ressource: Verfügbarkeit* zusammenfassen.

Tabellen

Project unterscheidet zwischen **Vorgangs- und Ressourcentabellen**. In den Vorgangsansichten, wie z.B. in den Balkendiagrammen, werden Vorgangstabellen angezeigt; in den Ressourcenansichten, wie z.B. *Ressource: Tabelle*, werden Ressourcentabellen angezeigt. Die Standardtabelle ist in beiden Fällen die Tabelle *Eingabe*. Entsprechend verhält es sich in den Einsatzansichten. In der Ansicht *Vorgang: Einsatz* werden die Vorgangstabellen, in der Ansicht *Ressource: Einsatz* die Ressourcentabellen gezeigt. Der einzige Unterschied ist, dass die Standardtabelle jeweils die Tabelle *Einsatz* ist.

Ausgeblendete Tabellen

Wir empfehlen, die folgenden Tabellen auszublenden:

Vorgangstabellen

- Hyperlink
- Berechnete Termine
- Sammelvorgang

Ressourcentabellen

- Hyperlink
- Sammelvorgang

Angepasste Tabellen

Alle Vorgangs- und Ressourcentabellen

Fügen Sie in allen Tabellen die Indikatorspalte ein. Gehen Sie dazu folgendermaßen vor:

1. Markieren Sie die erste nicht gesperrte Spalte, in der Regel *Vorgangsname* bzw. *Ressourcenname*.
2. Klicken Sie mit der rechten Maustaste auf den Spaltentitel und wählen Sie aus dem Kontextmenü die Option *Spalte einfügen* aus.
3. Wählen Sie das Feld *Indikatoren* aus.
4. Passen Sie ggf. noch die Spaltenbreite an.

Ressourcentabelle Enterprise-Eingabe

Abbildung 9.46: Ansicht der Enterprise-Ressource: Tabelle mit Ressourcentabelle Enterprise-Eingabe

Damit z.B. in der Ansicht *Enterprise-Ressource: Tabelle* die benutzerdefinierten Enterprise-Ressource-Gliederungscodes angezeigt werden, fügen Sie auf die gleiche Art und Weise wie bei den Indikatorspalten die Felder *Windows-Benutzerkonto*, *Standort*, *Qualifikation-MW, RSP* und *Buchungstyp* in die Ressourcentabelle *Enterprise-Eingabe* hinzu (vgl. ▶ Abschnitt »Benutzerdefinierte Gliederungscodes« in diesem Kapitel und Abbildung 9.46).

| TIPP | Blenden Sie die Spalten, die Sie nicht benötigen, wie z.B. *Art, Materialbeschriftung, Kürzel* und *Gruppe* aus, um die Darstellung übersichtlicher zu gestalten. |

Druckeinstellungen

Um eine einheitliche und eindeutige Druckausgabe zu gewährleisten, empfehlen wir folgende Einstellungen festzulegen (*Datei/Seite einrichten*); vgl. Abbildung 9.47:

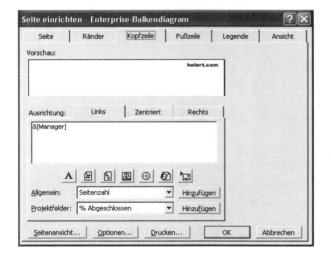

Abbildung 9.47: Druckeinstellungen

Kopfzeile

- Kopfzeile links: Projektleiter (*Kopfzeile/Ausrichtung/Links* und dann unter *Allgemein* das Feld *Manager* auswählen und auf die Schaltfläche *Hinzufügen* klicken)

- Kopfzeile rechts: Firmen-Logo (*Kopfzeile/Ausrichtung/Rechts* und dann auf die Schaltfläche *Bild einfügen,* wie nebenstehend abgebildet, klicken und das Firmenlogo auswählen)

Fußzeile

- Fußzeile links: aktuelles Datum (*Fußzeile/Ausrichtung/Links* und dann auf die Schaltfläche *Aktuelles Datum einfügen,* wie nebenstehend abgebildet, klicken)
- Fußzeile rechts: Projektname (*Fußzeile/Ausrichtung/Rechts* und dann auf die Schaltfläche *Dateiname einfügen,* wie nebenstehend abgebildet, klicken)

Sonstige Einstellungen

- Kein Druck der Legende (*Legende/Legende auf: Keiner Seite*)
- Notizen drucken (*Ansicht/Notizen drucken*)

TIPP Falls die Legende gedruckt werden soll und Sie beeinflussen möchten, welche Balkenarten angezeigt werden, gehen Sie folgendermaßen vor:
1. Öffnen Sie das Menü *Format/Balkenarten.*
2. Fügen Sie in der Spalte *Name* vor den Balkennamen ein Sternchen (*) ein, die nicht angezeigt werden sollen und entfernen Sie vor den Balkennamen das Sternchen, die angezeigt werden sollen.

Zu jeder Ansicht in Project existiert eine eigene Druckansicht, d.h. Sie müssen ggf. die Änderungen in allen vorhandenen Ansichten vornehmen.

Filter/Sortierungen/Gruppierungen

Wir empfehlen, die Filter wie folgt zu bearbeiten:

Ausgeblendete Filter

Um weniger wichtige Filter auszublenden, gehen Sie folgendermaßen vor:
1. Rufen Sie den Menübefehl *Projekt/Filter/Weitere Filter* auf.
2. Wählen Sie im Dialogfeld *Weitere Filter* den entsprechenden Filter aus und klicken Sie auf die Schaltfläche *Bearbeiten.*

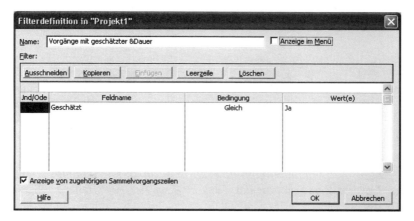

Abbildung 9.48:
Ausblenden von Filtern

3. Deaktivieren Sie das Kontrollkästchen *Anzeige im Menü* (Abbildung 9.48).

Blenden Sie auf diese Art und Weise die folgenden drei Filter aus:

- Vorgänge mit geschätzter Dauer
- Vorgangsbereich
- Sammelvorgänge

Angepasste Filter

Arbeitsrahmen überschritten

Der Filter *Arbeitsrahmen überschritten* zeigt standardmäßig einen *Plan-Ist-Vergleich* – er vergleicht also in der Terminologie von Project die *aktuelle* mit der *geplanten Arbeit*. Er zeigt damit Abweichungen an, wenn diese tatsächlich auftreten und nicht, wenn diese aus der Summenbildung der Ist- und der (geschätzten) Rest-Arbeit (= *Berechnete Arbeit*) bereits vorhersehbar sind. Aus diesem Grund empfiehlt es sich, den Filter dahingehend zu modifizieren, dass er die *berechnete Arbeit* mit der *geplanten Arbeit* vergleicht. Gehen Sie hierzu folgendermaßen vor:

1. Wechseln Sie in die Filterdefinition des Filters *Arbeitsrahmen überschritten*, wie oben beschrieben.

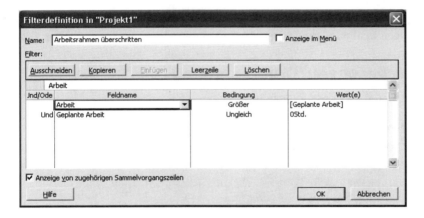

Abbildung 9.49: Definition des Filters Arbeitsrahmen überschritten

2. Wählen Sie in der Spalte *Feldname* in der ersten Zeile das Feld *Arbeit* aus (Abbildung 9.49).

Neu erstellte Filter

Gerade in großen Projekten empfiehlt es sich, für Statusberichte nur den betrachteten Zeitraum herauszufiltern. Damit die Projektleiter diese Terminbereiche bequem in den beiden wichtigsten Statusfiltern anwenden können, erstellen Sie die folgenden beiden Filter.

Arbeitsrahmen überschritten im Terminbereich

Um den Vorgangs-Filter *Arbeitsrahmen überschritten im Terminbereich* (Vergleich *Gesamt-Plan/Gesamt-Berechnet* anstatt *Gesamt-Plan/Ist*) zu erstellen, gehen Sie folgendermaßen vor:

1. Rufen Sie den Menübefehl *Projekt/Filter/Weitere Filter* auf.

2. Wählen Sie den zuvor angepassten Filter *Arbeitsrahmen überschritten* aus und klicken Sie auf die Schaltfläche *Kopieren*.

Abbildung 9.50:
Arbeitsrahmen überschritten im Terminbereich

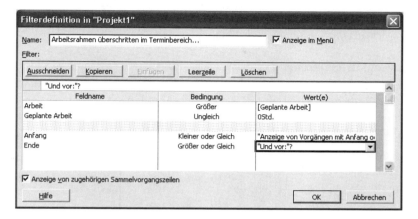

3. Passen Sie den Namen des Filters im Feld *Name* an.
4. Aktivieren Sie das Kontrollkästchen *Anzeige im Menü* (Abbildung 9.50).
5. Fügen Sie als dritte Zeile in der Spalte *Und/Oder* den Operator *Und* ein.
6. Fügen Sie als vierte Zeile *Ende Größer oder Gleich* sowie aus dem Dropdown-Feld die Option *"Anzeige von Vorgängen mit Anfang oder Ende nach"?* ein.
7. Fügen Sie als fünfte Zeile *Und Anfang Größer oder Gleich* sowie aus dem Dropdown-Feld die Option *"Und vor:"?* ein.

Dieser Filter ist die Kombination aus dem Standardfilter *Terminbereich* und dem angepassten Filter *Arbeitsrahmen überschritten*.

Überfällige/späte Bearbeitung im Terminbereich

Abbildung 9.51:
Überfällige/späte Bearbeitung im Terminbereich

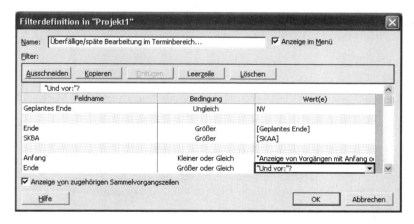

Passen Sie auf die gleiche Art und Weise den Filter *Überfällige/späte Bearbeitung* an.

Konfiguration und Dokumentation

Der Vergleich *SKBA* (*Plan-Kosten*) und *SKAA* (*Soll-Kosten*) drückt die Leistungsabweichung aus. Wenn die Plan-Kosten größer als die Soll-Kosten sind, repräsentiert dies definitionsgemäß einen *Leistungsverzug* (mehr dazu in ▶ Kapitel 4).

HINWEIS

Erstellen Sie zudem zur besseren Selektion von Ressourcen den Ressourcen-Filter *Ressourcenqualifikation* entsprechend Abbildung 9.51.

Sortierungen und Gruppierungen

Fügen Sie ggf. noch unternehmensspezifische Sortierungen und Gruppierungen hinzu, z.B. um die Ansicht *Ressource: Tabelle* nach Abteilungen zu gruppieren. Die Vorgehensweise ist analog zu derjenigen bei den Filtern und wird darum hier nicht weiter ausgeführt. Es sei nur nachfolgendes Beispiel genannt:

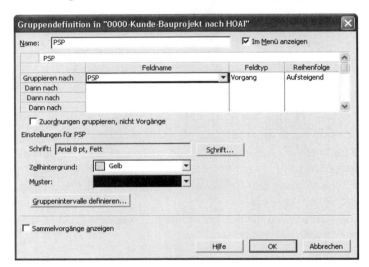

Abbildung 9.52: Gruppierung nach benutzerdefinierter Projektstruktur

Eine in ▶ Kapitel 1 verwendete Gruppierung heißt »PSP«, die den Projektstrukturplan über den Gliederungscode1 (PSP) wiedergibt (Abbildung 9.52).

Optionen

Eine der wichtigsten Maßnahmen zur Vereinfachung der Bedienung von Microsoft Project ist das geeignete Festlegen der *Projektoptionen*.

Wenn Sie die Projektoptionen für die zentrale Projektvorlage festlegen möchten, müssen Sie entweder in den entsprechenden *Optionen*-Dialogfeldern die Schaltfläche *Standard setzen* anklicken, sodass diese Option auch für alle zukünftigen Projekte gilt oder über eine Gruppenrichtlinie die *General options for 'Project1'* festlegen. Zur Verwendung der Gruppenrichtlinien sei auf die Projektoptionen verwiesen.

Legen Sie im Einzelnen folgende Optionen fest:

Allgemeine Optionen

Abbildung 9.53:
Allgemeine Projekt-Optionen

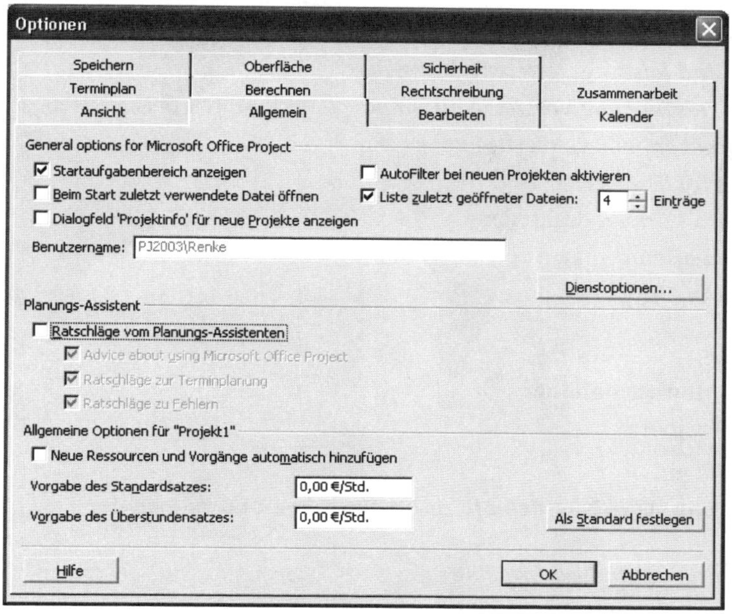

Menüpfad und Richtliniencontainer

Extras/Optionen/Allgemein

Tools | Options/General

Empfohlene Änderung gegenüber den Microsoft-Vorgaben und Namen der Richtlinien:

Allgemeine Optionen für "Projekt1"

- *Neue Ressourcen und Vorgänge automatisch hinzufügen* deaktivieren
- *Vorgabe des Standardsatzes* z.B. »1000 €/t«
- *Vorgabe des Überstundensatzes* 0 €/t, z.B. wenn Überstunden nicht bezahlt werden

General options for 'Project1'

- *Automatically add new resources and tasks*
- *Default standard Rate*
- *Default overtime Rate*

Terminplanoptionen

Menüpfad und Richtliniencontainer

Extras/Optionen/Terminplan

Tools | Options/Schedule

Konfiguration und Dokumentation

Empfohlene Änderung gegenüber den Microsoft-Vorgaben und Namen der Richtlinien:

Terminplanoptionen für "Standard Projekte"

- *Neue Vorgänge sind leistungsgesteuert* deaktivieren
- *Eingefügte oder verschobene Vorgänge automatisch verknüpfen* deaktivieren
- *Arbeit wird angegeben* in Tagen festlegen

Scheduling options for 'Project1'

- *New tasks are effort driven* deaktivieren
- *Autolink inserted or moved tasks* deaktiveren
- *Works is entered in Days*

Ansichtsoptionen

Menüpfad und Richtliniencontainer

Extras/Optionen/Ansicht

Tools | Options/View

Empfohlene Änderung gegenüber den Microsoft-Vorgaben und Namen der Richtlinien:

Währungsoptionen für "Standard Projekte"

- *Währungsoptionen/Symbol* auf € festlegen[1]
- *Gliederungsoptionen für "Standard Projekte"*
- *Gliederungsnummer anzeigen* aktivieren
- *Projektsammelvorgang* aktivieren

> **HINWEIS** Die Optionen können bisher nicht über Gruppenrichtlinien (Administrative Vorlagen) festgelegt werden. Das Währungssymbol wird von der *Enterprise-Global* übernommen.

Bearbeitungsoptionen (und Hyperlinkdarstellung)

Menüpfad und Richtliniencontainer

Extras/Optionen/Bearbeiten

Tools | Options/Edit

Empfohlene Änderung gegenüber den Microsoft-Vorgaben und Namen der Richtlinien:

Anzeigeoptionen für Zeiteinheiten in "Standard Projekte"

- *Stunden: Std.*
- *Tage: t*

View options for time units in 'Project1'

- *hours: h*
- *days: d*

---

[1] http://support.microsoft.com/?scid=kb;de;508539

Berechnungsoptionen

Menüpfad und Richtliniencontainer

Extras/Optionen/Berechnen

Tools | Options/Calculate

Empfohlene Änderung gegenüber den Microsoft-Vorgaben und Namen der Richtlinien:

Keine

Zusammenarbeitsoptionen

Menüpfad und Richtliniencontainer

Extras/Optionen/ Zusammenarbeit

Tools | Options/Collaborate

Empfohlene Änderung gegenüber den Microsoft-Vorgaben und Namen der Richtlinien:

- *Bei jedem Speichern folgende Informationen in Project Server veröffentlichen*: *Neue und geänderte Zuordnungen* und *Projektzusammenfassung* aktivieren

Collaboration options for 'Project1'/On every save, publish the following information to Project Server

- *New and Changed Assignments*
- *Project summary options*

HINWEIS Die Einstellungen für den Zugriff auf den Project Server werden über das Profil des angemeldeten Benutzers gesteuert.

Speicheroptionen

Menüpfad und Richtliniencontainer

Extras/Optionen/Speichern

Tools | Options/Save

Empfohlene Änderung gegenüber den Microsoft-Vorgaben und Namen der Richtlinien:

Datenbank-Speicheroptionen für "Projekt1"

- *Zeitphasendaten in der Datenbank erweitern* aktivieren

Database save options for 'Project1'

- *Expand timephased data in the database*

Projektvorlagen und Sonderprojekte

Projektvorlagen

Wie Eingangs bereits erwähnt, sollten Sie die zuvor festgelegten Projekteinstellungen in der allgemeinen zentralen Projektvorlage (Enterprise-Global) und Gruppenrichtlinie bestimmen. Legen Sie dann alles das, was projektspezifisch ist, in entsprechenden Projektvorlagen fest:

- Standardprojektphasen

- Generische Ressourcen
- Projekteinstellungen, die nicht über Gruppenrichtlinien oder die Enterprise-Global definiert werden

Entsprechende Beispiele werden mit Project ausgeliefert (vgl. *Datei/Neu/ Vorlagen/ Auf meinem Computer/Projektvorlagen*).

Zudem finden Sie Vorlagen in Office Online.

NEU IN 2003

Bitte beachten Sie, dass in den mitgelieferten Vorlagen die Ressourcen nicht als generische Ressourcen festgelegt sind, obwohl sie dies vom Charakter her sein müssten. Holen Sie diese Festlegung nach, nachdem Sie Ihren Ressourcenpool entsprechend angepasst haben.

ACHTUNG

Sonderprojekte

Während Sie in den Standardprojekten alle Arbeitszeiten von Projektmitarbeitern erfassen, die diese in Projekten erbringen, erfassen Sie in den **Sonderprojekten** die nichtprojektbezogenen Abwesenheitszeiten (vgl. *Projekteinstellungen/Enterprise-Felder/Gliederungscodes*).

Legen Sie für die Abwesenheitszeiten ein jahresbezogenes Projekt, z.B. mit dem Namen »9004-Abwesenheiten2004«, an. Sie können auch, je nachdem wie präzise Sie die Aufzeichnungen führen möchten, stattdessen auch Sonderprojekte für Urlaub, Krankheit, Weiterbildung und Marketing anlegen.

Generell gibt es in Project drei Wege, um Abwesenheitszeiten zu verwalten. Neben dem vorgeschlagenen Weg der Verwaltung von Abwesenheitszeiten in Sonderprojekten können Sie diese auch als arbeitsfreie Zeit im Ressourcenkalender oder in der Arbeitszeittabelle im Project Web Access verwalten. Diese Alternativen sind jedoch sehr viel umständlicher zu handhaben und haben weniger Aussagekraft, da die Daten nicht übersichtlich z.B. in einem Urlaubsplan darstellt werden können. Aus diesem Grund empfehlen wir die Verwendung von Sonderprojekten.

ACHTUNG

Abbildung 9.54: Administrationsprojekt

Sie können das Abwesenheitsprojekt als **Administrationsprojekt** speichern (Abbildung 9.54). Der Vorteil ist, dass dann die Vorgänge in der Arbeitszeittabelle auch angezeigt werden, wenn es keine aktuellen Zuordnungen für die Ressource gibt. Auf diese Weise können Zeiten auf »ungeplante« Vorgänge gebucht werden.

NEU IN 2003

Dieser Projekttyp hat daneben u.a. als Besonderheit, dass für alle Vorgänge die Vorgangsart *Feste Dauer* festgelegt wird.

TIPP Wenn Sie Sonderprojekte verwenden, sollten Sie die Erfassung von Abwesenheitszeiten über die Arbeitszeittabelle deaktivieren und sicherstellen, dass keine Kategorien arbeitsfreier Zeit im Project Server existieren.

Ressourcen-Eigenschaften/Enterprise-Ressourcenpool

Ressourcenrelevante Einstellungen betreffen im Wesentlichen die Festlegung, welche Daten zu den Ressourcen erfasst werden (Struktur der Eigenschaften), das Anlegen und Aktualisieren der Ressourcen sowie die Festlegung der Ressourcen-Eigenschaften.

Struktur der Eigenschaften

Die Struktur der Eigenschaften haben Sie wie zuvor in den Projekt-Einstellungen beschrieben bereits festgelegt. Hierzu gehören die Festlegung der benutzerdefinierten Ressourcen-Felder, die Ressourcentabellen und -Ansichten sowie die Filter-, Sortierungen- und Gruppierungen.

Abbildung 9.55: Enterprise-Ressource Gliederungscode

HINWEIS Legen Sie Felder, deren Information Sie unbedingt benötigen, als Muss-Felder fest. Die Eigenschaft heißt *Diesen Code als erforderlich definieren*. Achten Sie zudem auf eine einheitliche Schreibweise der Ressourcennamen, z.B. identisch mit der Schreibweise im E-Mail-System (Abbildung 9.55).

Legen Sie als Untergliederung der Qualifikation auch die Qualität der Qualifikation fest, z.B. »Azubi«, »Geselle«, »Meister«.

Konfiguration und Dokumentation

Anlegen der Ressourcen und aktualisieren der Ressourcen

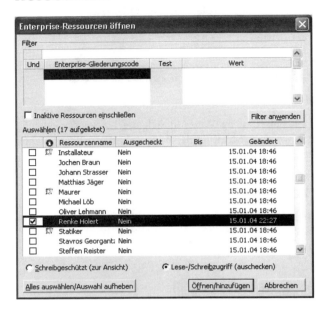

Abbildung 9.56: Öffnen des Ressourcenpools/ Auschecken von Enterprise-Ressourcen

Das Anlegen der Ressourcen kann, wie im ▶ Abschnitt »Startkonfiguration« zu Anfang dieses Kapitels beschrieben, manuell oder über den Import aus bestehenden Projekten bzw. eines dateibasierten Ressourcenpools, dem Active Directory oder dem Outlook/Exchange Server-Adressbuch erfolgen (vgl. Abbildung 9.56 und Abbildung 9.57).

Abbildung 9.57: Hinzufügen von Enterprise-Ressourcen aus dem Active Directory oder Outlook/ Exchange Server-Adressbuch

Neu in im Project Server 2003 ist die Fähigkeit, den Enterprise-Ressourcenpool mit dem Windows-Verzeichnisdienst Active Directory zu synchronisieren. Die notwendige Konfiguration wird im folgenden ▶ Abschnitt »Server-Einstellungen/Serverkonfiguration« beschrieben.

NEU IN 2003

Verwenden Sie im Ressourcennamen keine Sonderzeichen wie z.B. Kommata, da dies zu Fehlern führen kann.

HINWEIS

Eigenschaften festlegen

Nachdem Sie die Struktur der Eigenschaften festgelegt und die Ressourcen angelegt haben, überprüfen Sie, ob zu jeder Ressource die erforderlichen Eigenschaften korrekt ausgefüllt worden sind. Die genaue Vorgehenswiese ist in ▶ Kapitel 3 im Abschnitt »Management des Ressourcenpools/Pflege des *Enterprise-Ressourcenpools*«.

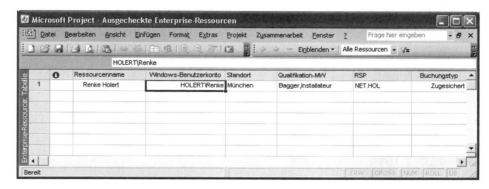

Abbildung 9.58: Windows-Benutzerkonto von Enterprise-Ressourcen festlegen

Für den reibungslosen Betrieb des Project Server ist vor allen Dingen die korrekte Schreibweise des Namens, des Windows-Benutzerkontos und der E-Mail-Adresse wichtig (Abbildung 9.58).

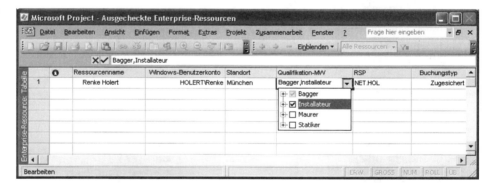

Abbildung 9.59: Qualifikationen von Enterprise Ressourcen festlegen

Des Weiteren die Festlegung der korrekten Werte des *Ressourcenstrukturplans (RSP)* für die Sicherheitseinstellungen und bei Verwendung des Qualifikationsmanagements die vollständige Pflege der Qualifikationsfelder (Abbildung 9.59).

Server-Einstellungen

Server-Einstellungen und Projekt-Einstellungen gehen z.B. im Bereich der *Enterprise-Global* und des *Enterprise-Ressourcenpools* sowie den Veröffentlichten Feldern in der Arbeitszeittabelle Hand in Hand, sodass sich diese begrifflich nicht ganz sauber trennen lassen. Wir werden im Folgenden diejenigen Optionen als Server-Einstellungen bezeichnen, die über den Project Web Access und dort über das Menü

Administration festgelegt werden können. Auch hier werden wir Ihnen Einstellungen empfehlen, auf deren Basis Sie dann eine Konfiguration für Ihre Organisation entwickeln können.

Im Einzelnen umfassen die Server-Einstellungen folgende Bereiche:

- Benutzer und Gruppen
- Sicherheitseinstellungen
- Ansichten
- Serverkonfiguration
- Windows SharePoint Services
- Enterprise-Features
- Project Web Access
- Datenbank bereinigen
- Info

Benutzer und Gruppen

Benutzer

Dem **Sicherheitskonzept** von Project unterliegt die Unterscheidung zwischen **Benutzern** und **Objekten**. Jeder Benutzer kann Rechte (**Berechtigungen**) an einem Objekt haben. Damit die Verwaltung der Sicherheitseinstellungen nicht zu aufwändig ist, können Benutzer und Objekte zu Gruppen zusammengefasst werden. Auf diese Weise kann man einer Gruppe von Benutzern Berechtigungen an einer Gruppe von Objekten einräumen, ohne dies für jeden Benutzer oder für jedes Projekt einzeln vornehmen zu müssen. In Project werden Benutzergruppen als **Gruppen** bezeichnet und Objektgruppen als **Kategorien**.

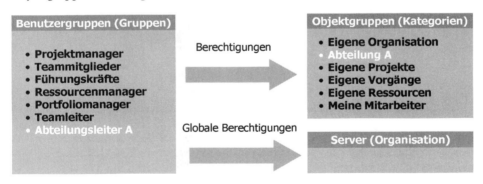

Abbildung 9.60: Sicherheitskonzept

Ein besonderes Objekt ist der Project Server selbst. Da mehrere Project Server nicht zu einer Gruppe zusammengefasst werden, gibt es für diese auch keine Gruppe. Die Rechte, die Benutzergruppen an dem Project Server eingeräumt werden, heißen **Globale Berechtigungen**. Ein einzelner Project Server wird auch als **Organisation** bezeichnet (nicht zu verwechseln mit der Objektgruppe (Kategorie) *Eigene Organisation*, die nicht den ganzen Server umfasst, sondern nur alle Projekte und Ressourcen). Berechtigungen am Project Server, die für alle Benutzer(-gruppen) gelten, werden als **Organisationsoptionen** bezeichnet und können unter dem gleichnamigen Menüpunkt administriert werden (siehe auch Abbildung 9.60).

Gruppen

Standardmäßig sind im Project Server bereit die wichtigsten Gruppen angelegt, und zwar:

- Projektmanager
- Teammitglieder (Projektmitarbeiter)
- Ressourcenmanager
- Führungskräfte
- Administratoren
- Portfoliomanager
- Teamleiter

Allen vordefinierten Gruppen ist gemeinsam, dass sie bereits über Berechtigungen an Objektgruppen und über globale Berechtigung am Project Server verfügen. Die globalen Berechtigungen sind in den gleichnamigen **Vorlagen** gespeichert. Der Administrator kann jeden Benutzer in eine oder mehrere Gruppen aufnehmen. Den Gruppen *Projektmanager* und *Teammitglieder* werden automatisch vom Project Server Benutzer zugewiesen. In die Gruppe *Projektmanager* wird jeder Benutzer aufgenommen, der ein Project in den Project Server speichert. In die Gruppe *Teammitglieder* wird jeder Benutzer aufgenommen, dem ein Vorgang in Project zugewiesen wurde und dessen Zuordnung auf dem Project Server veröffentlicht wurde. Das Veröffentlichen entspricht dem Versenden einer Ressourcenanfrage. Allen anderen Gruppen müssen Sie manuell Benutzer hinzufügen. Sie können auch eigene Gruppen anlegen, z.B. für Abteilungsleiter einer bestimmten Abteilung.

Sicherheitseinstellungen

Kategorien

Im Project Server sind standardmäßig die folgenden Kategorien angelegt:

- Eigene Organisation
- Eigene Projekte
- Eigene Vorgänge
- Eigene Ressourcen

NEU IN 2003
- Meine Mitarbeiter

Der Gruppe *Teammitglieder* (Projektmitarbeiter) sind standardmäßig Rechte an der Kategorie *Eigene Vorgänge* und der Gruppe *Projektmanager* (Projektleiter) an der Kategorie *Eigene Projekte* eingerichtet. Das heißt, Projektmitarbeiter können sich ihre eigenen Vorgänge ansehen und hierauf Ist- und Restzeiten über die Arbeitszeittabelle zurückmelden. Projektleiter wiederum können ihre eigenen Projekte ansehen und Rückmeldungen entgegennehmen. Um die einzelnen Rechte zu erfahren, gehen Sie folgendermaßen vor:

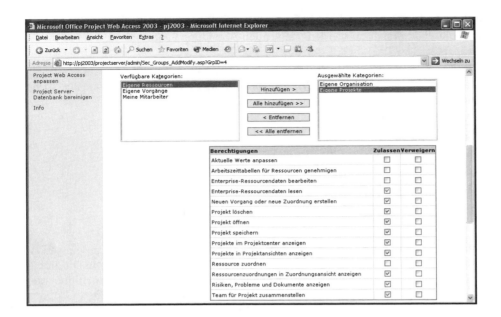

Abbildung 9.61:
Berechtigungen
der Gruppe
Projektleiter

1. Wechseln Sie in den Project Server unter *Administration/Benutzer und Gruppen verwalten/Gruppen*.
2. Wählen Sie in der Spalte *Gruppenname* die entsprechende Gruppe, z.B. *Projektmanager* aus und klicken Sie auf *Gruppe ändern*.

Einen Überblick über die Standardberechtigungen der Gruppen können Sie Tabelle 9.1 entnehmen. Die Spalte 03 signalisiert, dass dieses Recht neu in Project 2003 ist.

Berechtigung	A	F	P	PM	R	T	M	03
Aktuelle Werte anpassen	O							✔
Arbeitszeittabelle für Ressourcen genehmigen	O						M	✔
Enterprise-Ressourcendaten bearbeiten	O		O		R			
Enterprise-Ressourcendaten lesen	O	O	O	O/P	R			
Neuen Vorgang oder neue Zuordnung erstellen	O			P	P	P	V	✔
Projekt löschen	O		O	P				✔
Projekt öffnen	O		O	P				
Projekt speichern	O		O	P				
Projekte im Projektcenter anzeigen	O	O	O	P	P	P	V	
Projekte in Projektansichten anzeigen	O	O	O	P		P	V	
Ressource zuordnen	O		O	O	R			✔
Ressourcenzuordnungen in Zuordnungsansicht anzeigen	O	O	O	P	R	P		
Risiken, Probleme und Dokumente anzeigen	O	O	O	P	P	P	V	▶

Tabelle 9.1:
Berechtigungen
(Rechte)

Berechtigung	A	F	P	PM	R	T	M	O3
Team für Projekt zusammenstellen	O		O	P	O			✓

Kategorien: O = *Eigene Organisation*, P = *Eigene Projekte*, R = *Eigene Ressourcen*, M = *Meine Mitarbeiter*, V = *Eigene Vorgänge*

Gruppen: A = *Administratoren*, F = *Führungskräfte*, P = *Portfoliomanager*, PM = *Projektmanager*, R = *Ressourcenmanager*, T = *Teamleiter*, M = *Teammitglieder*

Auch Ansichten gehören zu Kategorien, d.h. je nach Kategorie können Sie unterschiedliche Projektdaten sehen, z.B. *Kosten* usw.

Sicherheitsvorlagen

Wie oben bereits erwähnt, wurde von Microsoft zu jeder Gruppe auch eine *Vorlage* vordefiniert, die jeweils eine Zusammenstellung von globalen Berechtigungen enthält. Diese können sich an Ihre Wünsche über das Menü *Administration/Sicherheitseinstellungen verwalten/Sicherheitsvorlagen* anpassen. Die Vorlagen werden von den Organisationsoptionen eingeschränkt, d.h. Voraussetzung, dass eine Berechtigung erteilt werden kann ist, dass die entsprechende globale Berechtigung nicht auf Serverebene verweigert wird. In der Tabelle 9.2 sind die in den Sicherheitsvorlagen definierten globalen Rechte der einzelnen Gruppen zusammengefasst.

Tabelle 9.2: Globale Berechtigungen (Globale Rechte)

Globale Berechtigung	A	F	P	PM	R	T	M	O3
Administration								
Sicherheitseinstellungen verwalten	✓							
Ansichten verwalten	✓		✓					
Benutzer und Gruppen verwalten	✓							
Project Web Access anpassen	✓							
Enterprise-Features verwalten	✓		✓					
Serverkonfiguration verwalten	✓							
Project Server-Datenbank bereinigen	✓							
Projekt löschen	✓		✓	✓				✓
Windows SharePoint Services verwalten	✓							
Info	✓							
Allgemein								
Integration mit externem Arbeitszeittabellen-System	✓	✓	✓	✓	✓	✓	✓	✓
Ressourcenbenachrichtigungen festlegen	✓	✓	✓	✓	✓	✓		
Benutzerdefiniert 1	✓	✓	✓	✓	✓	✓	✓	✓
Eine Verbindung zu Project Server mithilfe von Microsoft Project 2002 herstellen	✓							✓
Project Web Access offline verwenden	✓	✓	✓	✓	✓	✓	✓	
Anmelden	✓	✓	✓	✓	✓	✓	✓	
Persönliche Benachrichtigungen festlegen	✓	✓	✓	✓	✓	✓	✓	▶

Globale Berechtigung	A	F	P	PM	R	T	M	O3
Kennwort ändern	✔	✔	✔	✔	✔	✔	✔	
Benutzerdefiniert 2	✔	✔	✔	✔	✔	✔	✔	✔
'Start' anzeigen	✔	✔	✔	✔	✔	✔	✔	
Benutzerdefiniert 3	✔	✔	✔	✔	✔	✔	✔	✔
Ansichten								
Aktuelle Werte anpassen anzeigen	✔							✔
Ressourcencenter anzeigen	✔	✔	✔		✔			
Risiken, Probleme und Dokumente anzeigen	✔	✔	✔	✔	✔	✔	✔	
Portfolio-Analysierer	✔	✔	✔					
Aktuelle Werte anpassen	✔							✔
Projektansicht anzeigen	✔	✔	✔	✔	✔		✔	
Zuordnungsansichten anzeigen	✔	✔	✔	✔	✔	✔		
Projektcenter anzeigen	✔	✔	✔	✔	✔		✔	
Projekte in Projektansichten anzeigen	✔	✔	✔	✔		✔	✔	
Modelle anzeigen	✔	✔	✔					
Ressourcenzuteilung anzeigen	✔	✔	✔		✔			
Projekte im Projektcenter anzeigen	✔	✔	✔	✔	✔	✔	✔	
Ressourcenzuordnungen in Zuordnungsansicht anzeigen	✔	✔	✔		✔			
Arbeitsgruppe								
Veröffentlichen/Aktualisieren/Status	✔		✔	✔				
Enterprise-Portfolio-Verwaltung								
Team für neues Projekt zusammenstellen	✔		✔	✔			✔	
Basisplan speichern	✔			✔			✔	
Projektvorlage speichern	✔		✔	✔				
Ressource zuordnen	✔		✔				✔	
Team für Projekt zusammenstellen	✔		✔	✔			✔	
Enterprise-Global speichern	✔		✔					
Neue Ressource	✔		✔		✔			
Projektvorlage öffnen	✔		✔	✔				
Enterprise-Ressourcendaten bearbeiten	✔		✔					
Enterprise-Ressourcendaten lesen	✔	✔	✔					
Meine Projekte einchecken	✔	✔	✔	✔	✔	✔	✔	
Projekt öffnen	✔		✔	✔				
Projekt speichern	✔		✔	✔				
Neues Projekt	✔		✔	✔				▶

Globale Berechtigung	A	F	P	PM	R	T	M	O3
Ressource einem Projektteam zuordnen	✓		✓	✓	✓			✓
'Global.mpt' sichern[1]	✓							
Enterprise-Global lesen	✓			✓	✓	✓		
Kontenerstellung								
Konten von Microsoft Office Project erstellen	✓			✓				
Konten erstellen, wenn Vorgänge delegiert werden	✓			✓				
Konten erstellen, wenn Statusberichte angefordert werden	✓			✓				
Statusberichte								
Statusberichtsanfragen verwalten	✓	✓		✓	✓	✓		
Statusbericht übermitteln	✓	✓		✓	✓	✓	✓	
Statusberichtsliste anzeigen	✓	✓		✓	✓	✓	✓	
Transaktionen								
Regeln verwalten	✓			✓				
Vorgangsänderungen verwalten	✓			✓				
Vorgänge								
Neuer Projektvorgang	✓			✓		✓		
Vorgang in Arbeitszeittabelle ausblenden	✓			✓		✓		
Arbeitstage ändern	✓					✓		
Administrationsprojekte erstellen	✓				✓			✓
Genehmigung für Arbeitszeittabelle	✓				✓			✓
Arbeitszeittabellen für Ressourcen genehmigen	✓							✓
Neuen Vorgang oder neue Zuordnung erstellen	✓			✓	✓	✓	✓	
Arbeitszeittabelle anzeigen	✓			✓		✓		
Neue Vorgangszuordnung	✓			✓			✓	✓
Vorgang delegieren	✓			✓				
Vorgangsliste								
Vorgangsliste erstellen und verwalten	✓	✓		✓	✓	✓	✓	
Vorgangslistenvorgänge zuweisen	✓	✓		✓	✓	✓		
Vorgangsliste an 'Alle Benutzer' veröffentlichen	✓	✓		✓	✓	✓		
Zusammenarbeit								
Probleme anzeigen	✓	✓	✓	✓	✓	✓	✓	
Risiken anzeigen	✓	✓	✓	✓	✓	✓	✓	✓
Dokumente anzeigen	✓	✓	✓	✓	✓	✓	✓	

[1] Dieses Recht ist falsch übersetzt, richtig muss es heißen »Enterprise-Global sichern«

Konfiguration und Dokumentation

Benutzerauthentifizierung

Project unterstützt zur Authentifizierung von Benutzern die *Windows-Authentifizierung* und eine eigene *Project Server-Authentifizierung*. Besonders, wenn Sie die Dokument-, Risiko- und Problem-Funktionen des Project Web Access verwenden möchten, die auf den Windows SharePoint Services basieren, empfehlen wir, die Windows-Authentifizierung zu verwenden. Sie können diese auch zwingend für den Server unter *Administration/Sicherheitseinstellungen verwalten/ Benutzerauthentifizierung* vorschreiben.

Ansichten

Wie im Project Windows Client eignen sich die Ansichten auch im Project Server dazu, den verschiedenen Benutzergruppen genau die Informationen bereitzustellen, die sie für ihre Aufgaben benötigen bzw. sehen dürfen. Die Ansichten des Servers entsprechen nicht exakt denen des Windows-Client. Sie unterscheiden sich u.a. dadurch, dass sie reine Leseansichten ohne Bearbeitungsfunktion sind und dass nicht alle Details angezeigt werden. Als Mehrfunktion bringen sie jedoch einen Zugriffsschutz mit, d.h. über die Zuordnung zu Kategorien kann man festlegen, welche Benutzergruppe welche Ansichten sehen darf. So kann man z.B. Projektmitarbeitern nur die Termine und Aufwand, jedoch nicht die Kosten zugänglich machen.

In Project Web Access gibt es folgenden *Ansichtsarten*:

- Projekt
- Projektcenter
- Zuordnung
- Ressourcencenter
- Portfolio-Analysierer
- Arbeitszeittabelle

NEU IN 2003

Zu den meisten Ansichten kann man (wie im Windows-Client) Balkendiagrammformate, Gruppierungen und Filter festlegen. Die Balkendiagramm- und Gruppierungsformate können Sie unter *Administration/Project Web Access anpassen* auf Ihre Anforderungen zuschneiden. Andere Ansichten, wie z.B. das Netzplandiagramm oder die Kalenderdarstellung, existieren im Project Web Access nicht.

Projekt-Ansichten

Als Anpassung für die **Projekt-Ansichten** schlagen wir vor, die Ansicht *Vorgänge: Dauer und Arbeit* zu erstellen (Abbildung 9.62).

Abbildung 9.62:
Projekt-Ansicht Vorgänge: Dauer und Arbeit

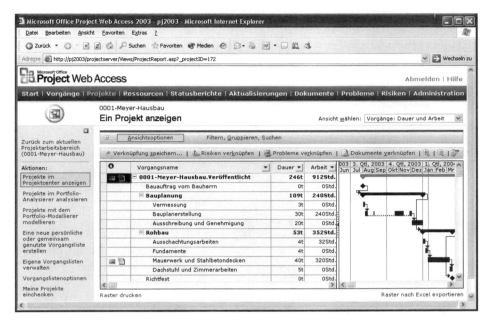

Gehen Sie dazu folgendermaßen vor:

1. Wechseln Sie zu *Administration/Ansichten verwalten* und klicken Sie auf die Schaltfläche *Ansicht hinzufügen*.
2. Stellen Sie im Bereich *Ansichtsart* sicher, dass die Option *Projekt* ausgewählt ist.
3. Geben Sie im Bereich *Ansichtsname und Beschreibung* im Feld *Name* den Text »Vorgänge: Dauer und Arbeit« ein und im Feld *Beschreibung* »Zeigt die Dauer und Arbeit an.«
4. Stellen Sie sicher, dass im Bereich *Tabelle* die Option *Vorgang* ausgewählt ist.
5. Fügen Sie im Bereich *Felder* zu den bereits angezeigten Feldern noch die Felder *Dauer* und *Arbeit* hinzu.
6. Überprüfen Sie, ob im Bereich *Balkendiagrammformat* das Balkendiagrammformat *Balkendiagramm: Einzelheiten (Ansichten)* ausgewählt ist.
7. Wählen Sie im Bereich *Gruppierungsformate* das Gruppierungsformat *Ansichten* aus.
8. Wählen Sie im Bereich *Standardgruppe, -sortierung (Optional)* im Feld *Sortieren nach* das Feld *Anfang* aus.
9. Wählen Sie im Bereich *Gliederungsebenen* im Feld *Anzeigen* den Eintrag *Alle Gliederungsebenen* aus.
10. Geben Sie im Bereich *Filter (Optional)* keinen Filter an.
11. Fügen Sie die Kategorie *Eigene Organisation*, *Eigene Projekte* und *Eigene Vorgänge* zu dem Feld *Kategorien* hinzu, zu denen diese Ansicht gehört, damit alle Benutzergruppen, die zu diesen Kategorien gehören, auf diese Ansicht zugreifen können.
12. Bestätigen Sie mit der Schaltfläche *Änderungen speichern*.

| TIPP

Sie können das Feld *Hyperlink* in die Projektansicht einfügen, wenn Sie die in Project verknüpften Hyperlinks zusätzlich zu den Verknüpfungen zu Dokumenten, Risiken und Problemen aus den Windows SharePoint Services anzeigen möchten.

Projektcenter-Ansichten

Um die in ▶ Kapitel 4 beschriebenen Ansichten für das Projektcontrolling (**Projektcenter-Ansichten**) zu erstellen, gehen Sie folgendermaßen vor:

Balanced Scorecard

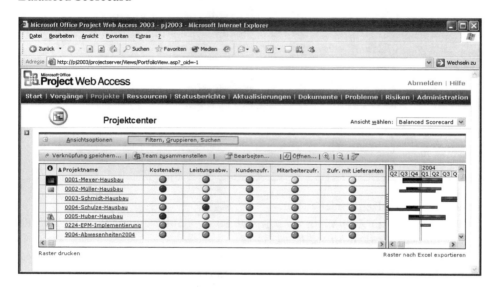

Abbildung 9.63:
Projektcenter-Ansicht Balanced Scorecard

Um die Ansicht *Balanced Scorecard* (Abbildung 9.63) zu erstellen, führen Sie folgende Schritte aus:

1. Wählen Sie *Administration/Ansichten verwalten* und klicken Sie auf die Schaltfläche *Ansicht hinzufügen*.
2. Stellen Sie sicher, dass im Bereich *Ansichtsart* die Option *Projektcenter* ausgewählt ist.
3. Geben Sie im Bereich *Ansichtsname und Beschreibung* im Feld *Name* den Text *Balanced Scorecard* ein und als Beschreibung *Frühindikatoren für das Projektcontrolling*.
4. Fügen Sie im Bereich *Felder* zu den bereits angezeigten Feldern noch die Felder *Enterprise-Projekt Zahl1* bis *Zahl5* sowie *Geplanter Anfang* und *Geplantes Ende* hinzu.
5. Überprüfen Sie, ob im Bereich *Balkendiagrammformat* das Balkendiagrammformat *Überwachen (Projektcenter)* ausgewählt ist.
6. Wählen Sie im Bereich *Gruppierungsformate* das Gruppierungsformat *Ansichten* aus.
7. Wählen Sie im Bereich *Standardgruppe, -sortierung (Optional)* im Feld *Sortieren nach* das Feld *Anfang* aus.

8. Wählen Sie im Bereich *Gliederungsebenen* im Feld *Gliederungsebenen* den Eintrag *Alle Gliederungsebenen* aus.
9. Geben Sie im Bereich *Filter (Optional)* keinen Filter an.
10. Fügen Sie die Kategorie *Eigene Organisation* und *Eigene Projekte* zu dem Feld *Kategorien, zu denen diese Ansicht gehört* hinzu, damit alle Benutzergruppen, die zu dieser Kategorie gehören, auf diese Ansicht zugreifen können.
11. Bestätigen Sie mit der Schaltfläche *Änderungen speichern*.

Portfolio

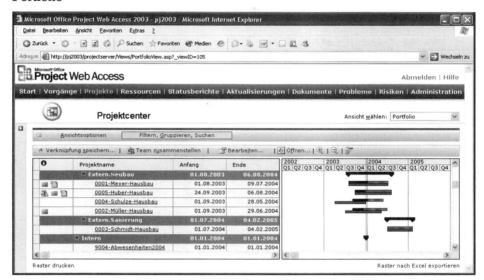

Abbildung 9.64:
Projektcenter-Ansicht Portfolio

Um die Ansicht *Portfolio* (Abbildung 9.64) zu erstellen, gehen Sie folgendermaßen vor:

1. Wechseln Sie zu *Administration/Ansichten verwalten* und klicken Sie auf die Schaltfläche *Ansicht hinzufügen*.
2. Wählen Sie im Bereich *Ansichtsart* die Option *Projektcenter* aus.
3. Geben Sie im Bereich *Ansichtsname und Beschreibung* im Feld *Name* den Text *Portfolio* ein und als Beschreibung *Projektportfolio-Analyse*.
4. Fügen Sie im Bereich *Felder* zu den bereits angezeigten Feldern noch die Felder *Enterprise-Projekt Gliederungscode1* bis *Gliederungscode2* sowie *Geplanter Anfang* und *Geplantes Ende* hinzu.
5. Wählen Sie im Bereich *Balkendiagrammformat* das Balkendiagrammformat *Überwachen (Projektcenter)* aus.
6. Wählen Sie im Bereich *Gruppierungsformate* das Gruppierungsformat *Ansichten* aus.
7. Wählen Sie im Bereich *Standardgruppe, -sortierung (Optional)* im Feld *Gruppieren nach* das Feld *Typ* aus.
8. Wählen Sie im Bereich *Gliederungsebenen* im Feld *Gliederungsebenen* den Eintrag *Alle Gliederungsebenen* aus.

9. Geben Sie im Bereich *Filter (Optional)* keinen Filter an.
10. Fügen Sie die Kategorie *Eigene Organisation* und *Eigene Projekte* zu dem Feld *Kategorien, zu denen diese Ansicht gehört* hinzu, damit alle Benutzergruppen, die zu dieser Kategorie gehören, auf diese Ansicht zugreifen können.
11. Klicken Sie auf die Schaltfläche *Änderungen speichern*.

TIPP Erstellen Sie eine Ansicht *Verantwortlichkeiten*, die das Feld *Manager* enthält, und gruppieren Sie dann nach diesem Feld. So können Sie Projekte nach den Projektleitern gruppieren.

Ressourcencenter-Ansichten

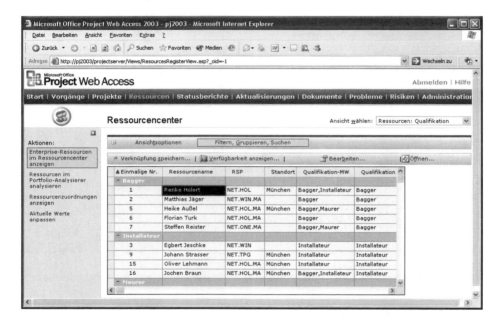

Abbildung 9.65: Ressourcencenter-Ansicht Ressourcen: Qualifikation

Um im Ressourcencenter die Ressourcen nach Qualifikation, Standort und organisatorischer Zugehörigkeit anzeigen zu können (**Ressourcencenter-Ansichten**), erstellen Sie die Ansicht *Ressourcen: Qualifikation*:

1. Wechseln Sie zu *Administration/Ansichten verwalten* und klicken Sie auf die Schaltfläche *Ansicht hinzufügen*.
2. Wählen Sie unter *Ansichtsart* die Option *Ressourcencenter* aus.
3. Geben Sie im Bereich *Ansichtsname und Beschreibung* im Feld *Name* den Text *Ressourcen: Qualifikation* ein und als Beschreibung *Zeigt Ressourcen gruppiert nach Qualifikation an*.
4. Fügen Sie im Bereich *Felder* zu den bereits angezeigten noch die Felder *Enterprise-Ressource Gliederungscode2 (Standort)* und *Enterprise-Ressource Gliederungscode20 (Qualifikation)* sowie *Enterprise-Ressource-Mehrere Werte20 (Qualifikation-Mehrere Werte)* hinzu.
5. Wählen Sie im Bereich *Gruppierungsformate* das Gruppierungsformat *Ansichten* aus.

6. Wählen Sie im Bereich *Standardgruppe, -sortierung (Optional)* im Feld *Gruppieren nach* das Feld *Gliederungscode20 (Qualifikation)* aus.

HINWEIS In Project Web Access ist es derzeit nicht möglich, auf die gleiche Art und Weise wie in Project nach den *Mehrere Werte*-Feldern zu gruppieren.

7. Wählen Sie im Bereich *Gliederungsebenen* im Feld *Gliederungsebenen* den Eintrag *Alle Gliederungsebenen* aus.
8. Geben Sie im Bereich *Filter (Optional)* den Filter *Generisch Gleich Nein Und Aktiv Gleich Ja* an.
9. Fügen Sie die Kategorie *Eigene Organisation* und *Eigene Ressourcen* zu dem Feld *Kategorien, zu denen diese Ansicht gehört* hinzu, damit alle Benutzergruppen, die zu dieser Kategorie gehören, auf diese Ansicht zugreifen können.
10. Bestätigen Sie mit der Schaltfläche *Änderungen speichern*.

TIPP Legen Sie auf die gleiche Art und Weise eine Ansicht an, die nur aktive generische Ressourcen zeigt.

Zuordnungs-Ansichten

Legen Sie auf analoge Art und Weise eine Zuordnungs-Ansicht *Abweichung* an, die die Felder *Ressourcenname, Vorgangsname, Projekt, Projektmanager, Abweichung Dauer, Abweichung Kosten, Abweichung Arbeit, Abweichung Anfang* und *Abweichung Ende* enthält. Die Verwendung dieser Ansicht wird in ▶ Kapitel 3 im Abschnitt »Unterstützung des Projektleiters/Steuern« näher beschrieben.

ACHTUNG In der Ansicht werden die Felder *Abweichung Dauer, Abweichung Kosten, Abweichung Arbeit, Abweichung Anfang* und *Abweichung Ende* erst gezeigt, wenn diese von den Projektplänen veröffentlicht wurden (vgl. den Abschnitt ▶ »Veröffentlichte Felder« in diesem Kapitel).

Portfolio-Analysierer-Ansichten

Um die in ▶ Kapitel 4 beschriebenen Ansichten für Budgeteinhaltung und Ressourcenauslastung (**Portfolio-Analysierer-Ansicht**) einzugeben, gehen Sie folgendermaßen vor:

Budgeteinhaltung

1. Wechseln Sie zu *Administration/Ansichten verwalten* und klicken Sie auf die Schaltfläche *Ansicht hinzufügen*.
2. Wählen Sie im Bereich *Ansichtsart* die Option *Portfolio-Analysierer* aus.
3. Geben Sie im Bereich *Ansichtsname und Beschreibung* im Feld *Name* den Text *Budgeteinhaltung* ein und als Beschreibung *PivotChart und PivotTable für das Budgetcontrolling*.
4. Überprüfen Sie, ob im Bereich *Portfolio-Analysierer-Modus* die Option *PivotTable mit Diagramm* ausgewählt ist.

5. Klicken Sie auf den *PivotTable Bereich*, damit die Feldliste angezeigt wird. Falls die Feldliste nicht angezeigt werden sollte, klicken Sie auf das nebenstehend abgebildete Symbol.

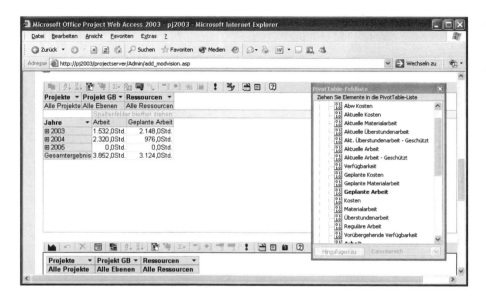

Abbildung 9.66: Gesamtsummen in die PivotTable ziehen

6. Ziehen Sie aus der Feldliste die Felder *Kosten* und *Geplante Kosten* in den mit *Gesamtsummen oder Detailfelder hierher ziehen* bezeichneten orange-farbenen Bereich (Abbildung 9.66).
7. Ziehen Sie danach das Feld *Zeit* in den mit *Zeilenfelder hierher ziehen* bezeichneten grünen Bereich.
8. Ziehen die Felder *Projekte, Projekt GB, Projekt Typ, Ressourcen, Ressource OE* in den mit *Filterfelder hierher ziehen* bezeichneten türkis-farbenen Bereich.

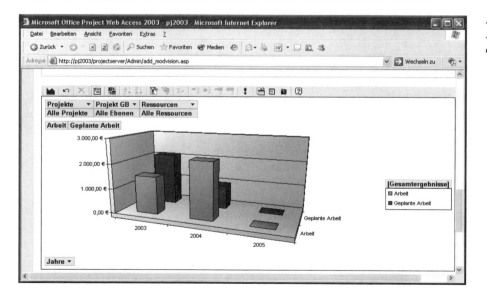

Abbildung 9.67: Budgeteinhaltung

9. Wählen Sie nun als Diagrammtyp *3D-Säulen* aus, indem Sie auf das nebenstehend abgebildete Symbol klicken (Abbildung 9.67).

10. Fügen Sie die Kategorie *Eigene Organisation* zu dem Feld *Kategorien, zu denen diese Ansicht gehört* hinzu, damit alle Benutzergruppen, die zu dieser Kategorie gehören, auf diese Ansicht zugreifen können.

HINWEIS Neben der Project Server-Berechtigung müssen Sie noch manuell die Berechtigung auf dem Analysis Server festlegen. In ▶ Kapitel 13 finden eine Lösung, die dieses automatisiert.

11. Klicken Sie auf die Schaltfläche *Änderungen speichern*.

Ressourcenauslastung

Verfahren Sie auf die gleiche Art und Weise, um die Ansicht *Ressourcenauslastung* entsprechend der nachfolgend dargestellten Definition (Abbildung 9.68) zu erstellen.

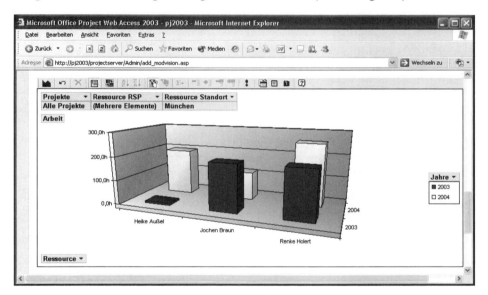

Abbildung 9.68: Ressourcenauslastung

Weitere Beispiele für Portfolio-Analysierer-Ansichten finden Sie in ▶ Kapitel 5.

Serverkonfiguration

Über die Serverkonfiguration können Sie die verfügbaren Funktionen (Features) und Menüs für alle Benutzer festlegen.

Features

Die Serverkonfiguration gliedert sich in die Enterprise-Features und die Project Web Access-Features. Die Unterscheidung ist historisch bedingt und rührt daher, dass in älteren Versionen auch der Project Web Access ohne Enterprise Features mit der Standard-Version von Project einsetzbar war. Mehr Einstellungen zu den Enterprise-Features finden Sie im eigenen Administrationsbereich *Enterprise-Features verwalten*.

Die wichtigsten Festlegungen im Bereich **Enterprise-Features** sind die Entscheidung, ob Hauptprojekte auf dem Server gespeichert werden sollen und ob lokale Kalender im Projekt zugelassen werden sollen.

Hauptgrund für das Abspeichern von Hauptprojekten ist es, Multiprojektansichten mit dem gesamten Funktionsumfang von Project speichern zu können. Nachteil der Hauptprojekte ist, dass die Struktur der Projekte hierdurch z.B. in den Projektcenter-Ansichten inhomogen wird. Sie sollten prüfen, ob nicht über Projektcenter-Ansichten gewünschte Ansichten auch erstellt werden können.

In keinem Fall dürfen Hauptprojekte jedoch veröffentlicht werden, da sonst die Gefahr besteht, dass die Zuordnungen doppelt in den Arbeitszeittabellen und Zuordnungsansichten erscheinen (Abbildung 9.69).

ACHTUNG

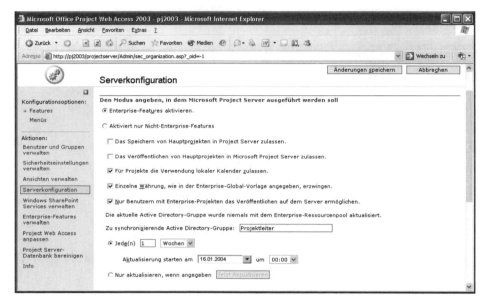

Abbildung 9.69: *Enterprise-Features*

Es kann sinnvoll sein, lokale Kalender in Projekten zuzulassen, z.B. um diese für Vorgangskalender zu verwenden. Wägen Sie diesen Vorteil gegen die potenzielle Gefahr ab, dass die Zentralisierung der Projektkalender verloren geht. Durch die Enterprise-Features ist aber auf jeden Fall sichergestellt, dass Enterprise-Kalender in jedem Projekt gleich definiert sind.

Die **Project Web Access Features** gleichen den Sicherheitsvorlagen und sind diesen übergeordnet. D.h. wenn Sie ein Recht auf Serverebene verweigern, dann steht es keiner Benutzergruppe zur Verfügung. Sie können auf diese Weise z.B. die insgesamt wenig akzeptierte Funktion der Statusberichte deaktivieren (vgl. Abbildung 9.70).

Abbildung 9.70:
Project Web Access Features

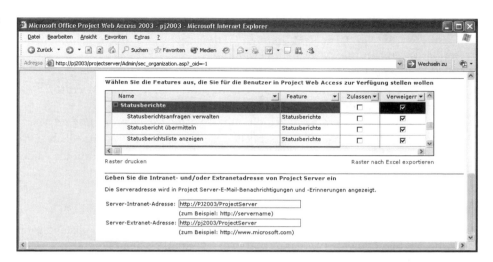

HINWEIS Die Server-Extranet-Adresse erscheint in den E-Mail-Benachrichtigungen des Project Servers.

Menüs

Unter der Option *Menüs* in den Konfigurationsoptionen legen Sie fest, welche Menüs und Menüeinträge die Anwender sehen. Zudem können Sie neue Menüs anlegen und zu bestehenden Menüs weitere Menüeinträge hinzufügen.

Um die deutschsprachige *Project FAQ-Liste* »projectfaq.de« dem Startmenü hinzuzufügen gehen Sie folgendermaßen vor:

1. Klicken Sie in der Tabelle auf das Menü *Start*.

Abbildung 9.71:
projectfaq.de *auf der Startseite*

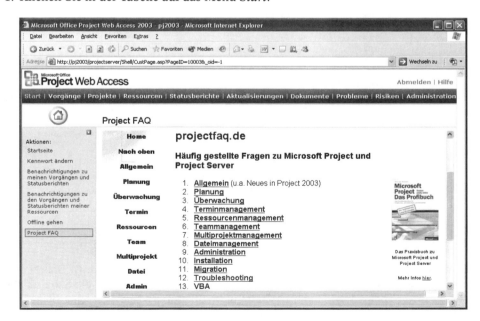

Konfiguration und Dokumentation **325**

2. Klicken Sie auf die Schaltfläche *Benutzerdefiniertes Menü hinzufügen*.
3. Überprüfen Sie im Dialogfeld *Benutzerdefiniertes Menü hinzufügen*, ob die Option *Untermenü hinzufügen* ausgewählt ist.
4. Geben Sie im Feld *Untermenüname* den Text *Project FAQ* ein.
5. Im Feld *Untermenü Tooltip* geben Sie *Häufig gestellte Fragen zu Microsoft Project und Project Server* ein.
6. Geben Sie im Feld *Untermenü URL* die Adresse *http://www.projectfaq.de* ein.
7. Übernehmen Sie die Eingaben und schließen Sie per Klick auf die Schaltfläche *OK*.
8. Melden Sie sich vom Project Web Access ab und danach wieder an, um die Änderungen anzuzeigen (Abbildung 9.71).

Windows SharePoint Services

Project Web Access ist – wie in diesem Buch durchgängig beschrieben – vollständig mit den Windows SharePoint Services integriert. Um die Windows SharePoint Services mit Project Server zu verwenden, bereiten Sie diese mit Windows SharePoint Services-Konfigurations-Assistenten *WSSWIZ.EXE* vor. Danach verbinden Sie den Windows SharePoint Services Server mit dem Project Server (mehr dazu in ▶ Kapitel 8).

Windows SharePoint Services-Optionen des Project Servers

Mit einem SharePoint-Server verbinden

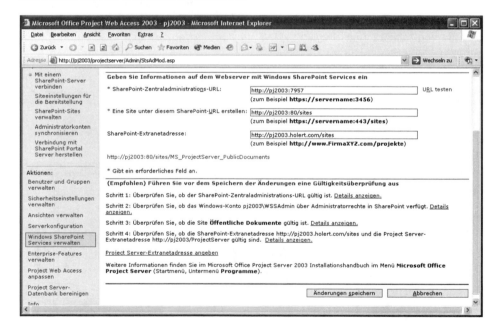

Abbildung 9.72: Windows SharePoint Services konfigurieren

Nachdem Sie *WSSWIZ.EXE* ausgeführt haben, können Sie den Windows SharePoint Services Server beim Project Server bekannt machen, indem Sie auf die Schaltfläche *Änderungen speichern* klicken (Abbildung 9.72). Auf etwaige Probleme beim Verbinden wird in ▶ Kapitel 10 eingegangen.

Siteeinstellungen für die Bereitstellung

Abbildung 9.73:
Siteeinstellungen für die Bereitstellung

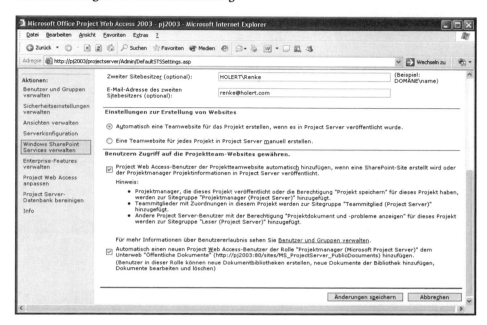

Standardmäßig wird für jedes Projekt, das Sie auf dem Project Server veröffentlichen, eine Site angelegt. Wir empfehlen, diese Einstellung beizubehalten, da in dieser Version keine Skalierungsprobleme durch die vollständige Datenbankorientierung bestehen.

SharePoint-Sites verwalten

Abbildung 9.74:
SharePoint-Sites verwalten

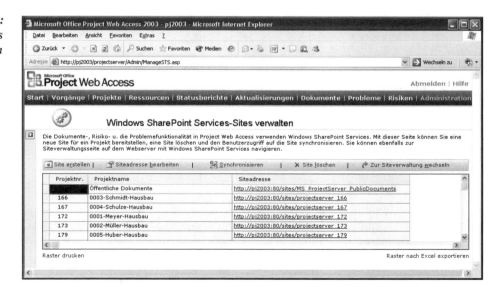

Konfiguration und Dokumentation **327**

Unter dem Menüpunkt *SharePoint-Sites verwalten* können Sie nachträglich Sites anlegen, falls die automatische Erstellung fehlgeschlagen sein sollte. Ferner können Sie hier die URLs der Unterwebs ablesen.

Über die Schaltfläche *Zur Siteverwaltung wechseln* erreichen Sie die Standard-Websiteverwaltung der Site.

Falls Sie nach dem Veröffentlichen Teammitglieder zu einem Projekt hinzufügen, können Sie über die Synchronisierungsfunktion diese auch nachträglich als Benutzer in der Site anlegen.

Administratorkonten synchronisieren

Für den Fall, dass die Administratoren-Berechtigungen in der Site in den Windows SharePoint Services verloren gegangen sind, können Sie diese über die Synchronisation wiederherstellen.

Verbindung mit SharePoint Portal Server herstellen

Abbildung 9.75: Verbindung mit SharePoint Portal Server herstellen

Wenn in Ihrer Organisation ein SharePoint Portal Server 2003 zur Verfügung steht, können Sie diesen mit dem Project Server bzw. den Windows SharePoint Services verbinden. Dies hat u.a. den Vorteil, dass Sie für die Dokumentbibliotheken der einzelnen Windows SharePoint Services eine siteübergreifende Zugriffstruktur erstellen können und alle Sites mit der Volltextsuche des SharePoint Portal Servers durchsuchen können.

Konfiguration der Windows SharePoint Services

Passen Sie die Windows SharePoint Services besser an Ihre Anforderungen an, indem Sie die Dokumentbibliotheken bearbeiten und E-Mail-Server für Abonnements und Einladungen festlegen.

Dokumentbibliotheken anpassen

Standardmäßig wird in jeder Site eine Dokumentbibliothek mit dem Namen *Freigegebene Dokumente* angelegt. Um die Dokumentablage für die Projektdokumentation übersichtlich zu gestalten, sollten Sie für Ihr Projekt passend eine Struktur der Dokumentbibliotheken anlegen. Diese kann z.B. folgendermaßen aussehen (vgl. ▶ Kapitel 1):

- PM Dokumentation
- Produktdokumentation
- Ressourcen

Führen Sie diese Schritte für jede Site aus. Sie können über das Anpassen der Windows SharePoint Services diesen Vorgang automatisieren (vgl. hierzu ▶ Kapitel 13).

E-Mail-Server für Abonnements und Einladungen festlegen

Damit Sie u.a. die Funktionen Abonnements und Einladungen der Windows SharePoint Service verwenden können, müssen Sie in der Verwaltung des virtuellen Servers den SMTP-Server festlegen. Die Beschreibung der Vorgehensweise finden Sie in ▶ Kapitel 8.

Enterprise-Features

Ressourcentabellen und OLAP-Cube aktualisieren

Damit Sie Portfolio-Ansichten erstellen können, müssen Sie zunächst einen Cube erstellen. Streng genommen wird eine OLAP-Datenbank mit den drei Cubes *MSP_ASSN_FACT*, *MSP_PORTFOLIO_ANALYZER* und *MSP_RES_AVAIL_FACT* über die Analysis Services des SQL Servers 2000 erstellt. Um den Cube zu erstellen, gehen Sie wie im ▶ Abschnitt »OLAP-Cube aufbauen« am Anfang dieses Kapitels beschrieben vor.

Enterprise-Projekte und Ressourcen einchecken

Im Praxisbetrieb kann es vorkommen, dass Projekte und/oder Ressourcen nicht ordnungsgemäß wieder eingecheckt wurden und in der Folge nicht mehr bearbeitet werden können. Dies kann zum Beispiel passieren, wenn ein Projekt für den Offline-Betrieb ausgecheckt wurde und dem Anwender dann die Daten verloren gehen. Darüber hinaus kommt als Ursache in Frage, dass Project Professional während der Bearbeitung abstürzt.

Um das Projekt oder die Ressource wieder einzuchecken, wählen Sie entweder das Projekt oder die Ressource in der Tabelle aus und klicken dann auf die Schaltfläche zum Einchecken. Danach kann es wieder bearbeitet werden.

Versionen

Wenn Sie möchten, dass zu regelmäßigen Zeitpunkten die Projektstände eingefroren werden, können Sie Versionen anlegen. Diese können dann zu einem bestimmten Zeitpunkt gegen Änderung gesichert werden, sodass Sie immer über verlässliche Informationen der Projektstatistik im Rückblick verfügen. Um eine Version zu erstellen, führen Sie folgende Schritte aus:

1. Klicken Sie auf die Schaltfläche *Version hinzufügen*.
2. Geben Sie im Feld *Version* den Text *Q1-2004* ein.
3. Klicken Sie auf *Änderungen speichern*.

Ab jetzt können die Projektleiter neben der Version *Veröffentlicht* auch in die *Q1-2004* speichern. Wenn Sie die Version einfrieren möchten, dann gehen Sie folgendermaßen vor:

1. Wählen Sie in der Tabelle die Version aus, die Sie vor einer Bearbeitung schützen möchten.
2. Klicken Sie auf die Schaltfläche *Version bearbeiten*.
3. Wählen Sie im Feld *Archivierte Version* den Wert *Ja* aus.
4. Klicken Sie auf *Änderungen speichern*.

| **TIPP** | Sie können Versionen verwenden, um Trenddiagramme wie z.B. ein Kostentrenddiagramm oder ein Meilensteintrenddiagramm zu erstellen. |

Project Web Access

Überwachungseinstellungen

Sie können zwischen folgenden Rückmeldearten (Standardmethode zur Fortschrittberichterstattung) wählen:

- *Prozent an abgeschlossener Arbeit,*
- *Tatsächlich geleistete Arbeit und verbleibende Arbeit* oder wie bisher
- *Arbeitsstunden pro Tag oder Woche.*

Wir empfehlen die Überwachungsoption wie folgt anzupassen:

1. Wechseln Sie in das Menü *Administration/Microsoft Project Web Access anpassen/Überwachungseinstellungen*.
2. Wählen Sie unter *Geben Sie die Standardmethode an, die zur Fortschrittberichterstattung verwendet werden soll* die Option *Arbeitsstunden pro Tag oder pro Woche* aus.
3. Wählen Sie unter *Zeitraumeinstellungen* die Option *Ressourcen sollten die Anzahl der Arbeitsstunden pro Tag angeben* aus.

Balkendiagrammformate

Hier definieren Sie die Balkendiagrammformate, die Sie in den Ansichten verwenden können. Nachfolgend stellen wir die wichtigsten vordefinierten Balkendiagrammformate dar. Es ist hier keine Anpassung notwendig.

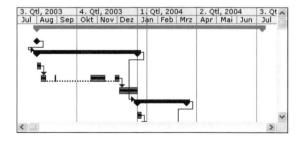

Abbildung 9.76: Balkendiagramm (Ansichten)

Dieses Balkendiagramm (Abbildung 9.76) zeigt die berechneten Termine und zeichnet den Fortschritt in Form von schwarzen Balken in die Vorgangsbalken. Dies gilt jedoch nicht bei den Sammelvorgängen. Dieses Balkendiagrammformat entspricht im Wesentlichen der Ansicht *Balkendiagramm (Gantt)* in Project.

Balkendiagramm: Überwachung

Abbildung 9.77:
Balken-
diagramm:
Überwachung

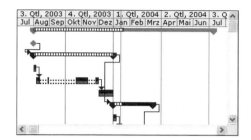

Dieses Balkendiagramm (Abbildung 9.77) stellt die Vorgangsbalken schmaler dar und zeigt zusätzlich unter jedem Vorgangsbalken auch den geplanten Termin in Form von grauen Vorgangsbalken. Zusätzlich wird der Fortschritt an den Sammelvorgängen gezeigt. Dieses Balkendiagrammformat entspricht im Wesentlichen der Ansicht *Balkendiagramm: Überwachung* in Project, stellt jedoch ebenfalls keine Vorgangsunterbrechung dar.

Balkendiagramm: Abgleich

Abbildung 9.78:
Balken-
diagramm:
Abgleich

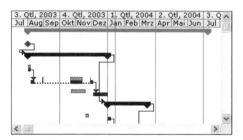

Dieses Balkendiagramm (Abbildung 9.78) stellt oberhalb der Vorgangsbalken den Termin in Form eines grünen Balkens dar, den der Vorgang hätte, wenn er nicht aufgrund eines Kapazitätsabgleichs verschoben worden wäre (*Abgleichsverzögerung*). Zudem wird in Form von olivgrünfarbenen Linien die Dauer der Abgleichsverzögerung durch dieses Projekt dargestellt (*Frühester Anfang/Anfang*). Der Fortschritt von Sammelvorgängen und Vorgangsunterbrechungen wird nicht angezeigt. Die Ansicht entspricht im Wesentlichen der Ansicht *Balkendiagramm: Abgleich* in Project; es werden jedoch keine freien Pufferzeiten in Form von blaugrünen Linien angezeigt (*Ende/Freie Pufferzeit*).

Balkendiagramm: Einzelheiten (Ansicht)

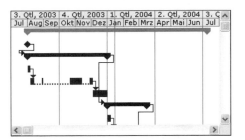

Abbildung 9.79:
Balkendiagramm: Einzelheiten (Ansicht)

Dieses Balkendiagramm (Abbildung 9.79) stellt die normalen Vorgangsbalken nicht mit Muster, sondern in Vollfarbe dar. Zudem werden Verzögerungen gegenüber dem Basisplan in Form von olivgrünen Linien dargestellt (*Geplanter Anfang/Anfang*). Diese Ansicht entspricht im Wesentlichen der Ansicht *Balkendiagramm: Einzelheiten* in Project, stellt jedoch keine Pufferzeiten in Form von blaugrünen Linien dar (*Ende/Freie Pufferzeit*).

HINWEIS Die Balkendiagrammformate *Balkendiagramm 1-11* entsprechen dem *Balkendiagramm (Ansichten)*. Sie können diese für eigene Zwecke verwenden.

Gruppierungsformate

Hier definieren Sie die Gruppierungsformate, die Sie in den Ansichten verwenden können. Es sind hier keine Anpassungen notwendig.

Format der Startseite

An dieser Stelle können Sie ergänzend zu dem als Menüeintrag hinzugefügten Link zur Project FAQ-Liste noch weitere Hyperlinks unter der Rubrik Verknüpfungen oder den Inhalt von Webseiten innerhalb eines Frames auf der Startseite einfügen. Dies können z.B. Links zu Ihrer Extranet- oder Intranet-Homepage oder dem Outlook Web Access sein.

Benachrichtigung und Erinnerungen

Sofern Sie noch nicht bei der Installation des Project Servers die Adresse Ihres E-Mail-Servers festgelegt haben, können Sie dies nachholen. Verfahren Sie hierbei wie in ▶ Kapitel 8 beschrieben.

Datenbank bereinigen

Das Bereinigen der Datenbank und andere Wartungsaufgaben beschreiben wir im nachfolgenden ▶ Kapitel 10.

Info

An dieser Stelle zeigt der Project Server die Gesamtzahl der Benutzer des Project Servers. Sofern Sie mehr Benutzer als vorhandene Clientzugriffslizenzen (CALs) haben, kaufen Sie ggf. Lizenzen nach oder deaktivieren Sie Benutzer-Konten.

HINWEIS Enterprise-Ressourcen werden automatisch als Project Server-Benutzer angelegt, wenn sie einem Vorgang zugewiesen werden und diese Zuordnung auf dem Project Server veröffentlicht wird. Sie belegen jeweils eine Lizenz. Der Administrator wird mitgezählt, generische Ressourcen nicht.

TIPP Wenn Sie Ressourcen in Projekten zuweisen möchten, die standardmäßig keine Benutzer im Project Server werden, verwenden Sie statt Enterprise-Ressourcen lokale Ressourcen (siehe hierzu auch ▶ Kapitel 1 und ▶ Kapitel 3).

10 Wartung und Problemlösung

335 Probleme bei der Installation
340 Probleme beim Betrieb
344 Sicherung und Wiederherstellung

Dieses Kapitel richtet sich an Administratoren, die die Verantwortung dafür tragen, Probleme bei der Installation von Project und Project Server zu beseitigen und einen zuverlässigen Betrieb sicher zu stellen. Wir werden im Folgenden die wichtigsten Aufgaben beschreiben. Eine ständig aktualisierte Übersicht über bekannte Probleme und Wege, um diese zu umschiffen, finden Sie in der Microsoft Knowledge Base (*http://support.microsoft.com*), den Microsoft Newsgroups (*microsoft.public.de.project* und *microsoft.public.de.project.server*) sowie in der deutschsprachigen FAQ zu Project unter *http://holert.com/project/faq*. Diese FAQ erreichen Sie auch über die URL *http://projectfaq.de*.

Probleme bei der Installation

Project

Mindestvoraussetzungen für die Installation von Project Standard und Project Professional

Wir empfehlen für die Installation von Project folgende Mindestkonfiguration:

- Arbeitsspeicher: 192 MB
- Betriebssystem: Windows 2000 Professional
- Bildschirmauflösung: 1.024 x 768

Die von Microsoft herausgegebenen Mindestanforderungen finden Sie unter: *http://support.microsoft.com/?scid=kb;de;823433*.

Auch hier empfehlen wir dringend, alle verfügbaren Sicherheitsupdates für Windows und Office zu installieren. Diese finden Sie unter u.a. unter:

http://windowsupdate.microsoft.com bzw. *http://office.microsoft.com*.

Ausführliche Protokolldateien der Installation

Um während der Installation von Project 2003 ausführliche Protokolldateien zu erstellen, führen Sie das Setup-Programm über die Eingabeaufforderung mit dem Parameter

```
setup.exe /Lv* "%temp%\MSP.txt"
```

Die Protokolldatei liegt dann im temporären Verzeichnis Ihres Benutzerprofils.

Mehr Infos unter *http://support.microsoft.com/?scid=kb;de;823587*.

Lesefehler 1309 bei der Installation

Der Fehler kann auftreten, wenn Sie Office 2003 vor Project 2003 installieren.

Mehr Infos unter *http://support.microsoft.com/?scid=kb;de;830422*.

Versionen von Project

Project wird in verschieden Versionen ausgeliefert. Wie Sie den Unterschied zwischen einer **Test- und Vollversion** ermitteln, steht in folgendem Artikel:

Test- oder Vollversion *http://support.microsoft.com/?scid=kb;de;826215*.

Wie Sie unterscheiden, ob Sie eine über den Handel vertriebene Version, auch **Retail** oder Full Package Product (FPP) genannt, haben oder eine Version aus den Lizenzprogrammen (**Enterprise**), finden Sie unter:

http://support.microsoft.com/?scid=kb;de;823480.

Testzeitraum abgelaufen

Falls Sie eine Testversion (Evaluierungsversion) von Project Standard 2003 oder Project Professional 2003 verwenden und diese beim Start meldet, dass sie abgelaufen sei, obwohl der Testzeitraum noch nicht vorüber ist, gehen Sie folgendermaßen vor, um das Problem zu lösen:

1. Wechseln Sie in der Registrierung zu *HKEY_CURRENT_USER/Software/Microsoft/Office/11.0/MSProject/Options/General*.
2. Ändern Sie den Eintrag *FirstBoot* von *0* auf *1*.

URL des Artikels: *http://support.microsoft.com/?scid=kb;de;285343*

Umstieg von der Evaluierungsversion auf die Vollversion

Um von der Test- auf die Vollversion umzusteigen, können Sie einen Lizenzschlüssel (Product Key) nachträglich zum Freischalten eingegeben.

URL des Artikels: *http://support.microsoft.com/?scid=kb;de;831023*

Project kann keine Verbindung zum Project Server aufbauen

Verbindungsprobleme zwischen Project und dem Project Server liegen in der Regel an falschen clientseitigen Netzwerkeinstellungen, z.B. den Proxyeinstellungen oder den Sicherheitseinstellungen. Weitere Ursachen finden Sie unter:

http://support.microsoft.com/?scid=kb;de;328958.

Alte Version von Project und Project Web Access Client Components deinstallieren

Um eine »alte« Installation von Project zu entfernen, führen Sie die Deinstallationsroutinen aus und entfernen danach die verbliebenen Spuren. Führen Sie dazu folgende Schritte aus:

1. Alle Kopien der Datei *GLOBAL.MPT* löschen.
2. Registrierungseinträge löschen:

   [HKEY_CURRENT_USER\Software\Microsoft\Office\11.0\MS Project]

   [HKEY_CURRENT_USER\Software\Microsoft\Office\MS Project]

   [HKEY_LOCAL_MACHINE\SOFTWARE\Microsoft\Office\11.0\MS Project]

   [HKEY_LOCAL_MACHINE\SOFTWARE\Microsoft\Office\MS Project]
3. Alle Internet Explorer-Steuerelemente (ActiveX-Controls) (*Pj11deuC Class*, *Pj11enuC Class* und *PjAdoInfo3 Class*) aus dem Verzeichnis *Downloaded Program Files* aus dem Windows-Root-Verzeichnis (z.B. *C:\WINDOWS*) löschen.

Project Server

Mindestvoraussetzungen zur Installation von Project Server

Für die Installation von Project Server empfehlen wir folgende Mindestkonfiguration (▶ Kapitel 8):

- Arbeitsspeicher: 512 MB
- Betriebssystem: Windows Server 2003
- Datenbankserver: Microsoft SQL Server 2000 SP3a oder Microsoft SQL Server Desktop Engine (MSDE2000) SP3a

HINWEIS Die Evaluierungsversion des SQL Servers kann nicht verwendet werden, da sich auf dieser keine Service-Packs installieren lassen.

Die von Microsoft herausgegebenen Mindestanforderungen finden Sie im Installationshandbuch *PJSVR.CHM* auf der Project Server-CD.

ACHTUNG Installieren Sie unbedingt alle verfügbaren Sicherheitsupdates für Windows, den Internet Information Server, SQL Server bzw. MSDE und Project Server. Diese finden Sie u.a. unter:

http://windowsupdate.microsoft.com, *http://microsoft.com/technet/security* bzw. *http://office.microsoft.com*.

Protokolldateien

Um während der Installation von Project Server 2003 ausführliche Protokolldateien zu erstellen, führen Sie das Setup-Programm über die Eingabeaufforderung mit dem folgenden Parameter aus:

```
setup.exe /Lv* "%temp%\MSP.txt"
```

Die Protokolldatei liegt dann im temporären Verzeichnis Ihres Benutzerprofils.
Mehr Infos unter *http://support.microsoft.com/?scid=kb;de;823587*.

Alte Version von Project Server und Windows SharePoint Services deinstallieren

Um eine »alte« Installation von Project Server zu entfernen, führen Sie die Deinstallationsroutinen aus und entfernen danach die verbliebenen Spuren.

Deinstallationsroutinen ausführen

1. Project Server deinstallieren.
2. Windows SharePoint Services Sites löschen (über die Zentraladministration der Windows SharePoint Services).
3. Windows SharePoint Services deinstallieren.

Spuren nach der Deinstallation beseitigen

Nachdem Sie die Deinstallationsroutinen ausgeführt haben, entfernen Sie die verbleibenden Spuren der Installationen. Führen Sie dazu folgende Schritte aus:

1. Verzeichnis *Microsoft Office Project Server* im Programmverzeichnis (z.B. *C:\Programme*) löschen.
2. Registrierungseinträge löschen:

   [HKEY_LOCAL_MACHINE\SOFTWARE\Microsoft\Office\11.0\MS Project]

   [HKEY_LOCAL_MACHINE\SOFTWARE\Microsoft\Office\11.0\Web Server]

   [HKEY_LOCAL_MACHINE\SOFTWARE\Microsoft\Shared Tools\Web Server Extensions]

Abbildung 10.1: *Project Server COM+-Komponenten*

3. COM+-Komponenten löschen (*Verwaltung/Komponentendienste/Computer/Arbeitsplatz/COM+-Anwendungen*; vgl. Abbildung 10.1).
4. Project Server-Datenbank (*ProjectServer*) im *Enterprise Manager* löschen.
5. *SQL Server Benutzer MSProjectServerUser* und *MSProjectUser* löschen.
6. Windows SharePoint Services Inhalts- und Konfigurationsdatenbank (*STS_<Servername>_1* bzw. *WSSDB*) löschen.
7. Project Server OLAP-Datenbank im *Analysis Manager* löschen.

Abbildung 10.2:
Project Server IIS-Komponenten

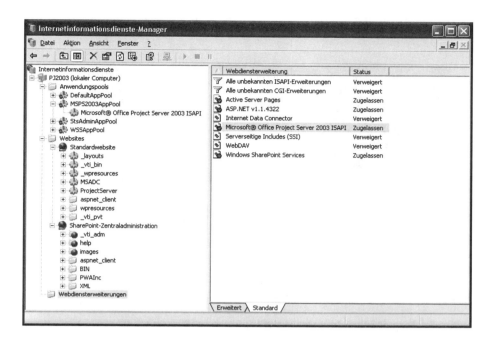

8. Die von Project Server angelegten Komponenten im *IIS* löschen (Abbildung 10.2). Verwenden Sie hierzu den *Internetinformationsdienste-Manager*.

9. Vorlagen für WSS aus *C:\Programme\Gemeinsame Dateien\Microsoft Shared\ web server extensions\60\TEMPLATE* löschen.

Probleme beim Verbinden mit den Windows SharePoint und Analysis Services

Die Kommunikation zwischen Project Server und Windows SharePoint Services bzw. den Analysis Services läuft u.a. über die COM+-Komponenten (Abbildung 10.1) und das WinHTTP-Objekt. Falls Sie keine Verbindung aufbauen können, legen Sie auf folgende Art und Weise die Einstellungen fest:

Abbildung 10.3:
PSComPlus

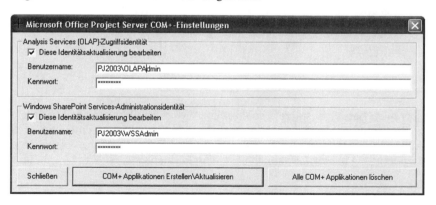

1. Rufen Sie das Dienstprogramm *PSComPlus.exe* (Ordner *C:\Programme\Microsoft Office Project Server\BIN\1031*) auf und setzen Sie die Identität der Project Server

Wartung und Problemlösung **339**

COM+-Komponenten entsprechend der Abbildung 10.3 passend für Ihre Installation (▶ Kapitel 8).

Abbildung 10.4: Proxycfg

2. Legen Sie fest, dass das WinHTTP-Objekt keinen Proxyserver für die Verbindung verwenden soll. Verwenden Sie hierzu das Dienstprogramm *Proxycfg.exe* (Ordner *C:\Programme\Microsoft Office Project Server\BIN*). Setzen Sie die Einstellung entsprechend der Abbildung 10.4 passend für Ihre Installation (▶ Kapitel 8).

Probleme beim Betrieb

Wie bei jedem Hochtechnologiesystem kann es auch beim Betrieb von Project und Project Server zu Störungen kommen. Um schnell auf Fehler reagieren zu können, hat Microsoft zwei wichtige Werkzeuge in Project integriert. Diese sind die *Fehlerberichterstattung* und das *Programm zur Verbesserung der Benutzerfreundlichkeit*.

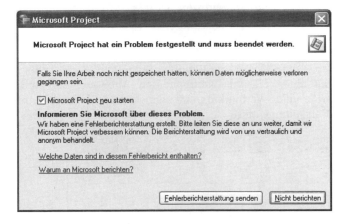

Abbildung 10.5: Fehlerberichterstattung

Sollte Project beim Betrieb abstürzen, so erscheint das in Abbildung 10.5 abgebildete Dialogfeld. Dieses wurde dahingehend verbessert, dass Sie Fehlerberichte jetzt auch sammeln können, wenn Sie keinen Zugriff zum Internet haben, und diese, sobald Sie wieder Internetzugang haben, gesammelt absenden können.

BESSER IN 2003

*Abbildung 10.6:
Programm zur
Verbesserung der
Benutzerfreund-
lichkeit*

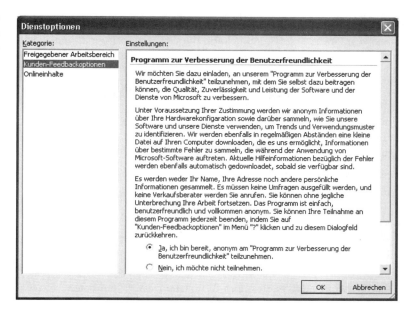

NEU IN 2003   Neu in der Version 2003 ist das Programm zu Verbesserung der Benutzerfreundlichkeit. Dieses überträgt Statistiken z.B. über die verwendeten Funktionen, aber auch Fehlermeldungen, die keinen Absturz verursachen, an Microsoft.

WICHTIG   Beide Funktionen übertragen die Informationen neutralisiert und anonym. Unsere spezielle Bitte ist es, die Rückmeldungen an Microsoft zu unterstützen. Sie tragen hiermit zu mehr Stabilität bei. Vielen Dank hierfür auch von unserer Seite.

Nachfolgend werden wir die zur Drucklegung bekannten Fehler, die beim Einsatz von Project mit Project Server und dem auf Project Server basierenden Project Web Access beschreiben. Zudem pflegen wir unter

http://www.holert.com/project/faq

eine ständig aktualisierte Liste über bekannte Fehler und Wege, um diese zu beheben bzw. zu umgehen. Wenn Sie einen bis dahin unbekannten Fehler finden, melden Sie diesen unter Angabe Ihrer Product-ID (Menü *?/Info*) unter folgender Adresse an Microsoft. Sie bekommen dann kostenlose Hilfe.

https://webresponse.one.microsoft.com

Project und Project Server

Nachfolgend listen wir bekannte und bis zur Drucklegung (Stand Februar 2004) noch nicht durch ein Service Pack behobene Fehler in Project auf.

Absturz beim Speichern eines Projektes auf Project Server

Wenn der Projektname ein Leerzeichen direkt vor oder nach der Zeichenfolge »pwd« enthält, stürzt Project beim Speichern des Projektes auf dem Project Server ab. Als Problemumgehung verwenden Sie bitte die Zeichenkombination nicht in Projektnamen.

Mehr Informationen unter *http://support.microsoft.com/?scid=kb;de;832395*.

Projektplangöße wächst stark

Durch das Einfügen von Grafiken in Projekte kann die Größe des Projektplans wachsen. Dies kann sich auf die *Global.MPT* auswirken. Verwenden Sie folgende Problemumgehung, um ein Bild einzufügen:

1. Markieren Sie einen Vorgang, eine Ressource oder eine Zuordnung, und wählen Sie im Menü *Einfügen* den Menüeintrag *Objekt*.
2. Wählen Sie im Dialogfeld *Objekt einfügen* die Option *Aus Datei erstellen* und klicken Sie auf die Schaltfläche *Durchsuchen*.
3. Wählen Sie die Datei aus und klicken Sie auf *Einfügen*.
4. Bestätigen Sie den Einfügevorgang mit *OK*.

Mehr Informationen unter *http://support.microsoft.com/?scid=kb;de;831391*.

Symbolleisten werden in einer Zeile gezeigt

Wenn Project mit dem Project Server verbunden ist, werden die Einstellungen der Symbolleisten nicht gespeichert. Um dieses Problem zumindest teilweise zu umgehen, gehen Sie folgendermaßen vor:

1. Ordnen Sie die Symbolleisten nach Ihren Wünschen an (Menübefehl *Extras/Anpassen/Symbolleisten/Optionen*).
2. Checken Sie die *Enterprise-Global* aus.
3. Wechseln Sie in das Dialogfeld *Organisieren* (Menübefehl *Extras/Organisieren*).
4. Kopieren Sie die veränderten Symbolleisten von der Global (+ zwischengespeicherte) Enterprise in die *ausgecheckte Enterprise-Global*.
5. Checken Sie die *Enterprise-Global* wieder ein.

Mehr Informationen unter *http://support.microsoft.com/?scid=kb;de;825220*.

Kapazitätsabgleich verschiebt Vorgänge falsch

In Project 2003 funktioniert der Kapazitätsabgleich nicht einwandfrei. Bestellen Sie bei Microsoft kostenlos den Hotfix 832887 unter

Deutschland: 0180 567 23 30

Österreich: 01 50222 23 30

Schweiz: 0848 80 23 30

Zum Zeitpunkt der Drucklegung ist die Bestellung nur telefonisch möglich.

Ressourcenersetzungs-Assistent

Der Ressourcenersetzungs-Assistent führt u.U. die Ersetzung nicht vollständig durch. Zum Zeitpunkt der Drucklegung gab es hierfür noch keinen Fix. Melden Sie den Fehler wie oben beschrieben an Microsoft, Sie erhalten dann kostenlose Hilfe.

Project Web Access und Project Server

WSS-Element "tp_ID" wurde nicht gefunden.

Wenn Ihnen diese Fehlermeldung beggenet, führen Sie folgende Schritte aus, um diese zu beheben:

1. Wechseln Sie in die Administration des Project Web Access.
2. Wählen Sie im linken Seitenbereich den Link *Windows SharePoint Services verwalten* aus.
3. Klicken Sie im linken Seitenbereich auf den Link *SharePoint-Sites verwalten*.

4. Wählen Sie das betroffene Projekt aus und klicken Sie auf die Schaltfläche *Synchronisieren*.

Mehr Informationen unter *http://support.microsoft.com/?scid=kb;de;825219*.

Änderungen der E-Mail-Adressen von Benutzern werden von Project Server nicht zu den Windows SharePoint Services repliziert

Wenn Sie die E-Mail-Adresse von Benutzern ändern, führen Sie die zuvor beschriebenen Schritte zur Synchronisierung durch, damit die Änderungen auch an die Windows SharePoint Services übertragen werden.

Mehr Infos unter *http://support.microsoft.com/?scid=kb;de;823576*.

Fehlermeldungen, wenn Sie auf Seiten im Project Web Access zugreifen

Nachfolgend listen wir einige bekannte Fehlermeldung beim Zugriff auf Seiten im Project Web Access auf:

1. Fehlermeldung »Die Seite kann nicht gefunden werden« infolge einer anderen Installationsreihenfolge von Windows SharePoint Services und Project Server (vgl. ▶ Kapitel 8 und *http://support.microsoft.com/?scid=kb;de;832590*).
2. Unerwartete Verbindung mit der Project Web Access Startseite und Fehlermeldungen infolge einer falschen Konfiguration von MSADC (vgl. *http://support.microsoft.com/?scid=kb;de;832588*).

Keine Zugriffsmöglichkeit auf benutzerdefinierte Menüs im Project Web Access

Falls Sie keine Zugriffsmöglichkeit auf benutzerdefinierte Menüs im Project Web Access beobachten, kann dies aus einer falschen Groß-/Kleinschreibung resultieren. Ein Lösungsweg ist die Verwendung von Windows-Authentifizierung anstatt von Project Server-Authentifizierung (vgl. *http://support.microsoft.com/?scid=kb;de;826962*).

Gliederungscodes werden nicht korrekt im Project Web Access angezeigt

Wenn Gliederungscodes nicht korrekt im Project Web Access angezeigt werden, kann dies daran liegen, dass eine Drittapplikation über die offizielle Programmierschnittstelle von Project Server Project Data Services (PDS) die Codes aktualisiert hat.

Bestellen Sie unter den o.g. Telefonnummern kostenlos einen Hotfix, um das Problem zu beheben (vgl. *http://support.microsoft.com/default.aspx?scid=kb;en-us;830810*).

Die Reihenfolge der Menüs im Project Web Access stimmt nicht

Eine veränderte Reihenfolge der Menüs im Project Web Access kann eine Folge einer Migration sein. Sie können über die Administration jedoch die Reihenfolge wieder anpassen (▶ Kapitel 9).

Mehr Informationen unter *http://support.microsoft.com/?scid=kb;de;828824*.

Sicherung und Wiederherstellung

Zu einem Sicherungskonzept gehört u.a. die Festlegung des Sicherungsumfangs, die Auswahl geeigneter Werkzeuge und die Festlegung der Vorgehensweise für Sicherung und Wiederherstellung.

WICHTIG

Die Fähigkeit, Project Server inkl. aller Komponenten zeitnah ganz oder teilweise zu jedem Zeitpunkt wiederherstellen zu können, ist kritisch für den erfolgreichen Einsatz von Project und Project Server in Ihrer Organisation. Als Administrator tragen Sie die Verantwortung hierfür. Testen Sie vor Produktivbetrieb ausgiebig die Wiederherstellungsszenarien und stimmen Sie diese mit den übrigen Aktivitäten in Ihrer Organisation in diesem Umfeld ab. Testen Sie diese Fähigkeit auch während des Produktivbetriebs regelmäßig. Sie sichern hiermit auch Ihren Arbeitsplatz. Mehr Informationen hierzu finden Sie auch in den ▶ Kapiteln 6 und 7 und im »Online Book Microsoft Office Project Server 2003 Disaster Recovery Guide« aus dem Project Resource Kit. Zudem finden Sie unter *http://www.holert.com/seminare* ein entsprechendes Seminarangebot.

Die vollständige Sicherung eines Project Servers umfasst zum einen die Grundinstallation sowie zum anderen die Nutzerdaten und Konfiguration. Zur *Grundinstallation* gehören der Windows Server inkl. IIS, der SQL Server inkl. Analysis Services, die Windows SharePoint Services und der Project Server selbst, wie in ▶ Kapitel 8 beschrieben. Die *Nutzdaten* umfassen im Wesentlichen die SQL Server-Datenbanken des Project Servers und der Windows SharePoint Services.

Als *Werkzeuge zur Sicherung der Grundinstallation* eignen sich Imagesicherungsprogramme und klassische Sicherungslösungen. Die Imagesicherungsprogramme Acronis True Image Server und Symantec PowerQuest V2i Protector Server Edition[1] sind in dieser Kategorie zum Zeitpunkt der Drucklegung die einzigen Programme, die auch im laufenden Betrieb eine Imagedatei erstellen können. Als klassische Sicherungslösungen spielen eine bedeutende Rolle die mit dem Windows Server ausgelieferte Windows Sicherung und Veritas Backup Exec. Die *Nutzdaten* können ebenfalls mit Windows Backup oder Backup Exec unter Verwendung der SQL Server-eigenen Sicherung bzw. des SQL Server-Agent für Backup Exec gesichert werden.

Nachfolgend beschreiben wir, wie Sie eine Project Server Installation inkl. Windows SharePoint Services sichern und wiederherstellen. Wir unterteilen hierzu in folgende drei Abschnitte:

- Sicherung
- Wiederherstellung (gleiche Maschine)
- Wiederherstellung (neue Maschine/Serverumzug)

Sicherung

Grundinstallation

Es empfiehlt sich, die *Grundinstallation* nach der vollständigen Installation des Project Servers inkl. sämtlicher Komponenten und vor jeder Systemänderung wie z.B. Einspielen von Service Packs, Hotfixes usw. zu sichern. Um für den Fall gerüstet zu

---

[1] PowerQuest wurde Ende 2003 von Symantec gekauft.

sein, dass Sie die Wiederherstellung auf derselben Maschine oder »ähnlicher« Hardware ausführen möchten, erstellen Sie ein Festplattenabbild (Image). Für den Fall, dass Sie den Server auf einer anderen Hardware wiederherstellen müssen, erstellen Sie mit einem klassischen Backup-Programm eine komplette Sicherung des Servers (Imagesicherung).

Imagesicherung

Um ein Abbild der Festplatte im laufenden Betrieb zu sichern, verwenden Sie z.B. das Image-Sicherungsprogramm PowerQuest V2i Protector. Gehen Sie dazu folgendermaßen vor:

1. Starten Sie die *V2i Protector-Verwaltungskonsole*.

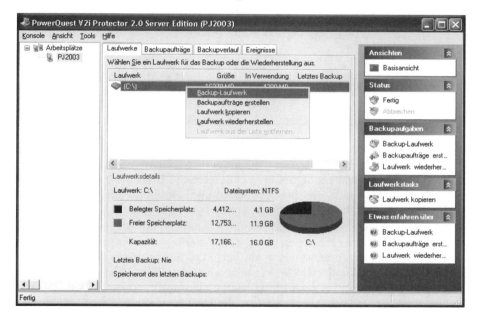

Abbildung 10.7:
V2i Protector-Verwaltungskonsole

2. Wählen Sie links in der Baumansicht die Maschine des Project Servers aus (Abbildung 10.7).
3. Klicken Sie rechts in der Detailansicht mit der rechten Maustaste auf die Systemplatte des Project Servers und wählen Sie aus dem Kontextmenü die Option *Backup-Laufwerk* aus.
4. Klicken Sie im ersten Dialogfenster des *Assistent für das Erstellen von Laufwerksbackup* auf die Schaltfläche *Weiter*.
5. Bestätigen Sie im Dialogfeld *Laufwerke für das Backup* das ausgewählte Laufwerk und klicken Sie auf *Weiter*.
6. Geben Sie im Dialogfeld *Backupspeicherort* den Ort an, an dem Sie die Sicherungsdatei speichern möchten. Dies kann eine lokale Festplatte, eine Netzwerkfreigabe oder ein lokaler CD/DVD-Brenner sein. Stellen Sie sicher, dass dort ausreichend Speicherplatz vorhanden ist. Klicken Sie auf *Weiter*.

Wartung und Problemlösung

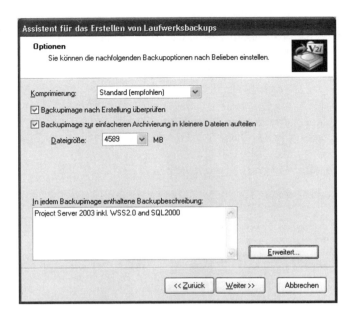

Abbildung 10.8:
Optionen für die Erstellung der Imagesicherung festlegen

7. Legen Sie im Dialogfeld *Optionen* u.a. den Komprimierungsgrad und die Beschreibung der Sicherung fest (Abbildung 10.8). Geben Sie die genaue Beschreibung der Grundinstallation des Project Servers ein. Führen Sie die gesamte installierte Software inkl. der Service Pack- und Hotfix-Stände auf. Klicken Sie anschließend auf die Schaltfläche *Weiter*.

8. Im folgenden Dialogfeld *Befehlsdateien* können Sie noch festlegen, welche Skripte vor und nach der Erstellung der Sicherungsdatei ausgeführt werden. Sie können z.B. Skripte verwenden, um den SQL Server anzuhalten. Beachten Sie allerdings, dass hierdurch die Verfügbarkeit von Project Server und Windows SharePoint Services für den Zeitraum der Sicherung unterbrochen wird. Wenn die Serverdienste nicht anhalten, werden die Dateien offen gesichert. Aufgrund der Transaktionssicherheit vom SQL Server gehen hierbei unter normalen Umständen keine Daten verloren.

9. Bestätigen Sie Ihre Festlegungen im letzten Dialogfeld per Klick auf die Schaltfläche *Weiter*, um den Sicherungsauftrag zu starten.

Hiermit wird die Sicherung sofort gestartet. Die Sicherung erfolgt in einem Level unterhalb des Dateisystems, d.h. die Software sichert den gesamten Inhalt der Festplatte inkl. offener Dateien. Sie können die Sicherung auch zeitlich geplant regelmäßig ausführen lassen.

Klassische Sicherung

Damit Sie die *Grundinstallation* auf einer anderen Maschine wiederherstellen können, legen Sie eine Sicherung der Systemplatte mit einem klassischen Sicherungsprogramm wie z.B. Backup Exec an. Auch diese Sicherung kann im laufenden Betrieb ausgeführt werden; es werden jedoch offene Dateien unter Umständen nur dann gesichert, wenn die entsprechenden Optionen der Software verfügbar sind.

Nutzdaten

Der wichtigste Teil der Sicherung ist die *Sicherung der Nutzdaten*. Um für verschiedene Wiederherstellungsszenarien gerüstet zu sein, empfehlen wir, mindestens die folgenden Daten regelmäßig zu sichern:

Datenbanken

- Project Server-Datenbank (*ProjectServer*)
- Windows SharePoint Services-Konfigurationsdatenbank (*WSSDB*)
- Windows SharePoint Services-Inhaltsdatenbank (*STS_<Servername>_1*)

Dateien

- Project *Enterprise-Global*

Um die *Windows SharePoint Services* und *Project Server Datenbank* mit Backup Exec zu sichern, gehen Sie folgendermaßen vor:

HINWEIS Basisfunktionen für die Sicherung und Wiederherstellung von SQL Server-Datenbanken sind bereits im Lieferumfang des SQL Servers enthalten, die Sie alternativ verwenden können.

1. Wechseln Sie in die Verwaltungskonsole von Backup Exec.
2. Klicken Sie in der Menüleiste auf *Sichern*.

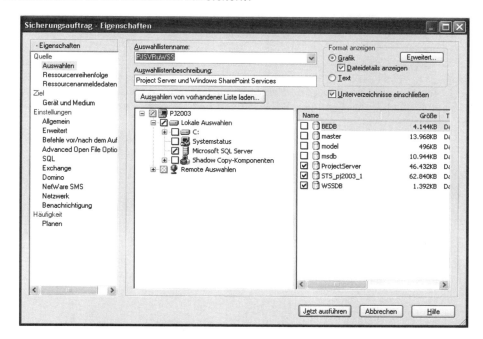

Abbildung 10.9: Erstellen eines Sicherungsauftrags mit Backup Exec

3. Geben Sie im Feld *Auswahllistenname* einen Namen wie z.B. »PJSVRuWSS« und eine Beschreibung wie z.B. »Project Server und Windows SharePoint Services« ein (Abbildung 10.9). Wählen Sie unterhalb des Knotens *Microsoft SQL Server* im rechten Detailbereich die Project Server- und Windows SharePoint Services-Datenbank aus, also z.B. *ProjectServer*, *STS_pj2003_1* und *WSSDB*.

Wählen Sie je nach Sicherungsstrategie auch die übrigen Komponenten des Windows Server und SQL Servers aus. Beachten Sie, dass Sie evtl. zusätzliche Dateien sichern müssen, wenn Ihr Gesamtsystem über den in diesem Buch beschriebenen Umfang hinaus angepasst wurde.

HINWEIS

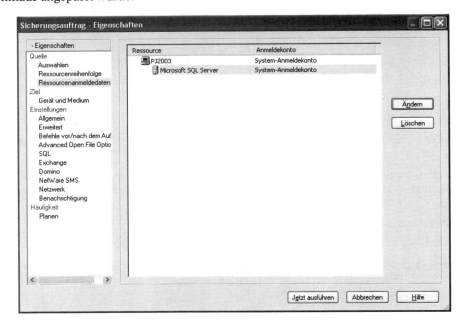

Abbildung 10.10: Ressourcenanmeldedaten

4. Legen Sie unter der Kategorie *Ressourcenanmeldedaten* fest, mit welchem Konto sich der Sicherungsagent von Backup Exec am SQL Server anmelden soll.

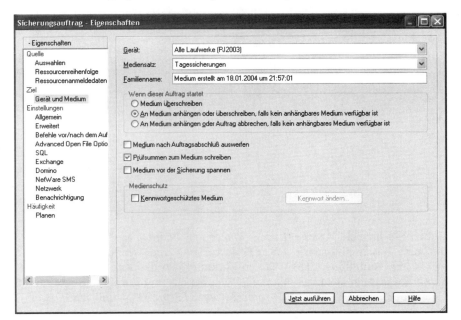

Abbildung 10.11: Mediensatz

5. Legen Sie unter der Kategorie *Gerät und Medium* fest, welchen Mediensatz Sie verwenden möchten.

Abbildung 10.12:
Optionen für
SQL Server

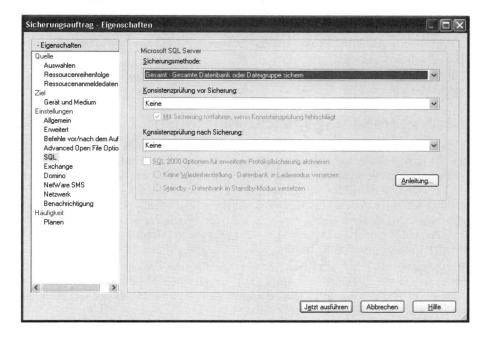

6. Legen Sie die *Sicherungsmethode* fest und führen Sie die Sicherung durch.

HINWEIS Beachten Sie, dass Sie die *Transaktionsprotokolle* je nach Wiederherstellungsmodell zusätzlich sichern und abschneiden müssen. Stellen Sie zudem sicher, dass die drei Datenbanken möglichst zeitnah nacheinander gesichert werden, sodass keine Inkonsistenzen auftreten. Sie können dies u.a. durch Markierung der Transaktionsprotokolle sicherstellen.

NEU IN 2003 Mit der Sicherung der Windows SharePoint Services-Datenbanken haben Sie im Gegensatz zur Vorgängerversion alle Einstellungen und Inhalte (also auch Dokumente) gesichert, sodass Sie keine weiteren Dateisicherungen mehr ausführen müssen.

TIPP Sichern Sie an dieser Stelle auch die *MetaBase* des Internet Information Servers (*IIS*). Die MetaBase enthält die Konfiguration des IIS und ist vergleichbar mit der Windows-Registrierung. Die Datei selbst befindet sich im Verzeichnis *C:\WINDOWS\system32\inetsrv\MetaBase.XML*. Um sie zu sichern, gehen Sie folgendermaßen vor (vgl. hierzu auch *http://support.microsoft.com/?scid=kb;des;324277*):

1. Wechseln Sie über das Windows-Startmenü in das Menü *Verwaltung/Internetdienste-Manager*.

2. Klicken Sie in der Baumstruktur auf der linken Seite der Management Console mit der rechten Maustaste auf den Namen Ihres Servers und wählen Sie im Kontextmenü die Option *Sicherheitskopie erstellen/Konfiguration wiederherstellen* aus.

3. Klicken Sie auf die Schaltfläche *Sicherheitskopie erstellen*, geben Sie einen Namen für die Sicherung an und bestätigen Sie das Dialogfeld per Klick auf die Schaltfläche *OK*.

Sichern Sie zudem manuell die *Enterprise-Global*. Diese ist zwar in der Datenbank enthalten, jedoch erleichtert Ihnen die Datei die separate Wiederherstellung der Projekteinstellungen. Um die *Enterprise-Global* zu sichern, gehen Sie folgendermaßen vor:

1. Starten Sie Project Professional.
2. Wählen Sie die Befehlsfolge *Extras/Enterprise-Optionen* und dann *Enterprise-Global sichern* aus.

Wählen Sie ein *Sicherungsziel* aus und übernehmen Sie Ihre Festlegungen im Dialogfeld per Klick auf die Schaltfläche *Speichern*.

Wiederherstellung (gleiche Maschine)

Je nach dem, welchen Grund es für die Wiederherstellung des Project Servers inkl. der Windows SharePoint Services gibt, ist bei der Wiederherstellung auch unterschiedlich vorzugehen. Wir werden im Folgenden zwischen der Wiederherstellung auf der gleichen Maschine, z.B. wegen eines Festplattenausfalls, und der Wiederherstellung auf einer neuen Maschine, z.B. wegen vollständigen Ausfalls der Hardware, unterscheiden. Andere Szenarien, wie z.B. die Wiederherstellung eines einzelnen Projekts, eines einzelnen Dokuments, nur der Windows SharePoint Services usw. lassen sich hieraus prinzipiell ableiten.

In folgenden Abschnitt wird beschrieben, wie Sie den Project Server und die Windows SharePoint Services vollständig auf der gleichen Maschine wiederherstellen. Dabei wird von der Annahme ausgegangen, dass sich die Hardware nur geringfügig ändert (z.B. nur durch eine neue Festplatte).

Grundinstallation

Um die *Grundinstallation* wiederherzustellen, führen Sie folgende Schritte aus:

1. Booten Sie den Computer von der *Bootdisk* Ihres Imagesicherungsprogramms. In unserem Beispiel bedeutet dies: von der PowerQuest V2i Protector Bootdisk (die PowerQuest V2i Protector Installations-CD kann auch als Bootdisk verwendet werden).

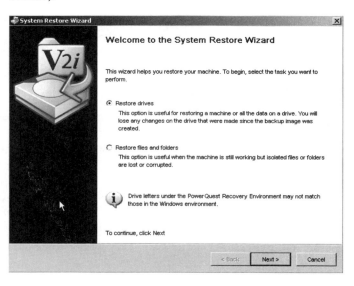

Abbildung 10.13:
V2i Protector Wiederherstellungs-Assistent

2. Wählen Sie auf der Startseite des Wiederherstellungs-Assistenten die Option *Restore drives* aus und klicken Sie auf *Next* (Abbildung 10.13)[1].
3. Wählen Sie im folgenden Dialogfeld *Restore Type* die Option *Single drive* aus und klicken Sie auf *Next*.

Abbildung 10.14:
Sicherungsdatei
auswählen

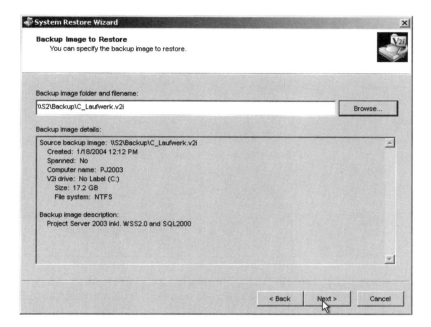

4. Geben Sie im Dialogfeld *Backup Image to Restore* den Pfad der Sicherungsdatei an und klicken Sie auf *Next* (Abbildung 10.14).
5. Wählen Sie im Dialogfeld *Restore Destination* die Systemplatte Ihres Servers aus und klicken Sie auf *Next*.
6. Wählen Sie im Dialogfeld *Restore Options* die erweiterte Option *Set drive active (for booting OS)* aus und klicken Sie auf *Next*.
7. Wählen Sie im letzten Schritt das Kontrollkästchen *Reboot after finish* aus und klicken Sie auf die Schaltfläche *Finish*, um die Wiederherstellung zu starten.

Hiermit haben Sie eine voll funktionsfähige Project Server/Windows SharePoint Services-Installation wiederhergestellt.

HINWEIS Beim ersten Anmelden fragt Windows nach dem Grund für die Betriebsunterbrechung. Dies ist bei dieser Sicherungs- und Wiederherstellungsmethode normal.

Was noch fehlt, sind die aktuellen *Nutzdaten*.

Nutzdaten

Um die *Nutzdaten* wiederherzustellen, gehen Sie folgendermaßen vor:
1. Wechseln Sie in die Verwaltungskonsole von Backup Exec.
2. Klicken Sie in der Menüleiste auf *Wiederherstellen*.

---
[1] Wenn Sie von der CD booten, ist die Sprache immer Englisch.

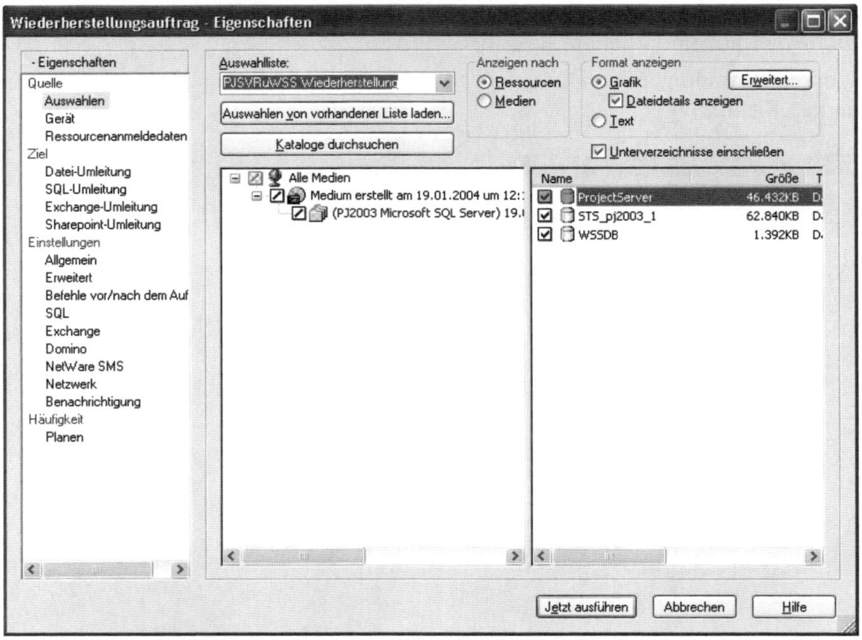

Abbildung 10.15:
Wiederherstellen der Datenbanken

3. Geben Sie einen Namen für die Auswahlliste wie z.B. »PJSVRuWSS Wiederherstellung« ein. Klicken Sie in der Strukturansicht unter dem Knoten *Alle Medien* auf das passende Sicherungsmedium und wählen Sie in der Detailansicht die Project Server- und Windows SharePoint Services-Datenbank.

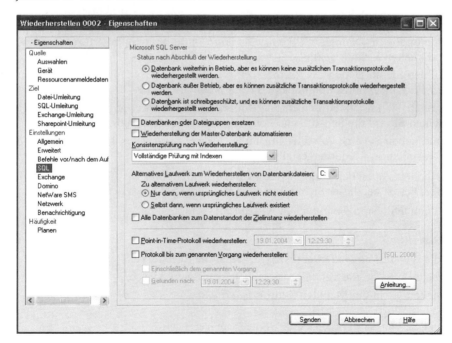

Abbildung 10.16:
SQL Server-Einstellungen für die Wiederherstellung

4. Passen Sie die übrigen Einstellungen an Ihr Sicherungskonzept an, insbesondere unter der Rubrik *SQL* (Abbildung 10.16).
5. Starten Sie die Wiederherstellung, indem Sie auf die Schaltfläche *Senden* klicken.

Hiermit haben Sie den Project Server inkl. der Windows SharePoint Services vollständig wiederhergestellt. Etwas komplizierter ist die Wiederherstellung, wenn sich die Hardware ändert, z.B. infolge eines kompletten Hardwareausfalls oder eines beabsichtigten Serverumzugs.

Wiederherstellung (neue Maschine/Serverumzug)

Das genaue Vorgehen der Wiederherstellung des Project Servers inkl. der Windows SharePoint Services auf einem anderen Computer hängt u.a. davon ab, worin sich das Ursprungssystem vom Zielsystem unterscheidet und welche Sicherungen vom Ursprungssystem vorliegen.

Um den **Unterschied** zwischen dem Ursprungssystem und dem Zielsystem zu ermitteln, sollten Sie vorweg folgende Faktoren überprüfen:

- Name des Datenbankservers
- Name des Webservers und Anwendungspool für Project Server
- Name des Webservers und Anwendungspool für Windows SharePoint Services
- Domänenmitgliedschaft/Arbeitsgruppe
- Benutzerkonten (Project Server-Konten, Windows-Domänenkonten/Active Directory, lokale Windowskonten)
- Benutzergruppen und -rollen (Analysis Server-Rollen)
- Datenbanknamen (Project Server, Windows SharePoint Services)

Wenn Sie die *Sicherung* – wie im vorangegangenen Abschnitt beschrieben – erstellt haben, sollten mindestens folgende Daten gesichert sein:

- Project Server-Datenbank (*ProjectServer*)
- Windows SharePoint Services-Inhaltsdatenbank (*STS_<Servername>_1*)

Wir werden im Folgenden eine Wiederherstellung beschreiben, bei der sich der Name des Datenbankservers sowie der Name des Webservers für Project Server und Windows SharePoint Services ändern. Gleich bleiben die Domänenmitgliedschaft der Ursprungs- und Zielserver sowie die Windows-Domänenkonten der Benutzer. Wir werden die Stellen hervorheben, bei denen eine abweichende Vorgehensweise (bei anderer Konstellation) erforderlich ist.

Windows SharePoint Services wiederherstellen

Um die Grundinstallation der Windows SharePoint Services inkl. der Konfiguration für Project Server wiederherzustellen, gehen Sie wie in ▶ Kapitel 8 in den Abschnitten »Installation Windows SharePoint Services« und »Konfiguration der Windows SharePoint Services« beschrieben vor.

Um die Wiederherstellung zu erleichtern, empfiehlt es sich, die genaue Konfiguration des neuen Servers zu notieren.

TIPP

Windows/SQL Server:
- Kennwort des OLAP-Administrators (*OLAPAdmin*)
- Kennwort des Windows SharePoint Services-Administrators (*WSSAdmin*)
- Servername des SQL Servers
- Kennwort des SQL Server-System Administrators (*sa*)

Windows SharePoint Services:
- Servername
- Webserverport
- SharePoint-Administrationsportnummer
- Datenbankservername
- Datenbankname

Um die Nutzdaten der Windows SharePoint Services wiederherzustellen, führen Sie folgende Schritte aus:

1. Wechseln Sie in die SharePoint-Zentraladministration.
2. Klicken Sie im Bereich *Virtuellen Server konfigurieren* auf den Link *Virtuellen Server erweitern oder aktualisieren*.
3. Wählen Sie entsprechende Website z.B. die *Standardwebsite* aus.
4. Klicken Sie im Bereich *Verwaltung virtueller Server* auf den Link *Inhaltsdatenbanken verwalten*.
5. Wählen Sie die neu erstellte leere Inhaltsdatenbank aus.

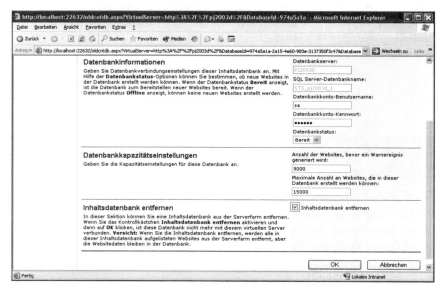

Abbildung 10.17: Inhaltsdatenbank löschen

6. Geben Sie im Bereich *Datenbankinformationen* das Datenbank-Kennwort ein und setzen Sie im Bereich *Inhaltsdatenbank entfernen* in gleichnamigen Kontrollkästchen ein Häkchen. Bestätigen Sie den Warnhinweis und klicken Sie auf *OK*.

7. Stellen Sie mit dem Datenbanksicherungsprogramm die Inhaltsdatenbank vom alten Server, z.B. *STS_pj2003_1*, wieder her. Sie können hierbei die Inhaltsdatenbank vom neuen Server, z.B. *STS_pj2003d_1*, überschreiben.

Abbildung 10.18:
Inhaltsdatenbanken verwalten

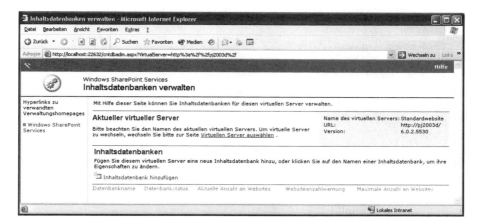

8. Wählen Sie auf der Seite *Inhaltsdatenbanken verwalten* im Bereich *Inhaltsdatenbanken* den Link *Inhaltsdatenbank hinzufügen* aus.

Abbildung 10.19:
Inhaltsdatenbank hinzufügen

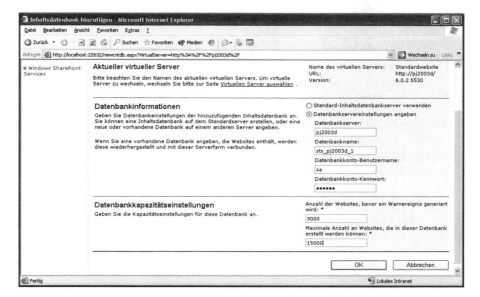

9. Klicken Sie im Bereich *Datenbankinformationen* auf die Option *Datenbankservereinstellungen angeben* und legen Sie die Verbindungsdaten entsprechend fest.
10. Geben Sie im Bereich *Datenbankkapazitätseinstellungen* je nach Ausbau Ihres Servers passende Grenzwerte ein und klicken Sie auf *OK*.

Damit haben Sie die Windows SharePoint Services wiederhergestellt.

Project Server wiederherstellen

Um die Grundinstallation und die Nutzdaten vom Project Server wiederherzustellen, führen Sie folgende Schritte aus:

1. Stellen Sie die Project Server-Datenbanken wieder her, wie im vorangegangenen Abschnitt beschrieben.
2. Wechseln Sie in den *SQL Server Enterprise Manager* unter den Knoten *Benutzer*.

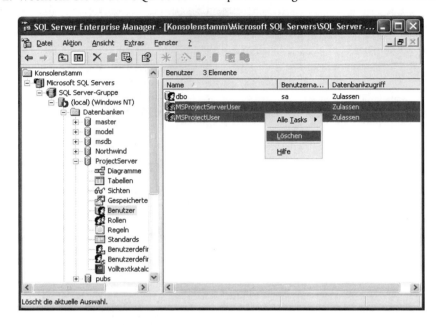

Abbildung 10.20:
Löschen der Datenbank-Benutzer

3. Löschen Sie die vom Ursprungsserver stammenden Datenbank-Benutzer *MSProjectServerUser* und *MSProjectUser* (Abbildung 10.20).
4. Wechseln Sie in der Baumstruktur im Enterprise-Manager in den Knoten *Sicherheit/Benutzernamen*.
5. Erstellen Sie einen neuen SQL Server-Benutzernamen, indem Sie mit der rechten Maustaste in den Detailbereich der Management Console klicken und im Kontextmenü die Option *Neuer Benutzername* auswählen.

Abbildung 10.21:
MSProjectServer-User

6. Geben Sie im Feld *Name* »MSProjectServerUser« ein. Wählen Sie die SQL Server-Authentifizierung, geben Sie ein Kennwort mit mindestens acht Stellen ein und legen als Standarddatenbank die Project Server-Datenbank fest.

Abbildung 10.22:
Festlegen der Datenbankrollen

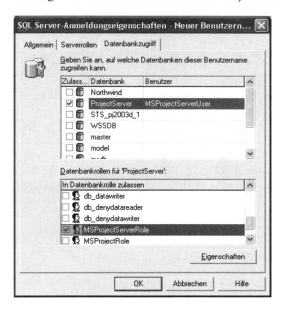

7. Holen Sie die Registerkarte *Datenbankzugriff* in den Vordergrund, wählen Sie die Project Server-Datenbank aus und weisen Sie dieser die Datenbankrolle *MSProjectServerRole* zu (Abbildung 10.22).

Wartung und Problemlösung

8. Verfahren Sie analog für den Benutzernamen *MSProjectUser* und die Datenbankrolle *MSProjectRole*.

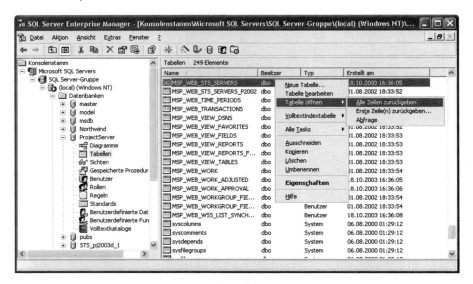

Abbildung 10.23:
Project Server/
WSS-Integration
anpassen

9. Wechseln Sie in den SQL Server Enterprise Manager und öffnen Sie die Tabelle *MSP_WEB_STS_SERVERS*, indem Sie mit der rechten Maustaste unter dem Container *Tabellen* auf diese Tabelle klicken und aus dem Kontextmenü die Option *Tabelle öffnen/Alle Zeilen zurückgeben* auswählen (Abbildung 10.23).

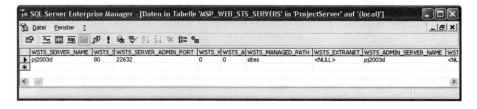

Abbildung 10.24:
Manuelle Anpassung der Tabelle
MSP_WEB_STS_SERVERS

10. Editieren Sie die folgenden Spalten *WSTS_SERVER_NAME, WSTS_SERVER_WEB_PORT, WSTS_SERVER_ADMIN_PORT* und *WSTS_DB_ADMIN_SERVER_NAME* (Abbildung 10.24) entsprechend der am Beginn dieses Abschnitts notierten Konfiguration.

Abbildung 10.25:
Project Server mit vorhandener Datenbank installieren

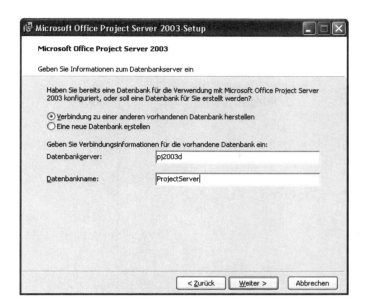

11. Führen Sie nun das Project Server-Setup aus und wählen Sie abweichend von der in ▶ Kapitel 8 beschriebenen Vorgehensweise im Dialogfeld *Geben Sie Informationen zum Datenbankserver ein* die Option *Verbindung zu einer anderen vorhandenen Datenbank herstellen* aus. Geben Sie im Feld *Datenbankserver* und *Datenbankname* die entsprechenden Daten ein (Abbildung 10.25) und klicken Sie auf *Weiter*.

Abbildung 10.26:
Eingabe der Datenbank-Benutzerkonten

12. Geben Sie auf der folgenden Seite die zuvor festgelegten Informationen zu den Datenbankbenutzerkonten ein und klicken Sie auf *Weiter*.

Wartung und Problemlösung

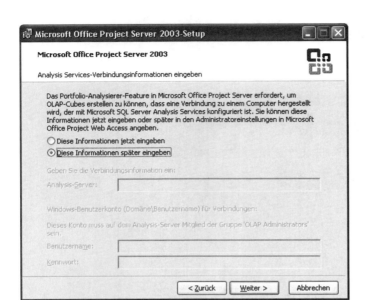

Abbildung 10.27:
Dialogfeld ohne Eingabe

13. Geben Sie auf allen folgenden Dialogfeldern, auf denen das möglich ist, an, dass Sie die Informationen später eingeben. Starten Sie danach den Installationsvorgang.

```
' Quelle: Microsoft

Dim oRST
Dim oXML
Dim sConStr
Dim sSource
Dim oCommand
Dim oConn
Dim oServer

' Ersetzen Sie pj2003D durch Ihren Servernamen
oServer = "pj2003D"

Set oRST      = CreateObject("ADODB.Recordset")
Set oXML      = CreateObject("MSXML.DOMDocument")
Set oCommand  = CreateObject("ADODB.Command")
Set oConn     = CreateObject("ADODB.Connection")

With oConn
    .Provider = "sqloledb"
    .Properties("Data Source").Value = oServer
    .Properties("Initial Catalog").Value = "ProjectServer"
    .Properties("Integrated Security").Value = "SSPI"
    .Open
End With
```

Abbildung 10.28:
views.txt *anpassen*

14. Um den neuen Servernamen in den Ansichten zu aktualisieren, laden Sie sich die Datei *views.zip* von der Website *http://holert.com/dowloads/views.zip* herunter. Packen Sie sie aus (*views.txt*), öffnen Sie die Datei (Abbildung 10.28), fügen Sie an der markierten Stelle den Namen Ihres Servers ein und speichern Sie ab. Benennen Sie die Datei dann in *views.vbs* um und führen Sie diese durch einen Doppelklick aus.

15. Setzen Sie hiernach die Identitäten der Project Server COM+-Komponenten und legen Sie die Einstellungen des WinHTTP-Objektes fest, wie in diesem Kapitel im ▶ Abschnitt »Probleme beim Verbinden mit den Windows SharePoint und Analysis Services« beschrieben wurde.

Abbildung 10.29:
OLAP-Cubes
erstellen

16. Wechseln Sie in den Project Web Access zu *Administration/Enterprise-Features verwalten*. Legen Sie im Feld *Analysis-Server* den Namen des neuen Servers fest (Abbildung 10.29).

17. Klicken Sie auf die Schaltfläche *Änderungen speichern*. Stoßen Sie dann manuell die Erstellung der Cubes an, indem Sie auf die Schaltfläche *Jetzt Aktualisieren* klicken.

Hiermit haben Sie den Project Server inklusive der Windows SharePoint Services vollständig wiederhergestellt.

HINWEIS Beachten Sie, dass je nach Unterschied der Ursprungs- von der Zielinstallation ggf. noch weitere Anpassungen notwendig sind. Testen Sie auf jeden Fall den Server ausgiebig, bevor Sie ihn freigeben!

Wartung und Problemlösung

11 VBA-Tutorium

---

363 Grundlagen
365 Standardaufgaben in Project mit VBA
400 Spezielle Aufgaben in VBA

Dieses Kapitel soll Sie bei der Anwendung von Project und Visual Basic für Applikationen (VBA) unterstützen. Es deckt die Bedürfnisse einer Vielzahl von fortgeschrittenen Anwendern und Entwicklern ab, die sich mit der Automatisierung von immer wiederkehrenden Tätigkeiten in der Project-Oberfläche wie auch mit der gesamten Erstellung von Anwendungen in Project auseinandersetzen.

Als **fortgeschrittener Anwender** kennen Sie die Oberfläche wie auch die Detailfunktionen von Project, z.B. Formeln, Zugriff auf Feldnamen oder das Anpassen der Benutzeroberfläche mit Symbolen und Menüs recht gut. Sie haben auch schon erste Versuche mit der Aufzeichnung von VBA-Makros gemacht und kennen den Visual Basic-Editor. Sie legen Wert darauf, häufige Fragestellungen aus der Praxis mit Project, die nicht mit Standardfunktionen und -menüs erreicht werden können, mittels Programmierung mit VBA zu lösen. In diesem Kapitel können Sie nun durch viele Kurzbeispiele, die aus Praxisfragen der Autoren resultieren, das Objektmodell von Project für Standard- aber auch für speziellere Aufgabenstellungen kennen lernen.

Als **Entwickler** möchten Sie einen tieferen Einblick in die Programmierung von Project mit Hilfe von Visual Basic für Applikationen erhalten. Sie legen Wert darauf, spezielle Aufgabenstellungen und das Zusammenspiel von Project mit anderen Applikationen, z.B. Excel, Outlook u.a. näher kennen zu lernen. Dieses Kapitel wird Ihnen hierzu nützliche und praxisnahe Einblicke geben.

Grundlagen

Arbeitserleichterung durch Visual Basic-Makros

Mit Hilfe der VBA-Programmierung können Sie häufig wiederkehrende Aufgaben automatisieren oder fehlende Funktionalitäten ergänzen und entwickeln. Project enthält Funktionen und Anwendungen der Projektplanung, mit denen Sie Termin-, Ressourcen- und Kostenplanungen für Projekte erledigen können. Sie können alle Funktionen und Menüs natürlich auch ohne Programmierkenntnisse aufrufen.

Im Praxiseinsatz von Project treten häufig folgende Problemstellungen auf:
- Immer wiederkehrende Abläufe und Handlungen werden häufig mehrfach ausgeführt.
- Es werden fehlende Funktionen innerhalb von Project von den Anwendern gewünscht.
- Project ist auf ein bestimmtes Aufgabengebiet innerhalb von Microsoft Office spezialisiert und kann nicht allen Integrations-Anforderungen der Anwender gerecht werden.

Für diese Anwendungsgebiete wurden so genannte *Makros* eingeführt, die mit Hilfe der VBA-Entwicklungsumgebung programmiert werden können.

Vorausgesetzte Kenntnisse

Für das Arbeiten und die Erstellung von Lösungen mit VBA sollten Sie über folgende Grundkenntnisse verfügen:
- Umgang mit der VBA-Entwicklungsumgebung
- Sprachelemente und Kontrollstrukturen von VBA
- Arbeiten mit der VBA-Hilfe
- Objektkatalog
- VBA-Grundlagen mit Project

Diese Grundkenntnisse können Sie z.B. durch die Lektüre der Kapitel 27 bis 29 in »Microsoft Project 2003 – Das Handbuch« (Reister/Jäger 2004) erwerben, das ebenfalls bei Microsoft Press erschienen ist. Dort lernen Sie Schritt für Schritt die wichtigsten Objekte, Variablen und Konstanten, Schleifen und Fehlerbehandlungsroutinen kennen. Außerdem werden Beispiele für die Programmierung von Menüs, Symbolleisten und Userforms aufgezeigt.	**TIPP**

Verwendungszwecke von Visual Basic-Makros in Project

Visual Basic für Applikationen (VBA) ist eine objektorientierte, vollwertige Programmiersprache, die sich sehr stark an Visual Basic orientiert.

VBA verfügt in jeder Office-Anwendung (Excel, Word, PowerPoint, FrontPage, Access, Outlook) sowie in Visio und in Project jeweils über ein eigenes Objektmodell und über eine strukturierte modulorientierte Programmierung. Auch wenn VBA in der jeweiligen Anwendung auf spezielle Eigenschaften und Anforderungen für den Einsatz innerhalb der Applikation ausgerichtet ist, verfügt es ferner über viele Möglichkeiten der applikationsübergreifenden Programmierung und Integration mit anderen Anwendungen, die nicht zur Gruppe der VBA-Anwendungen gehören, so z.B. einen Datenbank-Zugriff von Project auf eine SQL Server-Datenbank.

Bei welchen Aufgaben können Visual Basic-Makros weiterhelfen?

Visual Basic für Applikationen kann Ihnen bei der Lösung von vielen Aufgabenstellungen helfen. Einfachere davon wurden in ▶ Kapitel 5 mit Hilfe von Formeln und Funktionen oder anderen Möglichkeiten gelöst. Bei komplizierten Aufgabenstellungen der in ▶ Kapitel 5 vorgestellten typischen Fragestellungen kann es notwendig sein, VBA einzusetzen. Beispielsweise ist der Zugriff auf alle Vorgänge im Objektmodell von Project sehr leicht realisierbar, um z.B. das Feld *Text1* mit Inhalten aus einem anderen Feld zu füllen. Sie können jedoch auch wesentlich komplexere Aufgabenstellungen mit VBA lösen. Diese sind zum Beispiel die Integration von Project in die komplette Office-Welt, z.B. Word für ein Berichtswesen, Excel für das Controlling von Projekten oder Outlook für den Zugriff auf Kalenderdaten aller beteiligten Ressourcen.

Einsatzgebiete von Project-VBA-Lösungen

Project ist – wie jede andere Office- und VBA-Anwendung – auf ein bestimmtes Aufgabengebiet spezialisiert. So verfügt Project über weitreichende VBA-Funktionen zur Arbeit mit Vorgängen und Ressourcen und Zuordnungen von Ressourcen zu Vorgängen in Projekten. Excel dagegen besitzt viele Funktionen, um Datenbestände zu analysieren und auszuwerten.

- **In Project integrierte Lösungen** sind z.B. die automatische Formatierung der Zeitachsen und der Gitternetzlinien im Balkendiagramm oder das Beschreiben eines freien Textfeldes mit kombinierten Inhalten aus anderen Feldern.
- **Office-Integrationen** sind z.B. der Import und Export von Aufgaben und Kalendereinträgen von Outlook zu Project oder ein automatisierter Bericht in Word mit Projekt- und Vorgangsdaten aus Project.

Eine Integration ist immer dann sinnvoll, wenn innerhalb einer VBA-Aufgabenstellung mehrere Teile existieren, für die bestimmte Office-Anwendungen durch ihre Spezialisierung besondere Vorteile bieten. Eine Reihe von Aufgabenstellungen lassen sich dabei nur durch integrierte Lösungen erstellen.

Standardaufgaben in Project mit VBA

Das Project-Objektmodell

Alle Objekte einer Office-VBA-Anwendung sind in eine Objekthierarchie unterteilt. Das höchste Objekt in Project ist das *Application*-Objekt. Die Methoden des *Application*-Objekts stellen die allgemeine Befehlsfunktionalität der Benutzeroberfläche dar. Diese Methoden werden für die grundlegenden Befehle und Project verwendet.

Das *Application*-Objekt im Project-Objektmodell wird wie folgt unterteilt:

- *Projects* (Project) – ein Projekt oder alle geöffneten Projekte
- *Windows* (Window) – ein oder mehrere Fenster der Applikation oder des Projekts
- *Cell* – die aktive Zelle in der Applikation
- *Selection* – eine aktuelle Auswahl im aktiven Projekt

- *Assistant* – stellt den Microsoft Office Assistenten dar
- *COMAddIns* (COMAddIn) – die Auflistung von *COMAddIn*-Objekten, die Informationen über ein in der Windows-Registrierung registriertes COMAddIn enthalten
- *CommandBars* (CommandBar) – eine Auflistung, die alle Symbolleisten der Anwendung oder des Projekts darstellt
- *EventInfo* – Aufhebungsinformationen für Ereignisobjekte, z.B. für das *ProjectBeforeTaskChange*-Ereignis
- *VBE* (*Visual Basic Editor*) – gibt ein Objekt zurück, das den Visual Basic-Editor darstellt

Eine vollständige Übersicht über das Objektmodell finden Sie im ▶ Anhang A.   ■ **HINWEIS**

Das *Application*-Objekt

Startpunkt für eine programmiertechnische Lösung von Aufgaben in Project ist das *Application*-Objekt. Dieses Objekt repräsentiert die gesamte Project-Anwendung. Über dieses Objekt können verschiedene allgemeine Einstellungen und Optionen vorgenommen werden, die für die gesamte Anwendung gelten.

Über die Anweisung *Application.Caption* könnte z.B. der Titel auf der Leiste des Hauptfensters verändert werden. Die Standardeinstellung ist der Name der Applikation »Microsoft Project«. Das folgende Makro setzt den Namen der Anwendung in der Titelleiste auf »My Name«:

```
Sub ApplikationsNameSetzen()
    Application.Caption = "My Name"
End Sub
```

Listing 11.1: Festlegen des Anwendungsnamens

Auf diese Weise kann bei einer firmenspezifischen Anpassung von Project der Anwendungsname individuell angepasst werden, z.B. mit weiteren Informationen zum aktuell angemeldeten Windows-Benutzernamen oder der aktuell verwendeten Ansicht. Die neu gesetzte Eigenschaft der Applikation verliert ihren Wert, wenn Project beendet wird. Sie können diese manuell mit dem Makro in Listing 11.2 zurücksetzen.

```
Sub ApplikationsNameLoeschen()
    Application.Caption = ""
End Sub
```

Listing 11.2: Zurücksetzen des Anwendungsnamens

Sie können auch die *Caption*-Eigenschaft des aktuellen Fensters beeinflussen, indem Sie mit Hilfe der *ActiveWindow*-Eigenschaft den Text in der Titelleiste des Hauptfensters festlegen. Das Listing 11.3 zeigt das Setzen des aktuellen Fensters mit Hilfe der *Caption*-Eigenschaft.

```
Sub FensterNameSetzen()
    Application.ActiveWindow.Caption = "My Name - " & ActiveProject.Name
End Sub
```

Listing 11.3: Festlegen des Fensternamens

Das Listing 11.4 hebt eine vorher gesetzte *Caption*-Eigenschaft wieder auf.

Listing 11.4:
Zurücksetzen des Fensternamens

```
Sub FensterNameLoeschen()
    Application.ActiveWindow.Caption = ""
End Sub
```

Angemeldeten Benutzer am Project Server ermitteln

Bei der Verbindung von Project Professional zum Project Server kann der Anwender nach der erfolgten manuellen oder automatischen Anmeldung nicht mehr erkennen, ob er online oder offline am Server arbeitet. Auch bei der Verwendung der Enterprise-Funktionen von Project starten Benutzer von Project Professional immer wieder die Anwendung im Offline-Zugriff. Damit kann z.B. ein schneller Zugriff auf eine Datei erfolgen, die nicht auf der unternehmensweiten Project Server-Datenbank liegt. Verunsichernd für den Anwender ist dann allerdings, dass er nicht direkt erkennen kann, ob er ein Projekt direkt vom Project Server oder nur als Datei vom Dateisystem aus gestartet hat, weil er nicht sieht, ob er am Server angemeldet ist oder nicht.

Mit Hilfe der *Application.Caption*-Anweisung, kann in die Titelleiste von Project der aktuell angemeldete Benutzer, das Project Server-Konto und der Status der Verbindung als *Offline* oder *Online* ermittelt werden:

Listing 11.5:
Ermittlung des aktuellen Benutzers, Kontos und Verbindungsstatus zum Project Server

```
Sub ServerkontoSetzen()
  Dim myName As String
  Dim myStatus As String
  Dim myServer As String
  myName = Application.Profiles.ActiveProfile.Name
  Select Case Application.Profiles.ActiveProfile.ConnectionState
    Case pjProfileOffline
      myStatus = "Offline"
      Application.Caption = myName & " - " & myStatus
    Case pjProfileOnline
      myStatus = "Online"
      myServer = Application.Profiles.ActiveProfile.Server
      Application.Caption = myName & " - " & myStatus _
                          & " - " & myServer
  End Select
End Sub
```

Das Listing 11.5 zeigt, wie mit Hilfe der *Profiles*-Eigenschaft der aktuelle Kontoname als Profil, der Verbindungsstatus zum Project Server und der Pfad zum Server ausgelesen werden. Alle drei Argumente zusammen werden in die *Caption*-Eigenschaft des *Application*-Objekts geschrieben. Die Abbildung 11.1 zeigt die blaue Titelleiste von Project mit den neu erstellten Eigenschaften an, um zu ermitteln, dass der Benutzer mit dem Profil einen *Online*-Verbindungsstatus mit dem Project Server hat.

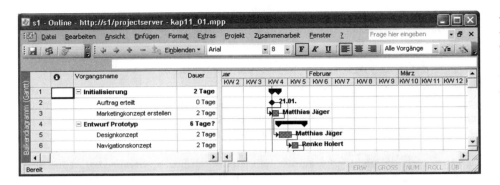

Abbildung 11.1:
Ermittlung des aktuellen Profils und Verbindungsstatus zum Project Server

Wenn sich der Benutzer nicht mit dem Project Server verbindet und offline am Arbeitsplatz anmeldet, zeigt die Abbildung 11.2 den Offline-Status an.

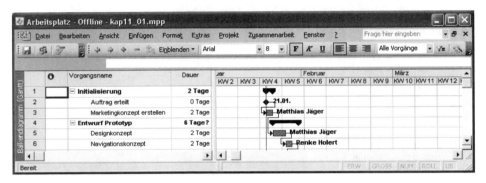

Abbildung 11.2:
Offline-Anmeldung am Arbeitsplatz

Sie finden die in diesem Abschnitt angegebenen Listings und die Beispiele in der Datei *Kap11_01.mpp* im Ordner \Buch\Kap11 auf der CD-ROM zu diesem Buch.

Verwendung des *Application*-Objekt

Das Verwenden des *Application*-Objekts zum Verweisen auf Project-Objekte ist beim Schreiben von VBA-Makros optional. Die folgenden Beispiele geben dasselbe Ergebnis zurück:

```
Sub ApplikationDateiOeffnen()
  Application.FileOpen _
    Name:= "C:\Programme\Microsoft Office\Templates\1031\OFFMOVE.MPT"
End Sub
```

Listing 11.6:
Datei öffnen-Methode mit Application-Objekt

```
Sub DateiOeffnen()
  FileOpen Name:="C:\Programme\Microsoft Office\" & _
              "Templates\1031\OFFMOVE.MPT"
End Sub
```

Listing 11.7:
Datei öffnen-Methode ohne Application-Objekt

Project-Anwendungs-Fehlermeldungen ausblenden

Bei der Eingabe von Werten in Felder von Project kann der Project-Planungs-Assistent immer wieder für Überraschungen im Ablauf von VBA-Routinen sorgen. In der Standard-Installation von Project sind Meldungen des Planungs-Assistenten nach Aufruf des Menübefehls *Extras/Optionen* auf der Registerkarte *Allgemein* aktivierbar (vgl. Abbildung 11.3).

Abbildung 11.3: Meldungen des Project-Planungs-Assistenten aktivieren

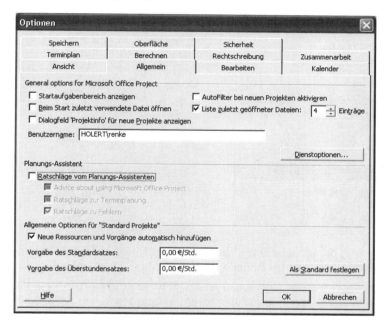

Der Assistent stellt beim Bearbeiten des Projektplans Fragen, die für den Anwender in der Regel immer mehrere Optionen beinhalten. Das bedeutet, dass ein VBA-Makroablauf auch zum Teil auf diese Meldungen reagieren muss. Ein Beispiel dafür ist bei der Eingabe von Vorgängen zu erkennen. Falls Vorgänge z.B. aus einem anderen Terminplan oder einer anderen Applikation importiert werden, kann es passieren, dass dieser Termin vor dem Projektanfangstermin liegt. Für Project bedeutet dies, dass bei eingeschalteter Benachrichtigung des Planungs-Assistenten über den beschriebenen Menüpunkt die Eingabe eines Vorgangs vor dem Projektanfangstermin nicht mit einer Fehlermeldung abgefangen wird, damit keine Termine in der Vergangenheit eingetragen werden können. Sie können den Aufruf des Planungs-Assistenten in diesem Beispiel entweder mit dem Zurücksetzen des Projektanfangstermins auf einen der frühesten Vorgangs-Anfangstermine oder mit Hilfe der *Alert*- bzw. der *DisplayAlerts*-Eigenschaft unterdrücken.

Listing 11.8: DisplayAlerts-Eigenschaft für das Ausblenden von Project-Fehlermeldungen

```
Sub ApplikationFehlerAusblenden()
  Application.DisplayAlerts = False
  Application.FileNew
  Application.SetTaskField Field:="Name", Value:="My Task"
  Application.ActiveProject.Tasks(1).Start = "01.01.2004"
  Application.DisplayAlerts = True
End Sub
```

Konstanten von Feldnamen zurückgeben

Die Methode *FieldNameToFieldConstant* gibt eine Konstante anhand ihres Feldnamens zurück, z.B. *188743731* für das Feld *Text1*. Die Methode *FieldConstantToFieldName* dagegen gibt einen Feldnamen anhand einer Konstante zurück, z.B. *Kosten1* für *188743786*. Beide Methoden erlauben es damit, anhand der Konstanten Daten aus und in Felder einzulesen. Speziell in der Datenbank-Entwicklung mit Project und in der länder- und sprachübergreifenden Programmierung von Feldern sind diese Methoden eine wertvolle Unterstützung.

```
Sub ApplikationAusgabeTextFelderkonstanten()
  Dim myFieldID As MSProject.PjField
  Dim myTextNo As String
  myTextNo = Inputbox("Bitte den Feldnamen eingeben", , "Text1")
  myFieldID = FieldNameToFieldConstant(myTextNo)
  MsgBox "Zum eingegebenen Feldnamen: " & myTextNo & _
      " gehört die Feldnummer: " & myFieldID
End Sub
```

Listing 11.9: Anzeige von Konstanten von Feldnamen

Abbildung 11.4: Feldnummernkonstanten zu Feldnamen ausgeben

Das Listing 11.9 erwartet die Eingabe eines Feldes, z.B. *Text1*, und gibt über ein Meldungsfeld die Nummernkonstante des Feldes zurück (vgl. Abbildung 11.4).

TIPP Sie können auch im Direktbereich des Visual Basic-Editors mit der *Print*-Methode die interne Feldnummer eines freien anpassbaren Feldes ausgeben lassen (vgl. Abbildung 11.5).

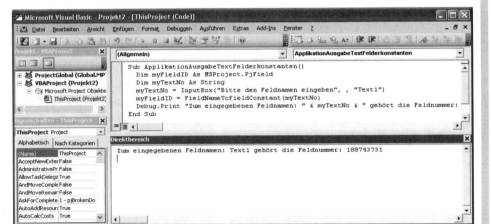

Abbildung 11.5: Ausgabe der Feldnummer im Direktbereich

Abbildung 11.6:
Ausgabe der Feldnummer im Objektkatalog von Project

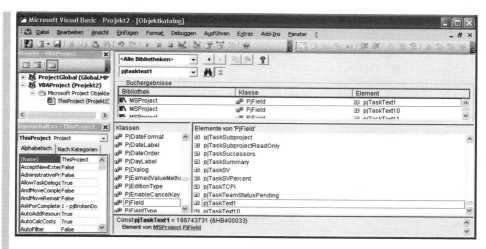

Zudem können Sie die Feldnummer im Objektkatalog in der Bibliothek *MSProject* in der Klasse *PjField* oder *PjResource* direkt ablesen (vgl. Abbildung 11.6).

Notizen in geteilter Ansicht ein- und ausblenden

Ein weiteres Beispiel für das *Application*-Objekt in Project ist das Arbeiten mit Symbolen und Symbolleisten. In der Projektdokumentation erstellen Projektleiter häufig detaillierte Notizen für einen Vorgang, um mehr Inhalte für den Vorgangsnamen zu hinterlegen oder die Projektstrukturplanung in den Notizen weiter zu verfeinern. Zeitraubend kann dabei aber die »normale« Eingabe von Notizen sein, die über das Symbol *Vorgangsnotizen* oder direkt über die *Informationen zum Vorgang* erfolgen. Sinn würde daher das Hinzufügen eines zusätzlichen Symbols für Notizen machen, mit dem die Notizen für den selektierten Vorgang ein- oder ausgeschaltet werden können.

Das Listing 11.10 zeigt in der ersten Sub-Prozedur die Erzeugung eines neuen Symbols in der *Standard*-Symbolleiste rechts neben dem »normalen« Notizsymbol. Nach Aktivierung verändert das Symbol mit der *State*-Eigenschaft das Verhalten und bleibt in einem aktivierten Modus, bis der Anwender wieder auf das gleiche Symbol klickt. Gleichzeitig wird mit der *Caption*-Eigenschaft der Text des Symbols von *Notiz Ein* auf *Notiz Aus* geändert. In der zweiten dargestellten Prozedur wird eine vertikale Ansichtsteilung mit der *WindowSplit*-Methode vorgenommen und in der unteren Bildschirmhälfte die Ansicht *Vorgang: Maske* mit der Anzeige von Notizen eingeblendet (vgl. Abbildung 11.7). Gleichzeitig wird noch der Fokus des Anwendungsfensters auf die untere Ansicht für die Notizen mit der *WindowActivate*-Methode vorgenommen, sodass bei Aufruf der Prozedur der Anwender sofort in der unteren Bildschirmhälfte weiter editieren kann.

Listing 11.10:
Notizen über ein zusätzliches Symbol ein oder ausblenden

```
Sub ApplikationSymbolEinrichten()
  Dim myBtn As CommandBarButton
  Set myBtn = CommandBars("Standard").Controls.Add(Type:=msoControlButton, _
              Before:=19, temporary:=True)
  myBtn.Caption = "Notiz Ein"
  myBtn.Style = msoButtonCaption
  myBtn.OnAction = "ApplikationNotizEinAus"
```

```
End Sub

Sub ApplikationNotizEinAus()
  Dim myBtn As CommandBarButton
  Set myBtn = CommandBars.ActionControl
  If myBtn.State = msoButtonUp Then
    myBtn.Caption = "Notiz Aus"
    myBtn.State = msoButtonDown
    WindowSplit
    WindowActivate TopPane:=False
    ViewApply Name:="Vorgang: Maske"
    ViewShowNotes
  Else
    myBtn.Caption = "Notiz Ein"
    myBtn.State = msoButtonUp
    PaneClose
  End If
End Sub
```

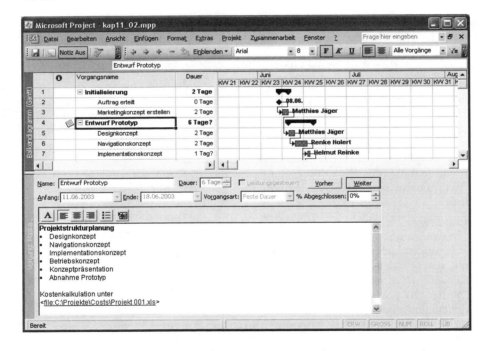

Abbildung 11.7:
Einblenden von Notizen in der Ansicht Balkendiagramm (Gantt) als geteilte Ansicht

Sie finden das Beispiel für das Listing 11.10 in der Datei *kap11_02.mpp* im Ordner *\Buch\Kap11* auf der CD-ROM zu diesem Buch.

Das *Project*-Objekt

Das Objekt *Application* enthält alle Project-Objekte, die in einer Objekthierarchie angeordnet sind. Diese Hierarchie ist bei der Adressierung der einzelnen Objekte wichtig, die z.B. in der Anweisung

```
Application.Projects(1).Tasks(1).Name
```

den Namen des ersten Vorgangs im ersten geöffneten Projekt unter dem Menü *Fenster* von Project wiedergibt.

Jedes Project-Objekt enthält die gesamten Informationen zum Projekt, z.B. Gesamtdauer, Gesamtkosten, Projektstart oder Projektende sowie Informationen zu allen Vorgängen und Ressourcen. Das *Project*-Objekt repräsentiert ein einzelnes aktives Projekt (*Application.ActiveProject*) oder eine Sammlung von geöffneten Projekten (*Application.Projects*), die *Auflistung* genannt wird. Das *Project*-Objekt ist u.a. die Zusammenfassung der *Windows*-, *Tasks*-, *Resources*-Objekte. Die Abbildung 11.8 zeigt das Objektmodell von Project und die hierarchische Struktur der Objekte und Auflistungen.

Abbildung 11.8:
Das Objektmodell von Microsoft Project

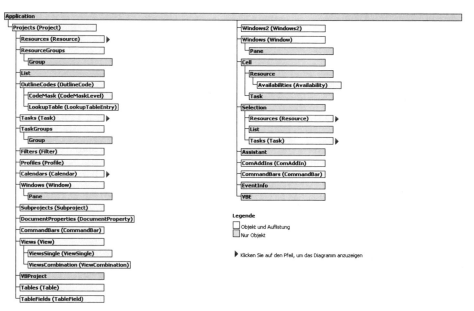

Die *Projects*-Auflistung enthält eine Liste aller geöffneten Projekte. Diese Auflistung kann mit der Anweisung

```
Application.Projects.Count
```

gezählt werden. Da die *Projects*-Auflistung ein Objekt höchster Ebene darstellt, ist *Projects.Count* zum vorherigen identisch.

Mit einer Schleife können Sie alle geöffneten Projekte durchlaufen:

Listing 11.11:
Alle geöffneten Projekte durchlaufen

```
Sub SchleifeDurchAlleProjekte()
Dim myProj As Project
   For Each myProj In Application.Projects
      MsgBox myProj.Name
   Next
End Sub
```

Die *ActiveProject*-Eigenschaft

Mit Hilfe der *ActiveProject*-Eigenschaft wird das gerade aktuell geöffnete Projekt referenziert. Es ist zweifellos eine der wichtigsten Eigenschaften im Objektkatalog von Project, um auf Projekte mit Hilfe von VBA zuzugreifen. Mit Hilfe von

```
Application.ActiveProject
```

können Sie auf alle Informationen des referenzierten Projekts zurückgreifen. Die Anweisung

```
Application.ActiveProject.Name
```

gibt z.B. den Namen des aktuell geöffneten Projektes aus. Im Folgenden werden Standardaufgaben mit VBA beim Zugriff auf die Projekte gezeigt. Speziellere Aufgabenstellungen dazu finden Sie später in diesem Kapitel.

Zeitskala im Balkendiagramm (Gantt) einstellen

Die Aufgabenstellung ist, eine VBA-Prozedur zu erstellen, mit deren Hilfe die Zeitskala in der Ansicht *Balkendiagramm (Gantt)* auf das Raster *Monate* in der oberen Zeitskala und auf das Raster *Wochen* in der unteren Zeitskala formatiert wird. Der Hintergrund der Problemstellung ist, dass Project über die Lupensymbole mit dem »+« bzw. »–« in der Mitte auf der Symbolleiste *Standard* keine Einstellung für *Monate* im oberen Bereich und *Wochen* im Format *KW* für Kalenderwochen darstellen kann. Zudem können auch keine Vorlagen für das Layout der Zeitskala erstellt werden, sodass eine VBA-Lösung hier eine gute Unterstützungshilfe darstellt.

```
Sub ZeitskalaInKW()
  Application.TimescaleEdit MajorUnits:=pjTimescaleMonths, _
    MinorUnits:=pjTimescaleWeeks, _
    MajorLabel:=pjMonth_mmm_yyy, _
    MinorLabel:=pjWeekNumber_ww, MinorTicks:=True, _
    Separator:=True, _
    MajorUseFY:=True, _
    MinorUseFY:=True, _
    TierCount:=2
End Sub
```

Listing 11.12: Zeitskala in der Ansicht Balkendiagramm (Gantt) *in Kalenderwochen darstellen*

Das Listing 11.12 zeigt die Einstellungen der *TimeScaleEdit*-Methode, um in der Ansicht *Balkendiagramm (Gantt)* die obere Zeitskala in Monaten (z.B. im Format *Mrz'04*) und die untere Zeitskala (im Format *11*) für die Kalenderwochen (ohne den Zusatz *KW*) darzustellen.

CustomDocumentProperties auslesen

Bei der Programmierung von Project mit VBA wird immer wieder auf Daten, z.B. Datum oder Zahlwerte von Projekten zugegriffen. Die Daten werden eingelesen, berechnet und wieder ausgegeben. Die Variablen, die diese Daten speichern, sind jedoch zeitlich auf die Laufzeit der Prozedur begrenzt und der Inhalt geht beim Beenden der Prozedur und damit spätestens beim Schließen der Projektdatei verloren.

Über Enterprise-Felder ist es möglich, Felder und Werte für jedes Projekt (z.B. *Datum, Kosten, Zahlen, Text etc.*) zu speichern. Über die VBA-Programmierung können Sie auf diese Werte lesend und schreibend zurückzugreifen. Damit verbunden sind aber auch Restriktionen. Beispielsweise muss ein Projekt-Feld *Enterprise-Projekt Text1* zunächst in der Enterprise-Global vom Project-Administrator erstellt und dem Projekt zugewiesen werden. Falls ein Entwickler mit VBA-Lösungen auf weitere beliebige Felder und Speicherorte für Projektfelder zurückgreifen und diese nach Bedarf auch noch selbständig anpassen möchte, sind die Enterprise-Felder der Project Server-Datenbank nicht mehr gut geeignet.

Mit Hilfe der *CustomDocumentProperties*-Eigenschaft können Sie jedoch dauerhaft benutzerdefinierte Eigenschaften in einer Projektdatei speichern. Der Zugriff und die Veränderung des Inhalts auf diese Eigenschaft erfolgt dabei über VBA, aber auch direkt in Project ohne Programmierung. Gehen Sie folgendermaßen vor, um benutzerdefinierte Werte für ein Projekt zu speichern:

1. Öffnen Sie über den Menübefehl *Datei/Eigenschaften* die Registerkarte *Anpassen*.
2. Vergeben Sie einen Namen für eine neue Projekteigenschaft, z.B. »MyProp«. Weisen Sie dann einen Typ (*Text, Datum, Zahl* oder *Ja/Nein*) und einen ersten Wert zu.

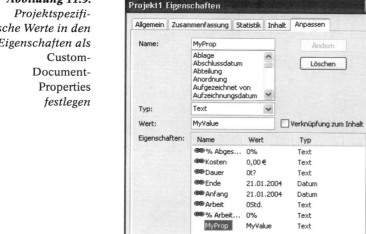

Abbildung 11.9:
Projektspezifische Werte in den Eigenschaften als Custom-Document-Properties festlegen

3. Klicken Sie nun auf *Hinzufügen*. Die neue Projekteigenschaft erscheint jetzt in der Liste der Eigenschaften (vgl. Abbildung 11.9).
4. Öffnen Sie den *Visual Basic-Editor* über den Menübefehl *Extras/Makro* oder mit der Tastenkombination Alt+F11 und geben Sie folgenden Code ein:

```
Sub ProjektEigenschaftenLesen()
  MsgBox ActiveProject.CustomDocumentProperties("MyProp").Value
End Sub
```

Listing 11.13:
Projekteigenschaften aus als CustomDocumentProperties lesen

Mit Hilfe des beschriebenen VBA-Codes können Sie die Projekteigenschaft *MyProp* aus dem Projekt einlesen. Diese Variable bleibt auch nach dem Schließen der Projektdatei weiterhin erhalten und kann zu einem beliebigen späteren Zeitpunkt erneut eingelesen werden.

Um die Eigenschaft *CustomDocumentProperties* zu verwenden, muss im Visual Basic-Editor über den Menübefehl *Extras/Verweise* ein Verweis zu *Microsoft Office 11.0 Object Library* hergestellt werden. Diese Objektbibliothek enthält Definitionen für die Objekte, Eigenschaften, Methoden und Konstanten von Visual Basic, die zum Bearbeiten von Dokumenteigenschaften verwendet werden. Dieser Verweis ist bei einer Standardinstallation von Microsoft Project für die Versionen Standard und Professional für jedes neue Projekt bereits aktiviert. Zur Kontrolle können Sie (wie in Abbildung 11.10 dargestellt) den Verweis im Visual Basic-Editor über das Menü *Extras* und dem Befehl *Verweise* überprüfen bzw. setzen.

HINWEIS

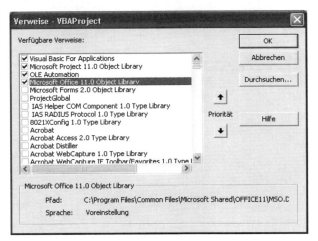

Abbildung 11.10:
Verweis auf die Microsoft Office 11.0 Object Library *für die* CustomDocumentProperties-*Eigenschaft*

Die Auflistung der integrierten Dokumenteigenschaften (z.B. Projektleiter, Projekttitel, Projektthema etc.) wird durch die *BuiltinDocumentProperties*-Eigenschaft zurückgegeben. So gibt

TIPP

```
ActiveProject.BuiltinDocumentProperties("Manager").Value
```

beispielsweise den Projektleiter für das aktuelle Projekt zurück.

Tabelle 11.1:
Vergleich zwischen Datei-Eigenschaften und VBA-BuiltinDocumentProperties mit Beschreibungen

Datei/Eigenschaften	BuiltinDocumentProperties	Beschreibung
Titel	Title	Kurzbeschreibung des Projektes
Thema	Subject	Weitere Beschreibung des Projektes
Autor	Author	Name des Autors der Projektdatei
Manager	Manager	Name des Projektleiters
Firma	Company	Name der Firma
Kategorie	Category	Verwendet Project bei Outlook für die Projektkurzbezeichnung
Stichwörter	Keywords	Wird im Outlook Journal bei anderen Office-Programmen widersprüchlicherweise als Kategorie verwendet
Kommentare	Comments	Erweiterte Kommentare und Notizen für die Projektbeschreibung
Hyperlinkbasis	Hyperlink base	Hyperlink zu einer Projekt-Website im Intranet oder Internet
Benutzername	Last Author	Benutzername unter *Extras/Optionen/Allgemein*
Version	Revision Number	Versionsnummer des Projektes. Anzahl der Speicherungen seit der Erstellung der Projektdatei
Applikationsname	Application Name	Applikationsname ist hier »Microsoft Project«, bei anderen Office-Applikationen ein entsprechend anderer Wert
Letztes Speicherdatum	Last Save Time	Datum der letzten Speicherung des Projektes
Gesamtbearbeitungszeit	Total Editing Time	Gesamte Bearbeitungszeit des Projektes (bleibt in der deutschen Project-Version bei 0 Minuten und wird nicht aktualisiert)

Die Tabelle 11.1 stellt einen Vergleich zwischen den Dateieigenschaften und den *BuiltinDocumentProperties* aus VBA dar.

CustomDocumentProperties schreiben

Nachdem Sie kennen gelernt haben, wie Sie die *CustomDocumentProperties*-Eigenschaft auslesen können, können Sie mit der folgenden Prozedur die *CustomDocumentProperties*-Eigenschaft mit Hilfe von VBA auch direkt in die Projektdateien speichern.

Listing 11.14:
CustomDocumentProperties-Eigenschaften in Projekte schreiben

```
Sub ProjektEigenschaftenSchreiben()
  Dim Eingabe As String
  Eingabe = Inputbox("Geben Sie bitte einen neuen Wert " & _
                     "für MyProp ein", "CustomDocumentProperties")
  ActiveProject.CustomDocumentProperties ("MyProp").Value = Eingabe
End Sub
```

Mit Hilfe des beschriebenen VBA-Codes können Sie die Projekteigenschaft *MyProp* in eine Projektdatei schreiben. Diese Variable bleibt auch nach dem Schließen der Projektdatei erhalten und kann zu einem beliebigen späteren Zeitpunkt wieder ausgelesen werden. Die *CustomDocumentProperties*-Eigenschaft bildet die einzige Möglichkeit, in Project dauerhaft Konstanten als Eingabewerte – auch nach dem Schließen der Projektdatei – zu speichern.

HINWEIS

Beachten Sie, dass bei der Speicherung von Project 2000-Projektdateien in Datenbanken (z.B. Access, SQL Server oder Oracle) die benutzerdefinierten *CustomDocumentProperties*-Eigenschaften nicht gespeichert werden.

In Project können Sie anschließend über den Menübefehl *Datei/Eigenschaften* auf der Registerkarte *Anpassen* den neuen Wert für die Projekteigenschaft »MyProp« sehen.

Zeitskala mit Plus und Minus verkleinern oder vergrößern

Zur Vorbereitung eines Ausdrucks in der Ansicht *Balkendiagramm (Gantt)* kommt es immer wieder vor, dass Project-Anwender die Ansicht sowohl vertikal als auch horizontal anpassen möchten. Immerhin bringt dafür die Option *Verkleinern/Vergrößern* im Menü *Datei/Seite einrichten* eine erste Möglichkeit. Leider sehen die Ausdrucke allzu häufig auf einem DIN-A4-Blatt quer ausgedruckt sehr klein aus. Die beschriebene Option verkleinert oder vergrößert im gleichen Verhältnis den gesamten Ausdruck horizontal und vertikal. Abhilfe schaffen ein paar versteckte Funktionen von Project, die der Anwender entweder manuell einstellen oder mittels VBA-Lösung ansprechen kann. Unsere Erfahrungen mit Anwendern zeigen, dass die Tipps und Tricks zum richtigen Drucken zwar verstanden werden, sich aber nicht dauerhaft einprägen, da diese zum Teil sehr »versteckt« liegen.

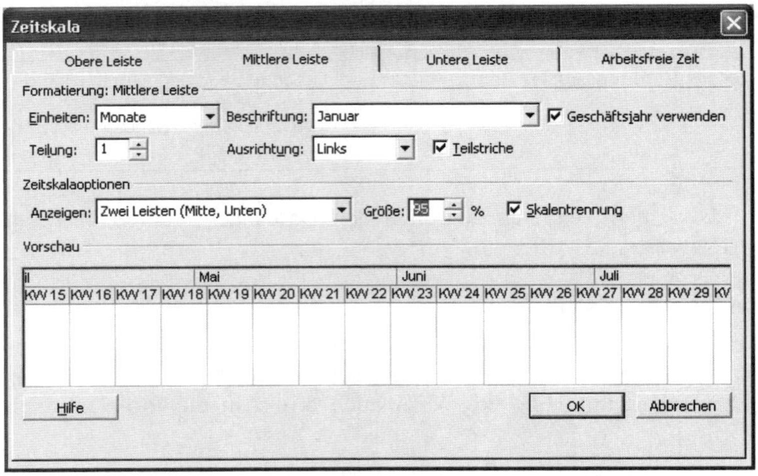

Abbildung 11.11: Horizontale Verkleinerung der Ansicht Balkendiagramm (Gantt)

Die Basis für eine VBA-Lösung liegt in der horizontalen Vergrößerung oder Verkleinerung im Menü *Format/Zeitskala* und dort in der Option *Größe in* % (vgl. Abbildung 11.11) bzw. für die vertikale Vergrößerung/Verkleinerung im Menü *Format/Layout* in der Option *Balkenhöhe*. Eine Verkleinerung der Balkenhöhe (Abbildung 11.12) beispielsweise bringt zwar zunächst keine Verkleinerung auf dem Bildschirm mit sich. Die Balken werden zwar kleiner, die Abstände zwischen den Textzeilen in der Tabelle auf der linken Ansichtsseite bleiben jedoch gleich groß.

Abbildung 11.12:
Vertikale Verkleinerung der Ansicht Balkendiagramm (Gantt) *über die Balkenhöhe*

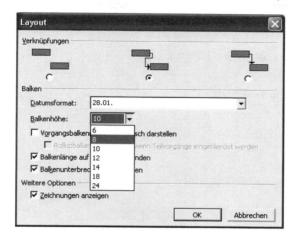

Das Listing 11.15 zeigt die Vorgehensweise zur Einrichtung von zwei neuen Symbolen, die jeweils beim Klick des Anwenders die prozentuale Verkleinerung oder Vergrößerung für eine Ansicht vom Typ *Balkendiagramm (Gantt)* aktivieren. Die Verkleinerungs- und Vergrößerungsschritte werden dabei in 10%-Schritten ausgeführt. Da die Werte für den gerade aktuell eingestellten prozentualen Zoom in Project mit VBA nicht ausgelesen werden können, wird die zuvor beschriebene *CustomDocumentProperties*-Eigenschaft verwendet, um die Prozentwerte dauerhaft im Projekt zu speichern. Vorteil: Ein einmal eingestellter Prozentwert bleibt nach der Speicherung und dem Schließen des Projektes erhalten.

Listing 11.15:
Horizontale Verkleinerung oder Vergrößerung der Ansicht Balkendiagramm (Gantt)

```
Sub ZeitskalaVergroessernSymbol()
    Dim myBtn As CommandBarButton
    Set myBtn = CommandBars("Standard") _
                .Controls.Add(Type:=msoControlButton, _
                Before:=24, temporary:=True)
    myBtn.ToolTipText = "Zeitskala prozentual vergrößern"
    myBtn.Caption = "+%"
    myBtn.Style = msoButtonCaption
    myBtn.OnAction = "ZeitskalaVergroessern"
End Sub

Sub ZeitskalaVerkleinernSymbol()
    Dim myBtn As CommandBarButton
    Set myBtn = CommandBars("Standard") _
                .Controls.Add(Type:=msoControlButton, _
                Before:=26, temporary:=True)
    myBtn.Caption = "-%"
    myBtn.ToolTipText = "Zeitskala prozentual verkleinern"
    myBtn.Style = msoButtonCaption
    myBtn.OnAction = "ZeitskalaVerkleinern"
End Sub

Sub ZeitskalaVergroessern()
    Dim myPercent As Integer
```

```
    If ActiveProject.Windows.ActiveWindow.ActivePane.View.Screen = _
                pjGantt Then
        myPercent = ActiveProject.CustomDocumentProperties _
                ("myPercent").Value
        TimescaleEdit Enlarge:=myPercent + 10
        ActiveProject.CustomDocumentProperties ("myPercent").Value = _
                myPercent + 10
    Else
        MsgBox "Sie haben keine Ansicht vom Typ Balkendiagramm" & _
            " ausgewählt."
    End If
End Sub

Sub ZeitskalaVerkleinern()
    Dim myPercent As Integer
    If ActiveProject.Windows.ActiveWindow.ActivePane.View.Screen = _
                pjGantt Then
        myPercent = ActiveProject.CustomDocumentProperties _
                ("myPercent").Value
        TimescaleEdit Enlarge:=myPercent - 10
        ActiveProject.CustomDocumentProperties _
                ("myPercent").Value = myPercent - 10
    Else
        MsgBox "Sie haben keine Ansicht vom Typ Balkendiagramm" & _
            " ausgewählt."
    End If
End Sub
```

Für die Einrichtung eines vertikalen Zooms durch die Veränderung der Balkenhöhen müssten analog zur Prozedur für den horizontalen Zoom zwei Symbole eingerichtet werden. Das Listing 11.16 zeigt zwei Prozeduren, die jeweils für die Verkleinerung bzw. die Vergrößerung der Balkenhöhe zuständig sind. Da auch hier die Werte für die aktuell eingestellte Höhe der Balken mit VBA nicht ausgelesen werden kann, muss wiederum über *CustomDocumentProperties*-Eigenschaft zunächst ein Wert im Projekt gesetzt werden, der dann nach der Änderung wieder dauerhaft bis zum nächsten Aufruf gespeichert wird.

Mit der *Select Case*-Anweisung wird zunächst geprüft, welche Höhe momentan eingestellt und gespeichert ist. Danach wird dann schrittweise die Höhe in Einzelschritten verkleinert oder vergrößert.

```
Sub BalkenhoeheVerkleinern()
    Dim mySize As String
    If ActiveProject.Windows.ActiveWindow.ActivePane.View.Screen = _
                pjGantt Then
        mySize = ActiveProject.CustomDocumentProperties("mySize").Value

        Select Case mySize
            Case pjBarSize24
                GanttBarSize Size:=pjBarSize18
                ActiveProject.CustomDocumentProperties ("mySize").Value = _
                        pjBarSize18
            Case pjBarSize18
                GanttBarSize Size:=pjBarSize14
```

Listing 11.16: Vertikale Verkleinerung oder Vergrößerung der Ansicht Balkendiagramm (Gantt)

```vba
          ActiveProject.CustomDocumentProperties ("mySize").Value = _
                  pjBarSize14
      Case pjBarSize14
        GanttBarSize Size:=pjBarSize12
        ActiveProject.CustomDocumentProperties("mySize").Value = _
                  pjBarSize12
      Case pjBarSize12
        GanttBarSize Size:=pjBarSize10
        ActiveProject.CustomDocumentProperties("mySize").Value = _
                  pjBarSize10
      Case pjBarSize10
        GanttBarSize Size:=pjBarSize8
        ActiveProject.CustomDocumentProperties("mySize").Value = _
                  pjBarSize8
      Case pjBarSize8
        GanttBarSize Size:=pjBarSize6
        ActiveProject.CustomDocumentProperties("mySize").Value = _
                  pjBarSize6
      Case pjBarSize6
        MsgBox "Die kleinste Balkenhöhe ist 6"
    End Select
  Else
    MsgBox "Sie haben keine Ansicht vom Typ Balkendiagramm" & _
            " ausgewählt."
  End If
End Sub

Sub BalkenhoeheVergroessern()
  Dim mySize As String
  If ActiveProject.Windows.ActiveWindow.ActivePane.View.Screen = _
              pjGantt Then
    mySize = ActiveProject.CustomDocumentProperties("mySize").Value
    
    Select Case mySize
      Case pjBarSize24
        MsgBox "Die größte Balkenhöhe ist 24"
      Case pjBarSize18
        GanttBarSize Size:=pjBarSize24
        ActiveProject.CustomDocumentProperties ("mySize").Value = _
                  pjBarSize24
      Case pjBarSize14
        GanttBarSize Size:=pjBarSize18
        ActiveProject.CustomDocumentProperties ("mySize").Value = _
                  pjBarSize18
      Case pjBarSize12
        GanttBarSize Size:=pjBarSize14
        ActiveProject.CustomDocumentProperties ("mySize").Value = _
                  pjBarSize14
      Case pjBarSize10
        GanttBarSize Size:=pjBarSize12
        ActiveProject.CustomDocumentProperties ("mySize").Value = _
                  pjBarSize12
      Case pjBarSize8
        GanttBarSize Size:=pjBarSize10
        ActiveProject.CustomDocumentProperties ("mySize").Value = _
                  pjBarSize10
```

```
            Case pjBarSize6
                GanttBarSize Size:=pjBarSize8
                ActiveProject.CustomDocumentProperties("mySize").Value = _
                            pjBarSize8
        End Select
    Else
        MsgBox "Sie haben keine Ansicht vom Typ Balkendiagramm" & _
               " ausgewählt."
    End If
End Sub
```

Sie finden die Beispiele für die angegebenen Listings in der Datei *kap11_03.mpp* im Ordner *\Buch\Kap11* auf der CD-ROM zu diesem Buch. Außerdem ist in der Datei *kap11_03.mpp* eine Symbolleiste mit dem Namen *kap11_03 Layout* mit den vier neu erstellten Prozeduren enthalten. Kopieren Sie diese in die *Global.mpt* über den Menübefehl *Extras/Organisieren* und der Registerkarte *Symbolleisten*, um sie anzuzeigen.

Zugreifen auf benutzerdefinierte Enterprise-Projekt-Feldeigenschaften

Neben der beschriebenen Methode der *CustomDocumentProperties* und *BuiltinDocumentProperties*-Eigenschaften ist es mit Project Professional möglich, auch Enterprise-Felder auf dem Project Server zu speichern. Beispielsweise kann in einem Feld *Enterprise-Projekt Gliederungscode1* der Status (vgl. Abbildung 11.13) eines Projektes hinterlegt sein oder in einem Feld *Enterprise-Projekt Text1* soll über VBA der Inhalt des Feldes aus einer VBA-Applikation geschrieben werden oder im Feld *Enterprise-Projekt Kosten1* soll über VBA aus einer anderen Applikation für Finanzen und Budgetierungen ein Kostenbudgetwert geschrieben werden.

Die Lösung liegt in der *ProjectSummaryTask*-Eigenschaft des aktiven Projekts. Alle Inhalte der Enterprise-Felder eines Projektes werden im Projektsammelvorgang des Projektes gespeichert und können in VBA mit der *GetField*-Methode abgerufen und mit der *SetField*-Methode festgelegt werden.

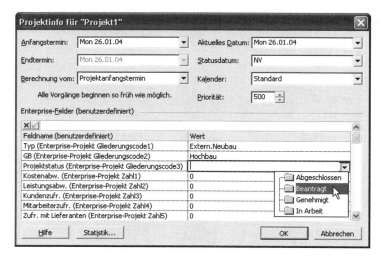

Abbildung 11.13:
Enterprise-Projekt-Felder mit VBA auslesen und schreiben

Folgende Codezeilen lesen die Werte für die Felder *Enterprise-Projekt Gliederungscode1*, *Enterprise-Projekt Text1* und *Enterprise-Projekt Kosten1* mit der *GetField*-Methode aus:

```
ActiveProject.ProjectSummaryTask.GetField _
    (pjTaskEnterpriseProjectOutlineCode1)
ActiveProject.ProjectSummaryTask.GetField _
    (pjTaskEnterpriseProjectText1)
ActiveProject.ProjectSummaryTask.GetField _
    (pjTaskEnterpriseProjectCost1)
```

Folgende Codezeilen **schreiben** Werte für die Felder *Enterprise-Projekt Gliederungscode1* (z.B. Status des Projekts), *Enterprise-Projekt Text1* (z.B. Verantwortlicher) und *Enterprise-Projekt Kosten1* (z.B. Budget) mit der *SetField*-Methode:

```
ActiveProject.ProjectSummaryTask.SetField pjTaskEnterpriseProjectText1, "Projektleiter"
ActiveProject.ProjectSummaryTask.SetField pjTaskEnterpriseProjectCost1, "250000"
ActiveProject.ProjectSummaryTask.SetField pjTaskEnterpriseProjectOutlineCode1, "Closed"
```

Zugriff auf Projekte als Project-Dateien

Der Zugriff auf Projekte, in diesem Beispiel als Project-Dateien abgelegt, ist für verschiedenste Anwendungen wichtig. Beispielsweise kann über eine Liste von allen aktuell geöffneten Projekten schnell eine Multiprojektübersicht in Project für das Multiprojekt-Berichtswesen erstellt werden. Andererseits ist auch der Zugriff auf noch nicht geöffnete Projekte in einem bestimmten Verzeichnis interessant.

Das Listing 11.17 zeigt den Zugriff auf alle momentan geöffneten Projekte mit der *Application.Projects*-Auflistung.

Listing 11.17: Zugriff auf alle momentan geöffneten Projekte

```
Sub AlleGeoeffnetenProjekte()
  Dim myProj As Project
  For Each myProj In Application.Projects
    Debug.Print myProj.Name
  Next
End Sub
```

Um auf Projekte zuzugreifen, die in einem fest vorgegebenen Verzeichnis liegen, verwenden Sie die Prozedur in Listing 11.18. Das Beispiel zeigt alle Projekte in einem vorgegebenen Ordner *C:\Projekte* an, öffnet diese in einer *Do...Loop*-Anweisung und gibt im Direktbereich den Dateinamen aus. An dieser Stelle kann weiterer VBA-Code folgen, der z.B. die Dateieigenschaften der geöffneten Projekte verändert oder alle Projekte in einem Hauptprojekt zusammenfasst.

Listing 11.18: Zugriff auf alle Project-Projekte mit der Dateiendung *.mpp

```
Sub ProjekteInOrdnerOeffnen()
  Dim myFiles As String
  Const myFolder = "C:\Projekte\"
  myFiles = Dir(myFolder & "*.mpp")
  Do Until myFiles = ""
    Application.FileOpen myFolder & myFiles
    Debug.Print myFiles
    Application.FileClose pjDoNotSave
    myFiles = Dir
  Loop
End Sub
```

Hauptprojekt aus geöffneten Projekten erstellen

Eine häufige Fragestellung ist, wie mit wenig Aufwand und möglichst schnell eine konsolidierte Multiprojektdarstellung von mehreren Dateien erzeugt werden kann (Hauptprojekt). Über das Menü *Einfügen* kann ein Projekt in eine bereits vorhandene Datei eingefügt werden. Etwas schneller geht es jedoch über die Befehlsfolge *Fenster/Neues Fenster*. Dort können alle aktuell geöffneten Projekte zu einer Hauptprojekt-Datei verdichtet werden. Das Makro in Listing 11.19 zeigt, wie Sie mit VBA alle geöffneten Projekte zu einer Hauptprojektdatei zusammenführen können.

```
Sub HauptprojektErzeugen()
  Dim myProject As Project
  Dim myProjectList As String
  If Application.Windows.Count > 2 Then
      For Each myProject In Application.Projects
          myProjectList = myProject & ListSeparator & myProjectList
      Next myProject
  End If
  Application.ConsolidateProjects FileNames:=myProjectList, _
          NewWindow:=True
End Sub
```

Listing 11.19: Hauptprojekte erstellen

Zunächst wird mit der *Count*-Eigenschaft geprüft, wie viele Fenster in der Applikation geöffnet sind. Wenn mehr als zwei Projekte geöffnet sind (und nur dann), macht die Verdichtung zu einem Hauptprojekt auch Sinn. Alle Projekte werden in einer Variablen gesammelt und mit Hilfe der *ListSeparator*-Eigenschaft getrennt voneinander zusammengeführt. Die *ListSeparator*-Eigenschaft entspricht dem jeweils in der Systemsteuerung von Windows unter *Ländereinstellungen* angegebenen Wert.

Zum Schluss der VBA-Prozedur zeigt die *ConsolidateProjects*-Methode alle vorher zusammengeführten geöffneten Projektdateien in einem Fenster an. Die neu erstellte Datei sollte dann noch abschließend gespeichert werden. Falls Sie neue Projekte in die Hauptprojekt-Datei mit aufnehmen möchten, können Sie entweder unter dem Menü *Einfügen* ein neues Projekt hinzufügen oder alle bereits in der Hauptprojekt-Datei existierenden Projekte und neuen Projekte öffnen, mit dem vorher beschriebenen Makro zu einer Datei erneut verdichten und unter dem gleichen Namen speichern.

Hauptprojekt aus Projekt-Verzeichnis erstellen

Die Weiterführung des vorherigen Beispiels ist die Zusammenführung von Projektdateien aus einem Verzeichnis zu einem Hauptprojekte als Masterplan. Das Listing 11.20 zeigt wie im vorherigen Beispiel mit einer *Do...Loop*-Anweisung das Öffnen von Projekten aus einem Verzeichnis und deren Konsolidierung mit der *ConsolidateProjects*-Methode. Dazu müssen in einem String alle zusammenzuführenden Projekte gesammelt und mit der *ListSeparator*-Eigenschaft voneinander getrennt werden. Der *ListSeparator* ist das in der *Systemsteuerung* in den *Ländereinstellungen* angegebene Listentrennzeichen, das in den deutschen Spracheinstellungen mit einem »;« (Semikolon) angegeben wird.

Listing 11.20:
Automatisch zusammengeführtes Hauptprojekt als Masterplan

```
Sub HauptprojektAusOrdnerErzeugen()
  Dim myFiles   As String
  Dim myPath    As String
  Dim mySelect  As String
  Const myFolder = "C:\Projekte\"
  myFiles = Dir(myFolder & "*.mpp")
  Do Until myFiles = ""
    myPath = myFolder & myFiles

    FileOpen myPath
    mySelect = myFiles & ListSeparator & mySelect
    myFiles = Dir
  Loop
  ConsolidateProjects Filenames:=mySelect, NewWindow:=True
End Sub
```

Die Abbildung 11.14 zeigt das Ergebnis in einer Hauptprojektdatei.

Abbildung 11.14:
Automatisch zusammengeführte Projekte in einem Hauptprojekt

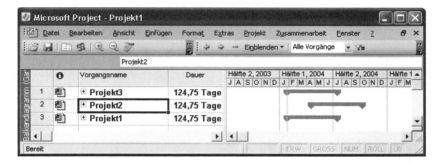

Loop durch alle Teilprojekte

Mit einer *For Each...Next*-Anweisung durch alle Teilprojekte eines zusammengeführten Hauptprojekts können Sie über die *Subproject*-Eigenschaft eine Schleife um alle Projekte erstellen. Das Listing 11.21 zeigt den Durchlauf mit einer *For Each...Next*-Anweisung im aktuellen Hauptprojekt durch alle Teilprojekte. Zu beachten ist hierbei, dass die Teilprojekte mit der *Subproject*-Eigenschaft und nicht mit der *Project*-Eigenschaft aufgerufen werden.

Listing 11.21:
Loop durch alle Teilprojekte eines Hauptprojekts

```
Sub LoopDurchSubprojekte()
  Dim mySubProj As Subproject
  For Each mySubProj In ActiveProject.Subprojects
    Debug.Print mySubProj.InsertedProjectSummary.GetField(pjTaskCost)
  Next mySubProj
End Sub
```

Mit der *Print*-Methode des *Debug*-Objekts wird der Wert der kalkulierten Kosten der Projektsammelvorgänge ausgegeben. Sie können an dieser Stelle weiteren Code erstellen, der z.B. bei allen zusammengeführten Projekten einen Hyperlink auf das entsprechende Teilprojekt einfügt oder für alle Teilprojekte einen Basisplan für ein definiertes Statusdatum setzt.

Eingabeaufforderung beim Öffnen eines Ressourcenpools unterdrücken

Falls dieselben Ressourcen mehr als einem Projekt zugeordnet sind oder gemeinsam genutzte Ressourcen in mehreren Projekten verwendet werden, haben Sie in Project die Möglichkeit, alle Ressourceninformationen in einem Ressourcenpool zusammenzufassen. Die in den Projekten enthaltenen Ressourcen sind dann über den Ressourcenpool mit anderen Projekten verknüpft. Damit kann eine bessere Auslastung der Ressourcen in mehreren Projekten erkannt und geplant werden.

Die Schwierigkeit in der VBA-Progammierung besteht dann darin, dass der standardmäßig eingeschaltete *Planungs-Assistent* beim Öffnen von Projekten, die mit dem Ressourcenpool verbunden sind, immer nachfragt, ob der verbundene Ressourcenpool auch geöffnet werden soll (Nur lesen oder/und Schreibgeschützt) oder ob alle mitbenutzenden Projekte in einem Hauptprojekt direkt kombiniert werden sollen (vgl. Abbildung 11.15).

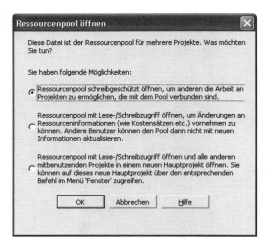

Abbildung 11.15: Schwierigkeit für VBA beim Öffnen eines Ressourcenpools

Das Listing 11.23 zeigt die Lösung beim Öffnen einer Projektdatei, die mit einem Ressourcenpool verbunden ist. Bei der Verwendung der *FileOpen*-Methode kann durch das optionale Argument *openPool= pjDoNotOpenPool* das in Abbildung 11.15 dargestellte Dialogfeld unterbunden werden, um mehrere Projekte zu einem Hauptprojekt zu konsolidieren.

```
Sub RessourcenpoolNichtOeffnen()
  FileOpen Name:="C:\Projekte\Projekt-001.mpp", ReadOnly:=False, _
        FormatID:="MSProject.MPP", openPool:=pjDoNotOpenPool
End Sub
```

Listing 11.22: Öffnen einer mit dem Ressourcenpool verknüpften Projektdatei

Die Verwendung der *FileOpen*-Methode wirkt im ersten Moment sehr einfach. Der Nachteil ist jedoch, dass bei der Aufzeichnung mit dem Makrorecorder über den Menübefehl *Extras/Makro/Aufzeichnen* und dem bewussten Unterdrücken des Abfragedialogs vom Ressourcenpool kein Argument für das Nichtöffnen des Ressourcenpools aufgezeichnet wird.

Sie finden die in diesem Abschnitt angegebenen Listings und die Beispiele in der Datei *kap11_04.mpp* im Ordner *\Buch\Kap11* auf der CD-ROM zu diesem Buch.

Das *Task*-Objekt und *Tasks*-Auflistungsobjekt

Das *Tasks*-Auflistungsobjekt referenziert einen Vorgang im gesamten Projektplan eines Microsoft Project-Projekts. Es ist möglich, auf alle Vorgänge in einem Projekt mit der *Task*-Eigenschaft zuzugreifen oder nur einen bestimmten Vorgang im Projekt mit der *UniqueID*-Eigenschaft zu adressieren. Von besonderem Interesse ist natürlich das *Task*-Objekt im VBA-Objektmodell, mit dem Sie auf Vorgänge in Projekten zugreifen können. Alle Vorgänge werden in der *Tasks*-Auflistung zusammengefasst. Das ermöglicht einen sehr komfortablen Zugriff (Lesen) und Festlegung (Schreiben) auf alle Vorgangsdaten. Auf ein einzelnes *Task*-Objekt greifen Sie mit *Tasks(Index)* zu. *Index* ist dabei der Vorgangsindex oder der Vorgangsname. Jedes *Task*-Objekt hat wiederum Eigenschaften, die den Vorgang näher beschreiben, z.B. ob der Vorgang ein Meilenstein oder Sammelvorgang ist oder welche Informationen das Feld *Text1* für den selektierten Vorgang hat.

Hinzufügen von neuen Vorgängen in Projekten

Um neue Vorgänge an das Ende eines Projektplans hinzuzufügen, verwenden Sie die *Tasks.Add*-Methode:

```
ActiveProject.Tasks.Add ("New Task")
```

Mit der *Tasks.Add*-Methode wird der Name des neuen Vorgangs und optional die Position als Einfügemarke gesetzt.

Die Anweisung

```
ActiveProject.Tasks.Add "New Task", 1
```

setzt einen neuen Vorgang an die erste Stelle im Projektplan. Verwenden Sie für das Argument *Before* das Feld *Nummer* des Vorgangs und nicht das Feld *Einmalige-Nummer (UniqueID)* des Vorgangs.

Hinzufügen von neuen Vorgängen als Teilvorgang eines Sammelvorgangs

Beim Einlesen von Projektdaten aus anderen Applikationen (z.B. Excel) ist eine Hauptschwierigkeit in Project das Herunterstufen von Vorgängen, um diese als Teilvorgänge eines Sammelvorgangs darzustellen.

Das Listing 11.23 zeigt dazu eine Lösung. Zunächst wird ein Sammelvorgang im Projekt an das Ende des Projektplans hinzugefügt. Die Variablen *myIntFirst* und *myIntSecond* geben dabei die *UniqueID* der hinzugefügten Vorgänge wieder. Anschließend wird in der Variablen *myLevelFirst* die Gliederungsebene des ersten hinzugefügten Vorgangs festgehalten und beim zweiten hinzugefügten Vorgang mit der *OutlineLevel*-Eigenschaft für *Tasks.UniqueID* um den Wert *1* erhöht. Damit wird der zweite Vorgang eine Ebene als der zuerst eingefügte Vorgang heruntergestuft.

Listing 11.23: Vorgang als Teilvorgang hinzufügen

```
Sub VorgangZuSammelvorgangHinzufuegen()
    Dim myIntFirst  As Integer
    Dim myIntSecond As Integer
    myIntFirst = ActiveProject.Tasks.Add("My Summary Task")
    myIntSecond = ActiveProject.Tasks.Add("My Task2")
```

```
myLevelFirst = ActiveProject.Tasks.UniqueID(myIntFirst).OutlineLevel
ActiveProject.Tasks.UniqueID(myIntSecond).OutlineLevel = _
            myLevelFirst + 1
End Sub
```

Die Abbildung 11.16 zeigt die eingefügten Vorgänge. Da bei der Ausführung der Prozedur nur die ersten Gliederungsebenen sichtbar sind, wird der neue Sammelvorgang auch auf die erste Ebene automatisch gesetzt. Falls weitere Ebenen für die Teilvorgänge eingeblendet sind und der letzte Vorgang in einer tieferen Ebene ist, werden die neuen Vorgänge immer in der Gliederungsebene des letzten Vorgangs eingefügt.

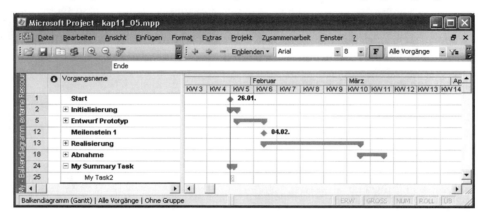

Abbildung 11.16:
Vorgang unter Sammelvorgang einfügen

Zugriff auf alle Vorgänge im Projekt

Der Zugriff auf alle Vorgänge im Projekt erfolgt mit einer *For Each...Next*-Anweisung:

```
Sub AlleVorgaengeImProjekt()
  Dim myTask As Task
  For Each myTask In ActiveProject.Tasks
    Debug.Print myTask.Name
  Next myTask
End Sub
```

Listing 11.24:
Standardzugriff auf alle Vorgänge im Projekt

Die Übermittlung von Zellinhalten in andere Felder, z.B. vom Feld *Name* (Vorgangsname) in das Feld *Text1*, erfolgt mit:

```
Sub VorgangsnameInText1()
  Dim myTask As Task
  For Each myTask In ActiveProject.Tasks
    myTask.Text1 = myTask.Name
  Next myTask
End Sub
```

Listing 11.25:
Vorgangsname in Text1 kopieren

Abbildung 11.17:
Standardzugriff auf alle Vorgänge im Projekt

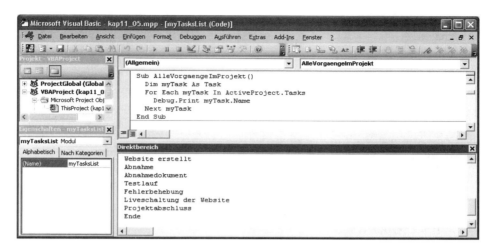

Die ersten Probleme mit dieser Vorgehensweise werden sichtbar, wenn die Vorgangsliste nicht durchgehend ist und leere Zeilen enthält. Die VBA-Prozedur bricht mit dem Laufzeitfehler 91 »Objektvariable oder With-Blockvariable nicht festgelegt« ab (vgl. Abbildung 11.18). Auch die dazu aufgerufene Hilfe bringt auf den ersten Blick keine direkte Lösung.

Abbildung 11.18:
Laufzeitfehler 91 bei der Verwendung von leeren Zeilen im Projekt

Der Fehler tritt auf, weil Project für einen leeren Vorgang auch einen Datensatz und damit auch eine einmalige Nummer (*UniqueID*) erstellt. Beim Aufruf des Datensatzes bricht Project die Prozedur ab, weil der leere Inhalt des Feldes *Name* nicht gelesen werden kann.

Um den Laufzeitfehler 91 zu unterbinden, ist ein Standardzugriff mit der *For Each...Next*-Anweisung notwendig, in dem nur nicht leere Datensätze in der Tasks-Auflistung verwendet werden.

Standardzugriff auf Vorgänge mit *For Each...Next*-Anweisung

Wenn Sie VBA-Prozeduren für eine gesamte Project Anwendung entwickeln, z.B. in Form eines Add-Ins oder Add-Ons, müssen Sie zunächst mit mehreren *If...Then...Else*-Anweisung prüfen, ob überhaupt ein **Projekt** geöffnet ist oder alle Projekte geschlossen sind. Wenn ein Projekt geöffnet ist, muss weiter geprüft werden, ob ein **Vorgang** vorhanden ist oder ob das Projekt leer ist. Anschließend kann es mit der »normalen« *For Each...Next*-Anweisung weitergehen, um auf alle Vorgänge zuzugreifen.

Die Anweisung

```
If Not (myTask Is Nothing) Then
```

ist für die Überprüfung auf leere Datensätze zuständig. Dabei wird geprüft, ob der Datensatz nicht leer ist. Im Anschluss kann dann die eigentliche Prozedur mit weiteren Code-Anweisungen fortgesetzt werden.

```
Sub StandardZugriffAufVorgaenge()
  Dim myTask As Task
  If Application.Projects.Count > 0 Then
    If ActiveProject.Tasks.Count > 0 Then
      For Each myTask In ActiveProject.Tasks
        If Not (myTask Is Nothing) Then
          Debug.Print myTask.Name
          'Weitere Code-Anweisungen
        End If
      Next myTask
    End If
  End If
End Sub
```

Listing 11.26:
Standardzugriff auf Vorgänge mit Überprüfung ob Projekte, Vorgänge und leere Zeilen existieren

Wie beschrieben, müsste eigentlich in dieser Struktur jede VBA-Prozedur für den Zugriff auf das *Tasks*-Auflistungsobjekt programmiert werden. Nach unseren praktischen Erfahrungen im Rahmen von Kundenprojekten ist es jedoch so, dass man sich nicht gerade häufig an diese Struktur hält.

Wir verwenden in den folgenden Beispielprozeduren aus Platz- und Übersichtlichkeitsgründen nicht den komplett beschriebenen Zugriff auf Vorgänge in Project. Achten Sie aber bei der Programmierung in der Praxis unbedingt darauf, diese Überprüfung vorzunehmen.

HINWEIS

Kalenderwoche darstellen (VBA *DatumKwEingabe*)

Nach einer Einstellung für das Layout von Ansichten stellt sich häufig die Frage, wie mit Hilfe von VBA die Kalenderwoche des Vorgangsfeld *Anfang* im Feld *Text1* dargestellt werden kann. In ▶ Kapitel 5 wurde dazu bereits eine Lösung mit Hilfe von Formeln und Funktionen dargestellt. Im Listing 11.27 ist die gleiche Lösung mit Hilfe von VBA dargestellt. Es zeigt eine kurze Sub-Prozedur, die alle Vorgänge im Projekt durchläuft und von jedem Vorgang das in Kalenderwochen formatierte Datum in das zugehörige *Text1*-Feld schreibt.

```
Sub VorgangText1AnfangKW()
  Dim myTask As Task
  For Each myTask In ActiveProject.Tasks
    myTask.Text1 = "KW " & Format(myTask.Start, "ww")
  Next myTask
End Sub
```

Listing 11.27:
Kalenderwochen vom Anfang der Vorgänge im Text1-Feld

Vorteil der VBA-Lösung für dieses Beispiel ist die individuelle Gestaltung des Codes und der Zugriff auf das gesamte Objektmodell von Project. Der Nachteil ist, dass mit einer weiteren Anweisung das Makro gestartet werden muss und nicht immer aktiv ist, während bei einer Lösung über Formeln und Funktionen eine sofortige Aktualisierung stattfindet.

Erste Gliederungsebene von Vorgängen formatieren

Bei der Verwendung von Project kommt von Anwendern häufig die Fragestellung: »Warum sind nicht alle Vorgänge in der höchsten Gliederungsebene fett dargestellt? Habe ich etwas falsch gemacht?« Da nicht alle Vorgänge der Gliederungsebene 1 auch gleichzeitig Sammelvorgänge sind, die von Project immer *fett* dargestellt werden, hilft das Listing 11.28 bei dieser Fragestellung weiter.

Listing 11.28: Alle Vorgänge der höchsten Gliederungsebene fett darstellen

```
Sub VorgangEbene1Fett()
  Dim myTask As Task
  For Each myTask In ActiveProject.Tasks
    If (myTask.OutlineLevel = 1 And myTask.Summary = False) Then
      SelectRow Row:=myTask.ID, RowRelative:=False
      Font Bold:=True
    End If
  Next myTask
End Sub
```

Zunächst wird mit der schon bekannten *For Each...Next*-Anweisung auf alle Vorgänge im Projekt zugegriffen. Mit der *If...Then...Else*-Anweisung wird geprüft, ob der Vorgang in der höchsten Gliederungsebene ist und ob er kein Sammelvorgang ist. Die Sammelvorgänge sind bereits fett formatiert. Danach muss die Zeile selektiert werden und die Schriftart wird auf fett gesetzt. Diese Lösung ist nicht die eleganteste, aber es ist die einzige Möglichkeit, eine individuelle Formatierung festzulegen. Im nächsten Beispiel wird eine andere Lösung beschrieben.

Formatierung sämtlicher von externen Ressourcen erbrachten Vorgänge

Über das Feld *Markiert* ist es (wie in ▶ Kapitel 5 beschrieben) möglich, auf die eingestellten Textarten pro Ansicht zuzugreifen. In Abhängigkeit einer Prüfung des Felds *Ressourcenname* oder eines freien Textfelds kann damit die von externen Ressourcen erbrachten Leistungen zu Vorgängen farblich markiert werden. Wählen Sie zunächst über den Menübefehl *Format/Textarten* im Listenfeld *Zu ändernder Eintrag* den Eintrag *Markierte Vorgänge* aus (siehe auch Abbildung 11.19).

Abbildung 11.19: Markierte Vorgänge formatieren

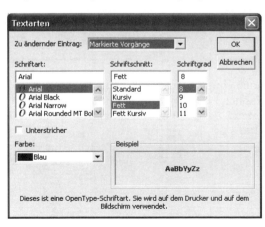

Erstellen Sie anschließend die folgende Prozedur:

```
Sub VorgangMarkiert()
  Dim myTask As Task
  For Each myTask In ActiveProject.Tasks
    If (myTask.ResourceNames Like "*Steffen Reister*") Then
      myTask.Marked = True
    End If
  Next myTask
End Sub
```

Listing 11.29:
Markierte Vorgänge für externe Ressourcen formatieren

In diesem Beispiel wird die Ressource »Steffen Reister« als externe Ressource im Projekt eingesetzt. Da im Feld *Ressourcennamen* nicht nur eine Ressource enthalten sein kann, muss mit dem *Like*-Operator geprüft werden, ob der Name »Steffen Reister« im Feld enthalten ist. Achten Sie dabei auch auf die richtige Klammersetzung in der *If...Then...Else*-Anweisung, da Sie sonst ein falsches Ergebnis bekommen. Wenn der Name »Steffen Reister« im Feld *Ressourcennamen* enthalten ist, wird das Feld *Markiert* auf *Ja (True)* und über die vorher vorgenommene Formatierung in den Textarten auf eine andere Farbe gesetzt (vgl. Abbildung 11.20).

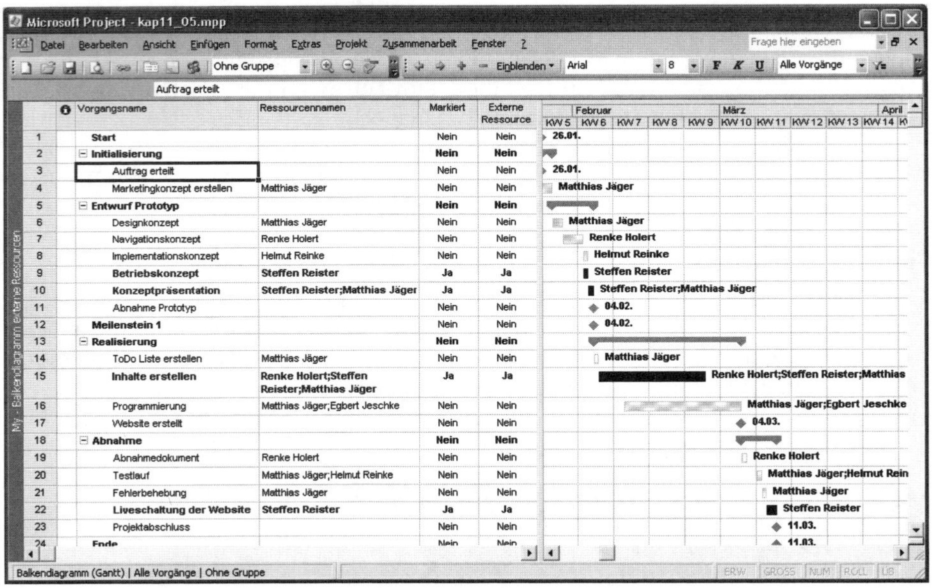

Abbildung 11.20:
Formatierung von externen Ressourcen im Balkendiagramm (Gantt) über die Felder Markiert *und* Attribut1

Die Abbildung 11.20 zeigt außerdem noch eine Ergänzung zu Listing 11.29 in Form des Feldes *Attribut1*, das (wie in ▶ Kapitel 5 beschrieben) als zusätzliche Balkenformatierung in den *Balkenarten* im Menü *Format* mit aufgenommen wurde. Das Listing 11.30 zeigt das aktualisierte Makro.

```
Sub VorgangMarkiertUndAttribut1()
  Dim myTask As Task
  For Each myTask In ActiveProject.Tasks
    If (myTask.ResourceNames Like "*Steffen Reister*") Then
      myTask.Marked = True
```

Listing 11.30:
Vorgänge für externe Ressourcen markiert und Attribut1

```
        myTask.Flag1 = True
      End If
   Next myTask
End Sub
```

 Sie finden die Beispiele für die angegebenen Listings des *Tasks*-Auflistungsobjektes in der Datei *kap11_05.mpp* im Ordner *\Buch\Kap11* auf der CD-ROM zu diesem Buch.

Unterbrechungstermine auslesen

Eine seit Project 98 vorhandene *Vorgangs*-Eigenschaft der Unterbrechungstermine, die von vielen Anwendern verwendet wird, ist in einem Punkt noch verbesserungswürdig. Die Darstellung und Eingabe von Unterbrechungsterminen ist nur grafisch in der Ansicht *Balkendiagramm (Gantt)* durch die Maussteuerung möglich. Es gibt in der Referenz der Project-Felder keine Auflistung aller Unterbrechungstermine. Es sind zwar die Felder *Unterbrechungstermin* und *Wiederaufnahme* aus den Vorgängerversionen von Project vorhanden, allerdings werden in diesen Feldern keine Einträge der richtigen Unterbrechungstermine dargestellt. Mit Hilfe von VBA können jedoch sämtliche Unterbrechungstermine eines Vorgangs ausgelesen und sogar auch geschrieben werden.

Die Abbildung 11.21 zeigt eine *MsgBox*-Funktion für die Ausgabe von Abschnitten aus unterbrochenen Vorgängen.

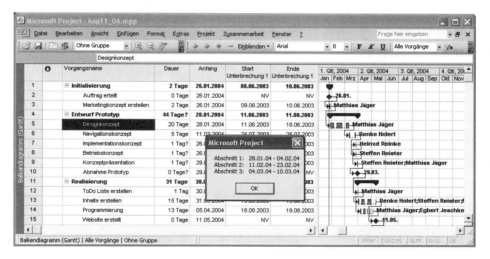

Abbildung 11.21: MsgBox *für Abschnitte eines unterbrochenen Vorgangs*

Das Listing 11.31 zeigt die Programmierung einer *MsgBox* für einzelne Abschnitte, in denen ein unterbrochener Vorgang stattfindet. Zunächst werden in der aktiven Zelle mit einer *For...Next*-Anweisung alle unterbrochenen Abschnitte im selektierten Vorgang durchlaufen. Wenn der Vorgang nicht unterbrochen ist, gibt die *MsgBox* nur einen Abschnitt zurück. Danach wird mit Hilfe der *SplitParts*-Eigenschaft die Auflistung jedes einzelnen Unterbrechungszeitraums mit *Start* und *Ende* zurückgegeben. Die *MsgBox*-Funktion sammelt in der Schleife alle Werte und stellt diese abschließend dar.

```
Sub UnterbrechungstermineAuslesen()
  Dim myTask   As Task
  Dim myInt    As Integer
  Dim myMsg    As String
  myMsg = ""
  With ActiveCell.Task
     For myInt = 1 To .SplitParts.Count
        mySplitAnfang = Format(.SplitParts(myInt).Start, "dd.mm.yy")
        mySplitEnde = Format(.SplitParts(myInt).Finish, "dd.mm.yy")
        myMsg = myMsg & "Abschnitt " & myInt & ":   " & _
                mySplitAnfang & " - " & mySplitEnde & vbCrLf
     Next myInt
  End With
  MsgBox myMsg
End Sub
```

Listing 11.31:
Unterbrechungstermine von Vorgängen in MsgBox *anzeigen*

Eine andere Möglichkeit der tabellenartigen Darstellung der Unterbrechungstermine bietet Project mit der neuen Registerkarte *Felder (benutzerdef.)* in den *Informationen zum Vorgang* (vgl. Abbildung 11.22).

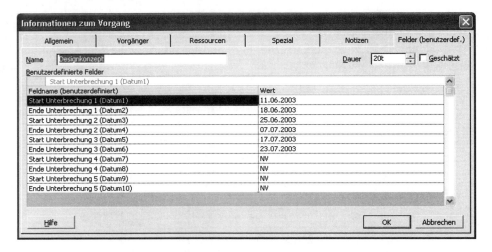

Abbildung 11.22:
Mit VBA abgerufene Unterbrechungstermine in den Feldern Datum1 *bis* Datum10

Das Listing 11.32 zeigt die Verwendung der zuvor beschriebenen *SplitParts*-Eigenschaft und Auflistung. Eine *For Each...Next*-Anweisung durchläuft alle Vorgänge im Projekt, prüft, ob die Vorgänge mindestens einmal unterbrochen sind und durchläuft in einer *For...Next*-Anweisung alle unterbrochenen Terminbereiche. Bis maximal fünf Unterbrechungen werden anschließend in die Felder *Datum1* bis *Datum10* jeweils (wie in Abbildung 11.22 zu erkennen ist) mit *Start* oder *Ende Unterbrechung 1* bis *5* dargestellt. Zur Unterscheidung, welche Unterbrechungszeiträume in welche Datumsfelder geschrieben werden, wird eine *Select Case*-Anweisung verwendet.

```
Sub UnterbrechungstermineInDateFelder()
  Dim myTask   As Task
  Dim myInt    As Integer

  For Each myTask In ActiveProject.Tasks
     If myTask.SplitParts.Count >= 1 Then
```

Listing 11.32:
Unterbrechungstermine von Vorgängen in Datumsfelder schreiben

```
            For myInt = 1 To myTask.SplitParts.Count
                Select Case myInt
                    Case 1
                        myTask.Date1 = myTask.SplitParts(myInt).Start
                        myTask.Date2 = myTask.SplitParts(myInt).Finish
                    Case 2
                        myTask.Date3 = myTask.SplitParts(myInt).Start
                        myTask.Date4 = myTask.SplitParts(myInt).Finish
                    Case 3
                        myTask.Date5 = myTask.SplitParts(myInt).Start
                        myTask.Date6 = myTask.SplitParts(myInt).Finish
                    Case 4
                        myTask.Date7 = myTask.SplitParts(myInt).Start
                        myTask.Date8 = myTask.SplitParts(myInt).Finish
                    Case 5
                        myTask.Date9 = myTask.SplitParts(myInt).Start
                        myTask.Date10 = myTask.SplitParts(myInt).Finish
                End Select
            Next myInt
        End If
    Next myTask
End Sub
```

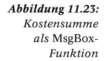

Sie finden die Beispiele für die angegebenen Listings der Unterbrechungstermine von Vorgängen in der Datei *kap11_06.mpp* im Ordner *\Buch\Kap11* auf der CD-ROM zu diesem Buch.

Kosten der selektierten Vorgänge ermitteln

Mancher Project-Anwender wünscht sich eine Summen-Funktion analog Excel, sodass für einen selektierten Bereich von Kostenwerten aus Vorgängen eine Summe in ein anderes Feld geschrieben wird. Eine Lösung ist jedoch, die Kosten der selektierten Vorgänge in einer *MsgBox*-Funktion dem Anwender zurückzugeben (vgl. Abbildung 11.23).

Abbildung 11.23: Kostensumme als MsgBox-*Funktion*

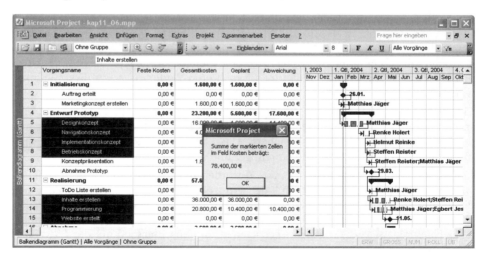

Das Listing 11.33 durchläuft mit einer normalen *For Each…Next*-Anweisung alle Vorgänge und speichert die Werte des Feldes *Kosten* in einer Variablen.

Listing 11.33: Kostensumme als MsgBox-Funktion

```
Sub KostensummeMarkierteZellen()
  Dim myTsk As Task
  Dim myCost As Currency
  For Each myTsk In ActiveSelection.Tasks
    myCost = myTsk.Cost + myCost
  Next myTsk
  MsgBox "Summe der markierten Zellen " & vbCrLf & _
      "im Feld Kosten beträgt:" & vbCrLf _
      & vbCrLf & Format(myCost, "#,##0.00 ") _
      & ActiveProject.CurrencySymbol
End Sub
```

> **HINWEIS** Verwenden Sie in der *Format*-Methode wie in allen VB- und VBA-Programmen stets die englische Schreibweise für die Datumsvorlage.

Ansichten, Filter und Wertelisten

Vorgänger und Nachfolger eines Vorgangs ermitteln

Zur Ermittlung der direkten Verknüpfungen eines Vorgangs mit den nachfolgenden Vorgängen (Nachfolger) und den vorher erledigten Vorgängen (Vorgänger) eignet sich z.B. die Ansicht *Netzplandiagramm* sehr gut. Bei vielen Verknüpfungen zwischen Vorgängen und Meilensteinen ist es aber zum Teil nur schwer erkennbar, welche direkten Verknüpfungen ein Vorgang zu seinen Vorgängern bzw. Nachfolgern hat. Es fehlt ein Filter, der zu einem selektierten Vorgang schnell die Vorgänger und Nachfolger filtert, damit Folgendes zu erkennen ist:

- Wovon ist der selektierte Vorgang abhängig, wenn sich Vorgänge im Terminplan verschieben?
- Welche nachfolgenden Vorgänge sind in Verzug, wenn ich den Termin eines selektierten Vorgangs verschiebe?

Zunächst scheint die Aufgabenstellung nicht so kompliziert und auch ohne VBA-Programmierung lösbar zu sein, da Project über die Felder *Vorgänger* und *Nachfolger* verfügt, in denen die Nummern der Vorgänge enthalten sind. Diese müssten dann nur noch mit einem Filter angewendet werden. Genau dort liegt jedoch das Problem, da der Filter in Project nicht interaktiv mit mehreren Werten oder Einträgen definiert werden kann.

Eine VBA-Lösung müsste demnach durch alle Vorgänger bzw. Nachfolger eines Vorgangs und mit einem dynamischen Datenfeld die Variablen für die Vorgangsnummer der Vorgänger und Nachfolger speichern. Das Listing 11.34 zeigt eine VBA-Lösung für die Erstellung eines Filters für Vorgänger und Nachfolger.

In Datenfeldern *a()* und *x()* (engl. *Array*) werden indizierte Elemente vom gleichen Datentyp gespeichert und während der Laufzeit mit der *ReDim*-Anweisung neu dimensioniert. Diese Anweisung ermöglicht die Erweiterung der letzten Dimension eines Datenfeldes. Mit einer *For Each…Next*-Anweisung wird die *ID (Nummer)* jedes Nachfolgers bzw. Vorgängers gespeichert und anschließend mit der *FilterEdit*-Methode in einen Filter »Vorgänger und Nachfolger« zeilenweise ausgegeben und mit Filterkriterien versehen.

Listing 11.34:
Erzeugung eines Filters für die Vorgänger und Nachfolger eines selektierten Vorgangs

```
Sub FilterVorgaengerNachfolger()
  Dim a() As Variant
  Dim x() As Variant
  Dim myTask As Task
  Dim mySucc As Task
  Dim myPred As Task

  b = 1
  y = 1
  i = 1

  Set myTask = ActiveCell.Task
  c = myTask.SuccessorTasks.Count
  d = myTask.PredecessorTasks.Count

  ReDim a(c)
  ReDim x(d)

  For Each mySucc In myTask.SuccessorTasks
    a(b) = mySucc.ID
    b = b + 1
  Next mySucc

  For Each myPred In myTask.PredecessorTasks
    x(y) = myPred.ID
    y = y + 1
  Next myPred

  FilterEdit Name:="Vorgänger und Nachfolger", _
          TaskFilter:=True, Create:=True, _
          OverwriteExisting:=True, FieldName:="Nr.", _
          test:="Gleich", Value:=myTask.ID, _
          ShowInMenu:=True, ShowSummaryTasks:=False
  For i = 1 To myTask.SuccessorTasks.Count
     FilterEdit Name:="Vorgänger und Nachfolger", TaskFilter:=True, _
          FieldName:="", NewFieldName:="Nr.", test:="Gleich", _
          Value:=a(i), Operation:="Oder", ShowSummaryTasks:=False
  Next i

  For j = 1 To myTask.PredecessorTasks.Count
     FilterEdit Name:="Vorgänger und Nachfolger", TaskFilter:=True, _
             FieldName:="", NewFieldName:="Nr.", test:="Gleich", _
             Value:=x(j), Operation:="Oder", _
             ShowSummaryTasks:=False
  Next j

  FilterApply Name:="Vorgänger und Nachfolger"
End Sub
```

Die Abbildung 11.24 stellt das Resultat des erstellten Filters in der Ansicht *Netzplandiagramm* dar.

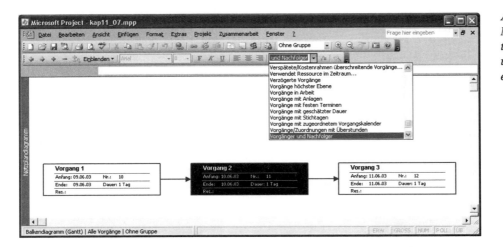

Abbildung 11.24:
Mit VBA gefilterte Vorgänger und Nachfolger eines Vorgangs

In Abbildung 11.25 ist die Definition des Filters zu erkennen. Die VBA-Prozedur schreibt die mit dem Datenfeld eingelesenen ID-Nummern der Vorgänger und Nachfolger und des selektierten Vorgangs zeilenweise in die Definition des Filters, um alle abhängigen Vorgänge zu filtern.

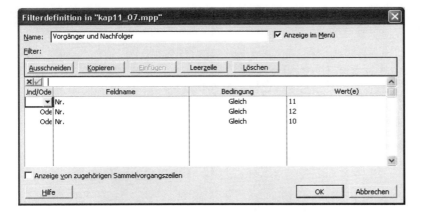

Abbildung 11.25:
Definition des Filters

Wertelisten automatisch mit Werten füllen

Bei der Erzeugung von Strukturen für Projekte, Vorgänge und Ressourcen müssten zunächst die benutzerdefinierten Felder *Vorgang-Text, Vorgang-Gliederungscode, Ressourcen-Gliederungscode, Enterprise Project Gliederungscode* etc. gefüllt werden. Bei Wertelisten ist es zwar möglich, die in die Tabelle der Ansicht *Balkendiagramm (Gantt)* eingetragenen Werte direkt mit in die Auswahl aufzunehmen, jedoch können dort auch schnell Fehleinträge zu Stande kommen. Der Schlüssel ist eine kleine VBA-Lösung, die viel Zeit und Arbeit bei der Definition der Grundstrukturen ersparen kann. Sie ist zudem erweiterbar, um z.B. Werte aus Textdateien oder XML-Dokumenten einzulesen, zeigt hier im Beispiel aber nur die allgemeine Vorgehensweise.

Die Lösung verwendet eine leere Projektdatei als Speicher für *Wert (Text2)* und *Beschreibung (Text3)* der Elemente in einer Werteliste, die im Feld *Text1* angezeigt wird.

Das Listing 11.35 zeigt die Verwendung der *CustomFieldValueListAdd*-Methode, um alle Werte, die in den Feldern *Text2* und *Text3* stehen, in die Werteliste mit aufzunehmen.

Listing 11.35:
Wertelisten automatisch füllen

```
Sub WertelistenFuellen()
  Dim myVal As String
  Dim myDes As String
  Dim myTask As Task
  For Each myTask In ActiveProject.Tasks
    myVal = myTask.Text2
    myDes = myTask.Text3
    CustomFieldValueListAdd FieldID:=pjCustomTaskText1, _
        Value:=myVal, Description:=myDes
  Next myTask
End Sub
```

Das Ergebnis können Sie in Abbildung 11.26 erkennen. Die erstellten Wertelisten können dann über den Menübefehl *Extras/Organisieren* in andere Projekte, in die *Global.mpt* oder in die ausgecheckte *Enterprise-Global* mit übernommen werden.

Abbildung 11.26:
Mit VBA erstellte Wertelisten

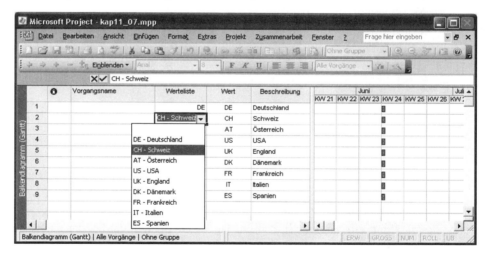

Sie finden die Beispiele für die angegebenen Listings der Wertelisten und Filter von Vorgängern und Nachfolger eines selektierten Vorgangs in der Datei *kap11_07.mpp* im Ordner *\Buch\Kap11* auf der CD-ROM zu diesem Buch.

Spezielle Aufgaben in VBA

Application und Events

VBA Code in Enterprise-Global zur Verfügung stellen

Wenn Sie mit dem Project Server arbeiten und VBA-Code in Project erstellt haben, können Sie die VBA-Prozeduren unternehmensweit über die Project Server-Datenbank zur Verfügung stellen. Gehen Sie dazu folgendermaßen vor:

1. Öffnen Sie Project Professional und melden Sie sich mit einem Administrator-Account am Project Server an.
2. Öffnen Sie die Projektdatei, in der Sie den VBA-Code gespeichert haben.
3. Öffnen Sie die *Enterprise-Global* über *Extras/Enterprise-Optionen/Enterprise-Global öffnen*.
4. Öffnen Sie den Visual Basic-Editor.
5. Ziehen Sie mit Hilfe der Drag&Drop-Funktion die in einer Projektdatei erstellte Prozedur im Projekt-Explorer in die *Ausgecheckte Enterprise-Global* (siehe Abbildung 11.27).

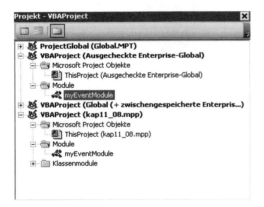

Abbildung 11.27:
VBA-Prozeduren unternehmensweit mit Hilfe der Enterprise-Global zur Verfügung stellen

ACHTUNG
Achten Sie darauf, dass Sie die VBA-Prozeduren bzw. die Module nicht in die *Zwischengespeicherte Enterprise-Global* kopieren. Die *Zwischengespeicherte Enterprise-Global* ist nur ein temporärer Zwischenspeicher (Cache), der bei der nächsten Anmeldung am Project Server überschrieben wird.

Sie können nun für die weitere Bearbeitung des VBA-Codes auch direkt in der ausgecheckten Enterprise-Global arbeiten.

TIPP
Es ist jedoch empfehlenswerter, zunächst offline den Code zu erarbeiten und später für die Verteilung an alle beteiligten Anwender den VBA-Code in die Enterprise-Global zu kopieren.

Events und Klassenmodule

Ereignisse des *Application*-Objekts treten auf, wenn ein Projekt erstellt wird. Zum Schreiben von Ereignisprozeduren für das *Application*-Objekt müssen Sie mithilfe der *WithEvents*-Methode in einem Klassenmodul ein neues Objekt vom Typ *Appli-*

cation mit Ereignissen erstellen. Das neue Klassenmodul muss den folgenden Code enthalten:

```
Public WithEvents App As Application
```

Wenn Sie das Klassenmodul in der *Global.mpt* erstellen, stehen die Ereignisse in jedem Projekt auf dem lokalen Computer zur Verfügung. Wenn Sie das Klassenmodul in der *Enterprise-Global* auf der Project Server-Datenbank erstellen, stehen die Ereignisse in jedem Projekt auf jedem angeschlossenen Computer im Unternehmen zur Verfügung. Führen Sie hierzu folgende Schritte aus:

1. Markieren Sie im Visual Basic-Editor im *Projekt-Explorer* das Projekt *ProjectGlobal* oder für ein einzelnes Projekt das Projekt *VBAProject*.
2. Wählen Sie den Befehl *Einfügen/Klassenmodul* oder wählen Sie im *Projekt-Explorer* aus dem Kontextmenü den Befehl *Einfügen/Klassenmodul*.
3. Weisen Sie im *Eigenschaftenfenster* der Klasse einen Namen zu, z.B. *myEventClassModule*.
4. Im Modulfenster muss nun eine Variable als Applikationsobjekt mit Ereignisunterstützung dimensioniert werden. Der Anweisung dafür lautet:

```
Public WithEvents App As MSProject.Application
```

5. Nach dieser Deklaration erscheint in der Objektauswahlliste des Klassenmodul-Fensters links oben das Objekt *Application* (vgl. Abbildung 11.28).

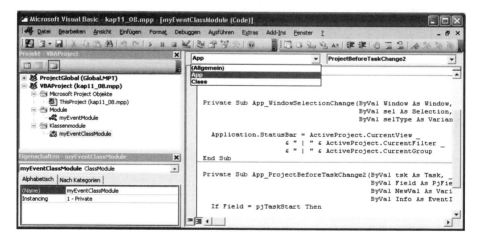

Abbildung 11.28: Variable als Applikationsobjekt mit Ereignisunterstützung dimensionieren

6. Nach dessen Auswahl können Sie aus der Prozedurliste (rechts) die Ereignisse (wie im ▶ Anhang A im Abschitt über die Ereignisse des *Application*-Objektes beschrieben) auswählen.

WindowSelectionChange

Zunächst ein Beispiel, wie auf jede Änderung in der Auswahl der aktiven Zelle in Project reagiert werden kann. Mit Hilfe des *WindowSelectionChange*-Ereignis kann Project auf fast alle Arten der Veränderung in einer Ansicht reagieren. Ausnahmen sind die Knoten im *Netzplandiagramm* und der rechte Teil in der Ansicht *Ressource: Einsatz* oder *Vorgang: Einsatz*.

Die Argumente des Ereignisses sind *Window* für das Fenster, in dem die Veränderung vorgenommen wird, *sel* für die aktuelle Auswahl (Selektion), die vorgenommen ist, und *selType* als Typ der in die Auswahl eingeschlossenen Daten (*Task-*, *Ressource-* oder *Other-Item*).

Als Beispiel soll eine typische Fragestellung von Anwendern behandelt werden: »Ist es möglich, in der aktuellen Ansicht und Bildschirmdarstellung schnell zu erkennen, welche Ansicht ausgewählt ist, welcher Filter aktiv ist und, wenn eingeschaltet, welche Gruppierung aktiv ist?«

In den Auswahlfeldern der Filter und Gruppierungen in den Symbolleisten sind zwar noch die letzten Einstellungen sichtbar, bei längeren vergebenen Namen, z.B. *Nicht abgeschlossene Vorgänge*, sind diese aber kaum noch erkennbar. Eine Lösung kann deshalb über die *StatusBar*-Eigenschaft und das *WindowSelectionChange*-Ereignis in VBA erstellt werden.

Wählen Sie deshalb (wie oben beschrieben) in der Prozedurliste den Eintrag *WindowSelectionChange* aus (Abbildung 11.29) und ergänzen Sie die Ereignisprozedur um das Listing 11.36.

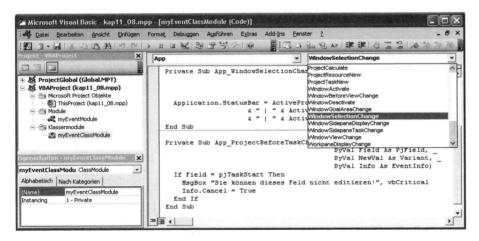

Abbildung 11.29: Window-SelectionChange-Ereignis

```
Private Sub App_WindowSelectionChange(ByVal Window As Window, _
                                      ByVal sel As Selection, _
                                      ByVal selType As Variant)
    Application.StatusBar = ActiveProject.CurrentView _
            & " | " & ActiveProject.CurrentFilter _
            & " | " & ActiveProject.CurrentGroup
End Sub
```

Listing 11.36: Aktuelle Ansicht, Filter und Gruppierung in der Statusleiste sichtbar

Bei Veränderung einer Selektion, z.B. beim Klicken in eine andere Zelle, beim Öffnen eines Menüs oder bei der Aktivierung eines Filters, wird das Klassenmodul ausgeführt und schreibt über die *StatusBar*-Eigenschaft Text in die Statusleiste am unteren linken Bildschirmrand zurück. Der Text setzt sich aus der aktuellen Ansicht, dem aktuellen Filter und der aktuellen Gruppierung zusammen. Die Anweisung kann hier nach Ihren eigenen Wünschen beliebig erweitert werden. Beispielsweise könnte auch das in Listing 11.5 beschriebene Vorgehen zur Erkennung des aktuell angemeldeten Benutzers am Project Server in die Statusleiste geschrieben werden.

Das beschriebene Ereignis führt zu diesem Zeitpunkt leider noch keine Aktion aus. Zur Aktivierung muss zuvor in einem Modul eine Variable auf die neue Klasse dimensioniert werden. Beachten Sie, dass dafür kein Klassenmodul verwendet werden kann. Danach wird die *App*-Eigenschaft der Variable auf das Applikationsobjekt gesetzt. So wird das Klassenmodul geladen und initialisiert. In Listing 11.37 finden Sie die zugehörigen Anweisungen.

Listing 11.37: Eigene Klasse laden

```
Dim myEvent As New myEventClassModule

Sub EreignisStarten()
  Set myEvent.App = Application
End Sub
```

Damit die Ereignisse automatisch geladen werden (wenn Project gestartet wird), kann die Dimensionierung entweder in der lokalen *Global.mpt* im Modul *ThisProject* erfolgen oder in der unternehmensweiten Enterprise-Global im gleichen Modul *ThisProject*. Das Setzen von *evt.App* wird im Projektereignis *Project_Open* geschrieben.

Abbildung 11.30: Automatische Aktivierung des Event- und Klassenmoduls

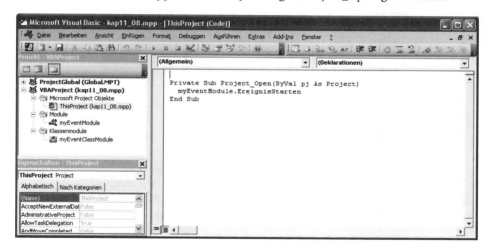

Das Resultat des *WindowSelectionChange*-Ereignisses ist in Abbildung 11.31 zu erkennen.

Abbildung 11.31: Automatische Aktivierung der StatusBar-Eigenschaft

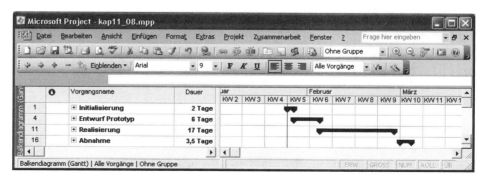

Sie finden die Beispiele für die angegebenen Listings der Klassenmodule in der Datei *kap11_08.mpp* im Ordner *\Buch\Kap11* auf der CD-ROM zu diesem Buch.

Speichern eines Projektes erkennen und unterbrechen

Mit Hilfe einer VBA-Prozedur können Sie auch das Speichern eines Projektes erkennen und ggf. unterbrechen. Die kann z.B. sinnvoll sein, wenn Sie beim Speichervorgang auch Daten in eine externe Applikation speichern möchten. In Abhängigkeit des verwendeten Codes kann der gesamte Speichervorgang abgebrochen werden bzw. können zunächst andere VBA-Prozeduren aufgerufen und dann die Speicherung fortgesetzt werden.

Abbildung 11.32:
Den Speichervorgang eines Projektes unterbinden

```
Private Sub App_ProjectBeforeSave2 (ByVal pj As Project, _
                          ByVal SaveAsUi As Boolean, _
                          ByVal Info As EventInfo)
   MsgBox "Sorry, speichern nicht möglich!" , vbCritical
   Info.Cancel = True
End Sub
```

Listing 11.38:
Speichern von Projekten unterbinden

Das Listing 11.38 zeigt mit dem *ProjectBeforeSave2*-Ereignis die Verhinderung des Speichervorgangs eines Projektes zunächst mit einer *MsgBox*-Funktion an. Danach wird über das *EventInfo*-Objekt eine Aufhebungsinformationen des Ereignisobjekts dargestellt. Das *EventInfo*-Objekt hat eine Eigenschaft vom Typ *Boolean* (Cancel). Das *EventInfo*-Objekt wird anstelle des *Cancel*-Parameters verwendet, der in Project 2000 verwendet wurde. Deshalb ist das *ProjectBeforeSave*-Ereignis auch mit der Nummer 2 benannt.

Das ursprüngliche *ProjectBeforeSave*-Ereignis aus Project 2000 kann auch noch in der aktuellen Version verwendet werden. Anstelle der Parameter `ByVal Info As EventInfo` und `Info.Cancel = True` werden dort noch die Parameter `Cancel As Boolean` und `Cancel=True` verwendet. **HINWEIS**

Auch dieses Beispiel und die angegebenen Listings der Klassenmodule finden Sie in der Datei *kap11_08.mpp* im Ordner *\Buch\Kap11* auf der CD-ROM zu diesem Buch. Beachten Sie dabei, dass die *ProjectBeforeSave*-Ereignis-Prozedur auskommentiert ist.

Spalten (Felder) mit *ProjectBeforeTaskChange*-Ereignis sperren

Project unterstützt im Standardumfang kein Sicherheitskonzept, das das Sperren von einzelnen Feldern unterstützt. Wenn ein Benutzer, in der Regel der Projektleiter oder

Administrator, vollen Zugriff auf das Projekt hat, kann dieser alle Werte im Projekt ändern. Wie sieht aber eine VBA-Lösung über ein Klassenmodul für die Sperrung eines Feldes in Project aus?

Mit Hilfe des *ProjectBeforeTaskChange*-Ereignisses ist es möglich, das Event auf ein bestimmtes Feld zu adressieren und dieses mit einem *Cancel*-Parameter zu sperren. Dieses Vorgehen ist auf keinen Fall eine professionelle Lösung für ein Sicherheitskonzept mit integrierter Benutzerverwaltung. Es zeigt jedoch auf, wie Klassenmodule einfach und flexibel in Project eingesetzt werden können.

Die Abbildung 11.33 zeigt eine Meldung an, die auftaucht, wenn ein Anwender versucht, im Feld *Anfang* einen Wert zu ändern.

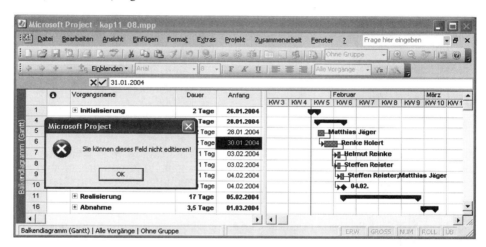

Abbildung 11.33: Sperren einer Spalte (Feld) in Project mit dem Ereignis Project-Before-TaskChange

Das Listing 11.39 zeigt das *ProjectBeforeTaskChange2*-Ereignis, das bei der Editierung des Felds *Anfang (pjTaskStart)* mit einer *MsgBox*-Funktion reagiert und anschließend mit dem *Cancel*-Parameter den Zugriff sperrt.

Listing 11.39: Sperren einer Spalte (Feld) in Project mit dem Ereignis Project-Before-TaskChange

```
Private Sub App_ProjectBeforeTaskChange2 (ByVal tsk As Task, _
                                          ByVal Field As PjField, _
                                          ByVal NewVal As Variant, _
                                          ByVal Info As EventInfo)
  If Field = pjTaskStart Then
    MsgBox "Sie können dieses Feld nicht editieren!", vbCritical
    Info.Cancel = True
  End If
End Sub
```

LoadWebBrowserControl

Project ist durch die Integration mit dem Project Server und die neue Funktion des *Projektberaters* in der Windows-Oberfläche technisch in ActiveX-Controls aufgeteilt. Der linke Teil des *Projektberaters* ist die so genannte *Sidepane*, der rechte Teil der normalen Project-Ansichten ist die *Microsoft Project ActiveX view control*. Zusammengefasst ergeben diese beiden plus einem zusätzlichen kleinen Streifen oberhalb die *Internet Explorer Display Area*. Diese Unterscheidung musste technisch realisiert werden, um Project Server-Seiten auch innerhalb von Project Professional darzustellen (vgl. Abbildung 11.34).

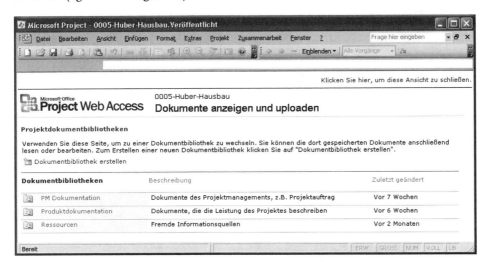

Abbildung 11.34: Zugriff von Project auf Project Server-Seiten

Interessant dabei ist, ob nicht mit VBA ein Zugriff auf interne Webseiten aus dem Intranet beispielsweise möglich sind, um innerhalb von Project Informationen aus anderen Applikationen darzustellen, ohne die Anwendung zu wechseln oder einen zusätzlichen Browser zu öffnen. Die Abbildung 11.35 zeigt die Darstellung einer Webseite innerhalb der *Microsoft Project ActiveX view controls*. Damit ist ein Zugriff auf »Nicht-Project-Ansichten« und die direkte Integration von mehreren Benutzeroberflächen in Project möglich.

Abbildung 11.35: Anzeigen von Webseiten als ActiveX Web Control innerhalb von Project

Die Lösung dazu ist nicht nur mit einer VBA-Prozedur zu schaffen. Fügen Sie zunächst den Code aus Listing 11.40 in ein VBA-Modul ein. Dieser enthält einen Verweis auf eine angepasste *Wrapper*-Seite (*CustomWrapper.htm*) in einem Projektverzeichnis. Vorab wird aber noch die Funktion des *Projektberaters* ausgeschaltet, da die *LoadWebBrowserControl*-Methode nur bei ausgeschaltetem Projektberater funktioniert.

Listing 11.40:
Aufruf von angepasstem Code in einer Wrapper-Seite

```
Sub MyLoadWebPage()
    OptionsInterface DisplayProjectGuide:=False
    Application.LoadWebBrowserControl _
              TargetPage:="MyCustomTargetPage", _
              WrapperPage:="file:\\C:/Projekte/CustomWrapper.htm"
End Sub
```

Sie finden die Beispiele für die angegebenen Listings der *LoadWebBrowserControl*-Methode und die zugehörigen Dateien *CustomWrapper.htm* und *CustomWrapper.js* in der Datei *kap11_09.mpp* im Ordner *\Buch\Kap11* auf der CD-ROM zu diesem Buch.

HINWEIS

Beachten Sie, dass ein fest eingestellter Pfad auf die Datei *CustomWrapper.htm* existieren muss. Passen Sie diesen ggf. an oder erstellen Sie ein Verzeichnis *C:\Projekte* und kopieren Sie die notwendigen Dateien *CustomWrapper.htm* und *CustomWrapper.js* in dieses Verzeichnis.

Mit der *LoadWebBrowserControl*-Methode können HTML-Seiten in Project angezeigt werden. Diese Methode kann verwendet werden, wenn der Projektberater ein- oder ausgeblendet ist. Wenn der Projektberater ausgeblendet ist, lädt diese Methode das Webbrowser-Steuerelement in Microsoft Project und löst das *LoadWebPage*-Ereignis aus. Ist der Projektberater dagegen eingeblendet, löst diese Methode lediglich das *LoadWebPage*-Ereignis aus.

Das Argument *TargetPage* bezeichnet die anzuzeigende HTML-Zielseite. Dieser String kann jedoch nicht die direkte URL auf eine Intranet- oder Internet-Seite sein, sondern stellt eine Variable dar, die in der *JScript*-Funktion in der Datei *Custom-Wrapper.js* definiert wird.

Das Listing 11.41 zeigt zunächst die Datei *CustomWrapper.htm* mit dem Verweis

```
<script src="file:\\C:\Projekte\CustomWrapper.js"></script>
```

auf die Datei *CustomWrapper.js* und den Aufruf des *LoadWebPage*- Events.

Listing 11.41:
Die ersten Zeilen von Custom-Wrapper.htm

```
<!-- ProjectGuideMainpage -->

<html>
<head>
<meta http-equiv="content-type" content="text/html; charset=utf-8">
<meta http-equiv="MSThemeCompatible" content="Yes">
<title> Microsoft Project </title>
<script src="gbui://util.js" language="JScript"></script>

<style type="text/css">

[...weitere Anweisungen...]
```

```
<script for="MSPJAppObj" event="LoadWebPage(wnd, targetPage)" language="JScript">
if (this_Project_Window == wnd.Index)
{
   handle_LoadWebPage(targetPage);
}
</script>
```

Innerhalb der Datei *CustomWrapper.js* wird dann eine Variable mit der Ziel-URL einer anzuzeigenden Intra- oder Intranet-Seite gesetzt:

```
var constTaskFormContentPage = "http://www.microsoft.com/germany ";
```

Das Listing 11.42 zeigt die komplette *JScript*-Funktion für die *LoadWebBrowser-Control*-Methode. Zunächst wird ein Verweis auf die Project-Applikation mit *window.external.application* gesetzt. Danach wird das Argument *TargetPage* aus der VBA-Methode *LoadWebBrowserControl* mit einer *Case*-Anweisung verwendet, um anschließend mit der *urlToGo*-Anweisung auf die weiter oben definierte URL der Intra- oder Internet-Seite zu gehen.

```
function handle_LoadWebPage(targetPage)
{
   try
   {
      var parentApp = window.external.application;

      if(parentApp.displayProjectGuide)
      {
         return;
      }

      var urlToGo = null;

      switch(targetPage)
      {
         case "MyCustomTargetPage":
            // Dieser targetPage-string führt zu
            // http://www.microsoft.com/germany
            // Die URL wird weiter oben zum einfacheren
            // Updaten gespeichert
            urlToGo = constTaskFormContentPage;
         break;

         default:
            // Im Falle eines Fehlers, zeige das normale UI an,
            urlToGo = constProjectView;

            try
            {
               // Warnung, falls die targetPage nicht erkannt wird
               window.external.application.Message(L_BadParameter_Message);
            }
            catch(Exception)
            {
            }
         break;
```

Listing 11.42: CustomWrapper.js *als JScript-Funktion zum Aufruf von Webseiten in Project*

```
        }
      document.all.viewFrame.src = urlToGo;
      handleResize();
    }
    catch(exp)
    {
    }
}
```

Größere Programmierbeispiele finden Sie in folgendem ▶ Kapitel 12. Zudem finden Sie in ▶ Anhang A eine vollständige Auflistung aller VBA-Elemente.

12 VBA-Beispielanwendungen

411 Project-Vorgänge als Outlook-Aufgaben, -Termine oder -Notizen exportieren
419 PowerPoint-Präsentation aus Project erstellen
427 Kostenimport aus einem ERP-System in Project
434 Differenzierte Planung nicht ressourcengesteuerter Kosten

Dieses Kapitel richtet sich wie das vorherige Kapitel an Entwickler. Während im vorhergehenden Kapitel insbesondere das Project-Objektmodell schwerpunktmäßig funktionsorientiert dargestellt wurde, beschreiben wir in diesem Kapitel praxisnahe Beispielanwendungen. Bei jedem Beispiel wird zunächst das Business-Problem umrissen und dann überblickartig die Funktionsweise beschrieben. Hieran schließt sich eine Beschreibung der einzelnen Komponenten und eine Zusammenfassung an. Auf der Buch-CD finden Sie zudem den Quellcode der Anwendungen.

Project-Vorgänge als Outlook-Aufgaben, -Termine oder -Notizen exportieren

Das Business-Problem

Eine häufige Fragestellung von Project-Anwendern ist, ob es eine Möglichkeit des direkten Datenaustausches mit Outlook gibt, um Vorgänge aus Project als Aufgabe oder Meilensteine aus Project als Kalendereinträge in Outlook darzustellen. Die folgende VBA-Lösung stellt eine Beispielanwendung für die Integration zwischen Project und Outlook dar.

Übersicht über die Anwendung

Damit die Anwendung vom Benutzer aufgerufen werden kann, wird zunächst beim Öffnen des Projektplans eine neue Symbolleiste erstellt, die ein Symbol für den Aufruf eines Dialogfeldes (UserForm *ufrm_ExportOutlook*) enthält. Im UserForm kann der Anwender auswählen, welche Vorgänge und in welcher Elementart diese in Outlook exportiert werden sollen. Vom UserForm werden dann die im Modul *MyOut-*

lookExport zusammengefassten Prozeduren für den Export als Termine, Aufgaben oder Notizen aufgerufen:

- Neue Symbolleiste in Project beim Öffnen darstellen
- UserForm für den Datenaustausch
- Project-Vorgänge als Outlook-Termine exportieren
- Project-Vorgänge als Outlook-Aufgaben exportieren
- Project-Vorgänge als Outlook-Notizen exportieren

Das beschriebene Beispiel und den Code der folgenden Listings zu diesem Beispiel finden Sie auf der CD-ROM zum Buch im Ordner *\Buch\Kap12* unter dem Namen *KAP12_Outlook_Project.mpp*.

Neue Symbolleiste in Project beim Öffnen darstellen

Beim Öffnen des Beispielprojektes wird eine neue Symbolleiste *Project Outlook Integration* geladen. Das Listing 12.1 zeigt die Prozedur *Project_Open*, die beim Laden eines Projektes in Project automatisch ausgeführt wird. Nach der Dimensionierung und dem Objektverweis wird einen neue temporäre Symbolleiste geladen, die nach Beendigung der Project-Anwendung wieder entfernt wird.

Abbildung 12.1:
Neue temporäre Symbolleiste beim Öffnen

Weiterhin wird ein neues Symbol hinzugefügt. Mit Hilfe der *Caption*-Eigenschaft wird der Beschriftungstext und mit der *TooltipText*-Eigenschaft wird der Text, der in der QuickInfo des Symbols angezeigt wird, festgelegt.

Die *FaceID*-Eigenschaft legt die Nummer für das der Befehlsleiste zugewiesene Schaltflächensymbol fest und die *OnAction*-Eigenschaft gibt den Namen des Visual Basic-Makros zurück, das ausgeführt wird, wenn der Benutzer auf das Symbol klickt.

```
Private Sub Project_Open(ByVal pj As Project)
  Dim myCommandBars As Object
  Set myCommandBars = pj.CommandBars
  myCommandBars.Add Name:="Project Outlook Integration", _
      temporary:=True
  myCommandBars("Project Outlook Integration").Controls.Add _
      Type:=msoControlButton, Before:=1, temporary:=True
  With myCommandBars("Project Outlook Integration").Controls(1)
      .Style = msoButtonIconAndCaption
      .Caption = "  Starte Outlook Export Assistent   "
      .TooltipText = "Stellt eine Integration mit Outlook her"
      .FaceId = 361
      .OnAction = "Macro """ & pj.Name & "!ExportForm"""
  End With
  myCommandBars("Project Outlook Integration").Visible = True
End Sub
```

Listing 12.1:
Neue Symbolleiste beim Öffnen der Datei erstellen

UserForm für den Datenaustausch

Beim Klicken auf das Symbol in der neuen Symbolleiste *Project Outlook Integration* wird eine UserForm geöffnet, die es dem Anwender erlaubt, Einstellungen für den Export von Daten aus Project zu Outlook vorzunehmen (vgl. Abbildung 12.2).

Abbildung 12.2:
UserForm für den Export von Project-Daten zu Outlook

Das Listing 12.2 zeigt den Code der aufgerufenen UserForm. Wenn der Anwender die Schaltfläche *Abbrechen* anklickt, wird die VBA-Prozedur beendet. Klickt der Anwender auf die Schaltfläche *Export*, wird mit der *Select Case*-Anweisung geprüft, welche der Optionen zuvor gewählt wurden. Sie können sich dabei entscheiden, ob alle Vorgänge im aktiven Projekt oder nur die zuvor selektierten Vorgänge im Projekt exportiert werden sollen. Mit der zweiten Option können Sie entscheiden, ob diese Vorgänge als Termin im Kalender, als Aufgabe oder als Notiz in Outlook exportiert werden sollen. Dabei ist es unerheblich, ob Outlook als reine Desktop-Anwendung oder Outlook als Exchange Server-Client auf Ihrem Computer installiert ist.

Listing 12.2:
Code der User-Form

```
Private Sub cmd_Cancel_Click()
    End
End Sub

Private Sub cmd_ExportData_Click()
  Select Case op_all
    Case op_app
      Call ExportOL_allApp
    Case op_task
      Call ExportOL_allTask
    Case op_notes
      Call ExportOL_allNotes
  End Select

  Select Case op_sel
    Case op_app
      Call ExportOL_selectApp
    Case op_task
      Call ExportOL_selectTask
    Case op_notes
      Call ExportOL_selectNotes
  End Select
  Me.Hide
```

```
End Sub

Private Sub UserForm_Initialize()
  op_all.Value = False
  op_sel.Value = False
  op_app.Value = False
  op_task.Value = False
End Sub
```

Project-Vorgänge als Outlook-Termine exportieren

Wenn der Anwender die Option *Termin* wählt, werden in Abhängigkeit der Option *Alle Vorgänge* oder *Selektierte Vorgänge* mit einer Schleife durch die entsprechende Anzahl von Vorgängen diese zu Outlook als Kalendereintrag exportiert. Starten Sie dazu zunächst Outlook und wählen Sie ggf. ein Profil Ihrer Wahl aus.

Das Listing 12.3 und das Listing 12.4 sind im Aufbau fast identisch. Der einzige Unterschied besteht darin, dass im Listing 12.3 mit der Schleife *For Each myTask In ActiveProject.Tasks* alle Vorgänge im aktuellen Projekt durchlaufen werden, und in Listing 12.4 mit der Schleife *For Each myTask In ActiveSelection.Tasks* nur die zuvor in Project im Projektplan selektierten Vorgänge des aktuelles Projekts. Zuvor wird eine Outlook-Objektinstanz mit der *CreateObject*-Funktion erzeugt.

Beim Durchlaufen der *For Each...Next*-Anweisung wird pro Vorgang mit Hilfe der *CreateItem*-Methode ein neues Outlook-Element als Termin erzeugt. Für dieses Element wird mit der *With*-Anweisung eine Reihe von Anweisungen durchlaufen. Dieses sind das Setzen des Start- und Ende-Datums des Outlook-Kalendereintrags mit den Werten aus den Project-Vorgängen und den Feldern *Start* und *Ende*. Mit der *Subject*-Eigenschaft wird der Betreff des Kalendereintrags mit dem Vorgangsnamen festgelegt. Die zugeordnete Kategorie des Outlook-Elementes erhält den Namen des Projektes. Die Notizen der Vorgänge werden mit Hilfe der *Body*-Eigenschaft als eigentlicher Text im Kalendereintrag dargestellt. Zum Abschluss der Schleife muss das Outlook-Element mit der *Save*-Methode noch gespeichert werden.

```
Sub ExportOL_allApp()
  'In diesem Beispiel werden alle Vorgänge im aktuellen Projekt
  'als Termine in Outlook eingetragen
  Dim myTask As Task
  Set myOLApp = CreateObject("Outlook.Application")

  For Each myTask In ActiveProject.Tasks
  Set myitem = myOLApp.CreateItem(olAppointmentItem)
    With myItem
      .Start = myTask.Start
      .End = myTask.Finish
      .Subject = myTask.Name & " (Project Task)"
      .Categories = myTask.Project
      .Body = myTask.Notes
      .Save
    End With
  Next myTask
End Sub
```

Listing 12.3:
Alle Vorgänge im aktuellen Projekt als Termine in Outlook eingetragen

Listing 12.4:
Selektierte Vorgänge im aktuellen Projekt als Termine in Outlook eintragen

```
Sub ExportOL_selectApp()
'In diesem Beispiel werden die selektierten Vorgänge im
'aktuellen Projekt als Termine in Outlook eingetragen
Dim myTask As Task
Dim myitem As Outlook.AppointmentItem

Set myOLApp = CreateObject("Outlook.Application")

For Each myTask In ActiveSelection.Tasks
  Set myitem = myOLApp.CreateItem(olAppointmentItem)
  With myitem
    .Start = myTask.Start
    .End = myTask.Finish
    .Subject = myTask.Name & " (Project Task)"
    .Categories = myTask.Project
    .Body = myTask.Notes
    .Save
  End With
Next myTask
End Sub
```

Die Abbildung 12.3 zeigt alle mit Hilfe von Listing 12.3 exportierten Project-Vorgänge in der Kalender-Ansicht *Nach Kategorie* mit ausgewählten und formatierten Spalten an.

Abbildung 12.3:
Exportierte Project-Vorgänge in Outlook als Kalendereintrag

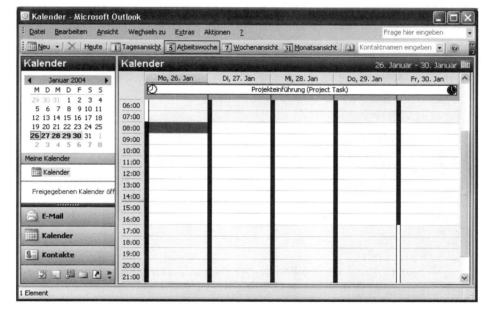

Project-Vorgänge als Outlook-Aufgaben exportieren

Das Listing 12.5 und das Listing 12.6 stellen ähnliche Prozeduren dar, wie die zuvor bei dem Export von Kalendereinträgen aufgezeigten Listings. Das Verfahren einer Schleife durch alle oder nur selektierte Vorgänge in Project und das Speichern von *Anfang, Ende, Name, Notiz* und *Kategorie* des Vorgangs bzw. Projekts ist das Gleiche wie zuvor dargestellt. Der einzige Unterschied besteht in der Erstellung des Outlook-Elements *olTaskItem* als Aufgabenelement mit der *CreateItem*-Methode.

```
Sub ExportOL_allTask()
  'In diesem Beispiel werden alle Vorgänge im aktuellen Projekt
  'als Aufgaben in Outlook eingetragen
  Dim myTask As Task
  Dim myitem As Outlook.TaskItem

  Set myOLApp = CreateObject("Outlook.Application")

  For Each myTask In ActiveProject.Tasks
    Set myitem = myOLApp.CreateItem(olTaskItem)
    With myitem
      .StartDate = myTask.Start
      .DueDate = myTask.Finish
      .Subject = myTask.Name & " (Project Task)"
      .Body = myTask.Notes
      .Categories = myTask.Project
      .Save
    End With
  Next myTask
End Sub
```

Listing 12.5:
Alle Vorgänge im aktuellen Projekt als Aufgaben in Outlook eintragen

```
Sub ExportOL_selectTask()
  'In diesem Beispiel werden die selektierten Vorgänge im
  'aktuellen Projekt als Aufgaben in Outlook eingetragen
  Dim myTask As Task
  Dim myitem As Outlook.TaskItem

  Set myOLApp = CreateObject("Outlook.Application")

  For Each myTask In ActiveSelection.Tasks
    Set myitem = myOLApp.CreateItem(olTaskItem)
    With myitem
      .StartDate = myTask.Start
      .DueDate = myTask.Finish
      .Subject = myTask.Name & " (Project Task)"
      .Body = myTask.Notes
      .Categories = myTask.Project
      .Save
    End With
  Next myTask
End Sub
```

Listing 12.6:
Selektierte Vorgänge im aktuellen Projekt als Aufgaben in Outlook eintragen

Die Abbildung 12.4 zeigt die von Project exportierten Vorgänge in Outlook als Aufgaben an. Ergänzend könnten hier auch noch die Felder für den Aufwand oder Status von Vorgängen exportiert werden.

Abbildung 12.4:
Exportierte Project-Vorgänge in Outlook als Aufgaben

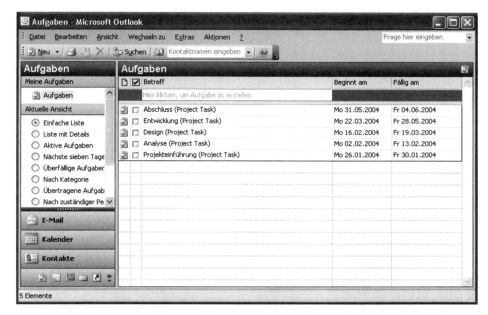

Project-Vorgänge als Outlook-Notizen exportieren

Falls Sie keine direkte Darstellung der Project-Vorgänge in Ihrer persönlichen Kalender- oder Aufgabenplanung in Outlook erstellen möchten, steht als letzte hier beschriebene Variante auch der Export als Notiz zur Verfügung.

Das Listing 12.7 und das Listing 12.8 zeigen die bereits beschriebene Schleife durch alle oder nur die selektierten Vorgänge. Für jeden Vorgang wir eine neue Notiz mit Hilfe des *OutlookItem*-Typs *olNoteItem* angelegt. In den Text der Notiz werden nacheinander zeilenweise die Einträge für den Vorgangsnamen, -start, -ende und -notiz eingetragen.

Listing 12.7:
Alle Vorgänge im aktuellen Projekt als Notiz in Outlook eintragen

```
Sub ExportOL_allNotes()
  'In diesem Beispiel werden alle Vorgänge im aktuellen Projekt
  'als Notizen in Outlook eingetragen
  Dim myTask As Task
  Dim myitem As Outlook.NoteItem
  Dim myNotesText As String
  
  Set myOLApp = CreateObject("Outlook.Application")
  
  For Each myTask In ActiveProject.Tasks
    Set myitem = myOLApp.CreateItem(olNoteItem)
    
    myNotesText = myTask.Name & " (Project Task)" & Chr(13) & _
                  "    Name:     " & myTask.Name & Chr(13) & _
                  "    Start:    " & myTask.Start & Chr(13) & _
                  "    Ende:     " & myTask.Finish & Chr(13) & _
                  "    Notiz:    " & myTask.Notes
    With myitem
      .Categories = myTask.Project
      .Body = myNotesText
```

```
        .Save
    End With
    myNotesText = ""
  Next myTask
End Sub

Sub ExportOL_selectNotes()
  'In diesem Beispiel werden die selektierten Vorgänge im
  'aktuellen Projekt als Notizen in Outlook eingetragen
  Dim myTask As Task
  Dim myitem As Outlook.NoteItem
  Dim myNotesText As String

  Set myOLApp = CreateObject("Outlook.Application")

  For Each myTask In ActiveSelection.Tasks
    Set myitem = myOLApp.CreateItem(olNoteItem)

    myNotesText = myTask.Name & " (Project Task)" & Chr(13) & _
              "    Name:     " & myTask.Name & Chr(13) & _
              "    Start:    " & myTask.Start & Chr(13) & _
              "    Ende:     " & myTask.Finish & Chr(13) & _
              "    Notiz:    " & myTask.Notes
    With myitem
        .Categories = myTask.Project
        .Body = myNotesText
        .Save
    End With
    myNotesText = ""
  Next myTask
End Sub
```

Listing 12.8: Selektierte Vorgänge im aktuellen Projekt als Notiz in Outlook eintragen

Die Abbildung 12.5 stellt den Export von Vorgängen als Notiz in Outlook dar.

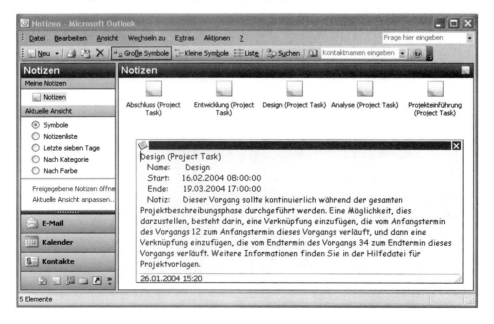

Abbildung 12.5: Exportierte Project-Vorgänge in Outlook als Notizen

Zusammenfassung

Das Outlook-Objektmodell erlaubt es, aus Project heraus auf alle Ordner und Elemente von Outlook zuzugreifen. Auf diese Art und Weise können als einfache Lösung Kalender-, Aufgaben- oder Notizelementen mit Inhalten aus Vorgängen von Project erstellt werden. Nachteilig ist, dass die Daten nur von Project selbst aus exportiert werden können, sodass in der Regel nur der Projektleiter Zugriff auf diese Funktion hat. Zudem werden die Daten nur exportiert und nicht synchronisiert, also keine Änderungen in Outlook nachgezogen. Die Einschränkungen überwindet das in ▶ Kapitel 13 dargestellte Add-On *Allocatus*.

PowerPoint-Präsentation aus Project erstellen

Das Business-Problem

Projektleiter müssen in Projektbesprechungen häufig vor einem größeren Kreis von Projektbeteiligten wie z.B. Kunden, Lenkungsausschüssem oder Teammitgliedern über den Status des Projektes berichten. Hierfür eignen sich am besten PowerPoint-Präsentationen. Um in der PowerPoint-Präsentation einen Zeitplan einzufügen, sind in der Regel einige manuelle Schritte notwendig, wie in ▶ Kapitel 1 beschrieben. Zudem ist der Erstellungsvorgang fehleranfällig und das Ergebnis entspricht in der Regel nicht dem Corporate Design der Organisation.

Übersicht über die Anwendung

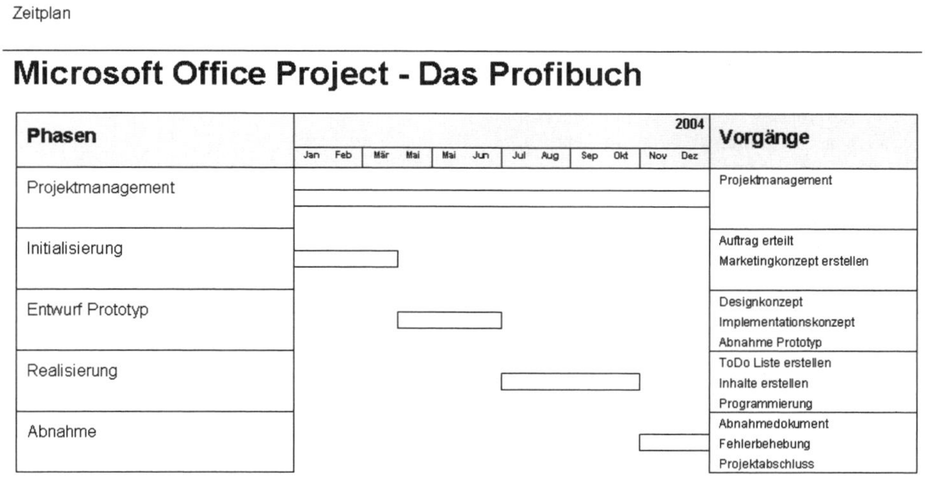

Abbildung 12.6:
Vorgänge von Project zu PowerPoint exportieren

Die nachfolgend dargestellte Anwendung erstellt per Mausklick aus Project eine PowerPoint-Präsentation im jeweils definierten Design. Die Namen der Sammelvorgänge auf der Gliederungsebene 1 werden in der Spalte *Phasen* dargestellt. In der

Zeitskala werden die dazu passenden Balken gezeichnet, während in der Spalte *Vorgänge* die zugehörigen Vorgänge aufgelistet werden.

Das beschriebene Beispiel und den Code der folgenden Listings zu diesem Beispiel finden Sie auf der CD-ROM zum Buch im Ordner *\Buch\Kap12* unter dem Namen *KAP12_PowerPoint_Project.mpp*.

PowerPoint starten und Präsentation mit Folie erstellen

Nachdem die Anwendung wie im vorhergehenden Outlook-Beispiel über eine Symbolleiste in Project aufgerufen wird, wird zunächst PowerPoint über die Methode *CreateObject* instanziert (Late Binding). Dies hat den Vorteil, dass der Aufruf unabhängig von der PowerPoint-Version funktioniert. Anschließend wird eine Präsentation mit einer leeren Folie erstellt (vgl. Listing 12.9).

```
Set myPPApp = CreateObject("PowerPoint.Application")
myPPApp.Visible = msoTrue
Set myPresentation = myPPApp.Presentations.Add
myPresentation.PageSetup.SlideSize = ppSlideSizeA4Paper
myPresentation.PageSetup.SlideOrientation = _
    msoOrientationHorizontal

Set mySlide = myPresentation.Slides.Add(1, ppLayoutBlank)
```

Listing 12.9: PowerPoint starten und Präsentation mit Folie erstellen

Überschriften erstellen

Hieran schließt sich die Erstellung der Überschrift *Zeitplan*, der Kopflinie und des Projektnamens an, wie in Listing 12.10 abgedruckt.

```
Dim myZeitplan As Object
Set myZeitplan = mySlide.Shapes _
    .AddTextbox(msoTextOrientationHorizontal, myLeft, _
    myTop, myTableWidth, myZeitplanHeight)
With myZeitplan.TextFrame.TextRange
    .Text = "Zeitplan"
    .Font.Name = myFont
    .Font.Size = 12
    .Font.Color.SchemeColor = ppForeground
End With

myActualTop = myTop + myZeitplanHeight + myZeitplanOffset

Dim myTopLine As Object
Set myTopLine = mySlide.Shapes.AddLine(myLeft, myActualTop, _
    myLeft + myTableWidth, myActualTop)

myActualTop = myActualTop + myTopLineHeight + myTopLineOffset

Dim myProjectName As Object
Set myProjectName = mySlide.Shapes _
    .AddTextbox(msoTextOrientationHorizontal, _
    myLeft, myActualTop, myTableWidth, myProjectNameHeight)
With myProjectName.TextFrame.TextRange
```

Listing 12.10: Überschriften erstellen

```
            .Text = ActiveProject.BuiltinDocumentProperties("Title")
            .Font.Name = myFont
            .Font.Size = 24
            .Font.Color.SchemeColor = ppForeground
            .Font.Bold = msoTrue
        End With

        myActualTop = myActualTop + myProjectNameHeight + _
            myProjectNameOffset
        myActualLeft = myLeft + mySchritteHOffset

        Dim mySchritteHeader As Object
        Set mySchritteHeader = mySlide.Shapes _
            .AddTextbox(msoTextOrientationHorizontal, _
            myActualLeft, myActualTop, mySchritteWidth, myHeaderHeight)
        With mySchritteHeader
            With .TextFrame.TextRange
                .Text = "Phasen"
                .Font.Name = myFont
                .Font.Size = 14
                .Font.Color.SchemeColor = ppForeground
                .Font.Bold = msoTrue
            End With
            With .TextFrame
                .MarginTop = 8
            End With
            With .Fill
                .Visible = msoTrue
                .Solid
                .ForeColor.RGB = RGB(255, 255, 0)
            End With
            With .Line
                .Visible = msoTrue
                .ForeColor.SchemeColor = ppForeground
            End With
            .Height = myHeaderHeight
        End With
```

Berechnen und Erstellen der Zeitskala

Damit die Zeitskala passend zur jeweiligen Projektdauer stets richtig skaliert wird, berechnet das Programm die passende Skalierung und zeichnet im Anschluss hieran die Zeitskala (vgl. Listing 12.11).

Listing 12.11: Berechnen und Erstellen der Zeitskala

```
Dim myYearHeaderLeft

myActualLeft = myActualLeft + mySchritteWidth
myYearHeaderLeft = myActualLeft

Dim myNumberOfMonth
Dim myMonthWidth

myNumberOfMonth = DateDiff("m", ActiveProject.ProjectStart, ActiveProject.ProjectFinish)

Dim myYearHeader As Object
```

```
Set myYearHeader = mySlide.Shapes.AddTextbox(msoTextOrientationHorizontal, _
    myActualLeft, myActualTop, myYearWidth, myHeaderHeight)
With myYearHeader
    With .Fill
        .Visible = msoTrue
        .Solid
        .ForeColor.RGB = RGB(255, 255, 0)
    End With
    With .Line
        .Visible = msoTrue
        .ForeColor.SchemeColor = ppForeground
    End With
    .Height = myHeaderHeight
End With

myMonthWidth = myYearWidth / myNumberOfMonth

Dim myFirstMonthNumber As Integer
Dim myFirstYearNumber As Integer
Dim myYearNumber As Integer

myFirstYearNumber = Year(ActiveProject.ProjectStart)
myYearNumber = myFirstYearNumber
myFirstMonthNumber = Month(ActiveProject.ProjectStart)

Dim mySeqMonthNumber
Dim myMonthNumber

myMonthNumber = myFirstMonthNumber

Dim myMonthHeader As Object

For mySeqMonthNumber = 1 To myNumberOfMonth

    If (myMonthNumber + 1) Mod 2 = 0 Then

    Set myMonthHeader = mySlide.Shapes _
        .AddTextbox(msoTextOrientationHorizontal, _
        myActualLeft, myActualTop + myHeaderHeight - myMonthHeight, _
        myMonthWidth * 2, myHeaderHeight)

        With myMonthHeader
            With .TextFrame.TextRange
                Select Case myMonthNumber
                Case 1
                    .Text = "Jan"
                Case 3
                    .Text = "Mär"
                Case 5
                    .Text = "Mai"
                Case 7
                    .Text = "Jul"
                Case 9
                    .Text = "Sep"
                Case 11
                    .Text = "Nov"
```

```vba
                    End Select
                    .Font.Name = myFont
                    .Font.Size = 7
                    .Font.Color.SchemeColor = ppForeground
                    .Font.Bold = msoTrue
                    .Paragraphs(1).ParagraphFormat.Alignment = ppAlignCenter
                End With
                With .TextFrame
                    .MarginTop = 1
                    .MarginLeft = 1
                    .MarginRight = 1
                    .MarginBottom = 1
                End With
                With .Fill
                        .Visible = msoTrue
                        .Solid
                        .ForeColor.RGB = RGB(255, 255, 0)
                End With
                With .Line
                    .Visible = msoTrue
                    .ForeColor.SchemeColor = ppForeground
                End With
                .Height = myMonthHeight
            End With
        End If

    myMonthNumber = myMonthNumber + 1

    If myMonthNumber = 13 Then
    Set myYearHeader = mySlide.Shapes _
        .AddTextbox(msoTextOrientationHorizontal, _
        myActualLeft, myActualTop, myMonthWidth * 12, myHeaderHeight)

        With myYearHeader
            With .TextFrame.TextRange
                .Text = myYearNumber
                .Font.Name = myFont
                .Font.Size = 10
                .Font.Color.SchemeColor = ppForeground
                .Font.Bold = msoTrue
            End With
            With .TextFrame
                .MarginTop = 1
                .MarginLeft = 1
            End With
            .Height = myMonthHeight
        End With

        myMonthNumber = 1
        myYearNumber = myYearNumber + 1
    End If

    myActualLeft = myActualLeft + myMonthWidth
Next mySeqMonthNumber

Dim myLeftErlaeuterungen
```

VBA-Beispielanwendungen

```
        myLeftErlaeuterungen = myActualLeft

Dim myErlaeuterungenHeader As Object
Set myErlaeuterungenHeader = mySlide.Shapes.AddTextbox(msoTextOrientationHorizontal, _
        myLeftErlaeuterungen, myActualTop, myErlaeuterungenWidth, _
        myHeaderHeight)
With myErlaeuterungenHeader
    With .TextFrame.TextRange
        .Text = "Vorgänge"
        .Font.Name = myFont
        .Font.Size = 14
        .Font.Color.SchemeColor = ppForeground
        .Font.Bold = msoTrue
    End With
    With .TextFrame
        .MarginTop = 8
    End With
    With .Fill
        .Visible = msoTrue
        .Solid
        .ForeColor.RGB = RGB(255, 255, 0)
    End With
    With .Line
        .Visible = msoTrue
        .ForeColor.SchemeColor = ppForeground
    End With
    .Height = myHeaderHeight
End With

Dim mySubTaskLeft
mySubTaskLeft = myLeftErlaeuterungen
myActualLeft = myLeft + mySchritteHOffset
myActualTop = myActualTop + myHeaderHeight

Dim myTask As MSProject.Task
Dim mySummaryTask As MSProject.Task
Dim myNumberOfSubTasks

Dim myActualRowHeight
myActualRowHeight = 45
myActualTop = myActualTop - myActualRowHeight
Dim myActualSubTaskTop

Dim mySubtaskName As Object
Dim mySummaryTaskName As Object

Dim myBar As Object
Dim myBarNumberOfMonth As Integer
Dim myBarVerticalOffset As Integer
Dim myBarLeft, myBarTop, myBarWidth, myBarHeight As Integer

Dim myActualTopBody As Integer
Dim myNewSlide As Object
mySlide.Copy
myActualTop = myActualTop + myActualRowHeight
myActualTopBody = myActualTop
```

Balkendiagramm und Tabelle füllen

Hieran schließt sich das Füllen der Spalten *Phasen* (Schritte), *Vorgänge* (Erläuterungen) und das Zeichnen der Balken an (vgl. Listing 12.12):

Listing 12.12:
Balken-
diagramm und
Tabelle füllen

```
For Each myTask In ActiveProject.Tasks
If myTask.OutlineLevel = 1 Then
    If myActualTop > 490 Then
        myPresentation.Slides.Paste (mySlide.SlideIndex)
        mySlide.Cut
        myPresentation.Slides.Paste (1)
        Set mySlide = myPresentation.Slides.Item(2)
        myActualTop = myActualTopBody
    End If

    'Spalte "Phasen" zeichnen
    Set mySummaryTaskName = _
        mySlide.Shapes.AddTextbox(msoTextOrientationHorizontal, _
        myActualLeft, myActualTop, mySchritteWidth, myActualRowHeight)
    With mySummaryTaskName
        With .TextFrame.TextRange
            .Text = myTask.Name
            .Font.Name = myFont
            .Font.Size = 12
            .Font.Color.SchemeColor = ppForeground
        End With
        With .TextFrame
            .MarginTop = 8
        End With
        With .Line
            .Visible = msoTrue
            .ForeColor.SchemeColor = ppForeground
        End With
        With .Fill
            .Background
        End With
        .Height = myActualRowHeight
    End With

    ' Spalte "Vorgänge" zeichnen
    Dim myErlaeuterungen As Object
    Set myErlaeuterungen = _
        mySlide.Shapes.AddTextbox(msoTextOrientationHorizontal, _
        myLeftErlaeuterungen, myActualTop, _
        myErlaeuterungenWidth, myActualRowHeight)
    With myErlaeuterungen
        With .Line
            .Visible = msoTrue
            .ForeColor.SchemeColor = ppForeground
        End With
        .Height = myActualRowHeight
        With .Fill
            .Background
        End With
    End With
```

```
    ' Balken zeichnen
    myBarNumberOfMonth = DateDiff("m", myTask.Start, myTask.Finish)
    myBarVerticalOffset = DateDiff("m", ActiveProject.ProjectStart, _
            myTask.Start) * myMonthWidth

    myBarLeft = myYearHeaderLeft + myBarVerticalOffset
    myBarWidth = myMonthWidth * myBarNumberOfMonth
    myBarHeight = 12 ' durch Konstante ersetzen
    myBarTop = myActualTop + myActualRowHeight / 2 - myBarHeight / 2

    Set myBar = _
        mySlide.Shapes.AddShape(msoTextOrientationHorizontal, _
        myBarLeft, myBarTop, myBarWidth, myBarHeight)

    With myBar
        With .Fill
            .Solid
            .Visible = msoTrue
            .ForeColor.SchemeColor = ppBackground
        End With
        With .Line
            .Visible = msoTrue
        End With
        .Rotation = 0
    End With

    Set mySummaryTask = myTask
    myActualSubTaskTop = myActualTop
        myNumberOfSubTasks = 1

        myActualTop = myActualTop + myActualRowHeight
      Else
        Set mySubtaskName = mySlide.Shapes _
          .AddTextbox(msoTextOrientationHorizontal, _
          mySubTaskLeft, myActualSubTaskTop, myErlaeuterungenWidth, _
          mySubTaskHeight)
        With mySubtaskName.TextFrame.TextRange
            .Text = myNumberOfSubTasks & ". " & myTask.Name
            .Font.Name = myFont
        .Font.Size = 9
            .Font.Color.SchemeColor = ppForeground
    End With

        myActualSubTaskTop = myActualSubTaskTop + 15
    End If
Next myTask
```

Zusammenfassung

Die Anwendung zeigt, wie man ohne großen Aufwand aus Project eine PowerPoint-Präsentation erstellen kann. Hierdurch entsteht ein weiterer Anreiz für die Projektleiter, Project zu verwenden, da sie auf die Art und Weise von manuellen Tätigkeiten entlastet werden und Projektinformationen in einem für jeden PowerPoint-Anwender lesbaren Format erstellen können.

Kostenimport aus einem ERP-System in Project

In zahlreichen Firmen herrscht der Wunsch, Terminplandaten mit Kostendaten zusammenzufassen. Das Problem hierbei liegt oftmals darin begründet, dass diese Daten in unterschiedlichen Systemen gepflegt werden. In diesem Kapitel wird eine Möglichkeit vorgestellt, aktuelle Ist-Kosten zu einem Projekt, die in einem ERP-System (z.B. SAP, KHK, Baan, Navision o.ä.) vorliegen, direkt nach Project einzulesen und anzeigen zu lassen.

Das Business-Problem

Project ist ein leistungsfähiges Werkzeug zur Verwaltung von Terminen und Kapazitäten. Der Kostenkontrolle mit Project sind jedoch Grenzen gesetzt. Die Gründe hierfür sind vielfältig: Zum einen erfordert die manuelle Pflege von Kosten (Investitionen, Material, Fremdleistungen, Reisen o.ä.) einen gewissen Aufwand. Sowohl geplante als auch aufgelaufene Kosten müssen vom Projektmanager auf Vorgangsebene manuell eingegeben werden. Sobald eine Rechnung eintrifft, müsste der Rechnungsbetrag streng genommen dem jeweiligen Vorgang hinzugefügt werden.

Hinzu kommt, dass diese Daten typischerweise bereits in anderen betriebswirtschaftlichen Systemen der Unternehmung wie ERP-Systemen erfasst werden. Eine Nachpflege in Project stellt somit zudem noch Doppelarbeit dar und wird aus diesem Grund meist unterlassen. Gleichwohl ist der Projektleiter natürlich an einer möglichst aktuellen und vollständigen Kostenkontrolle innerhalb seines Projektes interessiert.

Im Folgenden beschreiben wir einen Weg, wie Kostendaten automatisiert direkt in den Projektplan importiert werden können, sodass der Projektleiter von einer Doppelerfassung entlastet wird.

Übersicht über die Anwendung

Das VBA-Makro zum Import der Kostendaten setzt eine aktuelle Exportdatei des ERP-Systems z.B. im XML-Format voraus. Im nächsten Schritt wird diese Datei automatisiert in eine temporäre Tabelle eines SQL Servers eingelesen. Ggf. kann bereits zu diesem Zeitpunkt eine erste Aufbereitung der Daten erfolgen (beispielsweise Berechnung weiterer Spalten; Summenbildung etc.). Der Import der Kosten in den Projektplan wird dann aktiv durch den Projektleiter angestoßen.

Das beschriebene Beispiel und den Code der folgenden Listings zu diesem Beispiel finden Sie auf der CD-ROM zum Buch im Ordner *\Buch\Kap12* unter dem Namen *KAP12_ERP_KostenImport.mpp*.

Abbildung 12.7:
Datenfluss aus dem ERP-System nach Project

Exportdatei ERP-System	SQL Server	Project

Wir gehen im Folgenden davon aus, dass die Daten in einer Tabelle *T_Kostenimport* enthalten sind und betrachten ausschließlich den anschließenden Import in Project. Ein SQL-Statement zur Anlage der Tabellenstruktur (ohne Daten) ist ebenfalls auf der Buch-CD im Ordner \Buch\Kap12 enthalten.

Abbildung 12.8:
Die Tabelle T_Kostenimport mit relevanten Spaltennamen

Als Vorbereitung innerhalb Project müssen zunächst die später zu befüllenden Kostenfelder als Enterprise-Felder definiert werden. In der Tabelle 12.1 ist die Zuordnung von Feldern zu den einzelnen Kostenwerten abzulesen. Ebenso ist beschrieben, aus welcher Quelle die Werte entstammen.

Project-Feld	Benennung	Datenherkunft
Enterprise-Kosten1	Budget FY	Import
Enterprise-Kosten2	Budget YTD	Import
Enterprise-Kosten3	Actual YTD	Import
Enterprise-Kosten4	Obligo	Import
Enterprise-Zahl1	Budget-Nummer	Eingabe in Project
Enterprise-Zahl2	Act./Bud.	Import
Enterprise-Zahl3	% (Act./Bud.)	Berechnet in Project (Formel)
Enterprise-Zahl4	% (Act. + Obl./Bud.) YTD	Berechnet in Project (Formel)
Enterprise-Text7	% (Act. + Obl./Bud.) YTD	Durch Makro befüllt
Enterprise-Text8	% (Act./Bud.)	Durch Makro befüllt
Enterprise-Projekt Kosten1	Projekt Budget FY	Durch Makro berechnet und befüllt
Enterprise-Projekt Kosten2	Projekt Budget YTD	Durch Makro berechnet und befüllt
Enterprise-Projekt Kosten3	Projekt Actual YTD	Durch Makro berechnet und befüllt
Enterprise-Projekt Kosten4	Projekt Obligo	Durch Makro berechnet und befüllt
Enterprise-Projekt Text1	Projekt % (Act. + Obl./Bud.)	Durch Makro befüllt
Enterprise-Projekt Text4	Projekt % (Act./Bud.)	Durch Makro befüllt

Tabelle 12.1:
Übersicht der in Project anzulegenden Enterprise-Felder

Aus diesen Feldern kann im Anschluss eine entsprechende Ansicht, in unserem Beispiel *2 Kosten*, erstellt werden, in der der Projektleiter schließlich seinen Projektplan mit den entsprechenden Budgetnummern erstellen kann. Die Budgetnummer dient dabei als Schlüssel für die spätere Zuweisung der Kosten und wird üblicherweise auf Sammelvorgangsebene vergeben.

Abbildung 12.9:
Ausgangsprojektplan in der Kostensicht mit eingepflegten Budget-Nummern

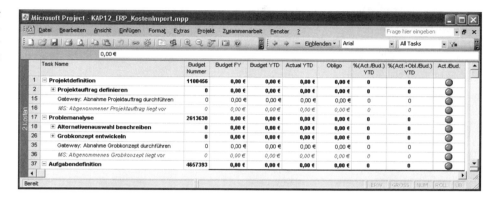

Durch Aufruf des Makros *KAP12_ERP_KostenImport.mpp!Import_adHoc* wird die Einleseroutine gestartet (Menübefehl *Extras/Makro/Makros*).

Im Definitionsteil des Makros werden zunächst die Daten des SQL Servers definiert, auf dem die Sicht mit den zu importierenden Daten liegt. Ebenso wird ein Nutzer festgelegt, der auf diesen Server Zugriff hat (hier aus Vereinfachungsgründen der *sa*-Account). Anschließend erfolgen Variablendefinitionen und eine Initialisierung der Werte.

Listing 12.13: Definition

```
Const cSQL_Server = "pj2003"
Const cSQL_DBName = "ProjectServer"
Const cSQL_UID = "sa"
Const cSQL_PWD = ""
Const cMSPCostView = "2 Kosten "
Const cTitle = "Kosten Import"

Sub Import_adHoc()

' Variablen
Dim conn, rs As Object
Dim sql As String
Dim sum_cost1, sum_cost2, sum_cost3, sum_cost4 As Double

' Initialisierung
sum_cost1 = 0: sum_cost2 = 0: sum_cost3 = 0: sum_cost4 = 0
On Error GoTo Fehler_ADO
Set conn = CreateObject("ADODB.Connection")
Set rs = CreateObject("ADODB.Recordset")
On Error GoTo Fehler_Logon
```

Herstellen der Datenbankverbindung

Nachdem die Datenbankverbindung mit den vorher definierten Konstanten geöffnet wurde, werden zum einen die Kosteninformationen in einen Recordset geladen, der im weiteren Verlauf zur Befüllung der Kostenfelder in Project verwendet wird. Ebenso wird in Project in die vorher definierte Kostensicht gewechselt.

```
' DB-Connection öffnen
conn.Open "Server=" & cSQL_Server & ";" & _
          "Driver=SQL Server;" & _
          "Database=" & cSQL_DBName & ";" & _
          "UID=" & cSQL_UID & ";" & _
          "PWD=" & cSQL_PWD
On Error GoTo Fehler_View

' In Cost-View wechseln
ViewApply Name:=cMSPCostView
On Error GoTo 0

' Kosteninformationen in Recordset laden
  sql = "SELECT [Budget-Nummer], " & _

        "ISNULL(Budget_FY, 0) AS Budget_FY, " & _

        "ISNULL(Obligo, 0) AS Obligo, " & _

        "ISNULL(Actual_YTD, 0) AS Actual_YTD, " & _

        "ISNULL(Budget_YTD, 0) AS Budget_YTD, " & _

        "ISNULL([Act/Bud], 0) AS [Act/Bud], " & _

        "ISNULL([PCT_Act/Bud], 0) AS [PCT_Act/Bud], " & _

        "ISNULL([PCT_Act+Obl/Bud], 0) AS [PCT_Act+Obl/Bud] " & _

        "FROM T_Kostenimport " & _

        "ORDER BY [Budget-Nummer]"

  rs.Open sql, conn
```

Listing 12.14: Herstellen der Datenbankverbindung

Befüllung der Kostenfelder

In der Project-Ansicht wird die Spalte *Budget-Nummer* von oben nach unten durchlaufen. Sofern ein Eintrag mit einem Wert ungleich 0 vorhanden ist, wird der Recordset auf diese Budgetnummer gefiltert. Anschließend werden die Daten aus dem Recordset in die jeweiligen Enterprise-Felder von Project übertragen (vorausgesetzt, es sind überhaupt Daten vorhanden). Die Kennzahlen werden für eine spätere Ausgabe über Project Web Access als Text formatiert und in die Enterprise-Felder *Enterprise-Text7* und *Enterprise-Text8* eingetragen.

Zusätzlich werden die Summenvariablen mit den aktuellen Werten erhöht. Somit enthalten diese Variablen nach dem Durchlauf der gesamten Schleife die Summen für das Gesamtprojekt.

Listing 12.15:
Befüllung der Kostenfelder

```
' Startposition setzen
SelectBeginning
SelectTaskField Row:=0, Column:="Name"

' Alle Tasks abarbeiten
Do While ActiveCell.Text <> ""

' Budgetnummer prüfen
SelectTaskField Row:=0, Column:="Enterprise-Zahl1"
  If CDbl(ActiveCell.Text) > 0 Then
    rs.Filter = "[Budget-Nummer]=" & ActiveCell.Text
    If Not rs.EOF Then ' sind Daten zur Budgetnummer vorhanden ?
      sum_cost1 = sum_cost1 + rs("Budget_FY")
      sum_cost2 = sum_cost2 + rs("Budget_YTD")
      sum_cost3 = sum_cost3 + rs("Actual_YTD")
      sum_cost4 = sum_cost4 + rs("Obligo")
      SetTaskField TaskID:=ActiveCell.Task.ID, _
          Field:="Enterprise-Kosten1", _
          Value:=rs("Budget_FY")
      SetTaskField TaskID:=ActiveCell.Task.ID, _
          Field:="Enterprise-Kosten2", _
          Value:=rs("Budget_YTD")
      SetTaskField TaskID:=ActiveCell.Task.ID, _
          Field:="Enterprise-Kosten3", _
          Value:=rs("Actual_YTD")
      SetTaskField TaskID:=ActiveCell.Task.ID, _
          Field:="Enterprise-Kosten4", _
          Value:=rs("Obligo")
      SetTaskField TaskID:=ActiveCell.Task.ID, _
          Field:="Enterprise-Zahl2", _
          Value:=rs("Act/Bud")'
      SetTaskField TaskID:=ActiveCell.Task.ID, _
          Field:="Enterprise-Text7", _
          Value:=LTrim(Str(FormatNumber(rs("PCT_Act/Bud"), 2))) & " %"
      SetTaskField TaskID:=ActiveCell.Task.ID, _
          Field:="Enterprise-Text8", _
          Value:=LTrim(Str(FormatNumber(rs("PCT_Act+Obl/Bud"), 2))) & " %"
    End If
    rs.Filter = 0
  End If

' Eine Zeile weiter springen
  SelectTaskField Row:=1, Column:="Name", RowRelative:=True
Loop
```

Werte für das Gesamtprojekt füllen

Die vorher schrittweise erhöhten Summen werden nun einerseits auf den Projektsammelvorgang, andererseits in die Enterprise-Projekt-Felder geschrieben. Werden Letztere zu einem späteren Zeitpunkt veröffentlicht, können sie im Project Center von Project Web Access in entsprechende Kostenansichten eingebunden werden, was insbesondere dem Management einen schnellen Überblick über die Projektlandschaft und die entsprechende Budgetsituation bietet.

Durch diese Vorgehensweise als Alternative zur automatischen Berechnung der Sammelvorgangszeilen durch Project können die Kostenfelder ohne Budget-Nummer durch den Projektleiter als Informationsfelder belegt werden, ohne dass sie einen Einfluss auf die Rechenlogik und Ausgabe haben.

Den Abschluss bilden die Zerstörung der Datenbank-Objekte sowie kleine Fehlerbehandlungsroutinen.

```
' Summen auf Projektsammelvorgang schreiben
SetTaskField TaskID:=0, Field:="Enterprise-Kosten1", Value:=sum_cost1
SetTaskField TaskID:=0, Field:="Enterprise-Kosten2", Value:=sum_cost2
SetTaskField TaskID:=0, Field:="Enterprise-Kosten3", Value:=sum_cost3
SetTaskField TaskID:=0, Field:="Enterprise-Kosten4", Value:=sum_cost4
If sum_cost2 > 0 Then
  SetTaskField TaskID:=0, Field:="Enterprise-Zahl2", _
  Value:=FormatNumber(sum_cost3 /sum_cost2, 2)'
  SetTaskField TaskID:=0, Field:="Enterprise-Text7", _
  Value:=LTrim(Str(FormatNumber((sum_cost3 / _
  sum_cost2) * 100, 2))) & " %"
  SetTaskField TaskID:=0, Field:="Enterprise-Text8", _
  Value:=LTrim(Str(FormatNumber(((sum_cost3 _
  + sum_cost4) / sum_cost2) * 100, 2))) & " %"
Else
  SetTaskField TaskID:=0, Field:="Enterprise-Zahl2", Value:=0
  SetTaskField TaskID:=0, Field:="Enterprise-Text7", Value:="0 %"
  SetTaskField TaskID:=0, Field:="Enterprise-Text8", Value:="0 %"
End If

' Werte in Enterprise-Projekt-Felder übertragen
SetTaskField TaskID:=0, Field:="Enterprise-Projekt Kosten1", _
    Value:=ActiveProject.ProjectSummaryTask _
        .GetField(pjTaskEnterpriseCost1)
SetTaskField TaskID:=0, Field:="Enterprise-Projekt Kosten2", _
    Value:=ActiveProject.ProjectSummaryTask _
        .GetField(pjTaskEnterpriseCost2)
SetTaskField TaskID:=0, Field:="Enterprise-Projekt Kosten3", _
        Value:=ActiveProject.ProjectSummaryTask _
        .GetField(pjTaskEnterpriseCost3)
SetTaskField TaskID:=0, Field:="Enterprise-Projekt Kosten4", _
        Value:=ActiveProject.ProjectSummaryTask _
        .GetField(pjTaskEnterpriseCost4)
SetTaskField TaskID:=0, Field:="Enterprise-Projekt Text1", _
        Value:=ActiveProject.ProjectSummaryTask _
        .GetField(pjTaskEnterpriseText8)
SetTaskField TaskID:=0, Field:="Enterprise-Projekt Text2", _
        Value:=ActiveProject.ProjectSummaryTask _
        .GetField(pjTaskEnterpriseText7)
SetTaskField TaskID:=0, Field:="Enterprise-Projekt Text3", _
        Value:=ActiveProject.ProjectSummaryTask _
        .GetField(pjTaskEnterpriseText9)

' Endeposition setzen
SelectBeginning
```

Listing 12.16: *Werte für das Gesamtprojekt füllen*

```
' Objekte schließen
rs.Close
conn.Close

' Objekte zerstören
Set rs = Nothing
Set conn = Nothing
MsgBox "Import abgeschlossen.", vbInformation, cTitle
Exit Sub

' Fehlerbehandlungen
Fehler_ADO:
MsgBox "Auf dem Rechner sind keine ActiveX Data Objects installiert" _
        & vbCrLf & "(Ohne ADO ist kein Zugriff auf die " & _
        "ProjectServer-Datenbank möglich.)", vbCritical, cTitle
Exit Sub

Fehler_Logon:
MsgBox "Anmeldung am Project Server fehlgeschlagen." & vbCrLf & _
        "(" & Err.Number & ")" & _
        vbCrLf & Err.Description, vbCritical, cTitle
Exit Sub

Fehler_View:
MsgBox "Die Sicht """ & cMSPCostView & """ konnte nicht gefunden " & _
        "werden." & vbCrLf & "Ohne diese Sicht kann keine " & _
        "Aktualisierung der Kosteninformationen vorgenommen werden.", _
        vbCritical, cTitle
Exit Sub

End Sub
```

Ergebnis

Nach dem kompletten Durchlauf des Makros ist die Kostenansicht in Project mit den korrespondierenden Werten aus der SQL Server-Tabelle befüllt.

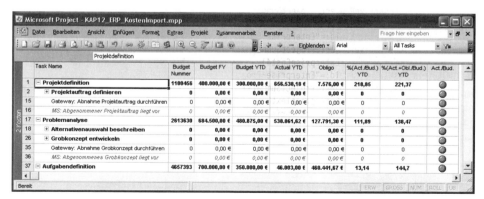

Abbildung 12.10: Projektplan mit befüllten Budgetwerten

Auch die Projektfelder sind befüllt und können in Web Access veröffentlicht werden.

Zusammenfassung

Für den Fall, dass Kosten in einem ERP-System gepflegt werden, aber trotzdem für den Projektleiter in Project und sonstige Projektbeteiligte in Project Web Access sichtbar sein sollen, wurde in diesem Abschnitt mit einer VBA-Routine ein Import aus einer SQL Server-Sicht realisiert. Der Import befüllt vorher definierte Enterprise-Felder auf Vorgangsebene, bildet Projektsummen und trägt diese in Felder ein, die für die Veröffentlichung genutzt werden können. Ein Beispiel für eine professionelle Implementierung einer ERP-Kopplung finden Sie am Beispiel von SAP in ▶ Kapitel 13 (*PSLink*).

Differenzierte Planung nicht ressourcengesteuerter Kosten

Die Planung der Kosten von aufwandsgesteuerten Ressourcen wird durch eine Vielzahl von Optionen unterstützt. Wesentliche Daten einer Ressource hierfür sind die Einstellungen der Arbeitszeit über den Kalender, die maximalen Einheiten für die Zuweisung auf dem einzelnen Vorgang sowie die Möglichkeiten der Kosten pro Einsatz oder pro Einheit. Bei der Zuweisung können diese Ressourcen mit Verteilungskurven eingesetzt oder in einzelnen Perioden detailliert geplant werden.

Für Ressourcenkosten sind somit alle wichtigen Informationen vorhanden. Doch wie sieht es mit der Planung pauschaler Kosten aus?

Das Business-Problem

Auf einem Vorgang lässt Project nur einmalig die Eingabe von Kosten und festen Kosten zu. Dadurch wird es relativ kompliziert, verschiedene Kostenstellen oder Kostenarten (z.B. »externe Kosten« oder »Gutachtenkosten«) abzubilden. Zusätzlich ist für feste Kosten die Verteilung während der Laufzeit stark eingeschränkt; es gibt hier nur *Anfang*, *Anteilig* und *Ende*. Für eine Budgetplanung ist das aber zu grob.

Übersicht über die Anwendung

In Microsoft Project sind die Ressourcen um die Art *Material* mit beliebigen Einheiten und Kostensätzen erweitert worden. Was liegt also näher als diese neuen Ressourcen für eine umfassende Kostenplanung zu nutzen?

Im Folgenden werden die vorbereitenden Schritte für eine umfassende Kostenplanung aufgezeigt. Neben dem Aufbau des Ressourcenpools mit den Kostenressourcen geht es hier aber um eine VBA-Erweiterung, die zum einen auch für Kosten den Einsatz der bereits enthaltenen Verteilungskurven ermöglicht, zum anderen beliebige weitere Verteilungen eingeben lässt.

Abbildung 12.11:
Anlegen der Materialressource Kosten (T€) in der Ansicht Ressource: Tabelle

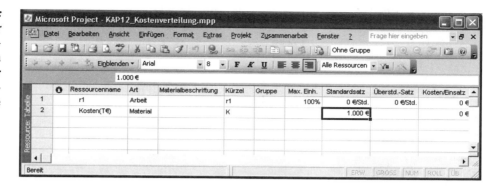

Als Vorbereitung erweitern Sie den Ressourcenpool und erstellen eine Ressource *Kosten (T€)*, die mit 1.000 € pro Einheit berechnet wird (Abbildung 12.11).

Das eigentliche VBA-Programm gliedert sich in folgende Bestandteile:

- Definition aller benötigten Variablen, Konstanten und des eigentlichen Aufrufs der Kostenverteilung: das **Modul Kostenverteilung** (*Kostenverteilung.bas*)
- Dialogfeld für die Eingabe der Kosten und Auswahl der Verteilungskurve: das **Formular Kosteneingabe** (*fEntercost.frm*)
- Dialogfeld für die benutzerdefinierte Verteilungskurve: das **Formular Verteilungskurve definieren** (*fDefineCurve.frm*)

Das beschriebene Beispiel und den Code der folgenden Listings zu diesem Beispiel finden Sie auf der CD-ROM zum Buch im Ordner *\Buch\Kap12* unter dem Namen *KAP12_Kostenverteilung.mpp*.

Das Modul *Kostenverteilung*

Die Prozedur *AssignCost* ist der eigentliche Aufruf aus dem Projekt heraus, es dient nur zum Öffnen des Dialogfeldes, in dem die Kosten eingegeben und die Kurve ausgewählt wird (vgl. Listing 12.17).

Die Prozedur *InitCurves* initialisiert die voreingestellten Verteilungskurven von Microsoft Project. Später werden diese Werte benötigt, um zum einen die Kosten auf den Vorgang zu verteilen und zum anderen als Vorlage für benutzerdefinierte Kurven zu dienen.

Listing 12.17:
Das Modul Kostenverteilung.bas

```
Global Curves() As Integer
Global ThisCurve() As Integer

Sub AssignCost()
    fEnterCost.Show
End Sub

Sub InitCurves()
    ReDim Curves(8, 9)

    ' Flach
    Curves(0, 0) = 11
    Curves(0, 1) = 11
```

```
Curves(0, 2) = 11
Curves(0, 3) = 11
Curves(0, 4) = 11
Curves(0, 5) = 11
Curves(0, 6) = 11
Curves(0, 7) = 11
Curves(0, 8) = 11
' Endlastig
Curves(1, 0) = 2
Curves(1, 1) = 3
Curves(1, 2) = 6
Curves(1, 3) = 9
Curves(1, 4) = 12
Curves(1, 5) = 14
Curves(1, 6) = 17
Curves(1, 7) = 19
Curves(1, 8) = 18
' Anfangslastig
Curves(2, 0) = 18
Curves(2, 1) = 19
Curves(2, 2) = 17
Curves(2, 3) = 14
Curves(2, 4) = 12
Curves(2, 5) = 9
Curves(2, 6) = 6
Curves(2, 7) = 3
Curves(2, 8) = 2
' Doppelspitze
Curves(3, 0) = 6
Curves(3, 1) = 13
Curves(3, 2) = 19
Curves(3, 3) = 9
Curves(3, 4) = 5
Curves(3, 5) = 9
Curves(3, 6) = 19
Curves(3, 7) = 13
Curves(3, 8) = 7
' Frühe Spitze
Curves(4, 0) = 6
Curves(4, 1) = 13
Curves(4, 2) = 22
Curves(4, 3) = 20
Curves(4, 4) = 14
Curves(4, 5) = 11
Curves(4, 6) = 7
Curves(4, 7) = 4
Curves(4, 8) = 3
' Späte Spitze
Curves(5, 0) = 3
Curves(5, 1) = 4
Curves(5, 2) = 7
Curves(5, 3) = 11
Curves(5, 4) = 14
Curves(5, 5) = 20
Curves(5, 6) = 22
Curves(5, 7) = 13
```

```
         Curves(5, 8) = 6
         ' Glocke
         Curves(6, 0) = 2
         Curves(6, 1) = 5
         Curves(6, 2) = 12
         Curves(6, 3) = 20
         Curves(6, 4) = 22
         Curves(6, 5) = 20
         Curves(6, 6) = 12
         Curves(6, 7) = 5
         Curves(6, 8) = 2
         ' Trapez
         Curves(7, 0) = 4
         Curves(7, 1) = 9
         Curves(7, 2) = 13
         Curves(7, 3) = 16
         Curves(7, 4) = 16
         Curves(7, 5) = 16
         Curves(7, 6) = 13
         Curves(7, 7) = 9
         Curves(7, 8) = 4
End Sub
```

Dialogfeld für die Eingabe der Kosten und Auswahl der Verteilungskurve *fEntercost.frm*

Neben den üblichen Schaltflächen für *OK* und *Abbrechen* werden im Formular *Kosteneingabe* zwei Comboboxen eingesetzt, die beim Öffnen des Dialogfeldes initialisiert und mit Werten gefüllt werden (Abbildung 12.12).

Abbildung 12.12: Formular Kosteneingabe *im Entwurfsmodus*

Beim Öffnen des Dialogfeldes werden folgende Aufrufe durchgeführt (Listing 12.18):

Listing 12.18: Ereignis UserForm_Initialize

```
Private Sub UserForm_Initialize()
    If ActiveSelection.Tasks.Count <> 1 Then
        MsgBox "Bitte wählen Sie genau einen Vorgang für die " & _
            "Kostenplanung", vbOKOnly
        Exit Sub
    End If

    InitCurves
    ReDim ThisCurve(9)

    fEnterCost.CostAmount = ReadCost
    fEnterCost.SelectCurve = ""
```

VBA-Beispielanwendungen

```
        FillCurveList
End Sub
```

Wieder ganz einfach wird auf die Auswahl eines einzelnen Vorgangs geprüft, die Verteilungskurven werden gefüllt und ein eventuell bereits vorhandener Kostenwert für die Kostenressource wird ausgelesen. *ReadCost* ist die Funktion dazu (Listing 12.19). Der Kostenwert der Zuweisung wird als Ergebnis zurückgegeben. Warum so kompliziert? Es wird später mehr als eine Kostenressource geben, und dann reicht es nicht, die Vorgangskosten oder die Summe der Zuweisungskosten zu lesen.

```
Function ReadCost() As Double
    Dim ThisTask As task
    Dim ThisAss As assignment
    
    ReadCost = 0
    Set ThisTask = ActiveSelection.Tasks.Item(1)
    
    ' Gibt es die Kostenzuweisung schon?
    For Each ThisAss In ThisTask.assignments
        If ThisAss.ResourceName = "Kosten(T€)" Then
            ReadCost = ThisAss.Cost
        End If
    Next
    
End Function
```

***Listing 12.19:** Funktion ReadCost*

Jetzt sind also die Kosten bereits im Dialogfeld enthalten, die Auswahlliste der Verteilungskurven fehlt noch. Dies passiert im letzten Aufruf in der Initialisierung des Dialogfeldes (Listing 12.20):

```
Private Sub FillCurveList()
    Dim Listenfelder(9, 2) As Variant
    
    Listenfelder(0, 0) = 0
    Listenfelder(0, 1) = "Flach"
    Listenfelder(1, 0) = 1
    Listenfelder(1, 1) = "Endlastig"
    Listenfelder(2, 0) = 2
    Listenfelder(2, 1) = "Anfangslastig"
    Listenfelder(3, 0) = 3
    Listenfelder(3, 1) = "Doppelspitze"
    Listenfelder(4, 0) = 4
    Listenfelder(4, 1) = "Frühe Spitze"
    Listenfelder(5, 0) = 5
    Listenfelder(5, 1) = "Späte Spitze"
    Listenfelder(6, 0) = 6
    Listenfelder(6, 1) = "Glocke"
    Listenfelder(7, 0) = 7
    Listenfelder(7, 1) = "Trapez"
    Listenfelder(8, 0) = 8
    Listenfelder(8, 1) = "Individuell"
    Me.SelectCurve.List = Listenfelder()
End Sub
```

***Listing 12.20:** Prozedur FillCurveList*

Hier werden also die vordefinierten Kurven aus *InitCurves* als Wert in die Combobox geschrieben. Jetzt ist das Dialogfeld sichtbar und sieht bei Aufruf wie in Abbildung 12.13 dargestellt aus:

Abbildung 12.13:
Formular
Kosteneingabe
zur Laufzeit

Wie wird das Dialogfeld aufgerufen? Am einfachsten legen Sie zum Ausprobieren einen Vorgang neu an, z.B. mit einer Dauer von 100 Tagen.

WICHTIG Legen Sie die Vorgangsart *Feste Dauer* fest, damit Sie die Kostenkurven vergleichen können.

Dann lassen Sie sich in Microsoft Project über den Menübefehl *Extras/Makro/Makros* oder über Alt+F8 die Liste der Makros anzeigen und führen *AssignCost* aus:

Abbildung 12.14:
Dialogfeld
Makros

Wenn Sie alles richtig gemacht haben, können Sie jetzt einen Kostenwert eingeben, eine Verteilungskurve auswählen und über *OK* die Ressourcenzuweisung vornehmen. Dabei wird geprüft, ob es die Zuweisung bereits gibt, oder es wird eine neue angelegt:

VBA-Beispielanwendungen

```
Private Sub AddPC()
    Dim tsv As TimeScaleValues
    Dim ThisTask As task
    Dim ThisAss As assignment
    Dim ThisAssUnits As Double
    Dim CostAssigned As Boolean

    CostAssigned = False
    Set ThisTask = ActiveSelection.Tasks.Item(1)

    ' Gibt es die Kostenzuweisung schon?
    For Each ThisAss In ThisTask.assignments
        If ThisAss.ResourceName = "Kosten(T€)" Then
            CostAssigned = True
        End If
    Next

    If Not CostAssigned Then ThisTask.assignments.Add ThisTask.ID, _
        ActiveProject.resources("Kosten(T€)").ID, 0.01
    ThisAssUnits = Val(Me.CostAmount) / 1000
    For Each ThisAss In ThisTask.assignments
        If ThisAss.ResourceName = "Kosten(T€)" Then
            ThisAss.Units = 0

            For i = 0 To 8
                ThisDay = Format(DateAdd("d", DateDiff("d", _
                    ThisTask.Start, ThisTask.Finish) / 8 * i, _
                    ThisTask.Start), "dd.mm.yyyy")
                Do Until ActiveProject.Calendar.Period(ThisDay, _
                    ThisDay).Working = True
                    ThisDay = DateAdd("d", 1, ThisDay)
                Loop
                Set tsv = ThisAss.TimeScaleData(ThisDay, ThisDay, _
                        pjAssignmentTimescaledWork, _
                        pjTimescaleDays)
                tsv(1).Value = ThisAssUnits * ThisCurve(i) / 100
            Next
        End If
    Next
End Sub
```

Listing 12.21:
Prozedur AddPC

Beim näheren Betrachten der Combobox für die Kurven sehen Sie einen letzten Eintrag für eine benutzerdefinierte Verteilungskurve. Während der Auswahl muss also darauf geachtet werden, ob diese Option selektiert wurde und ein weiteres Dialogfeld für die Eingabe der Kurve durch den Benutzer geöffnet werden:

```
Private Sub SelectCurve_Change()
    If Me.SelectCurve.Value = "8" Then
        fDefineCurve.Show
    Else
        For i = 0 To 8
            ThisCurve(i) = Curves(Me.SelectCurve, i)
        Next
    End If
End Sub
```

Listing 12.22:
Ereignis Select-Curve_Change

Dialogfeld für die benutzerdefinierte Verteilungskurve
fDefineCurve.frm

Bei der Definition der Verteilungskurven können Sie sehen, dass die Verteilung über neun vordefinierte Werte vorgenommen wird. Auch die individuelle Verteilung hält sich an dieses Schema (Abbildung 12.15):

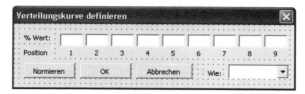

Abbildung 12.15:
Formular Verteilungskurve definieren im Entwurfsmodus

Werte können jetzt direkt in die neun Felder eingegeben werden. Um den Einsatz zu erleichtern, können die Werte der bereits vordefinierten Verteilungskurven verwendet werden – hier über die Combobox *Wie* realisiert. Über die Schaltfläche *Normieren* gleichen Sie die Summe der Einzelwerte auf 100 % an. Die Ergebnisse der Kostenverteilung wären natürlich »Schrott«, wenn nicht genau 100% verteilt würden.

Beim Öffnen wird die Combobox gefüllt:

Listing 12.23:
Prozedur FillCurveList

```
Private Sub FillCurveList()
    Dim Listenfelder(8, 2) As Variant

    Listenfelder(0, 0) = 0
    Listenfelder(0, 1) = "Flach"
    Listenfelder(1, 0) = 1
    Listenfelder(1, 1) = "Endlastig"
    Listenfelder(2, 0) = 2
    Listenfelder(2, 1) = "Anfangslastig"
    Listenfelder(3, 0) = 3
    Listenfelder(3, 1) = "Doppelspitze"
    Listenfelder(4, 0) = 4
    Listenfelder(4, 1) = "Frühe Spitze"
    Listenfelder(5, 0) = 5
    Listenfelder(5, 1) = "Späte Spitze"
    Listenfelder(6, 0) = 6
    Listenfelder(6, 1) = "Glocke"
    Listenfelder(7, 0) = 7
    Listenfelder(7, 1) = "Trapez"
    Me.SelectCurveLike.List = Listenfelder()
End Sub
```

Nachdem das Dialogfeld angezeigt wird, kann eine der Kurven ausgewählt oder es können direkt Werte eingegeben werden:

Listing 12.24:
Ereignis SelectCurveLike_Change

```
Private Sub SelectCurveLike_Change()
    For i = 1 To 9
        Me.Controls("Proz" & i) = Curves(Me.SelectCurveLike, i - 1)
    Next
End Sub
```

Um Ihre Kurve zu verwenden, wird das Dialogfeld über *OK* verlassen. Dabei wird auf die Summe der Werte geprüft (es müssen ja 100 % sein) und eventuell ein Hinweis gezeigt.

```
Private Sub bOK_Click()
    summewerte = Val(Me.Proz1) + Val(Me.Proz2) + Val(Me.Proz3) + _
                 Val(Me.Proz4) + Val(Me.Proz5) + Val(Me.Proz6) + _
                 Val(Me.Proz7) + Val(Me.Proz8) + Val(Me.Proz9)
    If summewerte <> 100 Then
        MsgBox "Bitte normieren Sie die Werte auf 100%", vbOKCancel, _
                "Werte nicht normiert"
        Exit Sub
    End If
    
    For i = 1 To 9
        ThisCurve(i - 1) = Me.Controls("Proz" & i)
    Next
    Me.hide
End Sub
```

Listing 12.25:
Ereignis
bOK_Click

Falls die Summe nicht bei 100 % liegt, kann über die Schaltfläche *Normieren* normiert werden:

```
Private Sub bNorm_Click()
    summewerte = Val(Me.Proz1) + Val(Me.Proz2) + Val(Me.Proz3) + _
                 Val(Me.Proz4) + Val(Me.Proz5) + Val(Me.Proz6) + _
                 Val(Me.Proz7) + Val(Me.Proz8) + Val(Me.Proz9)
    Normfaktor = 100 / summewerte
    
    For i = 1 To 8
        If Me.Controls("Proz" & i) <> "" Then
            Me.Controls("Proz" & i) = Int(Me.Controls("Proz" & i) * _
                Normfaktor)
        Else
            Me.Controls("Proz" & i) = 0
        End If
    Next
    SummeWerte1_8 = Val(Me.Proz1) + Val(Me.Proz2) + Val(Me.Proz3) + _
     Val(Me.Proz4) + Val(Me.Proz5) + Val(Me.Proz6) + Val(Me.Proz7) + _
         Val(Me.Proz8)
    Me.Proz9 = Int(100 - SummeWerte1_8)
End Sub
```

Listing 12.26:
Ereignis
bNorm_Click

Wenn alles passt, wird die individuell erstellte Verteilungskurve für die Kostenverteilung verwendet.

Zusammenfassung

Wie das in der Praxis aussehen kann, wird in den folgenden Schritten gezeigt.

Abbildung 12.16:
Vorgang anlegen

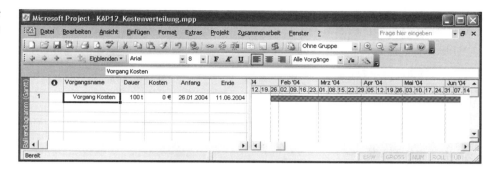

1. Legen Sie den Vorgang in Project an (vgl. Abbildung 12.16).
2. Starten Sie das Makro *AssignCost*.

Abbildung 12.17:
Kosten eingeben und Verteilung Endlastig *wählen*

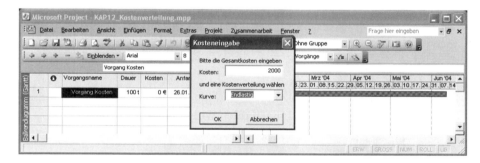

3. Geben Sie einen Betrag ein und wählen Sie als Kurve z.B. *Endlastig* aus (vgl. Abbildung 12.17).

Abbildung 12.18:
Darstellung der Kostenverteilung in der Ansicht Ressource: Grafik

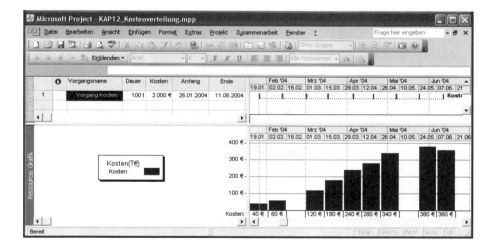

4. Die Kosten werden *Endlastig* verteilt (vgl. Abbildung 12.18).

Alternativ können Sie die Kosten individuell verteilen. Führen Sie dazu die o.g. Schritte 1 bis 2 aus und dann:

1. Wählen Sie als Kurve *Individuell* aus.

Abbildung 12.19:
Individuelle
Verteilungskurve
definieren

2. Legen Sie im Dialogfeld *Verteilungskurve definieren* z.B. als Vorlage *Endlastig* aus und passen Sie den Verlauf nach Ihren Wünschen an.

Abbildung 12.20:
Individuelle
Verteilungskurve
normieren

3. Normieren Sie sie im Anschluss und klicken Sie auf die Schalfläche *OK* (vgl. Abbildung 12.20).

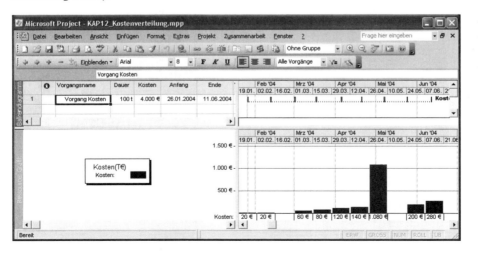

Abbildung 12.21:
Darstellung der
individuellen
Kostenverteilung

4. Wählen Sie dann die entsprechende Verteilung in der Ansicht *Ressource: Grafik* (vgl. Abbildung 12.21).

Diese Lösung zeigt einen Ansatz, wie die Einschränkungen für die Kostenverteilung für nicht ressourceneinsatzproportionale Kosten überwunden werden können. Auf diese Art und Weise kann das manuelle Verteilen von Kosten in einem weiteren System außerhalb von Project entfallen und direkt innerhalb von Project gelöst werden.

13 Add-Ins und Add-Ons

448 COM-Add-Ins und Makros von Microsoft
462 COM-Add-Ins und Add-Ons von Drittanbietern

In diesem Kapitel beschreiben wir ergänzende Software für das Projektmanagement mit Microsoft Project. Es gibt auf dem Markt eine große Anzahl von Erweiterungen zu Project als Add-Ins bzw. Add-Ons. Eine grundsätzliche Unterscheidung kann darin vorgenommen werden, dass **Add-Ins** direkt innerhalb der Project-Oberfläche Funktionen hinzufügt. Als **Add-Ons** werden Erweiterungen bezeichnet, die nicht ausschließlich direkt über die Project-Oberfläche zur Verfügung stehen, sondern als selbstständiges Programm Project als Datenquelle oder als Datenempfänger verwenden.

HINWEIS Als Add-Ins gibt es in Project ausschließlich Erweiterungen auf Basis der COM-Technologie, die einheitlich in allen Anwendungen des Office Systems verwendet wird. Diese Add-Ins heißen **COM-Add-Ins**.

Im Folgenden werden wir Erweiterungen beschreiben, die von Microsoft angeboten werden sowie von Drittanbietern bezogen werden können.

COM-Add-Ins und Makros von Microsoft
- Add-In *Vergleichen von Projektversionen*
- Add-In *Euro-Währungsumrechnung*
- Add-In *Visio-PSP-Diagramm-Assistent*
- Add-In *XML Berichts-Assistent*
- Add-In *Bild zu Office-Assistent kopieren*
- Weitere Add-Ins in Project
- VBA-Makros in der *Global.MPT*

COM-Add-Ins und Add-Ons von Drittanbietern
- Add-In *Feiertage einstellen*
- Add-On *cyProj*
- Add-On *Project Guide Designer*
- Add-On *MindManager*
- Add-On *Allocatus*
- Add-On *PSLink*
- Add-On *TeamLink*
- Add-On *ProjectMart*

COM-Add-Ins und Makros von Microsoft

Bereits im Lieferumfang von Project sind mehrere Erweiterungen enthalten. Häufig ist es dem Anwender nicht bewusst, dass einige Standardfunktionen in Project nicht im Quellcode geschrieben sind, sondern auch als Add-In vorhanden oder sogar als herkömmliches VBA-Makro in der globalen Projektvorlagendatei *Global.MPT* gespeichert sind.

Die Add-Ins werden über die Symbolleiste *Analyse, Projektversionen vergleichen* bzw. *Euro-Währungsumrechnung* aufgerufen, die Makros über den Menübefehl *Extras/Makro/Makros*. Da diese Symbolleisten standardmäßig nicht eingeblendet werden und auch die Makros nicht leicht zu finden sind, sind die praxisnahen Funktionen der mitgelieferten Add-Ins und Makros bei vielen Anwendern von Project nicht bekannt.

Die Verfügbarkeit der COM-Add-Ins können Sie über das *COM-Add-Ins*-Dialogfeld beeinflussen. Leider ist dieses nicht über die Standardmenüs aufrufbar, sodass Sie dieses erst einblenden müssen. Führen Sie dazu folgende Schritte aus:

1. Rufen Sie den Untermenübefehl *Extras/Anpassen/Symbolleisten* auf.

Abbildung 13.1:
Menübefehl für die COM-Add-Ins hinzufügen

2. Wählen Sie auf der Registerkarte *Befehle* die Kategorie *Alle Befehle* aus. Sie können anschließend auf der rechten Seite aus der Gesamtliste den Eintrag *COM-AddInsDialog* auswählen (vgl. Abbildung 13.1).
3. Ziehen Sie diesen Befehl per Drag&Drop auf eine Position in den Symbolleisten Ihrer Wahl oder direkt in ein Menü oder Untermenü.
4. Schließen Sie das Dialogfeld *Anpassen* und wählen Sie den neuen Befehl *COM-Add-Ins* aus.

Sie sehen eine Übersicht der im Lieferumfang von Project 2003 enthaltenen Add-Ins.

Abbildung 13.2: Übersicht über im Lieferumfang von Project enthaltene COM-Add-Ins

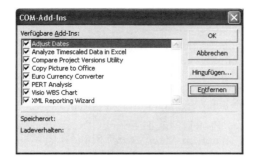

Add-In *Vergleichen von Projektversionen*

Mit dem Add-In **Vergleichen von Projektversionen** können Sie einen Vergleich zwischen zwei verschiedenen Versionszuständen des gleichen Projektes durchführen und die Ergebnisse in einem detaillierten, benutzerdefinierten Bericht anzeigen.

Abbildung 13.3: Add-In Projektversionen vergleichen

Um den Vergleich der Versionen durchzuführen, führen Sie folgende Schritte aus:

1. Öffnen Sie die ältere Version des Projektplans, z.B. aus einer auf dem Project Server gespeicherten älteren Version.
2. Öffnen Sie die neuere Version des Projektplans, z.B. die auf dem Project Server gespeicherte Version *Veröffentlicht*.
3. Kicken Sie in der Symbolleiste *Projektversionen vergleichen* auf die erste Schaltfläche (vgl. Abbildung 13.3 und das nebenstehend gezeigte Symbol).

Abbildung 13.4: Auswahl der zu vergleichenden Projektversionen

Add-Ins und Add-Ons **449**

4. Überprüfen Sie im folgenden Dialogfeld, ob die chronlogische Reihenfolge der beiden Projektversionen stimmt und passen Sie dies ggf. an.
5. Sie können hier außerdem die Vorgangstabellen zum Vergleich auswählen. Möchten Sie z.B. die zwei Projektversionen terminlich vergleichen, wählen Sie die Vorgangstabelle *Eingabe* aus. Möchten Sie einen Kostenvergleich für beide Projektversionen haben, können Sie die Vorgangstabelle *Kosten* wählen. Bestätigen Sie anschließend mit der Schaltfläche *OK*, um den Vergleich durchzuführen.

HINWEIS

Project erstellt jetzt ein temporäres weiteres Projekt mit Hilfe von Exceltabellen. Wundern Sie sich deshalb nicht, wenn Sie später im Menü *Datei* in der Liste der zuletzt verwendeten Projektdateien Einträge in der Form von *Projektversionen vergleichen-Add-In temporäre Datei.xls* erhalten. Project speichert diese temporären Excel-Dateien im Verzeichnis *Eigene Dateien* zwischen. Im Falle eines vorzeitigen Abbruchs des Add-Ins können im angegebenen Verzeichnis eventuell die vorübergehenden Excel-Dateien gespeichert bleiben.

6. Bestätigen Sie das folgende Dialogfeld, indem Sie auf die Schaltfläche *Ja* klicken, um die Legende anzuzeigen.

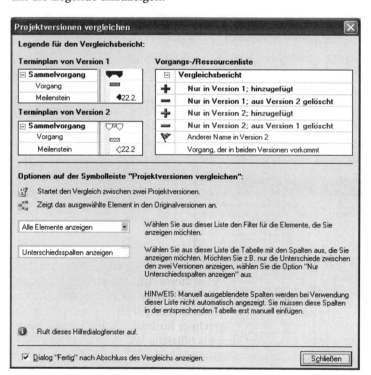

Abbildung 13.5:
Legende für den Vergleichsbericht

7. Sie sehen dann die in Abbildung 13.5 dargestellte Legende für den Vergleichsbericht. Machen Sie sich mit den Symbolen vertraut. Beachten Sie die Darstellung in Form von Symbolen und Farben von hinzugefügten und gelöschten Vorgängen. Bestätigen Sie zum Abschluss mit der Schaltfläche *Schließen*.

Abbildung 13.6:
Vergleichsbericht

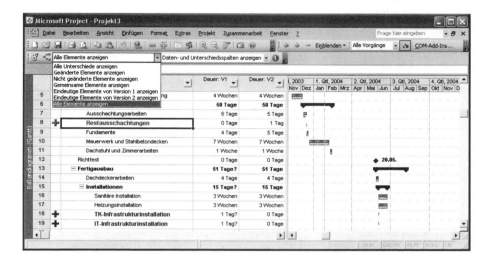

Sie erhalten jetzt eine vergleichende Ansicht *Balkendiagramm (Gantt)* und eine angepasste Tabelle mit dem Namen *Vergleichsbericht: Vorgang – Alle Spalten* (vgl. Abbildung 13.6). Das neue Projekt zeigt Ihnen die genauen Unterschiede zwischen den beiden Versionen. Sie erkennen die neuen oder gelöschten Vorgänge an den Farben grün bzw. rot.

TIPP Verkleinern Sie die Spaltenbreiten der dargestellten Felder mit der Maus oder über die Definition der Tabelle und erhöhen Sie die Höhe für die Kopfzeile der Feldnamen, damit Sie auf einer normalen Bildschirmauslösung, z.B. 1.024 × 768, und einem normalen DIN A4-Ausdruck im Querformat alle Vergleichsspalten und einen Ausschnitt vom *Balkendiagramm (Gantt)* erkennen können.

Sie können die automatisch eingeblendeten AutoFilter in den Kopfzeilen der Feldnamen verwenden, um schnell die in den einzelnen Projektdateien hinzugefügten oder gelöschten Vorgänge zu filtern.

Add-In *Euro-Währungsumrechnung*

Mit dem Add-In **Euro-Währungsumrechnung** können Sie Projektkosten in mehreren Währungen gleichzeitig anzeigen. Verwenden Sie dieses Add-In, um beliebige Kostenfelder in Euro oder andere Währungseinheiten, z.B. $ oder CHF zu konvertieren. Sie können die konvertierten Kostenfelder in zusätzlich erstellten Project-Tabellen und -Berichten anzeigen. Der Euro-Währungsumrechner für Project kann ehemalige Währungen umrechnen, die heute auch den Euro als offizielle Währung eingeführt haben. Außerdem kann das Add-In *Euro-Währungsumrechnung* eine andere Währung mit dem von Ihnen fest angegebenen Wechselkurs verwendet werden.

Abbildung 13.7:
Symbolleiste
Euro-Währungs-
umrechnung

Das Add-In erreichen Sie über die Symbolleiste *Euro-Währungsumrechnung* (vgl. Abbildung 13.7). Um eine zweite Währung im Projektplan darzustellen, führen Sie folgende Schritte aus:

1. Starten Sie den *Währungs-Assistenten* mit dem zweiten Symbol auf der Symbolleiste (vgl. Abbildung 13.7 und das nebenstehend gezeigte Symbol).
2. Bestätigen Sie das erste Dialogfeld mit der Schaltfläche *Weiter*.

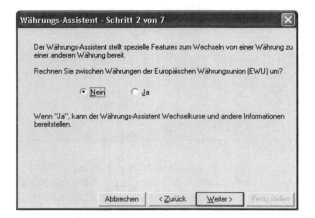

Abbildung 13.8:
Währungs-assistent – Schritt 2

3. Wählen Sie die Option *Nein*, es sei denn, Sie möchten eine alte Währung eines der Mitgliedstaaten der Währungsunion umrechnen. Klicken Sie auf *Weiter*.

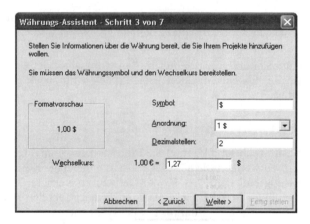

Abbildung 13.9:
Währungs-assistent – Schritt 3

4. Geben Sie im Feld *Symbol* das Währungszeichen der Fremdwährung ein, z.B. »$«. Geben Sie im Feld *Wechselkurs* den aktuellen Umrechnungsfaktor ein. Klicken Sie auf *Weiter*.

Abbildung 13.10:
Währungs-
assistent –
Schritt 4

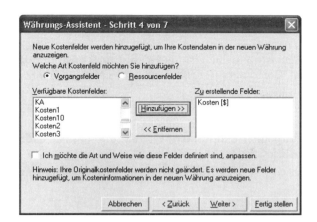

5. Wählen Sie im Listenfeld *Verfügbare Kostenfelder* die Felder aus, die Sie im Projektplan umrechnen möchten. Hierfür wird später jeweils ein benutzerdefiniertes Textfeld (*Text1* usw.) angelegt, in dem der Betrag der Fremdwährung über eine Formel errechnet wird. Klicken Sie auf *Hinzufügen*, um die gewünschten Felder zu übernehmen, und klicken Sie auf *Fertig stellen*.

6. Wählen Sie nun die Tabelle Kosten mit der Fremdwährung, z.B. *Kosten [$]*, aus und fügen Sie ggf. noch die Spalte *Kosten* mit der Standardwährung ein.

Abbildung 13.11:
Projektplan mit
zwei Währungen

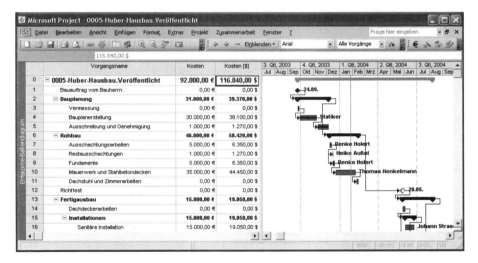

Sie sehen im Projektplan auf übersichtliche Art und Weise Kosten jedes Vorgangs in beiden Währungen.

TIPP Sollte sich der Umrechnungskurs ändern, so können Sie diesen über die Anpassung der Formel für das benutzerdefinierte Feld korrigieren.

Add-In *Visio-PSP-Diagramm-Assistent*

Mit dem Add-In **Visio-PSP-Diagramm-Assistent** können Sie einen grafischen Projektstrukturplan (PSP) in Baumstruktur in Visio aus dem Projektplan erstellen. Voraussetzung ist, dass auf Ihrem Computer Microsoft Visio in der Version 2000 oder höher installiert ist.

HINWEIS

Dieser Projektstrukturplan wird von der Struktur der Vorgänge anhand des Feldes *PSP-Code* abgeleitet. Damit kann kein vom Strukturierungskriterium der Vorgangsliste unabhängiger Projektstrukturplan erstellt werden (vgl. das in ▶ Kapitel 1 vorgestellte Konzept auf Basis des PMBOK Guide).

Um einen grafischen Projektstrukturplan zu erstellen, gehen Sie folgendermaßen vor:

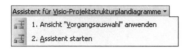

Abbildung 13.12: Assistent für Visio-Projektstrukturplandiagramme auf der Symbolleiste Analyse

1. Wählen Sie auf der Symbolleiste *Analyse* im Dropdown-Listenfeld der Schaltfläche *Assistent für Viso-Projektstrukturplandiagramme* den Eintrag *Ansicht "Vorgangsauswahl" anwenden* aus (vgl. Abbildung 13.12).
2. Bestätigen Sie den Hinweisdialog mit *OK*.
3. Aktivieren Sie den AutoFilter und erstellen Sie einen benutzerdefinierten Filter mit dem Kriterium *Dauer Ungleich Null*, sodass nur Vorgänge und keine Meilensteine angezeigt werden.

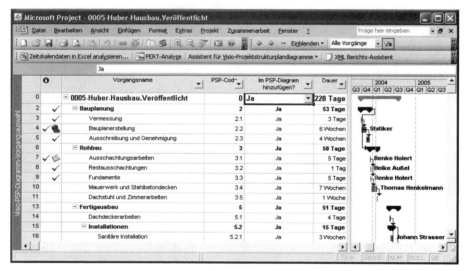

Abbildung 13.13: Vorgänge für Projektstrukturplan auswählen

4. Wählen Sie in der Spalte *Im PSP-Diagramm hinzufügen?* die Vorgänge aus, die Sie grafisch darstellen möchten, indem Sie das Attribut-Feld auf *Ja* setzen (Abbildung 13.13).
5. Starten Sie den Export, indem Sie auf die Schalfläche *Assistent starten* klicken (Abbildung 13.12).

6. Bestätigen Sie den ersten Schritt mit der Schaltfläche *Weiter*.

Abbildung 13.14:
Anzeigefeld
auswählen

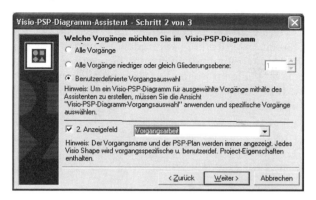

7. Überprüfen Sie, dass im Schritt 2 die Option *Benutzerdefinierte Vorgangsauswahl* aktiviert ist und legen Sie im Feld *Anzeigefeld* fest, welche Detailinformation, wie z.B. *Vorgangsarbeit*, Sie im Diagramm sehen möchten. Klicken Sie danach auf *Weiter* (vgl. Abbildung 13.14).
8. Klicken Sie im dritten Schritt auf *Fertig stellen*, um das Ergebnis in Visio anzuzeigen.

HINWEIS Beachten Sie, dass der Export zu Visio einige Minuten in Anspruch nehmen kann, wenn Sie zu viele Vorgänge für den Export auswählen. Beim Export von mehr als 30 Vorgängen kann die Exportzeit ca. eine Minute und mehr betragen.

Abbildung 13.15:
Grafische
Darstellung des
Projektstruktur-
plans in Visio

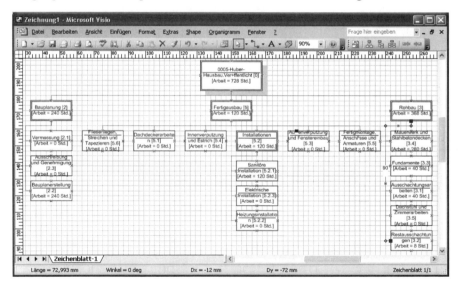

Nach Abschluss des Assistenten für den Export können Sie das Ergebnis direkt in Visio näher prüfen (vgl. Abbildung 13.15). Es wird ein Projektstrukturplan in der Form eines Organigramms in Visio erstellt. Sie können die vertikale und horizontale Anordnung der Shapes in Form der einzelnen Vorgänge mit Hilfe der Symbolleiste *Organigramm* erstellen.

Add-In *XML Berichts-Assistent*

Sie können das Add-In **XML Berichts-Assistent** verwenden, um anpassbare, webbasierte Berichte aus Project zu erstellen. Diese haben den Vorteil, dass sie plattformübergreifend angezeigt und verarbeitet werden können. Zudem ist zum Anzeigen nur ein beliebiger Webbrowser notwendig. Standardmäßig wird der Assistent mit zwei Beispielvorlagen ausgeliefert, eine fragt alle kritischen Vorgänge ab und eine alle überlasteten Ressourcen eines Projektes. Um beispielsweise alle kritischen Vorgänge darzustellen, gehen Sie folgendermaßen vor:

Abbildung 13.16:
Schaltfläche XML Berichts-Assistent *auf der* Symbolleiste Analyse

1. Klicken Sie in der Symbolleiste *Analyse* auf die Schaltfläche *XML Berichts-Assistent*.
2. Klicken Sie auf der Willkommensseite des Berichts-Assistenten auf die Schaltfläche *Weiter*.

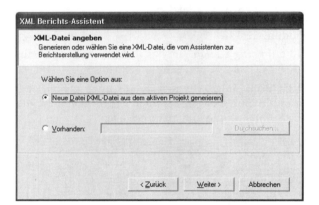

Abbildung 13.17:
XML-Datei auswählen

3. Wählen Sie Option *Neue Datei (XML-Datei aus dem aktiven Projekt generieren)* aus. Bestätigen Sie mit der Schaltfläche *Weiter*.
4. Geben Sie einen Namen für die XML-Datei an, z.B. »0005-Huber-Hausbau.xml« und klicken Sie auf *Speichern*.

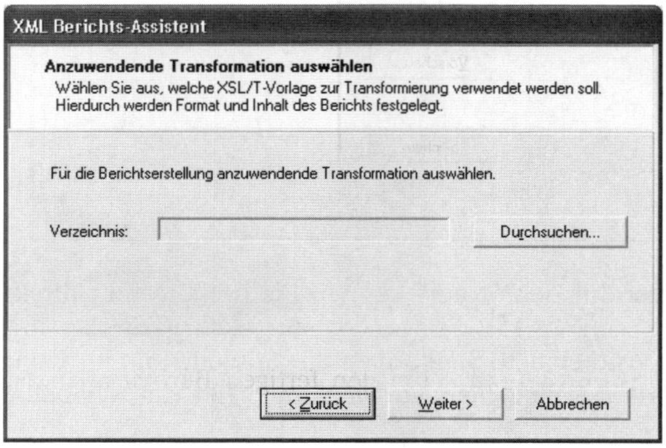

Abbildung 13.18:
Transformation auswählen

5. Wählen Sie im nächsten Schritt den Inhalt und das Layout des Berichts in Form einer .xsl- oder .xslt-Vorlagendatei aus, indem Sie auf die Schaltfläche *Durchsuchen* klicken.

HINWEIS XSL-Dateien sind Stylesheets, die auf den Inhalt der Project XML-Dateien angewendet werden können. XSL interpretiert oder transformiert die systemeigenen XML-Datenstrukturen einer Quelle, in diesem Fall Project als Applikation, in Datenstrukturen, die von einer anderen Quelle verwendet werden können. Außerdem wird XSL zum Ändern der XML-Darstellung von Daten gemäß den Anforderungen des Datenempfängers verwendet. XSL benötigt Annahmen über den als Eingabe und Ausgabe verwendeten XML-Code. Diese Annahme bedeutet, dass für XSL das Format der XML-Eingabe bekannt ist. Daher ist es möglich, dass dieses Format in das bekannte Ausgabeformat transformiert wird.

Abbildung 13.19: XSL-Stylesheets für die Transformation einer XML-Project-Datei verwenden

6. Wählen Sie *CRITTASK.XSL* aus, klicken Sie auf die Schaltfläche *Öffnen* (Abbildung 13.19) und anschließend auf *Weiter*.

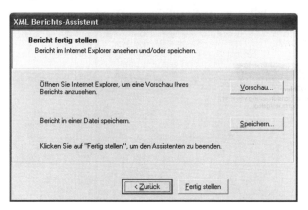

Abbildung 13.20: HTML-Bericht aus Project-XML-Daten und XSL-Stylesheet erstellen

7. Klicken Sie auf die Schaltfläche *Vorschau*, um den fertigen Bericht anzuzeigen (vgl. Abbildung 13.20).

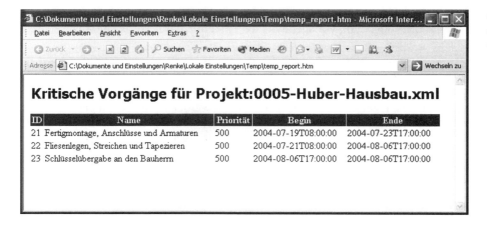

Abbildung 13.21: Der fertige Bericht

Der fertige HTML-Bericht für ein Beispielprojekt ist in Abbildung 13.21 dargestellt.

Add-In *Bild zu Office-Assistenten kopieren*

Mit dem Add-In **Bild zu Office-Assistenten kopieren**, das wohl treffender als »Bild zu Office kopieren-Assistent« bezeichnet wäre, können Sie eine Balkendiagramm-Ansicht zusammen mit in einem Kasten zusammengefasster Projektfelder zu Word, PowerPoint oder Visio exportieren. Um beispielsweise einen Projektbericht nach PowerPoint zu exportieren, gehen Sie folgendermaßen vor:

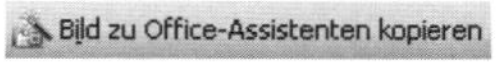

NEU IN 2003

1. Klicken Sie auf die Schaltfläche *Bild zu Office-Assistenten kopieren* in der Symbolleiste *Analyse*.
2. Klicken Sie im Willkommensdialogfeld auf *Weiter*.

Abbildung 13.22: Schaltfläche Bild zu Office-Assistenten kopieren auf der Symbolleiste Analyse

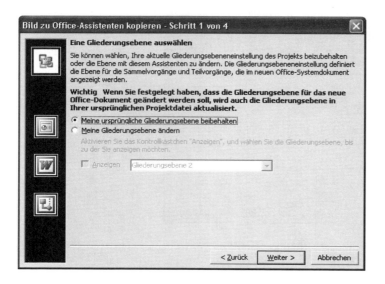

Abbildung 13.23: Schritt 1

3. Überprüfen Sie, dass die Option *Meine ursprüngliche Gliederungsebene beibehalten* ausgewählt ist. Wenn Sie einen größeren Projektplan in PowerPoint darstellen möchten, reduzieren Sie die Ausgabe auf eine bestimmt Gliederungsebene.

Abbildung 13.24:
Schritt 2

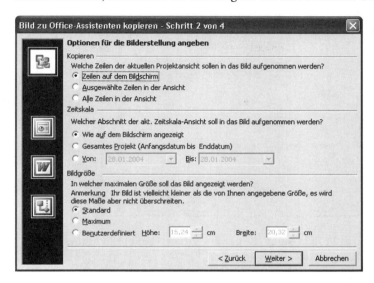

4. Überprüfen Sie die Optionen *Kopieren*, *Zeitskala* und *Bildgröße* und passen Sie diese ggf. an. Klicken Sie auf *Weiter*.

Abbildung 13.25:
Schritt 3

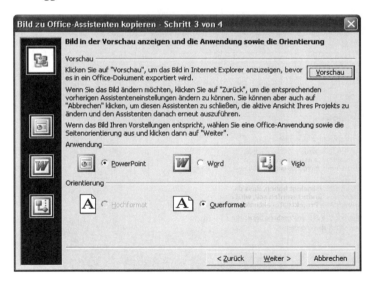

5. Wählen Sie im Bereich *Anwendung* die Option *PowerPoint* aus und klicken Sie auf *Weiter*.

Add-Ins und Add-Ons **459**

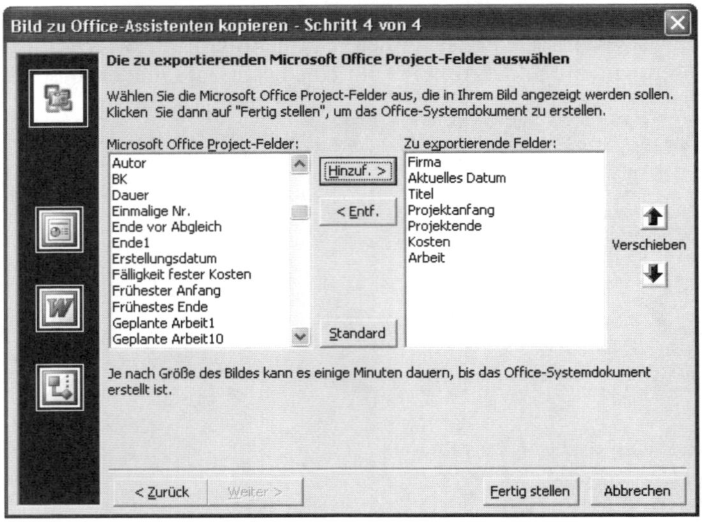

Abbildung 13.26:
Schritt 4

6. Fügen Sie ggf. noch Projektfelder (Felder auf Projektebene) hinzu und klicken Sie auf *Fertig stellen*.
7. Bestätigen Sie das Abschlussdialogfeld mit *Schließen*.

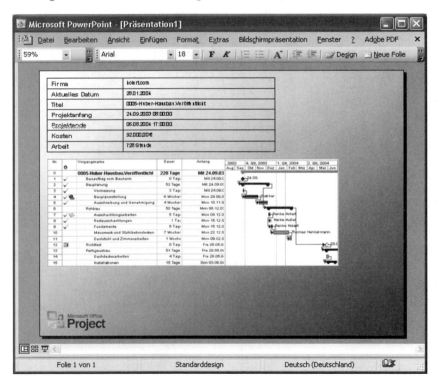

Abbildung 13.27:
Ergebnis in PowerPoint

Als Ergebnis sehen Sie die Projektfelder und die Balkendiagrammdarstellung in PowerPoint. Die Balkendiagrammdarstellung gleicht dem Ergebnis der *Bild kopieren*-Funktion (vgl. auch in ▶ Kapitel 1 den Abschnitt »Vor- und Nachbereiten von Projektbesprechungen«).

Weitere COM-Add-Ins in Project

Neben den zuvor ausführlich beschriebenen Add-Ins enthält die Symbolleiste *Analyse* noch drei weitere COM-Add-Ins. Dies sind *Termine anpassen, PERT-Analyse* und *Zeitskalendaten in Excel analysieren*.

Abbildung 13.28:
Weitere COM-
Add-Ins in
Project

- Mit Hilfe der **PERT-Analyse** können Sie für jeden Vorgang eine optimistische, realistische und pessimistische Schätzung eingeben und danach für das gesamte Projekt die Auswirkungen in drei entsprechenden Gesamtszenarien simulieren.
- Das Add-In **Zeitskalendaten in Excel analysieren** exportiert periodenbezogene Daten von Project zu Excel. Ein Beispiel hierfür finden Sie in ▶ Kapitel 4.
- Mithilfe des Add-Ins **Termine anpassen** können Sie in einem bestehenden Projektplan alle Vorgänge, also auch Vorgänge mit fest fixierten Terminen, mit den Einschränkungsarten *Muss anfangen/enden am* für das gesamte Projekt verschieben.

VBA-Makros in der *Global.MPT*

Ergänzend zu den Add-Ins sind in der *Global.MPT* zwei VBA-Makros installiert, die leider nicht über ein Standardmenü mit der Project-Oberfläche verbunden sind. Sie können diese jedoch über den Menübefehl *Extras/Makro/Makros* aufrufen (vgl. Abbildung 13.29).

Abbildung 13.29:
VBA-Makros in
der Global.MPT

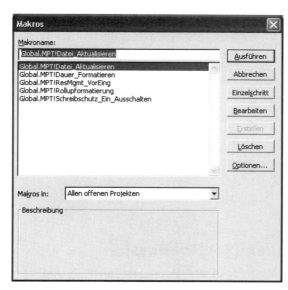

Add-Ins und Add-Ons **461**

- Das Makro **Dauer_Formatieren** formatiert in der Spalte *Dauer* alle Einträge gleich. Falls Sie die Dauer von Vorgängen in unterschiedlichen Formaten, z.B. Stunden, Tage oder Wochen, eingegeben haben, ersetzt das Makro alle Einträge im gleichen gewählten Format.
- Das Makro **Rollupformatierung** ruft die Ansichten *Balkenrollup* oder *Meilensteinrollup* auf und stellt für einen Projektplan automatisch eine Rollup-Darstellung der Vorgänge mit Text dar.

> **ACHTUNG**
> Beachten Sie, dass Sie vorher bei den als Rollup anzuzeigenden Vorgängen in den *Informationen zum Vorgang* auf der Registerkarte *Allgemein* das Kontrollkästchen *Vorgangsbalkenrollup im Sammelvorgang darstellen* aktivieren.

- Das Makro **Schreibschutz_Ein_Ausschalten** schaltet ein Projekt in den Modus Schreibgeschützt und zurück, d.h. wenn Sie ein Projekt nur mit Schreib-/Leserecht geöffnet haben und dieses für die Bearbeitung freigeben möchten (einchecken), speichert das Makro das Projekt und öffnet es danach schreibgeschützt. Das erneute Aufrufen des Makro checkt das Projekt wieder für Sie zur Bearbeitung aus.
- Das Makro **Datei_Aktualisieren** aktualisiert eine schreibgeschützte Datei mit der zuletzt gespeicherten Version.
- Das Makro **ResMgmt_VorEing** erstellt eine Ansichtskombination, bei der in der unteren Fensterhälfte die Ansicht *Vorgang: Maske* mit der Detailansicht (*Einzelheiten*) *Terminplan: Ressourcen* angezeigt wird.

> **TIPP**
> Weitere Add-Ins und sonstige Erweiterungen bietet Microsoft kostenlos unter der folgenden Adresse zum Download an:
>
> *http://office.microsoft.com/germany/downloads/.*

COM-Add-Ins und Add-Ons von Drittanbietern

Eine Beschreibung aller verfügbaren Erweiterungen von Drittanbietern zu Project würde wahrscheinlich ein eigenes Buch ergeben. Deshalb beschränken wir uns darauf, besonders nützliche und mit der deutschen Version von Project und Project Server kompatible Add-Ins und Add-On zu beschreiben. Dabei handelt es sich um:

- Add-In *Feiertage einstellen*
- Add-On *cyProj*
- Add-On *MindManager*
- Add-On *Allocatus*
- Add-On *PSLink*
- Add-On *TeamLink*
- Add-On *ProjectMart*

Add-In *Feiertage einstellen* (Set Holidays)

Eine häufige Fragestellung ist das Hinzufügen von Feiertagen in lokale Kalender eines Projektes oder in die *Enterprise-Global*. Mit dem Add-In **Feiertage einstellen**

(Set Holidays) können Sie automatisch alle deutschen Feiertage, nur bundesweit gültige Feiertage und/oder die Feiertage bestimmter Bundesländer in die Kalender von Project einfügen und wieder entfernen.

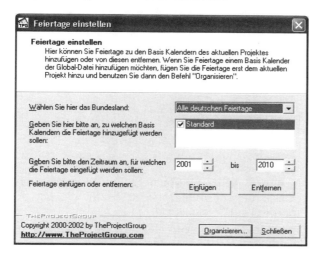

Abbildung 13.30: COM-Add-In Feiertage einstellen

Nach der Installation öffnet sich in Project eine neue Symbolleiste mit einer Schaltfläche *Feiertage einstellen*. Klicken Sie auf diese Schaltfläche und wählen Sie im sich öffnenden Dialogfeld Ihr Bundesland oder *Nur bundesweit gültige Feiertage* und einen Zeitraum für die Erstellung von Feiertagen aus (vgl. Abbildung 13.30). Bestätigen Sie mit der Schaltfläche *Einfügen* Ihre Eingabe. Sie erhalten eine Bestätigung über die Anzahl der eingefügten Feiertage.

Sie können das Add-In kostenlos unter der folgenden Adresse herunterladen:

http://www.holert.com/setholidays.

Add-On *cyProj*

Das Add-On **cyProj** synchronisiert Project-Projektpläne zwischen PC und Pocket PC. cyProj verwendet zum Austausch ein eigenes Dateiformat, dass sowohl von dem Add-In für Project als auch von der Pocket PC-Anwendung selbst gelesen werden kann. Der Austausch beschränkt sich dabei auf die wichtigsten Felder, dies sind u.a. für Vorgänge:

- Name
- Notiz
- Anfang
- Ende
- %-Abgeschlossen

und pro Zuordnung die Aktuelle Arbeit. Daneben werden u.a. Änderungen der Zuordnungen übertragen.

Abbildung 13.31:
Vorgangsliste auf dem Pocket PC

cyProj bietet verschiedene Ansichten wie Tabellen für Vorgänge und Ressourcen, das Gantt-Diagramm, die Ressourcenauslastung, Kostenübersichten (z.B. die Earned Value Analyse) und den Projektstrukturplan Übersichten an.

Das Programm besteht aus zwei Teilen, dem cyProj Sync, einem COM-Add-In, das in Project installiert wird (vgl. Abbildung 13.32) und dem cyProj, das Programm für den Pocket PC (vg. Abbildung 13.31). Installation und die Handhabung sind sehr einfach. Der Datenaustausch vom Desktop zum Pocket PC (und umgekehrt) läuft über ActiveSync.

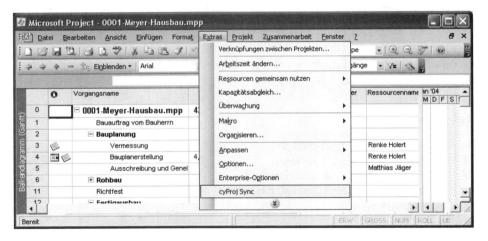

Abbildung 13.32:
cyProj-*Synchronisation als Add-In in der Project-Anwendungsoberfläche*

Projekte werden in Project geplant und auf den Pocket PC übertragen. cyProj ersetzt nicht Project, sondern ergänzt es um die Möglichkeit, Projektinformationen an jedem Ort und zu jeder Zeit verfügbar zu haben. cyProj ist ein »Viewer« für Project-Dateien, kann aber keine Project-Dateien im Format *.mpp direkt lesen, sondern es erfolgt ein Export zu dem Pocket PC aus der geöffneten Datei aus Project heraus. Um auch Änderungen in Project zurückzuschreiben, wird erst die entsprechende Project-Datei geöffnet, bevor die Datei über cyProj Sync importiert werden kann.

Mehr Informationen finden Sie unter *http://www.holert.com/cyproj*.

Add-On *MindManager*

Der **MindManager** eignet sich zur grafischen Strukturierung von Ideen und Konzepten. Im Rahmen der Projektplanung kann er z.B. in einer frühen Phase wie der Brainstormingphase oder Entwurfsphase als Hilfsmittel für die Vorstrukturierung der Teilleistungen (Deliverables) und der sich daraus ableitenden Vorgänge eingesetzt werden.

Das Programm ist eine eigenständige Windows-Anwendung und nicht primär ein Add-On zu Project. Standardmäßig ist jedoch eine Schnittstelle zu Project enthalten, die Project-Daten zum MindManager importieren und exportieren kann.

Abbildung 13.33: Darstellung der Vorgangsstruktur im MindManager

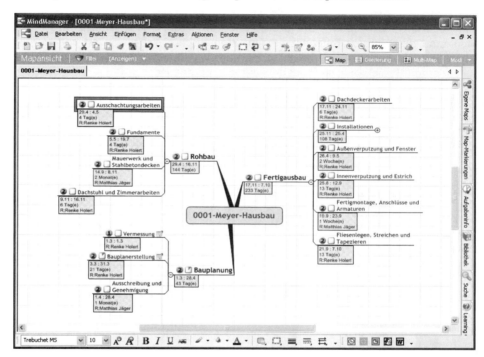

Um die Vorgangsliste für Projektplan zu erstellen, legen Sie zunächst den Hauptzweig an. Danach ergänzen Sie die Unterzweige und untergliedern diese ggf. weiter. Über das Project-Symbol in der *Export*-Symbolleiste beginnen Sie im Anschluss den Exportvorgang. Legen Sie fest, ob alle Zweige exportiert werden oder nur diejenigen mit Aufgabeninfos, und schließen Sie den Exportvorgang ab.

Mehr Informationen finden Sie unter *http://www.holert.com/mindmanager*.

Add-On *Allocatus*

Allocatus integriert Microsoft Outlook mit Microsoft Project, sodass ein Mehraufwand für Doppelerfassung und Planungsfehler durch widersprüchliche Daten in beiden Systemen vermieden wird. Allocatus trägt die in Project geplanten Vorgänge als Termine in die jeweiligen Outlook-Kalender der Mitarbeiter ein.

Allocatus wird als Windows-Dienst installiert und gleicht im Hintergrund die Vorgänge bzw. Termine zwischen Project Server und Exchange Server ab.

Der Projektleiter ordnet in Project den einzelnen Vorgängen Ressourcen zu und veröffentlicht diese auf dem Project Server. Die Ressourcen erhalten automatisch eine Benachrichtigungs-E-Mail, der Sie entnehmen können, für welche Vorgänge sie eingeplant wurden. Zudem finden Sie die Vorgänge aufgeteilt in Termine in Ihren Outlook-Kalendern wieder. Diese Termineinträge enthalten auch alle weiteren wichtigen Informationen des zugehörigen Vorgangs wie z.B. Notizen, den Stichtag sowie einen Link auf die Arbeitszeittabelle im Project Web Access. Zudem können die Ressourcen etwaige Änderungen an den Projektleiter über Outlook auf einfache Art und Weise zurückmelden, sodass dieser ggf. Umplanungen vornehmen kann. Über sämtliche Änderungen erhalten die Ressourcen dann wiederum eine Benachrichtigungs-E-Mail und deren Outlook-Kalender werden automatisch hieran angepasst, sodass zum einen eine Historie über die Vorgangsänderungen geführt wird und zum anderen der Kalender und Projektplan stets auf dem aktuellen Stand ist.

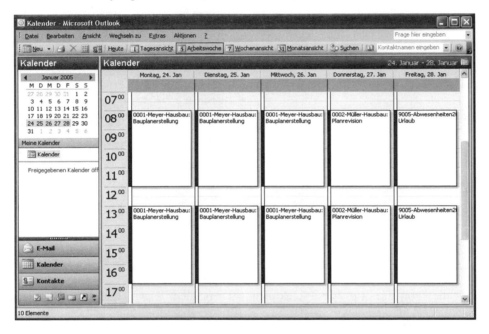

Abbildung 13.34:
Darstellung von Projektterminen in Outlook

Allocatus integriert sich nahtlos in Project und erweitert Project um die fehlende Integration in den Exchange Server. Weitere Varianten von Allocatus unterstützen u.a. den Übertrag von nicht projektbezogenen Arbeitszeiten von Outlook zu Project, sodass diese nicht von den Projektleitern verplant werden können.

Aktuelle Informationen zu Allocatus finden Sie unter *http://www.holert.com/allocatus*.

Add-On *PSLink*

PSLink ist eine Softwarelösung zur Integration von Microsoft Project mit SAP PS. In der aktuellen Version wird PSLink in den zwei Varianten Standard und Enterprise angeboten.

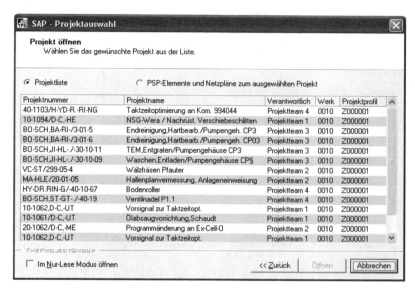

Abbildung 13.35:
Projekte oder
Teilprojekte aus
SAP laden:
Projektliste

In **PSLink Standard** wird Project als Front-End für die Bearbeitung von SAP PS-Projekten verwendet. Projekte aus SAP PS können in Project geladen, bearbeitet und nach SAP zurück geschrieben werden (Abbildung 13.35 und Abbildung 13.36). Dabei werden die Projekte in SAP gesperrt und auf dem PSLink Server als offline registriert. Dies stellt sicher, dass eine parallele Bearbeitung weder durch einen anderen Benutzer in Project noch in der SAP-GUI möglich ist. Die Sperre in SAP kann dabei kundenspezifisch festgelegt werden, sodass z.B. bei PSP-Elementen nur Stammdaten, Planung und Terminierung, nicht aber Kontierung und Budgetierung gesperrt werden.

PSLink unterstützt die Abbildung von SAP PSP-Elementen, Netzplänen, Vorgängen, Teilnetzvorgängen, Vorgangselementen, Anordnungsbeziehungen, Meilensteinen, Arbeitsplätzen und Personen. Zudem können Daten aus anderen SAP-Modulen importiert werden. Alle notwendigen SAP-Restriktionen und Business Regeln werden beachtet. Damit wird sichergestellt, dass nur erlaubte Änderungen nach SAP übertragen werden. SAP-spezifische Informationen werden in Project-Benutzerfeldern gespeichert.

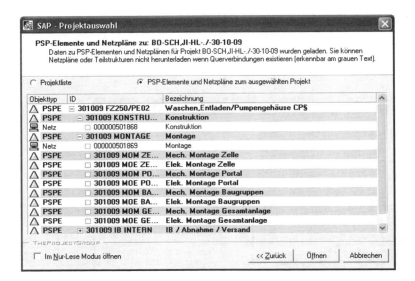

Abbildung 13.36:
Projekte oder Teilprojekte aus SAP laden: PSP-Elemente und Netzpläne

PSLink Enterprise setzt dagegen auf Microsoft Project Professional und Microsoft Project Server auf. Im Gegensatz zu PSLink Standard werden Projekte nicht aus SAP PS ausgecheckt und nach der Bearbeitung wieder eingecheckt. Die Projekte liegen auf dem Project Server und Änderungen werden mit SAP synchronisiert. Dabei kann die Synchronisierung clientseitig oder serverseitig stattfinden. Wie bei PSLink Standard werden auch hier die Projekte in SAP gesperrt und SAP-spezifische Regeln und Restriktionen beachtet. Eine Synchronisierung wird nur dann ermöglicht, wenn Plausibilitätsfehler bereinigt wurden (vgl. Abbildung 13.37).

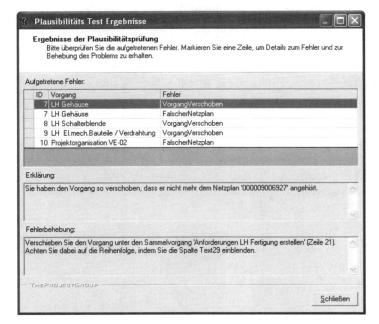

Abbildung 13.37:
Nach der Plausibilitätsprüfung werden SAP-Fehler und deren Lösungswege angezeigt

Im Gegensatz zu den meisten hier vorgestellten Add-Ins und Add-Ons handelt es sich bei PSLink nicht um ein Produkt, das ohne Anpassung installiert und sofort verwendet werden kann. Aufgrund der Natur von SAP als kundespezifisches ERP-System ist PSLink vielmehr eine Plattform für die Erstellung von Integrationslösungen. Im Rahmen einer PSLink-Implementierung sind unter anderem kundenspezifische Workflows, Objekt- und Feldzuordnungen, Business-Regeln, SAP-Restriktionen, Funktionsaufrufe usw. zu spezifizieren und einzubauen.

Mehr Informationen zu PSLink finden Sie unter *http://www.holert.com/pslink*.

Add-On *TeamLink*

Das Add-On **TeamLink** verfolgt das Ziel, die Kommunikation zwischen Projektleitern untereinander oder mit Abteilungsleitern zu gestalten. Denn beim Austausch von Planungsinformationen zwischen Projektleitern stößt Project auch in der aktuellen Version an folgende Grenzen:

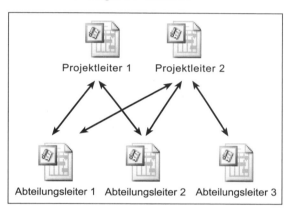

Abbildung 13.38: TeamLink-Kommunikationsstruktur

- Um ein fremdes Projekt mit dem eigenen zu verknüpfen, benötigt man beide Projektdateien – um Verknüpfungen zu aktualisieren, sogar Schreibrechte für das fremde Projekt.
- Der Benutzer hat keine Selektionsmöglichkeit, um nur bestimmte Daten eines Projektes frei zu geben. Sobald die Gegenstelle die Zugriffsrechte an einer Projektdatei erhält, kann sie das komplette Projekt betrachten und verändern.
- Microsoft Project bietet keine Funktion, die einen schnellen Überblick darüber verschafft, mit welchen anderen Projekten das aktuelle Projekt verknüpft ist.
- Die Aktualisierung der Verknüpfungen zwischen den Projekten geschieht automatisch, d.h. sobald eine Datei gespeichert wird. Es gibt keine gesonderte Schaltfläche um dies kontrolliert durchzuführen. Somit besteht nicht die Möglichkeit, ein Projekt zu Testzwecken zu verändern.
- Die Gegenstelle benötigt ebenfalls Microsoft Project. Eine Eingabe von Daten in ein externes Programm bzw. ein Web-Interface ist nicht vorgesehen.

Project ist somit sehr gut geeignet, um eigene Projekte miteinander zu verbinden, ist aber dann als Lösung ungeeignet, wenn Projekte mit denen anderer Personen oder Abteilungen in Beziehung gesetzt werden sollen.

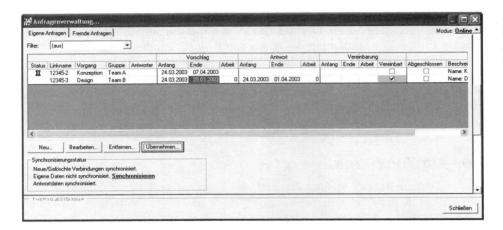

Abbildung 13.39:
TeamLink-Kommunikationsdialog

Genau hier setzt TeamLink an. Es integriert sich in die Oberfläche von Project, sodass der Anwender direkt aus seiner gewohnten Oberfläche heraus die Verbindungen von seinem geöffneten Projekt verwalten kann. Mit wenigen Klicks kann er eine Anfrage erstellen, die an eine Person oder eine Gruppe von Personen (z.B. eine gesamte Abteilung) gerichtet sein kann. Die Gegenstelle benutzt dann ebenfalls TeamLink in Verbindung mit Project oder einem Web-Interface, um auf die Anfrage zu antworten. Ist die Verbindung hergestellt, kann der Datenaustausch von Termin- und Aufwandsdaten in beide Richtungen erfolgen. Die Abbildung 13.38 zeigt die Kommunikationsstruktur, während Abbildung 13.39 den zentralen Kommunikationsdialog darstellt.

Mehr Informationen zu TeamLink finden Sie unter *http://www.holert.com/teamlink*.

Add-On *ProjectMart*

Mit dem Portfolio-Analysierer des Project Web Access können bereits einige wichtige Auswertungen für das Portfoliomanagement und Ressourcenmanagement erstellt werden (vgl. ▶ Kapitel 4 und ▶ Kapitel 5). Im Praxiseinsatz werden jedoch auch die Grenzen aufgezeigt. Diese liegen unter anderem in den folgenden Bereichen:

- Es sind keine Daten über die Vorgänge (Vorgangsarten, PSP-Codes) auswertbar.
- Es können auf Projekt- und Ressourcenebene als benutzerdefinierte Dimensionen nur Enterprise-Gliederungscodes verwendet werden.
- Kumulierte Werte oder Durchschnittszahlen auf Cube-Ebene fehlen.
- Daten aus anderen Systemen (SAP, Excel-Listen) sind schwer einzubinden.
- Die Analysis Services-Benutzerverwaltung muss weitgehend von Hand erfolgen.
- Berechtigungen können nicht auf Projekt- oder Ressourcenebene vergeben werden.

ProjectMart hebt diese Beschränkungen auf, indem konsequent die Prinzipien des Data Warehousing auf die Project-Datenbank angewandt werden. Es wird eine eigene Datenbank für Auswertungen, ein Data Mart, erzeugt, der mit Hilfe der Data Transformation Services (DTS) mit Daten befüllt wird. Dieses Werkzeug ist im SQL Server bereits enthalten. Struktur und Benennung der Tabellen im Data Mart sind gegenüber der Project Server-Datenbank stark vereinfacht, sodass viele Berichte durch leicht zu erstellende Abfragen auf diese Datenbank mit einem Report-Generator erzeugt werden können.

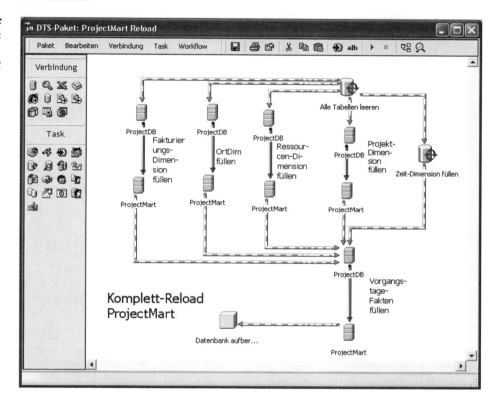

Abbildung 13.40: DTS-Paket zum Füllen des Data Mart

Die Verwendung von DTS erleichtert es, Unternehmensdaten, die nicht in Project zu finden sind, ebenfalls mit den Cubes auszuwerten. So können z.B. externe Daten wie beispielsweise Ist-Kosten aus SAP oder Umsatzzahlen aus Excel zeitgesteuert in den Data Mart importiert werden.

Die ProjectMart basiert auf diesem Data Mart und liefert in einer eigenen Analysis Services-Datenbank neue Cubes mit. Diese enthalten die Informationen der mitgelieferten Project-Cube, sprengen jedoch die o.g. Einschränkungen wie z.B.: Vorgangsdaten auswerten (auch benutzerdefinierte Felder), Skalierung der Gesamtsummen verändern (z.B. Anzeige in Tagen oder Stunden), kumulierte Werte anzeigen, Vergleichsgrafiken mit Vorperioden erzeugen etc.

Die Rechteverwaltung von Analysis Services kann dabei so erweitert werden, dass jeder Nutzer, der als Ressource im Project Server eingetragen ist, automatisch nur seine Projekte und Vorgänge sehen kann.

Um die Vielzahl der Auswertungen, die mit dem ProjectMart möglich sind, auch im Unternehmen zu verbreiten, sollte zum ProjectMart zusätzlich das Intranet-BI-Portal installiert werden. Dieses kostenlose Web-Portal von Microsoft stellt ähnlich dem Portfolio Analysierer dynamische OLAP-Auswertungen im Web dar, aber auch für diejenigen Anwender, die nicht bei Project als Nutzer eingerichtet sind. Jeder Anwender kann dabei seine eigenen Abfragen für sich abspeichern, und zusätzlich können versierte Anwender auch für andere Nutzer vorformatierte Berichte in das Portal stellen. Alle Berichte aktualisieren sich beim Zugriff automatisch. Daten und Auswertungen können vom Anwender auch z.B. auf einem Notebook synchronisiert und dann als Offline-Cubes weiter analysiert werden.

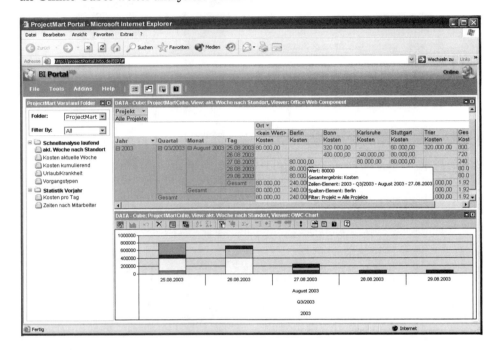

Abbildung 13.41: ProjectMart im BI Portal

Der ProjectMart setzt komplett auf Technologien auf, die der Project Server selbst verwendet. Mehr Informationen finden Sie unter *http://www.holert.com/projectmart*.

A VBA-Referenz

473 Project Objektmodell

Project Objektmodell

Das **Project-Objektmodell** bietet Ihnen im Programmcode Zugriff auf Project, Projekte, Vorgänge, Ressourcen und alle darin enthaltenen Elemente. In diesem Kapitel können Sie in einer Übersicht das gesamte Project-Objektmodell mit den wichtigsten Objekten, Eigenschaften, Methoden, Ereignissen und Anweisungen für Visual Basic für Applikationen nachschlagen. Es sind nur die Objekte aufgelistet, die »nicht verborgen« sind, also im Objektkatalog gezeigt werden, ohne dass die Option *Verborgene Elemente zeigen* aktiviert ist.

Erläuterung der Spalten

Name: Name des Ereignisse, der Methode oder der Eigenschaft

Beschreibung: Kurzbeschreibung, ggf. unter Angabe der deutschen Feldnamen

Typ: Variablentyp (**V**: Variant, **B**: Boolean, **S**: String, **O**: Object, **L**: Long, **I**: Integer, **D**: Double)

L/S: L für Leserecht und LS für Lese- und Schreibrecht

02/03: ✓, wenn das Ereignis, die Methode o. die Eigenschaft nur in der Project 2002 bzw. 2003 vorhanden ist, oder sich etwas geändert hat, wie z.B. ein Parameter. ✗, wenn die Methode oder Eigenschaft weggefallen ist.

Die **Standard-Eigenschaft** ist **Fett** gedruckt, Optionale Parameter sind in **eckigen Klammern** dargestellt. Konstanten sind nur an einer Stelle aufgeführt. Entnehmen Sie dem Index den Verweis auf die entsprechende Seite.

Wenn Sie ein **Beispiel** zu den Objekten und deren Methoden und Eigenschaften suchen, schlagen Sie einfach im **Index** dieses Buches nach. Dort finden Sie den Verweis auf die entsprechende Seitenzahl im Tutorium.

TIPP Sie können dieses Kapitel in Verbindung mit dem Index des Buches auch zum Naschlagen der englischen und deutschen Feldnamen verwenden.

Application

Objekt der Project-Anwendung

Übergeordnete Objekte
Keine

Untergeordnete Objekte
Assistant, Cell, CommandBars, Projects, Selection, VBE, Windows

Methoden

Name und Syntax	Beschreibung	02	03
About As B	Zeigt das Dialogfeld *Info* an.		
ActivateMicrosoftApp(Index As PjMSApplication)	Aktiviert eine Microsoft-Anwendung, wenn diese ausgeführt wird, oder startet andernfalls eine neue Instanz dieser Anwendung.		
AddProgressLine As B	Geht in den interaktiven Fortschrittslinien-Modus über, in dem der Benutzer Fortschrittslinien manuell zeichnen kann.		
Alerts([Show]) As B	Bestimmt, ob beim Ausführen eines Makros Fehlermeldungen ausgegeben werden.		
AppExecute([Window], [Command], [Minimize], [Activate]) As B	Startet eine Anwendung.		
AppMaximize As B	Maximiert das Hauptfenster.		
AppMinimize As B	Minimiert das Hauptfenster.		
AppMove([XPosition], [YPosition], [Points]) As B	Verschiebt das Hauptfenster.		
AppRestore As B	Stellt das Hauptfenster auf die letzte nicht vergrößerte oder verkleinerte Größe wieder her.		
AppSize([Width], [Height], [Points]) As B	Legt die Breite und Höhe des Hauptfensters fest.		
AutoCorrect As B	Zeigt das Dialogfeld *AutoKorrektur* an.		
AutoFilter As B	Aktiviert oder deaktiviert den AutoFilter für das aktive Projekt.		
BarBoxFormat As B	Zeigt das Dialogfeld *Balken formatieren* an (wenn *Balkendiagramm (Gantt)*, *Ressource: Grafik* oder *Kalender* die aktive Ansicht ist), oder zeigt das Dialogfeld *Knoten formatieren* an (wenn *Netzplandiagramm* die aktive Ansicht ist).		
BarBoxStyles As B	Zeigt das Dialogfeld *Balkenarten*, *Knotenarten* oder *Einzelheitenarten* an, in dem der Benutzer Balkenarten (Ansichten *Balkenplan*, *Ressource: Grafik* und *Kalender*), Knotenarten (*Netzplandiagramm*) bzw. Einzelheitenarten (Ansichten *Vorgang: Einsatz* und *Ressource: Einsatz*) angeben kann. ▶		

Name und Syntax	Beschreibung	02	03
BarRounding([On]) As B	Steuert, ob die Anfangszeiten von Vorgängen durch die Vorgangsbalken entsprechend wiedergegeben werden, oder ob die Vorgangsbalken auf einen ganzen Tag gerundet werden.		
BaseCalendarCreate(Name As S, [FromName]) As B	Erstellt einen Basiskalender.		
BaseCalendarDelete(Name As S) As B	Löscht einen Basiskalender.		
BaseCalendarEditDays(Name As S, [StartDate], [EndDate], [WeekDay], [Working], [From1], [To1], [From2], [To2], [From3], [To3], [Default], [From4], [To4], [From5], [To5]) As B	Ändert einen oder mehrere Tage in einem Basiskalender.		
BaseCalendarRename(FromName As S, ToName As S) As B	Benennt einen Basiskalender um.		
BaseCalendarReset(Name)	Setzt einen Basiskalender auf die Standardeinstellungen zurück.		
BaseCalendars([Index], [locked]) As B	Zeigt das Dialogfeld *Arbeitszeit ändern* an, in dem der Benutzer einen Kalender ändern kann.		
BaselineClear([All], [From]) As B	Diese Methode löscht die Basisplandaten aus den Basisplanfeldern oder löscht die Daten aus einem Anfang*n*/En-de*n*-Datumspaar.		
BaselineSave([All], [Copy], [Into], [RollupToSummaryTasks], [RollupFromSubtasks], [SetDefaults]) As B	Speichert einen Basisplan.	✓	
BoxAlign([Alignment As PjAlign]) As B	Richtet den angegebenen Bereich der ausgewählten Knoten im aktiven Netzplandiagramm gemäß dem gleichen Bereich des Knotens aus, in dem sich der Cursor befindet.		
BoxCellEdit(Name As S, Cell As PjCell, [FieldName As PjField], [Font], [FontSize], [FontColor As PjColor], [Bold], [Italic], [Underline], [HorizontalAlignment As PjAlignment], [VerticalAlignment As PjVerticalAlignment], [TextLineLimit], [ShowLabel], [Label], [DateFormat As PjDateFormat]) As B	Legt die Eigenschaften für eine einzelne Zelle in einer Netzplandiagramm-Datenvorlage fest.		
BoxCellLayout(Name As S, [CellRows], [CellColumns], [CellWidth], [MergeCells]) As B	Legt die Eigenschaften für das Zellenlayout und die Zellengröße einer Netzplandiagramm-Datenvorlage fest. Das anfängliche Layout einer neuen Datenvorlage beträgt 2 Zeilen x 2 Spalten mit 100 % breiten Zellen, und die Zellenzusammenführung ist aktiviert. ▶		

Name und Syntax	Beschreibung
BoxDataTemplate(Name As S, Action As PjDataTemplate, [NewName], [Overwrite]) As B	Erstellt, kopiert oder löscht eine Netzplandiagramm-Datenvorlage oder benennt sie um.
BoxFormat([ProjectName], [TaskID], [DataTemplate], [HorizontalGridlines], [VerticalGridlines], [BorderShape As PjBoxShape], [BorderColor As PjColor], [BorderWidth], [BackgroundColor As PjColor], [BackgroundPattern As PjBackgroundPattern], [Reset]) As B	Formatiert einzelne Knoten im Netzplandiagramm.
BoxGetXPosition(TaskID As L, [ProjectName]) As L	Gibt die horizontale Position der linken oberen Ecke eines Knotens im aktiven Netzplandiagramm zurück. Bei einem Zoomfaktor von 100 % entspricht die von *BoxGetXPosition* zurückgegebene Anzahl nichtskalierbarer Einheiten einer gleichen Anzahl von Pixel.
BoxGetYPosition(TaskID As L, [ProjectName]) As L	Gibt die vertikale Position der linken oberen Ecke eines Knotens im aktiven Netzplandiagramm zurück. Bei einem Zoomfaktor von 100 % entspricht die von *BoxGetYPosition* zurückgegebene Anzahl nichtskalierbarer Einheiten einer gleichen Anzahl von Pixel.
BoxLayout([LayoutMode As PjLayoutMode], [LayoutScheme As PjLayoutScheme], [SummaryPrecedence], [RowAlignment As PjVerticalAlignment], [ColumnAlignment As PjAlignment], [RowSpacing], [ColumnSpacing], [RowHeight As PjRowColSize], [ColumnWidth As PjRowColSize], [AdjustForPageBreaks], [ShowSummaryTasks], [ViewBackgroundColor As PjColor], [ViewBackgroundPattern As PjBackgroundPattern], [ShowProgressMarks], [ShowPageBreaks], [ShowIDOnly]) As B	Gibt das Layout von Knoten im aktiven Netzplandiagramm an.
BoxLinkLabelsShow([Show]) As B	Blendet Verknüpfungsbeschriftungen im aktiven Netzplandiagramm ein oder aus.
BoxLinks([Style As PjLinkStyle], [ShowArrows], [ShowLabels], [ColorMode As PjLinkColorMode], [CriticalColor As PjColor = pjRed], [NoncriticalColor As PjColor = pjBlack]) As B	Gibt die Darstellungsweise von Pfeilen im aktiven Netzplandiagramm an.

Name und Syntax	Beschreibung	02	03
BoxLinkStyleToggle([Straight-Links]) As B	Schaltet die Knotenverknüpfungslinien zwischen eckigen und geraden Verknüpfungslinien um.		
BoxProgressMarksShow([Show]) As B	Blendet Fortschrittsmarkierungen im aktiven Netzplandiagramm ein oder aus.		
BoxSet([Action As PjBoxSet = pjBoxSelect], [TaskID], [XPosition], [YPosition], [ProjectName]) As B	Erstellt einen Vorgang im Netzplandiagramm, wählt ihn aus oder verschiebt ihn.		
BoxShowHideFields([Show]) As B	Blendet die Vorgangsdatenfelder des aktiven Netzplandiagramms ein bzw. aus.		
BoxStylesEdit(Style As PjBoxStyle, [DataTemplate], [HorizontalGridlines], [VerticalGridlines], [BorderShape As PjBoxShape], [BorderColor As PjColor], [BorderWidth], [BackgroundColor As PjColor], [BackgroundPattern As PjBackgroundPattern]) As B	Legt die Knotenart im Netzplandiagramm fest.		
BoxZoom([Percent], [Entire]) As B)	Vergrößert oder verkleinert das Netzplandiagramm.		
CalculateAll As B	Berechnet alle geöffneten Projekte.		
CalculateProject	Berechnet das aktive Projekt.		
CalendarBarStyles([BarRounding]) As B	Aktiviert bzw. deaktiviert die Rundung der Balkenlänge im Kalender.		
CalendarBarStylesEdit(Item As PjBarItem, [Bar], [Pattern], [Color], [Align], [Wrap], [Shadow], [Field1], [Field2], [Field3], [Field4], [Field5], [SplitPattern]) As BCalendarBarStylesEdit(Item As PjBarItem, [Bar], [Pattern], [Color], [Align], [Wrap], [Shadow], [Field1], [Field2], [Field3], [Field4], [Field5], [SplitPattern]) As B	Ändert die Balkenart im Kalender.		
CalendarBestFitWeekHeight() As B	Ändert die Höhe des aktiven Kalenderfeldes, sodass alle Vorgangsbalken angezeigt werden.		
CalendarDateBoxes([TopLeft], [TopRight], [BottomLeft], [BottomRight], [TopColor], [BottomColor], [TopPattern], [BottomPattern]) As B	Passt die Datumsfelder im Kalender benutzerdefiniert an.		
CalendarDateShading([BaseCalendarName], [ResourceUniqueID], [ProjectIndex]) As B	Bestimmt, welcher Kalender bei der Festlegung der Schattierung von Datumsangaben im Kalender verwendet wird.		

Name und Syntax	Beschreibung	02	03
CalendarDateShadingEdit(Item As PjCalendarShading, [Pattern], [Color]) As B	Ändert die Feldschattierung im Kalender.		
CalendarLayout([SortOrder], [AutoLayout]) As B	Ändert die Art der Anordnung von Vorgangsbalken im Kalender.		
CalendarShowBarSplits([Display]) As B	Blendet Vorgangsunterbrechungen im Kalender ein oder aus.		
CalendarTaskList([Date]) As B	Zeigt die Liste der Vorgänge für ein angegebenes Datum an.		
CalendarTimescale As B	Zeigt das Dialogfeld *Zeitskala* an, in dem der Benutzer die Kalenderansicht anpassen kann.		
CalendarWeekHeadings([MonthTitle], [WeekTitle], [DayTitle], [ShowPreview], [DaysPerWeek]) As B	Passt Überschriften im Kalender benutzerdefiniert an.		
ChangeWorkingTime([CalendarName], [locked]) As B	Zeigt das Dialogfeld *Arbeitszeit ändern* an, in dem der Benutzer einen Kalender ändern kann.	✓	
CheckField(Field As S, Value As S, [Test], [Op], [Field2], [Value2], [Test2])	*True*, wenn die ausgewählten Vorgänge oder Ressourcen den angegebenen Kriterien entsprechen.		
CheckIn(fSaveChanges, Comments, fMakePublic)	Checkt das aktive Projekt auf dem WSS-Server ein.	✓	
CheckOut	Checkt das aktive Projekt vom Windows SharePoint Services (WSS)-Server aus.	✓	
ColumnAlignment(Align As PjAlignment) As B	Legt die Textausrichtung in den aktiven Spalten fest.		
ColumnBestFit([Column]) As B	Legt die Breite einer Spalte entsprechend dem breitesten Eintrag fest.		
ColumnDelete As B	Löscht die aktive Spalte oder die Spalte mit der aktiven Zelle aus der Ansicht. Das eigentliche Feld und die enthaltenen Daten werden lediglich ausgeblendet.		
ColumnEdit([Column]) As B	Zeigt das Dialogfeld *Definition Spalte* für die angegebene Spalte an.		
ColumnInsert As B	Fügt links der aktiven Spalte eine Spalte ein und zeigt dann das Feld *Definition Spalte* an.		
COMAddInsDialog As B	Zeigt das Dialogfeld *COM-Add-Ins* an, in dem alle für die Installation verfügbaren COM-Add-Ins aufgelistet sind.		
ConsolidateProjects([Filenames], [NewWindow], [AttachToSources], [PoolResources], [HideSubtasks], [openPool As PjPoolOpen = pjPromptPool], [UserID], [Password]) As B	Zeigt die Daten von einem oder mehreren Projekten in einem Fenster an. ▶		

Name und Syntax	Beschreibung	02	03
ConvertHangulToHanja As B	Konvertiert im aktiven Projekt alle Hangul- in Hanja-Zeichen und alle Hanja- in Hangul-Zeichen.		
CreateWebAccount([Server-URL], [Name], [WindowsAccount], [Email], [AuthenticationType As PjAuthentication = pjUserName], [AccountType As PjAccountType = pjResourceAccount], [ShowDialog]) As B	Erstellt Benutzerkonten auf dem Project Server.		✓
CustomFieldGetFormula(FieldID As PjCustomField) As S	Gibt die mit einem benutzerdefinierten Feld verknüpfte Formel zurück.		
CustomFieldGetName(FieldID As PjCustomField) As S	Gibt den ausgeschriebenen Namen für ein benutzerdefiniertes Feld zurück.		
CustomFieldIndicatorAdd(FieldID As PjCustomField, Test As PjComparison, Value As S, IndicatorID As PjIndicator, [CriteriaList As PjCriteriaList = pjCriteriaNonSummary], [Index]) As B	Erstellt eine Testbedingung für den Wert eines benutzerdefinierten Feldes, um zu bestimmen, welches grafische Symbol anstelle der aktuellen Daten angezeigt werden soll.		
CustomFieldIndicatorDelete(FieldID As PjCustomField, Index As I, [CriteriaList As PjCriteriaList = pjCriteriaNonSummary]) As B	Entfernt eine Testbedingung aus der Kriterienliste für grafische Symbole eines benutzerdefinierten Feldes.		
CustomFieldIndicators(FieldID As PjCustomField, [SummaryInheritsNonsummary], [ProjectInheritsSummary], [ShowToolTips]) As B	Legt Optionen für grafische Symbole für ein benutzerdefiniertes Feld fest.		
CustomFieldProperties(FieldID As PjCustomField, [Attribute As PjCustomFieldAttribute], [SummaryCalc As PjSummaryCalc], [GraphicalIndicators], [Required]) As B	Legt mit benutzerdefinierten Feldern verknüpfte Attribute fest.		✓
CustomFieldRename(FieldID As PjCustomField, [NewName], [Phonetic]) As B	Legt den ausgeschriebenen Namen für ein benutzerdefiniertes Feld fest.		
CustomFieldSetFormula(FieldID As PjCustomField, [Formula]) As B	Gibt eine Formel an, die beim Zuordnen eines Wertes zu einem benutzerdefinierten Feld verwendet wird.		
CustomFieldValueList(FieldID As PjCustomField, [ListDefault], [DefaultValue], [RestrictToList], [AppendNew], [PromptOnNew], [DisplayOrder As PjListOrder]) As B	Legt Optionen für eine Werteliste für ein benutzerdefiniertes Feld fest.		▶

Name und Syntax	Beschreibung	02	03
CustomFieldValueListAdd(FieldID As PjCustomField, [Value], [Description], [Phonetic], [Index], [FieldDefault]) As B	Fügt ein Element zu der Werteliste für ein benutzerdefiniertes Feld hinzu.		
CustomFieldValueListDelete(FieldID As PjCustomField, Index As I) As B	Entfernt ein Element aus der Werteliste für ein benutzerdefiniertes Feld.		
CustomFieldValueListGetItem(FieldID As PjCustomField, Item As PjValueListItem, Index As L) As S	Gibt den Wert, die Beschreibung oder die phonetische Schreibweise eines Elements in der Werteliste für ein benutzerdefiniertes Feld zurück.		
CustomForms As B	Zeigt das Dialogfeld *Benutzerdefinierte Masken* an, in dem der Benutzer benutzerdefinierte Masken bearbeiten kann.		
CustomizeField As B	Zeigt das Dialogfeld *Felder anpassen* an.		
CustomizeIMEMode([FieldID As PjField], [IMEMode As PjIMEMode]) As B	Legt fest, welcher IME-Modus für ein gegebenes Feld verwendet wird (nur für ostasiatische Versionen von Project).		
CustomOutlineCodeEdit(FieldID As PjCustomField, [Level], [Sequence As PjCustomOutlineCodeSequence], [Length], [Separator], [OnlyLookUpTableCodes], [OnlyCompleteCodes], [LookupTableLink], [OnlyLeaves], [MatchGeneric], [RequiredCode]) As B	Bearbeitet eine benutzerdefinierte Gliederungscodedefinition.		✓
DateAdd(StartDate, Duration, [Calendar])	Fügt einem Termin eine Dauer hinzu und gibt den neuen Termin zurück.		
DateDifference(StartDate, FinishDate, [Calendar])	Gibt die Dauer zwischen zwei Terminen in Minuten zurück.		
DateFormat(Date, [Format])	Gibt ein Datum im angegebenen Format zurück.		
DateSubtract(FinishDate, Duration, [Calendar])	Gibt einen Termin zurück, der einem anderen Termin um eine angegebene Dauer vorausgeht.		
DDEExecute(Command, [Timeout])	Führt über DDE (Dynamischer Datenaustausch) Aktionen oder Befehle in anderen Anwendungen aus.		
DDEInitiate(App As S, Topic As S) As B	Öffnet einen DDE-Kanal zu einer Anwendung.		
DDELinksUpdate As B	Aktualisiert DDE-Verknüpfungen.		
DDEPasteLink As B	Fügt den Inhalt der Zwischenablage in die aktive Markierung ein, wobei eine Verknüpfung zur Anwendung erstellt wird, aus der die Daten stammen.		
DDETerminate As B	Beendet eine DDE-Sitzung.		
DeleteFromDatabase([Name], [UserID], [DatabasePassWord], [FormatID]) As B	Löscht ein Projekt, das in einer Datenbank gespeichert ist.	▶	

Name und Syntax	Beschreibung	02	03
DetailStylesAdd([Item As PjTimescaledData = pjWork], [Position]) As B	Fügt einer Einsatzansicht ein weiteres Zeitskalendatenfeld hinzu.		
DetailStylesFormat([Item], [Font], [Size], [Bold], [Italic], [Underline], [Color], [CellColor], [Pattern], [ShowInMenu]) As B	Legt das Format von Zeitskalendatenfeldern in einer Einsatzansicht fest.		
DetailStylesProperties([AlignCellData], [RepeatRowLabel], [ShortLabels], [DisplayDetailsColumn]) As B	Legt das Format von Einzelheiten in einer Einsatzansicht fest.		
DetailStylesRemove([Item As PjTimescaledData = pjWork]) As B	Entfernt ein Zeitskalendatenfeld aus einer Einsatzansicht.		
DetailStylesRemoveAll As B	Entfernt alle Zeitskalendatenfelder aus einer Einsatzansicht.		
DetailStylesToggleItem([Item As PjTimescaledData = pjWork]) As B	Schaltet die Anzeige eines Zeitskalendatenfeldes in einer Einsatzansicht ein oder aus.		
DisplaySharedWorkspace As B	Zeigt den gemeinsam genutzten Arbeitsbereich an.		✓
DocClose As B	Schließt das aktive Projekt.		
DocMaximize As B	Maximiert das aktive Projekt.		
DocMove([XPosition], [YPosition], [Points]) As B	Verschiebt das aktive Fenster innerhalb des Anwendungsfensters.		
DocRestore As B	Stellt das aktive Fenster auf die letzte nicht vergrößerte Größe wieder her.		
DocSize([Width], [Height], [Points]) As B	Legt die Breite und Höhe des aktiven Fensters fest.		
DocumentLibraryVersionsDialog	Zeigt ein Dialogfeld mit der WSS-Version des aktiven Projektes an.		✓
DrawingCreate(Type As PjShape, [Behind]) As B	Aktiviert die Funktion zum Zeichnen.		
DrawingCycleColor As B	Ändert die Farbe des aktiven Zeichnungsobjekts.		
DrawingMove([Forward], [Full]) As B	Verschiebt das aktive Zeichnungsobjekt in den Zeichenebenen nach vorne oder hinten.		
DrawingProperties([SizePositionTab]) As B	Zeigt das Dialogfeld *Zeichnung formatieren* an, in dem der Benutzer das aktive Zeichnungsobjekt anpassen kann.		
DrawingReshape As B	Wechselt zwischen den Zeichnungsmodi Größe ändern und Formänderung.		
DrawingToolbarShow As B	Zeigt die *Zeichnen*-Symbolleiste an, wenn sie ausgeblendet ist. Wenn die *Zeichnen*-Symbolleiste angezeigt wird, wird sie durch diese Methode von einer frei beweglichen in eine verankerte Symbolleiste geändert.	▶	

Name und Syntax	Beschreibung	02	03
DurationFormat([Duration], [Units]) As S	Gibt eine Dauer in der angegebenen Einheit zurück.		
DurationValue(Duration As S)	Gibt die Anzahl der Minuten einer Dauer zurück.		
EditClear([Contents], [Formats], [Notes], [Hyperlinks]) As B	Löscht die markierten Zellen.		✓
EditClearFormats As B	Löscht das Format der aktiven Zellen.		
EditClearHyperlink As B	Löscht die Felder *Hyperlink*, *Hyperlink-Adresse*, *Hyperlink-Unteradresse* und *Hyperlink-Referenz* für die ausgewählte Zuordnung, die ausgewählte Ressource oder den ausgewählten Vorgang.		
EditCopy As B	Kopiert die ausgewählten Elemente.		
EditCopyPicture([O], [ForPrinter], [SelectedRows], [FromDate], [ToDate], [FileName], [ScaleOption As PjCopyPictureScaleOption = pjCopyPictureKeepRange]) As B	Kopiert die aktive Ansicht als Grafik oder als OLE-Objekt oder exportiert die aktive Ansicht in eine GIF-Datei.		
EditCut As B	Schneidet die ausgewählten Elemente aus.		
EditDelete As B	Löscht die markierte Zeile, die markierte Spalte oder die Zeile mit der aktiven Zelle aus der aktiven Ansicht. Wenn eine Spalte gelöscht wird, bleiben die in dieser Spalte angezeigten Daten unberührt. In den anderen Fällen werden die Daten ebenfalls gelöscht.		
EditGoto([ID], [Date]) As B	Wechselt zu einer Ressource, einem Vorgang oder einem Datum.		
EditHyperlink([Name], [Address], [SubAddress], [ScreenTip]) As B	Bearbeitet den Hyperlink der ausgewählten Zuordnung, der ausgewählten Ressource oder des ausgewählten Vorgangs.	✓	
EditInsert As B	Wenn eine Spalte markiert ist, wird das Dialogfeld *Definition Spalte* angezeigt. Andernfalls wird oberhalb der markierten Zeile oder der Zeile mit der aktiven Zelle eine neue Zeile eingefügt.		
EditPaste As B As B	Fügt den Inhalt der Zwischenablage in die aktive Markierung ein.		
EditPasteAsHyperlink As B	Fügt einen Hyperlink ein, der auf die Quelle des Inhalts der Zwischenablage verweist.		
EditPasteSpecial([Link],[Type], [DisplayAsIcon]) As B	Kopiert Daten aus der Zwischenablage in die aktive Markierung bzw. verknüpft sie mit der Markierung.		
EditUndo As B	Macht die letzte Aktion des Benutzers rückgängig.		✓
EnterpriseAllowLocalBaseCalendars	Ermöglicht die Verwendung lokaler Basiskalender für Enterprise-Projekte.		✓
EnterpriseCustomizeFields As B	Zeigt das Dialogfeld *Enterprise Felder anpassen* mit aktivierter Registerkarte *Benutzerdefinierte Felder* an.		✓ ▶

Name und Syntax	Beschreibung	02	03
EnterpriseCustomOutlineCodeShare(LinkFrom As L, [LinkTo]) As B	Gibt eine benutzerdefinierte Gliederungscode-Nachschlagetabelle in der *Enterprise-Global* frei.	✓	
EnterpriseGlobalBackup([BackupFileName]) As B	Speichert eine Sicherungskopie der *Enterprise-Global* in der angegebenen Datei.	✓	
EnterpriseGlobalCheckOut() As B	Checkt die *Enterprise-Global* vom verbundenen Server mit Microsoft Project Server aus.	✓	
EnterpriseGlobalRestore([ProfileName], [RestoreFileName]) As B	Stellt die *Enterprise-Global* aus der angegebenen Datei wieder her.	✓	
EnterpriseMakeServerURLTrusted	Fügt den im Menü *Extras/Optionen* auf der Registerkarte *Arbeitsgruppe* angegebenen Microsoft Project Server-URL der Webinhaltszone mit vertrauenswürdigen Sites von Microsoft Internet Explorer hinzu, wenn keine Projekte geöffnet sind.	✓	
EnterpriseProjectDelete([Name]) As B	Löscht ein Enterprise-Projekt vom Project Server.		✓
EnterpriseProjectImportWizard([Name]) As B	Startet den Assistenten zum Importieren von Enterprise-Projekten.	✓	
EnterpriseProjectProfiles As B	Zeigt das Dialogfeld der *Microsoft Project Server-Konten* an.	✓	
EnterpriseResourceGet([EUID]) As B	Fügt eine einzelne Ressource aus dem *Enterprise-Ressourcenpool* zum aktiven Projekt hinzu.	✓	
EnterpriseResourcesImport([LocalRUIDs]) As B	Importiert Ressourcen in den *Enterprise-Ressourcenpool*.	✓	
EnterpriseResourcesOpen([EUID], [OpenType As PjCheckOutType = pjReadWrite]) As B	Öffnet den *Enterprise-Ressourcenpool* zur Anzeige in einem temporären Projekt.	✓	
EnterpriseResSubstitutionWizard([ProjectList], [PoolOption As PjResSubstitutionPoolOption = pjResSubstitutionResInProject], [RBSorResourceList], [FreezeHorizonDate], [UpdateProjects], [ReportSpec]) As B	Führt den *Ressourcenersetzungs-Assistenten* aus.	✓	
EnterpriseSynchActuals([ProjectName]) As B	Synchronisiert die *Aktuelle Arbeit* und die *Aktuelle Überstundenarbeit* des Projektes mit den entsprechenden Werten aus der Arbeitszeittabelle. *False*, wenn die *Aktuelle Arbeit* geschützt ist (*EnterpriseProjectActuals = False*).		✓
EnterpriseTeamBuilder As B	Startet den Assistenten zum Zusammenstellen eines Teams aus dem Enterprise-Ressourcenpool.	✓	
FieldConstantToFieldName(Field As PjField) As S	Gibt einen Feldnamen anhand einer *PjField*-Konstante zurück.	✓	
FieldNameToFieldConstant(FieldName As S, [FieldType As PjFieldType = pjTask]) As PjField	Gibt eine *PjField*-Konstante anhand eines Feldnamens zurück, z.B. 188743731 für das Feld *Text1*.	✓	

Name und Syntax	Beschreibung	02	03
FileBuildID(Name As S, [UserID], [DatabasePassWord]) As S	Gibt die Dateibuild-ID des angegebenen Projekts zurück. Die Dateibuild-ID besteht aus der Version und dem Build der Projektdatei.		
FileClose([Save As PjSaveType = pjPromptSave], [NoAuto]) As B	Schließt das aktive Projekt.		
FileCloseAll([Save As PjSaveType = pjPromptSave]) As B	Schließt alle Projekte.		
FileExit([Save As PjSaveType = pjPromptSave]) As B	Beendet Project.		
FileFormatID(Name, UserID, DatabasePassWord)	Gibt das Dateiformat des angegebenen Projekts zurück. Dies kann eine der folgenden Zeichenfolgen sein: *MSProject.mpp, MSProject.mpt, MSProject.mpd, MSProject.mpw, MSProject.mpx, MSProject.odbc, MSProject.xls5, MSProject.xls8, MSProject.mdb, MSProject.csv* oder *MSProject.txt*.		
FileLoadLast([Number]) As B	Öffnet eine der neun zuletzt geöffneten Dateien.		
FileNew([SummaryInfo], [Template], [FileNewDialog], [FileNewWorkpane]) As B	Erstellt ein neues Projekt.		✓
FileOpen([Name], [ReadOnly], [Merge], [TaskInformation], [Table], [Sheet], [NoAuto], [UserID], [DatabasePassWord], [FormatID], [Map], [openPool As PjPoolOpen = pjPromptPool], [Password], [WriteResPassword], [IgnoreReadOnlyRecommended], [XMLName]) As B	Öffnet ein Projekt oder importiert Daten.		✓
FilePageSetup([Name]) As B	Zeigt das Dialogfeld *Seite einrichten* an. Entspricht dem Klicken auf *Seite einrichten* im Menü *Datei*.		
FilePageSetupCalendar([Name], [MonthsPerPage], [WeeksPerPage], [ScreenWeekHeight], [OnlyDaysInMonth], [OnlyWeeksInMonth], [MonthPreviews], [MonthTitle], [AdditionalTasks], [GroupAdditionalTasks], [PrintNotes]) As B	Richtet den Kalender für das Drucken ein.		
FilePageSetupCalendarText([Name], [Item], [Font], [Size], [Bold], [Italic], [Underline], [Color]) As B	Formatiert Kalendertext für das Drucken.		
FilePageSetupFooter([Name], [Alignment As PjAlignment = pjCenter], [Text]) As B	Richtet Fußzeilen für das Drucken ein. ▶		

Name und Syntax	Beschreibung	02	03
FilePageSetupHeader([Name], [Alignment As PjAlignment = pjCenter], [Text]) As B	Richtet Kopfzeilen für das Drucken ein.		
FilePageSetupLegend([Name], [TextWidth], [LegendOn], [Alignment As PjAlignment = pjCenter], [Text], [LabelFontName], [LabelFontSize], [LabelFontBold], [LabelFontItalic], [LabelFontUnderline], [LabelFontColor As PjColor]) As B	Legt die Legende für das Drucken fest.		
FilePageSetupMargins([Name], [Top], [Bottom], [Left], [Right], [Borders]) As B	Legt die Seitenränder für das Drucken fest.		
FilePageSetupPage([Name], [Portrait], [PercentScale], [PagesTall], [PagesWide], [PaperSize As PjPaperSize = pjPaperDefault], [FirstPageNumber]) As B	Richtet Seiten für das Drucken ein.		
FilePageSetupView([Name], [AllSheetColumns], [RepeatColumns], [PrintNotes], [PrintBlankPages], [BestPageFitTimescale], [PrintColumnTotals], [PrintRowTotals]) As B	Legt ansichtsspezifische Optionen für das Drucken fest.	✓	
FilePrint([FromPage], [ToPage], [PageBreaks], [Draft], [Copies], [FromDate], [ToDate], [OnePageWide], [Preview], [Color], [ShowIEPrintDialog]) As B	Druckt die aktive Ansicht.	✓	
FilePrintPreview As B	Erstellt eine Seitenansicht des aktiven Projekts.		
FilePrintSetup([Printer]) B	Gibt den aktiven Drucker an.		
FileProperties As B	Zeigt das Dialogfeld Eigenschaften für die aktive Projektdatei an.		
FileSave As B	Speichert das aktive Projekt.		
FileSaveAs([Name], [format As PjFileFormat = pjMPP], [Backup], [ReadOnly], [TaskInformation], [Filtered], [Table], [UserID], [DatabasePassWord], [FormatID], [Map], [Password], [WriteResPassword], [ClearBaseline], [ClearActuals], [ClearResourceRates], [ClearFixedCosts], [XMLName], [ClearConfirmed]) As B	Speichert das aktive Projekt unter einem neuen Dateinamen oder exportiert Daten.	✓	▶

Name und Syntax	Beschreibung	02	03
FileSaveOffline As B	Speichert die Datei für die Offline-Verwendung, also ohne Zugriff auf den Project Server.	✓	
FileSaveWorkspace([Name]) As B	Speichert eine Liste der geöffneten Dateien und der derzeitigen Einstellungen im Dialogfeld *Optionen*.		
FillAcross([Right]) As B	Füllt die ausgewählten Zellen oder Spalten mit den Werten der ausgewählten Zelle oder der Spalte der Auswahl.		
FillDown([Down]) As B	Füllt die ausgewählten Zellen oder Zeilen mit den Werten in der angegebenen Zelle oder Zeile der Markierung.		
FilterApply([Name], [highlight], [Value1], [Value2]) As B	Legt den aktuellen Filter fest.		
FilterEdit(Name As S, TaskFilter As B, [Create], [Overwrite-Existing], [Parenthesis], [NewName], [FieldName], [NewFieldName], [Test], [Value], [Operation], [ShowIn-Menu], [ShowSummary-Tasks]) As B	Erstellt, bearbeitet oder kopiert einen Filter.		
Filters As B	Zeigt das Dialogfeld *Weitere Filter* an, in dem der Benutzer die Verwendung eines Filters angeben kann.		
Find([Field], [Test], [Value], [Next], [MatchCase]) As B	Sucht nach einem ungefilterten Wert und gibt *True* zurück, wenn dieser gefunden wurde.		
FindFile As B	Zeigt das Dialogfeld *Datei öffnen* an, in dem der Benutzer nach einer Datei suchen kann.		
FindNext As B	Wiederholt die zuletzt durchgeführte Suche und gibt True zurück, wenn der gesuchte Wert gefunden wurde.		
FindPrevious As B	Wiederholt die zuletzt durchgeführte Suche und gibt *True* zurück, wenn der gesuchte Wert gefunden wurde.		
FixMe As B	Zeigt das Dialogfeld *Erkennen und Reparieren* an, mit dem Fehler in Microsoft Projekt automatisch gefunden und behoben werden können, wie z.B. fehlende Dateien oder Registrierungsprobleme.		
FollowHyperlink([Address], [SubAddress], [AddHistory], [NewWindow]) As B	Öffnet das Dokument, das durch eine Hyperlinkadresse angegeben wird.		
Font([Name], [Size], [Bold], [Italic], [Underline], [Color], [Reset]) As B	Legt die Schriftart des Textes in den aktiven Zellen fest.		
FontBold([Set]) As B	Ordnet dem ausgewählten Text die Formatierung *Fett* zu oder entfernt die Formatierung.		
FontItalic([Set]) As B	Ordnet dem ausgewählten Text die Formatierung *Kursiv* zu oder entfernt die Formatierung.		
FontUnderline([Set]) As B	Ordnet dem ausgewählten Text die Formatierung *Unterstrichen* zu oder entfernt die Formatierung.	▶	

Name und Syntax	Beschreibung	02	03
Form([Name]) As B	Zeigt eine benutzerdefinierte Maske an. Durch die *Form*-Methode wird ein Fehler ausgegeben, wenn in einer Vorgangsansicht eine Ressourcenmaske angegeben wird und umgekehrt.		
FormatCopy As B	Kopiert die Formate der markierten Zellen.		
FormatPainter As B	Überträgt die Formatierung des ausgewählten Objekts auf ein anderes Objekt.		
FormatPaste As B	Fügt Formate, die mit der *FormatCopy*-Methode kopiert wurden, in die markierten Zellen ein.		
FormViewShow As B	Blendet die Maskenansicht im unteren Bereich ein bzw. aus.		
GanttBarFormat([TaskID], [GanttStyle], [StartShape], [StartType], [StartColor], [MiddleShape], [MiddlePattern], [MiddleColor], [EndShape], [EndType], [EndColor], [LeftText], [RightText], [TopText], [BottomText], [InsideText], [Reset], [ProjectName]) As B	Formatiert Gantt-Balken.		
GanttBarLinks([Display As PjGanttBarLink = pjNoGanttBarLinks]) As B	Blendet im Balkendiagramm (Gantt) Vorgangsverknüpfungen ein oder aus.		
GanttBarSize(Size As PjBarSize) As B	Legt die Höhe der Gantt-Balken im aktiven Balkenplan in Punkt fest.		
GanttBarStyleDelete(Item As S) As B	Löscht eine Gantt-Balkenart aus dem aktiven Balkenplan.		
GanttBarStyleEdit(Item As S, [Create], [Name], [StartShape], [StartType], [StartColor], [MiddleShape], [MiddleColor], [MiddlePattern], [EndShape], [EndType], [EndColor], [ShowFor], [Row], [From], [To], [BottomText], [TopText], [LeftText], [RightText], [InsideText]) As B	Ändert oder erstellt eine Gantt-Balkenart.		
GanttBarTextDateFormat(DateFormat As PjDateFormat) As B	Legt das Datumsformat für die Balkentexte in der Ansicht *Balkendiagramm (Gantt)* fest.		
GanttChartWizard As B	Startet den Balkenplan-Assistenten.		
GanttRollup([AlwaysRollup], [HideWhenSummaryExpanded]) As B	Gibt das Rollupverhalten von Balken in der Ansicht *Balkendiagramm (Gantt)* an.		
GanttShowBarSplits([Display]) As B	Blendet Vorgangsunterbrechungen in der Ansicht *Balkendiagramm (Gantt)* ein oder aus.		
GanttShowDrawings([Display]) As B	Blendet Zeichnungen in der Ansicht *Balkendiagramm (Gantt)* ein oder aus.		

Name und Syntax	Beschreibung	02	03
GetCurrentTheme As Long	Ruft das aktuelle Design für die *Projektberater*-Symbolleiste ab und aktualisiert die Formatvorlage für den Hintergrund des Seitenbereichs in der Kopfzeile.		✓
GetProjectServerSettings(RequestXML As S, [Project]) As S	Mit dieser Methode können globale Microsoft Project Server-Einstellungen, spezielle Einstellungen für das aktive Projekt oder spezielle Einstellungen für den aktuellen Projektmanager abgerufen werden.	✓	
GetProjectServerVersion(ServerURL As S) As PjServerVersionInfo	Überprüft die Version von Microsoft Project Server für das aktive Projekt. Mit dieser Methode können Sie auch überprüfen, ob eine bestimmte Server-URL auf einen gültigen und funktionierenden Server mit Microsoft Project Server verweist.	✓	
GoalAreaChange(goalArea As I) As B	Ändert die Zielbereiche im Projektberater, indem das *WindowGoalAreaChange*-Ereignis ausgelöst wird. Ein JScript-Code auf der Seite *main.html* des Projektberaters schlägt dann die entsprechende Vorgangslistenseite für den neuen Zielbereich des Projektberaters nach und lädt diese. Beispielsweise wird durch Festlegen des *goalArea*-Arguments auf 1 zum ersten Zielbereich im Projektberater gewechselt.	✓	
GoalAreaHighlight(goalArea As L)	Hebt einen Zielbereich auf der *Projektberater*-Symbolleiste hervor, um anzuzeigen, dass er derzeit ausgewählt ist.	✓	
GoalAreaTaskHighlight(TaskID As L)	Hebt einen angegebenen Vorgang im Projektberater hervor.	✓	
GotoNextOverallocation As B	Geht eine Zeitskala-Ansicht durch, um die nächste überlastete Ressource anzuzeigen.		
GotoTaskDates As B	Geht die Ansicht *Balkendiagramm (Gantt)*, *Ressource: Einsatz* oder *Vorgang: Einsatz* durch, um den Anfangstermin des aktiven Vorgangs anzuzeigen, oder geht die Ansicht *Kalender* durch, um den Monat mit dem Anfangstermin des aktiven Vorgangs anzuzeigen.		
Gridlines As B	Zeigt das Dialogfeld *Gitternetzlinien* an. Diese Methode ist nicht verfügbar, wenn die aktive Ansicht das Netzplandiagramm, das Beziehungsdiagramm oder eine Maskenansicht ist.		
GridlinesEdit(Item As PjGridline, [NormalType], [NormalColor], [Interval], [IntervalType], [IntervalColor]) As B	Bearbeitet Gitternetzlinien.		
GroupApply([Name]) As B	Legt die aktuelle Gruppierung fest.		
GroupBy As B	Zeigt das Dialogfeld *Benutzerdefinierte Gruppierung* an.		
Groups As B	Zeigt das Dialogfeld *Weitere Gruppen* an, in dem der Benutzer zum Anwenden einer Gruppierung aufgefordert wird.		
HelpAbout As B	Zeigt das Dialogfeld *Info* an, in dem Informationen zur Version, zum Urheberrecht und zur Lizenzierung von Project aufgeführt sind.		
HelpAnswerWizard As B	Zeigt den Office-Assistenten an (falls nicht bereits gestartet) sowie die integrierte Assistenten-Sprechblase.		
HelpContents As B	Zeigt das Project-Fenster *Hilfe* an.	▶	

Name und Syntax	Beschreibung	02	03
HelpContextHelp As B	Ruft die Direkthilfe auf.		
HelpLaunch([FileName], [ContextNumber], [Search], [SearchKey]) As B	Startet eine Hilfedatei.		
HelpQuickPreview	Startet die Kurzübersicht von Project.	✗	✗
HelpReference As B	Zeigt das Hilfethema *Microsoft Project-Referenz* in der Microsoft Project-Hilfe an.		✓
HelpTechnicalSupport	Zeigt Informationen zum Abrufen von technischer Unterstützung für Project an.		
ImportOutlookTasks As B	Zeigt das Dialogfeld *Outlook-Aufgaben importieren* an, in dem Aufgaben aus Microsoft Outlook importiert werden können.		✓
ImportResourceList([ServerURL]) As B	Ermöglicht das Hinzufügen von Ressourcen aus Microsoft Project Server.		✓
InformationDialog([Tab]) As B	Zeigt für die ausgewählte Zuordnung, die ausgewählte Ressource oder den ausgewählten Vorgang das entsprechende Dialogfeld *Informationen zur Zuordnung*, *Informationen zur Ressource* oder *Informationen zum Vorgang* an.		
InsertHyperlink([Name], [Address], [SubAddress], [ScreenTip]) As B	Fügt der ausgewählten Zuordnung, der ausgewählten Ressource oder dem ausgewählten Vorgang einen Hyperlink hinzu.		✓
InsertNotes As B	Zeigt eine Eingabeaufforderung für den Benutzer an, an der Notizen zur aktiven Zuordnung, Ressource oder zum aktiven Vorgang eingegeben werden können. Wenn für die ausgewählte Zelle keine Ressource oder kein Vorgang vorhanden ist, erstellt Project eine neue Ressource (wenn eine Ressourcenansicht aktiv ist) oder einen neuen Vorgang (wenn eine Vorgangsansicht aktiv ist).		
IsOfficeTaskPaneVisible As B	Gibt *True* zurück, wenn der Office-Aufgabenbereich angezeigt wird.		✓
IsURLTrusted(URL As S) As B	Überprüft, ob der Microsoft Project Server-URL zu einer vertrauenswürdigen Site in den Microsoft Internet Explorer-Sicherheitseinstellungen des Benutzers gehört.		✓
Layout As B	Zeigt das Dialogfeld *Layout* an, mit dessen Hilfe der Benutzer Layoutoptionen für die aktive Ansicht festlegen kann.		
LayoutNow As B	Erstellt das Layout der aktiven Ansicht entsprechend den Layoutoptionen; entspricht dem Befehl *Layout anwenden*.		
LayoutRelatedNow As B	Positioniert alle Vorgangsknoten im aktiven Netzplandiagramm, die Nachfolger oder Teilvorgänge des Vorgangs mit dem Fokus sind.		
LayoutSelectionNow As B	Positioniert die ausgewählten Vorgangsknoten in der aktiven Ansicht *Netzplandiagramm* gemäß den Layoutoptionen.		
LevelingClear([All]) As B	Entfernt die durch den Kapazitätsabgleich eingefügten Abgleichverzögerungen.		▶

Name und Syntax	Beschreibung	02	03
LevelingOptions([Automatic], [DelayInSlack], [AutoClearLeveling], [Order], [LevelEntireProject], [FromDate], [ToDate], [PeriodBasis], [LevelIndividualAssignments], [LevelingCanSplit]) As B	Gibt die Abgleichsoptionen für das aktive Projekt an.		
LevelNow([All]) As B	Führt einen Kapazitätsabgleich durch.		
LinksBetweenProjects([AcceptAll]) As B	Gibt an, ob das Dialogfeld *Verknüpfungen zwischen Projekten* erscheint, wenn ein Projekt geöffnet wird, das projektübergreifende Verknüpfungen enthält.		
LinkTasks As B	Verknüpft die ausgewählten Vorgänge in den Ansichten *Balkendiagramm (Gantt)*, *Kalender*, *Vorgang: Tabelle* oder *Vorgang: Einsatz*.		
LinkTasksEdit(From As L, To As L, [Delete], [Type], [Lag], [PredecessorProjectName], [SuccessorProjectName]) As B	Bearbeitet Anordnungsbeziehungen (Verknüpfungen).		
LoadWebBrowserControl(TargetPage As S, [WrapperPage]) As B	Mit dieser Methode können HTML-Seiten in Microsoft Project im *ActiveX Gantt Control* angezeigt werden, um z.B. den gleichzeitigen Zugriff auf Intranetseiten innerhalb der Project-Oberfläche zu gewährleisten.	✓	
LocaleID As L	Gibt die Gebietsschema-ID der derzeit installierten Version von Microsoft Project zurück.	✓	
LookUpTableAdd(FieldID As PjCustomField, [Level], [Code], [Description]) As B	Hängt Elemente an die Nachschlagetabelle einer benutzerdefinierten Gliederungscodedefinition an.	✓	
Macro([Name]) As B	Führt ein Makro aus.		
MacroSecurity As B	Zeigt das Dialogfeld *Sicherheit* an, in dem Sie die Sicherheitsstufe für Makros festlegen können. Außerdem werden die vertrauenswürdigen Makroquellen aufgelistet.		
MacroShowCode As B	Startet den Visual Basic-Editor und zeigt die Makro-Codes des aktiven Projekts an.		
MacroShowVba As B	Startet den Visual Basic-Editor.		
MailLogoff	Beendet eine aufgebaute MAPI-Session.		
MailLogon([Name], [Password], [DownloadNewMail])	Führt eine Anmeldung zu einem MAPI-Mail-System durch und stellt eine MAPI-Session her. Eine MAPI-Session muss bereits hergestellt sein, bevor Verteiler-Methoden für Mail oder Dokumente verwendet werden können.		
MailPostDocument As B	Zeigt das Dialogfeld *In Exchange-Objektordner ablegen* an, um ein Dokument an Microsoft Exchange zu übergeben.		
MailProjectMailCustomize([Action], [Position], [FieldID], [Title], [IncludeInTeamStatus], [Editable], [UseAssignmentField]) As B	Passt Arbeitsgruppennachrichten benutzerdefiniert an.	✓	▶

Name und Syntax	Beschreibung	02	03
MailRoutingSlip([To], [Subject], [Body], [AllAtOnce], [ReturnWhenDone], [TrackStatus], [Clear], [SendNow]) As B	Fügt dem aktiven Projekt einen Mail-Verteiler hinzu.		
MailSend([To], [Cc], [Subject], [Body], [Enclosures], [IncludeDocument], [ReturnReceipt], [Bcc], [Urgent], [SaveCopy], [AddRecipient]) As B	Sendet eine Mail-Nachricht.		
MailSendProjectMail([MessageType], [Subject], [Body], [Fields], [UpdateAsOf], [ShowDialog], [InstallationMessage], [UpdateFrom]) As B	Sendet Mails zum aktiven Projekt.		✗
MailSendScheduleNote([Manager], [Resources], [TaskContacts], [Selection], [IncludeDocument], [IncludePicture], [Body], [Subject]) As B	Sendet eine Terminplannotiz als Mail.		
MailSession As S	Gibt die Nummer der MAPI-Mail-Sitzung als hexadezimale Zeichenfolge zurück, wenn eine aktive Sitzung existiert. Gibt Null zurück, wenn keine Sitzung existiert.		
MailSystem As PjMailSystem	Gibt den Typ des E-Mail-Systems zurück, das auf dem Computer installiert ist.		
MailUpdateProject(DataFile As S) As B	Verwendet Rückmeldungen aus Project-Mail, um ein Projekt zu aktualisieren.		✗
MapEdit([Name], [Create], [OverwriteExisting], [NewName], [DataCategory], [CategoryEnabled], [TableName], [FieldName], [ExternalFieldName], [ExportFilter], [ImportMethod], [MergeKey], [HeaderRow], [AssignmentData], [TextDelimiter], [TextFileOrigin], [UseHtmlTemplate], [TemplateFile], [IncludeImage], [ImageFile]) As B	Erstellt oder bearbeitet ein Import-/Exportschema.		
Message(Message As S, Type As PjMessageType = pjOKOnly], [YesText], [NoText]) As B	Zeigt eine Meldung in einem Meldungsfeld an.		
MicrosoftProjectOnTheWeb As B	Navigiert zum Microsoft Project-Bereich der Office Update-Website von Microsoft.		✓
ObjectChangeIcon As B	Ändert das Symbol des aktiven Objekts, wenn es als solches angezeigt wird.		▶

Name und Syntax	Beschreibung	02	03
ObjectConvert As B	Zeigt das Dialogfeld *Umwandeln* an, in dem der Benutzer das aktive Objekts in ein neues Format umwandeln kann.		
ObjectInsert As B	Zeigt das Dialogfeld *Objekt einfügen* an, in dem der Benutzer ein Objekt einfügen kann.		
ObjectLinks As B	Zeigt das Dialogfeld *Verknüpfungen* an, in dem der Benutzer OLE-Verknüpfungen im aktiven Projekt bearbeiten kann.		
ObjectVerb([Verb]) As B	Weist das aktive Objekt an, eine Aktion durchzuführen.		
ODBCCreateDataSource As B	Zeigt das Dialogfeld *Neue Datenquelle erstellen* an, sodass für die installierten Treiber neue Datenquellen eingerichtet werden können.		
ODBCManageDataSource As B	Zeigt das Dialogfeld *ODBC-Datenquellenadministrator* an, sodass die eingerichteten Datenquellen verwaltet werden können.		
OfficeOnTheWeb As B	Navigiert zum Project-Bereich der Office Update-Website von Microsoft.		
OfficeTaskPaneHide	Blendet den Office-Aufgabenbereich aus.		✓
OpenXML(XML As S) As L	Öffnet eine XML-Datei.		✓
OptionsCalculation([Automatic], [AutoTrack], [SpreadPercentToStatusDate], [SpreadCostsToStatusDate], [AutoCalcCosts], [FixedCostAccrual], [CalcMultipleCriticalPaths], [CriticalSlack], [SetDefaults], [CalcInsProjLikeSummTask], [MoveCompleted], [AndMoveRemaining], [MoveRemaining], [AndMoveCompleted], [EVMethod], [EVBaseline]) As B	Legt Berechnungsoptionen fest (siehe *Extras/Optionen*, Registerkarte *Berechnen*).		✓
OptionsCalendar([StartWeekOnMonday], [StartYearIn], [StartTime], [FinishTime], [HoursPerDay], [HoursPerWeek], [SetDefaults], [StartWeekOn], [UseFYStartYear], [DaysPerMonth]) As B	Legt Optionen für den Kalender des aktiven Projekts fest (siehe *Extras/Optionen*, Registerkarte *Kalender*). ▶		

Name und Syntax	Beschreibung	02	03
OptionsEdit([MoveAfterReturn], [DragAndDrop], [UpdateLinks], [CopyResourceUsageHeader], [PhoneticInfo], [PhoneticType], [MinuteLabelDisplay], [HourLabelDisplay], [DayLabelDisplay], [WeekLabelDisplay], [YearLabelDisplay], [SpaceBeforeTimeLabel], [SetDefaults], [MonthLabelDisplay], [SetDefaultsTimeUnits], [HyperlinkColor], [FollowedHyperlinkColor], [UnderlineHyperlinks], [SetDefaultsHyperlink], [InCellEditing]) As B	Legt Bearbeitungsoptionen fest (siehe *Extras/Optionen*, Registerkarte B*earbeiten*).		
OptionsGeneral([PlanningWizard], [WizardUsage], [WizardErrors], [WizardScheduling], [ShowTipOfDay], [AutoAddResources], [StandardRate], [OvertimeRate], [LastFile], [SummaryInfo], [UserName], [SetDefaults], [ShowWelcome], [AutoFilter], [MacroVirusProtection], [DisplayRecentFiles], [RecentFilesMaximum], [FontConversion], [ShowStartupWorkpane]) As B	Legt allgemeine Optionen fest (siehe *Extras/Optionen*, Registerkarte *Allgemein*).	✓	
OptionsInterface([ShowResourceAssignmentIndicators], [ShowEditToStartFinishDates], [ShowEditsToWorkUnitsDurationIndicators], [ShowDeletionInNameColumn], [DisplayProjectGuide], [ProjectGuideUseDefaultFunctionalLayoutPage], [ProjectGuideFunctionalLayoutPage], [ProjectGuideUseDefaultContent], [ProjectGuideContent], [SetAsDefaults]) As B	Legt die Optionen für die Benutzeroberfläche fest (siehe *Extras/Optionen*, Registerkarte *Oberfläche*).	✓	
OptionsSave([DefaultSaveFormat], [DefaultProjectsPath], [DefaultUserTemplatesPath], [DefaultWorkgroupTemplatesPath], [ExpandDatabaseTimephasedData], [AutomaticSave], [AutomaticSaveInterval], [AutomaticSaveOptions], [AutomaticSavePrompt], [SetDefaultsDatabase]) As B	Legt Speicheroptionen fest (siehe *Extras/Optionen*, Registerkarte *Speichern*).		

Name und Syntax	Beschreibung	02	03
OptionsSchedule([ScheduleMessages], [StartOnCurrentDate], [AutoLink], [AutoSplit], [CriticalSlack], [TaskType], [DurationUnits], [WorkUnits], [AutoTrack], [SetDefaults], [AssignmentUnits], [EffortDriven], [HonorConstraints], [ShowEstimated], [NewTasksEstimated]) As B	Legt Terminplaneinstellungen fest (siehe *Extras/Optionen*, Registerkarte *Terminplan*).		
OptionsSecurity([RemoveFileProperties]) As B	Legt die im Dialogfeld *Optionen* auf der Registerkarte *Sicherheit* verfügbaren Sicherheitsoptionen fest.	✓	
OptionsSpelling([TaskName], [TaskNotes], [TaskText1], [TaskText2], [TaskText3], [TaskText4], [TaskText5], [TaskText6], [TaskText7], [TaskText8], [TaskText9], [TaskText10], [ResourceCode], [ResourceName], [ResourceNotes], [ResourceGroup], [ResourceText1], [ResourceText2], [ResourceText3], [ResourceText4], [ResourceText5], [AssignNotes], [IgnoreUppercase], [IgnoreNumberWords], [AlwaysSuggest], [UseCustomDictionary]) As B	Legt Optionen für die Rechtschreibung fest (siehe *Extras/Optionen*, Registerkarte *Rechtschreibung*).		
OptionsView([DefaultView], [DateFormat], [ProjectSummary], [DisplayStatusBar], [DisplayEntryBar], [DisplayScrollBars], [CurrencySymbol], [SymbolPlacement], [CurrencyDigits], [DisplayOutlineNumber], [DisplayOutlineSymbols], [DisplayNameIndent], [DisplaySummaryTasks], [DisplayOLEIndicator], [DisplayExternalSuccessors], [DisplayExternalPredecessors], [CrossProjectLinksInfo], [AcceptNewExternalData], [DisplayWindowsInTaskbar], [DisplayScreentips]) As B	Legt Ansichtseinstellungen fest (siehe *Extras/Optionen*, Registerkarte *Ansicht*).	▶	

Name und Syntax	Beschreibung	02	03
OptionsWorkgroup([WorkgroupMessages], [ServerURL], [ServerPath], [ReceiveNotifications], [SendHyperlinkNote], [HyperlinkColor], [FollowedHyperlinkColor], [UnderlineHyperlinks], [SetDefaults], [ServerIdentification], [AllowTaskDelegation], [UpdateProjectToWeb], [PublishInformationOnSave], [SetDefaultsMessaging], [SetDefaultsWebServer], [ManagerEmail], [ConfirmationDialog], [ChangesMarkAssnDirty]) As B	Legt die Zusammenarbeitsoptionen fest (siehe *Extras/Optionen*, Registerkarte *Zusammenarbeit*).	✓	
Organizer([Type As PjOrganizer = pjViews], [Task]) As B	Zeigt das Dialogfeld *Organisieren* an, in dem der Benutzer Kalender, Ansichten, Symbolleisten, Schemen, Masken, Tabellen, Filter, Berichte und Module bearbeiten kann.		
OrganizerDeleteItem([Type], [FileName], [Name], [Task]) As B	Löscht ein Organisierungselement.		
OrganizerMoveItem([Type], [FileName], [ToFileName], [Name], [Task]) As B	Verschiebt ein Organisierungselement.		
OrganizerRenameItem([Type], [FileName], [Name], [NewName], [Task]) As B	Benennt ein Organisierungselement um.		
OutlineHideSubtasks As B	Blendet die Teilvorgänge des ausgewählten Vorgangs oder der ausgewählten Vorgänge aus.		
OutlineIndent([Levels]) As B	Stuft einen Vorgang in der Gliederung tiefer (*Tiefer stufen*).		
OutlineOutdent([Levels]) As B	Stuft einen Vorgang höher in der Gliederung (*Höher stufen*).		
OutlineShowAllTasks As B	Blendet alle Sammelvorgänge des Projekts ein.		
OutlineShowSubtasks As B	Zeigt die Teilvorgänge der ausgewählten Vorgänge an.		
OutlineShowTasks([OutlineNumber As PJTaskOutlineShowLevel = pjTaskOutlineShowLevelMax], [ExpandInsertedProjects]) As B	Erweitert eine Gliederung, um alle Vorgänge bis zur angegebenen Ebene anzuzeigen, und reduziert alle tieferen Ebenen.		
OutlineSymbolsToggle([Show]) As B	Blendet Gliederungssymbole ein oder aus.		
PageBreakRemove As B	Entfernt einen manuellen Seitenumbruch aus der aktiven Zeile.		
PageBreakSet As B	Legt einen Seitenumbruch in der aktiven Zeile fest.		
PageBreaksRemoveAll As B	Entfernt alle manuellen Seitenumbrüche im aktiven Projekt.		
PageBreaksShow([Show]) As B	Blendet Seitenumbrüche im Netzplandiagramm ein bzw. aus.	▶	

Name und Syntax	Beschreibung	02	03
PaneClose As B	Schließt den unteren Bereich des aktiven Fensters (Teilung aufheben).		
PaneCreate As B	Erstellt für das aktive Fenster einen unteren Bereich (*Teilen*). Wenn derzeit eine der Vorgangsansichten aktiv ist, einschließlich der Ansicht *Vorgang: Einsatz*, ist *Vorgang: Maske* der neue Bereich. Wenn derzeit eine der Ressourcenansichten aktiv ist, einschließlich der Ansicht *Ressource: Einsatz*, ist *Ressource: Maske* der neue Bereich.		
PaneNext As B	Aktiviert den unteren Bereich, wenn der obere Bereich aktiv ist, und den oberen Bereich, wenn der untere aktiv ist.		
ProgressLines As B	Zeigt das Dialogfeld *Fortschrittslinien* an.		
ProjectStatistics([Project]) As B	Zeigt das Dialogfeld *Projektstatistik* an.		
ProjectSummaryInfo([Project], [Title], [Subject], [Author], [Company], [Manager], [Keywords], [Comments], [Start], [Finish], [ScheduleFrom], [CurrentDate], [Calendar], [StatusDate], [Priority], [PartiallyDisabled]) As B	Legt Informationen zu einem Projekt fest (Projektsammelvorgang).	✓	
PublishAllInformation	Veröffentlicht alle Projektinformationen auf dem Microsoft Project Server.	✓	
PublishNewAndChangedAssignments([ShowDialog As B = False], [ItemsScope As PjPublishScope = pjPublishScopeAll], [NotifyResources As B = True], [NotificationText])	Veröffentlicht den angegebenen und selektierten Bereich neuer und geänderter Zuordnungen auf dem Microsoft Project Server.	✓	
PublishProjectPlan([ShowDialog As B = False], [PublishFullPlan As B = True])	Veröffentlicht einen vollständigen Projektplan oder einen zusammengefassten Plan auf dem Microsoft Project Server.	✓	
Quit([SaveChanges As PjSaveType = pjPromptSave])	Beendet Project.		
RecurringTaskInsert As B	Zeigt das Dialogfeld *Informationen zum periodischen Vorgang* an, in dem der Benutzer einen sich wiederholenden Vorgang einfügen kann.		
KeineProject	Registriert das aktive Projekt in Microsoft Project Server.	✓	
ReminderSet([Start], [LeadTime]) As B	Legt in Microsoft Outlook einen Mahner für den Anfangstermin oder den Endtermin der aktiven Vorgänge fest.		
Replace([Field], [Test], [Value], [Replacement], [ReplaceAll], [Next], [MatchCase]) As B	Sucht nach einem ungefilterten Wert und ersetzt ihn durch den angegebenen Wert. Wurden Ersetzungen durchgeführt, gibt die *Replace*-Methode den Wert *True* zurück. ▶		

Name und Syntax	Beschreibung	02	03
ReportPrint([Name], [FromPage], [ToPage], [PageBreaks], [Draft], [Copies], [FromDate], [ToDate], [Preview], [Color]) As B	Druckt einen Bericht.		
ReportPrintPreview([Name]) As B	Zeigt eine Seitenvorschau eines gedruckten Berichts auf dem Bildschirm an.		
Reports As B	Zeigt das Dialogfeld *Berichte* an, in dem der Benutzer Berichte bearbeiten kann.		
RepublishAssignments([ShowDialog As B = False], [ItemsScope As PjPublishScope = pjPublishScopeAll], [NotifyResources As B = True], [OverwriteActuals As B = False], [BecomeManager As B = False], [NotificationText])	Veröffentlicht den angegebenen Bereich von Zuordnungen erneut auf dem Microsoft Project Server.		✓
RequestProgressInformation([ShowDialog As B = False], [ItemsScope As PjPublishScope = pjPublishScopeAll], [NotifyTaskLead As B = False], [NotificationText], [ReportingPeriodFrom], [ReportingPeriodTo])	Fragt die Fortschrittsinformationen bei den beteiligten Ressourcen ab.		✓
ResourceActiveDirectory As B	Zeigt das Dialogfeld *Benutzer auswählen* zur Übernahme von Active Directory-Benutzern als lokale Ressourcen in den Projektplan.		✓
ResourceAddressBook	Zeigt das Adressbuch eines MAPI-kompatiblen Mailsystems an, aus dem der Benutzer Ressourcen für das Projekt auswählen kann. Diese Methode ist nur bei Ressourcenansichten verfügbar.		
ResourceAssignment([Resources], [Operation As PjResAssignOperation = pjAssign], [With]) As B	Ordnet die Ressourcen den ausgewählten Vorgängen zu, entfernt oder ersetzt sie, oder ändert die Anzahl der Einheiten einer Ressource.		
ResourceAssignmentDialog([ShowResourceListOptions], [ResourceListFields As PjAssignResourcesListFields = pjAllColumns], [UseNamedFilter], [FilterName], [UseAvailableToWorkFilter], [AvailableToWork]) As B	Zeigt das Dialogfeld *Ressourcen zuordnen* an, blendet den Bereich *Aufzählungsoptionen für Ressourcen* ein oder aus und definiert Felder und Filter.		✓
ResourceCalendarEditDays(ProjectName As S, ResourceName As S, [StartDate], [EndDate], [WeekDay], [Working], [Default], [From1], [To1], [From2], [To2], [From3], [To3], [From4], [To4], [From5], [To5]) As B	Bearbeitet Tage in einem Ressourcenkalender.		

Name und Syntax	Beschreibung	02	03
ResourceCalendarReset(ProjectName As S, ResourceName As S, [BaseCalendar]) As B	Setzt einen Ressourcenkalender zurück.		
ResourceCalendars([Index], [locked]) As B	Zeigt das Dialogfeld *Arbeitszeit ändern* an, in dem der Benutzer Kalender bearbeiten kann.	✓	
ResourceDetails([Name]) As B	Zeigt Einzelheiten zu einer Ressource aus dem Adressbuch eines MAPI-kompatiblen Mailsystems an. Diese Methode ist nur bei Ressourcenansichten verfügbar.		
ResourceGraphBarStyles([TopLeftShowAs], [TopLeftColor], [TopLeftPattern], [BottomLeftShowAs], [BottomLeftColor], [BottomLeftPattern], [TopRightShowAs], [TopRightColor], [TopRightPattern], [BottomRightShowAs], [BottomRightColor], [BottomRightPattern], [ShowValues], [ShowAvailabilityLine], [PercentBarOverlap]) As B	Legt die Balkenart für die Ansicht *Ressource: Grafik* fest.		
ResourceSharing([Share], [Name], [Pool]) As B	Steuert die Ressourcennutzung (*Gemeinsame Ressourcennutzung*).		
ResourceSharingPoolAction(Action As PjPoolAction, [FileName], [ReadOnly]) As B	Führt Aktionen auf einen Ressourcenpool aus.		
ResourceSharingPoolRefresh As B	Lädt den Ressourcenpool erneut (Ressourcenpool erneut laden).		
ResourceSharingPoolUpdate([AllSharers]) As B	Aktualisiert den Ressourcenpools mit Zuordnungen des mitbenutzenden Projekts (Ressourcenpool aktualisieren).		
ResourceWindowsAccount([Name], [ShowDialog]) As B	Legt das Windows-Konto für die Windows-Authentifizierung für die ausgewählte(n) Ressource(n) basierend auf einem Microsoft Exchange Server-Adressbuch fest. Diese Methode ist nur in Ressourcenansichten verfügbar.		
RestoreSheetSelection As B	Stellt die gespeicherten Informationen zu Zeilen und Spalten einer ausgewählten Tabellenansicht wieder her.	✓	
RowClear As B	Löscht die aktive Zeile.		
RowDelete As B	Löscht die aktive Zeile oder die Zeile mit der aktiven Zelle.		
RowInsert As B	Fügt oberhalb der aktiven Zeile eine Zeile ein.		
Run(Name as S, [Arg1], [Arg2], ..., [Arg30])	Führt die angegebene Prozedur aus.		
SaveSheetSelection As B	Speichert Informationen zu Zeilen und Spalten einer ausgewählten Tabellenansicht.	✓	
SearchFiles As B	Zeigt im Aufgabenbereich die *Einfache Suche* an.	✓	
SelectAll As B	Markiert alle Zellen in der aktiven Tabelle.		▶

Name und Syntax	Beschreibung	02	03
SelectBeginning([Extend]) As B	Wählt die erste Zelle der aktiven Tabelle aus.		
SelectCell([Row], [Column], [RowRelative]) As B	Wählt eine Zelle aus.		
SelectCellDown([NumCells], [Extend]) As B	Wählt Zellen unterhalb der aktuellen Auswahl aus.		
SelectCellLeft([NumCells], [Extend]) As B	Wählt Zellen links von der aktuellen Auswahl aus.		
SelectCellRight([NumCells], [Extend])	Wählt Zellen rechts von der aktuellen Auswahl aus.		
SelectCellUp(NumCells, Extend)	Wählt Zellen oberhalb der aktiven Auswahl aus.		
SelectColumn([Column], [Additional], [Extend], [Add]) As B	Markiert eine oder mehrere Spalten.		
SelectEnd([Extend]) As B	Wählt die letzte Zelle der aktiven Tabelle aus, die eine Ressource oder einen Vorgang enthält.		
SelectionExtend([Extend], [Add]) As B	Aktiviert bzw. deaktiviert die Markierungserweiterung.		
SelectRange(Row As L, Column As I, [RowRelative], [Width], [Height], [Extend], [Add]) As B	Markiert eine oder mehrere Zellen.		
SelectResourceCell([Row], [Column], [RowRelative]) As B	Wählt eine Zelle aus, die Ressourceninformationen enthält.		
SelectResourceColumn([Column], [Additional], [Extend], [Add]) As B	Wählt eine Spalte aus, die Ressourceninformationen enthält.		
SelectResourceField(Row As L, Column As S, [RowRelative], [Width], [Height], [Extend], [Add]) As B	Markiert ein Ressourcenfeld.		
SelectRow([Row], [RowRelative], [Height], [Extend], [Add]) As B	Markiert eine oder mehrere Zeilen.		
SelectRowEnd([Extend]) As B	Wählt die letzte Zelle der Zeile aus, die die aktive Zelle enthält.		
SelectRowStart([Extend]) As B	Wählt die erste Zelle der Zeile aus, die die aktive Zelle enthält.		
SelectSheet As B	Wählt alle Zellen der aktiven Tabelle aus.		
SelectTaskCell([Row], [Column], [RowRelative]) As B	Wählt eine Zelle aus, die Vorgangsinformationen enthält.		
SelectTaskColumn([Column], [Additional], [Extend], [Add]) As B	Wählt eine Spalte aus, die Vorgangsinformationen enthält.	▶	

Name und Syntax	Beschreibung	02	03
SelectTaskField(Row As L, Column As S, [RowRelative], [Width], [Height], [Extend], [Add]) As B	Markiert ein Vorgangsfeld.		
SelectTimescaleRange(Row As L, StartTime As S, Width As I, Height As L) As B	Wählt Zellen mit Zeitskalendaten in einer Einsatzansicht aus.		
ServiceOptionsDialog As B	Öffnet das Dialogfeld *Dienstoptionen*.		✓
SetActiveCell(Value As S, [Create]) As B	Legt den Wert der aktiven Zelle fest.		
SetField(Field As S, Value As S, [Create]) As B	Legt den Wert eines Feld des ausgewählten Vorgangs oder der ausgewählten Ressource fest.		
SetMatchingField(Field As S, Value As S, CheckField As S, CheckValue As S, [CheckTest], [CheckOperation], [CheckField2], [CheckValue2], [CheckTest2]) As B	Legt den Wert des Feldes der ausgewählten Vorgänge oder Ressourcen fest, das den angegebenen Kriterien entspricht.		
SetResourceField(Field As S, Value As S, [AllSelectedResources], [Create], [ResourceID], [ProjectName]) As B	Legt den Wert eines Ressourcenfeldes fest.		
SetRowHeight([Unit], [Rows], [UseUniqueID]) As B	Legt die Höhe der angegebenen Zeilen fest.		
SetSidepaneStateButton(DisplayState As B)	Legt den Status der Schaltfläche zum Einblenden/Ausblenden im Projektberater fest. Diese Schaltfläche sollte als aktiviert (abgesenkt) dargestellt werden, wenn der Aufgabenbereich angezeigt wird, und als nicht aktiviert, wenn der Aufgabenbereich ausgeblendet ist.		✓
SetSplitBar([ShowColumns]) As B	Positioniert den vertikalen Fensterteiler in einer Tabellenansicht, um die angegebene Spaltenanzahl anzuzeigen.		
SetTaskField(Field As S, Value As S, [AllSelectedTasks], [Create], [TaskID], [ProjectName]) As B	Legt den Wert eines Vorgangsfeldes fest.		
SetTitleRowHeight([TitleHeight]) As B	Legt die Höhe der Titelleiste der aktiven Ansicht fest.		✓
SidepaneTaskChange(ID As I, [IsGoalArea]) As B	Ändert den im Projektberater angezeigten Seitenbereich.		✓
SidepaneToggle([Show]) As B	Löst das *WindowSidepaneDisplayChange*-Ereignis aus, das den Seitenbereich des Projektberaters ein- oder ausblendet		✓
Sort([Key1], [Ascending1], [Key2], [Ascending2], [Key3], [Ascending3], [Renumber], [Outline]) As B	Sortiert die Vorgänge oder Ressourcen im aktiven Bereich. ▶		

Name und Syntax	Beschreibung	02	03
SpellCheckField([FieldName As PjSpellingField], [EnableSpellCheck]) As B	Ermöglicht die Rechtschreibprüfung für bestimmte Felder in Microsoft Project.	✓	
SpellingCheck As B	Überprüft die Rechtschreibung im aktiven Projekt.		
SplitTask([Lock]) As B	Geht in den interaktiven Vorgangsunterbrechungsmodus über, in dem der Benutzer Vorgangsunterbrechungen manuell erzeugen kann.		
StopWebBrowserControlNavigation As B	Beendet das Laden einer Webseite im aktiven Fenster.	✓	
SummaryTasksShow([Show]) As B	Blendet Sammelvorgänge im aktiven *Netzplandiagramm* ein oder aus.		
TableApply([Name]) As B	Ordnet der aktiven Ansicht eine Tabelle zu.		
TableEdit(Name As S, TaskTable As B, [Create], [OverwriteExisting], [NewName], [FieldName], [NewFieldName], [Title], [Width], [Align], [ShowInMenu], [LockFirstColumn], [DateFormat], [RowHeight], [ColumnPosition], [AlignTitle], [HeaderAutoRowHeightAdjustment], [HeaderTextWrap]) As B	Erstellt, bearbeitet oder kopiert eine Tabelle.	✓	
Tables As B	Zeigt das Dialogfeld *Weitere Tabellen* an, in dem der Benutzer Tabellen bearbeiten kann.		
TextStyles([Item], [Font], [Size], [Bold], [Italic], [Underline], [Color]) As B	Legt die Textarten für Vorgänge und Ressourcen in der aktiven Ansicht fest.		
Timescale As B	Zeigt das Dialogfeld *Zeitskala* an, in dem der Benutzer Optionen für die Zeitskala festlegen kann.		
TimescaleEdit([MajorUnits], [MinorUnits], [MajorLabel], [MinorLabel], [MajorAlign], [MinorAlign], [MajorCount], [MinorCount], [MajorTicks], [MinorTicks], [Enlarge], [Separator], [MajorUseFY], [MinorUseFY], [TopUnits], [TopLabel], [TopAlign], [TopCount], [TopTicks], [TopUseFY], [TierCount]) As B	Formatiert Zeitskalen für die Ansichten *Balkendiagramm (Gantt)*, *Ressource: Grafik*, *Vorgang: Einsatz* und *Ressource: Einsatz*.	✓	
TimescaleNonWorking([Draw], [Calendar], [Color], [Pattern]) As B	Legt das Format für arbeitsfreie Zeiten fest.		
TipOfTheDay As B	Zeigt den Tipp des Tages an.		
ToggleAssignments As B	Blendet Zuordnungen in Einsatzansichten ein oder aus.		
UnlinkTasks As B	Hebt die Verknüpfung der markierten Vorgänge auf.	▶	

Name und Syntax	Beschreibung	02	03
UnloadWebBrowserControl([Window])	Entlädt das Webbrowser-Steuerelement und kehrt zur regulären Microsoft Project-Benutzeroberfläche zurück.	✓	
UpdateFromProjectServer(DataFile As S)	Aktualisiert ein Projekt vom Project Server.	✓	
UpdateProject([All], [UpdateDate], [Action]) As B	Aktualisiert den Fortschritt des Projektes.		
UpdateProjectToWeb([ServerURL], [EmbedProjectFile], [OnlyKeineProject], [WaitForCompletion]) As B	Aktualisiert das aktive Projekt auf dem Project-Server. Falls es noch nicht existiert, wird es neu angelegt.	✓	
UpdateTasks([PercentComplete], [ActualDuration], [RemainingDuration], [ActualStart], [ActualFinish], [Notes]) As B	Aktualisiert die aktiven Vorgänge.		
ViewApply([Name], [SinglePane], [Toggle]) As B	Legt die Ansicht im aktiven Fenster fest.		
ViewBar As B	Blendet die *Ansichtsleiste* ein oder aus.		
ViewEditCombination([Name], [Create], [NewName], [TopView], [BottomView], [ShowInMenu]) As B	Erstellt, bearbeitet oder kopiert eine Ansichtskombination.		
ViewEditSingle([Name], [Create], [NewName], [Screen], [ShowInMenu], [HighlightFilter], [Table], [Filter], [Group]) As B	Erstellt, bearbeitet oder kopiert eine Einzelansicht.		
Views As B	Zeigt das Dialogfeld *Weitere Ansichten* an, in dem der Benutzer Ansichten bearbeiten kann.		
ViewShowCost As B	Zeigt Informationen zu Kosten in der aktiven Ansicht an.		
ViewShowCumulativeCost As B	Zeigt Informationen über die kumulierten Kosten in der aktiven Ansicht *Ressource: Grafik* an.		
ViewShowCumulativeWork As B	Zeigt Informationen über die kumulierte Arbeit in der aktiven Ansicht *Ressource: Grafik* an.		
ViewShowNotes As B	Zeigt Informationen zu Notizen in der aktiven Ansicht an.		
ViewShowOs As B	Zeigt Informationen zu Objekten in der aktiven Ansicht an.		
ViewShowOverallocation As B	Zeigt Informationen über die Ressourcenüberlastung in der aktiven Ansicht *Ressource: Grafik* an.		
ViewShowPeakUnits As B	Zeigt Informationen über die benötigten Ressourceneinheiten in der aktiven Ansicht *Ressource: Grafik* an.		
ViewShowPercentAllocation As B	Zeigt Informationen über die prozentuale Zuteilung in der aktiven Ansicht *Ressource: Grafik* an.		
ViewShowPredecessorsSuccessors As B	Zeigt Informationen zu Vorgängern und Nachfolgern in der aktiven Ansicht an.	▶	

Name und Syntax	Beschreibung	02	03
ViewShowRemainingAvailability As B	Zeigt Informationen über die verbleibende Verfügbarkeit in der aktiven Ansicht *Ressource: Grafik* an.		
ViewShowResourcesPredecessors As B	Zeigt Informationen zu Ressourcen und Vorgängern in der aktiven Vorgangsmasken-Ansicht an.		
ViewShowResourcesSuccessors As B	Zeigt Informationen zu Ressourcen und Nachfolgern in der aktiven Vorgangsmasken-Ansicht an.		
ViewShowSchedule As B	Zeigt die Terminplanfelder in einer Ressourcen- oder Vorgangsmaske an. *DieViewShowSchedule*-Methode wirkt sich nur aus, wenn die aktive Ansicht eine Ressourcen- oder Vorgangsmaske enthält.		
ViewShowUnitAvailability As B	Zeigt Informationen zu verfügbaren Einheiten in der aktiven Ansicht *Ressource: Grafik* an.		
ViewShowWork As B	Zeigt Arbeitsinformationen im aktiven Bereich an.		
ViewShowWorkAvailability As B	Zeigt Informationen zur verfügbaren Arbeitszeit in der aktiven Ansicht *Ressource: Grafik* an.		
WBSCodeMaskEdit([CodePrefix], [Level], [Sequence As PjWBSSequence], [Length], [Separator], [CodeGenerate], [VerifyUniqueness]) As B	Bearbeitet das Format des PSP-Codes.		
WBSCodeRenumber([All]) As B	Berechnet PSP-Codes für das aktive Projekt oder für ausgewählte Vorgänge neu.		
WebAddToFavorites([CurrentLink]) As B	Fügt dem aktuellen Dokument oder der aktuellen Auswahl eine Verknüpfung zum Ordner *Favoriten* hinzu. Diese Methode ist nicht verfügbar, wenn die Datei noch nie gespeichert wurde.		
WebCopyHyperlink As B	Kopiert den aktuellen Hyperlink in die Zwischenablage. Diese Methode ist nicht verfügbar, wenn das ausgewählte Element keinen Hyperlink enthält.		
WebGoBack As B	Kehrt zum vorherigen Dokument in der Verlaufsliste zurück.		
WebGoForward As B	Geht zum nächsten Dokument in der Verlaufsliste über.		
WebHideToolbars([Hide]) As B	Blendet alle Symbolleisten aus oder ein. Ausgenommen sind die Menüleiste und die *Web*-Symbolleiste.		
WebInbox As B	Zeigt die Startseite des Project Web Access. Falls keine Windows-Authentifizierung aktiviert wurde, erscheint der Anmeldedialog.		
WebOpenFavorites As B	Öffnet den Ordner *Favoriten*.		
WebOpenHyperlink([Address], [SubAddress], [AddHistory], [NewWindow]) As B)	Öffnet das durch eine Hyperlinkadresse angegebene Dokument. Diese Methode ist nur verfügbar, wenn das ausgewählte Zuordnungs-, Ressourcen- oder Vorgangsfeld einen Hyperlink enthält.		
WebOpenSearchPage As B	Öffnet die Suchseite.		
WebOpenStartPage As Booelan	Öffnet die Startseite.		

Name und Syntax	Beschreibung	02	03
WebRefresh As B	Zeigt das zuletzt dargestellte Dokument an, ohne es aus dem Cache zu lesen.		
WebSetSearchPage([Address]) As B	Gibt ein Dokument als Suchseite an.		
WebSetStartPage([Address]) As B	Gibt ein Dokument als Startseite an.		
WebStopLoadingAs B	Bricht die Übertragung des Dokuments ab.		
WebToolbar([Show]) As B	Blendet die Websymbolleiste ein oder aus.		
WindowActivate([WindowName], [DialogID], [TopPane]) As B	Aktiviert ein Fenster.		
WindowArrangeAll As B	Ordnet alle geöffneten Fenster in Project an.		
WindowHide([Name]) As B	Blendet ein Fenster aus.		
WindowMoreWindows As B	Zeigt das Dialogfeld *Aktivieren* an, in dem der Benutzer ein Fenster aktivieren kann.		
WindowNewWindow([Projects], [View], [AllProjects], [ShowDialog]) As B	Erstellt ein neues Fenster.		
WindowNext([NoWrap]) As B	Aktiviert das nächste Fenster.		
WindowPrev([NoWrap]) As B	Aktiviert das vorhergehende Fenster.		
WindowSplit As B	Erstellt einen unteren Bereich für das aktive Fenster. Schließt den unteren Bereich, wenn dieser bereits vorhanden ist.		
WindowUnhide([Name]) As B	Zeigt ein ausgeblendetes Fenster an.		
Zoom As B	Zeigt das Dialogfeld *Zoom* an, in dem der Benutzer die aktive Ansicht vergrößern bzw. verkleinern kann.		
ZoomCalendar([NumWeeks], [StartDate], [EndDate]) As B	Vergrößert bzw. verkleinert den Kalender.		
ZoomIn As B	Vergrößert die aktive Ansicht. Ist in den Ansichten *Ressource: Tabelle*, *Vorgang: Tabelle* und in den Maskenansichten nicht verfügbar.		
ZoomOut As B	Verkleinert die aktive Ansicht. Ist in den Ansichten *Ressource: Tabelle*, *Vorgang: Tabelle* und in den Maskenansichten nicht verfügbar.		
ZoomTimescale([Duration], [Entire], [Selection], [Reset]) As B	Vergrößert bzw. verkleinert die Ansichten *Balkenplan*, *Ressource: Grafik*, *Ressource: Einsatz* oder *Vorgang: Einsatz*, um Informationen zu Vorgängen oder Ressourcen innerhalb einer bestimmten Zeitdauer darzustellen. ▶		

Eigenschaften

Name	Beschreibung	Typ	L/S	02	03
ActiveCell	*Cell*-Objekt der aktiven Zelle	O	L		
ActiveSelection	*Project*-Objekt des aktiven Projekts	O	L		
ActiveSelection	*Selection*-Objekt der aktiven Auswahl	O	L		
ActiveWindow	*Window*-Objekt des aktiven Fensters	O	L		
AMText	Text, den Project im 12-Stunden-Zeitformat als Symbol für Vormittag anzeigt.	S	L		
AnswerWizard	*AnswerWizard*-Objekt des Antwort-Assistenten	O	L		
Application	*Application*-Objekt von Project	O	L		
AskToUpdateLinks	*True*, wenn der Benutzer gefragt wird, ob automatische DDE- und OLE-Verknüpfungen aktualisiert werden sollen.	B	LS		
Assistant	*Assistant*-Objekt des Office-Assistenten	O	L		
AutoClearLeveling	*True*, wenn Project alte Abgleichswerte vor dem Abgleich löscht.	B	LS		
AutoLevel	*True*, wenn Ressourcen automatisch ausgeglichen werden.	B	LS		
AutomaticallyFillPhoneticFields	*True*, wenn automatisch phonetische Informationen für Ressourcennamen und benutzerdefinierte Felder bereitgestellt werden (nur japanische Version von Project).	B	LS		
AutomationSecurity	(*MsoAutomationSecurity*)	L	LS		
Calculation	Berechnungsmodus (*PjCalculation*: *pjAutomatic* oder *pjManual*)	L	LS		
Caption	Text auf der Titelleiste des Hauptfensters	S	LS		
CellDragAndDrop	*True*, wenn sich Zellen durch Ziehen verschieben und kopieren lassen. *False*, wenn sich Zellen nur durch Ausschneiden und Einfügen verschieben und kopieren lassen.	B	LS		
COMAddIns	*COMAddIns*-Objekt, Auflistung der derzeit installierten COM-Add-Ins	O	L		
CommandBars	*CommandBars*-Objekt, Auflistung aller Symbolleisten	O	L		
DateOrder	Reihenfolge von Tag, Monat und Jahr bei Datumsangaben (*PjDateOrder*: *pjDayMonthYear*, *pjMonthDayYear* oder *pjYearMonthDay*)	L	LS		
DateSeparator	Datumstrennzeichen	S	LS		
DayLeadingZero	*True*, wenn Project aus einer einzelnen Ziffer bestehende Datumsangaben mit führender Null anzeigt.	B	LS		
DecimalSeparator	Zeichen, das den ganzen und den gebrochenen Anteil einer Zahl trennt.	S	LS		

▶

Name	Beschreibung	Typ	L/S	02	03
DefaultAutoFilter	*True*, wenn die AutoFilter-Funktion bei neuen Projekten standardgemäß aktiv ist.	B	LS		
DefaultDateFormat	Standard-Datumsformat (*PjDateFormat*: *pjDate_mm_dd_yy_hh_mmAM* (30.09.04 12:33), *pjDate_mm_dd_yy* (30.09.04), *pjDate_mm_dd_yyyy* (30.09.2004), *pjDate_mmmm_dd_yyyy_hh_mmAM* (30. September 2004 12:33), *pjDate_mmmm_dd_yyyy* (30. September 2004), *jDate_mmm_dd_hh_mmAM* (30. Sep 12:33), *pjDate_mmm_dd_yyy* (30. Sep '04), *pjDate_mmmm_dd* (30. September) *pjDate_mmm_dd* (30. Sep), *pjDate_ddd_mm_dd_yy_hh_mmAM* (Do 30.09.04 12:33), *pjDate_ddd_mm_dd_yy* (Do 30.09.04), *pjDate_ddd_mmm_dd_yyy* (Do 30. Sep '04), *pjDate_ddd_hh_mmAM* (Di 12:33), *pjDate_mm_dd* (30.09.), *pjDate_dd* (30.), *pjDate_hh_mmAM* (12:33), *pjDate_ddd_mmm_dd* (Do 30. Sep), *pjDate_ddd_mm_dd* (Do 30.09.), *pjDate_ddd_dd* (Do 30.), *pjDate_Www_dd* (2.KW40), *pjDate_Www_dd_yy_hh_mmAM* (2.KW40.04 12:33)	L	LS		
DefaultView	Standard-Startansicht, die nach dem Starten von Project erscheint: (Ansichtennamen: *Kalender, Balkendiagramm (Gantt), Balkendiagramm: Abgleich, Netzplandiagramm, Beziehungsdiagramm, Ressource: Zuteilung, Ressource: Maske, Ressource: Grafik, Ressource: Name, Ressource: Tabelle, Ressource: Einsatz, Vorgang: Einzelheiten, Vorgang: Eingabe, Vorgang: Maske, Vorgang: Name, Vorgang: Tabelle, Vorgang: Einsatz*)	S	LS		
DisplayAlerts	*True*, wenn Project bei der Ausführung von Makros Fehlermeldungen anzeigt.	B	LS		
DisplayEntryBar	*True*, wenn die Bearbeitungsleiste angezeigt wird.	B	LS		
DisplayOLEIndicator	*True*, wenn in Zellen, die eine OLE-Verknüpfung enthalten, ein Anzeiger erscheint.	B	LS		
DisplayPlanningWizard	*True*, wenn der Planungs-Assistent aktiv ist.	B	LS		
DisplayProjectGuide	*True*, wenn der Projektberater standardmäßig beim Start und für alle neuen Projekte angezeigt wird.	B	L	✓	
DisplayRecentFiles	*True*, wenn eine Liste zuletzt geöffneter Dateien im Menü Datei erscheint.	B	LS		▶

Name	Beschreibung	Typ	L/S	02	03
DisplayScheduleMessages	*True*, wenn Meldungen über Terminplanprobleme angezeigt werden.	B	LS		
DisplayScrollBars	*True*, wenn die Bildlaufleisten für alle Projekte angezeigt werden.	B	LS		
DisplayStatusBar	*True*, wenn die Statusleiste angezeigt wird.	B	LS		
DisplayViewBar	*True*, wenn die Ansichtsleiste angezeigt wird.	B	LS		
DisplayWindowsInTaskBar	*True*, wenn Projektfenster auf dem Vorgangsbalken und in der Vorgangsliste angezeigt werden.	B	LS		
DisplayWizardErrors	*True*, wenn der Planungs-Assistent Fehlermeldungen anzeigt.	B	LS		
DisplayWizardScheduling	*True*, wenn der Planungs-Assistent Meldungen über Terminplanprobleme anzeigt.	B	LS		
DisplayWizardUsage	*True*, wenn der Planungs-Assistent Tipps zur effektiven Verwendung von Project anzeigt.	B	LS		
Edition	Version von Project Standard oder Professional (*PjEditionType*: *pjEditionProfessional* oder *pjEditionStandard*)	L	L	✓	
EnableCancelKey	Behandlungsmodus für die Tastenkombination **Strg+Untbr** während der Ausführung eines Makros (*PjEnableCancelKey*: *pjDisabled*, *PjErrorHandler* oder *PjInterrupt*)	L	LS		
FileSearch	*FileSearch*-Objekt zur Verwendung bei Dateisuchen	O	L		
GlobalBaseCalendars As Calendars	Gibt eine *Calendars*-Auflistung zurück, die die Basiskalender der *Global.mpt* darstellt.	O	L	✓	
GlobalResourceFilters As Filters	Gibt eine *Filters*-Auflistung zurück, die die Basiskalender der *Global.mpt* darstellt.	O	L	✓	
GlobalResourceTables As Tables	Gibt eine *Tables*-Auflistung zurück, die die Ressourcentabellen der *Global.mpt* darstellt.	O	L	✓	
GlobalTaskFilters As Filters	Gibt eine *Filters*-Auflistung zurück, die die Vorgangskalender der *Global.mpt* darstellt.	O	L	✓	
GlobalTaskTables As Tables	Gibt eine *Tables*-Auflistung zurück, die die Vorgangstabellen der *Global.mpt* darstellt.	O	L	✓	
GlobalViews As Views	Gibt eine *Views*-Auflistung zurück, die die Ansichten der *Global.mpt* darstellt.	O	L	✓	
GlobalViewsCombination As ViewsCombination	Gibt eine *ViewsCombination*-Auflistung zurück, die die Ansichtskombinationen der *Global.mpt* darstellt.	O	L	✓	
GlobalViewsSingle As ViewsSingle	Gibt eine *ViewsSingle*-Auflistung zurück, die die Einzelansichten der *Global.mpt* darstellt.	O	L	✓	
Height	Höhe des Hauptfensters in Punkt	L	LS		
Left	Abstand des Hauptfensters vom linken Rand der Bildschirmanzeige in Punkt	L	LS		

Name	Beschreibung	Typ	L/S	02	03
LevelIndividualAssignments	*True*, wenn der Kapazitätsabgleich einzelne Zuordnungen eines Vorgangs einstellen kann. *False*, wenn alle Zuordnungen eines Vorgangs eingestellt werden, einschließlich derer, die nicht überlastet sind.	B	LS		
LevelingCanSplit	*True*, wenn der Kapazitätsabgleich verbleibende Arbeit unterbrechen kann.	B	LS		
LevelOrder	Reihenfolge, in der Vorgänge mit Kapazitätsüberschreitungen beim Abgleichen der Ressourcen verzögert werden (*PjLevelOrder*: *pjLevelID*, *pjLevelStandard* oder *pjLevelPriority*)	L	LS		
LevelPeriodBasis	Periode, innerhalb der die Überlastung von Ressourcen überprüft wird (*PjLevelPeriodBasis*-Konstanten sein: *pjMinuteByMinute*, *pjHourByHour*, *pjDayByDay*, *pjWeekByWeek* oder *pjMonthByMonth*)	L	LS		
LevelWithinSlack	*True*, wenn Kapazitätsabgleich innerhalb der gesamten Pufferzeit durchgeführt wird.	B	LS		
ListSeparator	Zeichen, das Listenelemente trennt	S	LS		
LoadLastFile	*True*, wenn beim Starten von Project automatisch die zuletzt verwendete Datei geöffnet wird.	B	LS		
MonthLeadingZero	*True*, wenn Project aus einer einzelnen Ziffer bestehende Monatsangaben mit führender Null anzeigt.	B	LS		
MoveAfterReturn	*True*, wenn nach Drücken der Taste **Enter** das Feld unterhalb des aktiven Feldes aktiviert wird. *False*, wenn das aktuelle Feld aktiv bleibt.	B	LS		
Name	Namen der Anwendung (=*"Microsoft Project"*)	S	L		
NewTasksEstimated	*True*, wenn in neuen Projekten Vorgänge standardmäßig als geschätzt angezeigt werden.	B	LS		
OperatingSystem	Gibt den Namen und die Version des Betriebssystems zurück, z.B. für Windows 2000 »Windows (32-bit) NT 5.00«.	S	L		
Parent	*Application-Objekt* von Project	O	L		
Path	Pfad zur Project-Anwendung, z.B. »C:\Programme\Microsoft Office«	S	L		
PathSeparator	Gibt das Pfadtrennzeichen zurück, z.B. »\«.	S	L		
PMText	Text, den Project im 12-Stunden-Zeitformat als Symbol für Nachmittag anzeigt	S	L		
Profiles	*Profiles*-Objekt, Auflistung der Benutzerprofile für den Project Server	O	L	▶	

Name	Beschreibung	Typ	L/S	02	03
Projects	*Projects*-Objekt, Auflistung aller geöffneten Projekte	O	L		
PromptForSummaryInfo	*True*, wenn beim Erstellen eines neuen Projekts das Dialogfeld *Projektinfo* angezeigt wird.	B	LS		
RecentFilesMaximum	Maximale Anzahl der im Menü *Datei* angezeigten zuletzt geöffneten Dateien. Dies kann eine Zahl zwischen 0 und 9 sein.	I	LS		
ScreenUpdating	*True*, wenn Microsoft Project die Bildschirmanzeige im aktiven Projekt aktualisiert.	B	LS	✓	
ShowAssignmentUnitsAs	Art, wie Zuordnungseinheiten angezeigt werden (*PjAssignmentUnits*: *pjDecimalAssignmentUnits* oder *pjPercentageAssignmentUnits*)	L	LS		
ShowEstimatedDuration	*True*, wenn die Vorgangsdauern in neuen Projekten mit dem Zeichen für geschätzte Dauer (»?«) angezeigt werden.	B	LS		
ShowWelcome	*True*, wenn beim Starten von Project das Dialogfeld *Willkommen!* erscheint.	B	LS		
StartWeekOn	Erster Tag der Woche, wie er für neue Projekte gilt (*PjWeekday*: *pjSunday*, *pjMonday*, *pjTuesday*, *pjWednesday*, *pjThursday*, *pjFriday* oder *pjSaturday*)	L	LS		
StartYearIn	Beginn des Geschäftsjahres für neue Projekte (*PjMonth*: *pjJanuary*, *pjFebruary*, *pjMarch*, *pjApril*, *pjMay*, *pjJune*, *pjJuly*, *pjAugust*, *pjSeptember*, *pjOctober*, *pjNovember* oder *pjDecember*)	L	LS		
StatusBar	Text in der Statusleiste	S	LS		
SupportsMultipleDocuments	Für Project und andere Anwendungen, die mehrere Dokumente (Projekte) unterstützen, immer *True*.	B	L		
SupportsMultipleWindows	Für Project und andere Anwendungen, in denen mehrere Fenster gleichzeitig geöffnet sein können, immer *True*.	B	L		
ThousandsSeparator	Tausendertrennzeichen	S	L		
TimeLeadingZero	*True*, wenn Project aus einer einzelnen Ziffer bestehende Stundenangaben mit führender Null anzeigt.	B	L		
TimeSeparator	Zeittrennzeichen	S	L		
Top	Abstand des Hauptfensters vom oberen Rand der Bildschirmanzeige	L	LS		
TwelveHourTimeFormat	*True*, wenn Project die Uhrzeit im 12-Stunden-Zeitformat zurückgibt. *False*, wenn die Uhrzeit im 24-Stunden-Zeitformat zurückgegeben wird.	B	L		

▶

Name	Beschreibung	Typ	L/S	02	03
UsableHeight	Maximal verfügbare Höhe für ein Projektfenster in Punkt	D	L		
UsableWidth	Maximal verfügbare Breite für eine Projektfenster in Punkt	D	L		
UserControl	*True*, wenn durch den Benutzer die Anwendung gestartet oder das Projekt geöffnet oder erstellt wurde.	B	L		
UserName	Namen des derzeitigen Benutzers	S	LS		
VBE	*VBE*-Objekt des Visual Basic-Editors	O	L		
Version	Gibt die Versionsnummer von Project zurück, z.B. »9.0« für Project 2000, »10.0« für Project 2002 oder »11.0« für Project 2003.	S	L		
Visible	*True*, wenn das Objekt sichtbar ist. Hinweise: Die *Visible*-Eigenschaft kann nur auf *False* eingestellt werden, wenn die *UserControl*-Eigenschaft den Wert *False* hat und keine sichtbaren Projekte vorliegen. Wenn die *UserControl*-Eigenschaft den Wert *True* hat, hat die *Visible*-Eigenschaft des *Window*-Objekts ebenfalls den Wert *True*.	B	LS		
Width	Breite des Hauptfensters in Punkt	L	LS		
Windows	*Windows*-Objekt, Auflistung aller geöffneten Fenster	O	L		
WindowState	Status des Hauptfensters (*PjWindowState*: *pjNormal*, *pjMinimized* oder *pjMaximized*)	L	LS		

Ereignisse

Name	Beschreibung	02	03
ApplicationBeforeClose	Tritt vor dem Beenden von Project als Applikation auf.		✓
LoadWebPage(Window As Window, TargetPage As S)	Tritt auf, nachdem die *LoadWebBrowserControl*-Methode aufgerufen wurde. Diese Methode lädt ein Webbrowser-Steuerelement (z.B. ein Link auf eine Intranet-Seite im Unternehmen mit weiteren Informationen zum aktuellen Projekt) in Project. Anschließend wird das Ereignis ausgelöst, d.h. die Webseite kann innerhalb der Project-Oberfläche angezeigt werden (vgl. ▶ Kapitel 11).		✓
NewProject(ByVal pj As Project)	Tritt auf, wenn ein neues Projekt erstellt wird, eingeschlossen das bei jedem Start von Project erstellte Standardprojekt, und entspricht dem *Open*-Ereignis für existierende Projekte. Das *NewProject*-Ereignis tritt vor dem *Activate*-Ereignis des neuen Projekts auf.		
ProjectAfterSave	Tritt auf, nachdem ein Projekt gespeichert wurde.		✓
ProjectAssignmentNew(pj As Project, ID As L)	Tritt auf, wenn eine neue Zuordnung erstellt wird.		✓ ▶

Name	Beschreibung	02	03
ProjectBeforeAssignmentChange(ByVal asg As Assignment, ByVal Field As PjAssignmentField, ByVal NewVal As V, Cancel As B)	Tritt auf, bevor der Benutzer den Wert eines Zuordnungsfeldes ändert.		
ProjectBeforeAssignmentChange2(asg As Assignment, Field As PjAssignmentField, NewVal, Info As EventInfo)	Wie *ProjectBeforeAssignmentChange.* Einziger Unterschied ist, dass der *Cancel*-Parameter durch das *EventInfo*-Objekt übergeben wird.		✓
ProjectBeforeAssignmentDelete(ByVal asg As Assignment, Cancel As B)	Tritt auf, bevor eine Zuordnung entfernt oder ersetzt wird.		
ProjectBeforeAssignmentDelete2(asg As Assignment, Info As EventInfo)	Siehe die Beschreibung zu *ProjectBeforeAssignmentChange2*		✓
ProjectBeforeAssignmentNew(ByVal pj As Project, Cancel As B)	Tritt auf, bevor eine oder mehrere Zuordnungen erstellt werden.		
ProjectBeforeAssignmentNew2(pj As Project, Info As EventInfo)	Siehe die Beschreibung zu *ProjectBeforeAssignmentChange2*		✓
ProjectBeforeClearBaseline(pj As Project, Interim As B, bl As PjBaselines, InterimFrom As PjSaveBaselineTo, AllTasks As B, Info As EventInfo)	Tritt auf, bevor ein Basisplan gelöscht wird.		✓
ProjectBeforeClose(ByVal pj As Project, Cancel As B)	Tritt auf, bevor ein Projekt geschlossen wird.		
ProjectBeforeClose2(pj As Project, Info As EventInfo)	Siehe die Beschreibung zu *ProjectBeforeAssignmentChange2*		✓
ProjectBeforePrint(ByVal pj As Project, Cancel As B)	Tritt auf, bevor ein Projekt gedruckt wird.		
ProjectBeforePrint2(pj As Project, Info As EventInfo)	Siehe die Beschreibung zu *ProjectBeforeAssignmentChange2*		✓
ProjectBeforeResourceChange(ByVal res As Resource, ByVal Field As PjField, ByVal NewVal As V, Cancel As B)	Tritt auf, bevor der Benutzer den Wert eines Ressourcenfeldes ändert.		
ProjectBeforeResourceChange2(res As Resource, Field As PjField, NewVal, Info As EventInfo)	Siehe die Beschreibung zu *ProjectBeforeAssignmentChange2*		✓
ProjectBeforeResourceDelete(ByVal res As Resource, Cancel As B)	Tritt auf, bevor eine Ressource gelöscht wird.		
ProjectBeforeResourceDelete2 (res As Resource, Info As EventInfo)	Siehe die Beschreibung zu *ProjectBeforeAssignmentChange2*		✓

Name	Beschreibung	02	03
ProjectBeforeResource-New(ByVal pj As Project, Cancel As B)	Tritt auf, bevor eine oder mehrere Ressourcen erstellt werden.		
ProjectBeforeResourceNew2 (pj As Project, Info As EventInfo)	Siehe die Beschreibung zu *ProjectBeforeAssignmentChange2*		✓
ProjectBeforeSave(ByVal pj As Project, ByVal SaveAsUi As B, Cancel As B)	Tritt auf, bevor ein Projekt gespeichert wird.		
ProjectBeforeSave2(pj As Project, SaveAsUi As B, Info As EventInfo)	Siehe die Beschreibung zu *ProjectBeforeAssignmentChange2*		✓
ProjectBeforeSaveBaseline(pj As Project, Interim As B, bl As PjBaselines, InterimCopy As PjSaveBaselineFrom, InterimInto As PjSaveBaselineTo, AllTasks As B, RollupToSummaryTasks As B, RollupFromSubtasks As B, Info As EventInfo)	Tritt auf, bevor ein Basisplan gespeichert wird.		✓
ProjectBeforeTaskChange(ByVal tsk As MSProject.Task, ByVal Field As PjField, ByVal NewVal As V, Cancel As B)	Tritt auf, bevor der Benutzer den Wert eines Vorgangsfeldes ändert.		
ProjectBeforeTaskChange2(tsk As Task, Field As PjField, NewVal, Info As EventInfo)	Siehe die Beschreibung zu *ProjectBeforeAssignmentChange2*		✓
ProjectBeforeTaskDelete(ByVal tsk As Task, Cancel As B)	Tritt auf, bevor ein Vorgang gelöscht wird.		
ProjectBeforeTaskDelete2(tsk As Task, Info As EventInfo)	Siehe die Beschreibung zu *ProjectBeforeAssignmentChange2*		✓
ProjectBeforeTaskNew(ByVal pj As Project, Cancel As B)	Tritt auf, bevor ein oder mehrere Vorgänge erstellt werden.		
ProjectBeforeTaskDelete2(tsk As Task, Info As EventInfo)	Siehe die Beschreibung zu *ProjectBeforeAssignmentChange2*		✓
ProjectCalculate(ByVal pj As Project)	Tritt auf, nachdem ein Projekt berechnet wurde.		
ProjectResourceNew(pj As Project, ID As L)	Tritt auf, wenn eine neue Ressource angelegt wird.		✓
ProjectTaskNew(pj As Project, ID As L)	Tritt auf, wenn ein neuer Vorgang angelegt wird.		✓
WindowActivate	Tritt auf, wenn ein beliebiges Fenster in Project aktiviert wird. Das *WindowActivate*-Ereignis tritt nicht auf, wenn das Anwendungsfenster aktiviert wird.		
WindowBeforeViewChange	Tritt auf, wenn der obere Ansichtsbereich in einem Fenster in Project geändert wird.	▶	

Name	Beschreibung	02	03
WindowDeactivate	Tritt auf, wenn ein beliebiges Fenster in Project deaktiviert wird. Das *WindowDeactivate*-Ereignis tritt nicht auf, wenn das Anwendungsfenster deaktiviert wird.		
WindowGoalAreaChange	Tritt auf, wenn ein Benutzer auf einen anderen Zielbereich im Projektberater klickt.		
WindowSelectionChange	Tritt auf, wenn die Selektion, z.B. von Zellen, Zeilen oder Spalten in einem Fenster in Project geändert wird.		
WindowSidepaneDisplayChange	Tritt auf, wenn der Benutzer auf der Symbolleiste *Projektberater* auf die Schaltfläche *Einblenden/Ausblenden des Projektberaters* klickt, um den Projektberater ein- oder auszublenden.		
WindowSidepaneTaskChange	Tritt auf, wenn ein Benutzer im *Projektberater* im Menü *Nächste Schritte und zugehörige Aktivitäten* verschiedene Elemente auswählt.		
WindowViewChange	Tritt auf, wenn der obere Ansichtsbereich in einem Projektfenster geändert wird. Das *WindowViewChange*-Ereignis gibt das *Success*-Argument zurück, das angibt, ob die Ansicht erfolgreich geändert wurde.		
WorkpaneDisplayChange	Tritt auf, wenn der *Projektberater* ein- oder ausgeblendet wird.		

Assignment

In Project können die Eigenschaften von Zuordnungen u.a. über das Dialogfeld *Informationen zur Zuordnung* bearbeitet werden, das man z.B. über die Ansicht *Ressource: Einsatz* erreicht (Doppelklick auf die Zuordnung).

Übergeordnete Objekte

Tasks, Resources

Methoden

Name und Syntax	Beschreibung	02	03
AppendNotes(Value As S)	Hängt im Feld *Notizen* neuen Text an.		
Delete	Löscht die Zuordnung.		
TimeScaleData(StartDate, EndDate, [Type As PjAssignmentTimescaledData = pjAssignmentTimescaledWork], [TimeScaleUnit As PjTimescaleUnit = pjTimescaleWeeks], [Count As L = 1]) As TimeScaleValues	Gibt Informationen zur Zeitphasensteuerung einer Zuordnung, einer Ressource oder eines Vorgangs zurück.		

Eigenschaften

Name	Beschreibung	Typ	L/S	02	03
ActualCost	*Aktuelle Kosten*	V	L		
ActualFinish	*Aktuelles Ende*	V	L		▶

Name	Beschreibung	Typ	L/S	02	03
ActualOvertimeCost	*Aktuelle Überstundenkosten*	V	LS		
ActualOvertimeWork	*Aktuelle Überstundenarbeit* (in Minuten)	V	LS		
ActualOvtWorkProtected	*Akt. Überstundenarbeit - Geschützt*, geschützte Ist-Überstundenarbeit	V	LS		✓
ActualStart	*Aktueller Anfang*	V	LS		
ActualWork	*Aktuelle Arbeit* (in Minuten)	V	LS		
ActualWorkProtected	*Aktuelle Arbeit - Geschützt*, geschützte Ist-Arbeit	V	LS		✓
ACWP	*IKAA* (Ist-Kosten bereits abgeschlossener Arbeit)	V	L		
Application	*Application-Objekt* von Project	O	L		
Baseline*1-10*Cost	*Geplante Kosten* in Basisplan 1-10	V	LS	✓	
Baseline*1-10*Finish	*Geplantes Ende 1-10* in Basisplan 1-10	V	LS	✓	
Baseline*1-10*Start	*Geplanter Anfang* in Basisplan 1-10	V	LS	✓	
Baseline*1-10*Work	*Geplante Arbeit* in Basisplan 1-10	V	LS	✓	
BaselineCost	*Geplante Kosten* im Basisplan	V	LS		
BaselineFinish	*Geplantes Ende* im Basisplan	V	LS		
BaselineStart	*Geplanter Anfang* im Basisplan	V	LS		
BaselineWork	*Geplante Arbeit* (in Minuten) im Basisplan	V	LS		
BCWP	*SKAA* (Soll-Kosten bereits abgeschlossener Arbeit)	V	L		
BCWS	*SKBA* (Soll-Kosten der berechneten Arbeit)	V	L		
BookingType	*Buchungstyp*	L	LS		✓
Confirmed	*Bestätigt*, Ressource hat den über eine Ressourcenanfrage angefragten Vorgang angenommen.	B	LS		
Cost	*Kosten*	V	L		
Cost*1-10*	*Kosten 1-10*	V	LS		
CostRateTable	*Kostensatztabelle*	V	LS		
CostVariance	*Abweichung Kosten* (Differenz zwischen *geplante Kosten* und *Kosten*)	V	L		
CV	*KA* (Kostenabweichung)	V	L		
Date*1-10*	*Datum 1-10*	V	LS		
Delay	*Zurordnungsverzögerung*	V	LS	▶	

Name	Beschreibung	Typ	L/S	02	03
Duration1-10	*Dauer1-10*	V	LS		
EnterpriseCost1-10	*Enterprise-Kosten1-10*	V	LS	✓	
EnterpriseDate1-30	*Enterprise-Datum1-30*	V	LS	✓	
EnterpriseDuration1-10	*Enterprise-Dauer1-10*	V	LS	✓	
EnterpriseFlag1-20	*Enterprise- Attribut1-20*	V	LS	✓	
EnterpriseNumber1-40	*Enterprise-Zahl1-40*	D	LS	✓	
EnterpriseResourceMultiValue20-29	*Enterprise-Ressource – Mehrere Werte20-29*	S	LS		✓
EnterpriseResourceOutlineCode1-29	*Enterprise-Ressourcen Gliederungscode1-39*	S	LS	✓	
EnterpriseResourceRBS	*RSP*	S	LS	✓	
EnterpriseText1-40	*Enterprise-Text1-40*	S	LS	✓	
Finish	*Ende*	V	LS		
Finish1-10	*Ende1-10*	V	LS		
FinishVariance	*Abweichung Ende (Differenz zwischen Geplantes Ende und Ende)*	V	L		
FixedMaterialAssignment	*True*, wenn der Verbrauch der zugeordneten Ressource der Art Material in einer einzelnen festen Menge erfolgt. *False*, wenn der Verbrauch stündlich erfolgt.	B	L		
Flag1-20	*Attribut1-20*	B	LS		
Hyperlink	*Hyperlink* (URL- oder UNC-Pfad ohne Protokoll wie z.B. *http://*)	S	LS		
HyperlinkAddress	*Hyperlink-Adresse (wie Hyperlink-Referenz, aber ohne -Unteradresse)*	S	LS		
HyperlinkHREF	*Hyperlink-Referenz (Hyperlink-Adresse & Hyperlink-Unteradresse)*	S	LS		
HyperlinkScreenTip	QuickInfo des Hyperlinks	S	LS		
HyperlinkSubAddress	*Hyperlink-Unteradresse (wie Hyperlink-Referenz, aber ohne Hyperlink-Adresse)*	S	LS		
Index	Gibt den Index eines Objektes in der entsprechenden Auflistung zurück.	L	L		
LevelingDelay	*Abgleichsverzögerung (Verzögerung durch den Kapazitätsabgleich)*	V	LS		
LinkedFields	*Verknüpfte Felder. True*, wenn die Zuordnung, die Ressource oder der Vorgang Felder enthalten, die mit anderen Anwendungen über OLE verknüpft sind.	B	LS		

Name	Beschreibung	Typ	L/S	02	03
Notes	*Notizen*	S	LS		
Number1-20	*Zahl1-20*	D	LS		
Overallocated	*Überlastet*	B	L		
OvertimeCost	*Überstundenkosten*	V	L		
OvertimeWork	*Überstunden (Überstundenarbeit)*	V	L		
Parent	Gibt das *Project*-Objekt zurück, zu dem die Zuordnung gehört.	O	L		
Peak	Gibt die größte zugeordnete Anzahl der Ressourceneinheiten der Zuordnung zurück (*Höchstwert*).	D	L		
PercentWorkComplete	Prozentsatz der abgeschlossenen Arbeit (*% Arbeit abgeschlossen*)	I	LS		
Project	*Projekt*, Name des zugehörigen Projekts	S	L		
RegularWork	*Reguläre Arbeit (= Arbeit – Überstundenarbeit)*	V	L		
RemainingCost	*Verbleibende Kosten*	V	L		
RemainingOvertimeCost	*Verbleibende Überstundenkosten*	V	L		
RemainingOvertimeWork	*Verbleibende Überstundenarbeit*	V	L		
RemainingWork	*Restarbeit (= Verbleibende Arbeit = Arbeit – Aktuelle Arbeit)*	V	LS		
ResourceID	*Nummer* der zugeordneten Ressource (ändert sich, wenn dauerhaft sortiert wird)	L	LS		
ResourceName	*Name* der zugeordneten Ressource	S	LS		
ResourceType	*(Ressourcen-)Art*. Dies kann eine der folgenden *PjResourceTypes*-Konstanten sein: *pjResourceTypeWork* oder *pjResourceTypeMaterial*	L	L		
ResourceUniqueID	*Einmalige Nr.* (ändert sich auch nach Sortierung nicht)	L	LS		
ResponsePending	*Antwort steht noch aus. True*, wenn auf eine Nachricht zu Ressourcen anfragen noch keine Antwort empfangen wurde.				
Start	*Anfang*	V	LS		
Start1-10	*Anfang1-10*	V	LS		
StartVariance	*Abweichung Anfang (Geplanter Anfang – Anfang)* in Minuten	V	L		
SV	*Planabweichung (PA = SKAA-SKBA)*	V	L		
TaskID	*Vorgangsnummer (Nr.)*	L	LS		
TaskName	*Vorgangsname (Name)*	S	LS	▶	

Name	Beschreibung	Typ	L/S	02	03
TaskOutlineNumber	*Gliederungsnummer*	S	L	✓	
TaskSummaryName	Name des zugehörigen *Sammelvorgangs*	S	L		
TaskUniqueID	*Einmalige Nr.* des Vorgangs (bleibt auch nach Sortierung erhalten)	L	LS		
TeamStatusPending	*Statusabfragen steht noch aus. True*, wenn auf eine Nachricht zu *Status abfragen* noch keine Antworten eingetroffen sind.	B	LS		
Text1-30	*Text1-30*	S	LS		
UniqueID	*Einmalige Nr.* der Zuordnung (bleibt auch nach Sortierung erhalten)	L	L		
Units	*Anzahl der zugeordneten (Ressourcen) Einheiten*	D	LS		
UpdateNeeded	*Aktualisierung erforderlich. True*, wenn die einem Vorgang zugeordnete Ressource entsprechend dem Status des Vorgangs aktualisiert werden muss.	B	L		
VAC	*Abweichung nach Abschluss (ANA = Geplante Kosten − Kosten)*	V	L		
Work	*Arbeit*	V	LS		
WorkContour	*Arbeitsprofil (PjWorkContourType: pjBackLoaded, pjBell, pjContour, pjDPeak, pjEarlyPeak, pjFlat, pjFrontLoaded, pjLatePeak* oder *pjTurtle)*, der Standardwert ist *pjFlat*	L	LS		
WorkVariance	*Abweichung Arbeit (= Geplante Arbeit − Arbeit)*				

Assignments

Auflistung aller Zuordnungen im Projekt

Übergeordnete Objekte

Task, Resource

Methoden

Name und Syntax	Beschreibung	02	03
Add([TaskID], [ResourceID], [Units]) As Assignment	Fügt zu einer der folgenden Auflistungen ein *Assignment*-Objekt hinzu und gibt einen Verweis auf das neue Objekt zurück.		

VBA-Referenz **517**

Eigenschaften

Name	Beschreibung	Typ	L/S	02	03
Application	*Application-Objekt von Project*	O	L		
Count	*Anzahl der Zuordnungen*	L	L		
Item(*Index*)	*Zuordung mit der Nummer Index*	O	L		
Parent	*Project-Objekt*	O	L		
UniqueID(*UniqueID*)	*Zuordung mit der Nummer UniqueID*	L	L		

Availabilities

Auflistung der Ressourcenverfügbarkeiten

Übergeordnetes Objekt

Resource

Methoden

Name und Syntax	Beschreibung	02
Add (AvailableFrom As V, AvailableTo As V, AvailableUnit As D) As Availability	Fügt ein *Availability*-Objekt ein.	

Eigenschaften

Name	Beschreibung	Typ	L/S	02	03
Application	*Application-Objekt von Project*	O	L		
Count	*Gibt die Anzahl der Verfügbarkeiten zurück.*	L	L		
Item(Index)	*Gibt ein einzelnes Availability-Objekt zurück.*	O	L		
Parent	*Gibt das übergeordnete Resource-Objekt zurück.*	O	L		

Availability

Verfügbarkeit einer Ressource, die aus Ressourceneigenschaften (Dialogfeld *Informationen zur Ressource*) berechnet wird

Übergeordnete Objekte

Task, Resource

Methoden

Name und Syntax	Beschreibung	02	03
Delete	Löscht eine Verfügbarkeit.		

Eigenschaften

Name	Beschreibung	Typ	L/S	02	03
Application	Application-Objekt von Project	O	L		
AvailableFrom	Frühester Termin, zu dem eine Ressource für die Arbeit an dem Projekt verfügbar ist, gemäß der Angabe in der aktuellen Zeile des Rasters Ressourcenverfügbarkeit für die Ressource. Die aktuelle Zeile ist die Zeile, die im Terminbereich zwischen den Spalten Verfügbar von und Verfügbar bis das aktuelle Datum enthält.	V	L		
AvailableTo	Spätester Termin, zu dem eine Ressource für die Arbeit an dem Projekt verfügbar ist, gemäß der Angabe in der aktuellen Zeile des Rasters Ressourcenverfügbarkeit für die Ressource. Die aktuelle Zeile ist die Zeile, die im Terminbereich zwischen den Spalten Verfügbar von und Verfügbar bis das aktuelle Datum enthält.	V	L		
AvailableUnit	Anzahl der verfügbaren (Ressourcen-) Einheiten für den Verfügbarkeitszeitraum	D	LS		
Index	Nummer der Verfügbarkeit in der Availabilities-Auflistung	L	L		
Parent	Übergeordnetes Resource-Objekt	O	L		

Calendar

Kalender einer Ressource, eines Vorgangs oder eines Projekts

Übergeordnete Objekte

Project, Resource, Calendar

Methoden

Name und Syntax	Beschreibung	02	03
Delete	Löscht den Kalender.		
Period(Start, [Finish]) As Period	*Period*-Objekt, das einen Zeitraum in einem Kalender repräsentiert		
Reset	Stellt für die Basiskalender-Eigenschaften die Standardwerte wieder her; stellt Ressourcenkalender-Eigenschaften auf die Werte im zugehörigen Basiskalender ein.		

Eigenschaften

Name	Beschreibung	Typ	L/S	02	03
Application	Application-Objekt von Project	O	L		
BaseCalendar	Calendar-Objekt, das einen Basiskalender repräsentiert	O	L		

▶

Name	Beschreibung	Typ	L/S	02	03
Enterprise	*Gibt den Namen eines Enterprise-Kalenders.*	V	L	✓	
Index	*Nummer des Kalenders in der Calendars-Auflistung*	L	L		
Name	*Name des Kalenders*	S	L		
Parent	*Project-Objekt, zu dem die Zuordnung gehört*	O	L		
Weekdays	*Weekdays-Objekt, Auflistung, die die Wochentage eines Kalenders repräsentiert*	O	L		
Years	*Years-Objekt, Auflistung, die die Jahre in einem Kalender repräsentiert*	O	L		

Calendars

Auflistung von Kalendern

Übergeordnete Objekte
Project, Application

Untergeordnetes Objekt
Calendar

Methoden
Es können die Methoden *BaseCalendarCreate, BaseCalendarDelete, BaseCalendar, EditDays, BaseCalendarRename, BaseCalendarReset* des *Application-Objektbjekt*s verwendet werden.

Eigenschaften

Name	Beschreibung	Typ	L/S	02	03
Application	*Application-Objekt von Project*	O	L		
Count	Anzahl der Kalender	L	L		
Item(Index)	Kalender mit der Nummer *Index*	O	L		
Parent	*Project-Objekt, zu dem die Zuordnung gehört*	O	L		

Cell

Aktiv ausgewählte Zelle einer Tabelle

Übergeordnetes Objekt
Application

Untergeordnete Objekte
Resource, Task

Eigenschaften

Name	Beschreibung	Typ	L/S	02	03
Application	*Application*-Objekt von Project	O	L		
FieldID	Identifikationsnummer (*PjField*-Konstante) des Vorgangs oder der Ressource der aktiven Zelle	L	L		
FieldName	Spaltentitel des Feldes in der aktiven Zelle. Wenn kein Titel vorhanden ist, wird der Feldname zurückgegeben.	S	L		
Parent	*Project*-Objekt	O	L		
Resource	*Resource*-Objekt, das die Ressourcen in der aktiven Zelle repräsentiert. Funktioniert nur in Ressourcentabellen.	O	L		
Task	*Task*-Objekt, das den Vorgang in der aktiven Zelle repräsentiert. Funktioniert nur in Vorgangstabellen.	O	L		
Text	Text der Zelle	S	L		

CodeMask

Codeformat eines Gliederungscodes

Übergeordnetes Objekt
OutlineCode

Untergeordnetes Objekt
CodeMaskLevel

Methoden

Name und Syntax	Beschreibung	02	03
Add(Sequence, Length, Separator)	Fügt ein neues Codeformat hinzu.		✓

Eigenschaften

Name	Beschreibung	Typ	L/S	02	03
Application	*Application*-Objekt von Project				✓
Index	Codeformat mit der Nummer *Index*				✓
Length	Länge				✓
Level	Ebene				✓
Parent	Übergeordnete *CodeMasks*-Auflistung				✓
Separator	Trennzeichen				✓
Sequence	Zeichenfolge				✓

CodeMaskLevel

Ebene eines Gliederungscodes

Übergeordnetes Objekt

CodeMask

Untergeordnete Objekte

Keine

Methoden

Name und Syntax	Beschreibung	02	03
Delete	Löscht die Ebene des Gliederungscodes.		✓

Eigenschaften

Name	Beschreibung	Typ	L/S	02	03
Application	*Application*-Objekt von Project	O	L		✓
Index	Ebene mit der Nummer *Index*	L	L		✓
Length	Zulässige Länge der Zeichenfolge für die Ebene	V	LS		✓
Level	Gliederungstiefe der Ebene	L	L		✓
Parent	Übergeordnetes *CodeMask*-Objekt	O	L		✓
Separator	Trennzeichen	S	LS		✓
Sequence	Typ der Zeichenfolge (*pjCustomOutlineCodeSequence: pjCustomOutlineCodeCharacters, pjCustomOutlineCodeLowercaseLetters, pjCustomOutlineCodeNumbers* oder *pjCustomOutlineCodeUppercaseLetters*)	L	LS		✓

CostRateTable

Kostensatztabelle, die festlegt, welche Kostensätze (Standardsatz, Überstundensatz, Kosten pro Einsatz) für eine Ressource berechnet werden

Übergeordnetes Objekt

Resource

Untergeordnetes Objekt

PayRate

Eigenschaften

Name	Beschreibung	Typ	L/S	02	03
Application	*Application*-Objekt von Project	O	L		
Index	Nummer der Kostensatztabelle in der *CostRateTables*-Auflistung	L	L		
Name	Name der Kostensatztabelle	S	L		
Parent	Übergeordnetes *Resource*-Objekt	O	L		
PayRates	*PayRates*-Auflistung, die die verschiedenen Stundensätze der Kostensatztabelle einer Ressource repräsentiert	O	L		

CostRateTables

Auflistung der Kostensatztabellen

Übergeordnetes Objekt
Resource

Untergeordnetes Objekt
CostRateTable

Eigenschaften

Name	Beschreibung	Typ	L/S	02	03
Application	*Application*-Objekt von Project	O	L		
Count	Anzahl der Kostensatztabellen	L	L		
Item(Index)	Kostensatztabelle mit der Nummer *Index*	O	L		
Parent	Übergeordnetes *Resource*-Objekt	O	L		

Day

Tag

Übergeordnetes Objekt
Month

Methoden

Name und Syntax	Beschreibung	02	03
Default	Stellt den Tag des Ressourcenkalenders auf den Wert des zugehörigen Basiskalenders ein.		

Eigenschaften

Name	Beschreibung	Typ	L/S	02	03
Application	*Application-Objekt* von Project	O	L		
Calendar	*Calendar*-Objekt, das den Kalender mit den Objekten für den Tag, den Monat, den Zeitraum, den Wochentag oder das Jahr darstellt.	O	L		
Count	Wert 1	I	L		
Index	Nummer des Tages	L	L		
Name	Name des Tages	S	L		
Parent	Monat	O	L		
Shift*1-5*	Schicht *1-5* des Tages	O	L		
Working	*True*, wenn jeder beliebige Tag eines Kalenderzeitraums ein Arbeitstag ist.	B	LS		

Days

Auflistung aller Tage

Übergeordnetes Objekt

Month

Eigenschaften

Name	Beschreibung	Typ	L/S	02	03
Application	*Application*-Objekt von Project	O	L		
Count	Anzahl der Tage des Monats	L	L		
Item(Index)	Tag *Index*	O	L		
Parent	*Month*-Objekt des zugehörigen Monats	O	L		

EventInfo

Abbruchinformation für das *Event*-Objekt, wird von den neuen »2er«-Events verwendet, z.B. *ProjectBeforeTaskChange2*

Eigenschaften

Name	Beschreibung	Typ	L/S	02	03
Cancel	*False*, wenn ein Ereignis, z.B. *ProjectBeforeTaskDelete*, auftritt.	B	LS	✓	

Filter

Filter-Objekt, das sowohl für Vorgangs- als auch Ressourcenfilter verwendet wird

Übergeordnetes Objekt

Project

Methoden

Name und Syntax	Beschreibung	02	03
Apply([highlight As Boolean = False])	Wendet einen Filter auf das aktive Projekt an.	✓	
Delete	Löscht einen Filter aus der entsprechenden Auflistung.	✓	

Eigenschaften

Name	Beschreibung	Typ	L/S	02	03
Application	*Application*-Objekt von Project	O	L	✓	
FilterType	Filtertyp (*PjItemType*: pjOtherItem, pjResourceItem oder pjTaskItem)	I	L	✓	
Index	Nummer des Filters in der *Filters*-Auflistung	L	L	✓	
Name	Name des Filters	S	LS	✓	
Parent	*Project*-Objekt des zugehörigen Projekts	O	L	✓	
ShowInMenu	Anzeige im Menü	B	LS	✓	
ShowRelatedSummaryRows	Anzeige von zugehörigen Sammelvorgangszeilen	B	LS	✓	

Filters

Auflistung der Filter eines Projekts

Übergeordnetes Objekt

Project

Methoden

Name und Syntax	Beschreibung	02	03
Copy(Source, NewName As String) As Filter	Erstellt einen neuen Filter als Kopie eines vorhandenen.	✓	

Eigenschaften

Name	Beschreibung	Typ	L/S	02	03
Application	*Application*-Objekt von Project	O	L	✓	
Count	Anzahl der Filter	L	L	✓	
Item(Index)	*Filter*-Objekt des Filters mit der Nummer *Index*	O	L	✓	
Parent	Project-Objekt des zugehörigen Projektes	O	L	✓	

Group

Definition einer Gruppierung, die unter der Project-Oberfläche auch als *Gruppe* bezeichnet wird

Übergeordnete Objekte

Project (*ResourceGroups*, *TaskGroups*)

Untergeordnetes Objekt

GroupCriteria

Methoden

Name und Syntax	Beschreibung	02	03
Delete	Löscht die Gruppendefinition.		

Eigenschaften

Name	Beschreibung	Typ	L/S	02	03
Application	*Application*-Objekt von Project	O	L		
GroupAssignments	*True*, wenn nicht Vorgänge oder Ressourcen, sondern Zuordnungen gruppiert werden.	B	LS	✓	
GroupCriteria	*GroupCriteria*-Auflistung, die die Felder in einer Gruppendefinition darstellt	O	LS		
Index	Nummer der Gruppendefinition in der *Groups*-Auflistung	L	L		
Name	Name der Gruppendefinition	S	L		
Parent	Übergeordnetes *Project*-Object	O	L		
ShowSummary	*True*, wenn Sammelvorgänge angezeigt werden sollen.	B	LS		

GroupCriteria

Auflistung der *GroupCriteria* (Plural von Criterion ist Criteria)

Übergeordnetes Objekt

Group

Methoden

Name und Syntax	Beschreibung	02	03
Add(FieldName, [Ascending], [FontName], [FontSize], [FontBold], [FontItalic], [FontUnderLine], [FontColor], [CellColor], [Pattern], [GroupOn], [StartAt], [GroupInterval])	Fügt ein Kriterium hinzu.		

Eigenschaften

Name	Beschreibung	Typ	L/S	02	03
Application	*Application*-Objekt von Project	O	L		
Count	Anzahl der Kriterien	L	L		
Item(Index)	*GroupCriterion*-Objekt mit der Nummer *Index*	O	L		
Parent	*Group*-Objekt der zugehörige Gruppierungsdefinition	O	L		

GroupCriterion

Kriterium, für eine Gruppierung festlegt, wonach gruppiert wird

Übergeordnetes Objekt
GroupCriteria

Methoden

Name und Syntax	Beschreibung	02	03
Delete	Löscht das Kriterium.		

Eigenschaften

Name	Beschreibung	Typ	L/S	02	03
Application	*Application*-Objekt von Project	O	L		
Ascending	*True*, wenn ein als Kriterium in einer Gruppendefinition verwendetes Feld in aufsteigender Reihenfolge sortiert wird. *False*, wenn das Feld in absteigender Reihenfolge sortiert wird.	B	LS		
Assignment	*True*, wenn Zuordnungen in einer Einsatz-Ansicht wie im Dialogfeld *Gruppierung anpassen* gruppiert werden sollen.	B	LS	✓	
CellColor	Hintergrundfarbe des Kriteriums	L	LS		
FieldName	Feldname, nach dem gruppiert wird	S	LS		
FontBold	*True*, wenn Fettdruck	B	LS		
FontColor	Schriftfarbe	L	LS		
FontItalic	*True*, wenn Kursivdruck	B	LS		
FontName	Name des Zeichensatzes	S	LS		
FontSize	Schriftgröße	L	LS		
FontUnderline	*True*, wenn unterstrichen	B	LS		
GroupInterval	Gruppierungsintervall für den angegeben Intervalltyp	V	LS		
GroupOn	Intervalltyp (Gruppieren nach) für geeignete Felder, wie z.B. Anfang, Dauer usw.	L	LS		

▶

Name	Beschreibung	Typ	L/S	02	03
Index	Index des Kriteriums	L	L		
Parent	Zugehörige Gruppierungsdefinition	O	L		
Pattern	Muster	L	LS		
StartAt	Anfang (-swert) für den Gruppenintervall	V	LS		

Groups

Auflistung der Gruppierungen

Übergeordnetes Objekt

Group

Methoden

Name und Syntax	Beschreibung	02	03
Add(Name As String, FieldName As String) As Group	Fügt eine neue Gruppierung hinzu.		✓
Copy(Name As String, NewName As String) As Group	Fügt eine neue Gruppierung als Kopie einer vorhanden hinzu.		✓

Eigenschaften

Name	Beschreibung	Typ	L/S	02	03
Application	*Application*-Objekt von Project	O	L		✓
Count	Anzahl der Gruppierungen	L	L		✓
Item(Index)	*Group*-Objekt mit der Nummer *Index*	O	L		✓
Parent	*Project*-Objekt des zugehörigen Projekts	O	L		✓

List

Sammelobjekt für unterschiedliche Arten von projektbezogenen (*MapList, ReportList, ResourceFilterList, ResourceGroupList, ResourceTableList, ResourceViewList, TaskFilterList, TaskGroupList, TaskTableList, TaskViewList, ViewList*) und auswahlbezogenen Listen (*FieldIDList, FieldNameList*).

> **HINWEIS** Das *List*-Objekt gibt keine Objekte wie eine normale Auflistung zurück, sondern nur die Namen (String) der Listenelemente. Die Namen sind abhängig von der eingesetzten Sprachversion von Project.

Übergeordnete Objekte

Project, Selection

Eigenschaften

Name	Beschreibung	Typ	L/S	02	03
Application	*Application*-Objekt von Project	O	L		
Count	Anzahl der Listenelemente	L	L		
Item(Index)	Name des Listenelements mit der Nummer *Index*	S	L		
Parent	Übergeordnete Objekte	O	L		

LookupTable

Nachschlagetabelle eines Gliederungscodes und Auflistung aller Einträge einer Nachschlagetabelle

Übergeordnete Objekte

OutlineCode

Untergeordnete Objekte

LookupTableEntry

Methoden

Name und Syntax	Beschreibung	02	03
AddChild	Fügt einer Nachschlagetabelle (*LookupTable*-Auflistung) einen neuen Eintrag hinzu.		✓

Eigenschaften

Name	Beschreibung	Typ	L/S	02	03
Application	*Application*-Objekt von Project	O	L		✓
Count	Anzahl der Einträge in einer Nachschlagetabelle	L	L		✓
Item(Index As L)	Eintrag der Nachschlagetabelle (*LookupTableEntry*-Objekt) mit der Nummer *Index*	O	L		✓
Parent	Übergeordnetes *OutlineCode*-Objekt	O	L		✓

LookupTableEntry

Eintrag einer Nachschlagetabelle

Übergeordnetes Objekt

LookupTable

Untergeordnetes Objekt

Keine

VBA-Referenz

Methoden

Name und Syntax	Beschreibung	02	03
Delete	Löscht einen Eintrag aus der Nachschlagetabelle.		✓

Eigenschaften

Name	Beschreibung	Typ	L/S	02	03
Application	*Application*-Objekt von Project	O	S		✓
Description	Beschreibung				✓
FullName	Gesamte Zeichenfolge mit Trennzeichen des Gliederungscodes				✓
Index	Nummer des Eintrag in der *LookTable*-Auflistung				✓
IsValid	*True*, wenn der Code entsprechend der Festlegungen für die Ebenen korrekt ist.				✓
Level	Ebene des Eintrags				✓
Name	Wert des Eintrags				✓
Parent	Übergeordnetes *LookTable*-Objekt				✓
ParentEntry	*LookupTableEntry*-Objekt des übergeordneten Eintrags				✓
UniqueID	Einmalige Nummer des Eintrags				✓

Month

Monat eines Jahres

Übergeordnetes Objekt

Months

Untergeordnetes Objekt

Day

Methoden

Name und Syntax	Beschreibung	02	03
Default	Stellt den Monat des Ressourcenkalenders auf den Wert des zugehörigen Basiskalenders ein.		

Eigenschaften

Name	Beschreibung	Typ	L/S	02	03
Application	*Application*-Objekt von Project	O	L		
Calendar	*Calendar*-Objekt, das den Kalender mit den Objekten für den Tag, den Monat, den Zeitraum, den Wochentag oder das Jahr darstellt	O	L		▶

Name	Beschreibung	Typ	L/S	02	03
Count	Anzahl der Monate	L	L		
Days	Auflistung der Tage	O	L		
Index	Nummer des Monats	L	L		
Name	Name des Monats	S	L		
Parent	Übergeordnetes Jahr	O	L		
Shift*1-5*	Schicht*1-5*	O	L		
Working	*True*, wenn jeder beliebige Tag eines Kalenderzeitraums ein Arbeitstag ist.	B	LS		

Months

Monate eines Jahres

Übergeordnetes Objekt
Year

Untergeordnetes Objekt
Day

Eigenschaften

Name	Beschreibung	Typ	L/S	02	03
Application	*Application-Objekt* von Project	O	L		
Count	Anzahl der Monate	L	L		
Item(Index)	*Month*-Object des Monats mit der Nummer *Index*	O	L		
Parent	*Year*-Object des übergeordneten Jahrs	O	L		

OutlineCodes

Auflistung aller benutzerdefinierten Gliederungscodes eines Projektes

Übergeordnetes Objekt
Project

Untergeordnetes Objekt
OutlineCode

Methoden

Name und Syntax	Beschreibung	02	03
Add	Fügt einen Gliederungscode hinzu.		✓

Eigenschaften

Name	Beschreibung	Typ	L/S	02	03
Application	*Application*-Objekt von Project	O	L		✓
Count	Anzahl der Gliederungscodes	L	L		✓
Item(Index As L)	Gibt den Gliederungscode mit der Nummer *Item* zurück.	O	L		✓
Parent	Übergeordnetes *Project*-Objekt	L	L		✓

OutlineCode

Ein einzelner Gliederungscode

Übergeordnetes Objekt

OutlineCodes

Untergeordnete Objekte

CodeMask, LookupTable

Methoden

Name und Syntax	Beschreibung	02	03
Delete	Löscht den Gliederungscode.		✓

Eigenschaften

Name	Beschreibung	Typ	L/S	02	03
Application	*Application*-Object von Project	O	L		✓
CodeMask	*CodeMask*-Object des Gliederungscodes	O	L		✓
FieldID	Eindeutige *FieldID* (*pjCustomField*) des Gliederungscodes	L	L		✓
Index	Nummer des Gliederungscodes in der *OutlineCodes*-Auflistung	L	L		✓
LinkedFieldID	*FieldID* (*pjCustomField*) des Gliederungscodes, mit dem der Outline-Code verknüpft ist. Wird keine Nachschlagetabelle eines anderen Codes verwendet, ist der Wert −1.	L	LS		✓
LookupTable	*LookupTable*-Objekt des Gliederungscodes	O	L		✓
MatchGeneric	*True*, wenn der Code als Qualifikationsfeld für gleichnamige generische Ressourcen verwendet werden soll.	B	LS		✓
Name	Name des Gliederungscodes	S	LS		✓ ▶

Name	Beschreibung	Typ	L/S	02	03
OnlyCompleteCodes	*True*, wenn nur Codes mit Werten auf allen Ebenen des Codeformats verwendet werden können. Bei Enterprise-Codes ist die Eigenschaft immer *False*, und es besteht Nur-Lese-Zugriff.	B	LS		✓
OnlyLeaves	*True*, wenn nur Gliederungscodewerte ohne untergeordnete Elemente ausgewählt werden können. Wenn die Nachschlagetabelle keine Werte enthält, muss diese Eigenschaft auf *False* festgelegt sein, und es darf lediglich Nur-Lese-Zugriff bestehen. Bei Nicht-Enterprise-Codes ist diese Eigenschaft immer False, und es besteht Nur-Lese-Zugriff.	B	LS		✓
OnlyLookUpTable-Codes	*True*, wenn nur in der Nachschlagetabelle aufgelistete Codes verwendet werden können. Bei Enterprise-Codes ist die Eigenschaft immer *True*, und es besteht Nur-Lese-Zugriff.	B	LS		✓
Parent	Übergeordnetes Project-Objekt	O	L		✓
RequiredCode	*True*, wenn der Code ein Muss-Feld ist.	B	LS		✓

Pane

Obere oder untere Fensterhälfte

Übergeordnete Objekte

Window (ActivePane, BottomPane, TopPane)

Methoden

Name und Syntax	Beschreibung	02	03
Activate	Aktiviert die Fensterhälfte		
Close	Schließt die Fensterhälfte		
View	*View*-Objekt der Ansicht		✓

Eigenschaften

Name	Beschreibung	Typ	L/S	02	03
Application	*Application*-Objekt von Project	O	L		
Index	Index der aktiven Fensterhälfte: oben (1) oder unten (2)	L	L		
Parent	Übergeordnetes *Window*-Objekt	O	L		

PayRate

Zeile mit Kostensätzen aus der Kostensatztabelle einer Ressource

Übergeordnete Objekte

CostRateTable, Resource

Methoden

Name und Syntax	Beschreibung	02	03
Delete	Löscht eine Zeile mit Kostensätzen.		

Eigenschaften

Name	Beschreibung	Typ	L/S	02	03
Application	*Application*-Objekt von Project	O	L		
CostPerUse	Kosten pro Einsatz	V	L/S		
EffectiveDate	Termin, zu dem ein Stundensatz für eine Ressource wirksam wird	V	L		
Index	Nummer der *PayRate* in der *PayRates*-Auflistung	L	L		
OvertimeRate	Überstundensatz	V	L/S		
Parent	Übergeordnete Objekte	O	L		
StandardRate	Standardsatz	V	L/S		

PayRates

Auflistung der Kostensätze einer Kostensatztabelle einer Ressource

Übergeordnete Objekte

CostRateTable, Resource

Methoden

Name und Syntax	Beschreibung	02	03
Add(EffectiveDate, [StdRate], [OvtRate], [CostPerUse])	Fügt eine *PayRate* hinzu.		

Eigenschaften

Name	Beschreibung	Typ	L/S	02	03
Application	*Application*-Objekt von Project	O	L		
Count	Anzahl der *PayRates*	L	L		
Item(Index)	Gibt die *PayRate* mit dem angegeben Index zurück.	O	L		
Parent	Übergeordnetes Objekt	O	L		

Period

Ein beliebig definierbare Periode, die einen Zeitraum im Kalender widerspiegelt

Übergeordnetes Objekt

Calendar

Untergeordnetes Objekt

Shift

Methoden

Name und Syntax	Beschreibung	02	03
Default	Stellt für den Zeitraum des Ressourcenkalenders den Wert aus dem zugehörigen Basiskalender wieder her.		

Eigenschaften

Name	Beschreibung	Typ	L/S	02	03
Application	*Application*-Objekt von Project	O	L		
Calendar	Gibt ein *Calendar*-Objekt zurück, das den Kalender mit den Objekten für den Tag, den Monat, den Zeitraum, den Wochentag oder das Jahr darstellt.	O	L		
Count	Anzahl der Tage der Periode	L	L		
Parent	Gibt das übergeordnete Objekt zurück.	O	L		
Shift*1-5*	Gibt die Schicht *n* zurück.	O	L		
Working	Gibt zurück oder legt fest, ob die Periode Arbeitszeit ist.	B	L/S		

Profile

Profil für die Anmeldung am Project Server (Server-Konto)

Übergeordnetes Objekt

Application

Methoden

Name und Syntax	Beschreibung	02	03
Delete	Löscht das Profil.		✓

VBA-Referenz

Eigenschaften

Name	Beschreibung	Typ	L/S	02	03
ConnectionState	Verbindungsstatus zum Project Server (*PjProfileConnectionState*: *pjProfileOffline* oder *pjProfileOnline*)	L	L	✓	
LoginType	Art der Authentifizierung am Project Server (*PjLoginType*: *pjProjCentralLogin* oder *pjWindowsLogin*)	L	LS	✓	
Name	Name des Profils	S	LS	✓	
Server	URL des Project Servers	S	LS	✓	
Type	Art des Profils (*PjProfileType*: *pjLocalProfile* oder *pjServerProfile*)	L	L	✓	
UserName	Benutzername	S	LS	✓	

Profiles

Auflistung aller im benutzerabhängigen Teil der Registrierung gespeicherten Profile für die Anmeldung an Project Server (Project Server-Konten)

Übergeordnetes Objekt

Application

Methoden

Name und Syntax	Beschreibung	02	03
Add(Name As String, Server As String, [LoginType As PjLoginType = pjWindowsLogin], [UserName As String]) As Profile	Fügt ein Profil hinzu.	✓	

Eigenschaften

Name	Beschreibung	Typ	L/S	02	03
ActiveProfile	*Profile*-Objekt des aktiven Profils	O	L	✓	
Count	Anzahl der Profile	L	L	✓	
DefaultProfile	*Profile*-Objekt des Standardprofils	O	L	✓	
Item(Index)	*Profile*-Object des Profils mit der Nummer *Index*	O	L	✓	

Project

Projekt(-plan)

Übergeordnetes Objekt

Application

Untergeordnete Objekte

Calendar, List, ResourceGroups, Resource, Subproject, TaskGroups, Task, Window

Ereignisse

Name	Beschreibung	02	03
Activate	Nach der Aktivierung des Projekts		
BeforeClose	Vor dem Schließen des Projekts		
BeforePrint	Vor dem Drucken des Projekts		
BeforeSave	Vor dem Speichern des Projekts		
Calculate	Nach dem Berechnen des Projekts		
Change	Nachdem sich Daten im Projekt geändert haben		
Deactivate	Nach dem Deaktivieren des Projekts		
Open	Nach dem Öffnen des Projekts		

Methoden

Name und Syntax	Beschreibung	02	03
Activate	Aktiviert das Projekt.		
AppendNotes(*Value*)	Fügt im Projekt-Notizfeld neuen Text ein.		
CanCheckOut(*FileName*)	Überprüft, ob das Projekt nicht von einem anderen Benutzer ausgecheckt wurde und vom WSS ausgecheckt werden kann.		✓
CheckIn(SaveChanges, Comment, MakePublic)	Checkt das Projekt auf dem WSS-Server ein.		✓
CheckOut	Checkt das Projekt vom WSS-Server aus.		✓
LevelClearDates	Legt den Abgleichszeitraum über das gesamte Projekt fest.		
MakeServerURLTrusted	Fügt die URL des Project Servers zu der Liste der vertrauenswürdigen Sites des Internet Explorers hinzu.		✓
SaveAs([Name], [Format As PjFileFormat = pjMPP, pjMPT, pjCSV, pjTXT oder pjXLS], [Backup], [ReadOnly], [TaskInformation], [Filtered], [Table], [UserID], [DatabasePassWord], [FormatID], [Map], [ClearBaseline], [ClearActuals], [ClearResourceRates], [ClearFixedCosts])	Speichert ein Projekt oder Teile daraus.		

Eigenschaften

Name	Beschreibung	Typ	L/S	02	03
AcceptNewExternalData	*True*, wenn neue oder geänderte Daten, die zu einem externen Vorgang gehören, beim Öffnen des Projekts automatisch angenommen werden. Lese-/Schreibzugriff, wenn die *ShowCrossProjectLinksInfo*-Eigenschaft den Wert *False* hat.	B	L		
AllowTaskDelegation	Legt fest, ob Ressourcen Vorgänge in Project (Central) Server delegieren dürfen.	B	LS		
AndMoveCompleted	*True*, wenn der aktuelle abgeschlossene Teil eines Vorgangs, der laut Berechnung vor dem Statusdatum liegt, so verschoben wird, dass er am Statusdatum endet.	B		✓	
AndMoveRemaining	*True*, wenn die verbleibende Arbeit an einem Vorgang, die laut Berechnung nach dem Statusdatum liegt, so verschoben wird, dass sie am Statusdatum beginnt.	B		✓	
Application	*Application*-Objekt von Project	O	O		
AskForCompletedWork	Art, wie in Nachrichten zu Statusabfragen über abgeschlossene Arbeit berichtet wird (*PjTeamStatusCompletedWork*: *pjBrokenDownByDay*, *pjBrokenDownByWeek* oder *pjTotalForEntirePeriod*)	L	LS		
AutoAddResources	*True*, wenn neue Ressourcen bei der Zuordnung automatisch erstellt werden. *False*, wenn Project eine Eingabeaufforderung anzeigt, bevor neue Ressourcen erstellt werden.	B	LS		
AutoCalcCosts	*True*, wenn die aktuellen Kosten immer von Project berechnet werden. *False*, wenn Benutzer die aktuellen Kosten eingeben können und die aktuellen Kosten nie von Project berechnet werden.	B	LS		
AutoFilter	*True*, wenn die AutoFilter-Funktion aktiv ist.	B	LS		
AutoLinkTasks	*True*, wenn Project beim Ausschneiden, Verschieben oder Einfügen von Vorgängen aufeinanderfolgende Vorgänge automatisch verknüpft.	B	LS		
AutoSplitTasks	*True*, wenn Project Vorgänge automatisch in abgeschlossene Arbeit und verbleibende Arbeit aufteilt.	B	LS		
AutoTrack	*True*, wenn Project die Arbeit und die Kosten der Ressource eines Vorgangs automatisch aktualisiert, wenn sich der Prozentsatz der abgeschlossenen Arbeit des Vorgangs ändert.	B	LS		
BaseCalendars	*Calendars*-Auflistung, die alle Basiskalender des aktiven Projekts repräsentiert	O	L		▶

Name	Beschreibung	Typ	L/S	02	03
BaselineSavedDate(Baseline As PjBaselines)	Speicherdatum des angegebenen Basisplans (*PjBaselines*: *pjBaseline*, *pjBaseline1*, *pjBaseline2*, ..., *pjBaseline10*)	V	L	✓	
BuiltinDocumentProperties	*DocumentProperties*-Auflistung, die die integrierten Eigenschaften des Dokuments repräsentiert	O	L		
Calendar	*Calendar*-Objekt, das den Projektkalender darstellt	O	L		
CanCheckIn	*True*, wenn das Projekt auf dem WSS-Server eingecheckt werden kann.	B	L		✓
CodeName	Codename des Projekts für VBA-Programme	S	L		
CommandBars	*CommandBars*-Objekt, Auflistung, die alle Symbolleisten des Projekts repräsentiert	O	L		
Container	Objekt, das das angegebene, eingebettete Projekt enthält	O	L		
CreationDate	Erstellungsdatum des Projekts	V	L		
CurrencyDigits	Anzahl der Dezimalstellen nach dem Dezimaltrennzeichen für Währungsangaben	V	LS		
CurrencySymbol	Währungssymbol	S	LS		
CurrencySymbolPosition	Position des Währungssymbols (*PjPlacement*: *pjBefore*, *pjAfter*, *pjBeforeWithSpace* oder *pjAfterWithSpace*)	L	LS		
CurrentDate	*Aktuelles Datum* des Projekts	V	LS		
CurrentFilter	Name des aktiven Filters	S	L		
CurrentGroup	Name der aktiven Gruppierung	S	LS		
CurrentTable	Name der aktiven Tabelle	S	LS		
CurrentView	Name der aktiven Ansicht	S	LS		
CustomDocumentProperties	*DocumentProperties*-Auflistung, die die benutzerdefinierten Eigenschaften des Dokuments repräsentiert	O	L		
DatabaseProjectUniqueID	*PROJ_ID* (Tabelle *MSP_PROJECTS*) des Projekts, wenn es in eine Datenbank gespeichert wurde	V	L		
DayLabelDisplay	Anzeigeoption für *Tage* (*0* für »t«, *1* für »Tage«)	I	LS		
DaysPerMonth	Kalenderoption *Tage pro Monat*	D	LS		
DefaultDurationUnits	Standarddauereinheiten (*PjUnit*-Konstanten: *pjMinute*, *pjHour*, *pjDay*, *pjWeek* oder *pjMonthUnit*)	L	LS		

▶

Name	Beschreibung	Typ	L/S	02	03
DefaultEarnedValueMethod	Standardmethode für die Ertragswertberechnung (*PjEarnedValueMethod*: *pjPercentComplete* oder *pjPhysicalPercentComplete*)	L	LS	✓	
DefaultEffortDriven	*True*, wenn neue Vorgänge leistungsgesteuert sind.	B	LS		
DefaultFinishTime	Standardzeit für *Ende*-Felder	V	LS		
DefaultFixedCostAccrual	Standardfälligkeitsart für feste Vorgangskosten (*PjAccrueAt*: *pjStart*, *pjEnd* oder *pjProrated*)	L	LS		
DefaultResourceOvertimeRate	Standardüberstundensatz für Ressourcen (*Vorgabe des Überstundensatzes*).	V	LS		
DefaultResourceStandardRate	Standardkostensatz für Ressourcen (*Vorgabe des Standardsatzes*)	V	LS		
DefaultStartTime	Standardzeit für *Anfang*-Felder	V	LS		
DefaultTaskType	Standardvorgangsart (*PjTaskFixedType*: *pjFixedDuration*, *pjFixedTask* oder *pjFixedWork*)	L	LS		
DefaultWorkUnits	Standardeinheit der Arbeit (*PjUnit*: *pjMinute*, *pjHour*, *pjDay* oder *pjWeek*)	L	LS		
DisplayProjectSummaryTask	*True*, wenn der *Projektsammelvorgang* angezeigt wird.	B	LS		
DocumentLibraryVersions	*DocumentLibraryVersions*-Objekt	O	L		✓
ExpandDatabaseTimephasedData	Zeitphasendaten in Datenbank erweitern	B	LS		
FollowedHyperlinkColor	Farbe für besuchten Hyperlink (*PjColor* siehe *HyperlinkColor*)	L	LS		
FullName	Pfad und Dateinamen des Projekts	S	L		
HasPassword	*True*, wenn ein Projekt ein Kennwort enthält.	B	L		
HonorConstraints	*True*, wenn *Vorgänge beachten stets ihre Einschränkungstermine* aktiviert ist	B	LS		
HourLabelDisplay	Anzeigeoption für Stunde (0 für »Std.«, 1 für »Stunde«)	I	LS		
HoursPerDay	Kalenderoption *Stunden pro Tag*	D	LS		
HoursPerWeek	Kalenderoption *Stunden pro Woche*	D	LS		
HyperlinkColor	Farbe für Hyperlink (*PjColor*: *pjColorAutomatic*, *pjNavy*, *pjAqua*, *pjOlive*, *pjBlack*, *pjPurple*, *pjBlue*, *pjRed*, *pjFuschia*, *pjSilver*, *pjGray*, *pjTeal*, *pjGreen*, *pjYellow*, *pjLime*, *pjWhite*, *pjMaroon*)	L	LS		
ID	Nummer des Projekts	L	L		
Index	Nummer des Projekts in der *Projects*-Auflistung	V	L	▶	

Name	Beschreibung	Typ	L/S	02	03
LastPrintedDate	Letztes Druckdatum	V	L		
LastSaveDate	Letztes Speicherdatum	V	L		
LastSavedBy	Zuletzt gespeichert von …	S	L		
LevelEntireProject	*True*, wenn das gesamte Projekt abgeglichen wird. *False*, wenn nur überlastete Ressourcen innerhalb angegebener Termine abgeglichen werden.	B	LS		
LevelFromDate	Anfangstermin des Zeitraums, in dem überlastete Ressourcen abgeglichen werden. Der Standardwert ist der Projektanfangstermin oder der letzte eingegebene Termin.	V	LS		
LevelToDate	Endtermin des Zeitraums, in dem überlastete Ressourcen abgeglichen werden. Der Standardwert ist der Projektendtermin oder der letzte eingegebene Termin.	V	LS		
MapList	*List*-Objekt, Liste der Namen aller Maps (Import- und Exportschemata)	O	L		
MinuteLabelDisplay	Anzeigeoption für Minuten (0 für »min.«, 1 für »Min.«, 2 für »Minute«)	I	LS		
MonthLabelDisplay	Anzeigeoption für Monate (0 für »M«, 1 für »Monat«)	I	LS		
MoveCompleted	*True*, wenn für einen Vorgang, der laut Berechnung nach dem Statusdatum liegt, der aktuelle Fortschritt eingegeben wird und der aktuell abgeschlossene Teil des Vorgangs so verschoben wird, dass die abgeschlossene Arbeit am Statusdatum endet.	B	LS	✓	
MoveRemaining	*True*, wenn der verbleibende Teil eines Vorgangs, der laut Berechnung vor dem Statusdatum liegt, so verschoben wird, dass er am Statusdatum beginnt.	B	LS	✓	
MultipleCriticalPaths	*True*, wenn mehre kritische Wege berechnet werden sollen.	B	LS		
Name	Projektname	S	LS		
NewTasksEstimated	*True*, wenn neue Vorgänge eine *geschätzte Dauer* haben.	B	LS		
NumberOfResources	Gesamtzahl der Ressourcen	L	L		
NumberOfTasks	Gesamtzahl der Vorgänge	L	L		
OutlineChildren	*Tasks*-Auflistung, die die untergeordneten Vorgänge in der Gliederung eines Vorgangs repräsentiert	O	L		
OutlineCodes	*OutlineCodes*-Auflistung	O	L		✓▶

Name	Beschreibung	Typ	L/S	02	03
Parent	Übergeordnetes *Application*-Objekt	O	L		
Path	Pfad der Projektdatei, wenn das Projekt bereits in der Datenbank oder dem Dateisystem gespeichert wurde	S	L		
PhoneticType	Art der Darstellung von phonetischen Zeichen für die japanische Version von Project	L	LS		
ProjectFinish	Projektendtermin. Durch die Festlegung des Endtermins wird auf Rückwärtsterminierung umgeschaltet, also die Eigenschaft *ScheduleFromStart* auf *False* gesetzt.	V	LS		
ProjectGuideContent	Gibt den Namen des vom Projektberater verwendeten XML-Schemas zurück oder legt ihn fest.	S	LS	✓	
ProjectGuideFunctionalLayoutPage	Gibt das funktionelle Seitenlayout des Projektberaters für das angegebene Projekt zurück oder legt es fest.	S	LS	✓	
ProjectGuideSaveBuffer	Gibt eine den Speicherpuffer des Projektberaters darstellende XML-Zeichenfolge zurück oder legt sie fest.	S	LS	✓	
ProjectGuideUseDefaultContent	*True*, wenn der Projektberater den standardmäßigen Inhalt von Microsoft Project verwendet. *False*, wenn der Inhalt des Projektberaters abgepasst werden soll.	B	LS	✓	
ProjectGuideUseDefaultFunctionalLayoutPage	*True*, wenn Microsoft Project den standardmäßigen Projektberater verwendet. *False*, wenn der Projektberater angepasst wird.	B	LS	✓	
ProjectNamePrefix	Gibt das Präfix des Projektnamens für das angegebene Projekt zurück.	S	L	✓	
ProjectNotes	Notiz auf Projektebene (Notizfeld des Projektsammelvorgang)	S	LS		
ProjectServerUsedForTracking	*True*, wenn Microsoft Project Server zum Überwachen des angegebenen Projekts verwendet wird.	B	LS	✓	
ProjectStart	Projektanfangstermin. Durch die Festlegung des Anfangstermins wird auf Vorwärtsterminierung umgeschaltet, also die Eigenschaft *ScheduleFromStart* auf *True* gesetzt.	V	LS		
ProjectSummaryTask	Gibt ein *Task*-Objekt zurück, das den Projektsammelvorgang repräsentiert.	O	L		

Name	Beschreibung	Typ	L/S	02	03
PublishInformationOnSave	Art der Veröffentlichung von Projektinformationen auf dem Project Server beim Speichern des Projektes (*PjPublishInformationOnSave*: *pjPublishNoSummary*, *pjPublishSummaryAndPlan*, or *pjPublishSummaryOnly*)	L	LS	✓	
ReadOnly	*True*, wenn das Projekt schreibgeschützt geöffnet wurde.	B	L		
ReadOnlyRecommended	*True*, wenn beim Öffnen des Projekts ein Schreibschutz vorgeschlagen werden soll. Die Eigenschaft kann über die *FileSaveAs*-Methode gesetzt werden.	B	L		
ReceiveNotifications	*True*, wenn der Projektleiter über neue Nachrichten im Webposteingang benachrichtigt werden soll (nur Project 98).	B	LS		
RemoveFileProperties	*True*, wenn Informationen beim Speichern aus den Dateieigenschaften entfernt werden.	B	LS		✓
ReportList	*List*-Objekt, Liste der Namen aller Berichte des Projektes	O	L		
ResourceFilterList	*List*-Objekt, Liste der Namen aller Ressourcenfilter des Projektes	O	L		
ResourceFilters	*Filters*-Objekt, Auflistung der Ressourcenfilter	O	L	✓	
ResourceGroupList	*List*-Objekt, Liste der Namen aller Ressourcengruppierungen des Projektes	O	L		
ResourceGroups	*ResourceGroups*-Objekt, Auflistung aller Ressourcengruppierungen	O	L		
ResourcePoolName	Name des Ressourcenpools, falls einer verwendet wird, sonst der Name des Projekts selbst	S	L		
Resources	*Ressources*-Objekt, Auflistung aller Ressourcen des Projektes	O	L		
ResourceTableList	*List*-Objekt, Liste der Namen aller Ressourcentabellen des Projektes	O	L		
ResourceTables	*Tables*-Objekt, Auflistung aller Ressourcentabellen	O	L		
ResourceViewList	*List*-Objekt, Liste der Namen aller Ressourcenansichten des Projektes	O	L		
RevisionNumber	Anzahl, wie oft das Projekt gespeichert wurde	L	L		
Saved	*True*, wenn ein Projekt seit der letzten Speicherung nicht geändert wurde.	B	L		
ScheduleFromStart	*True* für Vorwärtsterminierung und *False* für Rückwärtsterminierung.	B	L		▶

Name	Beschreibung	Typ	L/S	02	03
SendHyperlinkNote	*True*, wenn eine Benachrichtigung per E-Mail an die Ressourcen gesendet werden soll, wenn neue Nachrichten an Project (Central) Server gesendet werden.	B	LS		
ServerIdentification	*Standardauthentifizierung der Ressourcen für Project (Central) Server (PjAuthentication*: *pjWindowsUserAccount* oder *pjUserName)*	L	LS		
ServerURL	URL des Project (Central) Servers	S	LS		
SharedWorkspace	*SharedWorkSpace*-Objekt	O	L		✓
ShowCriticalSlack	Anzahl der Pufferzeit in Tagen, ab der ein Vorgang als kritisch angezeigt wird	L	LS		
ShowCrossProjectLinksInfo	*True*, wenn das Dialogfeld *Verknüpfungen zwischen Projekten* erscheint, wenn ein Projekt geöffnet wird, das projektübergreifende Verknüpfungen enthält.	B	L		
ShowEstimatedDuration	*True*, wenn die Vorgangsdauern im aktiven Projekt mit dem Fragezeichen für geschätzte Dauer angezeigt werden.	B	LS		
ShowExternalPredecessors	*True*, wenn Vorgänger aus einem externen Projekt angezeigt werden.	B	L		
ShowExternalSuccessors	*True*, wenn Nachfolger aus einem externen Projekt angezeigt werden.	B	L		
SpaceBeforeTimeLabels	*True*, wenn ein Zeitwert von seiner Zeiteinheit durch ein Leerzeichen getrennt sein soll.				
SpreadCostsToStatusDate	*True*, wenn Änderungen an den aktuellen Kosten bis zum Statusdatum verteilt werden oder bis zum aktuellen Datum, wenn das Statusdatum den Wert »NV« hat. *False*, wenn sie bis zum berechneten Endtermin des Vorgangs verteilt werden.	B	LS		
SpreadPercentCompleteToStatusDate	*True*, wenn Änderungen des Wertes *% Abgeschlossen* aller Vorgänge bis zum Statusdatum verteilt werden oder bis zum aktuellen Datum, wenn das Statusdatum den Wert »NV« hat. *False*, wenn sie bis zum berechneten Endtermin des Vorgangs verteilt werden.	B	LS		
StartOnCurrentDate	*True*, wenn Vorgänge mit dem aktuellen Datum beginnen. *False*, wenn Vorgänge mit dem Anfangstermin des Projekts beginnen.	B	LS		
StartWeekOn	Erster Tag der Woche (*PjWeekday*: *pjSunday, pjMonday, pjTuesday, pjWednesday, pjThursday, pjFriday* oder *pjSaturday)*	L	LS		

▶

Name	Beschreibung	Typ	L/S	02	03
StartYearIn	Beginn des Geschäftsjahres (*PjMonth*: *pjJanuary, pjFebruary, pjMarch, pjApril, pjMay, pjJune, pjJuly, pjAugust, pjSeptember, pjOctober, pjNovember, pjDecember*)	L	LS		
StatusDate	Statusdatum. Ist dieses nicht festgelegt, wir in der deutschen Version der String *NV* zurückgegeben.	V	LS		
Subprojects	*Subprojects*-Objekt, Auflistung aller Unterprojekte	O	L		
TaskFilterList	*List*-Objekt, Liste der Namen aller Vorgangsfilter	O	L		
TaskFilters	*Filters*-Objekt, Auflistung der Vorgangsfilter	O	L	✓	
TaskGroupList	*List*-Objekt, Liste der Namen aller Vorgangsgruppierungen	O	L		
TaskGroups	*TaskGroups*-Objekt, Auflistung aller Vorgangsgruppierungen	O	L		
Tasks	*Tasks*-Objekt, Auflistung aller Vorgänge des Projektes	O	L		
TaskTableList	*List*-Objekt, Liste der Namen aller Vorgangstabellen des Projektes	O	L		
TaskTables	*Tables*-Objekt, Auflistung aller Vorgangstabellen des Projektes	O	L	✓	
TaskViewList	*List*-Objekt, Liste der Namen aller Vorgangsansichten des Projektes	O	L		
TeamMembersCanDeclineTasks	*True*, wenn Team-Mitglieder Vorgänge einer Ressourcenanfrage ablehnen können.	B	LS		
Template	Name der zugehörigen Projektvorlage	S	L		
TrackingMethod	Art, wie Ressourcen den Vorgangsfortschritt zurückmelden (*PjProjectCentralTrackingMethod*: *pjTrackingMethodDefault, pjTrackingMethodPercentComplete, pjTrackingMethodSpecifyHours* oder *pjTrackingMethodTotalAndRemaining*)	L	LS	✓	
TrackOvertimeWork	*True*, wenn in *Status abfragen* das Feld *Überstundenarbeit* angezeigt wird.	B	LS		
Type	Projekttyp (*PjProjectType*: *pjProjectTypeEnterpriseCheckedOut, pjProjectTypeEnterpriseGlobalCheckedOut, pjProjectTypeEnterpriseGlobalInMemory, pjProjectTypeEnterpriseReadOnly, pjProjectTypeEnterpriseResourcesCheckedOut, pjProjectTypeEnterpriseGlobalLocal, pjProjectTypeNonEnterprise* oder *pjProjectTypeUnsaved*)	L	L	✓	

Name	Beschreibung	Typ	L/S	02	03
UnderlineHyperlinks	*True*, wenn Hyperlinks unterstrichen werden.	B	LS		
UniqueID	Einmalige Nummer, wird nur in Hauptprojekten, die Teilprojekte enthalten, gesetzt, sonst 0.				
UpdateProjOnSave	*True*, wenn Projekte nach dem Speichern auf dem Project Server aktualisiert werden.	B	LS		
UseFYStartYear	*True*, wenn ein Geschäftsjahr durch das Jahr bestimmt wird, in das der erste Monat des Geschäftsjahres fällt. *False*, wenn es durch den letzten Monat des Geschäftsjahres bestimmt wird.	B	LS		
UserControl	*True*, wenn durch den Benutzer das Projekt geöffnet oder erstellt wurde.	B	L		
VBASigned	*True*, wenn das VBProject digital signiert ist.	B	L		
VBProject	*VBProject*-Objekt des zugehörigen Visual Basic für Applikationen-Objektes	O	L		
VersionName	Versionsname des Projekts	S	L	✓	
ViewList	*List*-Objekt, Liste der Namen aller Ansichten des Projektes, also Vorgangs- und Ressourcenansichten	O	L		
Views	*Views*-Objekt, Auflistung aller Ansichten des Projekts	O	L	✓	
ViewsCombination	*ViewsCombination*-Objekt, Auflistung aller Ansichtskombinationen des Projektes	O	L	✓	
ViewsSingle	*ViewsSingle*-Objekt, Auflistung aller Einzelansichten des Projektes	O	L	✓	
WBSCodeGenerate	*True*, wenn für neue Vorgänge automatisch ein PSP-Code generiert wird.	B	LS		
WBSVerifyUniqueness	*True*, wenn die Eindeutigkeit eines bearbeiteten PSP-Codes überprüft wird.	B	LS		
WeekLabelDisplay	Art der Darstellung der Zeiteinheit Wochen (0 für *W*, 1 für *Woche*)	I	LS		
Windows	*Windows*-Auflistung des Projektes	O	L		
WorkgroupMessages	Standardeinstellung für das Senden von Arbeitsgruppennachrichten an neue Ressourcen zurück (*PjWorkgroupMessages*: pjNoWorkgroupMessages, pjWorkgroupViaEmail, pjWorkgroupViaEmailAndWeb oder pjWorkgroupViaWeb, pjWorkgroupViaProjectCentral) ▶	L	LS	✓	

Name	Beschreibung	Typ	L/S	02	03
WriteReserved	*True*, wenn ein Kennwort benötigt wird, um das Projekt mit Lese-/Schreibzugriff zu öffnen.	B	L		
YearLabelDisplay	Art der Darstellung der Zeiteinheit Jahr (0 für *J*, 1 für *Jahr*)	I	L		

Projects

Auflistung aller geöffneten Projekte

Übergeordnetes Objekt

Application

Untergeordnete Objekte

Calendar, List, ResourceGroups, Subproject, TaskGroups, Task, Windows

Methoden

Name und Syntax	Beschreibung	02	03
Add([DisplayProjectInfo], [Template], [FileNewDialog]) As Project	Fügt der Auflistung ein neues Projekt hinzu.		

Eigenschaften

Name	Beschreibung	Typ	L/S	02	03
Application	*Application*-Objekt von Project	O	L		
Count	Anzahl der geöffneten Projekte	L	L		
Item(*Index*)	Projekt mit der Nummer *Index*	O	L		
Parent	*Application*-Objekt	O	L		

Resource

Ressource

Übergeordnetes Objekt

Project

Untergeordnete Objekte

Assigments, Calendar, CostRateTables, PayRates, TimescaleValues

Methoden

Name und Syntax	Beschreibung	02	03
AppendNotes (Value)	Hängt im Feld *Notizen* neuen Text an.		
Delete	Löscht eine Ressource.		▶

Name und Syntax	Beschreibung
GetField (FieldID)	Gibt den Wert in einem Feld zurück. Handelt es sich bei dem ausgewählten Feld um eine geschätzte Dauer, enthält der Rückgabewert auch das Schätzungszeichen (*PjField*: *pjResourceAccrueAt*, *pjResourceActualCost*, *pjResourceActualOvertimeCost*, *pjResourceActualOvertimeWork*, *pjResourceActualWork*, *pjResourceACWP*, *pjResourceAssignmentDelay*, *pjResourceAssignmentUnits*, *pjResourceAvailabilities*, *pjResourceAvailableFrom*, *pjResourceAvailableTo*, *pjResourceBaseCalendar*, *pjResourceBaselineCost*, *pjResourceBaselineFinish*, *pjResourceBaselineStart*, *pjResourceBaselineWork*, *pjResourceBCWP*, *pjRe-sourceBCWS*, *pjResourceCanLevel*, *pjResourceCode*, *pjResourceConfirmed*, *pjResourceCost*, *pjResourceCost1-10*, *pjResourceCostPerUse*, *pjResourceCostRateTable*, *pjResourceCostVariance*, *pjResourceCV*, *pjResourceDate1-10*, *pjResource-Duration1-10*, *pjResourceEMailAddress*, *pjResourceFinish*, *pjResourceFinish1-20*, *pjResourceFlag1-10*, *pjResourceGroup*, *pjResourceGroupBySummary*, *pjResourceHyperlink*, *pjResourceHyperlinkAddress*, *pjResourceHyperlinkHref*, *pjResourceHyperlinkScreenTip*, *pjResourceHyperlinkSubAddress*, *pjResourceID*, *pjResourceIndex*, *pjResourceIndicators*, *pjResourceInitials*, *pjResourceIsAssignment*, *pjResourceLevelingDelay*, *pjResourceLinkedFields*, *pjResourceMaterialLabel*, *pjResourceMaxUnits*, *pjResourceName*, *pjResourceNotes*, *pjResourceWindowsUserAccount*, *pjResourceNumber1-20*, *pjRe-sourceOs*, *pjResourceOutlineCode1-10*, *pjResourceOverallocated*, *pjResourceOvertimeCost*, *pjResourceOvertimeRate*, *pjResourceOvertimeWork*, *pjResourcePeakUnits*, *pjResourcePercentWorkComplete*, *pjResourcePhonetics*, *pjResourceProject*, *pjResourceRegularWork*, *pjResourceRemainingCost*, *pjResourceRemainingOvertimeCost*, *pjResourceRemainingOvertimeWork*, *pjResourceRemainingWork*, *pjResourceResponsePending*, *pjResourceSheetNotes*, *pjResourceStandardRate*, *pjResourceStart*, *pjResourceStart1-10*, *pjResourceSV*, *pjResourceTaskSummaryName*, *pjResourceTeamStatusPending*, *pjResourceText1-30*, *pjResourceType*, *pjResourceUniqueID*, *pjResourceUpdateNeeded*, *pjResourceVAC*, *pjResourceWork*, *pjResourceWorkContour*, *pjResourceWorkgroup*, *pjResourceWorkVariance*).
Level	Führt den Kapazitätsabgleich für die Ressource durch.
SetField (FieldID, Value)	Schreibt den Wert (*Value*) in das mit der *FieldID* angegebene Feld (*PjField*-Konstanten siehe *GetField*-Methode).
TimeScaleData(StartDate, EndDate, [Type As PjResourceTimescaledData = pjResourceTimescaledWork], [TimeScaleUnit As PjTimescaleUnit = pjTimescaleWeeks], [Count As L = 1]) As TimeScaleValues	Gibt die Zeitskalendaten in Form einer *TimeScaleValues*-Auflistung zurück (*PjResourceTimescaledData*: *pjResourceTimescaledActualCost*, *pjResourceTimescaledActualOvertimeWork*, *pjResourceTimescaledActualWork*, *pjResourceTimescaledACWP*, *pjResourceTimescaledBaselineCost*, *pjResourceTimescaledBaselineWork*, *pjResourceTimescaledBCWP*, *pjResourceTimescaledBCWS*, *pjResourceTimescaledCost*, *pjResourceTimescaledCumulativeCost*, *pjResourceTimescaledCumulativeWork*, *pjResourceTimescaledCV*, *pjResourceTimescaledOverallocation*, *pjResourceTimescaledOvertimeWork*, *pjResourceTimescaledPeakUnits*, *pjResourceTimescaledPercentAllocation*, *pjResourceTimescaledRegularWork*, *pjResourceTimescaledRemainingAvailability*, *pjResourceTimescaledSV*, *pjResourceTimescaledUnitAvailability*, *pjResourceTimescaledWork*, *pjResourceTimescaledWorkAvailability*; *PjTimescaleUnit*: *pjTimescaleYears*, *pjTimescaleQuarters*, *pjTimescaleMonths*, *pjTimescaleWeeks*, *pjTimescaleDays*, *pjTimescaleHours*, *pjTimescaleMinutes*).

Eigenschaften

Name	Beschreibung	Typ	L/S	02	03
AccrueAt	Fällig am (PjAccrueAt: pjStart, pjProrated, pjEnd)	V	LS		
ActualCost	Aktuelle Kosten, Ist-Kosten	V	L		
ActualOvertimeCost	Aktuelle Überstundenkosten, Ist-Überstundenkosten	V	L		
ActualOvertimeWork	Aktuelle Überstundenarbeit, Ist-Überstundenarbeit	V	L		
ActualOvertimeWorkProtected	Akt. Überstundenarbeit – Geschützt, geschützte Ist-Überstundenarbeit	V	LS		✓
ActualWork	Aktuelle Arbeit, Ist-Arbeit	V	L		
ActualWorkProtected	Aktuelle Arbeit – Geschützt, geschützte Ist-Arbeit	V	LS		✓
ACWP	IKAA, Ist-Kosten bereits abgeschlossene Arbeit	V	L		
Application	Application-Objekt von Project	O	L		
Assignments	Assignments-Objekt, Auflistung aller Zuordnungen der Ressource	O	L		
Availabilities	Availabilities-Objekt, Auflistung aller Zeilen für die angegebene Ressource aus dem Raster Ressourcenverfügbarkeit	O	L		
AvailableFrom	Verfügbar von	V	L		
AvailableTo	Verfügbar bis	V	L		
BaseCalendar	Basiskalender	S	LS		
Baseline1-10Cost	Geplante Kosten, Plan-Kosten	V	LS		✓
Baseline1-10Work	Geplante Kosten, Plan-Arbeit	V	LS		✓
BaselineCost	Geplante Kosten, Plan-Kosten	V	LS		
BaselineWork	Geplante Arbeit, Plan-Arbeit	V	LS		
BCWP	SKAA, Soll-Kosten bereits abgeschlossener Arbeit	V	L		
BCWS	SKBA, Soll-Kosten der berechneten Arbeit	V	L		
BookingType	Buchungstyp	L	LS		✓
Calendar	Calendar-Objekt des Ressourcenkalenders	O	L		
CanLevel	Kann abgleichen	V	LS		
Code	Code	S	LS		
Confirmed	Bestätigt, d.h. die Ressourcenanfrage wurde angenommen	V	L		
Cost1-10	Kosten1-10, benutzerdefinierte Kostenfelder	V	LS		▶

VBA-Referenz

Name	Beschreibung	Typ	L/S	02	03
CostPerUse	*Kosten pro Einsatz*, Kosten pro Zuordnung zu einem Vorgang	V	LS		
CostRateTables	*CostRateTables*-Objekt, Auflistung aller Kostensatztabellen der Ressource	O	L		
CostVariance	*Abweichung Kosten*, Differenz zwischen *Geplante Kosten* und *(berechnete) Kosten*, also Plan- und Soll-Kosten	V	L		
CV	*KA*, Kostenabweichung, Differenz zwischen SKAA und IKAA, also den Soll-Kosten bereits abgeschlossener Arbeit und den Ist-Kosten bereits abgeschlossener Arbeit	V	L		
Date*1-10*	*Datum 1-10*, benutzerdefinierte Datumsfelder	V	LS		
Duration*1-10*	*Dauer 1-10*, benutzerdefinierte Dauerfelder	V	LS		
EMailAddress	*E-Mail-Adresse* der Ressource	V	LS		
Enterprise	Gibt den Namen der Enterprise-Ressource zurück.	V	L	✓	
EnterpriseBaseCalendar	Gibt den Namen des Enterprise-Basiskalenders für eine angegebene Ressource zurück.	V	L	✓	
EnterpriseCheckedOutBy	Gibt eine Zeichenfolge zurück, die den Benutzer darstellt, der eine Enterprise-Ressource zuletzt ausgecheckt hat.	S	L	✓	
EnterpriseCost1-10	Gibt den Wert des benutzerdefinierten Feldes für die Enterprise-Kosten einer Ressource zurück oder legt diesen fest.	V	L/S	✓	
EnterpriseDate1-30	Gibt den Wert der benutzerdefinierten Enterprise-Datumsfelder einer Ressource zurück oder legt diese fest.	V	L/S	✓	
EnterpriseDuration1-10	Gibt den Wert des benutzerdefinierten Feldes für die Enterprise-Dauer einer Ressource zurück oder legt diesen fest.	V	L/S	✓	
EnterpriseFlag1-20	Gibt den Wert des benutzerdefinierten Feldes für das Enterprise-Attribut einer Ressource zurück oder legt diesen fest.	V	L/S	✓	
EnterpriseGeneric	*True*, wenn eine angegebene Ressource eine generische Ressource ist. *False*, wenn es sich um eine aktuelle Ressource handelt.	B	L/S	✓	
EnterpriseInactive	*True*, wenn eine angegebene Enterprise-Ressource deaktiviert ist.	B	L/S	✓	
EnterpriseIsCheckedOut	*True*, wenn eine angegebene Enterprise-Ressource vom Ressourcenpool ausgecheckt ist.	B	L/S	✓	

▶

Name	Beschreibung	Typ	L/S	02	03
EnterpriseLastModifiedDate	Gibt das Datum und die Uhrzeit zurück, zu denen das Projekt zuletzt ausgecheckt wurde.	V	L	✓	
EnterpriseMultiValue20-29	Enterprise-Ressource – Mehrere Werte20-29	S	LS		✓
EnterpriseNameUsed	Gibt den Namen der Enterprise-Datei zurück.	V	L	✓	
EnterpriseNumber1-40	Gibt den Wert des benutzerdefinierten Feldes für die Enterprise-Zahl einer Ressource zurück oder legt ihn fest.	V	L	✓	
EnterpriseOutlineCode1-30	Gibt den Wert des benutzerdefinierten Feldes für den Enterprise-Gliederungscode einer Ressource zurück oder legt diesen fest. **Hinweis:** Die *EnterpriseRBS*-Eigenschaft wurde für den Ressourcenstrukturplan als Feld *EnterpriseOutlineCode30* reserviert.	S	L/S	✓	
EnterpriseRBS	Gibt den Wert für das benutzerdefinierte Feld für den Enterprise-Ressourcenstrukturplan für eine Ressource zurück oder legt diesen fest.	S	L/S	✓	
EnterpriseRequiredValues	Gibt die erforderlichen Werte für eine Enterprise-Ressource zurück.	V	L	✓	
EnterpriseText1-40	Gibt den Wert des benutzerdefinierten Feldes für den Enterprise-Text einer Ressource zurück oder legt diesen fest.	S	L/S	✓	
EnterpriseUniqueID	Gibt die einmalige Enterprise-Nummer für eine Ressource zurück.	L	L/S	✓	
Finish*1-10*	*Ende1-10*, benutzerdefinierte Ende-Datumsfelder	V	LS		
Flag*1-20*	*Attribut1-20*, benutzerdefinierte Ja-/Nein-Felder	V	LS		
Group	*Gruppe, zu der die Ressource gehört*	V	LS		
GroupBySummary	*Gruppenkopf*, Ja-/Nein-Angabe, ob es sich um einen Gruppierungssammelvorgang handelt	B	L		
Hyperlink	*Hyperlink*, z.B. *www.projectfaq.de/vba*	S	LS		
HyperlinkAddress	*Hyperlink-Adresse*, z.B. *http://www.projectfaq.de/vba/*	S	LS		
HyperlinkHREF	*Hyperlink-Referenz*, z.B. *http://www.msproject.info*	S	LS		
HyperlinkScreenTip	QuickInfo für den Hyperlink	S	LS		
HyperlinkSubAddress	*Hyperlink-Unteradresse*, z.B. *access*	S	LS		
ID	*Nr.*, Ressourcennummer	L	L	▶	

Name	Beschreibung	Typ	L/S	02	03
Index	Nummer der Ressource der *Ressources*-Auflistung	L	L		
Initials	*Kürzel*	S	LS		
LinkedFields	*Verknüpfte Felder*, *True*, wenn die Zuordnung, die Ressource oder der Vorgang Felder enthalten, die mit anderen Anwendungen über OLE verknüpft sind.	B	L		
MaterialLabel	*Materialbeschriftung*, Einheit für die Ressourcenart »Material«	S	LS		
MaxUnits	*Max. Einheiten*, maximal verfügbare Einheiten der Ressource	V	LS		
Name	*Name*, Name der Ressource	S	LS		
Notes	*Notizen*	S	LS		
Number*1-20*	*Zahl1-20*	D	LS		
Objects	*Objekte*, Anzahl der verküpften OLE-Objekte	L	L		
OutlineCode*1-10*	*Gliederungscode1-10*	S	LS		
Overallocated	*Überlastet*	B	L		
OvertimeCost	*Überstundenkosten*	V	L		
OvertimeRate	*Überstundensatz*	V	LS		
OvertimeWork	*Überstundenarbeit*	V	L		
Parent	Übergeordnetes *Project*-Objekt	O	L		
PayRates	*PayRates*-Objekt, Auflistung aller Stundensätze der Kostensatztabelle der Ressource	O	L		
PeakUnits	*Höchstwert* der in dem Projekt der Ressource zugeordneten Einheiten	V	L		
PercentWorkComplete	*% Arbeit abgeschlossen*, Prozentsatz der abgeschlossenen Arbeit	I	LS		
Phonetics	*Lautschrift*, phonetische Entsprechung des Ressourcennames (nur für japanische Project-Version)	S	LS		
Project	*Projekt*, Namen des Projekts, zu dem die Ressource gehört	S	L		
RegularWork	*Reguläre Arbeit*, Differenz aus *Arbeit* und *Überstundenarbeit*	V	LS		
RemainingCost	*Verbleibende Kosten*, Differenz aus *(berechnete) Kosten* und *Aktuelle Kosten*, also die Rest-Kosten	V	L		
RemainingOvertimeCost	*Verbleibende Überstundenkosten*	V	L		
RemainingOvertimeWork	*Verbleibende Überstundenarbeit*	V	L		
RemainingWork	*Verbleibende Arbeit*	V	L		▶

Name	Beschreibung	Typ	L/S	02	03
ResponsePending	*Antwort steht noch aus*, *True*, wenn noch keine Antwort auf eine Ressourcenanfrage erfolgte.	B	L		
StandardRate	*Standardsatz*	V	LS		
Start*1-10*	*Anfang 1-10*, benutzerdefiniertes Datumsfeld	V	LS		
SV	*PA*, Planabweichung, Differenz aus Soll-Kosten bereits abgeschlossener Arbeit und Soll-Kosten der berechneten Arbeit	V	L		
TeamStatusPending	*Statusabfragen steht noch aus*, *True*, wenn die Ressource auf mindestens eine Nachricht zu *Status abfragen* noch nicht geantwortet hat.	B	L		
Text*1-30*	*Text 1-10*, benutzerdefinierte Textfelder	V	LS		
Type	*Art*, Ressourcentyp (*PjResourceTypes*: *pjResourceTypeWork* oder *pjResourceTypeMaterial*)	L	LS		
UniqueID	*Einmalig Nr.*	L	L		
UpdateNeeded	*Aktualisierung erforderlich*, es muss über *Projekt aktualisieren* eine Nachricht an die Ressource gesendet werden, da sich mindestens ein bereits bestätigter Vorgang geändert hat.	B	L		
VAC	*ANA* Abweichung nach Abschluss, Differenz aus berechneten Kosten und Plankosten	V	L		
WindowsUserAccount	*Windows-Benutzerkonto*, Benutzername der Ressource in der Windows-Domäne	S	LS		
Work	*Arbeit*, gesamte berechnete Arbeit der Ressource, also die Soll-Arbeit	V	L		
Workgroup	*Arbeitsgruppe*, Art des Teammanagent-Nachrichtentransportes für die Ressource (*PjWorkgroupMessages*: *pjNoWorkgroupMessages*, *pjWorkgroupViaEmail*, *pjWorkgroupViaEmailAndWeb*, *pjWorkgroupViaWeb* oder *pjDefaultMessages,* pjWorkgroupViaProjectCentral)	L	LS	✓	
WorkVariance	*Abweichung Arbeit*, Differenz aus *geplante Arbeit* und (*berechnete*) *Arbeit*, also zwischen Plan- und Soll-Arbeit	V	L		

ResourceGroups

Ressourcengruppierungen, also Gruppierungen, die auf Ressourcenansichten angewendet werden können

Übergeordnetes Objekt

Project

Methoden

Name und Syntax	Beschreibung	02	03
Add (Name As S, FieldName As S) As Group	Erstellt eine neue Gruppierung mit dem Namen *Name* und dem Feld *Fieldname* als Gruppierkriterium. Rückgabewert ist ein Verweis auf das neue *Group*-Objekt.		
Copy (Name As S, NewName As S) As Group	Erstellt eine neue Gruppierung mit dem Namen *NewName* als Kopie der Gruppierung *Name* und gibt einen Verweis auf das neue *Group*-Objekt zurück.		

Eigenschaften

Name	Beschreibung	Typ	L/S	02	03
Application	*Application*-Objekt von Project	O	L		
Count	Anzahl der Ressourcengruppierungen	L	L		
Item(Index)	*Group*-Objekt der Ressourcengruppierung mit dem Nummer *Index*	O	L		
Parent	Übergeordnetes *Project*-Objekt	O	L		

Resources

Auflistung aller Ressourcen eines Projekts

Methoden

Name und Syntax	Beschreibung	02	03
Add([Name] As S, [Before] As L) As Resource	Fügt eine neue Ressource mit dem Namen *Name* vor der Ressource mit der Nummer *Before* ein.		

Eigenschaften

Name	Beschreibung	Typ	L/S	02	03
Application	*Application*-Objekt von Project	O	L		
Count	Anzahl der Ressourcen	L	L		
Item	*Resource*-Objekt mit der Nummer *Index*	O	L		
Parent	*Project*-Objekt	O	L		
UniqueID	*Resource*-Objekt mit der einmaligen Nummer *UniqueID*	O	L		

Selection

Die aktuelle Auswahl wird über die *ActiveSelection*-Eigenschaft des *Application*-Objektes zurückgegeben.

Übergeordnetes Objekt
Application

Eigenschaften

Name	Beschreibung	Typ	L/S	02	03
Application	*Application*-Objekt von Project	O	L		
FieldIDList	*List*-Objekt, das alle ausgewählten Feldernummern der Ressource bzw. des Vorgangs enthält. Eine Übersicht über die Feldnummern (*PjField*-Konstanten) ist in der Beschreibung der *GetField*-Methode des *Resource*- bzw. *Task*-Objektes abgedruckt.	O	L		
FieldNameList	*List*-Objekt, das alle Feldnamen (oder gegebenenfalls Spaltentitel) aller ausgewählten Felder enthält	O	L		
Parent	*Project*-Objekt	O	L		
Resources	*Resources*-Objekt, Auflistung aller ausgewählten Ressourcen	O	L		
Tasks	*Tasks*-Objekt, Auflistung aller ausgewählten Vorgänge	O	L		

Shift

Arbeitsschicht für einen Tag, Monat, Zeitraum, Wochentag oder ein Jahr

Übergeordnete Objekte
Day, Month, Period, Weekday, Year

Methoden

Name und Syntax	Beschreibung	02	03
Clear	Löscht die Anfangs- und Endzeiten einer Arbeitsschicht.		

Eigenschaften

Name	Beschreibung	Typ	L/S	02	03
Application	*Application*-Objekt von Project	O	L		
Finish	Ende der Schicht	V	LS		
Index	Nummer der Schicht	O	L		
Parent	Übergeordnete Objekte	O	L		
Start	Anfang der Schicht	V	LS		

SplitPart

Vorgangsabschnitt, also der Teilabschnitt eines unterbrochenen Vorgangs

Übergeordnetes Objekt

Task

Methoden

Name und Syntax	Beschreibung	02	03
Delete	Löscht den Vorgangsabschnitt.		

Eigenschaften

Name	Beschreibung	Typ	L/S	02	03
Application	*Application*-Objekt von Project	O	L		
Finish	Ende des Vorgangsabschnitts	V	LS		
Index	Nummer des Vorgangsabschnitts	L	L		
Parent	*Task*-Objekt des zugehörigen Vorgangs	O	L		
Start	Anfang des Vorgangsabschnittes	V	LS		

SplitParts

Auflistung aller Vorgangsabschnitte eines Vorgangs, die sich aus den Vorgangsunterbrechungen ergeben

Übergeordnetes Objekt

Task

Methoden

Name und Syntax	Beschreibung	02	03
Add(StartSplitPartOn, EndSplitPartOn)	Fügt dem Vorgang einen neuen Vorgangsabschnitt hinzu.		

Eigenschaften

Name	Beschreibung	Typ	L/S	02	03
Application	*Application*-Objekt von Project	O	L		
Count	Anzahl der Vorgangsabschnitte	L	L		
Item(Index As L) As SplitPart	*SplitPart*-Objekt des Vorgangsabschnitts mit der Nummer *Index*	O	L		
Parent	Zugehöriges *Task*-Objekt	O	L		

Subproject

Teilprojekt, also eingefügtes Projekt in ein Hauptprojekt

Übergeordnetes Objekt

Project

Eigenschaften

Name	Beschreibung	Typ	L/S	02	03
Application	*Application*-Objekt von Project	O	L		
Index	Nummer des Teilprojektes	L	L		
InsertedProjectSummary	*Task*-Objekt des Projektsammelvorgangs im Hauptprojekt	O	L		
LinkToSource	*True*, wenn Änderungen im Teilprojekt auch im Quellprojektplan übernommen werden.	B	LS		
Parent	*Project*-Objekt des Hauptprojektes	O	L		
Path	Pfad des Teilprojektes	S	LS		
ReadOnly	Schreibgeschützt. *True*, wenn das Teilprojekt schreibgeschützt geöffnet ist.	B	LS		
SourceProject	*Project*-Objekt des Teilprojekts	O	L		

Subprojects

Auflistung der Teilprojekte

Übergeordnetes Objekt

Project

Eigenschaften

Name	Beschreibung	Typ	L/S	02	03
Application	*Application*-Objekt von Project	O	L		
Count	Anzahl der Teilprojekte	L	L		
Item(Index)	*SubProject*-Objekt des Teilprojektes mit der Nummer *Index*	O	L		
Parent	*Project*-Objekt des Hauptprojektes	O	L		

Table

Stellt eine Tabelle in Project dar

Übergeordnetes Objekt

Project

Untergeordnetes Objekt

TableFields

Methoden

Name und Syntax	Beschreibung	02	03
Apply	Wendet eine Tabelle auf das aktive Projekt an.	✓	
Delete	Löscht eine Tabelle aus der entsprechenden Auflistung.	✓	

Eigenschaften

Name	Beschreibung	Typ	L/S	02	03
AdjustHeaderRowHeight	*True*, wenn die Zeilenhöhe der Tabellenkopfzeile angepasst werden kann.	B	LS	✓	
DateFormat	Gibt das Datumsformat einer Tabelle zurück oder legt es fest. *PjDateFormat* als Konstante.	L	LS	✓	
Index	Gibt den Index einer Tabelle in der enthaltenen Auflistung zurück.	L	L	✓	
LockFirstColumn	Gibt die Information zurück, ob die erste Spalte einer Tabelle in einer Ansicht gesperrt ist oder legt diese fest.	B	LS	✓	
Name	Gibt den Namen der Tabelle zurück.	S	L	✓	
Parent	*Project*-Objekt	O	L	✓	
RowHeight	Gibt die Zeilenhöhe der angegebenen Tabelle zurück oder legt diese fest.	L	LS	✓	
ShowInMenu	*True*, wenn Project den Namen der Ansicht in der Ansichtsleiste und im Menü *Ansicht* anzeigt.	B	LS	✓	
TableFields	*TableFields*-Objekt, Auflistung der Tabellenfelder	O	L	✓	
TableType	*PjItemType*	L	L	✓	

TableField

Feld einer Vorgangs- oder Ressourcentabelle (Tabellenfeld)

Übergeordnetes Objekt

Table

Methoden

Name und Syntax	Beschreibung	02	03
Delete	Löscht ein Objekt aus der entsprechenden Auflistung der Tabellen.	✓	

Eigenschaften

Name	Beschreibung	Typ	L/S	02	03
AlignData	Textausrichtung in den Spalten (*PjAlignment*: *pjCenter*, *pjLeft* oder *pjRight*)	L	LS	✓	
AlignTitle	Textausrichtung in der Spaltenüberschrift (*PjAlignment*)	L	LS	✓	
Application	*Application*-Objekt von Project	O	L	✓	
AutoWrap	*True*, wenn Zeilen umbrochen werden.	B	LS	✓	
Field	FeldID (*PjField*)	L	LS	✓	
Index	Nummer des Felds in der *TableFields*-Auflistung	L	L	✓	
Parent	*Table*-Objekt des zugehörigen Tabelle	O	L	✓	
Title	Titel des Felds	S	LS	✓	
Width	Breite des Felds in Point	L	LS	✓	

TableFields

Auflistung der Tabellenfelder

Übergeordnetes Objekt

Table

Methoden

Name und Syntax	Beschreibung	02	03
Add	Fügt der Tabelle ein Feld hinzu.	✓	

Eigenschaften

Name	Beschreibung	Typ	L/S	02	03
Application	*Application*-Objekt von Project	O	L	✓	
Count	Anzahl der Felder der Tabelle	L	L	✓	
Item(Index)	*TableField*-Objekt des Feldes mit der Nummer *Index*	O	L	✓	
Parent	*Project*-Objekt des zugehörigen Projektes	O	L	✓	

VBA-Referenz

Tables

Auflistung der Tabellen eines Projektes

Übergeordnetes Objekt

Project

Methoden

Name und Syntax	Beschreibung	02	03
Add	Fügt eine neue Tabelle hinzu.		✓
Copy	Fügt eine neue Tabelle als Kopie einer vorhanden hinzu.		✓

Eigenschaften

Name	Beschreibung	Typ	L/S	02	03
Application	*Application*-Objekt von Project	O	L		✓
Count	Anzahl der Tabellen des Projekts	L	L		✓
Item(Index)	*Table*-Objekt der Tabelle mit der Nummer *Index*	O	L		✓
Parent	*Project*-Objekt des zugehörigen Projektes	O	L		✓

Task

Vorgang

Übergeordnete Objekte

Project, Cell, Selection

Untergeordnete Objekte

Assigments, TaskDependencies, Resources, SplitParts, TimeScaleValues

Methoden

Name und Syntax	Beschreibung	02	03
AppendNotes(Value As S)	Hängt im Feld *Notizen* neuen Text an.		
Delete	Löscht einen Vorgang aus der Auflistung.		▶

Name und Syntax	Beschreibung	02	03
GetField(FieldID As PjField) As S	Wert des Vorgangsfeldes. Handelt es sich bei dem ausgewählten Feld um eine geschätzte Dauer, enthält der Rückgabewert auch das Schätzungszeichen (*PjField*: *pjTaskActualCost, pjTaskActualDuration, pjTaskActualFinish, pjTaskActualOvertimeCost, pjTaskActualOvertimeWork, pjTaskActualStart, pjTaskActualWork, pjTaskACWP, pjTaskAssignmentDelay, pjTaskAssignmentUnits, pjTaskBaselineCost, pjTaskBaselineDuration, pjTaskBaselineDurationEstimated, pjTaskBaselineFinish, pjTaskBaselineStart, pjTaskBaselineWork, pjTaskBCWP, pjTaskBCWS, pjTaskCalendar, pjTaskConfirmed, pjTaskConstraintDate, pjTaskConstraintType, pjTaskContact, pjTaskCost, pjTaskCost1-10, pjTaskCostRateTable, pjTaskCostVariance, pjTaskCreated, pjTaskCritical, pjTaskCV, pjTaskDate1-10, pjTaskDeadline, pjTaskDelay, pjTaskDuration, pjTaskDuration1-10, pjTaskDuration1Estimated-10Estimated, pjTaskDurationVariance, pjTaskEarlyFinish, pjTaskEarlyStart, pjTaskEffortDriven, pjTaskEstimated, pjTaskExternalTask, pjTaskFinish, pjTaskFinish1-10, pjTaskFinishSlack, pjTaskFinishVariance, pjTaskFixedCost, pjTaskFixedCostAccrual, pjTaskFixedDuration, pjTaskFlag1-20, pjTaskFreeSlack, pjTaskGroupBySummary, pjTaskHideBar, pjTaskHyperlink, pjTaskHyperlinkAddress, pjTaskHyperlinkHref, pjTaskHyperlinkScreenTip, pjTaskHyperlinkSubAddress, pjTaskID, pjTaskIgnoreResourceCalendar, pjTaskIndicators, pjTaskIndex, pjTaskIsAssignment, pjTaskLateFinish, pjTaskLateStart, pjTaskLevelAssignments, pjTaskLevelCanSplit, pjTaskLevelDelay, pjTaskLinkedFields, pjTaskMarked, pjTaskMilestone, pjTaskName, pjTaskNotes, pjTaskNumber1-20, pjTaskOs, pjTaskOutlineCode1-10, pjTaskOutlineLevel, pjTaskOutlineNumber, pjTaskOverallocated, pjTaskOvertimeCost, pjTaskOvertimeWork, pjTaskParentTask, pjTaskPercentComplete, pjTaskPercentWorkComplete, pjTaskPredecessors, pjTaskPreleveledFinish, pjTaskPreleveledStart, pjTaskPriority, pjTaskProject, pjTaskRecurring, pjTaskRegularWork, pjTaskRemainingCost, pjTaskRemainingDuration, pjTaskRemainingOvertimeCost, pjTaskRemainingOvertimeWork, pjTaskRemainingWork, pjTaskResourceGroup, pjTaskResourceInitials, pjTaskResourceNames, pjTaskResourcePhonetics, pjTaskResourceType, pjTaskResponsePending, pjTaskResume, pjTaskResumeNoEarlierThan, pjTaskRollup, pjTaskSheetNotes, pjTaskStart, pjTaskStart1-10, pjTaskStartSlack, pjTaskStartVariance, pjTaskStop, pjTaskSubproject, pjTaskSubprojectReadOnly, pjTaskSuccessors, pjTaskSummary, pjTaskSV, pjTaskTeamStatusPending, pjTaskText1-30, pjTaskTotalSlack, pjTaskType, pjTaskUniqueID, pjTaskUniquePredecessors, pjTaskUniqueSuccessors, pjTaskUpdateNeeded, pjTaskVAC, pjTaskWBS, pjTaskWBSPredecessors, pjTaskWBSSuccessors, pjTaskWork, pjTaskWorkContour, pjTaskWorkVariance*).		
LinkPredecessors(Tasks As O, [Link As PjTaskLinkType = pjFinishToStart], [Lag])	Fügt einem Vorgang einen Vorgänger hinzu.		
LinkSuccessors(Tasks As O, [Link As PjTaskLinkType = pjFinishToStart], [Lag])	Fügt einem Vorgang einen Nachfolger hinzu.		

Name und Syntax	Beschreibung	02	03
OutlineHideSubTasks	Blendet die Teilvorgänge des ausgewählten Vorgangs oder der ausgewählten Vorgänge aus.		
OutlineIndent	Stuft einen Vorgang in der Gliederung tiefer.		
OutlineOutdent	Stuft einen Vorgang in der Gliederung höher.		
OutlineShowAllTasks	Blendet alle Sammelvorgänge des Projekts ein.		
OutlineShowSubTasks	Zeigt die Teilvorgänge der ausgewählten Vorgänge an.		
SetField(FieldID As PjField, Value As S)	Legt den Wert des Vorgangsfeldes fest, *PjField* siehe Methode *GetField*.		
Split(StartSplitOn, EndSplitOn)	Unterbricht einen Vorgang und teilt ihn in Abschnitte auf.		
TimeScaleData(StartDate, EndDate, [Type As PjTaskTimescaledData = pjTaskTimescaledWork], [TimeScaleUnit As PjTimescaleUnit = pjTimescaleWeeks], [Count As L = 1]) As TimeScaleValues	*TimeScaleValues*-Objekt, Auflistung der Zeitskalendatenelemente im angegebenen Zeitraum		
UnlinkPredecessors(Tasks As O)	Entfernt die Vorgänger des Vorgangs.		
UnlinkSuccessors(Tasks As O)	Entfernt die Nachfolger des Vorgangs.		

Eigenschaften

Name	Beschreibung	Typ	L/S	02	03
ActualCost	*Aktuelle Kosten*	V	LS		
ActualDuration	*Aktuelle Dauer*	V	LS		
ActualFinish	*Aktuelles Ende*	V	LS		
ActualOvertimeCost	*Aktuelle Überstundenkosten*	V	L		
ActualOvertimeWork	*Aktuelle Überstundenarbeit*	V	L		
ActualOvertimeWorkProtected	*Akt. Überstundenarbeit – Geschützt*, geschützte Ist-Überstundenarbeit	V	LS		✓
ActualStart	*Aktueller Anfang*	V	LS		
ActualWork	*Aktuelle Arbeit*	V	LS		
ActualWorkProtected	*Aktuelle Arbeit – Geschützt*, geschützte Ist-Arbeit	V	LS		✓
ACWP	*IKAA* (Ist-Kosten bereits abgeschlossener Arbeit)	V	L		
Application	*Application*-Objekt von Project	O	L		
Assignments	*Assigments*-Objekt, Auflistung aller Zuordnungen des Vorgangs	O	L		
Baseline*1-10*Cost	*Geplante Kosten1-10*	V	LS	✓	▶

Name	Beschreibung	Typ	L/S	02	03
Baseline*1-10*Duration	*Geplante Dauer 1-10*	V	LS	✓	
Baseline*1-10*DurationEstimated	*Geplante Dauer, geschätzt, 1-10*	V	LS	✓	
Baseline*1-10*Finish	*Geplantes Ende 1-10*	V	LS	✓	
Baseline*1-10*Start	*Geplanter Anfang 1-10*	V	LS	✓	
Baseline*1-10*Work	*Geplante Arbeit 1-10*	V	LS	✓	
BaselineCost	*Geplante Kosten*	V	LS		
BaselineDuration	*Geplante Dauer*	V	LS		
BaselineDurationEstimated	*True, wenn die geplante Dauer eines Vorgangs eine Schätzung ist.*	B	LS		
BaselineFinish	*Geplantes Ende*	V	LS		
BaselineStart	*Geplanter Anfang*	V	LS		
BaselineWork	*Geplante Arbeit, Plan-Arbeit*	V	LS		
BCWP	*SKAA, Soll-Kosten bereits abgeschlossener Arbeit*	V	L		
BCWS	*SKBA, Soll-Kosten der berechneten Arbeit*	V	L		
Calendar	*Vorgangskalender, Name des Vorgangskalender, wenn der Vorgang keinen Kalender hat, wird »Ohne« in der deutschen Version zurückgegeben.*	S	LS		
Confirmed	*Bestätigt, die Ressourcenanfrage(n) für diesen Vorgang wurde(n) angenommen.*	Bolean	L		
ConstraintDate	*Einschränkungstermin*	V	LS		
ConstraintType	*Einschränkungsart (PjConstraint: pjALAP, pjASAP, pjFNET, pjFNLT, pjMFO, pjMSO, pjSNET, pjSNLT)*	V	LS		
Contact	*Kontaktperson, diese Feld für Terminplannotizen ausgewertet. Aus diesem Grunde sollte die Schreibweise derjenigen in Ihrem Outlook-Adressbuch bzw. der Globalen Adressliste des Exchange Servers entsprechen. Trennen Sie mehrere Namen mit einem Semikolon.*	S	LS		
Cost	*Kosten*	V	LS		
Cost*1-10*	*Kosten 1-10*	V	LS		
CostVariance	*Abweichung Kosten, Differenz aus Geplante und (berechnete) Kosten, also Plan- und Soll-Kosten*	V	L		
CPI	*KLI, Kostenleistungsindex*	D	L	✓	
Created	*Erstellt*	V	L		
Critical	*Kritisch*	B	L		▶

Name	Beschreibung	Typ	L/S	02	03
CV	*KA*, Kostenabweichung, (=SKAA-IKAA)	V	L		
CVPercent	*KAP*, Kostenabweichung in Prozent	V	L	✓	
Date1-10	*Datum1-10*	V	LS		
Deadline	*Stichtag*	V	LS		
Duration	*Dauer*	V	LS		
Duration1-10	*Dauer1-10*	V	LS		
Duration1-10Estimated	*True*, wenn das entsprechende benuterdefinierte Feld *Duration1-10 geschätzt* ist. Wird nur für Zwischenpläne benutzt.	B	LS		
DurationVariance	Abweichung Dauer, (= *Geplante Dauer-Dauer*)	V	LS		
EAC	berechnete Kosten (*BK*)	V	L	✓	
EarlyFinish	*Frühestes Ende*	V	L		
EarlyStart	*Frühester Anfang*	V	L		
EarnedValueMethod	Methode zur Ertragswertberechnung (*PjEarnedValueMethod*)	L	LS	✓	
EffortDriven	*Leistungsgesteuert*	B	LS		
EnterpriseCost1-10	*Enterprise-Kosten1-10*	V	LS	✓	
EnterpriseDate1-30	*Enterprise-Datum1-30*	V	LS	✓	
EnterpriseDuration1-10	*Enterprise-Dauer1-10*	V	LS	✓	
EnterpriseFlag1-20	*Enterprise-Attribut1-20*	V	LS	✓	
EnterpriseNumber1-40	*Enterprise-Zahl1-40*	V	LS	✓	
EnterpriseOutlineCode1-30	*Enterprise-Gliederungscode1-30*	V	LS	✓	
EnterpriseProjectCost1-10	*Enterprise-Projekt Kosten1-10*	V	LS	✓	
EnterpriseProjectDate1-30	*Enterprise-Projekt Datum1-30*	V	LS	✓	
EnterpriseProjectDuration1-10	*Enterprise-Projekt Dauer1-10*	V	LS	✓	
EnterpriseProjectFlag1-20	*Enterprise-Projekt Attribut1-20*	V	LS	✓	
EnterpriseProjectNumber1-40	*Enterprise-Projekt Zahl1-40*	V	LS	✓	
EnterpriseProjectOutlineCode1-30	*Enterprise-Projekt Gliederungscode1-30*	V	LS	✓	
EnterpriseProjectText1-40	*Enterprise Projekt-Text1-40*	V	LS	✓	
EnterpriseText1-40	*Enterprise-Text1-40*	V	LS	✓	
Estimated	*Geschätzt*	B	LS		▶

Name	Beschreibung	Typ	L/S	02	03
ExternalTask	*Externer Vorgang*, True, wenn der Vorgang ein Platzhalter für einen Vorgang eines anderen Projekts ist.	B	L		
Finish	*Ende*, berechnetes Ende, also Soll-Ende	V	LS		
Finish1-10	*Ende1-10*	V	LS		
FinishSlack	*Pufferzeit Ende*	V	L		
FinishVariance	*Abweichung Ende*	V	L		
FixedCost	*Feste Kosten*, Fixkosten für den Vorgang	V	LS		
FixedCostAccrual	*Fälligkeit fester Kosten* (*PjAccrueAt: pjStart, pjEnd* oder *pjProrated*)	L	LS		
Flag1-20	*Attribut1-20*	B	LS		
FreeSlack	*Freie Pufferzeit*	V	L		
GroupBySummary	*Gruppenkopf*	B	L		
HideBar	*Vorgangsbalken ausblenden*. True, wenn ein Vorgangsbalken in den Ansichten *Balkendiagramm (Gantt)* oder *Kalender* nicht erscheint.				
Hyperlink	*Hyperlink*, z.B. www.projectfaq.de/vba	S	LS		
HyperlinkAddress	*Hyperlink-Adresse*, z.B. http://www.project-faq.de/vba/	S	LS		
HyperlinkHREF	*Hyperlink-Referenz*, z.B. http://www.project-faq.de/vba/#access	S	LS		
HyperlinkScreenTip	QuickInfo für den Hyperlink	S	LS		
HyperlinkSubAddress	*Hyperlink-Unteradresse*, z.B. *access*	S	LS		
ID	*Nr.*, Vorgangsnummer	L	L		
IgnoreResourceCalendar	*Ressourcenkalender ignorieren*	B	LS		
Index	Nummer des Vorgangs in der *Tasks*-Auflistung	L	L		
LateFinish	*Spätestes Ende*	V	L		
LateStart	*Spätester Anfang*	V	L		
LevelIndividualAssigments	*Abgleichszuordnungen*. True, wenn der Kapazitätsabgleich einzelne Zuordnungen eines Vorgangs einstellen kann. False, wenn alle Zuordnungen eines Vorgangs eingestellt werden, einschließlich derer, die nicht überlastet sind.	B	LS		
LevelingCanSplit	*Abgleich kann unterbrechen*. True, wenn der Kapazitätsabgleich verbleibende Arbeit unterbrechen kann.	B	LS		
LevelingDelay	*Abgleichsverzögerung*, Verzögerung, die aufgrund eines Ressourcenengpasses durch den Kapazitätsabgleich eingefügt wird	V	LS		

▶

Name	Beschreibung	Typ	L/S	02	03
LinkedFields	*Verknüpfte Felder. True*, wenn die Zuordnung, die Ressource oder der Vorgang Felder enthalten, die mit anderen Anwendungen über OLE verknüpft sind.	B	L		
Marked	*Markiert*	B	LS		
Milestone	*Meilenstein*	B	LS		
Name	*Name*, Vorgangsname	S	LS		
Notes	*Notizen*	S	LS		
Number1-20	*Zahl1-20*	D	LS		
Objects	*Objekte*, Anzahl der verküpften OLE-Objekte	L	L		
OutlineChildren	*Tasks*-Objekt, Auflistung der Teilvorgänge des Vorgangs	O	L		
OutlineCode1-10	*Gliederungscode1-10*	S	LS		
OutlineLevel	*Gliederungsebene*	I	LS		
OutlineNumber	*Gliederungsnummer*	S	L		
OutlineParent	*Task*-Objekt des Sammelvorgangs des Vorgangs	O	L		
Overallocated	*Überlastet*	B	L		
OvertimeCost	*Überstundenkosten*	V	L		
OvertimeWork	*Überstundenarbeit*	V	L		
Parent	*Project*-Objekt des zugehörigen Projektes	O	L		
PercentComplete	*% Abgeschlossen*, Fortschritt des Vorgang bis zum *Unterbrechungstermin* bzw. *Wiederaufnahme bezogen* auf die *Dauer*.	V	LS		
PercentWorkComplete	*% Arbeit abgeschlossen*	V	LS		
PhysicalPercentComplete	*Physisch % Abgeschlossen*	V	LS		✓
Predecessors	*Vorgänger*, Trennung der Vorgangsnummern der Vorgänger durch Semikola	S	LS		
PredecessorTasks	*Tasks*-Objekt, Auflistung der vorhergehenden Vorgänge (Vorgänger)	O	L		
PreleveledFinish	*Ende vor Abgleich*	V	L		
PreleveledStart	*Anfang vor Abgleich*	V	L		
Priority	*Priorität*, Wert zwischen 0 und 1000 oder eine der folgenden *PjPriority*-Konstanten: *pjPriorityDoNotLevel* (1000), *pjPriorityHighest* (900), *pjPriorityVeryHigh* (800), *pjPriorityHigher* (700), *pjPriorityHigh* (600), *pjPriorityMedium* (500), *pjPriorityLow* (400), *pjPriorityLower* (300), *pjPriorityVeryLow* (200), *pjPriorityLowest* (100)	L	LS		
Project	*Projekt*	S	L	▶	

Name	Beschreibung	Typ	L/S	02	03
Recurring	*Periodisch*, *True*, bei einem periodischen Vorgang	B	L		
RegularWork	*Reguläre Arbeit*, Differenz aus Arbeit und Überstundenarbeit	V	L		
RemainingCost	*Verbleibende Kosten*, Differenz aus *(berechnete) Kosten* und *Aktuelle Kosten*, also die Rest-Kosten	V	L		
RemainingDuration	*Verbleibende Dauer*, Differnz aus *(berechnete) Dauer* und *aktuelle Dauer*, also die Rest-Dauer	V	LS		
RemainingOvertimeCost	*Verbleibende Überstundenkosten*	V	L		
RemainingOvertimeWork	*Verbleibende Überstundenarbeit*	V	L		
RemainingWork	*Verbleibende Arbeit*, Rest-Arbeit	V	LS		
ResourceGroup	*Ressourcengruppe*, Gruppe, zu der die Ressource gehört; ist dem Vorgang mehr als eine Ressource zugeordnet, dann werden die Gruppen mit einem Semikolon getrennt.	S	L		
ResourceInitials	*Ressourcenkürzel*, Kürzel der Ressource; ist dem Vorgang mehr als eine Ressource zugeordnet, dann werden die Kürzel mit einem Semikolon getrennt.	S	LS		
ResourceNames	*Ressourcennamen*, Name der Ressource; ist dem Vorgang mehr als eine Ressource zugeordnet, dann werden die Namen mit einem Semikolon getrennt.	S	LS		
ResourcePhonetics	*Ressoucen-Lautschrift*	S	L		
Resources	*Ressources*-Objekt, Auflistung aller Ressourcen des Vorgangs	O	L		
ResponsePending	*Antwort steht noch aus. True*, wenn nicht alle Ressourcenanfragen zu diesem Vorgang beantwortet wurden.	B	L		
Resume	*Wiederaufnahme*, Fortsetzungstermin des aktuellen Fortschritts, vgl. Stop (= *Unterbrechungstermin*)	V	LS		
Rollup	*Rollup. True*, wenn die Vorgangsbalken im Sammelvorgang gezeigt werden.	B	LS		
SPI	Planleistungsindex	D	L	✓	
SplitParts	*SplitParts*-Objekt, Auflistung aller Vorgangsabschnitte (verursacht durch Vorgangsunterbrechungen)	O	L		
Start	*Anfang*, berechneter Anfang, also Soll-Anfang	V	LS		
Start1-10	*Anfang1-10*	V	LS		
StartSlack	*Pufferzeit Anfang*	V	L		▶

Name	Beschreibung	Typ	L/S	02	03
StartVariance	*Abweichung Anfang*, Differenz aus *Geplanter Anfang* und *(berechneter) Anfang*	V	L		
Status	Vorgangsstatus (*PjStatusType*: *pjComplete, pjFutureTask, pjLate, pjNoData* oder *pjOnSchedule*)	L	L	✓	
Stop	*Unterbrechungstermin*, Endtermin des aktuellen Fortschritts, vgl. Resume (= *Wiederaufnahmetermin*)	V	LS		
Subproject	*Teilprojektdatei*	S	LS		
SubProjectReadOnly	*Teilprojekt schreibgeschützt*	B	LS		
Successors	*Nachfolger*, Angabe der *Nr.* der nachfolgenden Vorgänge. Mehrere Vorgänge werden mit Semikolon getrennt.	S	LS		
SuccessorsTasks	*Tasks*-Objekt, Auflistung der nachfolgenden Vorgänge	O	L		
Summary	*Sammelvorgang. True*, wenn der Vorgang ein Sammelvorgang ist.	B	L		
SV	*PA*, Planabweichung, (= Soll-Kosten bereits abgeschlossener Arbeit – Soll-Kosten der berechneten Arbeit) = Leistungsabweichung in der deutschen Projektmanagementterminologie	V	L		
SVPercent	*KAP*, Kostenabweichung in Prozent	V	L	✓	
TaskDependencies	*TaskDependencies*-Objekt, Auflistung der Vorgangsabhängigkeiten	O	L		
TCPI	*ALI*, Abschlussleistungsindex	D	L	✓	
TeamStatusPending	*Statusabfragen steht noch aus, True*, wenn mindestens eine Ressource auf die Nachricht zu Status abfragen zu dem Vorgang noch nicht geantwortet hat.	B	L		
Text1-30	*Text1-30*	V	LS		
TotalSlack	*Gesamte Pufferzeit*	V	L		
Type	*Art*, Vorgangsart (*PjTaskFixedType*: *pjFixedUnits, pjFixedDuration* oder *pjFixedWork*)	L	LS		
UniqueID	*Einmalige Nr.*	L	L		
UniqueIDPredecessors	*Einmalige Nr. für Vorgänger*, UniqueID der vorhergehenden Vorgänge, Trennung ggf. durch Semikolon	S	LS		
UniqueIDSuccessors	*Einmalige Nr. für Nachfolger*, UniqueID der nachfolgenden Vorgänge, Trennung ggf. durch Semikolon	S	LS		

Name	Beschreibung	Typ	L/S	02	03
UpdateNeeded	*Aktualisierung erforderlich*, es muss über *Projekt aktualisieren* eine Nachricht an mindestens eine Ressource gesendet werden, da sich der bereits bestätigter Vorgang geändert hat.	B	L		
VAC	*ANA*, Abweichung nach Abschluss, = Differenz zwischen (*berechnete*) *Kosten* und *Geplante Kosten*, umgekehrtes Vorzeigen im Vergleich zu *Abweichung Kosten*	V	L		
WBS	*PSP-Code*	S	LS		
WBSPredecessors	*PSP-Code von Vorgängern*	S	L		
WBSSuccessors	*PSP-Code von Nachfolgern*	S	L		
Work	*Arbeit*, berechnete Arbeit	V	LS		
WorkVariance	*Abweichung Arbeit*, Differenz von Geplanter Arbeit und (berechneter) Arbeit, also Plan- und Soll-Arbeit	V	L		

TaskDependencies

Anordnungsbeziehungen, Art und Zeitabstand der Verküpfung zwischen Vorgängen

Methoden

Name und Syntax	Beschreibung	02	03
Add(From As Task, [Type As PjTaskLinkType = pjFinishToStart], [Lag]) As TaskDependency	Fügt eine neue Anordnungsbeziehung in die Auflistung ein.		

Eigenschaften

Name	Beschreibung	Typ	L/S	02	03
Application	*Application*-Objekt von Project	O	L		
Count	Anzahl der Anordnungsbeziehungen	L	L		
Item(Index)	*TaskDependency*-Objekt mit der Nummer *Index*	O	L		
Parent	*Task*-Objekt des zugehörigen Vorgangs	O	L		

TaskDependency

Anordnungsbeziehung, auch Verknüpfung genannt, zwischen zwei Vorgängen

Methoden

Name und Syntax	Beschreibung	02	03
Delete	Löscht die Anordnungsbeziehung.		▶

Eigenschaften

Name	Beschreibung	Typ	L/S	02	03
Application	*Application*-Objekt von Project	O	L		
From	*Task*-Objekt des Vorgängers	O	L		
Index	Nummer der Anordungsbeziehung in der *TaskDependencies*-Auflistung	L	L		
Lag	Zeitabstand	V	LS		
Parent	*Task*-Objekt des zugehörigen Vorgangs	O	L		
Path	Pfad des Projekts, das den externen Vorgang enthält	S	LS		
To	*Task*-Objekt des Nachfolgers	O	L		
Type	Art der Anordnungsbeziehung (*PjTaskLinkType*)	L	LS		

TaskGroups

Vorgangsgruppierungen; Gruppierungen, die im Gegensatz zu Ressourcengruppierung nur auf Vorgangsansichten angewendet werden können

Methoden

Name und Syntax	Beschreibung	02	03
Add(Name As S, FieldName As S) As Group	Fügt eine Vorgangsgruppierung der *TaskGroups*-Auflistung hinzu.		
Copy(Name As S, NewName As S) As Group	Kopiert eine vorhandene Vorgangsgruppierung.		

Eigenschaften

Name	Beschreibung	Typ	L/S	02	03
Application	*Application*-Objekt von Project	O	L		
Count	Anzahl der Gruppierungen	L	L		
Item(Index)	*Group*-Objekt der Gruppierung	O	L		
Parent	*Project*-Objekt	O	L		

Tasks

Vorgänge, Auflistung aller Vorgänge des Projektes

Methoden

Name und Syntax	Beschreibung	02	03
Add([Name], [Before]) As Task	Fügt einen Vorgang hinzu.		

Eigenschaften

Name	Beschreibung	Typ	L/S	02	03
Application	*Application*-Objekt von Project	O	L		
Count	Anzahl der Vorgänge	L	L		
Item(Index)	*Task*-Objekt des Vorgangs mit der Nummer *Index*	O	L		
Parent	*Project*-Objekt	O	L		
UniqueID(Index As L) As Task	*Task*-Objekt des Vorgangs mit der einmaligen Nummer *Index*	O	L		

TimeScaleValue

Zeitskalendatenelement, das für die Darstellung von Perioden in Einsatzansichten verwendet wird

Methoden

Name und Syntax	Beschreibung	02	03
Clear	Löscht die Anfangs- und Endzeiten des Zeitskalendatenelements.		
Delete	Löscht das Zeitskalendatenelement.		

Eigenschaften

Name	Beschreibung	Typ	L/S	02	03
Application	*Application*-Objekt von Project	O	L		
EndDate	Endtermin des Zeitskalendatenelements	V	L		
Index	Nummer des Zeitskalendatenelements in der Auflistung	L	L		
Parent	Übergeordnetes *Task*-, *Resource*- oder *Assignment*-Objekt	O	L		
StartDate	Anfangstermin des Zeitskalendatenelements	V	L		
Value	Wert des Zeitskalendatenelements	D	LS		

TimeScaleValues

Auflistung der Zeitskalendatenelement (*TimeScaleValue*)

Übergeordnetes Objekt

Project

Untergeordnetes Objekt

TimeScaleValue

Methoden

Name und Syntax	Beschreibung	02	03
Add	Fügt ein neues Zeitskalendatenelement zur Auflistung der *TimeScaleValues* hinzu.		
Clear	Löscht die Anfangs- und Endzeiten des Zeitskalendatenelements.		
Delete	Löscht das Zeitskalendatenelement.		

Eigenschaften

Name	Beschreibung	Typ	L/S	02	03
Application	*Application*-Objekt von Project	O	L		
EndDate	Endtermin des Zeitskalendatenelements	V	L		
Index	Nummer des Zeitskalendatenelements in der Auflistung	L	L		
Parent	Übergeordnetes *Task*-, *Resource*- oder *Assignment*-Objekt	O	L		
StartDate	Anfangstermin des Zeitskalendatenelements	V	L		
Value	Wert des Zeitskalendatenelements	D	LS		

View

Ansicht, kann sowohl eine Vorgangs- als auch Ressourcenansicht sein

Übergeordnetes Objekt

Project

Methoden

Name und Syntax	Beschreibung	02	03
Apply	Aktiviert die Ansicht.	✓	
Delete	Löscht die Ansicht.	✓	

Eigenschaften

Name	Beschreibung	Typ	L/S	02	03
Application	*Application*-Objekt von Project	O	L	✓	
Index	Nummer der Ansicht in der *Views*-Auflistung	L	L	✓	
Name	Name der Ansicht	S	LS	✓	
Parent	*Project*-Objekt des zugehörigen Projektes	O	L	✓	▶

Name	Beschreibung	Typ	L/S	02	03
Screen	*Bildschirm*, Darstellung, die die Ansicht verwendet (*PjViewScreen: pjCalendar, pjGantt, pjNetworkDiagram, pjRelationshipDiagram, pjResourceForm, pjResourceGraph, pjResourceNameForm, pjResourceSheet, pjResourceUsage, pjTaskDetailsForm, pjTaskForm, pjTaskNameForm, pjTaskSheet, or pjTaskUsage*)	L	L	✓	
ShowInMenu	*Anzeige im Menü*. *True*, wenn die Ansicht in Menü *Ansicht* und in der Ansichtsleiste gezeigt wird.	B	LS	✓	
Single	*True*, wenn die Ansicht eine (Einzel-) Ansicht und keine Ansichtskombination ist.	B	L	✓	
Type	Art der Ansicht (*PjItemType: pjOtherItem, pjResourceItem* oder *pjTaskItem*)	L	LS	✓	

ViewCombination

Ansichtskombination, also eine Zusammenfassung von zwei Ansichten in der oberen und unteren Fensterhälfte. Auch geteilte Ansicht genannt.

Übergeordnetes Objekt

Project

Methoden

Name und Syntax	Beschreibung	02	03
Apply	Aktiviert die Ansichtskombination.	✓	
Delete	Löscht die Ansichtskombination.	✓	

Eigenschaften

Name	Beschreibung	Typ	L/S	02	03
Application	*Application*-Objekt von Project	O	L	✓	
BottomView	*ViewSingle*-Objekt der unteren (Einzel-) Ansicht	O	LS	✓	
Index	Nummer der Ansichtskombination in der *Views*-Auflistung	L	L	✓	
Name	Name der Ansichtskombination	S	LS	✓	
Parent	*Project*-Objekt des zugehörigen Projektes	O	L	✓	
Screen	*Bildschirm*, Darstellung, die die Ansicht verwendet (*PjViewScreen*)	L	L	✓	
ShowInMenu	*Anzeige im Menü*. *True*, wenn die Ansicht im Menü *Ansicht* und in der Ansichtsleiste gezeigt wird	B	LS	✓	
Single	Gibt den Wert *False* zurück.	B	L	✓	▶

Name	Beschreibung	Typ	L/S	02	03
TopView	*ViewSingle*-Objekt der oberen (Einzel-) Ansicht	O	LS	✓	
Type	Art der Ansicht (*PjItemType*: *pjOtherItem*, *pjResourceItem* oder *pjTaskItem*)	L	LS	✓	

Views

Auflistung der Ansichten

Übergeordnetes Objekt

Project

Methoden

Name und Syntax	Beschreibung	02	03
Copy(Source, NewName As String) As View	Fügt eine neue Ansicht als Kopie einer vorhandenen hinzu.	✓	

Eigenschaften

Name	Beschreibung	Typ	L/S	02	03
Application	*Application*-Objekt von Project	O	L	✓	
Count	Anzahl der Ansichten	L	L	✓	
Item*(Index)*	*View*-Objekt der Ansicht mit der Nummer *Index*	O	L	✓	
Parent	*Project*-Objekt des zugehörigen Projektes	O	L	✓	

ViewsCombination

Auflistung der Ansichtskombinationen

Methoden

Name und Syntax	Beschreibung	02	03
Add(Name As String, TopView, BottomView, [ShowInMenu As Boolean = False]) As ViewCombination	Fügt eine neue Ansichtskombination hinzu.	✓	
Copy(Source, NewName As String) As View	Fügt eine neue Ansichtskombination als Kopie einer vorhanden hinzu.	✓	

Eigenschaften

Name	Beschreibung	Typ	L/S	02	03
Application	*Application*-Objekt von Project	O	L	✓	
Count	Anzahl der Ansichtskombinationen	L	L	✓	▶

Name	Beschreibung	Typ	L/S	02	03
Item(Index)	*View*-Objekt mit der Nummer *Index*	O	L	✓	
Parent	*Project*-Objekt des zugehörigen Projektes	O	L	✓	

ViewSingle

Im Gegensatz zu einer Ansicht (*View*-Objekt), die auch eine Ansichtskombination sein kann, repräsentiert das *ViewSingle*-Objekt eine (Einzel-) Ansicht.

Methoden

Name und Syntax	Beschreibung	02	03
Apply	Aktiviert die Ansicht.	✓	
Delete	Löscht die Ansicht.	✓	

Eigenschaften

Name	Beschreibung	Typ	L/S	02	03
Application	*Application*-Objekt	O	L	✓	
Filter	*Filter*-Objekt des Filters	O	LS	✓	
Group	*Group*-Objekt der Gruppierung	O	LS	✓	
HighlightFilter	*Hervorheben. True*, wenn der Filter Zeilen, die dem Kritium entsprechend in blau darstellt, anstatt diejenigen, die dem Kriterium nicht entsprechen, auszublenden.	B	LS	✓	
Index	Nummer der Ansicht in der *Views*-Auflistung	L	L	✓	
Name	Name der Ansicht	S	LS	✓	
Parent	*Project*-Objekt des zugehörigen Projektes	O	L	✓	
Screen	*Bildschirm*, Darstellung, die die Ansicht verwendet (*PjViewScreen*)	L	L	✓	
ShowInMenu	*Anzeige im Menü, True*, wenn die Ansicht in Menü *Ansicht* und in der Ansichtsleiste gezeigt wird.	B	LS	✓	
Single	Gibt den Wert *True* zurück.	B	L	✓	
Table	*Table*-Objekt der Tabelle			✓	
Type	Art der Ansicht (*PjItemType: pjOtherItem, pjResourceItem* oder *pjTaskItem*)	L	LS	✓	

ViewsSingle

Auflistung der Einzelansichten

Methoden

Name und Syntax	Beschreibung	02	03
Add(Name As String, [Screen As PjViewScreen = pjGantt], [ShowInMenu As Boolean = False], [Table], [Filter], [Group], [HighlightFilt As Boolean = False]) As ViewSingle	Fügt eine neue (Einzel-) Ansicht hinzu.	✓	
Copy(Source, NewName As String) As View	Fügt eine neue (Einzel-) Ansicht als Kopie einer vorhanden hinzu.	✓	

Eigenschaften

Name	Beschreibung	Typ	L/S	02	03
Application	*Application*-Objekt von Project	O	L	✓	
Count	Anzahl der (Einzel-) Ansichten	L	L	✓	
Item(Index)	*View*-Objekt der Ansicht mit der Nummer *Index*	O	L	✓	
Parent	*Project*-Objekt des zugehörigen Projektes	O	L	✓	

WeekDay

Wochentag

Übergeordnete Objekte
Weekdays

Untergeordnete Objekte
Calendar, Shift

Methoden

Name und Syntax	Beschreibung	02	03
Default	Stellt den Standardwert wieder her.		

Eigenschaften

Name	Beschreibung	Typ	L/S	02	03
Application	*Application*-Objekt von Project	O	L		
Calendar	*Calendar*-Objekt des Wochentags	O	L		▶

Name	Beschreibung	Typ	L/S	02	03
Count	Gibt 1 zurück	I	L		
Index	Nummer des Wochentags	I	L		
Name	Name des Wochentags	S	L		
Parent	*Calendar*-Objekt, übergeordneter Kalender	O	L		
Shift*1-5*	*Shift*-Objekt, Schicht 1-5 des Wochentages	O	L		
Working	*True*, wenn der Wochentag Arbeitszeit ist, *False*, wenn der Wochentag arbeitsfrei ist.	B	LS		

WeekDays

Auflistung der Wochentage

Eigenschaften

Name	Beschreibung	Typ	L/S	02	03
Application	*Application*-Objekt von Project	O	L		
Count	Anzahl der Wochentage	I	L		
Item(Index)	*Weekday*-Objekt mit der Nummer *Index*	O	L		
Parent	*Calendar*-Objekt des zugehörigen Kalenders	O	L		

Window

Fenster, in dem Project ein Projekt darstellt

Methoden

Name und Syntax	Beschreibung	02	03
Activate	Aktiviert das Fenster.		
Close	Schließt das Fenster.		
Refresh	Aktualisiert das aktive Fenster.		✓

Eigenschaften

Name	Beschreibung	Typ	L/S	02	03
ActivePane	*Pane*-Objekt der aktiven Fensterhälfte	O	L		
Application	*Application*-Objekt von Project	O	L		
BottomPane	*Pane*-Objekt der unteren Fensterhälfte	O	L		
Caption	Titel des Fensters	S	LS		
Height	Höhe des Fensters	L	LS		
Index	Nummer des Fensters in der *Windows*-Auflistung	V	L		

▶

Name	Beschreibung	Typ	L/S	02	03
Left	Linke Position des Fensters	L	LS		
Parent	*Application*-Objekt von Project	O	L		
Top	Obere Position des Fensters	L	LS		
TopPane	*Pane*-Objekt der oberen Fensterhälfte	O	L		
Visible	Sichtbar	B	LS		
Width	Breite des Fensters	L	LS		
WindowState	Status des Fenster (*PjWindowState*: *pjNormal*, *pjMinimized* oder *pjMaximized*)	L	LS		

Windows

Auflistung der Fenster

Eigenschaften

Name	Beschreibung	Typ	L/S	02	03
ActiveWindow	*Window*-Objekt des aktiven Fensters	O	L		
Application	*Application*-Objekt von Project	O	L		
Count	Anzahl der Fenster	L	L		
Item(Index)	*Window*-Objekt des Fensters mit der Nummer *Index*	O	L		
Parent	*Application*-Objekt von Project	O	L		

Windows2

Fenster für die Verwendung mit .NET

Übergeordnetes Objekt

Application

Untergeordnetes Objekt

Window

Eigenschaften

Name	Beschreibung	Typ	L/S	02	03
ActiveWindow	Gibt das *Window*-Objekt des aktiven Fensters zurück.				✓
Application	*Application*-Objekt von Project				✓
Count	Anzahl der Fenster				✓ ▶

Name	Beschreibung	Typ	L/S	02	03
Item(Index)	Gibt das *Window*-Objekt des Fensters mit der Nummer *Index* zurück.				✓
Parent	Übergeordnetes *Application*-Object				✓

Year

Jahr eines Kalenders

Methoden

Name und Syntax	Beschreibung	02	03
Default	Stellt den Standardwert für das Jahr wieder her.		

Eigenschaften

Name	Beschreibung	Typ	L/S	02	03
Application	*Application*-Objekt von Project	O	L		
Calendar	*Calendar*-Objekt	O	L		
Count	Anzahl der Tage des Jahres	I	L		
Index	Nummer des Jahres, Jahreszahl, z.B. 2004	I	L		
Months	*Months*-Auflistung des Jahres	O	L		
Name	Name des Jahres	S	L		
Parent	*Calendar*-Objekt	O	L		
Shift1-5	*Shift*-Objekt, Schicht1-5	O	L		
Working	*True*, Arbeitszeit, *False*, wenn arbeitsfreie Zeit.	B	LS		

Years

Auflistung aller Jahre eines Kalenders

Eigenschaften

Name	Beschreibung	Typ	L/S	02	03
Application	*Application*-Objekt von Project	O	L		
Count	Anzahl der Jahre des Kalender (= 66)	I	L		
Item(Index)	*Year*-Objekt des Kalenders mit der Nummer *Index* (= Jahreszahl)	O	L		
Parent	*Calendar*-Objekt des zugehörigen Kalenders	O	L		

B Literaturverzeichnis

Baetge, Jörg (1992): Überwachung, in: Bitz, Michael/Dellmann, Klaus/Domsch, Michel/Egner, Henning (Hrsg.): Vahlens Kompendium der Betriebswirtschaftslehre, Bd. 2, 3. Aufl., München, S. 175-218

Biafore, Bonnie (2002): Troubleshooting Microsoft Project 2002, Redmond

Chefetz, Gary (2003): Implementing Enterprise Portfolio Management with Microsoft Project Server 2002, New York

Chatfield, Carl/Timothy, Johnson (2002): Microsoft Project 2002. Schritt für Schritt, Unterschleißheim

Coenenberg, Adolf (1999): Kostenrechnung und Kostenanalyse, 4. akt. Aufl., Landsberg/Lech

Dellmann, Klaus (1992): Kosten- und Leistungsrechnung, in: Bitz, Michael/Dellmann, Klaus/Domsch, Michel/Egner, Henning (Hrsg.): Vahlens Kompendium der Betriebswirtschaftslehre, Bd. 2, 3. Aufl., München, S. 315-404

Fiedler, Rudolf (2003): Controlling von Projekten. Projektplanung, Projektsteuerung und Projektkontrolle, 2. Aufl., Wiesbaden

Lomnitz, Gero (2001): Multiprojektmanagement, Projekte planen, vernetzen und steuern, München

GPM/RKW (2001): Projektmanagement-Fachmann, 6. Auflage, Eschborn

Hilb, Martin (2003): Integriertes Personal-Management. Ziele – Strategien – Instrumente, Neuwied/St. Gallen

Hirschsteiner, Günter (2002): Einkaufs- und Beschaffungsmanagement, Ludwigshafen

Hirzel, Matthias/Kühn, Frank/Wollmann, Peter (2002): Multiprojektmanagement. Strategische und operative Steuerung von Projekteportfolios, Frankfurt

HOAI (2002): Verordnung über die Honorare für Leistungen der Architekten und Ingenieure: Honorarordnung für Architekten und Ingenieure, 5. Auflage, Stuttgart/Berlin/Köln

Lachnit, Laurenz (1994): Controllingkonzeption für Unternehmen mit Projektleistungstätigkeit. Modell zur systemgestützten Unternehmensführung bei auftragsbezogener Einzelfertigung, Großanlagenbau und Dienstleistungsgroßaufträgen, München

Michel, Reiner (1993): Taschenbuch Projektcontrolling. Know-how der Just-in-time-Steuerung, Heidelberg

Reister, Steffen/Jäger, Matthias (2002): Microsoft Project 2002. Das Handbuch, Unterschleißheim

Reister, Steffen/Jäger, Matthias (2004): Microsoft Project 2003. Das Handbuch, Unterschleißheim

Stover, Teresa S. (2002): Microsoft Project Version 2002 Inside Out, Redmond

Pyron, Tim et al. (2002): Using Microsoft Project 2002, Indianapolis

VZPM (Verein zur Zertifizierung im Projektmanagement Switzerland) (2000): Beurteilungsstruktur IPMA Ebenen B, C und D; Swiss National Competence Baseline, Glattbrugg

C Inhalt der Buch-CD

583 Beispieldateien aus Kapitel 11
584 Beispieldateien aus Kapitel 12
584 Testversion von Project 2003

Auf der dem Buch beigefügten CD-ROM finden Sie die Beispieldateien zu den Entwickler-Kapiteln 11 und 12 sowie eine Testversion von Microsoft Project Professional 2003 und Microsoft Project Server 2003.

ACHTUNG Beachten Sie auch die Hinweise zur Handhabung der Beispiel- und Übungsdateien im jeweiligen Kapitel.

Für die meisten Beispiele ist es grundsätzlich von Vorteil, wenn Sie den jeweiligen Ordner von der CD-ROM auf die Festplatte Ihres PC kopieren und eventuell vorhandene Schreibschutz-Attribute von den Dateien entfernen:

1. Markieren Sie dazu die kopierte(n) Datei(en).
2. Klicken Sie mit der rechten Maustaste in die Markierung und wählen aus dem Kontextmenü den Befehl *Eigenschaften*.
3. Deaktivieren Sie (falls erforderlich) das Kontrollkästchen für den Schreibschutz und klicken dann auf *OK*.

Beispieldateien aus Kapitel 11

Tabelle C.1:
Beispieldateien
aus Kapitel 11

Ordner	Datei	Kurzbeschreibung
Buch/KAP11	KAP11_01.mpp	Beispiele zum *Application*-Objekt
Buch/KAP11	KAP11_02.mpp	Beispiele zum *Application*-Objekt
Buch/KAP11	KAP11_03.mpp	Beispiele zum *Project*-Objekt, zur Zeitskala und zum Balkendiagramm
Buch/KAP11	KAP11_04.mpp	Beispiele für Hauptprojekte
Buch/KAP11	KAP11_05.mpp	Beispiele zum *Task*-Objekt
Buch/KAP11	KAP11_06.mpp	Beispiele für Vorgangsunterbrechungen und Kosten
Buch/KAP11	KAP11_07.mpp	Beispiele für Wertelisten und Filter
Buch/KAP11	KAP11_08.mpp	Beispiele für Ereignisbehandlung ▶

Ordner	Datei	Kurzbeschreibung
Buch/KAP11	KAP11_09.mpp	Beispiel zur Darstellung von Webseiten innerhalb von Project
Buch/KAP11	CustomWrapper.htm	Dateien für *KAP11_09.mpp*
Buch/KAP11	CustomWrapper.js	Dateien für *KAP11_09.mpp*

Beispieldateien aus Kapitel 12

Ordner	Dateiname	Beschreibung
Buch/KAP12	KAP12_Outlook_Project.mpp	Project-Vorgänge als Outlook-Aufgaben, -Termine oder -Notizen exportieren
Buch/KAP12	KAP12_PowerPoint_Project.mpp	PowerPoint-Präsentation aus Project erstellen
Buch/KAP12	KAP12_ERP_KostenImport.mpp	Kostenimport aus einem ERP-System in Project
Buch/KAP12	KAP12_T_Kostenimport.sql	Datei für *KAP12_ERP_KostenImport.mpp*
Buch/KAP12	KAP12_Kostenverteilung.mpp	Differenzierte Planung nicht ressourcengesteuerter Kosten

Tabelle C.2: Beispieldateien aus Kapitel 12

Testversion von Project 2003

Die CD-ROM enthält eine 120 Tage lauffähige Testversion von Project 2003. Zur Installation gehen Sie wie in ▶ Kapitel 8 beschrieben vor. Beachten Sie hierzu ebenfalls das ▶ Kapitel 8. Im Einzelnen finden Sie auf der CD-ROM:

Ordner	Dateiname	Komponente
PRO	SETUP.EXE	Installationsprogramm für Project Professional
PRO\DOCS	PJDB.HTM	Übersicht über das Project/Project Server-Datenbankmodell (Project-Tabellen)
PRO\DOCS	PJOLEDB.HTM	Beschreibung des OLE DB-Datenformats
PRO\DOCS	PJREADME.HTM	Datei mit wichtigen Hinweisen zu Project
PRO\DOCS	PJSETUP.HTM	Project-Installationshandbuch
PRO\DOCS	PJXML.CHM	XML-Schema-Beschreibung von Project
SVR	SETUP.EXE	Installationsprogramm für Project Server
SVR\SUPPORT\WSSWIZ	WSSWIZ.EXE	SharePoint-Konfigurations-Assistent
SVR\DOCS	PJSVR.CHM	Project Server-Installationshandbuch
	PJSVRDB.HTM	Übersicht über das Project Server-Datenbankmodell (außer Project-Tabellen)
	PSREADME.HTM	Datei mit wichtigen Hinweisen zu Project Server

Tabelle C.3: Testversion von Project 2003

Stichwortverzeichnis

$ (Dollar) 451
% Abgeschlossen 566
% Arbeit Abgeschlossen 88
% Arbeit abgeschlossen 516, 552, 566
%-Abgeschlossen 463
'Start' anzeigen 314
1:n-Kommunikation 225
3D Säulen 323
3D-Säulendiagramm 205

A

Abgelehnt 87
Abgleich kann unterbrechen 565
Abgleichsoptionen 490
Abgleichsverzögerung 331, 515, 565
Abgleichsverzögerungen 489
Abgleichszuordnungen 565
Ablehnen 64
Abnahme 58
Abonnement 329
Abonnent 58
About 474
Abschließen 2
Abschließende Prozesse 2
Abschließenden Prozesse 58
Abschlussleistungsindex 568
Absendeadresse 239
Absenderadresse 247
Absturz 341
Absturz beim Speichern eines Projektes 341
Abteilungsleiter 122, 177, 311
Abweichung 300
    Ende 140
    Gesamt- 134
    Kosten 138
    prospektiv 133
    retroperspektiv 133
    rückblickend 133
    vorausschauend 133
    Zwischenplan 51
Abweichung Anfang 516, 568
Abweichung Arbeit 517, 553, 569
Abweichung Dauer 564
Abweichung Ende 515, 565
Abweichung Kosten 514, 550, 563
Abweichungsanalyse 53, 114, 133, 137, 140

Abwesenheitsprojekt 97
Abwesenheitszeiten 16, 27, 306
AcceptNewExternalData 494, 538
Access 364
AccrueAt 549
Acitivity Duration Estimating 13
Acronis True Image 344
Activate 474, 510, 533, 537, 577
ActivateMicrosoftApp 474
Active Directory 222, 253, 261, 308, 353
    Benutzer und -Computer 270
Active Server Pages 232
ActiveCell 397, 431, 505
ActivePane 380, 533, 577
ActiveProfile 536
ActiveProject 366, 369, 373–374, 376–377, 380–383,
    385, 387–388, 390–392, 394, 396, 399, 402, 414, 417
ActiveSelection 415–416, 505
ActiveSync 464
ActiveWindow 366–367, 380–381, 505
ActiveX 405–406
ActiveX view control. 405
ActiveX-Control 256, 270, 337
Activity 3
Activity Duration Estimates 24
Activity Sequencing 12
Actual Cost 134–135
ActualCost 513, 549, 562
ActualDuration 562
ActualFinish 502, 513, 562
ActualOvertimeCost 514, 549, 562
ActualOvertimeWork 514, 549, 562
ActualStart 502, 514
ActualWork 514, 549
ActualWorkProtected 514, 562
ACWP 134–135, 514, 549, 562
Add 387, 517, 521, 526, 531, 536, 554, 556, 559–560,
    569, 574
AddChild 529
Add-In 66, 447
    SetHolidays 278
Add-In Termine anpassen 177
Add-Ons 447
AddProgressLine 474
AddTextbox 422
AdjustHeaderRowHeight 558
ADM-Datei 270
ADM-Dateien 253
Administration 310, 313

Administration *(Fortsetzung)*
    Aufwand 255
Administrationsportnummer 354
Administrationsprojekt 306
Administrationsprojekte erstellen 315
Administrationsprozesse 208
Administrative Closure 58
Administrativen Abschluss 58
administrativen Prozesse
    Entwurf 213
Administrator 195, 249
    Project Server 249
Administratoren 222, 224, 311, 333
    Berechtigungen 328
    Konten synchronisieren 328
ADO 433
ADODB.Connection 429
ADODB.Recordset 429
Adressbuch 261, 497
Akt. Überstundenarbeit - Geschützt 514
Aktionen-Menü 256
Aktionsliste 55, 75
Aktivitäten 3
    Reihenfolge 15
    Schätzung der Dauer 13
Aktualisierung erforderlich 517, 553, 569
Aktualisierungsrate 269
Aktualisierungsseite 46
Aktuelle Arbeit 44, 463, 483, 514, 549, 562
Aktuelle Arbeit - Geschützt 514, 562
Aktuelle Dauer 140, 562
Aktuelle Kosten 135, 549, 562
Aktuelle Überstundenarbeit 483, 514, 549, 562
Aktuelle Überstundenarbeit - Geschützt 514
Aktuelle Überstundenkosten 514, 549, 562
Aktuelle Vorgänge 65
Aktuelle Werte anpassen 312, 314
Aktuelle Werte anpassen anzeigen 314
Aktuelle Woche 165–166
Aktueller Anfang 170, 514, 562
Aktuelles Datum 164–166, 170
Aktuelles Ende 513, 562
Alerts 474
ALI 568
AlignData 559
AlignTitle 501, 559
Allerheiligen 278
Allgemeine Optionen 275, 303
Allgemeine Projektvorlage 277
Allocatus 67
AllowTaskDelegation 495, 538
Amortisationsrechnung 132
Ampelfarben 281
Ampelindikationen 279
Ampelindikatoren 55, 134, 137
AMText 505
ANA 517, 553, 569
Analyse 461
Analysis Manager 338
Analysis Server 206

Analysis Services 230, 329
    Benutzerverwaltung 470
Anbieterauswahl 108
Änderungsanforderung 56
Änderungssymbol 48, 111
AndMoveCompleted 492, 538
AndMoveRemaining 492, 538
Anfang 44, 151–156, 165–166, 169, 171, 175–176, 332, 463, 516, 567
Anfang vor Abgleich 566
Anfang1-10 516, 553, 567
Anfangslastig 436
Anfrage 470
Angebotseinholung 40
Angebotsplanung 7, 23
Anlagen
    freigegebene 30
Anleitungen 224
Anmelden 313
Anordnungsbeziehung 14, 569
Anordnungsbeziehungen 467, 490, 569
Anreiz 111
Anreizsystem 132
Anschluss 247
Ansicht 292, 575
    Arten 316–317
    ausgeblendete 293
    Bildschirm 293
    Druck- 293
    Einsatz- 297
    Enterprise- 292
    hinzufügen 317
    -kombinationen 292
    löschen 264
    Name 317
    Portfolio-Analysierer- 321
    Project Center- 318
    Ressource
        Grafik 445
    Ressourcen- 292
    Standard- 292
    verwalten 317
    Vorgangs- 292, 297
    Zuordnungs- 321
Ansicht: Balkendiagramm 33
Ansichten 314, 390, 396, 405–406, 574
    Portfolio Analysierer- 230
Ansichten verwalten 313
Ansichtentabellen 244
Ansichtskombination 462, 502, 573–574
Ansichtskombinationen 574
Ansichtsleiste 502
Ansichtsoptionen 63
AnswerWizard 505
Antwort steht noch aus 516, 553, 567
Antwortadresse 239
Anwender 222
Anwendungsdaten 277
Anwendungspool 234, 237
    Sicherheitskonto 237

Anwendungsserver 231
Anzeigeoption 540
Anzeigeoptionen 304
AppendNotes 513, 537, 547, 560
AppExecute 474
Application 365–369, 371–373, 377, 383–384, 390,
    400–403, 407–408, 474, 505, 514
Application Sharing 225
ApplicationBeforeClose 510
Applikationsname 377
Apply 525, 572–573
AppMaximize 474
AppMinimize 474
AppMove 474
AppointmentItem 415
AppRestore 474
Arbeit 26, 43, 46, 59, 63, 94, 517, 553, 569
    % Abgeschlossen 88
    aktuelle 46, 72
    Arbeitspaket 59
    berechnete 46, 63, 296
    Gesamt- 74, 78
    Ist- 72, 80, 300
    Ist-Kosten abgeschlossene 134–135
    Mehrarbeit 75
    Mehrleistung 136
    Plan- 44
    Rest- 72, 80, 138, 300
    Soll-Kosten abgeschlossene 135
    Soll-Kosten berechnete 134–135
    Verbl. Arbeit 78
    verbleibende 46, 72, 74–75
    zugeteilte 296
Arbeitsaufwand 43
Arbeitsbereich
    Dokument- 30
Arbeitserleichterung 363
arbeitsfreie Zeiten 501
Arbeitsgruppe 314, 353, 553
Arbeitsgruppen
    Vorlagen 276
Arbeitsgruppennachrichten 490
Arbeitspaket 23
Arbeitspakete 133
    ablehnen 62
    aktuelle 65
Arbeitsplätze 467
Arbeitsprofil 517
Arbeitsrahmen
    überschritten 52
Arbeitsrahmen überschritten 300
Arbeitstag 15
Arbeitstage ändern 315
Arbeitszeit 15
    ändern 15
Arbeitszeit ändern 278, 475, 478
Arbeitszeittabelle 57, 59, 62, 64, 111, 119, 140, 316, 466
Arbeitszeittabelle anzeigen 315
Arbeitszeittabelle für Ressourcen genehmigen 312
Arbeitszeittabellen für Ressourcen genehmigen 315

Arbeitzeiten
    nichtprojektbezogene 466
Architektur 213
Area 405
Array 396
Art 265, 298, 516, 553, 568
Ascending 527
AskForCompletedWork 538
AskToUpdateLinks 505
ASP.NET 231
AssignCost 435
Assignment 513, 527
Assignments 517, 549, 562
Assistant 366, 505
Asynchrone Kommunikationsmedien 225
Attribut1-20 515, 551, 565
Audiokonferenz 224
Audit 58–59, 114
Audits 137
Aufgabe 3, 148
Aufgabenanfragen 62
Aufgabenbereich 7, 38
Aufgabenliste 59
Aufgabenverschiebung 227
Auflistungen 373
Aufstieg 227
Aufwand 43
    Gesamtaufwand 46
    Ist-Aufwand 46
    Rest- 75, 78
    Rest-Aufwand 46
Ausblenden 70
Auschecken 36, 89
Ausführen 2
Ausführende 225
Ausführungsprozesse 2, 59–60
Ausschreibung 108
Ausschreibung und Verhandlung 40
Auswahllistenname 347
Auswertungen 18
Authentifizierung 536
    SQL Server- 230
    Windows- 230
Author 377
AutoAddResources 493, 538
AutoCAD-Zeichnung 5
AutoCalcCosts 492, 538
AutoClearLeveling 505
AutoCorrect 474
AutoFilter 50–51, 121, 128, 160, 165, 196, 474, 493, 506, 538
AutoLevel 505
AutoLinkTasks 538
AutomaticallyFillPhoneticFields 505
AutomationSecurity 505
Autor 377
Autorisierung 3
AutoSplitTasks 538
AutoTrack 492, 494, 538
AutoWrap 559

Availabilities 518, 549
Availability 518
AvailableFrom 518–519, 549
AvailableTo 518–519, 549
AvailableUnit 518–519
Azubi 307

B

Baan 427
Backup Exec 347, 351
   SQL Server-Agent 344
Backup-Laufwerk 345
Balanced Scorecard 133, 318
Balkenart 295–296, 498
Balkenarten 184–185
Balkenarten drucken
   * 299
Balkendiagramm 15, 156, 161, 170, 179, 184, 205
   (Gantt) 293
   Abgleich 331
   Einzelheiten 332
   Format 316, 318, 330
   Gantt 154, 156–157, 165, 173, 179, 181–184
   Überwachung 35, 48, 56, 295, 331
BarBoxFormat 474
BarBoxStyles 474
BarRounding 475
BaseCalendar 498, 519–520, 549
BaseCalendarCreate 475
BaseCalendarDelete 475
BaseCalendarEditDays 475
BaseCalendarRename 475
BaseCalendarReset 475
BaseCalendars 475, 538
Baseline1-10Cost 514
Baseline1-10Finish 514
Baseline1-10Start 514
Baseline1-10Work 514
BaselineClear 475
BaselineCost 514, 549, 562–563
BaselineDuration 563
BaselineDurationEstimated 563
BaselineFinish 514, 563
BaselineSave 475
BaselineSavedDate 539
BaselineStart 514, 563
BaselineWork 514, 549, 563
Basiskalender 263, 475, 549
Basisplan 51, 279
   speichern 34
Basisplan speichern 314
Baupläne 329
BCWP 135, 514, 549, 563
BCWS 134–135, 514, 549, 563
Bearbeitungsoptionen 493
Bearbeitungsoptionen für Microsoft Project 274
Bedarf 122, 147, 186–187
Befehlsdateien 346

BeforeClose 537
BeforePrint 537
BeforeSave 537
Befragung 138
Beispieldaten 243
Benachrichtigungen 58
Benachrichtigungs-E-Mail 466
Benutzer 310
   Authentifizierung 316
   Gruppen 310, 317
   hinzufügen 256
   Konfiguration 277
   Name 257, 259
   Profil 277, 292
Benutzer und Gruppen verwalten 313
Benutzerdefiniert 1 313
Benutzerdefiniert 2 314
Benutzerdefiniert 3 314
Benutzerdefinierte Eigenschaften 280
Benutzerdefinierte Felder
   löschen 264
benutzerdefinierte Menüs 343
Benutzerinformation 242
Benutzername 377, 536
Benutzerprofils 336
Berater 207
Berechnen 161, 166, 196
Berechnete Arbeit 63
   anzeigen 65
berechnete Kosten 138
Berechnete Termine 297
berechnetes Ende 565
Berechnungsoptionen 492
Berechtigungen 310, 312, 470
   globale 310
Bereichsleiter 131
Bereitstellungsprozesse 208
   Entwurf 213
Bereitstellungswerkzeuge
   Entwurf 213
Bericht 497
   löschen 264
Berichte 35, 497
Berichtsformate 18
Berichtswesen 43
Berufserfahrung 223
Beschaffung des Projektpersonals 7, 27
Beschaffung von Projektpersonal 23
Beschaffungsplanung 7, 23, 96
Beschreibung des Ressourcenbestandes 24
Besprechungen 12, 27, 43, 56
Bestätigt 514, 549, 563
Betreuungsintensität 226
Betriebsrat 129
Betriebssystem 229
Betriebssysteme 211
Betriebsverfassungsgesetz 128–129
Beziehungsbeschreibung 76
Beziehungsdiagramm 293
Bezugsquellen
   Auswahl 40

BGB 58
Bild 281
Bild zu Office-Assistenten kopieren 458
Bildschirm 575
BI-Portal 471
Black Belt 223
Blasendiagramm 203
Blue Belt 223
BMP 30
Body 414–416, 418
BookingType 514
Boolean 404
Bootdisk 350
BottomPane 533, 577
Bottom-up Estimating 32
Bottom-up Schätzung 32
BoxAlign 475
BoxCellEdit 475
BoxCellLayout 475
BoxDataTemplate 476
BoxFormat 476
BoxGetXPosition 476
BoxGetYPosition 476
BoxLayout 476
BoxLinkLabelsShow 476
BoxLinks 476
BoxLinkStyleToggle 477
BoxProgressMarksShow 477
BoxSet 477
BoxShowHideFields 477
BoxStylesEdit 477
BoxZoom 477
Branchenstandard 224
Branchenübergreifender Standard 224
break 408
Briefsymbol 45
Bubble Chart 204
Bücher 225
Buchung 121
    angefragt 122
    genehmigt 122
Buchungstyp 102, 122, 514
Budget 428
Budgetanalyse 134
Budgetcontrolling 321
Budgeted Cost
    of Work Performed 135
    of Work Scheduled 134
Budgeteinhaltung 140
Budgetierung 17, 23, 34, 467
Budgetnummer 429
Budgetplanung 434
Bugliste 75
BuiltinDocumentProperties 382, 421, 539
ByVal 402, 404–405

C

Cache 400
Calculate 274, 305
CalculateAll 477
CalculateProject 477
Calculation 505
Calendar 274, 440, 480, 496, 501, 519–520, 524, 530, 535, 537, 539, 547, 549, 563, 576–577, 579
CalendarBarStyles 477
CalendarBarStylesEdit 477
CalendarBestFitWeekHeight 477
CalendarDateBoxes 477
CalendarDateShading 477
CalendarDateShadingEdit 478
CalendarLayout 478
Calendars 520
CalendarShowBarSplits 478
CalendarTaskList 478
CalendarTimescale 478
CalendarWeekHeadings 478
Cancel 404, 524
CanLevel 549
Capability Maturity Model 207
CAPM 223
Caption 366–367, 371–372, 379, 412, 505, 577
catch 408
Categories 415–417
Category 377
CD/DVD-Brenner 345
Cell 365, 475, 505, 520, 560
CellColor 527
CellDragAndDrop 505
Certified Associate in Project Management 223
Change Requests 56
ChangeWorkingTime 478
Chat 224
CheckField 478
CheckIn 478
CheckOut 478
CHF (Schweizer Franken) 451
Christi Himmelfahrt 278
Clear 555
Client
    Einstellungen 270, 272
    Optionen 272
Client-Komponenten 217
Closing 2
cmd 234
CMM 207
cMSPCostView 433
CMW-Dateien 253
Coaching 216, 225–226
Code 549
    als erforderlich definieren 288
    Auswahl 288
    generische Ressourcen 286
Codeformat
    definieren 284
Codeformat definieren 9
CodeMask 521, 532
CodeMaskLevel 522
CodeName 539
ColumnAlignment 478
ColumnBestFit 478
ColumnDelete 478

ColumnEdit 478
ColumnInsert 478
COM+-Komponenten 339
COMAddIn 366
COM-Add-Ins 270, 447–448
　　Dialog 448
COMAddIns 505
COMAddInsDialog 478
Commandbar 366
CommandBarButton 371, 379
CommandBars 412, 505, 539
Communication Planning 36
Company 377
COMplus-Komponenten 338
Confirmed 514, 549, 563
Connection 429
ConnectionState 536
ConsolidateProjects 384–385, 478
ConstraintDate 563
ConstraintType 563
constTaskFormContentPage 408
Contact 563
Container 272, 539
Contract Administration 40, 108
Contract Closeout 58, 114
Controller 131–132, 279
Controlling 2
Controlling Processes 43
Controls 442
ConvertHangulToHanja 479
Copy 525, 560, 574
Cost 514, 563
Cost Baseline 23
Cost Budgeting 23, 34
Cost Estimates 32
Cost Estimating 23, 32
Cost Variance 135
Cost1-10 549, 563
CostPerUse 534, 550
CostRateTable 514, 522–523, 533–534, 547
CostRateTables 523, 550
CostVariance 514, 550, 563
Count 373, 384, 390, 394–395, 397, 518, 520
CPM 162
Created 563
CreateItem 414
CreateObject 414–415, 417, 420
CreateWebAccount 479
CreationDate 539
Critical 563
Critical Path Method 162
Cube 195, 267, 329, 470
Cubes 361
　　offline 472
Cubestatus 269
Currency 396
CurrencyDigits 494, 539
CurrencySymbol 494, 539
CurrencySymbolPosition 539
CurrentDate 496, 539

CurrentFilter 539
CurrentGroup 539
CurrentTable 539
CurrentView 539
Curves 435
CustomDocumentProperties 374–377, 379–382, 539
CustomFieldGetFormula 479
CustomFieldGetName 479
CustomFieldIndicatorAdd 479
CustomFieldIndicatorDelete 479
CustomFieldIndicators 479
CustomFieldProperties 479
CustomFieldRename 479
CustomFieldSetFormula 479
CustomFieldValueList 479
CustomFieldValueListAdd 399, 480
CustomFieldValueListDelete 480
CustomFieldValueListGetItem 480
CustomForms 480
CustomizeField 480
CustomizeIMEMode 480
CustomOutlineCodeEdit 480
CustomWrapper 407–408
CustomWrapper.htm 407
CV 135, 514, 550, 564
CyProj 464
cyProj 463

D

Darbietungsform 225
Data Transformation Services 470
Database Creators 244
DatabaseProjectUniqueID 539
Date1-10 550, 564
DateAdd 480
DateDiff 421, 426
DateDifference 480
DateFormat 475, 480, 487, 494, 501, 558
Datei 275
　　Eigenschaften 375, 377–378
Datei einchecken 90
Datei_Aktualisieren 462
Datenbank 229
　　Namen 353
　　OLAP 338
　　Servername 354
Datenbankinformationen 354
Datenbankkapazitätseinstellungen 355
Datenbankrolle 358
Datenbankserver 211, 235, 244
Datenbankservereinstellungen 355
Datenbankverbindung 430
Datenblatt 54
Datenfeld 396
DateOrder 505
DateSeparator 505
DateSubtract 480

Datum
    aktuelles 295, 299
    heute 155, 166
Datum1 156, 166, 169–170
Datum1-10 514, 550, 564
Datumsfeld 155–156, 170
Datumsfelder 394
Datumsformat 151, 156
    YYYY-MM-DD 151
Datumsformel 170
Dauer 13, 26, 43, 161–162, 166, 169, 174–175, 564
    Aktuelle 140
    geschätzt 160
    Ist- 140
    Rest- 140
    Verbleibende 140
    voraussichtliche 13
Dauer_Formatierung 462
Dauer1-10 515, 550, 564
Day 523, 530–531, 555
DayLabelDisplay 493, 539
DayLeadingZero 505
Days 524, 531
DaysPerMonth 492, 539
db_owner 230
DDEExecute 480
DDEInitiate 480
DDELinksUpdate 480
DDEPasteLink 480
DDETerminate 480
Deactivate 537
Deadline 17, 161, 564
DecimalSeparator 505
Deckungsbeitrag
    periodenbezogen 132
Default 535
Default Domain Policy 270
DefaultAutoFilter 506
DefaultDateFormat 506
DefaultDurationUnits 539
DefaultEarnedValueMethod 540
DefaultEffortDriven 540
DefaultFinishTime 540
DefaultFixedCostAccrual 540
DefaultProfile 536
DefaultResourceOvertimeRate 540
DefaultResourceStandardRate 540
DefaultStartTime 540
DefaultTaskType 540
DefaultView 494, 506
DefaultWorkUnits 540
Definitionsphase 208
Deinstallation 337–338
Delay 514
Delegierung 84
Delete 513, 518–519, 525, 556, 558, 560, 572–573
DeleteFromDatabase 480
Deliverables 3, 7, 211, 465
Description 530
Detaillierungsgrades 8

DetailStylesAdd 481
DetailStylesFormat 481
DetailStylesProperties 481
DetailStylesRemove 481
DetailStylesRemoveAll 481
DetailStylesToggleItem 481
Diagramm 196, 199
Diagramm auswählen 31
Diagrammtyp 323
Dienstleistung 43
Dienstoptionen 500
Dim 370
DIN 151
DIN-A4 378
Dir 383
Direkthilfe 489
Disaster Recovery Guide 344
Diskussion 77
Diskussionsforen 106
DisplayAlerts 369, 506
DisplayEntryBar 494, 506
DisplayOLEIndicator 494, 506
DisplayPlanningWizard 506
DisplayProjectGuide 407, 493, 506
DisplayProjectSummaryTask 540
DisplayRecentFiles 493, 506
DisplayScheduleMessages 507
DisplayScrollBars 494, 507
DisplaySharedWorkspace 481
DisplayStatusBar 494, 507
DisplayViewBar 507
DisplayWindowsInTaskBar 507
DisplayWizardErrors 507
DisplayWizardScheduling 507
DisplayWizardUsage 507
Division 283
Do While 431
Do_Loop 383–384
DocClose 481
DocMaximize 481
DocRestore 481
DocSize 481
DocumentLibraryVersionsDialog 481
Dokument 108
    auschecken 36, 89
    einchecken 38, 90
    verknüpfen mit Vorgängen 18
    Versionsverlauf 38
    Volltextsuche 108
Dokumentarbeitsbereich 30
Dokumentbibliothek 6, 328
    Berechtigungen 39
    Sicherheitseinstellungen 39
    Zugriffsrechte 22
Dokumentbibliotheken 106
Dokumente 5
    Ablage 328
    Bibliothek 328
    Versionsverwaltung 36
Dokumente anzeigen 315

Dokumenteigenschaften 4
Dokumentenbibliothek
    Zugriffsrechte 39
Dokumenten-Management-System 58
Dokumentsymbol 20
Dokumentupload 6
Dokumentverwaltung 58
Domänen
    Mitgliedschaft 353
Domänenkonto 245
Doppelspitze 436
Downloaded Program Files 337
Dozent 225
Drag & Drop 163, 274
Drag und Drop 69
Drag&Drop 400
DrawingCreate 481
DrawingCycleColor 481
DrawingMove 481
DrawingProperties 481
DrawingReshape 481
DrawingToolbarShow 481
Dreieck 176
Drittanbieter 462
Drucken
    Ansicht 299
    Ausgabe 298
DTS 470
DueDate 416
Duration 564
Duration1-10 550, 564
Duration1Estimated-10Estimated 564
DurationFormat 482
DurationValue 482
DurationVariance 564
Durchschnittszahlen 470

E

EarlyFinish 564
EarlyStart 564
Earned Value 135–136
Ebene 521
Edit 273, 304
    options for Microsoft Project 274
EditClear 482
EditClearFormats 482
EditClearHyperlink 482
EditCopy 482
EditCopyPicture 482
EditCut 482
EditDelete 482
EditGoto 482
EditHyperlink 482
EditInsert 482
Edition 507
EditPaste 482
EditPasteAsHyperlink 482
EditPasteSpecial 482

EditUndo 482
EffectiveDate 534
EffortDriven 564
Eigene Organisation 310–311, 317, 323
Eigene Projekte 311, 317
Eigene Ressourcen 311
Eigene Vorgänge 311, 317
Eigenschaften 4, 473
    benutzerdefiniert 280
Einchecken 38
    Projekte 329
    Ressourcen 329
einchecken 90, 462
Eine Verbindung zu Project Server mithilfe von
    Microsoft Project 2002 herstellen 313
Einführungsphase 208
Eingabeaufforderung 234, 336
Einheiten 26, 43, 517
Einladung 329
Einmalig Nr 553
Einmalige Nr 517
Einmalige Nr. 19, 516–517, 568
Einmalige Nr. für Nachfolger 568
Einmalige Nr. für Vorgänger 568
Einsatz
    Ansichten 297
Einsatzansichten 15, 120
Einsatzmittel 23
Einsatzmittelbedarfsplanung 23
Einsatzplan 59
Einschränkungsart 162, 563
Einschränkungstermin 563
Einstellung
    benutzerbezogen 270
    computerbezogen 270
    projektbezogen 278
    versionsabhängige 270
    versionsunabhängig 270
Einzelansicht 502
Einzelansichten 576
Einzelheitenart 127
Einzelprojektszenarien 141
E-Mail 225
    Adresse 257
    Antworten 69
    Benachrichtigung 112
    Vorgangszuordnungen aktualisiert 67
    Vorgangszuordnungen wurden abgebrochen 70
E-Mail Servers 247
EMailAddress 550
E-Mail-Adresse 237, 241, 550
E-Mail-Adressen 343
E-Mail-Benachrichtigungen 325
E-Mail-Einstellungen
    Absendeadresse 239
    Antwortadresse 239
    SMTP-Server 239
    Windows SharePoint Services 238
E-Mailsystem 28
Employee Self Services 128

EnableCancelKey 507
End 415
End Sub 372
Endbenutzer-Lizenzvertrag 233, 242, 256
EndDate 571
Ende 44, 151–152, 155–156, 165, 176, 414, 463, 515, 565
Ende vor Abgleich 566
Ende1-10 515, 551, 565
Endfälligkeit 33
Endlastig 436, 443
Enterprise 520
    Features verwalten 267
    Felder
        anpassen 279
        benutzerdefinierte 265
    Global 260, 279, 292
    Global sichern 347, 350
    Optionen 258, 276
    Projekt Gliederungscode1 284
    Projekt Gliederungscode2 286
    Projekt Zahl1 280, 318
    Projekt Zahl3 281
    Projekte
        einchecken 329
    Projektgliederungscodes 283
    Ressource Gliederungscode 30 289
    Ressource Gliederungscode1 289
    Ressource Gliederungscode2 287
    Ressource Gliederungscodes 286, 298
    Ressourcen 265, 333
        einchecken 329
    Ressourcendaten
        bearbeiten 312
        lesen 312
    Ressourcenpool 261, 288
    Zahl4 282
Enterprise- Attribut1-20 515
Enterprise Features 249
Enterprise Global 375, 399–400, 403
Enterprise Project Management 208
Enterprise Projekt-Text1-40 564
Enterprise Ressource 94
EnterpriseAllowLocalBaseCalendars 482
Enterprise-Attribut1-20 564
EnterpriseCost1 515, 550, 564
EnterpriseCustomizeFields 482
EnterpriseCustomOutlineCodeShare 483
EnterpriseDate1 515, 550, 564
Enterprise-Datum1-30 515, 564
Enterprise-Dauer1-10 515, 564
EnterpriseDuration1 515, 550, 564
Enterprise-Features 324
Enterprise-Features verwalten 313, 323
Enterprise-Felder 137
EnterpriseFlag1 515, 550, 564
EnterpriseGeneric 550
Enterprise-Gliederungscode 9
Enterprise-Gliederungscode1-30. 564
Enterprise-Global 15, 260, 342
    zwischengespeicherte 400

Enterprise-Global lesen 315
Enterprise-Global sichern 315
Enterprise-Global speichern 314
EnterpriseGlobalBackup 483
EnterpriseGlobalCheckOut 483
EnterpriseGlobalRestore 483
EnterpriseInactive 550
EnterpriseIsCheckedOut 550
Enterprise-Kosten1-10 515
Enterprise-Kosten1-10. 564
EnterpriseLastModifiedDate 551
EnterpriseMakeServerURLTrusted 483
EnterpriseMultiValue20-29 551
EnterpriseNameUsed 551
EnterpriseNumber1 551, 564
EnterpriseNumber1-40 515
EnterpriseOutlineCode1-30 551, 564
Enterprise-Portfolio-Verwaltung 314
EnterpriseProjectCost1-10 564
EnterpriseProjectDate1-30 564
EnterpriseProjectDelete 483
EnterpriseProjectFlag1-20 564
EnterpriseProjectImportWizard 483
EnterpriseProjectNumber1-40 564
EnterpriseProjectProfiles 483
EnterpriseProjectText1-40 564
EnterpriseProjectDuration1-10 564
EnterpriseProjectOutlineCode1-30 564
Enterprise-Projekt Dauer1-10 564
Enterprise-Projekt Gliederungscode1-30 564
Enterprise-Projekt Kosten1-10 564
Enterprise-Projekt Zahl1-40 564
EnterpriseRBS 551
EnterpriseRequiredValues 551
EnterpriseResourceGet 483
EnterpriseResourceMultiValue20-29 515
EnterpriseResourceRBS 515
EnterpriseResourcesImport 483
EnterpriseResourcesOpen 483
EnterpriseResourceOutlineCode1-29 515
Enterprise-Ressource - Mehrere Werte20-29 515
Enterprise-Ressource-Mehrere Werte-Felder 288
Enterprise-Ressourcen Gliederungscode1-39 515
Enterprise-Ressourcendaten bearbeiten 314
Enterprise-Ressourcendaten lesen 314
Enterprise-Ressourcenpool 24, 33, 125, 142
EnterpriseResSubstitutionWizard 483
EnterpriseSynchActuals 483
EnterpriseTeamBuilder 483
EnterpriseText1 515, 551, 564
Enterprise-Text1-40 515, 564
EnterpriseUniqueID 551
Enterprise-Vorlage 7
Enterprise-Zahl1-40 515, 564
Entgelt
    erfolgsabhängig 132
Entgelte 111
Entwickler 363, 375
Entwicklung des Projektplans 35
Entwurf der Qualifizierungsprozesse 223

Stichwortverzeichnis

Entwurfsphase 208, 222
EPM 208
EPM Solution 208
EPM_Questionnaires 211
Ereigniskarten 226
Ereignisse 401, 473
Erfolgsrechnung 132
Ermitteln des Qualifizierungsbedarfs 223
Ermittlung des Qualifizierungsbedarfs 222
ERP 427, 434
Erstellt 563
Ertragswert 135
Erweiterte Metadatei 50
Estimated 564
Eurobetrag 120
Eurosymbol 261
Euro-Währungsumrechnung 451
Evaluierungsversion 336–337
EventInfo 366, 404–405, 511–512, 524
Events 400, 407
Excel 54, 134, 140, 151, 153, 163, 171–172, 195, 364, 461, 470
    Projektversionen vergleichen 450
Excel-Arbeitsmappe 54
Exchange Server 247, 466
Exchange Server-Adressbuch 308
Exchange-Ordner 490
Executing 2
ExpandDatabaseTimephasedData 493, 540
Expert Judgement 24
Expertenbefragung 224
Expertenbeurteilung 3, 24
Export 455, 465
external 408
ExternalTask 565
Externe Ressource 94, 117
Externer Vorgang 565
Extranet-Adresse 325
Extranet-Protokoll 246
Extranet-URL 246, 257
Extras
    Optionen 161
Extras/Optionen...
    Bearbeiten 493
    Berechnen 492–495

F

FaceID 412
FaceId 412
Fachexperte 94
fakturierbare Kosten 120
Fällig am 549
Fälligkeit fester Kosten 33, 565
Fälligkeitsart 33
Fallstudie 224
False 169, 171, 184, 186
FAQ 335
FAQ-Liste 325, 332

Feedback 114, 213
Fehlerbehandlungsroutinen 432
Fehlerbericht 340
Fehlerberichterstattung 340
Fehlermeldung 343
Fehlermeldungen 369
Fehlerquote 137
Feiertage 278
Feiertage einstellen 462
Felder 279
    anpassen 154, 179
    benutzerdefiniert 279
    heute 166
    Muss- 288
    Projektfeld 279
    Qualifikations- 288
    Ressourcen- 292
    Standardfeld 279
    Veröffentlichtes Anpassen 291
    Vorgangs- 292
Felder (benutzerdef.) 121
Feldliste 140
Feldnamen 363, 370, 473
Fenster 578
Fensterhälfte 98
Fertigkeit 28
Fertigkeitsprofil 28, 288
Fertigstellungstermin 17
Feste Arbeit 26
Feste Dauer 26, 439
Feste Einheiten 25–26
Feste Kosten 33, 565
Festplatte 345
    Abbild 345
    Ausfall 350
Festplattenausfalls 350
Field 559
FieldConstantToFieldName 370, 483
FieldID 490, 521, 532, 548, 561–562
FieldIDList 528, 555
FieldName 397, 475, 483, 486, 491, 501, 521, 526–528, 554, 570
FieldNameList 528, 555
FieldNameToFieldConstant 370, 483
File locations 276
FileBuildID 484
FileClose 484
FileCloseAll 484
FileExit 484
FileFormatID 484
FileLoadLast 484
FileNew 369, 484
FileOpen 368, 383, 386, 484
FilePageSetup 484
FilePageSetupCalendar 484
FilePageSetupCalendarText 484
FilePageSetupFooter 484
FilePageSetupHeader 485
FilePageSetupLegend 485
FilePageSetupMargins 485

FilePageSetupPage 485
FilePageSetupView 485
FilePrint 485
FilePrintPreview 485
FilePrintSetup 485
FileProperties 485
FileSave 485
FileSaveAs 485
FileSaveOffline 486
FileSaveWorkspace 486
Fill 423
FillAcross 486
FillCurveList 438
FillDown 486
Filter 20, 50, 63, 69–70, 121, 164, 293, 299, 316–317, 319, 396–397, 399, 402, 454, 524, 575
   Arbeitsrahmen überschritten im Terminbereich 300
   Definition 301
   geänderte Vorgänge 69
   gelöschte Vorgänge 70
   löschen 264
   Ressourcen- 302
   Überfällige/Späte Bearbeitung im Terminbereich 301
Filter Terminbereich 45
FilterApply 486
FilterEdit 486
Filters 486, 525
FilterType 525
Find 486
FindFile 486
FindNext 486
FindPrevious 486
Finish 414, 426, 496, 515, 519, 555–556, 565
Finish1-10 551, 565
FinishSlack 565
FinishVariance 515, 565
Firma 377
Firmen-Logo 299
FirstBoot 336
FixedCost 565
FixedCostAccrual 565
FixedMaterialAssignment 515
Fixkosten 33, 120, 565
FixMe 486
Flach 435
Flag1 515, 551, 565
Flag1-20 551, 565
FollowedHyperlinkColor 493, 495, 540
FollowHyperlink 486
Font 486
FontBold 486, 527
FontColor 527
FontItalic 486, 527
FontName 527
FontSize 527
FontUnderline 486, 527
For Each 388
For Each...Next 385, 388–390
ForeColor 423, 425
Form 487

Format 152–156, 159, 165–166, 169–170, 172, 174, 182–184, 199, 396
   Einzelheiten 296
FormatCopy 487
Formatierung 183
FormatPainter 487
FormatPaste 487
Formel 152–156, 166, 168–171, 174, 185–186, 188, 199, 201, 279–280, 428
FormViewShow 487
Fortgeschritten bis 169–170
fortlaufende Tage 15
Fortschritt 43, 72, 135, 137
Fortschritt zurückmelden 72
Fortschrittberichterstattung 88, 330
Fortschrittsbericht 50
Fortschrittsinformation 290
Fortschrittsinformationen abfragen 45
Fortschrittskontrolle 168
Fortschrittslinien 496
FQDN 246
Fragezeichen 82, 160
Frame 332
FreeSlack 565
Freie Pufferzeit 565
Freigegebene Dokumente 328
Fremdleistungen 427
Fremdwährung 452
FROM 430
Fronleichnam 278
FrontPage 364
Frühe Spitze 436
Frühester Anfang 564
Frühestes Ende 564
Frühindikatoren 133, 318
Führungskraft 131
Führungskräfte 57, 59, 279, 311
FullName 530, 540
Fully Qualified Domain Name 246
Funktion 152–153, 156, 159–160, 163, 166, 170–172, 174, 186
   AutoFilter 165
Funktionsaufrufe 469
Fußzeilen 293

G

GanttBarFormat 487
GanttBarLinks 487
GanttBarSize 487
GanttBarStyleDelete 487
GanttBarStyleEdit 487
GanttBarTextDateFormat 487
GanttChartWizard 487
GanttRollup 487
GanttShowBarSplits 487
GanttShowDrawings 487
GB 283
Gegenmaßnahmen 141

Gehe zur nächsten Ressourcenüberlastung 124
Gemeinsame Ressourcennutzung 261, 498
Genehmigung 112
Genehmigung für Arbeitszeittabelle 315
Genehmigungsstatus 87
Genehmigungsverfahren 128
General 273, 303
Generisch 24
generische Ressource 32, 94, 117
Generische Ressourcen 306
generische Ressourcen 24, 532
    aktive 321
Geplante Arbeit 514, 549, 563
Geplante Dauer 563
Geplante Kosten 197, 322, 514, 549, 562–563
geplante Kosten 138
Geplanter Anfang 35, 318, 514, 563
Geplantes Ende 35, 318, 514, 563
Gesamtabweichung 44, 134
    Fertigstellung 138
Gesamt-Arbeit 44
Gesamtbearbeitungszeit 377
Gesamtbesprechungen 57
Gesamte Pufferzeit 568
Gesamtergebnis 196
    Berechnet 198
Gesamtkosten 137
    geplante 138
    voraussichtliche 137–138
Gesamtleistung 7
Gesamtsumme 196, 322
Gesamtsummen 197, 471
Geschäftsbereich 205, 283
Geschäftsleiter 131
Geschätzt 564
geschätzt 564
Geschätzte Dauer 160
geschätzte Dauer 160
geschätzten Restwert 74
Geselle 307
GetCurrentTheme 488
GetField 382, 548
GetProjectServerSettings 488
GetProjectServerVersion 488
Gewinnvergleichsrechnung 132
GIF 30
Gitternetzlinie 294
Gitternetzlinien 488
Gliederungscode 9, 179–180, 343
    benutzerdefiniert 283
Gliederungscode1-10 552, 566
Gliederungscodes 117, 279, 531–532
Gliederungsebene 81, 387–388, 391, 566
Gliederungskriterien 283
Gliederungsnummer 304, 517, 566
Gliederungsoptionen 304
Global (+ zwischengespeicherte) Enterprise 342
GLOBAL.MPT 277, 292, 337
Global.MPT 342, 461
Global.mpt 382, 399, 401, 403

Global.mpt sichern 315
GlobalBaseCalendars 507
Global-Berechtigung
    Allgemein 313
Globale Adressliste 30
Globale Berechtigungen 310, 313
GlobalResourceFilters 507
GlobalResourceTables 507
GlobalSearch 277
GlobalTaskFilters 507
GlobalTaskTables 507
GlobalViews 507
GlobalViewsCombination 507
GlobalViewsSingle 507
Glocke 437
GoalAreaChange 488
GoalAreaHighlight 488
GoalAreaTaskHighlight 488
GotoNextOverallocation 488
GotoTaskDates 488
Grafik 140
Grafisches Symbo 479
Grenzwerte 18
Gridlines 488
GridlinesEdit 488
Groß-/Kleinschreibung 343
Group 502, 526–528, 551, 554, 570, 575–576
GroupApply 488
GroupAssignments 526
GroupBy 488
GroupBySummary 551, 565
GroupCriteria 526–527
GroupCriterion 527
GroupInterval 527
GroupOn 527
Groups 488, 528
Grundinstallation 344, 356
    wiederherstellen 350
Grundlagenvermittlung 224
Gruppe 551
Gruppen 293, 298, 310
    ändern 312
    Benutzer- 310
    Kopfzeile 280
    Name 312
    Objekt- 310
    Richtlinie 270, 272, 302
    Richtlinien 304
Gruppenkopf 551, 565
Gruppenrichtlinie 271
Gruppenrichtlinien 253
Gruppieren 24, 154, 179
Gruppierung 11, 63, 69, 154–155, 157, 159, 181
Gruppierungen 302, 316
    löschen 264
Gruppierungsformat 316–317, 332
Gruppierungsfunktion 121
Gutachtenkosten 434

H

Hammock 174–175, 177
Handlungsalternativen 80
Handlungsanweisung 149
Hängemattenvorgänge 174
HasPassword 540
Hauptintervall 295
Hauptliefergegenstände 8
Hauptprojekt 12, 194, 557
Height 507
Heilige Drei Könige 278
HelpAbout 488
HelpAnswerWizard 488
HelpContents 488
HelpContextHelp 489
HelpLaunch 489
HelpQuickPreview 489
HelpReference 489
HelpTechnicalSupport 489
Hervorheben 575
Hide 413
HideBar 565
HighlightFilter 575
Hilfe 488
Hilfedatei 489
Hintergrundfarbe 159
HOAI 2
Höchstwert 516, 552
Höher stufen 495
Honorarordnung für Architekten und Ingenieure 2
HonorConstraints 494, 540
Hotfix 342
Hotfixes 344
HourLabelDisplay 493, 540
HoursPerDay 492, 540
HoursPerWeek 492, 540
HTML-Bericht 458
https 257
Humanressourcen 59, 120
Humphreys
    Watt 207
Hyperlink 68, 194–195, 297, 318, 482, 489, 503, 515, 540, 551, 565
    Darstellung 304
Hyperlink bas 377
Hyperlink einfügen 21
HyperlinkAddress 515, 551, 565
Hyperlink-Adresse 515, 551, 565
Hyperlinkbasis 377
HyperlinkColor 493, 495, 540
HyperlinkHREF 515, 551, 565
Hyperlink-Referenz 515, 551, 565
HyperlinkScreenTip 515, 551, 565
HyperlinkSubAddress 515, 551, 565
Hyperlink-Symbol 22
Hyperlinksymbol 20
Hyperlink-Unteradresse 515, 551, 565

I

ID 19, 431, 551, 565
IgnoreResourceCalendar 565
IIf 169, 171, 186
iisreset 234
IKAA 135, 514, 549, 562
Image 345
    Sicherung 345
Imagesicherung 345
Imagesicherungsprogramms 350
Implementierungsprojekte 207
    Inhalt und Umfang 208
Import-/Exportschema 491
Importieren
    Ressourcen 261
ImportOutlookTasks 489
ImportResourceList 489
Index 515, 565, 577
Indikatoren 297
Indikatorspalte 16, 45, 80, 111, 114
Info 313, 405
InfoPath 211
Information Distribution 40
InformationDialog 489
Informationen zum Vorgang 25
Informationsverteilung 40
Informationswesen 40
Inhalt und Umfang 3
Inhalte einfügen 50, 176
Inhaltsdatenbank 236, 347, 354
    Windows SharePoint Services 236
Inhaltsgenehmigung 39
InitCurves 435
Initials 552
Initiating 2
Initiation 3
Initiieren 2
Initiierungsprozesse 2
Inputbox 370
InsertedProjectSummary 557
InsertHyperlink 489
InsertNotes 489
Installation 229
    Voraussetzungen 230
Installationsart 252
    Serverfarm 233
Installationshandbuch 337
Installationsmodus 253
Installationsprotokoll 336
Installationsprotokolle 242
Installationsziel 242
Integrated Change Control 57
Integration mit externem Arbeitszeittabellen-System 313
Integrierte Änderungssteuerung 43
integrierte Änderungssteuerung 57
Interface 275
Interne Ressource 94
interne Zinsfußmethode 132

Internet Explorer 257
    verstärkte Sicherheitskonfiguration 230
    Wartung 277
Internetinformationsdienste 222, 231
    Anwendungspool 237
Internetoptionen 257
Intranet-Protokoll 246
Intranet-URL 246
Investitionen 427
Investitionsausschuss 131
Investitionsmotiv 283
IsOfficeTaskPaneVisible 489
Ist-Analyse 208
Ist-Arbeit 72
Ist-Aufwand 44, 78
Ist-Dauer 140
Ist-Kosten 134–135, 137, 471
Ist-Kosten bereits abgeschlossene Arbeit 562
Ist-Leistung 135–136
Ist-Situation 209
Ist-Stand 50, 52
Ist-Zeiten 109
IsURLTrusted 489
IsValid 530
IT Personal 211
Item 518

J

Jahr 579
JPG 30
JScript 407–408

K

KA 135, 514, 550, 564
Kalender 15, 166, 278, 293
    Basis- 264
    lokale 15
    löschen 264
    Projektkalender 274
    Standard- 264
    Vorgangs- 266
Kalenderdarstellung 316
Kalendereintrag 411
Kalenderoption 540
Kalendersymbol 49
Kalenderwoche 156, 166, 390
Kann abgleichen 549
KAP 136, 280
kap11_03.mpp 382
kap11_04.mpp 386
kap11_05.mpp 393
kap11_06.mpp 395
kap11_07.mpp 399
kap11_08.mpp 404
KAP12_ERP_KostenImport.mpp 427

KAP12_Kostenverteilung.mpp 435
KAP12_PowerPoint_Project.mpp 420
Kapazität 99, 147
    kumulierte 147
Kapazitätsabgleich 124, 490
Kapazitätsgrenze 31
Kapitalwertmethode 132
Karfreitag 278
Karteikartensymbol 49
Kategorie 310–311, 317, 319, 377, 415
Kennwort ändern 314
Kennzahlen 133
    harte 133, 137
    Mix 133
    System 132
    weiche 133, 138
Keyboard shortcuts 277
Keywords 377
KHK 427
Kick-off Workshop 222
Kick-Off-Workshop 210
Klassenmodule 400–405
Knoten 475
Knotenformen 158
Knowledge Base 335
Kommata 308
Kommentare 377
Kommentare zum Einchecken 90
Kommunikation
    1:n 225
    n:m 225
Kommunikationmedien
    asynchron 225
    synchron 224
Kommunikationsfluss 109
Kommunikationsforen 108
Kommunikationsplanung 36
Kommunikationsprobleme 224
Kommunikationswege 224
Komprimierungsgrad 346
Konfiguration 213
Konfigurations-Assistent
    für Windows SharePoint Services 239
Konfigurationsdatenbank 347
    Windows SharePoint Services 235
Konfliktsituation 122
Kongresse 129
Konstanten 364, 370, 376, 378
Kontaktperson 28, 563
Konten erstellen, wenn Statusberichte angefordert werden 315
Konten erstellen, wenn Vorgänge delegiert werden 315
Konten von Microsoft Office Project erstellen 315
Kontenerstellung 315
Kontierung 467
KonTraG 17
Kontrolltermin 149
Kopfzeilen 293, 298
Korrespondenz 329
Kosten 43, 50, 291, 375, 385, 395–396, 514, 563
    - und Leistungsrechnung 135

Kosten *(Fortsetzung)*
  ~abweichung 134–136, 138, 195–196
  ~arten 133
  ~management 187
  ~sätze 138
  ~satztabelle 188
  ~steigerung 188
  ~stellen 133
  ~träger 133
  Abweichung 279
  Abweichung prozentual 280
  aufwandsgesteuert 434
  berechnete 138
  budgetiert 134
  fixe 138
  geplante 138
  Ist- 134
  kumuliert 134
  nicht ressourceneinsatzproportionale 445
  nicht ressourcengesteuert 434
  pauschal 434
  Plan- 134
  Trenddiagramm 330
  variable 138
  verbleibende 138
  Verteilungskurven 434
Kosten pro Einsatz 120, 434, 550
Kosten-/Nutzenanalyse 208
Kosten1 189, 370
Kosten1-10 514, 549, 563
Kostenabweichung 44, 564
  Fertigstellung 138
  Kontrollzeitpunkt 136
  prozentual 136
Kostenarten 120
Kostenbasisplan 23
Kostendaten 427
Kosteneingabe 437
Kostenfelder 120
Kostenkontrolle 427
Kostenkurven 439
Kostenplan 23
Kostenplanung 34, 95, 434
Kostenressourcen 434
Kostensatz 96
  Standard- 33
Kostensätze 115
Kostensatztabelle 514, 534
Kostensatztabelle B 190
Kostensatztabellen 120
Kostenschätzung 23, 32, 95
Kostensicht 430
Kostenvergleichsrechnung 132
Kostenwert 439
Krankheit 27, 306
Krankmeldung 128
Kritisch 563
kritisch 161–162
kritischer Weg 55
Kumulierte Kosten 202

Kumulierte Projektkosten 200
Kumulierte Werte 470
Kundenanforderungen 210
Kundenspezifische Qualifizierung 224
Kürzel 298, 552
Kurzübersicht 489

L

Länge 521
Last Author 377
Last Save Time 377
Lastenhefte 3
LastPrintedDate 541
LastSaveDate 541
LastSavedBy 541
Late Binding 420
LateFinish 565
LateStart 565
Laufzeitfehler 389
Lautschrift 552
Layout 489
Layout anwenden 489
LayoutNow 489
LayoutRelatedNow 489
LayoutSelectionNow 489
Leerzeile 295
Left 507, 578
Legende 299
Leistung 43
Leistungsabweichung 44, 113, 135–136, 279, 302
  im Kontrollzeitpunkt 136
  prozentual 136, 280
Leistungsbeschreibung 5
Leistungsfortschritt 137
Leistungsgesteuert 25, 564
leistungsgesteuert 304
Leistungsrückmeldung 43
Leistungssteuerung 25–26
Leistungsverzug 302
Length 521
Lenkungsausschuss 59, 131
Lernsoftware 225
Lese-/Schreibzugriff 116
Lesefehler 1309 336
Letztes Speicherdatum 377
Level 521–522, 530
LevelClearDates 537
LevelEntireProject 490, 541
LevelFromDate 541
LevelIndividualAssigments 565
LevelIndividualAssignments 508
LevelingCanSplit 508, 565
LevelingClear 489
LevelingDelay 515, 565
LevelingOptions 490
LevelNow 490
LevelOrder 508
LevelPeriodBasis 508

Stichwortverzeichnis

LevelToDate 541
LevelWithinSlack 508
Lieferantenauswahl 40
Liefergegenstand 9
Liefergegenstände 7, 43
Link 332
LinkedFieldID 532
LinkedFields 515, 552, 566
LinkPredecessors 561
LinksBetweenProjects 490
LinkSuccessors 561
LinkTasks 490
LinkTasksEdit 490
LinkToSource 557
Liquiditätsrechnung 132
List 528, 537, 541, 543, 545–547, 555
Liste offener Punkte 53, 75
Listen für Ankündigungen, Ereignisse, Links und Kontakte 106
Listenfeld 178
ListSeparator 384–385, 508
LoadLastFile 508
LoadWebBrowserControl 405, 407–408, 490, 510
LoadWebPage 407–408, 510
LocaleID 490
LockFirstColumn 501, 558
LoginType 536
lokale Kalender 15
Lokale Ressource 94
lokale Ressource 117
LookTable 530
LookupTable 529, 532
LookUpTableAdd 490
LookupTableEntry 529–530
Lösungsalternativen 53–54
    Auswirkungen 53

M

Macro 490
MacroSecurity 490
MacroShowCode 490
MacroShowVba 490
Mahner 496
MailLogoff 490
MailLogon 490
MailPostDocument 490
MailProjectMailCustomize 490
MailRoutingSlip 491
MailSend 491
MailSendProjectMail 491
MailSendScheduleNote 491
MailSession 491
MailSystem 491
MailUpdateProject 491
Mail-Verteiler 491
MakeServerURLTrusted 537
Makro 462, 490
Makroablauf 369

Makros 439
Management Konsole 270
Managementsystem 132
Manager 320, 377
Mannstunden 24
MapEdit 491
MAPI 28, 490
MapList 528, 541
Maria Himmelfahrt 279
Marked 392, 566
Marketing 129, 306
Marketing-Mixes 115
Markiert 182, 566
Marktforschung 115
Maske
    löschen 264
MatchGeneric 532
Material 59, 224, 427, 434
Materialbeschriftung 298, 552
MaterialLabel 552
Max. Einheiten 552
MaxUnits 552
MCBDA 223
MCDST 223
MCSA 223
MCSE 223
Me 413
Medien 224
Mediensatz 349
Mehraufwand 52, 74
Mehrere kritische Wege berechnen 55
Mehrere Werte-Felder 288
Mehrere Werte-Feldern 321
Mehrfachauswahl 24
Mehrkosten 136
Mehrprojekttechnik 12
Meilenstein 13, 566
Meilensteine 157, 467
Meilensteintrenddiagramm 330
Meine Mitarbeiter 311
Meine Projekte einchecken 314
Meister 307
Mengenpreis 138
Menü 325
    Einträge 325
    Pfad 272
Message 491
Messgrößen 133
MetaBase 349
Methoden 473
Methodik 17, 224
Methodology 17
Microsoft Certified Database Administrator 223
Microsoft Certified Desktop Support Technician 223
Microsoft Certified Professional 223
    EPM 223
Microsoft Certified Systems Administrator 223
Microsoft Certified Systems Engineer 223
Microsoft Exchange Server 247
Microsoft Installer 253

Microsoft Management Konsole 272
Microsoft Office Specialist 223
    Microsoft Project Comprehensive 223
    Microsoft Project Core 223
Microsoft Outlook 465
Microsoft SQL Server 2000 229
Microsoft SQL Server 2000 Desktop Engine 229
Microsoft SQL Server Desktop Engine 337
Microsoft System Management Server 253
MicrosoftProjectOnTheWeb 491
Migration 343
    Projekte 263
Milestone 566
Minderaufwand 72, 78
Minderkosten 136
Minderleistung 135–136
Mindestanforderungen 335
Mindestkonfiguration 335, 337
Mindestvoraussetzungen
    Project 335
    Project Server 337
MindManager 465
MinuteLabelDisplay 493, 541
Modell 142
    Ressourcenersetzung 142
    vergleichen 145
Modelle anzeigen 314
Modellpool 144
Modul
    löschen 264
Month 523–524, 530–531, 555
MonthLabelDisplay 493, 541
MonthLeadingZero 508
Months 531, 579
MOS 223
Motivation 108
MoveAfterReturn 508
MoveCompleted 492, 541
MoveRemaining 492, 541
MS_ProjectServer_PublicDocuments 239
MSDE2000 229, 337
MsgBox 370, 373, 376, 380–382, 393–396, 404–405, 433
MSI 253
MSN Messenger 225
msoButtonCaption 379
msoTrue 421
MSP_ASSN_FACT 329
MSP_PORTFOLIO_ANALYZER 329
MSP_RES_AVAIL_FACT 329
MSP_WEB_STS_SERVERS 358
MSPJAppObj 408
MSProject 371, 424
MSProjectRole 358
MSProjectServerRole 357
MSProjectServerUser 245, 338, 356–357
MSProjectUser 245, 338, 356, 358
MST-Datei 253
MultipleCriticalPaths 541
Multiplikatorenschulungen 226
Multiprojekt 383–385
    ~technik 191
    ~übersicht 191
    Controlling 131
    Management 131
    Szenarien 141
Multiprojektansicht 192
Multiprojektcontrolling 50
Multiwert-Gliederungscode 117
Muss-Feld 533
Muss-Felder 307
MVP 151

N

n:m-Kommunikation 225
Nachfolger 164, 396–399, 568
Nachfrage 122, 186–187
Nachfrage/Bedarf 122
Nachgenehmigungen 56
Nachqualifizierung 219, 227
Nachschlagetabelle 181, 530
    bearbeiten 284
Nachschlagetabelle bearbeiten 10
Name 373, 414, 463, 508, 516, 520, 526, 530–531, 552, 566
natürliche Ressource 32, 94
Navision 427
NetBIOS-Namen 246
Netzplan 157
    ~ansicht 157, 159
    ~diagramm 157–159
Netzplandiagramm 293, 396
    Knoten 475
Netzpläne 467
Netzwerkeinstellungen 336
Netzwerkfreigabe 345
Netzwerktopologie 211
Neue Ressource 314
Neue Vorgangszuordnung 315
Neueintritt 227
Neuen Vorgang 80
Neuen Vorgang oder neue Zuordnung erstellen 312, 315
Neuer Projektvorgang 315
Neues Projekt 314
Neujahr 279
Neunummerierung 178
NewFieldName 397
NewProject 510
Newsgroup 151
Newsgroups 225, 335
NewTasksEstimated 494, 508, 541
nicht projektbezogene Tätigkeiten 85
nicht projektbezogenen Tätigkeiten 27
Nicht verfügbar 170
Niederlassungsleiter 131
Normale Vorgänge 157
Notes 414, 416, 482, 502, 516, 552, 566
Nothing 390
Notiz 463

Notizen 120, 299, 516, 552, 566
Notizen einfügen 64, 74, 85
Nr 19, 516
Nr. 516, 551, 565
Number1 516, 566
Number1-20 552, 566
NumberOfTasks 541
Nutzdaten 344, 354
   wiederherstellen 351
Nutzenpotenziale 210
Nutzenwahrnehmung 218
Nutzungsbereich 217
Nutzungsumfang 226
NV 170–171

O

ObjectChangeIcon 491
ObjectConvert 492
ObjectInsert 492
ObjectLinks 492
Objects 552, 566
ObjectVerb 492
Objekt einfügen 492
Objektbibliothek 376
Objekte 310, 552, 566
Objektgruppen 310
Objektkatalog 364, 371, 374, 473
Objektmodell 473
Obligo 428
ODBCCreateDataSource 492
ODBC-Dialog 262
ODBCManageDataSource 492
OE 286, 289
Offene Punkte Liste 53
Office 11.0 Object Library 376
Office 2003 232
Office Online 306
Office Resource Kit 271
Office Web Components 195, 206, 217
OFFICE10.ADM 271
Office-Assistenten 488
Office-Integrationen 365
OfficeOnTheWeb 492
Offline 367–368, 400
Offline Betrieb 329
OLAP
   Administrator 354
   Cube 195
OLAPAdmin 230, 245
OLAP-Cube 267
OLAP-Cubename 268
OLAP-Datenbank 329, 338
OLE 177
olNoteItem 417
On Error 429
OnAction 371, 412
Online Analytical Processing-Cube 267
Online Books 213

Online-/Offlinebetrieb 258
Online-Test 227
OnlyCompleteCodes 533
OnlyLeaves 533
OnlyLookUpTableCodes 533
Open 430
openPool 386
OpenXML 492
OperatingSystem 508
OPM3 207
Optimierungsphase 208
Optimierungspotenzial 218
Optionen
   Allgemeine 273
   Ansichts- 273, 304
   Arbeitsgruppen- 305
   Bearbeitungs- 273, 304
   Berechnungs- 274, 305
   Enterprise 276
   Internet Explorer 277
   Kalender- 274
   Oberflächen- 275
   Planungs-Assistent 273
   Rechtschreibungsprüfung 275
   SharePoint Team Services- 326
   Speicher- 275, 305
   Terminplan- 274
   Zusammenarbeit 276
   Zusammenarbeits- 305
OptionsCalculation 492
OptionsCalendar 492
OptionsEdit 493
OptionsGeneral 493
OptionsInterface 407, 493
OptionsSave 493
OptionsSchedule 494
OptionsSecurity 494
OptionsSpelling 494
OptionsView 494
OptionsWorkgroup 495
Orange Belt 223
ORDER BY 430
Organisation 310
Organisation im Projekt 7, 23
Organisationseinheit 131, 286
Organisationsoptionen 311
Organisieren 277, 495
Organizational Planning 23, 96
Organizational Project Management Maturity
   Model 207
Organizer 495
OrganizerDeleteItem 495
OrganizerMoveItem 495
OrganizerRenameItem 495
Ostermontag 279
Ostersonntag 279
OutlineChildren 541, 566
OutlineCode 529, 532
OutlineCode1-10 566
OutlineCodes 531, 541

OutlineHideSubTasks 562
OutlineHideSubtasks 495
OutlineIndent 495, 562
OutlineLevel 391, 425, 566
OutlineNumber 566
OutlineOutdent 495, 562
OutlineParent 566
OutlineShowAllTasks 495, 562
OutlineShowSubTasks 562
OutlineShowSubtasks 495
OutlineShowTasks 495
OutlineSymbolsToggle 495
Outlook 28, 119, 364–365, 411
   Kontakte 30
Outlook Journal 377
Outlook.Application 415
Outlook-Aufgaben 415
Outlook-Kalender 66, 465–466
OutlookLink 465
Outlook-Notizen 417
Overallocated 516, 552, 566
OvertimeCost 516, 552, 566
OvertimeRate 493, 534, 552
OvertimeWork 516, 552, 566

P

PA 135–136, 516, 553, 568
PageBreakRemove 495
PageBreakSet 495
PageBreaksRemoveAll 495
PageBreaksShow 495
Paint 30
Pane 533, 577–578
PaneClose 372, 496
PaneCreate 496
PaneNext 496
PAP 136, 280
ParagraphFormat 423
Parallelisierung 14
Parent 508, 516, 518–520, 523–531, 533–535, 541–542,
   547, 552, 554–560, 566, 569–579
ParentEntry 530
Passwort 230
Path 508, 542, 557, 570
PathSeparator 508
Pattern 528
PayRate 522, 533–534, 547
PayRates 523, 534, 552
PDF 22
PDT 211
Peak 516
PeakUnits 552
PercentComplete 566
PercentWorkComplete 516, 552, 566
Performance Reporting 43, 109
Period 440, 519, 535, 555
Periodisch 567
periodischer Vorgang 496

Personal- und Beschaffungsmanagement 106
Personalbedarfs 27
Personalentwicklung 223
Personalmanagement 93
Personalstärke 226
Personen 467
Personenstunden 24
Persönliche Benachrichtigungen festlegen 313
PERT-Analyse 461
Pfingstmontag 279
Pflichtenheft 3
Phonetics 552
PhoneticType 493, 542
Physisch % Abgeschlossen 135
Pilot-Administratoren 215
Pilotphase 208
Pilotstudie 6
Pilotsystem 215
Pilottests 216
Pionierrenditen 133
PivotChart 140, 321
Pivot-Tabelle 200
Pivot-Tabellen 196–199
PivotTable 140, 321
Pj10deuC Class 337
pj10enuC Class 337
pjAdoInfo2 Class 337
PjAlignment 559
pjCustomField 532
PjDateFormat 506
pjDoNotOpenPool 386
PjEarnedValueMethod 540
PjField 370–371, 548
pjField 561
PjItemType 525
PjProfileType 536
PjResource 371
PjTaskLinkType 570
pjTaskStart 405
Place 115
Plan
   Abweichung 71, 113
   Abweichung Anfang 113
   Abweichung Dauer 113
   Abweichung Ende 113
Planabweichung 135–136, 553, 568
Plan-Arbeit 44, 563
Planen 2
Plan-Ist-Vergleich 44, 134, 300
Plan-Kosten 134–135, 302
Plan-Leistung 136
Planned Value 134–136
Planning 2, 6
Planning and Design Toolkit 211
Plan-Soll-Vergleich 44, 136
Planspiel 224, 226
Plantermine 35
Planung 467
Planungs-Assistent 369, 507
Planungsprozesse 2

Plan-Werte 44
Plausibilitätsfehler 468
Plus-Symbol 63
PM Prozesse
    Entwurf 212
PMBOK 2
PMBOK Guide 454
PMI 2, 223
PMP 223
PMS 208
PMText 508
Pocket PC 463
Porfolio-Analysierer
    Grenzen 470
Port 247
Portalnamen 248
Portfolio Analysierer-Ansichten 230
Portfolio-Analysierer 125, 140, 196, 206, 267, 314, 316, 470
    Ansichten 269
Portfolio-Analysierer-Ansicht 321
Portfolioansicht 137
Portfoliomanager 311
Portfolio-Modellierer 142
PowerPoint 50, 364, 419, 458
PowerPoint.Application 420
PowerPoint-Präsentation 419
PowerQuest
    V2i Protector 344–345
        Bootdisk 350
ppForeground 420
PR 115
Prämien 132
Präsentationen 12, 224
Predecessors 566
PredecessorTasks 397, 566
PreleveledFinish 566
PreleveledStart 566
Presentations 420
Price 115
Print 370, 383, 385, 388, 390
Priorität 77, 104, 566
Priority 566
PRK 270
Problem 148
    Neues 148
    Problemliste 106
Probleme 54
    beeinflusst Vorgang 76
    neue 75
    offene 52, 75
    verknüpfen 75
    Zuständiger 77
Probleme anzeigen 315
Problemliste 149
Problemlisten 53
Problemlösungsprozesse 219
Procurement Planning 23, 96
Product 115
Product Description 3
Product Key 251, 336
Produktbeschreibung 3, 214
Produktivbetrieb 344
Produktivhardware 216
Produktivsystem 216
Profil 536
Profile 535–536
    servergespeichert 270
Profiles 367, 508, 536
Profit Center-Leiter 131
Prognose 43
Programm zur Verbesserung der
    Benutzerfreundlichkeit 340
Programmierung 363–364, 370, 374, 390, 393
Programmverzeichnis 338
ProgressLines 496
PROJ11.ADM 271
ProjDateAdd 166, 169
ProjDateDiff 169–170
Project 414, 510, 512–513, 516, 536, 552, 554, 566
    Installation 251
    Professional 255
    Resource Kit 253, 270
    Server deinstallieren 338
    Server-Authentifizierung 256
    Server-Authentifizierung. 316
    Server-Datenbank 338
        sichern 347
    Server-Konto 257
    Server-URL 258
    Web Access 309
    Windows Client 270
Project Client 258
Project Data Services 343
Project Konfiguration
    Entwurf 213
Project Management Body of Knowledge 2
Project Management Institute 2, 223
Project Management Professional 223
Project Office 93
Project Plan Development 35
Project Plan Execution 40
Project Professional 258
Project Resource Kit 211
Project Scope 3
Project Server 195, 218, 222, 466
    -Administrator 249
    Dienste 243
    Installationsprogramm 242
Project Server COM+-Komponenten 340, 361
Project Server Komponenten 339
Project Server-Administrator 249
Project Server-Authentifizierung 249
Project Server-Datenbank bereinigen 313
Project Staff Team Directory 27
Project Web Access 195–196, 343
Project Web Access anpassen 313
Project Web Access Features 324
Project Web Access offline verwenden 313
Project Web Access-Steuerelement 256

Project9.adm 270
ProjectAfterSave 510
Project-Arbeitsbereich 239
ProjectAssignmentNew 510
ProjectBeforeAssignmentChange 511
ProjectBeforeAssignmentChange2 511
ProjectBeforeAssignmentDelete 511
ProjectBeforeAssignmentDelete2 511
ProjectBeforeAssignmentNew 511
ProjectBeforeAssignmentNew2 511
ProjectBeforeClearBaseline 511
ProjectBeforeClose 511
ProjectBeforePrint 511
ProjectBeforeResourceChange 511
ProjectBeforeResourceDelete 511
ProjectBeforeResourceNew 512
ProjectBeforeSave 404, 512
ProjectBeforeSaveBaseline 512
ProjectBeforeTaskChange 366, 404–405, 512
ProjectBeforeTaskChange2 405, 512
ProjectBeforeTaskDelete 512
ProjectBeforeTaskDelete2 512
ProjectBeforeTaskNew 512
ProjectCalculate 512
projectfaq.de 325–326
ProjectFinish 421, 542
ProjectGuideContent 493, 542
ProjectGuideFunctionalLayoutPage 493, 542
ProjectGuideSaveBuffer 542
ProjectGuideUseDefaultContent 493, 542
ProjectGuideUseDefaultFunctionalLayoutPage 493, 542
ProjectMart 470
ProjectNamePrefix 542
ProjectNotes 542
ProjectResourceNew 512
Projects 365, 373, 509, 547
ProjectServer 230, 347
ProjectServerUsedForTracking 542
ProjectStart 421–422, 542
ProjectStatistics 496
ProjectSummaryInfo 496
ProjectSummaryTask 382, 542
ProjectTaskNew 512
Projekt 124, 316, 516, 552, 566
    Ansichten 312
    Art 265
    Auswahl 132
    Berater 275
    Bewertung 132
    Center 312, 316, 319
    Controlling 318
    Einstellungen 277
    Import-Assistenten 264
    importieren 263
    Kalender 278
    Leiter 298
    Manager 311
    Mitarbeiter 311
    Name 299
    öffnen 312
    Optionen 302
    Portfolio-Analyse 319
    Sammelvorgang 304
    speichern 312
    Stände 329
    Statistik 329
    Typ 283
    Verfahren zur Bewertung und Auswahl 132
    Version 265
    Vorlage 263, 277, 292, 305
    Zahlungsfluss 132
Projekt löschen 312–313
Projekt öffnen 314
Projekt ROI 204
Projekt speichern 314
Projektablauf 2
Projektansicht 21, 73
Projektansicht anzeigen 314
Projekt-Ansichten 316
Projektarbeit 7
Projektart 205
Projektattraktivität 204
Projektauftrag 6–7
Projektauswahlverfahren 3
Projektberater 275, 407, 542
Projektbericht 458
Projektbeschleunigung 13
Projektbesprechung 50, 57
Projektbeteiligte 12, 59
projektbezogenen Tätigkeiten 27
Projektbüro 93, 131
Projektcenter 137, 141
Projektcenter anzeigen 314
Projektcenter-Ansichten 318
Projektcontrolling 132
Projektdokumentation 22, 88
Projektdokumenten 41
Projekte im Projektcenter anzeigen 314
Projekte in Projektansichten anzeigen 314
Projekteigenschaft 375
Projekt-Explorer 401
Projektfortschrittsbericht 50
Projektfreigabe 132
Projektgesamtleistung 7
Projektinfo 33
Projektinhalt und -umfang 7
Projektkalender 14–15
Projektkosten 78
    kumuliert 200
Projektleiter 1, 59, 122, 148, 151, 164, 166, 174, 195, 205, 222
Projektmanagement 175
Projektmanagementfähigkeiten 210
Projektmanagementmethodik 207
Projektmanagementprozesse 208
Projektmanagementsystem 208
Projektmanager 112
Projektmitarbeiter 59, 222, 311
    Teilzeit- 118

Projektmixes 132
Projektpersonalzuweisung 27
Projektphase 2
Projektplan
    ausführen 40
    konsolidierter 40
Projektplangöße 342
Projektplanversionen 57
Projektportfolio 131
Projektpotenzial 204
Projektprioritäten 141
Projektsammelvorgang 34, 63, 496, 542
Projektsammelvorgangs 557
Projektstatistik 5, 33, 48, 496
Projektstatus 204
Projektstatusbericht 50
Projektstrukturplan 7, 24, 179, 454
Projektstrukturplanvorlagen 7
Projektteam 97
Projektteamverzeichnis 27
Projektversionen 449
    vergleichen 52, 58
Projektvorlage öffnen 314
Projektvorlage speichern 314
Promotion 115
PromptForSummaryInfo 509
Protokolldateien 336–337
Prototyp 214
Prototypphase 208
Proxycfg.exe 340
Proxyeinstellungen 336
Proxyserver 230
prozentuale Kostenabweichung 136
prozentuale Leistungsabweichung 136
Prozessgruppe 2, 94
    Abschließen 114
    Anschließen 87
    Ausführen 106
    Planen 6
    Verfügbarkeit 97
Prüfer 225
PS 467
PSComPlus.exe 339
PSLink 132, 467
    Enterprise 468
    Server 467
    Standard 467
PSP 9, 454
PSP-Code 9, 179, 503, 569
PSP-Code von Nachfolgern 569
PSP-Code von Vorgängern 569
PSP-Codes 470
PSP-Elementen 467
PublishAllInformation 496
PublishInformationOnSave 495, 543
PublishNewAndChangedAssignments 496
PublishProjectPlan 496
Pufferzeit 49, 161–162
    Freie 331
    negativ 49

Pufferzeit Anfang 567
Pufferzeit Ende 565

Q

Qualifikation 186–187, 286, 288
Qualifikationen 24
Qualifikationsangaben 58
Qualifikationsfelder 309
Qualifikationsgrad 223–224
Qualifikationslevel 222
Qualifikationsmanagements 309
Qualifikationsniveau 227
Qualifikationsprofil 222
Qualifizierung 208, 221
    der Administratoren 226
    der Anwender 226
    der Pilot-Administratoren 226
    der Pilot-Anwender 226
    der Prototyp-Administratoren 225
    der Prototyp-Anwender 225
    Kundenspezifisch 224
Qualifizierungsbedarf
    Ermittlung 222–223
Qualifizierungskonzept 225
    Dokumentation 226
Qualifizierungsmaßnahme 221
Qualifizierungsprozesse 208, 221
    Entwurf 213, 223
Qualität 43, 50
Qualitätsabweichung 137
Qualitätslenkung 43
Qualitätsmanagement-Prozesse 225
Qualitätsplanung 7
Qualitätssicherung 40
Quality Assurance 40
Quality Control 43
Quartale 201
QuickInfo 565
    Tastenkombination 276
Quit 496

R

RBS 103, 289, 515
ReadOnly 484–485, 498, 537, 543, 557
ReadOnlyRecommended 543
Realisierungsgrad 135
ReceiveNotifications 495, 543
RecentFilesMaximum 509
Rechnung 427
Recordset 429–430
Recurring 567
RecurringTaskInsert 496
ReDim 396–397
Regeln 47
Regeln verwalten 315

RegisterProject 496
Registrierung 272, 292
Registrierungseinträge 337–338
Reguläre Arbeit 516, 552, 567
RegularWork 516, 552, 567
Reifegrad 207, 217
Reisekosten 120, 290–291
Reisen 427
Relaying 247
RemainingCost 516, 552, 567
RemainingDuration 567
RemainingOvertimeCost 516, 552, 567
RemainingOvertimeWork 516, 552, 567
RemainingWork 516, 552, 567
ReminderSet 496
Remoteunterstützung 108
Rentabilitätsrechnung 132
Replace 496
Report-Generator 471
ReportList 528, 543
ReportPrint 497
ReportPrintPreview 497
Reports 497
RepublishAssignments 497
RequestProgressInformation 497
RequiredCode 533
ResMgmt_VorEing 462
Resource 23, 521, 547
Resource Breakdown Structure 103
Resource Kit 253
Resource Planning 23–24
Resource Pool Description 24
Resource Requirements 24, 32, 96
ResourceActiveDirectory 497
ResourceAddressBook 497
ResourceAssignment 497
ResourceAssignmentDialog 497
ResourceCalendarEditDays 497
ResourceCalendarReset 498
ResourceCalendars 498
ResourceDetails 498
ResourceFilterList 528, 543
ResourceFilters 543
ResourceGraphBarStyles 498
ResourceGroup 567
ResourceGroupList 528, 543
ResourceGroups 526, 537, 543, 547, 554
ResourceID 500, 516–517
ResourceInitials 567
ResourceName 494, 497–498, 516
ResourceNames 567
ResourcePhonetics 567
ResourcePoolName 543
Resources 373, 491, 497, 543, 554–555, 567
ResourceSharing 498
ResourceSharingPoolRefresh 498
ResourceSharingPoolUpdate 498
ResourceTableList 528, 543
ResourceTables 543
ResourceType 516

ResourceUniqueID 477, 516
ResourceWindowsAccount 498
ResponsePending 516, 553, 567
Ressoucen-Lautschrift 567
Ressource 23
    Grafik 445
Ressource einem Projektteam zuordnen 315
Ressource zuordnen 312, 314
Ressource: Grafik 498
Ressourcen 59
    ~ersetzungsassistent 186–187
    ~management 177
    Abwesenheit 85, 111, 127
    Abwesenheitszeit 111, 119
    Anfrage 311
    Arbeits- 138
    arbeitsfrei 119
    Arbeitszeit 118–119
    aus Pool 104
    auschecken 116
    Auslastung 115, 323
    Austritt 118
    Austrittsdatum 118
    Auswahl 178, 289
    Bedarfsanforderung 96
    Besprechung 85
    Breakdown Structure 289
    Buchungstyp 122
    Center 316, 320
    Einsatz 97, 123, 138, 293
    Einstellung 124
    Eintritt 118
    Engpass 124
    Enterprise 94
    Ersetzung 103
    Ersetzungs-Assistent 288–289
    Ersetzungsergebnis 105
    externe 28, 94, 117
    Fähigkeiten 117
    farblich unterscheiden 183
    Fertigkeitenprofil 147
    Filter 302
    Finanz- 131
    Fortbildung 86
    generisch 24, 32
    generische 94, 117, 286, 333
    Grafik 98, 293, 296
    Human- 59, 131
    Humanressource 94
    Import-Assistent 262
    importieren 261
    interne 94
    Kalender 306
    Kapazität 115
    Kapazitätsgrenze 297
    Kompetenz 115
    Krankheit 85, 111, 127
    Krankheitsmeldung 82
    Linienaufgabe 128
    lokale 94, 117, 333

Ressourcen *(Fortsetzung)*
  Manager 311
  Maschine 93
  Maske 293
  Material 93–94
  Material- 138
  Mehrfacherfassung 128
  Nachtarbeit 119
  Name 293, 297
  Namen 178–179, 184–186
  natürliche 32, 94
  NV 118
  OLAP-Cube aktualisieren 267
  Personalgespräch 129
  Pool 261
  Pool für Ressourcenersetzung 104
  Qualifikation 95, 98, 115, 142, 147, 298, 302, 320
  Qualifikationsanforderung 96
  Qualifikationsmaßnahme 115
  Ressourcenart 94
  Ressourcencenter 98
  Ressourcenplanung 95
  Ressourcenstruktur 103
  Restkapazität 125
  Sach- 59, 131
  Sachressource 94, 120
  Stammdaten 263
  Tabelle 96, 293, 297
  Tabelle aktualisieren 267
  Tabellen 329
  Tabellen und OLAP-Cube aktualisieren 361
  Tätigkeitsart 128
  Teilzeit- 118
  Überbuchung 62
  Überlastung 122, 146
  Umqualifizierung 124
  Unterlast 125
  Unterlastung 122
  Urlaub 85, 127
  Urlaubsantrag 82, 128
  Urlaubsplan 128
  verbleibende Verfügbarkeit 125, 127
  Verfügbarkeit 115, 118, 269
  Verfügbarkeits-Ansichten 267
  Vertretung 82
  Wartungstätigkeit 128
  Weiterbildung 85, 115, 127
  Weiterbildungsprojekt 129
  Weiterqualifikation 98
  Wochenendarbeit 119
Ressourcenanfrage 62
Ressourcenanmeldedaten 348
Ressourcenart 59
  Arbeit 59
  Material 59, 434
Ressourcenauslastung 125
Ressourcenauswahl 27
Ressourcenbedarf 24
Ressourcenbedarfs 32
Ressourcenbedarfsplanung 23–24

Ressourcenbenachrichtigungen 313
Ressourcenbestandes 24
Ressourcencenter anzeigen 314
Ressourcencenter-Ansichten 320
ressourceneinsatzproportionale Kosten 445
Ressourcenengpass 13
Ressourcenersetzung 141
  Assistent 147
  über alle Projekte 144
Ressourcenersetzungs-Assistent 32, 102–103, 125, 342
Ressourcenersetzungs-Assistenten 483
Ressourcengruppe 567
Ressourcengruppierungen 554
Ressourcenkalender 497–498
Ressourcenkalender ignorieren 565
Ressourcenkonflikte 122
Ressourcenkosten 434
Ressourcenkürzel 567
Ressourcenmanager 59, 93, 148, 222
Ressourcennamen 567
Ressourcenplanung 23
Ressourcenpool 62, 262, 498
Ressourcenpool aktualisieren 498
Ressourcenpool erneut laden 498
Ressourcenstrukturplan 309
Ressourcenüberlastung 123
Ressourcenverfügbarkeit 16
Ressourcenzuordnungen in Zuordnungsansicht anzeigen 314
Ressourcenzuteilung anzeigen 314
Rest-Arbeit 567
Restarbeiten 72, 79
Rest-Aufwand 44, 78
Rest-Dauer 140, 567
Rest-Kosten 567
  geschätzte 137
Rest-Menge 138
Restore Destination 351
Restore Options 351
Restore Type 351
Restwert 74
Resume 567
Revision Number 377
RevisionNumber 543
Richtlinie 272
Ringausschnitte 204
Ringdiagramm 204
Risiken 23, 43, 50
Risiken anzeigen 315
Risiken, Probleme und Dokumente anzeigen 39, 312, 314
Risiko 23
Risikoanalyse 22, 55, 132, 211
Risikobewältigung 7, 22
Risikofaktoren 17
Risikoidentifikation 22
Risikoidentifikation und -analyse 7
Risikoliste 22
Risikomanagement 17, 132
Risikomanagementplan 17, 22

Risikomanagementsystem 17
Risikoreaktionsplan 18
Risikoüberwachung und -verfolgung 43
Risk Management Planning 17
Risk Monitoring and Control 43
Risk response plan 18
Roaming Profiles 270
Rolle 257
Rollenbezogenes Planspiel 225
Roll-out 217
Rollup 567
Rollupformatierung 279, 462
RootKey 277
RowClear 498
RowDelete 498
RowHeight 501, 558
RowInsert 498
RSP 309, 515
Rückmeldeart 330
Rückmeldung 111
Rückmeldungen 44, 46, 311
Rückschau 50
Rückstand 109
Run 498
Rüstkosten 120

S

sa 354
Sachleistung 43
Sachressourcen 59
Sammelvorgang 3, 15, 297, 387–388, 391, 517, 568
    geplante 295
Sammelvorgänge 157, 163–164, 182, 194, 300
Sammelvorgangs- und Gruppenkopfzeile 280
Sanktionalstrafen 16
SAP 427, 467, 470
    PS 467
Säulendiagramm
    3D 205
Save 275, 414–416, 418
Schätzkosten 32
Schätzung der Vorgangsdauer 24
Schedule 274, 303
Schedule Control 43
Schedule Development 14
Schedule Variance 135–136
ScheduleFromStart 542–543
scheduling messages 274
Scheduling options for Microsoft Project 274
Schema
    löschen 264
SchemeColor 421
Schicht 555
Schreibschutz_Ein_Ausschalten 462
Schreibweise
    Standardisierung 121
Schriftfarbe 182
Schulung 225

Schwellwerte 137
Scope Change Control 43
Scope Definition 7
Scope Planning 7
Scope Verification 43
Scoring 18
Screen 380, 573, 575
ScreenUpdating 509
Security Administrators 244
Seite einrichten 298
Seitenumbruch 495
Seitenvorschau 497
Selbstkosten 120, 190
Selbstkostensatz 190
Selbstlernen 225–226
SELECT 430
Select Case 367, 380–381, 394–395, 413
SelectAll 498
SelectBeginning 431, 499
SelectCase 413
SelectCell 499
SelectCellDown 499
SelectCellLeft 499
SelectCellRight 499
SelectCellUp 499
SelectColumn 499
SelectEnd 499
Selection 365, 402, 491, 504–505, 528, 555, 560
SelectionExtend 499
SelectRange 499
SelectResourceCell 499
SelectResourceColumn 499
SelectResourceField 499
SelectRow 499
SelectRowEnd 499
SelectRowStart 499
SelectSheet 499
SelectTaskCell 499
SelectTaskColumn 499
SelectTaskField 431, 500
SelectTimescaleRange 500
Seminar 224
SendHyperlinkNote 495, 544
Separator 521–522
Sequence 521–522
Server 536
    hinzufügen 326
    Name 354
    Umzug 353
    virtueller 236
Server-Einstellungen 309
Server-Extranet-Adresse 325
Serverfarm 233
servergespeicherte Profile 270
ServerIdentification 495, 544
Serverkonfiguration 323
Serverkonfiguration verwalten 313
Serverrollen
    Security Administrators 244
ServerURL 488–489, 495, 502, 544

Stichwortverzeichnis

Service Pack
    SQL Server 230
Service Packs 344
ServiceOptionsDialog 500
Set Holidays 463
SetActiveCell 500
SetField 382–383, 500
SetHolidays 16
SetMatchingField 500
SetResourceField 500
SetRowHeight 500
SetSidepaneStateButton 500
SetSplitBar 500
SetTaskField 369, 500
SetTitleRowHeight 500
SETUP.EXE 251
SETUPSVR.EXE 242
Shapes 420, 424
SharedWorkspace 544
SharePoint Portal Server 222, 248, 328
    Adresse 248
    Portalname 248
SharePoint Team Services 106, 326
SharePoint-Administrationsportnummer 354
SharePoint-Sites 327
SharePoint-Zentraladministration 354
SharePoint-Zentraladministrations-URL 242
Shift 535, 555, 577, 579
Shift1-5 524, 531, 535, 577, 579
ShowAssignmentUnitsAs 509
ShowCriticalSlack 544
ShowCrossProjectLinksInfo 538, 544
ShowEstimatedDuration 509, 544
ShowExternalPredecessors 544
ShowExternalSuccessors 544
ShowInMenu 486, 501–502, 525, 558, 573–576
ShowRelatedSummaryRows 525
ShowSummary 526
ShowSummaryTasks 397
ShowWelcome 509
Sicherheit 490
Sicherheitseinstellungen 257, 310, 336
    Dokumentbibliothek 39
Sicherheitseinstellungen verwalten 313
Sicherheitskonto 237
Sicherheitskonzept 310
Sicherheitsupdates 335, 337
Sicherheitsvorlagen 311, 313, 324
Sicherheitszonen und Inhaltsfilter 277
Sicherung 214, 344, 353
    ~sauftrag 346
    Grundinstallation 344
    Klassisch 346
    Konzept 344
    Nutzdaten 347
    offene Dateien 346
Sicherung der Grundinstallation 344
Sicherungsagent 348
Sicherungskonzept 344, 353
Sicherungsmethode 349

SidepaneTaskChange 500
SidepaneToggle 500
Simulation 140
Simultaneous Engineering 13
Single 573, 575
Site
    vertrauenswürdige 257
Sites 240
Siteverwaltung 328
SKAA 134–135, 302, 514, 549, 563
SKBA 134–135, 302, 514, 549, 563
Skill 186
Skills 95, 122
Skripte 346
Slides 420
Smarttag 26
Smarttags 275
SMS 253
SMTP-Mailserver 247
SMTP-Server 239, 329
Softwareverteilung 214, 253
Softwareverteilungsmechanismen 211
Solicitation Planning 23, 96
Solicitation, Source Selection 108
Solid 423
Soll-Anfang 567
Soll-Ende 565
Soll-Ist-Vergleich 44, 136
Soll-Kosten 135, 302
Soll-Kosten bereits abgeschlossener Arbeit 563
Soll-Kosten der berechneten Arbeit 563
Sonderprojekte 119, 127, 306
Sonderzeichen 308
Sort 500
Sortieren 178
Sortierreihenfolge 178
Sortierung 302, 317–318
    löschen 264
SpaceBeforeTimeLabels 544
Spalte
    einfügen 28
Spalten
    Anfang 63
    Ende 63
    Indikatorspalte 62, 65, 69–70, 73, 77, 82, 87–88
    Reihenfolge 69
    Verbleibend 72
Spaltenüberschrift 28
Späte Spitze 436
Spätester Anfang 565
Spätestes Ende 565
Speicherdatum 377, 541
Speicherort 276
SpellCheckField 501
Spelling 275
SpellingCheck 501
Spezifitätsgrad 224
Split 562
SplitPart 556, 560
SplitParts 393–395, 556, 567

SplitTask 501
SpreadCostsToStatusDate 492, 544
SpreadPercentCompleteToStatusDate 544
SQL Server 218, 222, 229, 347
    Analysis Services 267
    Benutzer 338
    Evaluierungsversion 337
    gemischter Modus 230
    Serverrollen 244
    Service Pack 230
    System Administrator 354
    Version 2000 329
    Version ermitteln 229
SQL Server Analysis Services 230, 245
SQL Server-Authentifizierung 230, 244–245
SQL-Authentifizierung 235
Staff Acquisition 23, 27, 96
Staffing Pool Description 27
Staffing Requirements 27
Stakeholder 12, 59
Stammdaten 4, 467
    Ressourcen 263
Standard 224
    ~satz 303
    Berechtigungen 312
    Einstellungen 272
    festlegen 277
    Projektphasen 278, 305
    setzen 302
StandardRate 493, 534, 553
Standardsatz 96, 534, 553
Standardwebsite 236, 240, 354
Standort 205, 286
Standorte 115
Start 414–415, 426, 496, 506, 510, 516, 519, 555–556, 567
Start1-10 567
StartAt 528
StartDate 416, 571–572
StartOnCurrentDate 494, 544
Startseite 332
StartSlack 567
StartVariance 516, 568
StartWeekOn 492, 509, 544
StartYearIn 492, 509, 545
Status 43, 77, 111
Statusabfragen steht noch aus 517, 553, 568
Statusanzeige 52
StatusBar 509
Statusbericht 50, 53
Statusbericht übermitteln 315
Statusberichte 315, 324
Statusberichtsanfragen verwalten 315
Statusberichtsliste anzeigen 315
StatusDate 496, 545
Statusdatum 52
Statusreports 43–44
Statusrückmeldung 50
Steuerelement 256
Steuerelemente 337
Steuern 2, 71

Steuerung 18
Steuerung der Kosten 43
Steuerung des Terminplans 43
Steuerung von Inhalts- und Umfangsänderungen 43
Steuerungsprozesse 2, 43
Stichtag 17, 156, 161–162, 564
Stichwörter 377
Stop 568
StopWebBrowserControlNavigation 501
Störfallszenarien 227
String 152, 384
Strukturierung 7
Strukturplan
    Level 289
STSV2.EXE 233
Stundensatz 120
Style 371, 412
Sub 370
Subject 377, 414–416
Subproject 385, 537, 547, 557, 568
SubProjectReadOnly 568
Subprojects 545, 557
Subunternehmer 12
    vorleistungspflichtige 33
Successors 568
SuccessorsTasks 568
SuccessorTasks 397
Suchen und Ersetzen 496
Summary 391, 568
SummaryTasksShow 501
Supportaufwand 255
Support-Organisation 217
SupportsMultipleDocuments 509
SupportsMultipleWindows 509
SV 135, 516, 553, 568
SVERWEIS 172
Switch 171–172, 174
Symbol
    grafisch 279
Symbolkriterien
    importieren 281, 283
Symbolleiste 124, 412
Symbolleisten in einer Zeile 342
Synchrone Kommunikationsmedien 224
System 208
System Administrator 235
System Administrators 230
Systemanforderungen 230
Systemsteuerung 230
Systemvoraussetzungen
    Project 251
Szenariomanagement 141

T

Tabelle
    Abweichung 48
Tabellen 293
    Einsatz 297

Tabellen *(Fortsetzung)*
   löschen 264
      Ressourcen- 297
      Vorgangs- 297
Table 557, 575
TableApply 501
TableEdit 501
TableField 558
TableFields 558–559
Tables 501, 560
TableType 558
Tag der Arbeit 279
Tag der deutschen Einheit 279
Tagesplan 64
Tagessatz 120
TargetPage 407–408
Task 3, 387, 414, 521, 560
TaskDependencies 568–570
TaskDependency 569
TaskFilter 397
TaskFilterList 528, 545
TaskFilters 545
TaskGroupList 545
TaskGroups 526, 537, 545, 547, 570
TaskID 476–477, 487–488, 500, 516–517
TaskItem 416
TaskName 494, 516
TaskOutlineNumber 517
Tasks 373, 414–415, 545, 555, 570
Tasks-Auflistung 387
TaskSummaryName 517
TaskTableList 545
TaskTables 545
TaskUniqueID 517
TaskViewList 528, 545
Tastenkombination 375
TCO 253
Team
   Builder 288
   Leiter 311
   Management 290
   Mitglied 311
   Nachricht 266
Team aus Enterprise zusammenstellen 24
Team Development 106
Team Entwicklung 40
Team für neues Projekt zusammenstellen 314
Team für Projekt zusammenstellen 313–314
Team zusammenstellen 101
Teambuider Light 101
Teamentwicklung 106
TeamLink 122, 469
Teammanagementfunktionen 123
TeamMembersCanDeclineTasks 545
Teammitglieder 39, 311
TeamStatusPending 517, 553, 568
Teilen 496
Teilleistungen 3, 7–8, 465
Teilleistungsebene 43
Teilnetzvorgänge 467

Teilprojekt 163, 194, 385
Teilprojekt schreibgeschützt 568
Teilprojektdatei 568
Teilprojektleiter 12
Teilprojektpläne 12
Teilung aufheben 496
Teilvorgang 387
Telefonat 225
Template 484, 545, 547
temporären Verzeichnis 336–337
Termin
   Absage 67
   Abweichung 140
   Alternativ- 124
   Änderung 67
   Anfrage 61, 64
   Fertigstellungs- 140
   Fertigstellungszeitpunkt 133
   festlegen 63
   Fortschritt 330
   Inspektions- 133
   Kontrollzeitpunkt 133
   Meilenstein 133
   Start- 140
   Überschneidung 62, 69, 80
Terminalserver 253
   Installationsmodus 253
Terminänderung 48
Terminanfrage 40
Termine 44, 50
   berechnete 35
Termine anpassen 177, 461
Termineinschränkung 16, 49, 162
Termineinträge 466
Terminierung 467
   feste 16
Terminplan
   Meldungen 274
   Optionen 274, 304
Terminplankonflikt 49
Terminplannotiz 29–30, 491
Terminplanoption 144
Terminplanung 151
Tests 224
Testversion 336
Testzeitraum abgelaufen 336
Text 521
Text- und Balkenarten 293
Text1 152, 154–155, 169, 172–174
Text1-10 553
Text1-30 517, 553, 568
Text2 173
Text3 173
Textarten 182–183, 391–392
Text-Dateien 398
TextFrame 420
Textfunktion 152
TextRange 420
TextStyles 501
The Project Group 469

Thema 377
ThisProject 403
ThousandsSeparator 509
Thresholds 18
Tiefer stufen 285, 495
Time-at-Completion 140
TimeLeadingZero 509
Timeout 259
Timescale 501
TimeScaleData 440, 513, 548, 562
TimescaleEdit 374, 501
TimescaleNonWorking 501
TimeScaleValue 560, 571
TimeScaleValues 571
TimeSeparator 509
Time-to-Completion 140
Timing 18
TipOfTheDay 501
Titel 77, 377
Title 377
To 570
ToggleAssignments 501
Toleranzschwellen 134
TooltipText 412
Top 509, 578
TopPane 504, 533, 578
TopView 574
Total Cost of Ownership 253
Total Editing Time 377
Totals 196
TotalSlack 568
Tracking 18
TrackingMethod 545
TrackOvertimeWork 545
Trade-Off 224
Trainer 221
Trainings 218
Trainingsraum 224
    extern 224
    intern 224
Transaktionen 315
Transaktionsprotokolle 349
Transaktionssicherheit 346
Transport 216
Trapez 437
Trenddiagramme 330
Trennzeichen 521, 530
TwelveHourTimeFormat 509
Typ 283
Type 536, 553, 568, 570, 573–575

U

Überarbeitungsmodus 22
Überfällige/Späte Bearbeitung 301
Überforderung 224

Überlappung 13, 55
Überlastet 516, 552, 566
Überstundenarbeit 516, 552, 566
Überstundenkosten 516, 552, 566
Überstundensatz 77, 303, 534, 552
Überwachung 43, 109
Überwachungseinstellungen 330
Überwachungsoption 330
Übungsaufgaben 224
Umfang 43, 50
Umfangsüberprüfung 43
Umplanen 67
Umplanung 16, 48
Umsatz 191
Umsatzzahlen 471
Umwandeln 492
UnderlineHyperlinks 493, 495, 546
UniqueID 387–389, 517–518, 530, 546, 553–554, 568, 571
UniqueIDPredecessors 568
UniqueIDSuccessors 568
Units 482, 517
UnlinkPredecessors 562
UnlinkSuccessors 562
UnlinkTasks 501
UnloadWebBrowserControl 502
Unterbrechungen 79
Unterbrechungstermin 393, 568
Unterbrechungstermine 393–395
Unterforderung 224
Untergliederung 307
Untermenütooltip 326
Unternehmenscontrolling 132
Unternehmensvorlage 7
Unterstützung 224
    der Administratoren 226
    der Anwender 226
    medial 224
    persönlich 224
UpdateFromProjectServer 502
UpdateNeeded 517, 553, 569
UpdateProject 502
UpdateProjectToWeb 502
UpdateProjOnSave 546
UpdateTasks 502
URL 257, 536
    Extranet- 246
    Intranet- 246
Urlaub 27, 306
Urlaubsplan 306
urlToGo 408–409
Ursachen 54
UsableHeight 510
UsableWidth 510
UseFYStartYear 492, 546
UserControl 510, 546
UserForm 411, 413
UserName 510, 536

V

VAC 517, 553, 569
Val 442
Value 414, 572
Variablendefinitionen 429
Variant 397
VBA 363–365, 368–369, 377, 380, 382–384, 386, 389–390, 393, 396, 398–400, 402, 404–405, 407–408, 411
VBASigned 546
vbCritical 404
VBE 366, 510
VBProject 546
Verantwortlich 181
Verantwortlichkeit 320
Verbindungsprobleme 336
Verbindungsstatus 259
Verbindungstatus 536
Verbleibende Arbeit 516, 552, 567
verbleibende Arbeit 44
Verbleibende Dauer 140, 567
Verbleibende Kosten 516, 552, 567
Verbleibende Überstundenarbeit 516, 552, 567
Verbleibende Überstundenkosten 516, 552, 567
verbleibende Verfügbarkeit 98
Verfügbar bis 549
Verfügbar von 549
Verfügbarkeit 296, 346
   verbleibende 98, 127
Verfügbarkeiten 205
Verfügbarkeitsanfrage 30
Verfügbarkeitsinformation 27
Verfügbarkeitslinie 31, 99, 127, 297
Vergleichen 145
Vergleichen von Projektversionen 449
Vergleichsbericht 450
Verifizieren von Inhalt und Umfang 43
Veritas Backup Excec 344
verknüpfen
   automatisch 304
Verknüpfte Felder 515, 552, 566
Verknüpfte Vorgänge 19
Verknüpfungen 162, 164, 177, 490
Verknüpfungen zwischen Projekten 490
Verknüpfungslinie 14
Veröffentlichen 311
Veröffentlichen/Aktualisieren/Status 314
Veröffentlichte Felder 276, 290, 321
Verschiebungen 49
Version 57, 265, 329, 377, 510
   archiviert 330
   bearbeiten 330
   Veröffentlicht 330
   veröffentlicht 265
VersionName 546
Versionsverlauf 38
Versionsverwaltung 36, 38
Verstärkte Sicherheitskonfiguration für Internet Explorer 230
Verteilungskurven 434, 438

Verträge 329
Vertragsabwicklung 40
Vertragsbeendigung 58
Vertragsmanagement 108
Verwalteter Pfad 242
verwalteter Pfad 247
Verwendung 147
Verzeichnisdienste 211
Verzögerte Vorgänge 52
Verzögerter Anfang 79
Verzögerungen 49
Verzugszeit 169
Videokonferenz 224
View 273, 304, 380, 533, 572
ViewApply 502
ViewBar 502
ViewCombination 573
ViewEditCombination 502
ViewEditSingle 502
viewFrame 409
ViewList 528, 546
Views 502, 574
views.txt 360
views.vbs 360
views.zip 360
ViewsCombination 574
ViewShowCost 502
ViewShowCumulativeCost 502
ViewShowCumulativeWork 502
ViewShowNotes 372, 502
ViewShowObjects 502
ViewShowOverallocation 502
ViewShowPeakUnits 502
ViewShowPercentAllocation 502
ViewShowPredecessorsSuccessors 502
ViewShowRemainingAvailability 503
ViewShowResourcesPredecessors 503
ViewShowResourcesSuccessors 503
ViewShowSchedule 503
ViewShowUnitAvailability 503
ViewShowWork 503
ViewShowWorkAvailability 503
ViewSingle 575
ViewsSingle 576
Virtuellen Server konfigurieren 354
Virtueller Server
   erweitern 236
virtueller Server
   Erweiterung 238
Virtuelles Verzeichnis 246
Visible 412, 423, 510, 578
Visio 364, 454, 458
Visio-PSP-Diagramm-Assistent 454
Visual Basic Editor 363, 366, 376, 400–401
Visual Basic für Applikationen 363–365, 473
Visual Basic-Editor 490
Vollversion 336
Von-Adresse 247
Vorausschau 50, 55
Voraussetzungen
   Installation 230

Vorbildung 222
Vorgang
    Abwesenheit 129
    extern 182
    heute 164–166, 170
    kritisch 161–162
    Nr. 124
    verschieben 163
Vorgang delegieren 315
Vorgang in Arbeitszeittabelle ausblenden 315
Vorgänge 3, 315, 467, 570
    abgeschlossen 49
    ablehnen 64
    Aktualisierung 73
    aktuelle 65
    Anfrage 62
    delegieren 84
    Delegierungsanfrage 85
    Eigene Vorgänge 77
    Einsatz 293, 297
    Einzelheiten 293
    Fälligkeit 17
    Kosten 139
    Maske 293
    mit geschätzter Dauer 300
    Name 293
    Neuer Vorgang 62
    Neuer Vorgang erstellen 86
    neuer Vorgang zugewiesen 62
    nicht abgeschlossen 63
    parallelisieren 15
    Tabelle 293
    verknüpfen 13
    verknüpfte 19
    verspätet 79
    zusätzlicher 50
Vorgänger 396–399, 566
Vorgangsabschnitt 556
Vorgangsaktualisierungsanfrage 46
Vorgangsänderungen verwalten 315
Vorgangsansichten 297
Vorgangsart 25–26, 307, 568
    Feste Dauer 439
Vorgangsarten 470
Vorgangsbalken ausblenden 565
Vorgangsbalkenrollup 462
Vorgangsbereich 300
Vorgangseigenschaft
    geschätzt 13
Vorgangseinschränkungen 49
Vorgangselemente 467
Vorgangsfelder 265
Vorgangsgruppierung 570
Vorgangskalender 266, 324, 563
Vorgangsknoten 157
Vorgangskosten 438
Vorgangsliste 8, 24, 59, 315
Vorgangsliste an 'Alle Benutzer' veröffentlichen 315
Vorgangsliste erstellen und verwalten 315
Vorgangslistenvorgänge zuweisen 315

Vorgangsname 297, 566
Vorgangsnotizen 371
Vorgangstabellen 297
Vorgangsunterbrechungsmodus 501
Vorgangszuordnung 48
Vorlage
    Administrative 270
    projektspezifisch 278
    Sicherheits- 311
Vorlagen 311, 339
    Administrative 304
VWNOTIFY.EXE 244

W

Währungsoptionen 261, 304
Währungssymbol 230, 260
Währungsumrechnung 451
Währungsunion 452
Währungszeichen 452
Wartung 27
Wartungsprozesse 219
Watts Humphreys 207
WBS 569
WBS Chart Pro 9
WBSCodeGenerate 546
WBSCodeMaskEdit 503
WBSCodeRenumber 503
WBSPredecessors 569
WBSSuccessors 569
WBSVerifyUniqueness 546
WebAddToFavorites 503
Webbasiertes Training 225
Webbrowser 211, 456
WebCopyHyperlink 503
WebGoBack 503
WebGoForward 503
WebHideToolbars 503
WebInbox 503
WebOpenFavorites 503
WebOpenSearchPage 503
WebOpenStartPage 503
WebRefresh 504
Webserverport 354
WebSetSearchPage 504
WebSetStartPage 504
Website 246
Websitebesitzer 237
WebStopLoading 504
WebToolbar 504
Wechselkurs 451
WeekDay 576
WeekDays 577
Weekdays 520
WeekLabelDisplay 493, 546
Weihnachtsfeiertag 278
Weiterbildung 306
Weitere Ansichten 502
Wenn-Dann-Funktion 169, 186

Stichwortverzeichnis

Werbung 115
Werktag 162
Werteliste 396, 398–399
Wertelisten 279
    importieren 282
Wertliste 281
White Belt 223
Wichtige URL 277
Width 510, 559, 578
Wiederaufnahme 567
Wiederaufnahmen am 393
Wiederherstellung 214, 344
    Modell 349
    Nutzdaten 351
    Project Server 350, 353
Wiederherstellungsszenarien 347
Window 402, 577
window 408
WindowActivate 371–372, 504, 512
WindowArrangeAll 504
WindowBeforeViewChange 512
WindowDeactivate 513
WindowGoalAreaChange 513
WindowHide 504
WindowMoreWindows 504
WindowNewWindow 504
Windows 365–366, 373, 380–381, 384, 405, 510, 578
    Authentifizierung 316
    Domänenkonten 353
    Einstellungen 277
    Konto 256
Windows 2000 Server 229
Windows Client 316
Windows Messenger 108, 225
Windows Remoteunterstützung 108
Windows Server 218, 222
Windows Server 2003 229
Windows SharePoint Services 222, 316, 318, 343, 478
    Administrator 354
    Arbeitsbereich 239
    Datenbank 338
        sichern 347
    deinstallieren 338
    E-Mail-Einstellungen 238
    Inhaltsdatenbank 236
    Konfigurationsassistent 239
    Konfigurationsdatenbank 235
    Sicherheitskonto 237
    Verwalteter Pfad 242
    verwalteter Pfad 247
    Websitebesitzer 237
    Wiederherstellung 350, 353
    -Zentraladministrations-URL 247
    Zentraladministrations-URL 242
Windows SharePoint Services verwalten 313
Windows SharePoint Services-Inhaltsdatenbank 347
Windows SharePoint Services-Konfigurations-
    Assistenten 326
Windows SharePoint Services-
    Konfigurationsdatenbank 347

Windows SharePoint Services-Verwaltungs-URL 247
Windows Updates 230
Windows2 578
Windows-Authentifizierung 230, 498
Windows-Benutzerkonto 553
WindowSelectionChange 401–403, 513
WindowSidepaneDisplayChange 513
WindowSidepaneTaskChange 513
Windows-Komponenten 231
Windows-Konto 237, 498
WindowSplit 371, 504
WindowState 510
WindowsUserAccount 553
WindowUnhide 504
WindowViewChange 513
WinHTTP-Objekt 339
Wirtschaftlichkeitsverfahren 132
With 389, 414–415
Wochentag 577
Word 18, 22, 50, 58, 364, 458
Word-Textdokument 5
Work 517, 553, 569
WorkContour 517
Workgroup 276, 553
WorkgroupMessages 495, 546
Workgrouptemplates 276
Working 440, 524, 531, 535, 577, 579
WorkpaneDisplayChange 513
Workshop 225
WorkVariance 517, 553, 569
Wrapper 407
WrapperPage 407
WriteReserved 547
WSS 478
WSSAdmin 230, 237, 354
WSSDB 235, 347
WSS-Element 342
WSSSA 230, 235
WSS-Server 537
WSSWIZ.EXE 239, 326
WW 156, 166
WWW-Dienst 232

#

X-Achse 204
XML 427, 456–457
XML Berichts-Assistent 456
XML-Dokument 398
XSL 457
XSLT 457

#

Year 579
YearLabelDisplay 493, 547
Years 520, 579

Z

Zahl 505, 509
Zahl1 166, 279
Zahl1-10 516
Zahl1-20 552, 566
Zeichenfolge 521, 530
Zeile 296
Zeilenfelder 197, 322
Zeit 43
   Abwesenheit 85, 111, 127
   Achtstundentag 75
   arbeitsfrei 119
   arbeitsfreie 15
   Arbeitszeit 118–119
   Betriebsferien 119
   Ende 331–332
   Fällig am 77
   Feiertage 119
   Freie Pufferzeit 331–332
   Frühester Anfang 331
   Geplanter Anfang 296, 318, 332
   Geplantes Ende 296, 318
   Krankheit 111
   Nachtarbeit 119
   Puffer 16
   Rest- 111
   Stundenerfassung 59
   Überstunden 78
   Urlaubsplan 128
   Wochenendarbeit 119
   Wochenende 80
   Zeiterfassung 59, 111, 140
   Zeitraum 63
Zeitabstand
   einfügen 14
   negativ 13
   negativer 14
   positiver 14
Zeitdimension 201
Zeitdruck 13
Zeiterfassung 109
Zeiterfassungssystem
   Integration 313
Zeitraumeinstellungen 330
Zeitskala 374, 378–379, 421, 501
Zeitskalendaten in Excel analysieren 134, 461
Zeitskalendatenelement 571–572
Zentraladministration 226
Zertifizierungen 223
Zielabweichung 131
Zielcontrolling 133
Zielgruppe 50
Zielgruppen 223
Zinsfußmethode 132
Zone 257
Zoom 380, 504
ZoomIn 504
ZoomOut 504
ZoomTimescale 504
Zufriedenheit
   Kunden- 133, 137, 279, 281
   mit Lieferanten 133, 137, 279, 281
   Mitarbeiter- 133, 137, 279, 281
Zugeordnet an 77
Zugewiesen an 149
Zugriffsschutz 316
Zuordnung 316
Zuordnungen 25, 62
Zuordnungs-Ansicht 114, 321
Zuordnungsansicht 312
Zuordnungsansichten 42
Zuordnungsansichten anzeigen 314
Zuordnungsinformationen 127
Zuordungen 513
Zusammenarbeit 259, 315
   Optionen 266
Zusammenarbeitsoptionen 112
Zuweisungskosten 438
Zwischengespeicherte Enterprise-Global 400
Zwischenplan 51, 56, 279
   speichern 56

Die Autoren

Renke Holert und die mitwirkenden Autoren **Matthias Jäger** und **Steffen Reister** sind durch zahlreiche Publikationen und Fachvorträge zum Thema Projektmanagement über die Landesgrenzen hinaus bekannt.

Renke Holert ist Diplom-Wirtschaftsingenieur und arbeitet als selbstständiger Projektleiter, Berater, Trainer und Entwickler für namhafte Unternehmen. Die Erfahrungen hieraus sind in dieses Buch eingeflossen. Er wurde zusammen mit Matthias Jäger für sein Engagement und seine Kompetenz mit dem Ehrentitel Microsoft Most Valuable Professional (MVP) ausgezeichnet.

Wissen aus erster Hand

Microsoft Office Project 2003 hilft Ihnen, die vielfältigen Herausforderung die an einen Projektleiter gestellt werden, zu bewältigen. Anhand von Anwendungsbeispielen, Schritt-für-Schritt-Anleitungen, schnell zugänglichen Übersichten und Hervorhebung der Neuerungen lernen Sie alle Bereiche dieses leistungsstarken Projektmanagement-Tools kennen. Auf der Begleit-CD finden Sie neben zahlreichen Beispieldateien auch 120-Tage-Testversionen von Project Professional 2003 und Project Server 2003.

Autor	Steffen Reister, Matthias Jäger
Umfang	750 Seiten, 1 CD-ROM
Reihe	Das Handbuch
Preis	39,90 Euro [D]
ISBN	ISBN 3-86063-180-1

Microsoft Press-Titel erhalten Sie im Buchhandel, PC-Fachhandel und in den Fachabteilungen der Warenhäuser

Microsoft Press